Hans-Jürgen Lange (Hrsg.)

Wörterbuch zur Inneren Sicherheit

Hans-Jürgen Lange (Hrsg.)
Redaktion: Matthias Gasch

Wörterbuch zur Inneren Sicherheit

VS VERLAG FÜR SOZIALWISSENSCHAFTEN

Bibliografische Information Der Deutschen Nationalbibliothek
Die Deutsche Nationalbibliothek verzeichnet diese Publikation in der Deutschen Nationalbibliografie; detaillierte bibliografische Daten sind im Internet über <http://dnb.d-nb.de> abrufbar.

1. Auflage August 2006

Lektorat: Frank Schindler

Der VS Verlag für Sozialwissenschaften ist ein Unternehmen von Springer Science+Business Media.
www.vs-verlag.de

Umschlaggestaltung: KünkelLopka Medienentwicklung, Heidelberg
Druck und buchbinderische Verarbeitung: Krips b.v., Meppel
Gedruckt auf säurefreiem und chlorfrei gebleichtem Papier
Printed in the Netherlands

ISBN-10 3-8100-3610-2
ISBN-13 978-3-8100-3610-0

Inhalt

Einleitung

In der aktuellen sicherheitspolitischen Diskussion überschlagen sich seit den Terroranschlägen des 11. September 2001 die Vorschläge seitens der Politik, wie Sicherheit gewährleistet werden kann. Es werden zum Teil drastische Maßnahmen empfohlen und auf den Gesetzesweg gebracht, die gravierende Auswirkungen auf das rechtsstaatliche und politisch verfasste System, nicht nur der Inneren Sicherheit, sondern auch des gesamten gesellschaftlichen Systems der Bundesrepublik enthalten. Zudem werden die unterschiedlichsten technischen Begriffe in die Diskussion geworfen, bei denen die Kenntnisse über Folgewirkungen und die Verkettungen von nicht intendierten Wirkungen oftmals diffus sind. Das „Wörterbuch zur Inneren Sicherheit" verfolgt die Zielsetzung, die wichtigsten der in der Diskussion befindlichen Begriffe zusammenzufassen und entsprechend aufzubereiten.

Jenseits der dramatischen Ereignisse des 11. September besteht aber bereits seit Mitte der 1990er Jahre eine interdisziplinäre Forschung zum Thema Innere Sicherheit. Das Wörterbuch will hierüber eine vertiefte Übersicht vermitteln. Es ist geschrieben in der Absicht, einem breiten interessierten Leserkreis eine verständliche und sachlich-kritische Grundlage zu bieten, um eine wissenschaftlich reflektierte Bewertung über Voraussetzungen und Folgen der sicherheitspolitischen Entwicklungen und Instrumente vornehmen zu können.

Das Buch ist entstanden im Rahmen des „Interdisziplinären Arbeitskreises Innere Sicherheit" (AKIS). Der AKIS vereint Wissenschaftler aus verschiedenen Disziplinen, insbesondere der Politikwissenschaft, der Soziologie, der Kriminologie, der Rechtswissenschaft und der Historischen Polizeiforschung. Aufgrund der interdisziplinären Ausrichtung will das Wörterbuch keine fachwissenschaftlichen Diskurse führen. Ausgenommen hiervon sind Artikel, die eine Übersicht über ausgewiesene Fachdisziplinen vermitteln. Rein juristische Gesetzesinterpretationen sollten ebenfalls vermieden werden. Historische Rückblicke bleiben auf die Zeit der Bundesrepublik Deutschland beschränkt. Ausgenommen sind davon die Beiträge, die gesondert auf historische Entwicklungen eingehen.

Die Artikel werden in alphabetischer Reihenfolge der Stichwörter aufgeführt. Zusätzlich lassen sich die Artikel über inhaltliche Kategorien erschließen. Innerhalb der Kategorien wurden die Begriffe so ausgewählt, dass die zentralen Themen, welche die Diskussion um die „Innere Sicherheit" bestimmen, behandelt werden. Die folgende Aufstellung gibt eine Übersicht:

1 Konzeptionelle Begriffe
Innere Sicherheit (Hans-Jürgen Lange)
Kriminalistik (Reingard Nisse)
Kriminalpolitik (Thomas Feltes)
Kriminologie (Thomas Feltes)
Polizeiforschung, empirische (Thomas Ohlemacher)
Polizeipolitik (Hans-Jürgen Lange)
Polizeiwissenschaft (Klaus Neidhardt)
Rechtspolitik (Karlhans Liebl)
Sicherheitsbegriff, erweiterter (Hans-Jürgen Lange)
Strafrecht (Martina Liebich-Frels)

2 Historische Begriffe
Gewaltmonopol (Hans-Joachim Heuer)
Terrorismusbekämpfung, Geschichte der (Michael Sturm)

3 Institutionelle Begriffe
Bundesamt für Verfassungsschutz (Matthias Schütte)
Bundeskriminalamt (Matthias Schütte)
Bundesnachrichtendienst (Hans-Jürgen Lange / Peter Krevert)
Bundespolizei / Bundesgrenzschutz (Jean-Claude Schenck)
Bundeswehr [Einsatz im Inneren] (Christoph S. Schewe)
Eurojust (Wilhelm Knelangen)
Europol (Peter Nitschke)
EU-System der Inneren Sicherheit (Wilhelm Knelangen)
Fachhochschulen [Polizeiausbildung] (Werner Schümchen)
Generalbundesanwalt (Martin Kastner)
Innenministerkonferenz (Hermann Groß)
Internationaler Strafgerichtshof (Robert Chr. van Ooyen)
Katastrophenschutz (Martin H. W. Möllers)
Küstenwache (Matthias Schütte)
Länderpolizeien (Hermann Groß)
Militärischer Abschirmdienst (Matthias Schütte)
Polizei-Führungsakademie (Klaus Neidhardt)
Schengener Zusammenarbeit (Wilhelm Knelangen)
Zollbehörden (Axel Bußmer)

4 Polizei-, kriminal- und rechtspolitische Begriffe

Subjektives Sicherheitsgefühl (Christop S. Schewe)
Telekommunikationsüberwachung (Steffen Zdun)
Terroristendateien (Axel Bußmer)
Terroristische Vereinigungen (Michael Sturm)
Trennungsgebot (Martin Kutscha)
Umweltkriminalität (Martin H. W. Möllers)
Verdachtsunabhängige Ermittlungen / Initiativermittlungen (Axel Bußmer)
Vereinsverbote / Religionsprivileg (Hartmut Aden)
Verwaltungsreformen (Hans-Jürgen Lange / Jean-Claude Schenck)
Videoüberwachung (Andreas Kohl)
Wachpolizei / Hilfspolizei (Peter Schmidt)
Wirtschaftskriminalität (Kurt H. G. Groll)
Wohnraumüberwachung (Axel Bußmer)

5 Kriminalistische und kriminaltechnische Begriffe
ABC-Schutz (Martin H. W. Möllers)
Biometrie (Volker Mittendorf)
Fingerabdrucksysteme (Detlef Nogala / Volker Mittendorf)
DNA-Analyse (Christoph S. Schewe)
INPOL (Volker Mittendorf)
Kryptographie (Volker Mittendorf)
Profiling (Christian Krane)
Schengener Informationssystem (Christian Krane)

Der Aufbau der Artikel folgt einer einheitlichen Struktur. Diese orientiert sich innerhalb der Kategorien an inhaltlichen Schwerpunkten. Sofern thematische Gründe dies erfordern, wurden von den Autoren im Einzelfall zwei Schwerpunkte zusammengefasst:

1 Konzeptionelle Begriffe
Begriffsdefinition
Entwicklung der Disziplin
Aktuelle Diskussionen infolge des 11. September
Thematisierte Auswirkungen der sicherheitspolitischen Veränderungen
Ausblick

2 Historische Begriffe
Begriffsdefinition
Historische Entwicklung
Aktuelle Aufgaben- und Kompetenzveränderungen (sofern nicht Verweis auf andere Stichwörter)
Folgen der Aufgaben- und Kompetenzverlagerungen (sofern nicht Verweis auf andere Stichwörter)
Ausblick

3 Institutionelle Begriffe
Begriffsdefinition
Aufgabenbestimmung der Behörden
Aktuelle Aufgaben- und Kompetenzveränderungen
Folgen der Aufgaben- und Kompetenzverlagerungen
Ausblick

4 Polizei-, kriminal- und rechtspolitische Begriffe
Begriffsdefinition
Bisherige sicherheitspolitische Zielsetzung
Aktuelle Veränderungen der Zielsetzung
Auswirkungen der sicherheitspolitischen Veränderungen
Ausblick

5 Kriminalistische und kriminaltechnische Begriffe
Begriffsdefinition
Bisherige Anwendungsverfahren
Aktuelle Veränderungen der Anwendungsverfahren
Auswirkungen der veränderten Anwendungen
Ausblick

Das Wörterbuch arbeitet mit einem Verweissystem. Entsprechende Pfeile (→) innerhalb des Textes zeigen an, welche Stichworte wiederum in eigenständigen Artikeln behandelt werden. Am Ende eines jeden Artikels findet sich ein Verzeichnis einiger weiterführender Bücher und Aufsätze.

Am Ende des Buches ist eine „Auswahlbibliografie“ beigefügt worden. Diese informiert den Leser über wichtige Periodika und wissenschaftliche Einrichtungen im Themenfeld Innere Sicherheit. Hier geht es weniger um Vollständigkeit, vielmehr um solche Fundstellen, die allgemein zugänglich sind, z. B. über den Buchhandel oder über das Internet, und Möglichkeiten bieten, sich vertieft mit den vielfältigen Aspekten der Inneren Sicherheit zu beschäftigen. Im Einzelnen sind dies:

1 Lexika und Handbücher
2 Schriftenreihen
3 Fachzeitschriften
- Von Sicherheitsbehörden herausgegebene Zeitschriften
- Von Leitungspersonen im Sicherheitsbereich herausgegebene Zeitschriften
- Zeitschriften der Polizeigewerkschaften
- Wissenschaftliche Fachzeitschriften außerhalb der Sicherheitsbehörden
4 Internetportale
5 Wissenschaftliche Arbeitskreise

Marburg / Duisburg, im Juli 2006 Hans-Jürgen Lange

ABC-Schutz

I. Unter den Begriff „ABC-Schutz“ werden alle Maßnahmen zur Abwehr und Vermeidung atomarer (A), biologischer (B) und chemischer (C) Bedrohungen und Gefahren zusammengefasst, die für einen militärischen oder terroristischen Einsatz bestimmt sind und entweder bewusst dafür entwickelt oder missbräuchlich dazu verwendet werden, massenhaft Menschen zu töten oder kampfunfähig zu machen, die Natur nachhaltig zu schädigen oder militärisches Gerät unbrauchbar zu machen. Neben der Bezeichnung „ABC“ ist auch die Abkürzung CBRN verbreitet, welche die unterschiedlichen Ausbringungsarten einer radioaktiven Kontermination berücksichtigt; nuklear (N) bezeichnet den Bereich von Kernwaffenexplosionen und deren Folgewirkungen, radiologisch (R) die weiteren Ausbringungsarten vor allem in Form einer radioaktiven Dispersionsvorrichtung („Schmutzige Bombe“). Zum ABC-Schutz zählen die Prävention und die Vorbereitung von Schutzmaßnahmen sowie im Ereignisfall die Erkundung, der Kontaminations- und Infektionsschutz, die Dekontamination und die medizinische Behandlung. ABC-Schutz zielt darauf, dass alle fachtechnischen, organisatorischen, materiellen und im Bereich der Ausbildung erforderlichen Vorbereitungen getroffen werden, um ABC-Ereignisse zu verhindern oder die Auswirkungen solcher Ereignisse auf Mensch, Tier und Umwelt so gering wie möglich zu halten.

„Atomare Kampfstoffe“ sind radioaktive Substanzen, die allein oder mit anderen Stoffen vermischt als Flüssigkeiten, Aerosole oder Schwebstoffe eingesetzt werden, um großflächige Verstrahlungen durch die Freisetzung von ionisierender Strahlung und Radioaktivität herbeizuführen. „Biologische Kampfstoffe“ sind lebende Mikroorganismen in Form von Kleinstlebewesen wie z. B. Bakterien, Viren und Pilzen oder Toxine, die aus diesen gewonnen werden. Durch die Freisetzung dieser Pathogenen, d. h. Krankheiten erregenden Organismen oder deren Stoffwechselprodukte können verschiedene, auch zum Tod führende Epidemien ausgelöst werden (z. B. Pest, Cholera, Milzbrand, Gelbsucht, Pocken). Übertragen werden die Organismen in der Regel durch Schädlinge (Parasiten) wie vor allem Gliederfüßer, z. B. Flöhe, Läuse, Milben und Zecken, welche die Menschen entweder direkt befallen oder über die Nahrungskette die Giftstoffe abgeben. „Chemische Kampfstoffe“ können nach sehr unterschiedlichen Gesichtspunkten klassifiziert werden. Bei der Freisetzung von giftigen Gasen, Flüssigkeiten oder Feststoffen ist von besonderer Bedeutung zum einen die Wirkungsdauer, nach der zwischen kurz wirkenden (flüchtigen) und lang wirkenden (sesshaften) chemischen Kampfstoffen unterschieden wird und zum anderen die grundsätzliche Wirkungsart (Wirkungsergebnis) als tödlich wirkendes oder zeitweilig außer Gefecht setzendes chemisches Kampfmittel. Die toxische Hauptwirkung kann zu allgemeinen Schädigungen führen oder gezielt Haut und Schleimhaut, Lungen und Nerven schädigen. Psychotoxische Stoffe (z. B. LSD) können bei Menschen zu experimentell erzeugten geistigen Störungen, so genannten Modellpsychosen, führen; phytotoxische Kampfstoffe haben eine Pflanzen schädigende Wirkung.

II. Der ABC-Schutz kann einerseits schon dadurch erfolgen, dass international die Herstellung und Verbreitung solcher Stoffe verboten wird. Ist ein ABC-Ereignis durch die unerlaubte Freisetzung von gefährlichen atomaren, biologischen oder chemischen Substanzen unbeabsichtigt (Unfall) oder beabsichtigt (Kriminalität, Terrorismus) erfolgt, bezeichnet der ABC-Schutz konkrete Schutzverfahren gegen Kontamination, Infektion und Vergiftung. Grundlage ist der „Vertrag über die Nichtverbreitung von Kernwaffen“ (Nichtverbreitungsvertrag – NVV), der am 1.7.1968 von den USA, der UdSSR und Großbritannien unterzeichnet wurde und am 5.3.1970 in Kraft trat. Der umgangssprachlich als Atomwaffensperrvertrag bzw. Nonproliferationsvertrag bezeichnete Vertrag ist bisher von über 175 Staaten, darunter 1969 auch von der Bundesrepublik Deutschland (BGBl. II 1974, S. 785), unterzeichnet worden. Ergänzt wurde er durch das „Übereinkommen über das Verbot der Entwicklung, Herstellung und Lagerung bakteriologischer (biologischer) Waffen und von Toxinwaffen sowie über die Vernichtung solcher Waffen“ (BWÜ) vom 10.4. 1972 (BGBl. II 1983, S. 132) und das am 29.4.1997 in Kraft getretene „Übereinkommen über das Verbot der Entwicklung, Herstellung, Lagerung und des Einsatzes Chemischer Waffen sowie über die Vernichtung solcher Waffen“ (CWÜ) vom 13.1.1993, welches am 12. August 1994 ratifiziert wurde (BGBl. II 1994, S. 807). Während das BWÜ ebenso wie der Atomwaffensperrvertrag nur den Einsatz entsprechender Waffen verbieten und die Kontrolle über die Einhaltung der völkerrechtlichen Verträge jeweils nur sehr uneffektiv ausgestalten, schließt dagegen das CWÜ auch die Entwicklung, Produktion und Lagerung einer ganzen Klasse von Waffensystemen und -komponenten mit ein und verbietet diese. Außerdem wurde für die Einhaltung dieses Verbotes eine weltweit agierende Institution eingerichtet, die Organization for the Prohibition of Chemical Weapons (OPCW), deren Sekretariat in Den Haag sitzt. Das Abkommen, das bis heute schon mehr als 160 Staaten unterschrieben (nicht Nord-Korea, einige Staaten des Nahen Ostens wie Irak, Syrien, Libanon und Ägypten sowie vor allem viele afrikanische Staaten) und die meisten Unterzeichner ratifiziert haben, schreibt vor, dass in allen Mitgliedstaaten dieser Konvention nationale Gesetze die Einhaltung dieses Abkommens in geeigneter Weise sicherstellen und Verstöße gegen diesen Vertrag unter Strafe stellen müssen. Mit dem C-Waffen-Übereinkommen wird das Ziel verfolgt, weltweit bis spätestens 2010 die letzten C-Waffen zu vernichten.

Bisherige Anwendungsverfahren des ABC-Schutzes betreffen den medizinischen Schutz, der im Wesentlichen Prophylaxe, Diagnostik und Therapie umfasst, sowie den technischen Schutz, der vor allem das Erkennen von Gefahren und die Warnung vor ihnen, ferner Einzel- und Sammelschutzmaßnahmen sowie die Dekontamination beinhaltet. Hauptschwerpunkt war in der Vergangenheit die Bevorratung von Lebensmitteln, Medikamenten sowie Schutzanzügen und Gasmasken, außerdem die Errichtung von Schutzräumen und Bunkeranlagen. Dabei wurde der ABC-Schutz unterteilt in den militärischen ABC-Schutz für militärisches Personal und den zivilen ABC-Schutz für die allgemeine Bevölkerung. Die Schutzräume sollten z. B. vor thermischer und optischer Strahlung, Brandeinwirkungen, Trümmerbelastungen, chemischer und biologischer Verunreinigung der Außenluft und radioaktiver Rückstandsstrahlung schützen. Öffentliche Schutzräume wurden zum Beispiel im Zuge von Tiefgaragen oder U-Bahnen errichtet. Schließlich war und ist ein großes Aufgabenfeld die Organisation des ABC-Schutzes, da nicht nur öffentliche Einrichtungen der EU, des Bundes, der Länder und der Gemeinden Einfluss nehmen und sich aktiv beteiligen, sondern auch im Rahmen des → Katastrophenschutzes verschiedene private Institutionen beteiligt sind, deren Einrichtungen und Einsatzmaßnahmen koordiniert werden müssen.

III. Nach den Terroranschlägen vom 11. September 2001 sowie den verbrecherischen Aktionen mit Anthrax in den USA Ende 2001, bei denen Milzbranderreger per Post verschickt wurden, haben sich die Bedrohungsszenarien wesentlich geändert. Der massive Einsatz von Massenvernichtungswaffen ist nicht mehr zu erwarten. Die Angst vor großflächigen Zerstörungen, wie man sie von den nuklearen Szenarien kennt, ist nicht mehr aktuell. Demgegenüber gewinnen die so genannten „precise guided weapons" auf Grund der enormen Entwicklung in den vergangenen Jahren (Golfkrieg, Jugoslawienkrieg, Irakkrieg) zunehmend an Bedeutung. Mit Hilfe dieser Waffensysteme lassen sich nicht nur gezielte Angriffe auf konkrete Ziele mit konventionellen Gefechtsköpfen realisieren und dadurch z. B. die Zerstörung von Schutzbauten erreichen, sondern es können auch Gefechtsköpfe mit biologischen und chemischen Kampfstoffen zielgenau eingesetzt werden. Darüber hinaus ist auch mit Unfällen und Naturkatastrophen zu rechnen, bei denen schädliche Stoffe freigesetzt werden. Als Folge dieser Entwicklungen sehen Bund und Länder eine flächendeckende Erste-Hilfe-Ausbildung der Bevölkerung mit Selbsthilfeinhalten vor. Zu diesen

Selbsthilfeinhalten gehört neben dem Brandschutz, der Rettung und Bergung sowie im Allgemeinen das Verhalten in Gefahrensituationen auch der ABC-Schutz. Außerdem soll auch der Behörden- und Betriebsschutz wieder aufgenommen werden. Auch die Ausbildungsschwerpunkte im Katastrophenschutz werden um die Komponente des ABC-Schutzes angepasst und die Ausbildungskapazitäten bei der Helferausbildung entsprechend erweitert.

Im Zusammenhang mit der Neuordnung des Zivilschutzes und der Errichtung des Bundesamts für Bevölkerungsschutz und Katastrophenhilfe (BBK) als Zentralstelle wurde auch der Bereich ABC-Schutz kräftig ausgebaut. Den Ländern wurden vom Bund ABC-Erkundungsfahrzeuge, Dekontaminationslastkraftwagen und Krankentransporter als Zivilschutzfahrzeuge zur Verfügung gestellt. Die ABC-Erkundungsfahrzeuge dienen dem Erfassen chemischer und radioaktiver Kontamination, der Kennzeichnung kontaminierter Gebiete sowie der Entnahme von festen, flüssigen und gasförmigen Proben radioaktiver, chemischer und biologischer Art. Im BBK sind eigene chemische und physikalische Laborkapazitäten eingerichtet, in denen u. a. der Schutz vor ABC-Gefahren auf wissenschaftlichem und medizinischem Gebiet erforscht werden.

IV. Waren vor dem 11. September 2001 Ausgangspunkt für den ABC-Schutz vor allem erwartete kriegerische Ereignisse, später auch Unglücksfälle und Naturereignisse, so entwickelte sich die Ausweitung der Aufgaben im ABC-Schutz vor der Annahme, dass ein terroristischer Anschlag Ursache für ein ABC-Ereignis sein würde. Dabei haben die Neuregelungen insbesondere zum Ziel, eine Flut von Informationen zu erfassen, zu verarbeiten und zu speichern. Dies wird in erster Linie dem Bund, insbesondere dem Bundesamt für Bevölkerungsschutz und Katastrophenhilfe (BBK) als Zentralstelle ziviler Sicherheit zugestanden. Kompetenzen für den Bereich der allgemeinen Gefahrenabwehr stehen aber nach der verfassungsmäßigen Ordnung der Bundesrepublik nicht dem Bund, sondern allein den Ländern zu. Insgesamt ist gesetzlich eine „Allzuständigkeit" des BBK festzustellen, das nach § 2 Abs. 1 BBKG Aufgaben nicht nur im Zuständigkeitsbereich des Bundesinnenministeriums wahrnimmt, sondern auch Aufträge anderer Bundes- oder Landesministerien übernehmen darf.

V. Auch in Notstandssituationen bleiben die Grundrechte Abwehrrechte gegen staatliche Maßnahmen. Soweit es sich bei dem ABC-Ereignis nicht um eine Situation handelt, die Anlass zum Verteidigungsfall nach Art. 115a ff. GG gibt, gilt das gesamte Grundgesetz uneingeschränkt fort, sodass rechtsstaatliche Grundsätze wie der Gesetzesvorbehalt, der Verhältnismäßigkeitsgrundsatz und die Rechtsweggarantie als tragende Elemente des Rechtsstaatsprinzips weiter fortwirken. Verfassungsrechtlich bedenklich erscheint, dass es keinen Auskunfts- und Überprüfungsanspruch über Inhalt und Rechtmäßigkeit der vom BBK gespeicherten Daten gibt. Außerdem ist bedenklich, dass sich dieses Bundesamt neben Polizei, Bundeswehr und Nachrichtendiensten „als vierte Säule" (BBK 2004, S. 3) im nationalen Sicherheitssystem versteht. Dieses Selbstverständnis lässt befürchten, dass Grundrechtsbeschränkungen der Bevölkerung eher als etwas Selbstverständliches angesehen werden. Dafür spricht auch der an den Polizeijargon angepasste Titel eines sich derzeit im Abstimmungsverfahren mit den Ländern befindenden Entwurfs „Taktische Einsatzgrundsätze für den Bereich ABC-Erkundung", mit dem u. a. die vorhandenen Hilfspotenziale des Bundes und der Länder, also vornehmlich Feuerwehren und Hilfsorganisationen, besser mit einander verzahnt werden sollen.

Bundesamt für Bevölkerungsschutz und Katastrophenhilfe (Hg.) 2004: Bevölkerungsschutz, H. 2, Bonn

Borries, Hans W. / Schmittchen, Volker 2003: Gefahren für die innere Sicherheit. Abwehr und Bewältigung von Terroranschlägen mit ABC-Waffen, Recklinghausen

Fürnsinn, Gerhard 2001: Der biologisch-chemische Katastrophenfall, Wien

Kelle, Alexander 2002: Chemische und biologische Waffen, Opladen

Meyer-Teschendorf, Klaus G. u. a. 2004: Bevölkerungsschutz und Bundeswehr – Partner moderner gesamtstaatlicher Sicherheitsvorsorge im ABC-Schutz, Bonn

Schäfer, Achim Th. 2002: Bioterrorismus und Biologische Waffen. Gefahrenpotential – Gefahrenabwehr, Berlin

Martin H. W. Möllers

Antiterrorismusprogramm der EU

I. Unter „Antiterrorismusprogramm der EU" können jene Maßnahmen zusammengefasst werden, die von der Europäischen Union zunächst als Reaktion auf die Anschläge des 11.9. 2001 in den USA beschlossen worden sind. Von besonderer Bedeutung ist in diesem Zusammenhang der vom Brüsseler Sondergipfel des Europäischen Rates am 21.9.2001 beschlossene „Aktionsplan zur Bekämpfung des Terrorismus". Dieser politikfeldübergreifende Aktionsplan umfasst ein großes Bündel von Einzelmaßnahmen, die in einem mit Fristen versehenen „Fahrplan" fortgeschrieben worden sind. Neben den Politiken des → EU-Systems der Inneren Sicherheit, die im Weiteren im Vordergrund stehen, beinhaltete das Programm auch Maßnahmen aus den Bereichen der EU-Außenbeziehungen, der Verkehrspolitik (→ Luftsicherheit) und der Wirtschafts- und Finanzpolitik (Finanzströme, → Geldwäsche).

II. Ein erster Schwerpunkt des Aktionsplans von 2001 betraf Gesetzgebungsprojekte, die auf EU-Ebene entweder schon seit längerer Zeit beraten oder aber bereits beschlossen, jedoch nicht umgesetzt worden waren. Obwohl bei ihrer ursprünglichen Begründung der Terrorismus nicht im Vordergrund stand, haben der Europäische Rat und die Innen- und Justizminister eine zügige Einigung bzw. Anwendung als elementare Bestandteile des Antiterrorismusprogramms deklariert. Dazu ist die Einigung auf die Gründung der staatsanwaltschaftlichen Koordinierungsstelle → Eurojust ebenso zu zählen wie die Aufforderung, einschlägige EU-Übereinkommen (Auslieferung, Rechtshilfe) rasch zu ratifizieren. Auch der Europäische Haftbefehl war bereits lange auf der EU-Tagesordnung. Mit einem Rahmenbeschluss (ABl. EG L 190, 18.7.2002, S. 1) vom Juni 2002 wurde es ermöglicht, bei 32 Straftatbeständen im Grundsatz auf ein förmliches Auslieferungsverfahren zu verzichten und eine direkte Übergabe an die Behörde desjenigen Staates vorzunehmen, der den Haftbefehl ausgestellt hat. Das zuständige Gericht eines Staates wird über die Übergabe entscheiden können, ohne dass eine Bestätigung des Justizministeriums vorliegen muss. Vom Prinzip der doppelten Strafbarkeit soll dabei ebenso abgesehen werden wie vom Verbot der Auslieferung eigener Staatsangehöriger. Bevor der Europäische Haftbefehl wirksam werden konnte, mussten in den Mitgliedstaaten freilich die rechtlichen Voraussetzungen geschaffen werden. Davon unabhängig sah der Aktionsplan die Ausarbeitung eines Abkommens zwischen der EU und den USA über Auslieferung und über die Rechtshilfe in Strafsachen vor, das im Juni 2003 unterzeichnet worden ist.

III. Einen zweiten Schwerpunkt stellte der Rahmenbeschluss zur Terrorismusbekämpfung (ABl. EG L 164, 22.6.2002, S. 3) aus dem Juni 2002 dar. Mit dem Rahmenbeschluss sollte eine gemeinsame Definition terroristischer Straftaten in den mitgliedstaatlichen Strafgesetzen eingeführt werden, über die bis dahin lediglich Deutschland, Frankreich, Italien, Portugal, Spanien und Großbritannien verfügten. Als terroristische Straftaten sollen nach Art. 1 des Rahmenbeschlusses in den nationalen Strafgesetzen solche vorsätzlichen Handlungen definiert werden, „die durch ihre Art oder den jeweiligen Kontext ein Land oder eine internationale Organisation ernsthaft schädigen können“, wenn diese mit dem Ziel begangen werden, „i) die Bevölkerung auf schwer wiegende Weise einzuschüchtern oder ii) öffentliche Stellen oder eine internationale Organisation unberechtigterweise zu einem Tun oder Unterlassen zu zwingen oder iii) die politischen, verfassungsrechtlichen, wirtschaftlichen oder sozialen Grundstrukturen eines Landes oder einer internationalen Organisation ernsthaft zu destabilisieren oder zu zerstören.“ Der Rahmenbeschluss sieht darüber hinaus vor Mindesthöchststrafen für das Anführen einer → terroristischen Vereinigung (15 Jahre) und für andere im Rahmenbeschluss genannte Straftaten (8 Jahre) sowie die Verabschiedung von Rechtsakten für das erleichterte Einfrieren von Vermögenswerten im Zusammenhang mit dem Terrorismus.

IV. Neben den gesetzgeberischen Maßnahmen bestand ein dritter Schwerpunkt des Aktionsplans in Maßnahmen auf operativer Ebene. Neben zahlreichen Appellen an eine Intensivierung der praktischen Zusammenarbeit der zuständigen Polizei- und Justizbehörden sowie der Geheimdienste sind die Behörden insbesondere aufgefordert, ihre Informationen über terroristische Organisationen in stärkerem Maße als bisher auszutauschen. Besonderes Augenmerk legte der Aktionsplan auf die Zusammenarbeit mit den Behörden der USA. Regelmäßig soll in der EU eine Liste mutmaßlicher Terroristen und der sie unterstützenden Organisationen erstellt werden. In den Informationsaustausch sollen → Europol und → Eurojust systematisch einbezogen werden.

V. Der Aktionsplan von 2001 fußte im Wesentlichen auf Überlegungen und Projekten, die bereits vorher in den politischen Prozess eingespeist worden waren oder sich in der Umsetzung befanden. Die zahlreichen „Sicherheitspakete", die in den meisten Mitgliedstaaten binnen kurzer Frist aufgelegt worden sind, weisen zudem darauf hin, dass der Großteil der Antiterrormaßnahmen auf nationaler Ebene verabschiedet wurde. Es ist jedoch erstaunlich, in welch kurzer Zeit vor dem Hintergrund des 11.9.2001 auf Ebene der EU einzelne Maßnahmen auf den Weg gebracht werden konnten, über die es vorher keine Einigkeit gab. Ebenso sind im Zuge der Umsetzung des Programms erneut zahlreiche Beratungs-, Planungs- und Koordinierungsgremien auf europäischer Ebene geschaffen worden, in denen nicht nur Polizei und Staatsanwaltschaften, sondern auch Geheimdienste zusammenarbeiten. Als Trend zeichnet sich dabei ab, dass die traditionelle Trennung der Sicherheitsakteure und ihrer Datenbestände unter Druck gerät. Umso dringlicher stellt sich angesichts dieser Dynamik die Frage der parlamentarischen Kontrolle der europäischen Zusammenarbeit im Politikfeld Innere Sicherheit, die bisher nicht befriedigend gelöst ist.

Dennoch ist unübersehbar, dass das → EU-System der Inneren Sicherheit durch den Terrorismus nicht neu erfunden worden ist. Denn dass es trotz der beeindruckenden Zahl von Einzelprojekten des Antiterrorismusaktionsplans an der Durchsetzung eines kohärenten Ansatzes mangelt, zeigt die „Erklärung zum Kampf gegen den Terrorismus" vom 25.3.2004, die der Europäische Rat nach dem Madrider Anschlag vom 11.3.2004 vorgelegt hat. Mit dem Niederländer Gijs de Vries setzten die Staats- und Regierungschefs einen Antiterrorismuskoordinator ein. Erneut liegt ein zentraler Inhalt der Erklärung in Appellen an die Mitgliedstaaten, ihre eingegangenen Verpflichtungen einzuhalten, darunter auch solche, die bereits im ersten Aktionsplan angemahnt worden waren. Nicht zufällig nimmt das mangelhafte Vertrauen der Behörden untereinander breiten Raum ein. Das gilt auch und besonders gegenüber den EU-Einrichtungen Europol und Eurojust, die ihre Rolle nur in dem Maße spielen können, in dem die mitgliedstaatlichen Behörden mit ihnen kooperieren. Allzu offensichtlich bleiben damit also die gravierenden Mängel bei der Umsetzung der Rechtsakte, aber auch der operativen Zusammenarbeit. Was die Politik der Inneren Sicherheit angeht, so kann zusammenfassend einerseits eine katalytische Wirkung der Anschläge des 11.9.2001 und 11.3.2004 für die Zusammenarbeit in einem schwierigen Feld konstatiert werden, die grundsätzlichen Kooperationshemmnisse sind dadurch jedoch keineswegs ausgeräumt worden.

Den Boer, Monica 2003: 9/11 and the Europeanisation of Anti-Terrorism Policy: A critical assessment, Notre Europe Policy Papers No. 6

Europäischer Rat 25.3.2004: Erklärung zum Kampf gegen den Terrorismus, Brüssel

Knelangen, Wilhelm 2005: Die Europäische Union und die Bekämpfung des Terrorismus, in: Möllers, M. H. W. / Ooyen, R. Ch. Van (Hg.): Jahrbuch öffentliche Sicherheit 2004/2005, Frankfurt a. M., S. 403-413

Monar, Jörg 2004: Die EU und die Herausforderung des internationalen Terrorismus. Handlungsgrundlagen, Fortschritte und Defizite, in: Weidenfeld, W. (Hg.): Herausforderung Terrorismus, Wiesbaden, S. 136-172

Vennemann, Nicola 2004: Country Report on the European Union, in: Walter, Ch. u. a. (Hg.): Terrorism as a Challenge for National and International Law, Berlin / Heidelberg, S. 217-266

Wilhelm Knelangen

Ausländerrecht

I. Das „Ausländerrecht" ist ein Sonderrecht für Menschen, die nicht die deutsche Staatsangehörigkeit besitzen. Es regelt insbesondere die gesetzlichen Bestimmungen über Einreise, Aufenthalt, Niederlassung und Erwerbstätigkeit.

II. Das Aufenthaltsrecht ausländischer Arbeitnehmer und ihrer Familien war zunächst im Allgemeinen im Polizei- und Ordnungsrecht geregelt. Ab 1955 wurde aufgrund des „Wirtschaftswunders" der massive Arbeitskräftemangel durch die Anwerbung ausländischer Arbeitnehmer ausgeglichen. Das Konzept des „Gastarbeiters" war darauf ausgerichtet, den ausländischen Arbeitskräften nur so lange Aufenthalte zu gewähren, wie sie tatsächlich wirtschaftlich gebraucht wurden. In der Regel war der Aufenthalt von Gastarbeitern unmittelbar mit der Dauer des

Arbeitsvertrages verknüpft. 1965 wurde ein erstes Ausländergesetz geschaffen, welches das weite Ermessen der ausführenden Behörden begrenzen und nachprüfbare Kriterien einführen sollte.

Die Ölkrise 1973 hatte verheerende Auswirkungen auf die Weltwirtschaft. Als Folge verhängte die Bundesregierung einen Anwerbestopp für Gastarbeiter aus nicht EG-Staaten. Bis dahin waren 2,6 Mill. Menschen nach Deutschland gekommen, die offensichtlich auch bleiben wollten. Der Anwerbestopp sollte den Zuzug von ausländischen Arbeitnehmern verringern, hatte jedoch den gegenteiligen Effekt, weil verstärkt Familienangehörige nachzogen. Die Folgen der Anwerbung ausländischer Arbeitnehmer wurden erstmals thematisiert, weil nun minderjährige Kinder und Ehepartner präsent waren, die nicht einfach über den Arbeitsmarkt integriert werden konnten. Kindergärten, schulische und außerschulische Bildungseinrichtungen sahen sich mit Sprach- und Kulturdifferenzen konfrontiert. Von 14 Mill. Gastarbeitern, die zwischen 1955 und 1973 in die Bundesrepublik gekommen waren, kehrten 11 Mill. ohne besondere Anreize wieder zurück.

Das 1990 verabschiedete Ausländergesetz regelt den Aufenthalt von Ausländern, Ansprüche auf Familiennachzug, die Voraussetzungen für eine unbefristete Aufenthaltserlaubnis und Aufenthaltsberechtigung sowie die Voraussetzung für eine Einbürgerung. Ende der 90er Jahre / Anfang 2000 warnten Vertreter der Wirtschaft vor einem dramatischen Arbeitskräftemangel nicht nur bei hoch qualifizierten, sondern auch bei Facharbeitern, und forderten, die Anwerbung von ausländischen Arbeitskräften zu erleichtern. Wissenschaftler wiesen auf die Folgen der Alterung und den zu erwartenden Bevölkerungsrückgang hin. In ostdeutschen Kleinstädten und ländlichen Gebieten waren verheerende Folgen des Geburtenrückganges und der Abwanderung zu beklagen.

III. Mit der Greencard für Fachkräfte der Informations- und Kommunikationstechnologie, die auch eine Reaktion auf Bildungs- und Ausbildungsdefizite sowie den rasenden Strukturwandel in diesen Bereichen ist, wurde der Anwerbestopp erstmals durchbrochen. Am 12. September 2000 setzte der Bundesminister des Innern eine „unabhängige Kommission Zuwanderung" ein. Das erarbeitete Gesamtkonzept berücksichtigte die humanitären Verpflichtungen gegenüber Asylsuchenden und Flüchtlingen gleichrangig neben den Interessen an Zuwanderung qualifizierter Arbeitskräfte. Die Kommission kam zu dem Ergebnis, dass Deutschland faktisch ein Einwanderungsland sei und 30 Jahre nach dem Anwerbestopp dringend sowohl dauerhafte als auch befristete Zuwanderung für den Arbeitsmarkt benötige. Schon allein aufgrund der demografischen Entwicklung reiche die bis zum Jahre 2000 vorhandene jährliche Nettozuwanderung von 200.000 Personen nicht mehr aus. Bis zum Jahre 2050 bedürfe Deutschland einer jährlichen Nettozuwanderung von 350.000 bis 500.000 Menschen.

Am 1. Januar 2005 ist das „Gesetz zur Steuerung und Begrenzung der Zuwanderung und der Regelung des Aufenthaltes und der Integration von Unionsbürgern und Ausländern" in Kraft getreten (BGBl. I 2004, S. 1950 ff.). Die Ergebnisse und Empfehlungen der unabhängigen Kommission sind kaum eingeflossen. Der Kern des neuen Aufenthaltsrechts besteht aus dem Versuch, am internationalen Wettbewerb um Führungskräfte der Wissenschaft und Wirtschaft teilzunehmen, von denen erhofft wird, dass aufgrund ihrer Innovationsfähigkeit bis zu 2,5 Arbeitsplätze für weniger qualifizierte Arbeitskräfte geschaffen werden und damit wirtschaftliche Wachstumsbremsen gelöst sowie Arbeitslosigkeit abgebaut wird. Diesem Personenkreis wird bei ihrer Einreise ein unbefristetes Aufenthaltsrecht (Niederlassungserlaubnis) und großzügiger Familiennachzug gewährt. Gleichfalls wird Studienabsolventen die Arbeitsaufnahme innerhalb eines Jahres in ihrem Fachbereich ermöglicht; Selbstständige sollen bei entsprechendem Investitionsvolumen und Schaffung von Arbeitsplätzen ebenfalls eine Aufenthaltserlaubnis erhalten. Die Anzahl der möglichen Aufenthaltstitel für bestimmte Aufenthaltszwecke werden nach dem neuen Recht auf zwei beschränkt: befristete Aufenthaltserlaubnis und unbefristete Niederlassungserlaubnis. Bereits mit Erteilung des Aufenthaltstitels wird über den Zugang zum Arbeitsmarkt entschieden, sodass ein gesondertes Verfahren bei den Arbeitsämtern entfällt. Allerdings ist die Gewährung des Zugangs zum Arbeitsmarkt in den überwiegenden Fällen nach wie vor von der Zustimmung der Bundesagentur für Arbeit abhängig, die auch wie bisher nach den gleichen Kriterien entscheiden wird, jedoch wird der Verwaltungsaufwand übersichtlicher.

IV. Zur Förderung der Integration wurde ein Anspruch auf Teilnahme an Integrationskursen eingeräumt, die neben Sprachkursen auch Geschichts- und Staatsbürgerkunde enthalten sollen. Die mit dem Anschlag vom 11. September 2001 bereits in das geltende Ausländerrecht eingeführten Kontroll-, Sicherheits- und Sanktionsmöglichkeiten bei vermeintlichem Terrorismusverdacht (Antiterrorpakete) sind sämtlich in das neue Aufenthaltsrecht übernommen und teilweise erheblich erweitert worden. Liegen Tatsachen vor, die eine Schlussfolgerung rechtfertigen, dass ein Ausländer einer Vereinigung angehört oder angehört hat, die den Terrorismus unterstützen oder eine solche Vereinigung unterstützt oder unterstützt hat, wird dieser in der Regel ausgewiesen (§ 54 AufenthG). Es kann aber auch bereits ohne Ausweisung eine sofort vollziehbare Abschiebungsanordnung erfolgen, wenn „eine auf Tatsachen gestützte Gefahrenprognose für die Sicherheit oder eine terroristische Gefahr" festgestellt werden kann. Der betroffene Ausländer hat nur die Möglichkeit innerhalb einer Woche Rechtsmittel beim Bundesverwaltungsgericht einzulegen. Vor der Entscheidung des Bundesverwaltungsgerichts soll nicht abgeschoben werden. Gegen die vom Terrorismusverdacht betroffenen Ausländer kann eine polizeiliche Meldepflicht verhängt werden, ihre Bewegungsfreiheit beschränkt und die Benutzung von Kommunikationsmitteln untersagt werden (§ 54a AufenthG).

Durch das neue Recht wird aufenthaltsrechtlich auch das Flüchtlingsrecht und humanitäre Aufenthaltsrecht neu gestaltet. Geschlechtsspezifische und nichtstaatliche Verfolgung werden jetzt ausdrücklich in die Flüchtlingsdefinition mit aufgenommen (§ 60 Abs. 1 AufenthG). Aufenthaltsrechtlich werden Flüchtlinge nach der Genfer Flüchtlingskonvention und nach Art. 16a GG gleichbehandelt. Beide erhalten nach der Anerkennungsentscheidung eine Aufenthaltserlaubnis für drei Jahre, die dann als Niederlassungserlaubnis unbefristet verlängert wird, wenn das Bundesamt für Migration und Flüchtlinge mitteilt, dass Widerrufsgründe nicht vorliegen. Im Rahmen des Familiennachzuges werden ebenfalls beide Flüchtlingsgruppen gleichbehandelt, sodass auch für Flüchtlinge nach der Genferflüchtlingskonvention der Ehegattennachzug und der Nachzug von Kindern bis zu 18 Jahren unproblematisch möglich ist. Beiden Flüchtlingsgruppen ist die Aufnahme einer selbstständigen und unselbstständigen Erwerbstätigkeit möglich. Im Rahmen des humanitären Aufenthaltsrechtes sollen nunmehr die seit Jahren hier lebenden geduldeten Flüchtlinge die Möglichkeit einer Aufenthaltserlaubnis erhalten. Dies ist jedoch an die Voraussetzung geknüpft, dass weder ihre Abschiebung (wie bisher) noch ihre freiwillige Ausreise möglich und zumutbar ist (§§ 25 Abs. 3-5, 60 Abs. 2 AufenthG). Zur Abschaffung der Duldung, die nur die Unmöglichkeit der Abschiebung dokumentiert und keinen legalen Aufenthalt, hatte sich der Gesetzgeber nicht durchringen können. Mit dem neuen Recht erhalten die Länder auch die Möglichkeit, Ausreiseeinrichtungen für vollziehbar ausreisepflichtige Ausländer zu schaffen, in denen trotz Unmöglichkeit der Abschiebung durch „besondere Betreuung und Beratung die Bereitschaft zur freiwilligen Ausreise gefördert werden soll“ (§ 61 Abs. 2 AufenthG).

V. Das neue Aufenthaltsrecht wird den Anforderungen der Zukunft nicht gerecht, der Gesetzgeber hat sich bewusst für Beschränkung und Kontrolle entschieden. Die erforderliche Nettozuwanderung, die nach der Feststellung der Zuwanderungskommission dringend erforderlich ist, wird durch das neue Aufenthaltsrecht nicht erreicht werden können.

Hohm, Karl-Heinz 2005: Entstehung und Entwicklung des Gesetzes über den Aufenthalt, die Erwerbstätigkeit und die Integration von Ausländern im Bundesgebiet, in: Fritz, R. / Vormeier, J. (Hg.): Gemeinschaftskommentar zum Aufenthaltsgesetz (GK-AufenthG), Losblattsammlung

Marx, Reinhard 2004: Terrorismusvorbehalte des Zuwanderungsgesetzes, in: ZAR, H. 8, S. 275 ff.

Renner, Günter 2003: Terrorismusbekämpfung und Schutzsuchende, in: ZAR, H. 2, S. 52 ff.

Andrea Würdinger

Ausländerzentralregister

I. Das „Ausländerzentralregister“ (AZR) ist ein seit 1967 beim Bundesverwaltungsamt (BVA) in Köln geführtes automatisiertes Verzeichnis, in dem personenbezogene Daten aller Ausländer erfasst werden, die sich in Deutschland aufhalten. Das AZR enthält somit nicht nur Daten über im Bundesgebiet wohnende Ausländer, sondern auch über solche, die sich nur vorübergehend im Bundesgebiet aufhalten. Darüber hinaus werden Informationen gespeichert über ausländerrechtliche Maßnahmen wie Aufenthaltsablehnung, Ausweisung, Abschiebung oder Einreisebedenken.

II. Den Umfang der Datenerfassung im AZR regelt das „Gesetz über das Ausländerzentralregister“ (AZRG). Es werden die Grundpersonalien (Name, Vorname, Geschlecht, Geburtsdatum, Geburtsort, Staatsangehörigkeit), weitergehende Personalien (andere, frühere Namen), der aufenthaltsrechtliche Status, statusrelevante Entscheidungen und die übermittelnde Stelle aufgenommen (§ 3 Nr. 1-8 AZRG). Zum Teil werden Begründungstexte für einzelne ausländerrechtliche Maßnahmen im AZR gespeichert (§ 6 Abs. 5 AZRG), als Unterstützung für die Polizeibehörden und andere zuständigen Behörden beim Vollzug des Ausländer- und Asylrechts (§ 1 Abs. 2 AZRG).

Auf das AZR zugriffsberechtigt und zur Übermittlung von Daten verpflichtet sind die Ausländerbehörden, Polizeibehörden des Bundes und der Länder, Staatsanwaltschaften, Gerichte und Nachrichtendienste. Diese Sicherheitsbehörden können Maßnahmen gegen Ausländer direkt in das AZR eingeben, z. B. Ausschreibungen zur Festnahme oder Aufenthaltsermittlungen durch das → Bundeskriminalamt. Eingegeben werden können auch reine Verdachtsfälle, dass Ausländer bestimmte Straftaten planen, begehen oder begangen haben (§§ 2 Abs. 2 Nr. 6 u. 7, 6 AZRG).

Außerdem ist es erlaubt, an alle öffentlichen Stellen im gewissen Umfang Daten über einzelne Personen oder ganze Gruppen zu übermittelten. Alle öffentlichen Stellen dürfen auch Suchvermerke in das AZR einstellen (§§ 5, 12, 14 AZRG). Differenziert nach Behörde stehen umfangreichere Datensätze zur Verfügung. Den Ausländer- und Asylbehörden, der Bundesagentur für Arbeit, den Grenzpolizeidienststellen, den Polizeien von Bund und Ländern, den Staatsanwaltschaften, den Zollkriminalämtern, den Behörden des Verfassungsschutzes, dem → Militärischen Abschirmdienst und dem → Bundesnachrichtendienst stehen der Abruf der Informationen aus dem AZR im automatisierten Verfahren zu. Auch für nicht öffentliche Stellen sieht das AZRG eine Übermittlung von Informationen in bestimmten Fällen (z. B. bei Vorlage eines Vollstreckungstitels) vor (§§ 22, 26, 27 AZRG). Allerdings ist in § 14 AZRG auch die Pflicht zur Aufnahme von Übermittlungssperren geregelt. Den betroffenen Ausländern stehen ein Auskunftsrecht sowie Rechte zur Berichtigung, Löschung und Sperrung zu (§§ 34-37 AZRG).

Im AZR werden detaillierte Daten über Ausländer gesammelt und sowohl von den Auslandsvertretungen, den Ausländer- und Asylbehörden, dem Bundeskriminalamt, dem → Bundesamt für Verfassungsschutz, dem Bundesnachrichtendienst und weiteren Behörden verwertet. Diese Praxis greift in das auch Ausländerinnen und Ausländern zustehende „Recht auf informationelle Selbstbestimmung“ ein, das sich nach Ansicht des Bundesverfassungsgerichts aus Art. 2 Abs. 1 i. V. m. Art. 1 Abs. 1 GG ergibt („Volkszählungsurteil“ vom 15.12.1983, BVerfGE 65, S. 1 ff.). Die Daten werden insbesondere auch für Sicherheitszwecke genutzt, auch wenn es keinen konkreten Hinweis darauf gibt, dass von den betroffenen Ausländern eine Gefahr ausgeht oder dass sie einer Straftat verdächtig wären. Es ist fraglich, ob die Regelungen des AZRG in der bisherigen Fassung nicht den Gleichheitsgrundsatz des Art. 3 GG verletzen.

III. Vor In-Kraft-Treten des Terrorismusbekämpfungsgesetzes ermöglichte das AZRG noch die Überprüfung derjenigen Dienste und Behörden, die auf die entsprechenden Datenbanken des AZR zurückgriffen. Eine solche Kontrolle gestattet dagegen die neue Rechtslage eher nicht mehr, da eine grundsätzliche Zusammenarbeit aller Sicherheitsbehörden eingeführt werden soll. Der regelmäßige Datenabgleich mit Erkenntnissen des Bundeskriminalamts, des Bundesamtes für Verfassungsschutz und des Bundesnachrichtendienstes sowie die Weiterleitung dieser Informationen an den Kreis aller Zugriffsberechtigten erschweren die Kontrollmöglichkeiten. Die Herkunft einzelner Daten lässt sich bei einem so entstehenden Datenpool nicht mehr feststellen und hätte zur Folge, dass die gespeicherten Erkenntnisse nicht gerichtsverwertbar sind.

Die Neuregelungen des AZRG gestatten in § 15 nunmehr auch die Datenübermittlung an die für die Zuverlässigkeitsprüfung zuständigen Luftfahrtbehörden der Länder im Sinne des neu geschaffenen § 29d LuftVG. Außerdem ist die Datenspeicherung überdies auch bei Ausländern zulässig, die wegen illegaler Einreise ohne Aufenthaltsgenehmigung (§ 92 Abs. 1 Nr. 6

AuslG) oder wegen illegaler Einreise und Aufenthalt nach Ausweisung oder Abschiebung (§ 92 Abs. 2 Nr. 1 AuslG) verurteilt worden sind. Zusätzlich werden freiwillig gemachte Angaben zur Religionszugehörigkeit in den Datensatz aufgenommen. Gruppenauskünfte sind jetzt nicht mehr nur bei einer im Einzelfall bestehenden – und damit konkreten – Gefahr möglich, sondern bereits allgemein bei Gefahren (§ 12 Abs. 2 S. 2 AZRG). Die Unterrichtung des Bundesbeauftragten für den Datenschutz bzw. des Datenschutzbeauftragten des entsprechenden Landes nach Erteilung einer Gruppenauskunft wurde gestrichen (§ 12 Abs. 3 AZRG a. F.).

IV. Schon bei der Beantragung eines Visums im Ausland beginnen für die Betroffenen die ausländerrechtliche Überwachung und die Speicherung ihrer persönlichen Daten für die nächsten 10 Jahre, selbst wenn eine Einreise nach Deutschland nicht erfolgt. Wurden bisher lediglich das Geschäftszeichen der Registerbehörde (Visumsummer), die zuständige Auslandsvertretung, die Grundpersonalien (Familienname, Geburtsname, Vornamen, Schreibweise der Namen nach deutschem Recht, Geburtsdatum, Geburtsort und -bezirk, Geschlecht, Staatsangehörigkeiten) und das Datum der Datenübermittlung gespeichert, werden nunmehr zusätzlich die weiteren Personalien (abweichende Namensschreibweisen, andere Namen, frühere Namen, Aliaspersonalien, Familienstand, Angaben zum Ausweispapier, letzter Wohnort im Herkunftsland und Staatsangehörigkeiten des Ehegatten), das Lichtbild, die Entscheidung über den Antrag, das Datum der Entscheidung und das Datum der Übermittlung der Entscheidung, Art, Nummer und Geltungsdauer des Visums sowie weitere Daten gespeichert (§ 29 Abs. 1 Nr. 1-10 AZRG).

Waren Übermittlungsempfänger bisher die Grenzschutzdirektion und die mit grenzpolizeilichen Aufgaben betrauten Stellen, das Bundesamt für die Anerkennung ausländischer Flüchtlinge (heute Bundesamt für Migration und Flüchtlinge – BAMF), das Bundeskriminalamt, die Landeskriminalämter, die Verfassungsschutzbehörden des Bundes und der Länder, der Militärische Abschirmdienst und der Bundesnachrichtendienst, die Gerichte und Staatsanwaltschaften sowie die am Visaverfahren beteiligte Organisationseinheit des Bundesverwaltungsamtes, so kommen nunmehr sonstige Polizeivollzugsbehörden des Bundes und der Länder, die Ausländerbehörden, die Träger der Sozialhilfe und die für die Durchführung des Asylbewerberleistungsgesetzes zuständigen Stellen hinzu (§ 32 Abs. 1 Nr. 5-7 AZRG).

Durch die Nutzung der erhobenen Daten auch für polizeiliche Zwecke werden die Polizeibehörden zudem zur Abwehr abstrakter Gefahren online auf alle im AZR gespeicherten Angaben zum Aufenthaltsstatus und zum Asylverfahren zugreifen dürfen. Daraus ergibt sich, dass die Fingerabdrücke in das „Automatisierte Fingerabdruck-Identifizierungs-System" (→ Fingerabdrucksysteme) aufgenommen und generell ein automatisierter Abgleich der Fingerabdrücke von Asylbewerbern mit dem polizeilichen Tatortspurenbestand ermöglicht werden.

V. Da im Ergebnis die zu speichernden Daten und der Kreis der Zugriffsberechtigten auf diese Daten erweitert wurden, ergibt sich aus den Neuregelungen zum AZRG eine zunehmende Schutzlosigkeit nicht nur von Ausländerinnen und Ausländern, sondern auch von den in Deutschland lebenden Familienangehörigen und Kontaktpersonen. Denn auch die Einladenden und der angegebene Aufenthaltszweck sowie die in Deutschland lebenden Bezugspersonen werden nunmehr von der Ausländerbehörde überprüft. Dies gilt sowohl bei privaten als auch bei geschäftlich veranlassten Reisen. Gibt es keine Bezugspersonen in Deutschland, z. B. wenn Reisen über ein Reisebüro gebucht sind, dann werden Erkundigungen bei den Reiseveranstaltern eingeholt. Allerdings besteht gerade wegen dieser fehlenden Prüfungsmöglichkeiten der Grund, dass das Visum versagt wird. Daraus ergibt sich, dass sich das neue AZRG hemmend auf die Geschäftsbeziehungen mit dem Ausland auswirken wird, weil im Rahmen von Geschäftsreisen sowohl die ausländischen Geschäftspartner als auch die im Inland sitzenden Firmen in ihren Geschäftsbeziehungen belastet werden. Verfassungsrechtlich bedenklich ist es, dass es – anders als bei deutschen Staatsangehörigen – keinen Auskunfts- und Überprüfungsanspruch über Inhalt und Rechtmäßigkeit der gespeicherten Daten gibt.

Da auch keine Regelung eines Verbots der Weitergabe der gespeicherten Daten an die Sicherheits- und Geheimdienstorgane des Verfolgerstaates aufgenommen wurde, vielmehr diese Daten über den europäischen Verbund an diese Staaten weitergeleitet werden könnten, wird der in Art. 16a Abs. 1 GG garantierte Schutz vor politischer Verfolgung beschränkt. Das wird die Arbeit des Bundesamtes für Migration und Flüchtlinge nicht gerade erleichtern.

Denninger, Erhard 2002: Freiheit durch Sicherheit? Anmerkungen zum Terrorismusbekämpfungsgesetz, in: APuZ, B 10-11, S. 22-30

Denninger, Erhard 2003: Fünf Thesen zur „Sicherheitsarchitektur", insbesondere nach dem 11. September 2001, in: Möllers, M. H. W. / Ooyen, R. Chr. van (Hg.): Jahrbuch Öffentliche Sicherheit 2002/2003, Frankfurt a. M., S. 253-264

Streit, Christian 2002: Die Auswirkungen des Terrorismusbekämpfungsgesetzes auf die Regelungen zum Ausländerzentralregister, in: ZAR, H. 7, S. 237-241

Weichert, Thilo 2001: Kommentar zum Ausländerzentralregistergesetz, Neuwied

Weichert, Thilo 2002: Datenschutz für Ausländer ... nach dem 11. September 2001, in: DuD, H. 7, S. 423-428

Martin H. W. Möllers

Bankgeheimnis

I. Das Bankgeheimnis begründet ein besonderes Vertrauensverhältnis zwischen dem Kunden und seinem Geldinstitut. Es verpflichtet die Bank gegenüber Dritten zur Verschwiegenheit über Kontostände, Vermögenswerte und Geschäfte des Kunden. Dies ist in den Allgemeinen Geschäftsbedingungen und im § 30a der Abgabenordnung unter der Überschrift „Schutz von Bankkunden" festgeschrieben.

II. Das Bankgeheimnis ist in den vergangenen Jahren immer stärker eingeschränkt worden. Die offiziellen Gründe dafür waren, je nach politischer Großwetterlage, der Kampf gegen die → Organisierte Kriminalität, gegen → Geldwäsche, gegen den Internationalen Terrorismus und Steuerhinterziehung. Das Bankgeheimnis gilt nicht, wenn der Kunde verstorben ist. Dann muss die Bank gegenüber dem Finanzamt sagen, ob der Verstorbene über größere Summen verfügte, damit die Erbschaftssteuer erfasst und abgeführt werden kann. Umgekehrt prüft das Finanzamt seit 1993, ob Freistellungsaufträge richtig ausgefüllt wurden. Daneben ist in Strafverfahren das Bankgeheimnis grundsätzlich durchbrochen. Dann sind Bankmitarbeiter zur Auskunft und Banken zur Herausgabe von Beweisen verpflichtet. Gegenüber den Finanzbehörden sind Banken bei einem konkreten Ersuchen und einem strafrechtlichen Anfangsverdacht zur Auskunft verpflichtet. Ebenso ist die Bank verpflichtet, die Polizei zu informieren, wenn sie den Verdacht auf Geldwäsche hat. Dies gilt besonders bei Bareinzahlungen von über 15.000 Euro. Die Bundesanstalt für Finanzdienstleistungsaufsicht (BaFin) verpflichtet alle Finanzdienstleister, ihre Kunden zu identifizieren und sie bei verdächtigen Geschäften zu überwachen. Außerdem geben Banken die Daten über finanziell unzuverlässige Kunden an die Schutzgemeinschaft für allgemeine Kreditsicherung (Schufa) weiter. Die Schufa warnt dann andere Banken vor diesen Kunden.

III. Im Sicherheitspaket II wurden besonders dem → Bundesamt für Verfassungsschutz (BfV) umfassende Rechte eingeräumt, die das schon durchlöcherte Bankgeheimnis endgültig zur Makulatur werden lassen: „Informationen über Geldströme und Kontobewegungen von Organisationen und Personen, die extremistischer Bestrebungen oder sicherheitsgefährdender bzw. geheimdienstlicher Tätigkeiten verdächtigt werden, können zur Feststellung von Tätern und Hintermännern führen. Zur Erforschung dieser Geldströme und Kontobewegungen erhält das Bundesamt für Verfassungsschutz eine mit einer Auskunftsverpflichtung der Banken und Geldinstitute korrespondierende Befugnis, Informationen über Konten einzuholen. Ferner sind Auskunftspflichten auch für Postdienstleister, Luftverkehrsunternehmen, Telekommunikations- und Teledienstleister vorgesehen" (BT-Drs. 14/7386, S. 36).

Aufgrund der grenzüberschreitenden Finanztransaktionen von Terroristen kann der → Bundesnachrichtendienst (BND) ebenfalls Auskünfte bei Banken einholen. Im Gegensatz zu Anfragen des Verfassungsschutzes sind die Unternehmen nicht zur Auskunft verpflichtet. Dieses neue Recht des BND wird mit dem engen „Zusammenhang zwischen massivem Drogenanbau und -handel, Geldwäsche und terroristischen Aktivitäten" (BT-Drs. 14/7386, S. 42) begründet. Beispiele dafür, wie durch dieses Auskunftsrecht der Anschlag vom 11. September 2001 oder ähnliche Anschläge hätten verhindert werden können, fehlen.

Nahezu gleichzeitig plante das Bundesministerium für Finanzen die Einrichtung einer Zentralstelle für Finanzermittlungen, die verstärkt im Vorfeld staatsanwaltschaftlicher Ermittlungen gegen Geldwäsche vorgehen soll. Die Stelle soll den Kompetenzwirrwarr und die mangelnde Abstimmung zwischen den bisher ermittelnden Behörden auf Bundes- und Länderebene, mal durch die Polizei, mal durch spezielle Staatsanwaltschaften, ablösen. Dafür soll sie Erkenntnisse des BKA und der BaFin zusammenführen. Denn bisher führen die Verdachtsmeldungen von Banken selten zu Strafverfahren, weil sich das Wissen auf die einzelnen Landeskriminalämter und örtlichen Staatsanwaltschaften verteilt. Das offizielle Ziel ist ein effektives Austrocknen der Finanzquellen des Terrorismus, das inoffizielle die Bekämpfung von Steuerhinterziehung. Wann und mit welchen Kompetenzen diese Zentralstelle eingerichtet wird, ist unklar.

Daneben wurde im Vierten Finanzmarktförderungsgesetz (BT-Drs. 14/8017) im Gesetz über das Kreditwesen (KWG) ein neuer § 24c eingefügt, welcher Kreditinstitute zur Einrichtung eines automatisierten Abrufs von Kundeninformationen verpflichtet. Die BaFin (bis zum 30. April 2003 Bundesaufsichtsamt für das Kreditwesen – BAKred) hat so jederzeit Zugriff auf Kundendaten, ohne die heftig kritisierte Kontenevidenzzentrale einrichten zu müssen. Sie darf Daten abrufen, wenn gegen das Gesetz über das Kreditwesen oder das Geldwäschegesetz verstoßen wird. Außerdem erteilt die BaFin den Aufsichtbehörden, den Strafverfolgungsbehörden, außer bei Steuerstraftaten, und in der internationalen Rechtshilfe in Strafsachen Auskunft. Die Zulässigkeit der Übermittlung wird normalerweise nicht von ihr geprüft (§ 24c Abs. 4 KWG). Das Bundesministerium für Finanzen begründete die Einführung des automatisierten Abrufs mit dem Hinweis, dass Transaktionen im Zahlungsverkehr, die der Logistik des Terrorismus dienten und damit Verbindungen zur Geldwäsche aufwiesen, nur mit einem aktuellen und vollständigen Überblick aller Konten von natürlichen und juristischen Personen bekämpft werden könnten (BT-Drs. 14/8017, S. 122). Belege für diese Behauptung, zum Beispiel ein Fallbeispiel oder Hinweise auf positive Erfahrungen in anderen Ländern, gibt es nicht.

Laut Jahresbericht 2003 der BaFin wird das Verfahren zum automatisierten Abruf von Kontoinformationen seit dem 1. April 2003 angewendet. Der Wirkbetrieb wurde am 24. November 2003 aufgenommen. In den ersten sieben Wochen bearbeitete die BaFin etwa 2.200 Anfragen; fast 1.600 Anfragen von der Staatsanwaltschaft und der Polizei sowie 425 von der BaFin. Es wurden Informationen zu über 9.600 Konten erteilt. Die BaFin führte dafür etwa 5,5 Millionen Abrufe durch. In mehreren Fällen erfuhren die Ermittlungsbehörden so von bis dahin unbekanntem Vermögen Beschuldigter.

Im August 2004 wurden Pläne der Bundesregierung für einen erweiterten Zugriff von Behörden auf das automatisierte Kontoabfragesystem bekannt. Nach dem „Gesetz zur Förderung der Steuerehrlichkeit" haben ab dem 1. April 2005 die Finanzämter einen Zugang. Außerdem, so ein Sprecher des Finanzministeriums, könnten alle Behörden Daten abfragen, die Gesetze anwenden, in denen Begriffe wie „Einkünfte", „Einkommen" oder „zu versteuerndes Einkommen" vorkämen. Im Wesentlichen seien dies die Bundesagentur für Arbeit, Sozialämter und BAföG-Stellen. Die Kreditinstitute und Betroffenen erfahren zunächst nichts von einem solchen Abruf.

IV. Bisher gibt es mehrere internationale Absichtserklärungen gegen Geldwäsche vorzugehen. Dafür gibt es seit 1989 eine von den G-7-Staaten gegründete „Financial Action Task Force on Money Laundering" (FATF) mit Sitz in Paris bei der OECD. Aber bis heute ist unklar, wie Geldwäsche international überwacht werden soll und die Schwarze Liste der FATF, die kooperationsunwillige Staaten enthält, wird von Anliegern als Empfehlungsschreiben angesehen.

Die EU-Kommission will ihren Kampf gegen die Geldwäsche, besonders wenn sie der Finanzierung des Terrorismus dient, verstärken. Dafür schlug sie im Juni 2004 dem EU-Ministerrat mehrere Maßnahmen vor: u. a. die Ausdehnung des Geldwäschebegriffs bei der Finanzierung von Terrorismus auch auf legal erworbenes Vermögen, genauere Prüfung der Kunden von Unternehmensdienstleistern und Vermittlern von Lebensversicherungen, Verbesserung der bestehenden Verfahren zur Identifikation von Kunden bei Kreditinstituten.

V. Mit dem automatisierten Abruf von Kundeninformationen und den erweiterten Auskunftsrechten der Geheimdienste wird das Bankgeheimnis weiter durchlöchert. Weil die Maßnahmen gegen den Internationalen Terrorismus und die Organisierte Kriminalität wirkungslos sind, solange es keine international koordinierte Zusammenarbeit zwischen den Staaten gibt, eignen sich die neuen Rechte der Behörden in erster Linie, um Jagd auf Steuersünder zu machen. Gerade die neuesten Erweiterungen für zugriffsberechtigte Behörden, und das Schweigen des Bundesbeauftragten für Datenschutz, lassen hier die Befürchtungen eines „gläsernen Bürgers" für den Staat mehr als real werden.

Bundesanstalt für Finanzdienstleistungsaufsicht 2004: Jahresbericht 2003, Bonn/Frankfurt a. M.

Fischermann, Thomas / Rohwetter, Marcus / Wernicke, Christian. 2001: Jeder ist verdächtig, in: Die Zeit vom 4. Oktober 2001

Kempf, Andreas 2004: Bund hebelt das Bankgeheimnis aus, in Stuttgarter Zeitung vom 21. August 2004

Ortner, Johannes 1995: Das Bankgeheimnis – Rechtsvergleich Österreich, Deutschland, Schweiz, Liechtenstein und Luxemburg, Wien

Axel Bußmer

Biometrie

I. „Biometrie" bezeichnet automatisierte Verfahren der Personenerkennung anhand von biologischen Merkmalen mittels Messung, Zählung und statistischen Auswertungen. Merkmale, anhand derer eine Erkennung vollzogen werden kann, sind u. a. das Fingerbild, die Handgeometrie, das Gesicht, das Auge, die Stimme, die Unterschrift, Bewegungseigenschaften oder eine Kombination dieser Merkmale. Die Erfassung dieser biometrischen Merkmale dient der Identifikation (eindeutige Zuordnung einer Person zu einem gespeicherten Datensatz), Authentisierung (Prüfung der Berechtigung) und Verifikation (Überprüfung, ob eine Person diejenige ist, als die sie sich ausgibt).

II. Die Daktyloskopie (Identifizierung von Fingerabdrücken) ist sicher die älteste Vorform der Biometrie. Biometrie in der Form automatisierter Verfahren der Personenerkennung ist jedoch eine vergleichsweise junge Technologie. Verfahren der automatisierten Speicherung und des Abgleichs von Fingerabdruckdaten gibt es bereits länger; für die Zwecke der Polizei gibt es ein automatisches Fingerabdruckidentifikationssystem (AFIS, → INPOL) seit 1992. Mit der zunehmenden Verbreitung kostengünstiger schneller Rechner und leistungsfähiger Sensoren in den späten 80er und 90er Jahren werden biometrische Verfahren jedoch auch für die Echtzeiterkennung sowie für breitere Nutzerkreise zunehmend interessant.

III. Ein Anwendungsgebiet für die private und privatwirtschaftliche Nutzung biometrischer Produkte stellt z. B. die Sicherung von Eigentum und Daten dar. Mittels Sensoren kann eine Verifikation gemessener Daten mit zuvor gespeicherten Referenzdaten erfolgen, sodass Zugriffsrechte für Räume oder Computer erteilt oder verweigert werden können. Anwender können hier sowohl Firmen und Behörden sein, die Eigentum vor unbefugtem Zutritt schützen möchten, als auch Banken, z. B. als Ersatz für PINs an

Geldautomaten, aber auch private Nutzer etwa bei der Sicherung privater Daten vor dem Zugriff durch Dritte. Problematisch sind vor allem Erkennungsfehler. Je restriktiver die Anforderungen für die Erkennung gesetzt werden, desto größer ist das Risiko, dass autorisierte Personen abgewiesen werden; werden die Restriktionen gelockert, wächst das Risiko, dass nicht autorisierte Personen fälschlicherweise verifiziert werden. Für Systeme, die eine extrem niedrige Fehlerrate erfordern (z. B. für Geldtransaktionen), sind daher derzeit noch keine biometrischen Verfahren im Einsatz.

Im Bereich der Strafverfolgung und -prävention werden vor allem Echtzeitanwendungen zunehmend interessant, etwa die automatische Identifizierung von Personen über Gesichtsgeometrie oder Bewegungsdynamik über Überwachungskameras an Flughäfen. Die Bundesregierung misst in der Folge des 11. September 2001 dem Einsatz biometrischer Systeme eine hohe Bedeutung zu. Eine Anpassung des Rechtsrahmens hat durch die so genannten Sicherheitspakete I und II bereits stattgefunden, nicht zuletzt verursacht durch den erhöhten Regelungsdruck aufgrund des US-amerikanischen Patriot Acts. Die Richtlinien der International Civil Aviation Organisation (ICAO), einer Sonderorganisation der UN, sehen ebenfalls vor, dass die Mitgliedsstaaten nationale Regelungen zur Aufnahme von biometrischen Daten in Reisedokumente erlassen sollen. So können z. B. codierte biometrische Daten in Personalausweisen und in den Papieren von Ausländern aufgenommen werden (Art. 7 und 8 Terrorismusbekämpfungsgesetz). Der „weltweite Durchbruch der Biometrie als Sicherheitstechnologie [...] scheint unmittelbar bevorzustehen“ (BT-Drs. 15/4000, S. 5).

Im Bereich der Kriminalitätsermittlung stellt vor allem die → DNA-Analyse ein neues und ausgereiftes Verfahren zur Identifizierung von Personen dar. Aktuelle Veränderungen der Anwendungsverfahren finden sich hier u. a. bei der zunehmenden Durchführung von (formal) freiwilligen Massengentests.

IV. Die Auswirkungen der neuen Möglichkeiten der Biometrie sind noch nicht voll erkennbar. Einerseits erscheint es möglich, durch Echtzeiterkennung in Verbindung mit einer verbesserten Datenvernetzung, neuen Techniken der Datenanalyse („Data Mining“), der → Telekommunikationsüberwachung und anderen „klassischen“ Ermittlungstechniken (Abhören, Beobachtung, Meldedaten) differenzierte Bewegungs- und Handlungsprofile von einzelnen Personen zu erstellen. Auch privatwirtschaftlich mag es in Zukunft durchaus interessant erscheinen, die Erstellung individuelle Konsummuster durch biometrische Verfahren zu verbessern, obgleich die Erfassung anonymisierter Nutzungsmuster (z. B. durch Scannerkassen oder so genannte RFID-Label, Etiketten mit eingebautem, eindeutigem

Funk-Chip), aber auch die personenbezogene Erfassung des Konsumverhaltens durch freiwillige Anreizsysteme („Pay-Back-Karten" etc.) bereits ohne Biometrie die Erstellung weitreichender Konsumprofile erlaubt. Im privaten und privatwirtschaftlichen Bereich könnten zudem die Sicherungskosten von Objekten langfristig durch biometrische Verfahren reduziert werden. Andererseits stellen Fehlerkennungsraten selbst im Promillebereich die vollautomatische Anwendung an belebten Orten noch bis auf weiteres in Frage, zumindest dann, wenn hohe Anforderungen an die Zuverlässigkeit gestellt werden. Gleiches gilt auch für die Authentifizierung von Personen in Bereichen, in denen die Fehlertoleranz nahe bei null liegen muss, also etwa an Geldautomaten oder bei der Zutrittskontrolle in Hochsicherheitsbereichen. Für die „Nicht-Echtzeitidentifikation" über DNA-Analysen ergibt sich die Folgefrage der Datenerhebung, -aufbewahrung und des Zugriffs auf Datenbestände. Derzeit ist diese Frage in Deutschland noch restriktiv gelöst, indem bei Massengentests erhobene Daten nicht weiterverwendet werden dürfen.

Die weiteste Verbreitung biometrischer Verfahren dürfte in der kommenden Zeit bei der Identifikation von Personen bestehen, insbesondere durch die Verwendung von biometrischen Informationen in Ausweisdokumenten. In einigen Ländern wie z. B. Ägypten (seit 2001) und Bosnien-Herzegowina (seit 2002) werden bereits biometrische Daten in Ausweisdokumenten gespeichert. Auch in Deutschland ist es beabsichtigt, die biometrischen Daten der Bundesbürger auf dem Ausweis anzubringen. Für Ausländer ist zudem eine zentrale Speicherung vorgesehen; für Bürger der Bundesrepublik wird dies aufgrund des Rechts auf informationelle Selbstbestimmung ausgeschlossen. Dies geschieht wohl auch deshalb, weil die Anforderungen an die Datenqualität nicht übermäßig hoch ist: Personen, die nicht mit hinreichender Sicherheit als die Inhaber des Ausweises identifiziert werden, können weiterhin auf herkömmlichem Weg identifiziert werden. Es wird von Fehlerraten von bis zu 10 % fälschlicher Zurückweisungen ausgegangen. Mögliche Optionen für die Aufnahme biometrischer Daten in Ausweisdokumente sind in Deutschland: die Verwendung des Passfotos als bestehendes biometrisches Merkmal, die Aufwertung bestehender Dokumente etwa mit Barcodes (codierte biometrische Daten) sowie eine gänzliche Neugestaltung der Ausweispapiere und die Aufnahme von Speicher- oder Funkchips (RFID-Chips).

V. Kritiker befürchten eine Einschränkung von Freiheitsrechten durch die Zunahme der Kontrolldichte und damit einhergehend eine zunehmende Verengung von Privaträumen. Zwischen individuellen Rechten und öffentlichem Sicherheitsinteresse muss ein Abwägungsprozess stattfinden, der vor allem folgende Fragen klären muss: Wer darf in welchem Handlungskontext welche individuellen Personenmerkmale auf welche Weise erheben? Kritiker weisen in diesem Zusammenhang immer wieder auf die nur formal freiwilligen Massengentests bei polizeilichen Ermittlungen im Rahmen von schweren Straftaten hin. Wer speichert welche Merkmale (zentrale Ermittlungscomputer, zentrale Rechner von „Privaten", individuelle Verfügbarkeit für den Merkmalsträger z. B. auf Chipkarten) und wie sicher sind die gespeicherten Daten vor Missbrauch? Kritisch zu hinterfragen wäre hier die zentrale Erfassung biometrischer Daten von Ausländern. Wer hat auf welche Weise Zugriff, welche Verknüpfungen mit anderen Daten können vorgenommen werden (→ INPOL)? Wer kann, wo die erhobenen Daten mit personalisierten Referenzdaten vergleichen? Welche Auswirkungen haben Fehlerkennungen für die Betroffenen, wer trägt die Kosten bzw. Beweislast für Fehlerkennungen? Wissen die Merkmalsträger, durch wen, wie und wo ihre biometrischen Daten verarbeitet werden? Können Merkmalsträger den Strom ihrer biometrischen Daten nachvollziehen und beeinflussen? In welchem Verhältnis stehen die Aufwendungen für biometrische Verfahren im Vergleich mit dem erwarteten Nutzen, der Erhöhung der Sicherheitsleistung?

Behrens, Michael / Roth, Richard (Hg.) 2001: Biometrische Identifikation – Grundlagen, Verfahren, Perspektiven, Wiesbaden

Lehne, Werner 2002: Endlich freie Bahn für eine umfassende Gendatenbank? In: KrimJ, H. 3, S. 193-204

Schneier, Bruce 1999: Inside risks: the uses and abuses of biometrics, in: Communications of the ASM, No. 8, p. 136

Volker Mittendorf

Bundesamt für Verfassungsschutz

I. Das Bundesamt für Verfassungsschutz (BfV) ist der zivile Inlandsgeheimdienst der Bundesrepublik Deutschland. Er ist damit zum Teil das Gegenstück zum → Bundesnachrichtendienst (BND), welcher der Auslandsgeheimdienst des Bundes ist. Das BfV ist eine Bundesoberbehörde im Geschäftsbereich des Bundesministers des Innern (BMI) und diesem unmittelbar nachgeordnet. Der Sitz des Bundesamtes für Verfassungsschutz ist Köln. Der Geheimdienst beschäftigt etwa 2.100 Mitarbeiter und hat ein Budget von ca. 113 Mill. € zur Verfügung. Die Aus- und Fortbildung der Bediensteten des BfV findet zu einem großen Teil an der 1955 gegründeten Schule für Verfassungsschutz (SfV) in

Swisttal-Heimerzheim in der Nähe von Bonn statt.

Bei der Etablierung des Verfassungsschutzes wurde durch den Einfluss der Alliierten in ihrem so genannten Polizeibrief an den Parlamentarischen Rat vom 14.04.1949 eine Konzeption gewählt, die eine enge Anlehnung an den britischen Geheimdienst MI 5 offenbarte. Die Alliierten gestatteten der künftigen Bundesregierung nur eine Stelle zur Sammlung und Verbreitung von Auskünften über umstürzlerische, gegen die Bundesregierung gerichtete Tätigkeiten einzurichten. Damit war seit Gründung des BfV am 07.11.1950 klar, dass dieses keine Zwangsanwendungsbefugnisse haben, sondern lediglich Informationen sammeln und auswerten sollte. Ein zentraler Gedanke war die klare Trennung von Verfassungsschutz und Polizei. Das so genannte → Trennungsgebot war jedoch nicht nur eine Folge der Vorgaben der Alliierten nach dem Zusammenbruch des Deutschen Reichs, sondern auch eine Folge der traumatischen Ereignisse im Dritten Reich mit der gefürchteten Geheimen Staatspolizei und dem Sicherheitsdienst (SD) der SS.

Die verfassungsrechtliche Legitimation für das Bundesamt für Verfassungsschutz ergibt sich aus Art. 73 Nr. 10 in Verbindung mit Art. 87 Abs. 1 GG. Damit hat der Dienst – anders als der → Militärische Abschirmdienst (MAD) und der BND – eine unmittelbare Würdigung im Grundgesetz erfahren. Eine weitere Konkretisierung erfolgte für den Verfassungsschutz durch das „Gesetz über die Zusammenarbeit des Bundes und der Länder in Angelegenheiten des Verfassungsschutzes und über das Bundesamt für Verfassungsschutz" (BVerfSchG) von 1950 (BGBl. I, S. 682).

II. Die gesetzlich normierten Hauptaufgaben des Verfassungsschutzes sind die Sammlung und Auswertung von Auskünften, Nachrichten und sonstigen Unterlagen über Bestrebungen, die sich gegen die freiheitlich demokratische Grundordnung richten oder den Bestand und die Sicherheit des Bundes oder eines Landes betreffen. Ferner obliegt dem BfV die Spionageabwehr, also die Bekämpfung geheimdienstlicher Tätigkeiten für eine fremde Macht. Hierbei richten sich zurzeit die Abwehrbemühungen vorrangig gegen die diversen russischen Dienste (insbesondere den militärischen Geheimdienst GRU und den zivilen Auslandsnachrichtendienst SWR) sowie die Geheimdienste Chinas, Syriens, Iraks und Irans. Zusätzlich wirkt das BfV beim Geheim- und Sabotageschutz mit. Dazu gehört neben der → Sicherheitsüberprüfung von Geheimnisträgern auch die Mitwirkung bei Fragen des materiellen Geheimschutzes. In diesem Bereich arbeitet das BfV mit dem Bundesamt für die Sicherheit in der Informationstechnik (BSI) zusammen.

Das Bundesamt für Verfassungsschutz arbeitet eng mit den Landesämtern für Verfassungsschutz (LfV) bzw. den jeweiligen Abteilungen für Verfassungsschutz der Innenministerien der Länder zusammen. Das Bundesamt und die Landesämter unterrichten sich wechselseitig über ihre jeweiligen Erkenntnisse. Dabei bedienen sie sich auch einer zu diesem Zweck Anfang der 70er Jahre errichteten gemeinsamen Datei. Das Nachrichtendienstliche Informationssystem (NADIS) ist ein EDV-gestütztes Verbundsystem und dient im Wesentlichen als elektronisches Aktenregister, das darüber Auskunft gibt, ob dem Verfassungsschutz eine Person oder Organisation bekannt ist und ggf. wo und unter welchem Aktenzeichen die angelegte Akte geführt wird. NADIS besteht aus einer Objekt- und Personendatei. In der Personendatei ist neben dem Namen und der Anschrift mitunter auch das Kfz-Kennzeichen gespeichert.

Bei der technischen Funkaufklärung fremder Nachrichtendienste und ausländischer Terrorgruppen arbeitet der Verfassungsschutz eng mit der → Bundespolizei zusammen. Diese unterhält für derartige Zwecke eine spezialisierte so genannte Gruppe Fernmeldewesen. Darüber hinaus beschafft der Verfassungsschutz seine Informationen auf unterschiedliche Weise. Zu einem großen Teil stützt er sich auf die Medien. Er wertet also Zeitungen und Zeitschriften, aber auch das Internet aus. Zusätzlich greift er auf ihm durch beliebige Dritte mitgeteilte Auskünfte sowie die von ihm selbst im Rahmen besuchter Veranstaltungen (z. B. politischer Veranstaltungen) gewonnene Erkenntnisse zurück.

Darüber hinaus gewinnt der Dienst seine Informationen durch geheime Beschaffungen. In diesem Zusammenhang wendet er verschiedene nachrichtendienstliche Mittel an. Dazu gehören neben dem Einsatz von Tarnpapieren und Tarnkennzeichen auch der Einsatz so genannter Vertrauensleute (V-Leute) und die geheime Fotografie. Ferner die Observation und im Rahmen des Gesetzes zur Neuregelung von Beschränkungen des Brief-, Post- und Fernmeldegeheimnisses (Artikel-10-Gesetz; BGBl. I, S. 949) auch die Kontrolle von Post und Telefon. Eine → Telekommunikationsüberwachung ist jedoch nur zulässig, wenn der Verfassungsschutz eine drohende Gefahr für die freiheitlich demokratische Grundordnung oder die Sicherheit des Bundes oder eines Landes abwehren will.

III. Eine erhebliche Erweiterung seiner Aufgaben und Befugnisse hat das BfV im Nachgang zu den Terroranschlägen auf New York und Washington im September 2001 durch das Terrorismusbekämpfungsgesetz vom 09.01. 2002 (BGBl. I, S. 361) erfahren. Durch Art. 1 dieses Gesetzes erfolgte eine Ergänzung der in § 3 Abs. 1 BVerfSchG geregelten Aufgaben um den Auftrag, Informationen über Bestrebungen zu sammeln und auszuwerten, die sich gegen den Gedanken der Völkerverständigung und insbesondere das friedliche Zusammenleben der Völker richten. Die bereits in § 8 BVerfSchG geregelten Befugnisse wurden ausgeweitet. Nunmehr darf der Verfassungsschutz im Einzelfall bei Kreditinstituten, Finanzdienstleistern und Finanzunternehmen unentgeltliche Auskünfte über Konten, Konteninhaber und weitere am Zahlungsverkehr beteiligte Personen sowie Geldbewegungen und Geldanlagen einholen, wenn diese zur Aufgabenerfüllung nach den Vorschriften des § 3 Abs. 1 Nr. 2-4 BVerfSchG erforderlich ist und zusätzlich Anhaltspunkte für schwerwiegende Gefahren für die dort genannten Schutzgüter bestehen.

Ferner ist das BfV im Einzelfall ermächtigt worden, unter Beachtung der Vorschriften des Artikel-10-Gesetzes, bei geschäftsmäßigen Postdienstleistern unentgeltlich Auskünfte zu Namen, Anschriften, Postfächern und sonstigen Umständen des Postverkehrs einzuholen. Zusätzlich darf der Verfassungsschutz im Einzelfall bei Luftfahrtunternehmen unentgeltliche Auskünfte zu Namen, Anschriften, in Anspruch genommenen Transportdienstleistungen einholen, wenn dies zur Erfüllung seiner Aufgaben nach § 3 Abs. 1 Nr. 2-4 BVerfSchG erforderlich ist und Anhaltspunkte für schwerwiegende Gefahren für die dort genannten Schutzgüter vorliegen. Darüber hinaus darf der Verfassungsschutz im Einzelfall zur Erfüllung dieser Aufgaben (wiederum unter Beachtung des Artikel-10-Gesetzes) ebenfalls unentgeltliche Auskünfte bei den geschäftsmäßigen Anbietern von Telekommunikationsdienstleistern über Televerbindungsdaten und Teledienstnutzungsdaten verlangen. Dazu rechnen z. B. die Berechtigungskennung, die Kartennummer, die Standortkennung sowie die Rufnummern des anrufenden oder angerufenen Anschlusses, ferner Beginn und Ende der Verbindung nach Datum und Uhrzeit sowie die Art der vom Kunden in Anspruch genommenen Teledienstleistungen. Die vorgenannten Befugnisse dürfen jedoch nur auf schriftlichen und begründeten Antrag des Präsidenten oder seines Vertreters und mit Zustimmung des Ministeriums ausgeübt werden.

IV. Der Deutsche Richterbund steht der Befugnis des BfV, Daten zu sammeln und sie entsprechend zu vernetzen, kritisch gegenüber. Besonders bedenklich sei, dass der Verfassungsschutz hierdurch zu einer Ermittlungsbehörde weiter entwickelt werde, die keiner Kontrolle durch die Justiz unterliege. Teile der Literatur sehen demgegenüber in der Ermächtigung des Verfassungsschutzes, Informationen bei Bestrebungen zu beschaffen, die gegen das friedliche Zusammenleben der Völker gerichtet sind, einen Verstoß gegen das Gebot der Normenklarheit und bemängeln einen Verstoß gegen das Übermaßverbot. In der Kompetenzfülle des Verfassungsschutzes zeige sich eine Entwicklung, die an die Stellung der Geheimdienste totalitärer Staaten heranreiche. Im Übrigen wird in der Befugnis des BfV, Auskünfte über eine Vielzahl sensibler personenbezogener Daten bei Post-, Finanz- und Telekommunikationsdienstleistern einzuholen, ein Verstoß gegen das Trennungsgebot von Polizei und Verfassungsschutz erblickt.

V. Der Verfassungsschutz unterliegt als Behörde des Bundes weiterhin dem Verfassungsgrundsatz der Verhältnismäßigkeit. Nachrichtendienstliche Operationen stehen somit unter dem Übermaßverbot. Er unterliegt nicht nur der verwaltungsgerichtlichen Kontrolle, sondern im Rahmen der Dienst- und Fachaufsicht auch der Kontrolle durch das vorgesetzte BMI. Weitere Kontrollen ergeben sich durch den Bundesbeauftragten für den Datenschutz (BfD) und durch das Parlamentarische Kontrollgremium (PKG) des Bundestages. Bei geplanten geheimen Abhörmaßnahmen des BfV findet eine Kontrolle durch die so genannte G-10-Kommission des Parlaments statt. Hinsichtlich der Haushalts- und Wirtschaftsführung des BfV wird der Dienst sowohl durch den Bundesrechnungshof (BRH) als auch durch den Haushaltsausschuss des Bundestages bzw. dessen Vertrauensgremium nach § 10 a Bundeshaushaltsordnung (BHO) geprüft.

Der moderne Rechtsstaat deutscher Prägung wird somit durch die jüngsten Befugniserweiterungen für das BfV noch nicht gefährdet sein. Die weltweiten Veränderungen durch Terror und Gewaltakte zeigen vielmehr, dass die Demokratie auch wieder ein Stück weit wehrhaft werden muss, um nicht schutzlos zu sein in Erwartung der noch unbekannten Herausforderungen der Zukunft. Es bleibt abzuwarten, wie der schmale Grat zwischen dem notwendigen Schutz des Staates und dem Schutz der Bürgerrechte zukünftig gestaltet wird.

Bundesministerium des Innern (Hg.) 2001: Verfassungsschutzbericht 2000, Bonn

Hetzer, Wolfgang 1999: Polizei und Geheimdienste zwischen Strafverfolgung und Staatsschutz, in: ZRP, H. 1, S. 19-24

Schelter, Kurt 1998: Die parlamentarische Kontrolle des Verfassungsschutzes, in: Bundesministerium des Innern (Hg.): Verfassungsschutz: Bestandsaufnahme und Perspektiven, Halle a. d. S., S. 146-181

Schimpff, Thomas 1990: Die rechtliche Stellung der Nachrichtendienste. Verwaltungs- und verfassungsrechtliche Einordnung der Aufgaben und Befugnisse von Verfassungsschutzämtern, MAD und BND, Frankfurt a. M.

Matthias Schütte

Bundeskriminalamt

I. Das Bundeskriminalamt (BKA) ist eine Bundesoberbehörde im Geschäftsbereich des Bundesministers des Innern (BMI) und gehört zusammen mit der → Bundespolizei (BPol), bis zum 1.7.2005 Bundesgrenzschutz, zu den Polizeibehörden des Bundes. Das BKA verfügt über einen Personalbestand von ungefähr 4.400 Mitarbeitern (davon über 2.000 Kriminalbeamte) und über Haushaltsmittel in

Höhe von etwa 295 Mio €. Der Hauptsitz der Behörde ist Wiesbaden. Daneben existieren noch eine Außenstelle in Meckenheim und eine weitere in Berlin-Treptow. Das BKA wird geleitet von einem Präsidenten, der unterstützt wird durch einen ihm nachgeordneten Vizepräsidenten. Unterhalb der Ebene der Amtsleitung befinden sich drei Hauptabteilungen mit jeweils drei weiteren Fachabteilungen. Die Existenzberechtigung des BKA ergibt sich aus dem Grundgesetz: Nach Art. 73 Nr. 10a in Verbindung mit Art. 87 Abs. 1 S. 2 GG können durch Bundesgesetz Zentralstellen für das polizeiliche Auskunfts- und Nachrichtenwesen und für die Kriminalpolizei eingerichtet werden.

II. Aufgaben und Befugnisse des BKA ergeben sich im Wesentlichen aus dem „Gesetz über das Bundeskriminalamt und die Zusammenarbeit des Bundes und der Länder in kriminalpolizeilichen Angelegenheiten“ (BKAG) vom 07.07.1997 (BGBl. I, S. 1650). Zum Teil ergeben sich die polizeilichen Befugnisse des BKA auch aus dem Bundespolizeigesetz (BPolG), auf dessen Regelungen das BKAG punktuell verweist, sowie aus dem „Gesetz über den unmittelbaren Zwang bei Ausübung öffentlicher Gewalt durch Vollzugsbeamte des Bundes“ (UZwG).

Mit dem BKA-Gesetz reagierte der Bund auf die seinerzeit schon vierzehn Jahre alte Entscheidung des Bundesverfassungsgerichts zum Volkszählungsgesetz vom 15.12.1983 (BVerfGE 65, S. 1 ff.). Das BKAG ist ein vorrangig datenschutzorientiertes, modernes Polizeigesetz. Nach § 2 ff. sind dem Bundeskriminalamt im Wesentlichen folgende Aufgaben übertragen worden: Das BKA ist die Zentralstelle für das polizeiliche Auskunfts- und Nachrichtenwesen. In diesem Zusammenhang hat es die Aufgabe, die Polizeien des Bundes und der Länder bei der Verhütung und Verfolgung von Straftaten mit länderübergreifender, internationaler oder erheblicher Bedeutung zu unterstützen und dabei alle relevanten Nachrichten zu sammeln und auszuwerten. Das Bundeskriminalamt stützt sich dabei im Wesentlichen auf das 1972 aufgebaute elektronische INPOL-System (eine Personen- und Sachfahndungsdatei sowie eine Haftdatei und ein Kriminalaktennachweis; → INPOL) und die regelmäßigen Lageberichte sowie die polizeilichen Meldedienste. Die Bewältigung dieser Aufgabe macht es erforderlich, große Mengen an Daten zu speichern (in der Kriminalaktenhaltung des BKA sind die Personalien von 2,5 Millionen Tätern registriert).

Weiterhin ist das Bundeskriminalamt als Zentralstelle im polizeilichen Informationsbereich für die Unterhaltung erkennungsdienstlicher Einrichtungen zuständig. Dazu gehört auch eine umfangreiche Fingerabdruckdatei (→ Fingerabdrucksysteme) mit rund 2,6 Mio. registrierten Abdrücken. Von besonderer Bedeutung ist die seit April 1998 betriebene DNA-Analysedatei (→ DNA-Analyse) mit deren Hilfe allein im Jahr 2002 schwerwiegende Straftaten (66 Tötungsdelikte und 135 Sexualdelikte) aufgeklärt werden konnten. In der DNA-Analysedatei sind etwa 225.000 Personendatensätze und ca. 36.000 Spurendatensätze gespeichert.

Neben der „klassischen Polizeiarbeit“ erstellt das BKA Kriminalstatistiken und führt Fortbildungsveranstaltungen auf kriminalpolizeilichen Spezialgebieten durch. Es leistet darüber hinaus mit seinen zahlreichen Experten gutachterliche Unterstützung im Bereich der Kriminaltechnik.

Das Bundeskriminalamt ist im Übrigen generell zuständig für den dienstlichen Verkehr mit ausländischen Polizei- und Justizbehörden, es sei denn, dass es sich um ein Rechtshilfeverfahren handelt, das über den Bundesminister der Justiz oder das Auswärtige Amt abzuwickeln ist. Es fungiert daher im Rahmen der internationalen Zusammenarbeit als nationales Zentralbüro der Internationalen Kriminalpolizeilichen Organisation (IKPO). Diese ist besser unter dem Namen „Interpol“ bekannt. Ferner ist das BKA im Rahmen des Europol-Übereinkommens vom 26.07.1995 auch nationale Stelle und Kooperationspartner von → Europol (dem Europäischen Polizeiamt mit Sitz in Den Haag).

Nach Art. 108 des Schengener Durchführungsübereinkommens (SDÜ) vom 19.06.1990 in Verbindung mit Art. 5 des Zustimmungsgesetzes vom 15.07.1993 (BGBl. II, S. 1010) ist das Bundeskriminalamt im Rahmen des → Schengener Informationssystems (SIS) zuständig für den nationalen Teil der im SIS zu verarbeitenden Daten. Hier besteht mit Blick auf den Datenschutz eine Schwachstelle, da die nationalen Standards für die Erhebung und die Weiterverarbeitung von Informationen in den Signatarstaaten höchst unterschiedlich sind und im SDÜ nicht klar geregelt wurde, wann und wie Daten erhoben und weiterverarbeitet werden dürfen. Das BKA ist gemäß Art. 40 Abs. 5 SDÜ auch zuständig für die Erteilung einer Zustimmung zu grenzüberschreitenden Observationen ausländischer Polizeikräfte auf dem Boden der Bundesrepublik Deutschland. Zusätzlich ist es für die Koordinierung der Zusammenarbeit bei der internationalen Gefahrenabwehr und Strafverfolgung zuständig soweit dieses in Übereinstimmung mit den Interpolregeln und deutschem und internationalem Recht möglich ist.

Ferner obliegt dem Bundeskriminalamt die Verfolgung bestimmter Straftaten. Hierzu zählen z. B. der internationale Waffen-, Sprengstoff- und Rauschgifthandel, die Bekämpfung der international organisierten → Geldwäsche sowie die international organisierte Herstellung und Verbreitung von Falschgeld, sofern eine Sachaufklärung im Ausland erforderlich wird. In diesem Zusammenhang setzt das BKA in über 30 Ländern etwa 50 Mitarbeiter als Verbindungsbeamte ein. Mit ihrer Hilfe soll ein wirksames Kommunikationsnetz im Kampf gegen die → Organisierte Kriminalität aufgebaut werden. In diesem Zusammenhang leistet das BKA auch Ausrüstungs- und Ausbildungshilfe für ausländische Polizeikräfte.

Zudem verfolgt das Bundeskriminalamt politisch motivierte Straftaten, die sich gegen das Leben oder die Freiheit von Mitgliedern der Verfassungsorgane des Bundes richten, wenn die Tat bundes- oder außenpolitische Belange berührt. Zusätzlich nimmt das BKA Strafverfolgungsaufgaben wahr, wenn eine zuständige Landesbehörde darum ersucht, der Bundesinnenminister es aus schwerwiegenden Gründen anordnet oder der → Generalbundesanwalt darum ersucht bzw. einen Auftrag erteilt. Des Weiteren ist die Kriminalpolizei des Bundes zuständig für die Verfolgung international organisierter terroristischer Vereinigungen (dies umfasst den deutschen Links- und Rechtsextremismus aber auch den politisch motivierten Ausländerextremismus).

Darüber hinaus nimmt das Bundeskriminalamt spezifische Aufgaben der Gefahrenabwehr wahr. Dazu gehört unter anderem der Schutz von Mitgliedern der Verfassungsorgane des Bundes sowie ihrer ausländischen Gäste und die Sicherung der von diesen benutzen Dienst- und Wohnräume. Zusätzlich gewährleistet das Bundeskriminalamt in den Fällen, in denen es als Strafverfolgungsbehörde zuständig ist, auch den Schutz wichtiger Zeugen, deren Aussagebereitschaft sichergestellt werden soll. Das schließt auch den Schutz der jeweiligen Angehörigen eines Zeugen ein.

III. Durch Art. 10 des Terrorismusbekämpfungsgesetzes vom 9.1.2002 (BGBl. I, S. 361) wurden die Befugnisse des Bundeskriminalamtes erweitert. Nunmehr ist es auch für die Verfolgung von Straftaten gemäß § 303b StGB (Computersabotage) zuständig, wenn tatsächliche Anhaltspunkte dafür vorliegen, dass die Straftat gegen die innere oder äußere Sicherheit der Bundesrepublik Deutschland gerichtet ist oder sicherheitsempfindliche Stellen von lebenswichtigen Einrichtungen betroffen sind, bei deren Ausfall oder Zerstörung eine erhebliche Bedrohung für die Gesundheit oder das Leben von Menschen zu befürchten ist oder die für das Funktionieren des Gemeinwesens unverzichtbar sind.

Weiterhin darf das BKA, soweit es zur Erfüllung seiner Aufgaben als polizeiliche Zentralstelle erforderlich ist, Daten zur Ergänzung vorhandener Sachverhalte oder zu Zwecken der Auswertung mittels Auskünften oder Anfragen bei öffentlichen oder nichtöffentlichen Stellen erheben. Es kann auch bei Polizei- und Justizbehörden ausländischer Staaten sowie bei internationalen Organisationen, die mit der Verfolgung und Verhütung von Straftaten befasst sind, Daten erheben.

IV. Das BKA kann durch seine neuen Befugnisse vor allem vermehrt Daten erheben. Die Erweiterung der Befugnisse des BKA ist damit insgesamt geringer ausgefallen als ursprünglich geplant. Nach einem ersten Gesetzesvorschlag des BMI sollte das BKAG um einen § 7a ergänzt werden. Dieser sollte das Bundeskriminalamt ermächtigen, im so genannten Vorfeldbereich zu agieren. Damit hätte die Kriminalpolizei des Bundes frei von einem strafprozessualen Anfangsverdacht und einer konkreten Gefahr für die öffentliche Sicherheit Ermittlungen aufnehmen können. Diese rechtsstaatlich bedenkliche Entwicklung ist jedoch nach aufkommender Kritik am politischen Widerstand im Bundesrat gescheitert. Die Bundesländer sahen in der geplanten, nahezu uferlosen Ausweitung der Ermittlungskompetenz eine unvertretbare Beeinträchtigung der Kompetenzen der Länderpolizeien. Auch der Deutsche Richterbund stand der geplanten Befugniserweiterung für das BKA kritisch gegenüber. Nicht umgesetzt wurde auch jener Entwurfsteil, der eine neue Strafverfolgungskompetenz des BKA für die Delikte der §§ 202a (Ausspähen von Daten) und 303a (Datenveränderung) StGB vorsah. Der Gesetzgeber hat somit insgesamt eine bessere Ausgewogenheit zwischen den polizeilich notwendigen Erweiterungen der Befugnisse des BKA und dem wichtigen Schutz der Bürgerrechte erreicht.

Die Amtshandlungen des BKA unterliegen auch weiterhin der gerichtlichen Kontrolle – genauso wie die Amtshandlungen der Länderpolizeien. Weitere Kontrollen ergeben sich durch den Innenausschuss des Bundestages und hinsichtlich der Haushalts- und Wirtschaftsführung durch den Bundesrechnungshof (BRH). Der Bundesbeauftragte für den Datenschutz (BfD) hat gegenüber dem BKA ein eigenes Informations- und Akteneinsichtsrecht. Das Bundesinnenministerium kontrolliert das BKA zusätzlich im Rahmen der Dienst- und Fachaufsicht.

Riegel, Reinhard 1997: Aufgaben und Befugnisse des Bundeskriminalamts im Gewand des neuen BKAG: Überblick, Neuerungen und Probleme, in: RiA, H. 5, S. 230-234

Riegel, Reinhard 1997: Nochmals: Das Bundeskriminalamtgesetz, in: NJW, H. 51, S. 3408-3411

Schreiber, Wolfgang 1997: Das Bundeskriminalamtgesetz vom 7.7.1997 ein überfälliges Gesetz, in: NJW, H. 33, S. 2137-2145

Schütte, Matthias 2003: Fünf Jahre DNA-Analysedatei im Betrieb beim Bundeskriminalamt (BKA), in: Die Polizei, H. 6, S. 177-179

Matthias Schütte

Bundesnachrichtendienst

I. Der „Bundesnachrichtendienst“ (BND) ist neben dem → Bundesamt für Verfassungsschutz (BfV) und dem → Militärischen Abschirmdienst (MAD) einer der drei Nachrichtendienste der Bundesrepublik Deutschland. Der BND gehört zum Geschäftsbereich des Bundeskanzleramtes. Seine zentrale Funktion als politisches „Frühwarnsystem“ besteht darin, Informationen über bedeutende internationale Entwicklungen zu sammeln und auszuwerten sowie die Bundesregierung auf Grundlage der gewonnenen Daten zu unterrichten.

II. Dem BND ging mit der „Organisation Gehlen" eine politisch umstrittene Vorläuferorganisation voraus. Generalmajor Gehlen leitete im nationalsozialistischen Deutschland die Heeres-Spionageabteilung „Fremde Heere Ost". Nachdem er im Frühjahr 1945, kurz nach dem Zusammenbruch des NS-Systems, den US-amerikanischen Streitkräften sämtliche ihm noch verfügbaren Informationen über die Sowjetarmee anbot, wurde er 1946 beauftragt, einen deutschen Spionagedienst unter amerikanischer Leitung aufzubauen. Zunächst unterstand die Organisation Gehlen der amerikanischen Armee, dann von 1949 bis 1955 der CIA. Nachdem der erste Bundeskanzler Adenauer (CDU) sowie der damalige Oppositionsführer Schumacher (SPD) von den USA über die Existenz und Aufgabe des Dienstes unterrichtet wurden, erteilten beide Politiker hierzu ihre Zustimmung. Mit dem Ende des Besatzungsstatuts 1955 übernahm die Bundesrepublik die Organisation Gehlen und die Bundesregierung benannte diese durch einen Kabinettsbeschluss um in „Bundesnachrichtendienst". Typisch für den Personalkörper dieser frühen Jahre war ein relativ hoher Anteil an Führungskräften aus Gehlens Kriegs- bzw. NS-Umfeld. Erst im Laufe der folgenden Jahrzehnte setzte eine zunehmende, bis heute anhaltende Entwicklung der „Entmilitarisierung" und auch der Akademisierung des BND-Personals ein.

Der BND arbeitete lange Zeit ohne klare rechtliche Grundlage, gestützt allein auf einen Organisationserlass. Dies änderte sich erst aufgrund des vom Bundesverfassungsgericht gefällten Urteils über das Recht auf informationelle Selbstbestimmung (1983), welches auch die Praxis der Nachrichtendienste berührte, Informationen zu sammeln, zu speichern und zu verarbeiten. Im Ergebnis führte das Urteil dazu, die Arbeit des Dienstes mit dem BND-Gesetz vom 20. Dezember 1990 erstmals rechtlich zu verankern. Die Befugnisse und die Verfahren der parlamentarischen Kontrolle seiner Tätigkeiten entsprechen jetzt denen des Verfassungsschutzes.

Als alleiniger Auslandsnachrichtendienst der Bundesrepublik, wobei das ausdrückliche Verbot der Inlandsaufklärung nicht gleichbedeutend ist mit einem Verbot einer Inlandstätigkeit (z. B. die Zusammenarbeit mit Personen aus Wirtschaft oder Wissenschaft in Deutschland), leistet der BND neben der Spionageabwehr nicht nur die politische und wirtschaftliche, sondern auch die militärische Gegenspionage. Zur Zeit des Kalten Krieges zählt der Ostblock zu seinem Hauptoperationsgebiet. Aber auch in diversen asiatischen und afrikanischen Regionen ist der BND seit langem aktiv vertreten. Rund 80 % der gesammelten Informationen sollen aus offenen

Quellen (Schwerpunkt ist die Medienauswertung) stammen, die restlichen 20 % aus geheim beschafftem Material („Abschöpfung" von Gesprächspartnern, Abhörtechniken, Einsatz von Agenten etc.). Zu seinen offenen und verdeckten nachrichtendienstlichen Methoden zählen Human Intelligence, Signal Intelligence, Open Sources Intelligence und Satelite Intelligence.

III. Insbesondere nach dem Wegfall des Ost-West-Gegensatzes sind neue Entwicklungstendenzen bzw. „Reformprojekte" vorherrschend, von denen im Folgenden die wichtigsten kurz angerissen werden:

Globalisierung des Operationsgebiets: Im Zuge des allgemeinen Zusammenwachsens der politischen, technischen und ökonomischen Welt eröffnet sich auch den geheimen Nachrichtendiensten ein zunehmend größerer, zugleich aber auch immer komplizierter werdender Aktionsraum. Allein das BND-Netzwerk zu ausländischen Diensten bzw. Sicherheitsbehörden umfasst mittlerweile rund 300 solcher Organisationen weltweit. Dabei nehmen die konkreten Beziehungen zu den jeweiligen Nachbardiensten je nach Thema zuweilen unterschiedliche Formen an, z. B. partnerschaftliche bei der Terrorismusbekämpfung und eher konträre im Kontext der Wirtschaftsspionage.

Allgemeine Veränderung der Aufgabenzuschreibung / Wandel von Rollenbildern: Während die militärische Gegenspionage an Bedeutung verliert, nimmt die wirtschaftliche und wissenschaftlich-technische dagegen in beträchtlichem Maße zu. Hinzu kommt, dass die traditionellen Freund-Feind-Bilder aus dem Kalten Krieg zunehmend verwischt werden. An deren Stelle treten vor allem im ökonomischen Bereich immer häufiger neue Akteursnetzwerke mit wechselnden Kooperationspartnern, die längst nicht mehr nur Staaten aus dem alten westlichen Lager umfassen. Aus der jüngsten Geschichte der Wirtschaftsspionage ragen z. B. handfeste „Skandale" zwischen US-amerikanischen und europäischen ebenso wie zwischen japanischen und US-amerikanischen Diensten heraus.

Neue Aufgabenfelder im Aktionsradius zwischen äußerer und innerer Sicherheit: Im Zuge neuer gesetzlicher Regelungen zur Verbrechensbekämpfung wird auch der BND verstärkt in die Aufklärung bzw. Bekämpfung der international organisierten Kriminalität (Waffenschmuggel, Drogenhandel, Geldwäsche, Nuklearkriminalität etc.) und des internationalen Terrorismus einbezogen. Hierzu sind die traditionellen Kommunikations- und Kooperationsstrukturen zwischen dem BND und anderen nationalen wie ausländischen Sicherheitsbehörden in den letzten Jahren zum Teil beträchtlich erweitert worden. Vor allem seit den Terrorangriffen am 11. September 2001 in den USA arbeiten deutsche Sicherheitsbehörden enger zusammen als jemals zuvor; die meist auf Referatsleiterebene entstandenen Informationboards sind seitdem kennzeichnend für die neue Qualität der Kooperation. Dabei handelt es sich um themenbezogene Runde Tische von Fachleuten des → Bundeskriminalamtes (BKA), des BfV und des BND, welche die wöchentlich auf Führungsebene stattfindenden Sicherheitslagen im Kanzleramt ergänzen. Als weitere Arbeitsplattform der sicherheitsdienstlichen Zusammenarbeit sind die Verbindungsbeamten zu nennen, die von den Nachrichtendiensten zur Staatsschutzabteilung des BKA entsandt wurden. In das neue Terrorismus-Abwehrzentrum, welches 2005 in Berlin eingerichtet wurde und eine bessere, weil gemeinsame Gefährdungsanalyse des BKA und des Bundesamtes für Verfassungsschutz ermöglichen soll, ist der BND über Verbindungsbeamte einbezogen. In derartigen Vernetzungstendenzen sehen Kritiker allerdings eine unzulässige Aufweichung der bisherigen Aufgabentrennung von Polizei und Nachrichtendiensten. Gleichwohl war eine mehr oder weniger intensive Zusammenarbeit zwischen BND und Verfassungsschutz oder Polizei auch in der Vergangenheit immer an der Tagesordnung – und somit zugleich auch Dauerthema in den parlamentarischen Kontrollprozessen.

Wandel in der Öffentlichkeitsarbeit: Die traditionell eher zurückhaltende Öffentlichkeitsarbeit des BND ist einer aktiveren Strategie gewichen. Dies zeigt sich u. a. im Internetauftritt des Dienstes (seit 23.08.1999 unter www.bundesnachrichtendienst.de erreichbar), in vermehrten Drehgenehmigungen für TV-Teams in Pullach oder auch dadurch, dass BND-Vertreter wesentlich häufiger als in der Vergangenheit nicht mehr verdeckt, sondern auch offen an öffentlichen bzw. wissenschaftlichen Tagungen teilnehmen bzw. dort auch zu Sicherheitsthemen referieren (meist Präsentation von internationalen Lagebildern und „Bedrohungsszenarien“ des BND). Im Bürgerhaus Pullach finden seit einiger Zeit auch öffentliche Symposien des BND zu aktuellen Themen statt. Ohnehin ist eine Lockerung der jahrzehntealten, oftmals übertrieben starren Geheimhaltungs- und Decknamenregelungen festzustellen.

Personalabbau und Standortfrage: Noch 1990 beschäftigte der BND rund 7.500 Personen. Von diesen arbeiteten rund 6.000 in der Zentrale und 1.500 in den Außenstellen auf dem Gebiet der Bundesrepublik und in den Auslandsresidenturen (meist Botschaften). Im Zuge einer Neuorganisation wurde der Personalbestand bisher um rund 1.500 Stellen reduziert; der ausgewiesene BND-Jahresetat lag zuletzt bei rund 350 Mio. Euro. Die verbliebenen ca. 6.000 hauptamtlichen Kräfte (Soldaten, Beamte und Angestellte; Frauenteil ca. 30 %) verteilen sich auf acht große Abteilungen: Operative Aufklärung; Technische Beschaffung; Auswertung; Steuerung und zentrale Dienstleistung; Operative Aufklärung und Auswertung; Technische Unterstützung; BND-Schule; Sicherheit, Geheimschutz und Spionageabwehr. Dieser sich seit einigen Jahren vollziehende Personalabbau (deutlich weniger Militärs und Verwaltungskräfte einerseits, noch mehr Spezialisten wie vor allem Dolmetscher, Ingenieure und Netzwerkspezialisten andererseits) dürfte bei weitem noch nicht abgeschlossen sein. Die derzeitige Beschlusslage, wonach bis 2008 der gesamte BND nach Berlin verlegt (geplant ist ein Neubau auf dem Gelände des ehemaligen Weltjugend-Stadions in Berlin-Mitte) und der Standort Pullach vollständig aufgegeben werden soll, wird sicherlich noch zu weiteren Diskussionen führen. Vertreter des Umzugs weisen darauf hin, dass ein Geheimdienst schnellstmöglich vollständig in direkter Nähe zum Sitz der politischen Instanzen, denen er zuarbeitet, angesiedelt sein müsse, während die Befürworter der Ist-Lage das gut funktionierende einstige Zusammenspiel zwischen Bonn und Pullach herausstellen. Die zukünftige Nutzung des großen Pullacher Geländes ist noch offen.

IV. Als besonders folgenreich erweist sich, dass der BND auf dem Ermessenswege zunehmend auch in die Beobachtung der → Organisierten Kriminalität (OK) einbezogen wurde. Dies geschah mit der Begründung, dass bei einer Reihe von internationalen Terrororganisationen die Grenzen zur OK fließend sind, beispielsweise zur Beschaffung von Finanzmitteln. In dieser allgemeinen Definition sind Tätigkeitsüberschneidungen insbesondere in solchen Fällen zwangsläufig, in denen das BKA ermittelt. Mit dem Verweis auf die OK haben sich die Beobachtungsbereiche des BND mittlerweile ausgeweitet auf die Bereiche → Geldwäsche, → Rauschgiftkriminalität, illegale Migration, Schleuserkriminalität und Waffenhandel. In dieser allgemeinen Definition von OK ist kaum noch eine Abgrenzung zum Terrorismus möglich. Es besteht die Gefahr, dass sich das Amt zum einen „überdehnt“ und keine substanziellen Konturen mehr erkennbar sind, zum anderen die Abgrenzung zu der Tätigkeit des BKA immer vager wird. Es bleibt letztlich nur noch der Verweis darauf, dass der BND über keine polizeilichen Befugnisse verfügt, also nur „beobachtet“. Das BKA wiederum, welches beispielsweise auch gegen internationale Drogenringe ermittelt, ist in letzter Konsequenz nicht nur polizeilich, sondern auch beobachtend tätig. In den internationalen Bezügen geht somit die Trennung zwischen polizeilicher und nachrichtendienstlicher Arbeit zunehmend verloren (→ Trennungsgebot). Dies ist nicht allein ein prinzipielles Problem (aufgrund rechtlicher Bedenken), sondern auch ein funktionales, weil hier nicht mehr von klaren und effektiven und kontrollierbaren Strukturen ausgegangen werden kann, sondern eher von Doppeltätigkeiten, zwangsläufigen Kollisionen und gegenseitigen Behinderungen.

V. Anders als beim Verfassungsschutz und beim Militärischen Abschirmdienst bleibt das BND-Gesetz sehr vage hinsichtlich der Aufgaben des Auslandsnachrichtendienstes. Das jetzige Gesetz schreibt allein vor, dass der BND solche Erkenntnisse über das Ausland sammelt und auswertet, welche „von außen- und sicherheitspolitischer Bedeutung für die Bundesrepublik Deutschland sind“ (§ 1 BNDG). Was dies im Einzelnen bedeutet, legt die Bundesregierung je nach dem von ihr definierten Erfordernis fest. In einer komplexer gewordenen und enger vernetzten Welt kann dies potenziell alles bedeuten. Die bisherige gesetzliche Aufgabenbeschreibung bietet also keine anwendungsfähige Grundlage mehr. Ein neu zu fassendes BND-Gesetz sollte die Aufgaben des Bundesnachrichtendienstes deutlich genauer beschreiben und festlegen.

Eine Aufgabenüberprüfung des BND sollte sich also insbesondere darauf konzentrieren, die Bereiche Terrorismus und OK stärker voneinander abzugrenzen, wobei die Beobachtung der originären OK nicht Aufgabe des BND sein kann – eine beobachtende „Vorfeldbefugnis“ kann es für den BND vergleichbar zu den Verfassungsschutzbehörden nur in den Bereichen Extremismus, Staatsgefährdung und Terrorismus geben, sofern diese einen reinen Auslandsbezug haben. Das Amt wäre stärker darauf auszurichten, internationale Krisen- und Risikenabschätzungen vorzunehmen zu können, um deutlicher als bisher politikberatende Leistungen für das Bundeskanzleramt, die Bundesministerien ebenso wie für den Bundestag zur Verfügung zu stellen, weniger den Gestus des Geheimdienstes zu pflegen. Das Amt wäre weitergehend zu konzentrieren und der Personalbestand an die verringerten Aufgaben anzupassen. Vor allem aber sind die Verfahren der parlamentarischen Kontrolle speziell für dieses Amt auszuweiten und zu verbessern.

Bürgerrechte & Polizei/Cilip Nr. 2/2004: Themenheft „Geheimdienste im Aufwind?“

Flormann, Willi / Krevert, Peter 2001: In den Fängen der Mafia-Kraken. Organisiertes Verbrechen in Deutschland, Hamburg

Kaundinya, Dieter 2002: Der internationale Terrorismus – auch eine Herausforderung für die deutschen Nachrichtendienste, in: Bundeskriminalamt (Hg.): Islamistischer Terrorismus, Neuwied / Kriftel, S. 69-74

Lange, Hans-Jürgen 2005: Eckpunkte einer veränderten Sicherheitsarchitektur für die Bundesrepublik, in: Polizei & Wissenschaft, H. 4, S. 52-75

Ulfkotte, Udo 1998: Verschlußsache BND, München

Zöller, Mark A. 2002: Informationssysteme und Vorfeldmaßnahmen von Polizei, Staatsanwaltschaft und Nachrichtendiensten, Heidelberg

Hans-Jürgen Lange und Peter Krevert

Bundespolizei / Bundesgrenzschutz

I. Die Bundespolizei (BPol), bis zum 1. Juli 2005 Bundesgrenzschutz (BGS), wird in bundeseigener Verwaltung geführt, „sie ist eine Polizei des Bundes im Geschäftsbereich des Bundesministeriums des Innern" (§ 1 Abs. 1 Bundespolizeigesetz – BPolG). Zu ihren hauptsächlichen Aufgaben gehören der grenzpolizeiliche Schutz des Bundesgebietes, die Gefahrenabwehr auf dem Gebiet der Bahnanlagen, der Schutz vor Angriffen auf die Sicherheit des Luftverkehrs, der Schutz von Bundesorganen, internationale Polizeieinsätze sowie die Unterstützung anderer Bundesbehörden, etwa des Bundeskriminalamtes beim Personenschutz oder des Bundesamtes für Verfassungsschutz auf dem Gebiet der Funktechnik.

II. Die Organisationsstruktur der BPol umfasst die fünf Bundespolizeipräsidien (Bundesmittelbehörden) Nord in Bad Bramstedt, Ost in Berlin, Mitte in Fuldatal, West in Sankt Augustin und Süd in München. Den Präsidien sind 19 Bundespolizeiämter (Bundesunterbehörden) mit jeweils vier bis acht Inspektionen unterstellt. Mit Ausnahme des Bundespolizeiamtes See des Präsidiums Nord kommen pro Bundespolizeiamt eine Inspektion Kriminalitätsbekämpfung hinzu. Den Präsidien zugeordnet sind darüber hinaus 11 Bundespolizeiabteilungen als bereitschaftspolizeiliche Komponente mit zusammen 31 Einsatzhundertschaften, fünf Aus- und Fortbildungszentren sowie mehrere Spezialverbände und -einheiten (z. B. Fliegerstaffeln, GSG 9). Neben den Präsidien verfügt die Bundespolizei noch über die Bundespolizeiakademie und den Fachbereich Bundespolizei an der Fachhochschule des Bundes für öffentliche Verwaltung in Lübeck als zentrale Aus- und Fortbildungsstellen sowie die Bundespolizeidirektion in Koblenz als Behörde mit zentral wahrzunehmenden Aufgaben.

Insgesamt sind bei der BPol derzeit ca. 40.000 Mitarbeiter beschäftigt, davon rund 33.000 Polizeivollzugsbeamte und -beamtinnen. Zwischen 1998 und 2001 wurden bei der Bundespolizei 1.700 neue Stellen geschaffen. Zudem wurden die Haushaltsmittel für die Bundespolizei in den letzten Jahren aufgestockt, um mehr Beförderungsmöglichkeiten zu schaffen. Dies soll die Umstrukturierung hin zum Einzeldienst erleichtern.

In den mehr als 50 Jahren ihres Bestehens hat sich die Bundespolizei bzw. der Bundesgrenzschutz kontinuierlich von einer paramilitärischen Organisation zu einer Polizei des Bundes entwickelt, was sich seit dem 1. Juli 2005 auch im Namen widerspiegelt. Waren in den 50er Jahren die anfangs 10.000, ab 1953 20.000 Beamte noch kaserniert, so wurde fünf Jahre nach Gründung der Bundeswehr, bei der den damaligen BGS-Beamten ein Wechsel ermöglicht und von vielen auch genutzt wurde – die Bundespolizei spricht auf ihrer Homepage selbst von einem Wiederaufbau des Bundesgrenzschutzes nach 1956 –, mit der Umorganisation des Bundespasskontrolldienstes zum Grenzschutzeinzeldienst der erste Schritt hin zu einer Polizeibehörde vollzogen. Mit der Verpolizeilichung in den 70er Jahren, bei der Ausbildung und Amtsbezeichnungen an die der Länderpolizeien angeglichen wurden, wurde diese Entwicklung fortgesetzt. Durch die Übernahme der bahnpolizeilichen Aufgaben Anfang der 90er Jahre erhielt der BGS zudem den Status einer Strafverfolgungsbehörde nach § 163 StPO. Schon unter der alten Bundesregierung begonnen und in den letzten Jahren noch beschleunigt fortgeführt wurde der BGS dementsprechend hin zum Einzeldienst umstrukturiert, vor allem durch Stellenhebungen. Die Überführung von bisher 1.300 Beamten des mittleren in den gehobenen Dienst wird dabei, ähnlich wie die Einführung der zweigeteilten Laufbahn (gehobener und höherer Dienst) bei einigen Landespolizeien, mit den gewachsenen Anforderungen an die Beamten durch den Einzeldienst begründet.

Eine Erweiterung der Aufgaben des BGS ergab sich in den letzten Jahren, begünstigt durch die Finanzknappheit der Länder, durch verstärkte freiwillige Kooperationen mit den → Länderpolizeien (derzeit neun Abkommen). Durch diese → Sicherheitskooperationen werden der Bundespolizei nicht nur bei der Flugsicherung, welche die Bundespolizei übernimmt so lange ein Land nicht Einspruch erhebt, landespolizeiliche Aufgaben übertragen, sondern auch im Umfeld von Bahnhöfen und Flughäfen. Art und Umfang der Kooperationen mit den Landespolizeien sind Inhalt so genannter → Ordnungspartnerschaften, die zwischen den zuständigen Behörden der Bundespolizei und der Landespolizei vor Ort ausgehandelt werden.

III. Die nach dem 11. September erlassenen Antiterrorgesetze beinhalten ein ganzes Bündel an Maßnahmen, welche die Bundespolizei betreffen. Es können zwei Kategorien unterschieden werden. Die Maßnahmen der ersten Kategorie betreffen die Personalstärke, Organisationsstruktur und Ausrüstung der Bundespolizei. Neben der Schaffung einer Einheit zur Flugbegleitung (Skymarshalls) sind dies vor allem zusätzliche (rund 123 Mio. Euro) zweckgebundene finanzielle Mittel. Diese sollen hauptsächlich dazu dienen, 1.450 neue Planstellen für Polizeivollzugsbeamte zu schaffen sowie die Objekt- und Personenschutzmaßnahmen, u. a. der deutschen Auslandsvertretungen, zu verbessern. Darüber hinaus fließen Mittel in den Ausbau der Informations- und Kommunikationstechnik sowie in die Verbesserung der Dokumentenprüftechnik und des technischen ABC-Einsatzdienstes.

Die Maßnahmen der zweiten Kategorie umfassen rechtliche Regelungen, welche der Bundespolizei mehr

Kompetenzen einräumen. Drei Gesetzesänderungen sind hierbei von Bedeutung. Erstens wurden rechtliche Grundlagen für den Einsatz bewaffneter Bundespolizeibeamter in Flugzeugen geschaffen. Zweitens darf die Bundespolizei zukünftig bei auskunftspflichtigen Personen, gemeint sind der Tat unverdächtige mögliche Zeugen, Ausweiskontrollen durchführen. Nach bisherigem Recht durfte sie solche Personen nur anhalten und befragen. Beide Regelungen wurden auf 5 Jahre befristet und sollen vor einer möglichen Verlängerung hinsichtlich ihrer Wirkung evaluiert werden. Ende 2004 sprach sich Innenminister Schily bereits für deren Verlängerung aus. Drittens wurde die Befugnis der Bundespolizei, in einem 30-km-tiefen Grenzgebiet verdachtsunabhängig Personen zu kontrollieren und Sachen zu durchsuchen, auf den Küstenbereich erweitert. Zukünftig darf die Bundespolizei dort in einem Bereich von 50 km Kontrollen durchführen. Das Bundesinnenministerium wurde zudem ermächtigt, dieses Grenzgebiet durch Rechtsverordnung mit Zustimmung des Bundesrates bis auf 80 km landwärts auszudehnen.

IV. Eine Vielzahl der Maßnahmen, vor allem die der ersten Kategorie, wie die bewaffnete Flugbegleitung, die Verstärkung der Präsenz durch die Schaffung von 1.450 neuen Planstellen, die Erhöhung von Sicherheitsmaßnahmen in den deutschen ausländischen Vertretungen, der Ausbau der Informations- und Kommunikationstechnik oder die Verbesserung der Dokumentenprüftechnik und des technischen ABC-Einsatzdienstes, lassen sich mit der Gefahr neuer Terroranschläge begründen. Problematischer wird dies jedoch bei den Maßnahmen der zweiten Kategorie. Die Möglichkeit der Identitätsfeststellung bei befragungs- und auskunftspflichtigen Personen erweitert die Zuständigkeit der Bundespolizei, da der Kreis der Personen, die zukünftig ohne konkreten Tatverdacht kontrolliert und überprüft werden können, erheblich erweitert wird. Denn die Einschätzung, ob eine Person sachdienliche Hinweise zu einem Sachverhalt geben kann oder nicht, bleibt allein den jeweiligen Beamten überlassen. Inwieweit dies aber nun mit der Angst vor neuen Terroranschlägen begründet werden kann, ist fraglich, da trotz der vagen Formulierung dennoch erst eine Straftat vorliegen muss, bevor Personen befragt und überprüft werden können. Die zweite Neuerung, die Ausweitung des grenznahen Gebietes auf 50 km im Küstenbereich, lässt sich ebenfalls nur schwer mit der Gefahr vor Terroranschlägen begründen. Zwar wird der Zuständigkeitsbereich der Bundespolizei dadurch flächendeckend auch auf Großstädte wie Bremerhaven, Rostock, Kiel oder Lübeck ausgedehnt. Wie die Ermittlungen nach den Anschlägen von New York jedoch gezeigt haben, wären die Attentäter selbst bei einer Kontrolle nicht aufgefallen, da sie sich legal im Land befanden und darauf bedacht waren, sich möglichst unauffällig zu verhalten. Diese Maßnahmen zielen also offensichtlich auf eine andere Personengruppe als die der so genannten „Schläfer“. Die Ausweitung der Kontrollmöglichkeiten durch Bundespolizeibeamte lässt sich also nicht oder nur unzureichend mit der Gefahrenabwehr von Terroranschlägen begründen. Verstärkt wird dieser Eindruck durch die Tatsache, dass sich bei der Kompetenzerweiterung von 1998, damals wurden dem BGS die verdachtsunabhängigen Kontrollen auch in Zügen, Bahnhöfen und Flughäfen gestattet, erheblicher Protest seitens der Länder nach sich zog. Diese sahen darin einen Eingriff in die Landeshoheit und verwiesen auf ein Urteil des Bundesverfassungsgerichts vom Januar 1998, in dem festgestellt wurde, dass der BGS nicht zu eine allgemeinen, mit den Landespolizeien konkurrierende Bundespolizei ausgebaut werden und damit sein Gepräge als Polizei mit begrenzten Aufgaben verlieren dürfe. Die erneute räumliche Erweiterung der Kompetenzen der Bundespolizei stieß jedoch auf fast keinen Widerstand der Länder, sondern wurde mit großer Zustimmung im Bundesrat verabschiedet. Es erscheint also offensichtlich, dass sich das durch die Anschläge vom 11. September geöffnete „Policy-Window“ (Kingdon) von den Akteuren zu einer erneuten Kompetenzerweiterung genutzt wurde, die keinen logischen Zusammenhang mit den Terroranschlägen erkennen lässt.

V. Ob es dem Bund gelingen wird, die Kompetenzen seiner Polizeibehörden – Bundespolizei und Bundeskriminalamt – in den kommenden Jahren weiter auszubauen, wird maßgeblich von dem Verhalten der Länder abhängen. Aufgrund der finanziellen Situation der meisten Bundesländer sind Kompetenzübertragungen an den Bund, wie sie in den vergangenen Jahren bereits stattfanden, durchaus denkbar. Die Umbenennung des Bundesgrenzschutzes in Bundespolizei, auch wenn bisher keine zusätzlichen Kompetenzerweiterungen damit einhergehen, ist ein erster Schritt in diese Richtung, spiegelte sich doch die Sonderstellung der Behörde vorher auch in ihrem Namen wider.

Lisken, Hans / Lange, Hans-Jürgen 2000: Die Polizeien des Bundes, in: Lange, H.-J. (Hg.): Staat, Demokratie und Innere Sicherheit in Deutschland, Opladen, S. 151-166

Möllers, Martin H. W. / Ooyen, Robert Chr. van / Spohrer, Hans Th. (Hg.) 2003: Die Polizei des Bundes in der rechtsstaatlichen pluralistischen Demokratie, Wiesbaden

Schütte, Matthias 2002: Der Bundesgrenzschutz – ein langer Weg zur modernen Sonderpolizei des Bundes, in: DöD, H. 5, S. 105-111

Jean-Claude Schenck

Bundeswehr (Einsatz im Inneren)

I. Die Aufgabe der Bundeswehr ist die Gewährleistung der äußeren Sicherheit (Verteidigungsauftrag); die Gewährleistung der inneren Sicherheit obliegt hingegen der Polizei. Bei einer Verwendung der Bundeswehr außerhalb des Verteidigungsauftrags, d. h. im Landesinnern, ist zwischen einem Einsatz im Sinne des Art. 87a Abs. 2 GG und sonstigem Tätigwerden zu unterscheiden. Ein Einsatz liegt nur bei der Verwendung der Bundeswehr als vollziehende Gewalt vor, also nur dann, wenn die Bundeswehr mit Befugnissen gegenüber Dritten ausgestattet ist. Nach Art. 87a Abs. 2 GG unterliegt der Einsatz der Bundeswehr einem Verfassungsvorbehalt, d. h., der Einsatz im Inneren ist nur zulässig, wenn das Grundgesetz ihn ausdrücklich gestattet. Nicht vom Verfassungsvorbehalt erfasst wird hingegen sonstiges Tätigwerden der Bundeswehr, bei dem sie keine Befugnisse gegenüber Dritten hat. Dazu gehören die Verwendung der Bundeswehr zu Repräsentationszwecken, technisch karitative Hilfsleistungen (Krankentransporte, Rettungshubschrauber) und sonstige Good-Will-Aktionen (Musikveranstaltungen, Kriegsgräberfürsorge).

II. Das Grundgesetz lässt einen Einsatz der Bundeswehr im Inneren nur in drei Fällen zu: im Katastrophenfall (Art. 35 Abs. 2, 3 GG), im Spannungs- und Verteidigungsfall (Art. 87a Abs. 3 GG) und im Fall des inneren Notstands (Art. 87a Abs. 4 GG). Der Einsatz der Bundeswehr im Inneren bei Katastrophen ist zulässig, wenn das betroffene Land (Art. 35 Abs. 2 S. 2 GG) oder der Bund (Art. 35 Abs. 3 GG) die Streitkräfte anfordern. Als Katastrophen werden Gefahrenzustände oder Schädigungen von erheblichem Ausmaß angesehen, die durch Naturereignisse (z. B. Überschwemmung, Erdbeben) oder besonders schwere Unglücksfälle (z. B. Flugzeugabsturz, Reaktorunfall) ausgelöst werden. Die in solchen Notfällen eingesetzten Streitkräfte nehmen dann Aufgaben des betroffenen Bundeslandes wahr, sind an dessen Recht gebunden und unterstehen den Weisungen dieses Landes.

In einem Spannungs- und Verteidigungsfall kann die Bundeswehr nach Art 87a Abs. 3 GG zum Schutz ziviler Objekte eingesetzt werden. Dabei muss ihre Aufgabe entweder „zur Erfüllung ihres Verteidigungsauftrages erforderlich sein“ (S. 1) oder „zur Unterstützung polizeilicher Maßnahmen“ (S. 2) erfolgen. Wesentliche Voraussetzung des Einsatzes ist in beiden Fällen der Eintritt des „Verteidigungs- oder Spannungsfalles“. Der Verteidigungsfall besteht, wenn das Bundesgebiet mit Waffengewalt angegriffen wird. Er muss nach Art. 115a Abs. 1 S. 1 GG vom Bundestag mit Zustimmung des Bundesrates festgestellt werden. Der Spannungsfall ist dem Verteidigungsfall vorgelagert; er liegt vor bei einer zwischenstaatlichen Konfliktsituation, die mit einer gewissen Wahrscheinlichkeit zu einem Angriff auf das Bundesgebiet führen kann. Auch der Spannungsfall muss nach Art. 80a GG vom Bundestag festgestellt werden. Eine Zustimmung des Bundesrates ist allerdings nicht erforderlich. Ist der Verteidigungs- oder Spannungsfall vom Bundestag festgestellt worden, so kann die Bundeswehr zum Schutz ziviler Objekte im Landesinneren eingesetzt werden.

Nach Art. 87a Abs. 4 GG kann die Bundeswehr im Fall eines inneren Notstands im Inneren eingesetzt werden. Dieser Artikel ist nicht für sich isoliert betrachtet zu sehen, sondern steht in engem Zusammenhang mit Art. 91 GG, der den Einsatz des → Bundespolizei und von Polizeikräften beim Notstand regelt. Gemeinsam bilden beide Artikel die „Stufenfolge der Gefahrenabwehr", deren letzte Stufe, die Ultima Ratio, der Einsatz der Bundeswehr ist. Zunächst erfordert Art. 87a Abs. 4 GG eine notständische Gefahrenlage: Es muss dem Bestand der Bundesrepublik oder der freiheitlichen demokratischen Grundordnung eine Gefahr drohen. Das Schutzgut „Bestand der Bundesrepublik" bezieht sich auf die territoriale Existenz des Bundesgebietes und die außenpolitische Handlungsfähigkeit des Staates. Die freiheitlich demokratische Grundordnung ist ein unklarer und schwierig zu fassender Begriff. Er darf vor allem nicht als identisch mit der (gesamten) Ordnung des Grundgesetzes gesehen werden, sondern ist weitaus enger zu fassen. Das Bundesverfassungsgericht beschreibt die freiheitlich demokratische Grundordnung als eine staatliche „Ordnung, die unter Ausschluss jeglicher Gewalt- und Willkürherrschaft eine rechtsstaatliche Herrschaftsordnung auf der Grundlage der Selbstbestimmung des Volkes nach dem Willen der jeweiligen Mehrheit und der Freiheit und der Gleichheit darstellt." Als deren grundlegende Prinzipien gelten „die Achtung vor den im Grundgesetz konkretisierten Menschenrechten, die Volkssouveränität, die Gewaltenteilung, die Verantwortlichkeit der Regierung, die Gesetzmäßigkeit der Verwaltung, die Unabhängigkeit der Gerichte, das Mehrparteiensystem und die Chancengleichheit für alle politischen Parteien mit dem Recht auf verfassungsgemäße Bildung und Ausbildung einer Opposition" (BVerfGE 2, S. 12 f. – Entscheidung zum „Verbot der SRP").

Neben dieser notständischen Lage müssen darüber hinaus die Voraussetzungen des Art. 91 Abs. 2 GG vorliegen, d. h., das gefahrbedrohte Bundesland darf selbst zur Bekämpfung der Gefahr nicht bereit oder in der Lage sein und eine Überforderung der Polizeikräfte und der Bundespolizei muss vorliegen. Gerade diese letzte Voraussetzung wird angesichts der personellen Stärke der Bundespolizei und der Bereitschaftspolizeien der Länder bei einer innenpolitischen Krise wohl kaum vorliegen, es sei denn, Teile der Sicherheitskräfte sind selbst an den Unruhen beteiligt. Liegen die Voraussetzungen dennoch vor, so ist der Einsatz der Bundeswehr im Inneren grundsätzlich zulässig. Die Art des Einsatzes ist aber über Art. 87a Abs. 4 GG beschränkt auf den Schutz von zivilen Objekten und die Bekämpfung organisierter und militärisch bewaffneter Aufständischer.

Die Entscheidung über den Einsatz der Bundeswehr im Inneren obliegt gemäß Art. 87a Abs. 4 S. 1 GG der Bundesregierung. Sie muss im Wege eines förmlichen Kabinettsbeschlusses erfolgen. Nach Art. 87a Abs. 4 S. 2 GG können der Bundestag und der Bundesrat von der Bundesregierung die Einstellung des Einsatzes verlangen.

III. Angesichts der Anschläge vom 11. September 2001 in New York und Washington und des Anschlages von Madrid am 11. März 2003 wurde vielfach der Einsatz der Bundeswehr für bestimmte Sicherheitsaufgaben im Inneren diskutiert. Es lassen sich dabei drei mögliche Einsatzarten denken: Die Bundeswehr kann im → ABC-Schutz, also zur Abwehr von Angriffen mit atomaren, biologischen oder chemischen Waffen eingesetzt werden, außerdem bei der Abwehr von terroristischen Angriffen mittels (entführter) Zivilflugzeuge (→ Luftsicherheit) und schließlich zur Objektsicherung; im letzteren Fall nähme die Bundeswehr Sicherungsaufgaben anstelle von Polizei und der Bundespolizei wahr.

Vor allem der Einsatz von Jagdflugzeugen der Bundeswehr zur Abwehr terroristischer Anschläge nach der Methode vom 11. September ist viel diskutiert worden. Der Gesetzgeber hat versucht, dieser neuen Art der Bedrohung durch das Luftsicherheitsgesetz (LuftSiG) vom 11. Januar 2005 zu begegnen. Es sieht neben einigen polizeirechtlichen Kompetenzen für die neu geschaffenen Luftsicherheitsbehörden, z. B. verstärkte Kontrollen des an Flughäfen beschäftigten Personals, auch Befugnisse der Bundeswehr zur Abwehr terroristischer Angriffe aus dem Luftraum vor. Eine besonders umstrittene Regelung des LuftSiG ist § 14 Abs. 3, der es der Bundeswehr gestattet, ein Flugzeug abzuschießen, wenn dies „das einzige Mittel zur Abwehr dieser gegenwärtigen Gefahr" ist. Die verfassungsrechtliche Problematik besteht darin, dass – im Falle eines entführten Zivilflugzeuges – der Tod unschuldiger Passagiere zugunsten des Lebens möglicher Opfer am Boden in Kauf genommen wird.

IV. Die grundgesetzlichen Vorgaben für den Einsatz der Bundeswehr im Inneren sind auch nach den Anschlägen vom 11. September 2001 nicht gegeben. Weder wurde der für Art. 87a Abs. 3 GG erforderliche Verteidigungs- oder Spannungsfall ausgerufen noch ist eine Katastrophe im Sinne des Art. 35 Abs. 2 GG eingetreten. Auch die Voraussetzungen des Art. 87a Abs. 4 GG liegen nicht vor. Durch die terroristischen Attentate in den USA ist weder der Bestand der Bundesrepublik gefährdet noch die freiheitlich demokratische Grundordnung bedroht. Darüber hinaus lässt sich eine tatsächliche Überforderung der Polizeieinheiten der Länder und der Bundespolizei nicht erkennen.

V. Die die Bundeswehr betreffenden Regelungen des LuftSiG hat der Gesetzgeber – weil ein Einsatz aufgrund des Art. 87a Abs. 3 und 4 GG nicht in Betracht kommt – auf Art. 35 Abs. 2 GG gestützt. Ein Anschlag mittels eines entführten Zivilflugzeuges stelle einen Unglücksfall im Sinne dieses Artikels dar. Seine Kompetenzvorschrift rechtfertige nicht nur einen Einsatz der Bundeswehr nach Eintritt, sondern bereits vorher zur Abwehr des Unglücks.

Neben diesen verfassungsrechtlichen bestehen auch sachliche Bedenken gegen den Einsatz der Bundeswehr im Inneren. Dies betrifft vor allem den Einsatz der Streitkräfte für Aufgaben der Objektsicherung. Denn während sich die Aufträge zur Luftsicherung und zum ABC-Schutz mit der besonderen Ausstattung der Bundeswehr rechtfertigen lassen, ist es beim Einsatz zum Objektschutz mehr als fraglich, ob die Hoffnung berechtigt ist, die Bundeswehr könne die Polizei bei deren Objektsicherungsaufgaben entlasten. Klagt doch auch die Bundeswehr darüber, dass ihre personellen Kapazitäten durch die vielfachen Auslandseinsätze überbeansprucht werden. Außerdem setzt ein Polizeieinsatz der Bundeswehr auch eine entsprechende Schulung der vorgesehenen Kräfte voraus. Nur weil ein Soldat bewaffnet ist, vermag er nicht gleich die Aufgaben eines ausgebildeten Polizisten zu übernehmen, wenngleich es sich beim Objektschutz um eine vergleichsweise leichte Aufgabe handelt. Ungeschult werden Soldaten vor staatlichen Einrichtungen wohl nur eine psychologische Wirkung erreichen können; sie werden lediglich den Eindruck von Sicherheit vermitteln. Ob aber allein die Stärkung des Sicherheitsgefühls den Einsatz der Bundeswehr im Inneren rechtfertigt, darf zu Recht bezweifelt werden.

Baldus, Manfred 2004: Streitkräfteeinsatz zur Gefahrenabwehr im Luftraum, in: NVwZ, H. 11, S. 1278-1285

Fischer, Matthias 2004: Terrorismusbekämpfung durch die Bundeswehr im Inneren Deutschlands, in: JZ, H. 8, S. 376-384

Martinez Soria, José 2004: Möglichkeiten und Grenzen eines Einsatzes der Bundeswehr im Inneren, in: DVBl, H. 10, S. 597-606

Pannkoke, Jörg 1998: Der Einsatz des Militärs im Landesinnern in der neueren deutschen Verfassungsgeschichte, Münster

Pawlik, Michael 2004: § 14 Abs. 3 des Luftsicherheitsgesetzes – ein Tabubruch? In: JZ, H. 21, S. 1045-1055

Sattler, Henriette 2004: Terrorbekämpfung durch die Streitkräfte nicht ohne Grundgesetzänderung, in: NVwZ, H. 11, S. 1286-1291

Wolff 2003: Der verfassungsrechtliche Rahmen für den Einsatz der Bundeswehr im Innern zur Terrorismusbekämpfung und zum Schutz ziviler Objekte, in: ThürVBl, H. 8, S. 176-178

Christoph S. Schewe

Community Policing

I. „Community Policing“ ist ein zunächst in amerikanischen Großstädten entstandenes, recht uneinheitliches Konzept kommunaler Kriminalprävention. Seine Variation reicht von der repressiven, jeglichen Regelverstoß rigoros verfolgenden „Null-Toleranz-Strategie“ New Yorker Prägung („Broken-Windows-Theorie“) über Konzepte von „Neighbourhood Watch“ bis zu Formen der Kooperation zwischen Polizei und Bürger/innen, die unter Beteiligung der pluralistischen Gruppen auf die Stärkung der Legitimität polizeilichen Handelns durch Partizipation zielen. Allen Formen ist gemeinsam, dass sie die Bedeutung der lokalen Ebene für die Kriminalitätsprävention „wiederentdecken“ und überwiegend auf eine „Aktivierung“ des Bürgers im Rahmen einer „ganzheitlichen“ und „gemeinschaftlichen“ Konzeption von Sicherheit als eines Kooperationsverbunds von Polizei, Kommune und Bürger setzen. Im amerikanischen Verständnis schwingt dabei diese Doppeldeutigkeit des Begriffs offen mit: „Community“ ist nicht nur die Bezeichnung für „Gemeinwesen“ etwa im Sinne auch des deutschen Verständnisses der sich selbst verwaltenden Stadt, sondern bezeichnet zugleich auch die „Gemeinschaft“. So korrespondiert dieses kriminalpolitische Konzept in ideengeschichtlicher Perspektive betrachtet genau mit der Richtung politischer Theorie, die in den USA seit den 80er Jahren angesichts der vermeintlichen „Zerfaserung“ liberaler Gesellschaften – und in zum Teil direkter Ablehnung einer offenen, pluralistischen Gesellschaft – als „Kommunitarismus“ bekannt geworden ist. Konzeptionen von „Raum“ und „Politik“ – und die hiermit schnell einhergehende „Freund-Feind-Stereotype“ – spielen im Politikbegriff des amerikanischen „Neorealismus“ eine nicht zu unterschätzende Rolle, ob beim „Clash of Civilizations“ des Politikwissenschaftlers Samuel P. Huntington oder eben bei einer als Kriminalgeografie verstandenen Politik der Inneren Sicherheit. In theoretischer Perspektive ist daher der zugrunde liegende Politikbegriff zudem problematisch, soweit Community Policing einer typischen Verbindung von „Kriminalität“ und „Raum“ folgt, die ihre geistigen Wurzeln in der zumindest aus deutscher Sicht äußerst fragwürdigen Geopolitik findet.

II. In Deutschland lassen sich bei aller Variation drei Grundformen von Community Policing unterscheiden, die zum Teil schon bestehende Konzepte aufgreifen und unterschiedliche Aspekte der „Bürgeraktivierung“ akzentuieren: a) Hilfspolizeien: So ist der „Freiwillige Polizeidienst“ (→ Freiwillige Polizeidienste) in Berlin aus der alten „Polizeireserve“ hervorgegangen, die ursprünglich als Gegengewicht zu den DDR-Betriebskampfgruppen zu Beginn der 60er Jahre als reine „Hilfspolizei“ ins Leben gerufen worden war. Vor dem Hintergrund der chronischen

Finanzkrise wurde diese „Reserve“ infolge der deutschen Einheit jedoch nicht aufgelöst, sondern in ihren Kompetenzen noch erheblich erweitert. Sie umfassen – bei Wahrnehmung polizeilicher Befugnisse unter Einschluss des unmittelbaren Zwanges – die Sicherung von Gebäuden, öffentlichen Anlagen und Veranstaltungen, die Überwachung des Straßenverkehrs, Streifendienst in Grün- und Erholungsanlagen sowie Kurier- und Transportdienste. An das Konzept des Bürgers als „Hilfspolizisten“ (→ Wachpolizei/Hilfspolizei) knüpfen auch die neueren Formen an: dic Beschäftigung von Langzeitarbeitslosen als „ABM-Sheriffs“ („Gelbe Engel“, „Bernauer Modell“, „Park Ranger“, „Stadtwacht“ usw.) und die „Sicherheitspartnerschaften“. So sollen ehrenamtlich z. B. in Brandenburg „sozial engagierte Einwohner der Gemeinde in der Wahrnehmung ihrer persönlichen Rechte und der sozialen Verantwortung für die Gemeinschaft, unbewaffnet und ohne hoheitliche Befugnisse (...) in ihrem örtlichen Bereich aktiv werden“ (Erlass Kommunale Kriminalitätsverhütung des Innenministeriums von 1995). Der „Sicherheitswacht“ in Bayern wurden sogar über die so genannten „Jedermann-Rechte“ hinaus polizeiliche Kompetenzen eingeräumt, indem die Sicherheitskräfte auch die Befugnis des Anhaltens von Personen, der Befragung, der Personalienfeststellung und des Platzverweises haben. Die „Aufwandsentschädigung“ reicht dabei schon an Stundenlöhne von Niedriglohngruppen heran.

b) Präventionsräte: Vorreiter für die Errichtung war das Land Schleswig-Holstein, das 1990 zunächst einen landesweiten Präventionsrat, bald aber auch kommunale Präventionsräte etablierte. Andere Bundesländer wie z. B. Hessen, NRW und Berlin folgten. Präventionsräte setzen sich zusammen aus den entscheidungskompetenten Vertretern der Kommunen und Vertretern der Schutzbereiche und/oder der Polizeiwachen, entweder unter Einrichtung eines von Fall zu Fall themenbezogenen erweiterten Teilnehmerkreis lokal relevanter staatlicher, kommunaler und gesellschaftlicher Entscheidungsträger und/oder unter direkter Beteiligung von Vereinen, Verbänden und interessierten Bürgern, also z. B.: Mitglieder der Kommunalparlamente, Polizeibeiräte, sachverständige Einzelpersonen, Vertreter der Gerichte, Staatsanwaltschaft und der Bewährungshilfe, des Jugendamtes, Arbeitsamts und des Umweltschutzes, der Kirchen, örtlich bedeutsamer Vereine, Stiftungen und Verbände, schließlich der freien Träger in der Sozial-, Kultur-, Ausländerarbeit und institutionalisierte Einwohnerversammlungen zu Sicherheitsfragen unter direkter Teilnahme der Bürger. Als in der Regel bloßen Beratungsgremien mangelt es den Präventionsräten an den politischen Kompetenzen, mit denen etwa Kommunalparlamente die Verwaltung kontrollieren und steuern können. Aus Sicht der Exekutive erlaubt die „ganzheitliche“ Konzeption der Präventionsräte ein über Ressortgrenzen hinweg greifendes koordiniertes Vorgehen der in einem „Raum" in einem umfassenden Sinne zuständigen Sicherheits- und Ordnungsbehörden sowie die Erschließung zusätzlicher Informationsquellen.

c) Polizeibeiräte: Sie gingen aus den Polizeiausschüssen der britischen Zone hervor und existierten ursprünglich in Niedersachsen, Schleswig-Holstein und NRW. Als Element demokratischer Kontrolle der Polizei auf kommunaler Ebene in der Tradition des britischen Verständnisses von „Bürgerpolizei" mit echten Kompetenzen konzipiert, wurden sie aber bald durch die Polizeibeiräte als Beratungsgremien ersetzt. An dieser grundsätzlichen Konstruktion hat sich seitdem nichts Wesentliches geändert. So führte z. B. Brandenburg in den 90er Jahren auf der lokalen Ebene der Polizeipräsidien Polizeibeiräte ein, die zwar infolge parlamentarischer Wahl relativ hoch demokratisch legitimiert sind, aber allenfalls das Recht auf Anhörung haben (z. B. bei Stellenbesetzung von Polizeipräsident/in, Auflösung von Dienststellen). Ausnahme hierzu ist der Sonderfall der infolge des „Hamburger Polizeiskandals" eingesetzten „Polizeikommission". Sie besteht aus drei, vom Senat auf vier Jahre ehrenamtlich berufenen Personen, die weisungsunabhängig sind und keiner Fachaufsicht unterliegen. Im Rahmen ihrer Aufgabe, „interne Fehlentwicklungen und daraus folgende Gefährdungen der Einhaltungen rechtsstaatlichen Verhaltens der Polizei zu erkennen" (§ 2 des Gesetzes über die Hamburger Polizeikommission von 1998), verfügt sie über die Kompetenz der Akteneinsicht und des jederzeitigen unangemeldeten Zutritts zu allen Diensträumen. Dabei kann sich jeder, auch die Polizeibeamten/ innen selbst ohne Einhaltung des Dienstwegs, an die Kommission wenden. Gleichwohl hat auch die Kommission keine politische Entscheidungskompetenz, sondern informiert bloß die Bürgerschaft via Senat in einem jährlichen Tätigkeitsbericht.

III. Seit der Einführung von „Präventionsräten" zu Beginn der 90er Jahre ist Community Policing in Deutschland inzwischen fast flächendeckend zu beobachten. Da Polizeiaufgaben nach Art. 30 GG grundsätzlich in die Länderkompetenz fallen, ist jedoch auf einen wesentlichen normativ-institutionellen Unterschied aufmerksam zu machen: Während in den USA Polizei überwiegend eine kommunale Aufgabe ist und Community Policing insoweit zunächst einmal nur eine Selbstverständlichkeit auf den Begriff bringt, lässt sich mit einer Polizei in staatlicher Hand bei zugleich verfassungsrechtlich garantierter kommunaler Selbstverwaltung nach Art. 28 GG „a priori" gar nicht so einfach kommunale Polizeipolitik betreiben. Denn in einer amerikanischen Stadt ist der – bisweilen sogar direkt legitimierte – Polizeichef Teil der Kommunalregierung, über deren lokale Polizeipolitik die Bürger/innen bei Wahlen mitentscheiden. Unter dieser demokratischen Prämisse hieße eine konsequente Übertragung folglich die Rückkehr zur kommunalisierten Polizei, wie sie angelehnt an das angloamerikanische Verständnis als vor Ort verankerter, gerade nicht staatlicher „Bürgerpolizei“ in einigen Bundesländern bis in die 70er Jahre hinein ja noch existierte. „Hilfspolizeien“ sind daher nicht Ausdruck der Bürgernähe, sondern des Rückzugs der Polizei, indem durch „kalte“ Privatisierung eine unprofessionelle (aber preiswerte) „Laienpolizei“ geschaffen wird. Als ein stark gemeinschaftsbezogenes Konzept ist Community Policing mit einer liberalen, pluralistischen Demokratie zum Teil kaum vereinbar. Offen tritt das hervor, wenn „Sicherheitspartnerschaften“ bisweilen als regelrechte „Bürgerwehren“ fragwürdige Moral- und Ordnungsvorstellungen in „ihrem“ Viertel mit „null Toleranz“ gegenüber allem „fremden“, d. h. zwar legalen, aber subjektiv als abweichend empfundenen Verhalten durchsetzen (in einigen Fällen hatten daher die Behörden schon Mühe, diesen – rechtsstaatlich problematischen und die effektive Polizeiarbeit sogar behindernden – Übereifer zu zügeln). Dabei wird die für den modernen Polizeibegriff typische, scharfe Grenzziehung zwischen Polizeiaufgaben und Sozialkontrolle in Richtung eines vormodernen Verständnisses von „öffentlicher Sicherheit und Ordnung“ verwischt. Soweit bei den „Polizeibei-“ und „Präventionsräten“ die Bürgerbeteiligung im Vordergrund steht, stellt sich bis heute das Problem fehlender Kompetenzen. Die in dieser Hinsicht einzige – und für das bisherige Konzept von Community Policing untypische – Ausnahme, die mit „echten“ Kontrollrechten ausgestattete Hamburger Polizeikommission, ist infolge der Regierungsbeteiligung der „Schill-Partei“ inzwischen abgeschafft worden. So droht den Polizeibei- und Präventionsräten insgesamt eher die Instrumentalisierung durch die Polizei- und Ordnungsbehörden.

Auch in praktisch-kriminalpolitischer Hinsicht erweist sich der Erfolg von Community Policing als ungesichert. „Sicherheitswachten“ mögen zwar das subjektive Sicherheitsgefühl durch Patrouillen in „Angsträumen“ erhöhen. Nach wie vor bleibt aber unklar, ob – und wenn ja, welche – Kriminalität objektiv überhaupt verhindert wird. Empirische Studien belegen eher, dass bloß „Bagatelldelikte“ räumlich verlagert werden. Selbst der Rückgang von Kriminalität in New York ließe sich im Übrigen weniger durch „Null Toleranz“ als vielmehr durch den parallel einsetzenden wirtschaftlichen Aufschwung erklären. So scheint es, dass Community Policing fehlende Sozialpolitik mithilfe symbolischer Politik von „law and order“ zu „lösen“ sucht. Bei der Arbeit der Präventionsräte fällt zudem auf, dass ein beständiges bürgerschaftliches Engagement nicht immer gelingt und dass die Gremien zumeist von einer spezifischen Mittelschicht dominiert werden. Gerade Gruppen mit geringer „Beschwerdemacht“ (Ausländer, Obdachlose, Jugendliche etc.) sind in aller Regel nicht vertreten. So werden in den Präventionsräten in aller Regel nur ganz spezielle Sicherheitsinteressen artikuliert (insbesondere Gewerbetreibende hinsichtlich Kleinkriminalität und Ordnungsstörung).

Bürgerrechte und Polizei Nr. 3/1999: Schwerpunktheft „Community Policing“

Bürgerrechte und Polizei Nr. 2/2000: Schwerpunktheft „Bürger – Nachbarn – Kontrolleure“

Hansen, Ralf 1999: Eine Wiederkehr des „Leviathan“? Starker Staat und neue Sicherheitsgesellschaft, „Zero Tolerance“ als Paradigma „Innerer Sicherheit“? In: KJ, Nr. 2, S. 231-253

Jahn, Thomas 2003: Bürger- und gemeinwesenorientierte Polizeiarbeit. Die Community-Policing-Strategie: Grundlagen, Erfolge und Möglichkeiten der Umsetzung unter den Bedingungen des deutschen Rechts, Hamburg

Korfes, Gunhild / Sessar, Klaus 1997: „Sicherheitspartnerschaften im Land Brandenburg“. Ergebnisse einer kriminologischen Recherche, in: Ministerium des Inneren des Landes Brandenburg (Hg.): Kommunale Kriminalitätsverhütung. Eine Materialsammlung, Potsdam

Kreuzer, Arthur / Schneider, Hans 2002: Freiwilliger Polizeidienst in Hessen. Ergebnisse der wissenschaftlichen Begleitung des Pilotprojekts, Frankfurt a. M.

Ooyen, Robert Chr. van 2002: „Community policing“ in Deutschland: Der Bürger zwischen Partizipation, Gemeinschaft und Instrumentalisierung, in: Die Polizei, Nr. 1, S. 1-7

Wurtzbacher, Jens 2003: Sicherheit als gemeinschaftliches Gut. Bürgerschaftliches Engagement für innere Sicherheit, in: Leviathan, Nr. 1, S. 92-116

Robert Chr. van Ooyen

Computerkriminalität

I. Im strafrechtlichen Sinne ist der Begriff „Computerkriminalität“ nicht definiert. Vonseiten der Polizei werden unter dieser Bezeichnung alle Straftaten verstanden, bei denen die elektronische Datenverarbeitung das Mittel zur Tatbegehung und / oder das Tatobjekt selbst ist. Seine Existenz verdankt der Begriff der früheren Besonderheit des Computers. Diese Besonderheit ist mit der massenhaften Verbreitung der EDV und ihrer vielfältigen auch kriminellen Anwendungsmöglichkeiten hinfällig geworden. Heute muss die weit reichende Begriffsbestimmung für analytische Zwecke als ungeeignet angesehen werden. Grundsätzlich ist zu unterscheiden zwischen Computerkriminalität im weiteren und im engeren Sinne. Zu Ersterer zählt man „herkömmliche“ Delikte, bei deren Begehung auch der Computer als Tatmittel Verwendung findet (→ Internetüberwachung), wie z. B. Kapitalanlagebetrug, Rauschgifthandel, illegaler Waffenhandel und → Geldwäsche. Unter der Computerkriminalität im engeren Sinne versteht man hingegen Taten, die das Vorhandensein der EDV voraussetzen. Hierzu werden u. a. gezählt: Computerbetrug, Computersabotage, Computerspionage, Softwarepiraterie aber auch Datenschutzdelikte.

Unter Computerbetrug versteht man das gezielte Verändern von Daten zum Zwecke der persönlichen Bereicherung. Hier dominierten bis in die

1970er Jahre, da EDV-Anlagen primär nur bei großen Unternehmen und Banken vorhanden waren, die Abrechnungsmanipulationen bei Gehalts- und Rechnungszahlungen sowie Bilanzmanipulationen und Änderungen von Kontoständen. Mit zunehmender Verbreitung der EDV seit Ende der 1980er Jahre stellen heute Kartenmissbräuche (Kredit-, ec- und Telefonkarten) das häufigste Computerdelikt dar. Computerspionage meint die vorsätzliche Beschaffung von fremden EDV-Daten (vornehmlich Softwareprogramme, Rüstungsdaten und im wirtschaftlichen Bereich Forschungsdaten sowie Kundenadressen). Täter sind sowohl Nachrichtendienste als auch miteinander konkurrierende Wirtschaftsunternehmen. Als Computersabotage definiert man die Beschädigung, das Löschen, die Veränderung oder die Unbrauchbarmachung von Daten bzw. Datenverarbeitungsanlagen oder Datenträgern. Auch hier wandelte sich das Deliktfeld mit zunehmender Verbreitung des Computers. Kam es früher nur vereinzelt zu großen Sabotagefällen, so dominieren heute massenhafte Fälle von Sabotagen der Personalcomputer über Computerviren. Ebenfalls der Computerkriminalität zugerechnet wird die Softwarepiraterie, also das unbefugte Kopieren oder die unbefugte Verwendung von Computerprogrammen. Auch hier erfolgte im Laufe des Wandels zur Informationsgesellschaft eine Verschiebung in der Deliktbegehung. Existierten früher in erster Linie Programme, die für den speziellen Anwendungsbedarf des Auftraggebers entwickelt wurden (sog. Individualsoftware), so dominiert in diesem Deliktsfeld heute die rechtswidrige Kopie der Standardsoftware für Personalcomputer.

II. Mit den 1986 im „Zweiten Gesetz zur Bekämpfung der Wirtschaftskriminalität“ und in weiteren gesetzgeberischen Maßnahmen erlassenen neuen Straftatbeständen reagierte der Gesetzgeber auf die damals neuen Formen der Computerkriminalität. Die bis dahin bestehenden Strafbarkeitslücken wurden u. a. mit dem Tatbestand des Computerbetruges (§ 263a StGB), der Ausweitung des Sachbeschädigungstatbestandes auf Computersabotagen und Datenveränderung (§§ 303a/b StGB) und einer neuen Bestimmung gegen das Ausspähen von Daten (§ 202a StGB) geschlossen. Seit 1993 beinhaltet das neue Urheberrecht nun auch den Schutz von Software.

Wenngleich der Gesetzgeber mit diesen Maßnahmen auf neue Kriminalitätsformen und neue Tatbegehungsmöglichkeiten auch bei herkömmlichen Delikten reagierte, so konnte er doch nicht voraussehen, dass sich der Computer von einem exklusiven und lokal abgeschotteten Instrument zu einem hochgradig untereinander vernetzten Massenmedium wandeln würde. Einerseits stieg mit der Computerisierung der Gesellschaft und der damit einhergehenden Abhängigkeit der Wirtschaft, der Verwaltung und des Bürgers vom Funktionieren der Computersysteme auch das von der Computerkriminalität ausgehende Gefährdungspotenzial an. Andererseits nahm die Sicherheit der Systeme vor Eingriffen in den Datenbestand durch die Vernetzung der Computer miteinander ab. Plastisch formuliert bedeutet dies: Die Gefahr kann von (fast) überall kommen, sie kann (fast) überall zuschlagen und sie kann (fast) alles lahm legen.

III. Die Abhängigkeit der Gesellschaft von der Informationstechnik und deren Verletzlichkeit durch Vernetzung nahezu aller gesellschaftlichen Bereiche führten zu einer Veränderung der Risikowahrnehmung. Was man vormals als herkömmliche Kriminalität in neuem Gewande wahrnahm, wurde gegen Ende der 1990er Jahre immer stärker als eine Gefährdung nationaler Sicherheit definiert. Computerkriminalität hat nicht zuletzt auch vor dem Hintergrund der Terrorismusdebatte in ihrer politischen Betrachtung unter dem Schlagwort „Cyberwar" eine neue Qualität erhalten. IT-Systeme von Flughäfen, Banken und Regierungsstellen aber auch von Versorgungseinrichtungen wie Gas-, Strom- und Wasserwerken oder Kommunikationseinrichtungen und Verkehrsleitsystemen sind unverzichtbare Bestandteile moderner Gesellschaften. Terroristisch oder kriminellerpresserisch motivierte Sabotage dieser Strukturen wird zu einer den Staat in seiner Funktionsfähigkeit bedrohenden Gefahr. Zum einen könnten sich gegenseitig aufschaukelnde Ausfallserscheinungen das gesamte gesellschaftliche Leben lahm legen, zum anderen könnten bestimmte Sabotageakte (z. B. gegenüber Kernkraftwerken, Gleisstellanlagen, Staudämmen, Waffensystemen) gezielt und unmittelbar Menschenleben kostende Katastrophen herbeiführen. Entgegenzuwirken versuchte man dieser Gefahr in einem ersten Schritt durch Maßnahmen, welche in Zusammenarbeit mit der Wirtschaft auf die Schließung bestehender Sicherheitslücken in IT-Systemen abzielen. Eine bestimmende Rolle nimmt hier die im Februar 2000 seitens des Bundesinnenministers eingesetzte Arbeitsgruppe „Sicheres Internet" ein. Ihre Aufgabe ist es, das Bedrohungspotenzial durch Computersabotagen zu klären. Sie erarbeitet darüber hinaus Maßnahmen zu deren Verhinderung und koordiniert die Umsetzung dieser Maßnahmen.

Mit dem Artikel 10 des Terrorismusbekämpfungsgesetzes vom 9. Januar 2002 wurde neben dem präventiven Ziel der Verbesserung der IT-Sicherheit auch die Strafverfolgung derartiger Delikte intensiviert, indem man den Katalog des Bundeskriminalamtes für die Wahrnehmung polizeilicher Aufgaben auf dem Gebiet der Strafverfolgung um Computersabotage ergänzte. Darüber hinaus ist man verstärkt zu Ermittlungstätigkeiten im (vermuteten) Umfeld potenzieller Täter übergegangen (→ Internetüberwachung).

IV. Was die Diskussion um die Sicherheit in der IT-Technik angeht, so ist bemerkenswert, wie verschiedene Institutionen im Bereich der Wirtschaft, der Strafverfolgung und des Datenschutzes im Rahmen ihrer jeweiligen Aufgabenstellung einander deutlich widersprechende Strategien verfolgen. Die herausragendsten Beispiele hierfür sind die Diskussionen um den Einsatz von Verschlüsselungstechniken im elektronischen Datenverkehr, um den anonymen Netzzugang und um so genannte Hacker Tools, also Softwareprogramme zum Einbrechen in IT-Systeme. Während die Strafverfolgungsorgane darauf drängen, im Netz erfolgreicher ermitteln zu können und daher in Verschlüsselungstechniken und anonymisierten Netzzugängen oftmals geradezu eine Förderung krimineller Machenschaften sehen, so sind es Datenschützer und die Wirtschaftslobby, die in der Entwicklung und Verbreitung dieser Technologien eine zwingende Voraussetzung für die Förderung des elektronischen Geschäftsverkehrs und die Erhöhung des Vertrauens der potenziellen Nutzer in die Informationstechnik sehen. Ähnliches ist für die auf europäischer Ebene stattfindende Diskussion um die Einführung einer Strafbarkeit der Hacker Tools zu verzeichnen. Während der Europarat die zum Hacken eingesetzten Software-Produkte verboten wissen will, so sehen Datensicherheitsexperten, die diese Programme verwenden, um die Sicherheit ihrer Systeme zu überprüfen, mit einer solchen Strafnorm ihre Selbstschutzmaßnahmen gefährdet.

Was die Einbindung der Computerkriminalität unter dem Schlagwort „Cyberwar" in die Terrorismusdebatte betrifft, so sind hier zumindest zwei Dinge grundsätzlich anzumerken. Erstens scheint die einleitende Begründung neuer Eingriffsbefugnisse mit der Terrorismusproblematik bzw. sogar konkret mit den Anschlägen vom 11. September 2001 dann nicht statthaft, wenn die neuen Befugnisse nichts zur Verhinderung der Anschläge beigetragen hätten. So gibt es zwar gute Gründe (wie z. B. Internationalität in der Tatbegehung, Notwendigkeit von Expertenwissen und speziellen Equipment auf der Ermittlerseite), dem → Bundeskriminalamt die Zuständigkeit für die Bekämpfung von Computersabotagen zu erteilen – mit den Terroranschlägen des 11. Septembers lässt sich die Aufgabenerweiterung jedoch nicht begründen. Zweitens ist kritisch anzumerken, dass Schutz- und Überwachungsmaßnahmen auf hohem technischem Niveau nichts gegen Terrorismus auf niedrigem technischem Niveau auszurichten vermögen. Gerade im Hinblick auf die Anschläge des 11.Septembers 2001 ist anzunehmen, dass die Sicherheitsorgane ihre Arbeit dort auf Hightech-Überwachungsmaßnahmen konzentriert haben, wo der Einsatz humaner Intelligenz (z. B. in Form der Infiltration über verdeckte Ermittler) effektiver gewesen wäre. Man muss hier jedoch nicht US-amerikanische Ereignisse bemühen, um zu verdeutlichen, dass Anschläge auf die IT-Struktur ganz ohne den Einsatz der IT-Technik möglich sind und daher auch nicht nur durch Schutz- und Überwachungsmaßnahmen auf der IT-Ebene zu verhindern sind. So erfolgte der Anschlag auf 7.000 Telefon- und Datenverbindungen im Bereich des Frankfurter Flughafens im Februar 1995 nicht etwa durch versierte Computerfreaks unter Verwendung komplizierter Hacker-Programme, sondern durch das simple Durchtrennen von sieben unterirdisch verlegten Glasfasersträngen des Leitungsnetzes der deutschen Telekom mit Werkzeugen, die in jedem Baumarkt erhältlich sind.

V. Bei der Diskussion um geeignete Maßnahmen zur Bekämpfung der Computerkriminalität und des Cyberwars ist zu bedenken, dass eine lückenlose Sicherheit der Informationstechnik allein bei Stilllegung der IT-Systeme zu erreichen wäre. Insofern kann es bei Beibehaltung der politischen Zielsetzung des Ausbaus der Informationstechnik nur um eine Begrenzung vorhandener Risiken gehen. Die Fortentwicklung technischer Sicherheitsstandards und die Aufklärung der IT-Nutzer und Netz-Administratoren sowie die Schaffung geeigneter zivilrechtlicher und öffentlich-rechtlicher Rahmenbedingungen (insbesondere für den Bereich des elektronischen Geschäftsverkehrs) sind zur Bekämpfung der Computerkriminalität um ein Vielfaches wichtiger als die Schaffung neuer Strafvorschriften oder eine flächendeckende geheimdienstliche oder polizeiliche Überwachung des Netzes.

Bendrath, Ralf 2001: Krieger in den Datennetzen, in: Medosch, A. / Röttgers, J. (Hg.): Netzpiraten. Die Kultur des elektronischen Verbrechens, Hannover, S. 155-176

Jaeger, Stefan 2002: Computerkriminalität, Augsburg

Perrey, Elke 2003: Gefahrenabwehr und Internet. Befugnisse der Polizei im Lichte eines Rechts auf informationelle Selbstbestimmung, Berlin

Kurt H. G. Groll

Datenabgleich

I. Unter „Datenabgleich“ wird der Abgleich erhobener personenbezogener Daten durch den Polizeivollzugsdienst mit dem Inhalt polizeilicher Dateien verstanden. Zum Zweck der Aufklärung einer Straftat, der Aufenthaltsermittlung sowie der Gefahrenabwehr können die personenbezogenen Daten mit dem Fahndungsbestand abgeglichen werden. Für die Dauer des Datenabgleichs kann der Betroffene angehalten werden.

II. Die Polizeigesetze der Länder und des Bundes enthalten Datenabgleichbefugnisse, wonach u. a. alle bei der Aufgabenerfüllung erlangten Daten mit dem Fahndungsbestand abgeglichen werden können. Ein Abgleich ist auch dann zulässig, wenn keine konkrete Gefahr für die öffentliche Sicherheit oder Ordnung vorliegt. Somit muss der Bürger bei jedem Kontakt mit der Polizei damit rechnen, dass seine Daten mit den Datenbeständen der vorbeugenden Straftatenbekämpfung verglichen werden. Denn die Datenabgleichbefugnisse bestimmen lediglich den Kreis der Personen, deren Daten abgefragt werden dürfen, nicht aber zu welchem Zweck. Insoweit bestehen erhebliche Bedenken, ob der Datenabgleich mit dem aus dem Volkszählungsurteil resultierenden Zweckbindungsgebot übereinstimmt.

Die Daten aus einem Strafverfahren dürfen mit anderen zur Strafverfolgung, zur Strafvollstreckung oder zur Gefahrenabwehr gespeicherten Daten abgeglichen werden. Darunter fallen auch Fremddatenbestände, welche die Polizei bereits zu Zwecken der Strafverfolgung erhoben hat. Hat die Polizei diese Fremddatenbestände jedoch lediglich zum Zweck des Abgleichs erhoben, liegt begrifflich eine → Rasterfahndung vor, die nur unter den Voraussetzungen der §§ 98a, 98b StPO zulässig ist. Gänzlich unzulässig ist der Datenabgleich mit Datensammlungen, die lediglich für die Zwecke der Vorgangsverwaltung betrieben werden.

III. Durch das Gesetz zur Bekämpfung des internationalen Terrorismus – Terrorismusbekämpfungsgesetz – vom 1.1. 2002 (BT-Drs. 14/7386) sind u. a. in § 4 Abs. 2 PaßG, § 1 Abs. 4 u. 5 PersonalausweisG und § 39 Abs. 1 AuslG die Möglichkeit geschaffen worden neben dem Lichtbild und Unterschrift auch biometrische Merkmale (→ Biometrie) von Fingern, Händen oder Gesicht in Pässen, Ausweisen, Visa, Duldungen, Aufenthaltstitel etc. aufzunehmen. Die Arten der biometrischen Merkmale im Einzelnen, ihre Einzelheiten und die Einbringung von Merkmalen und Angaben in verschlüsselter Form in den Identitätsdokumenten sowie die Art ihrer Speicherung, Verarbeitung und Nutzung sind im Terrorismusbekämpfungsgesetz selbst noch nicht geregelt, aber bereits einem weiteren Bundesgesetz vorbehalten. Derzeit dürfen die in Identitätsnachweisen enthaltenen verschlüsselten biometrischen Merkmale und Angaben nur zur Überprüfung der Echtheit des Dokuments und zur Identitätsprüfung ausgelesen und verwendet werden. Der Inhaber des Dokuments hat gegenüber der Ausstellungsbehörde einen Auskunftsanspruch bezüglich des Inhalts der verschlüsselten Merkmale in seinem Dokument.

IV. Die Einführung biometrischer Daten in Identitätspapieren in Verbindung mit der bereits im Terrorismusbekämpfungsgesetz angekündigten Schaffung einer gesetzlichen Grundlage für die Datennutzung in automatisierten Dateien eröffnet ein weites Spektrum für den Datenabgleich im Zusammenhang mit Zugangs- und Einreisekontrollen. So werden in Zukunft → Personenkontrollen in Form eines Datenabgleichs mittels gespeicherter biometrischer Daten größere Bedeutung gewinnen. Solche Verfahren werden bereits in den USA durch die Washingtoner Einwanderungsbehörde INS durchgeführt. Geschäftsreisenden wird auf Antrag ein Ausweis mit biometrischen Daten ausgestellt, der durch spezielle Lesegeräte, die bereits auf dem New Yorker Kennedy Flughafen und in Newark in New Jersey zur Verfügung stehen, den Einreisevorgang beschleunigen und erleichtern. Ein ähnlicher, aber bereits wieder eingestellter Versuch wurde durch den auf dem so genannten Smart-Card-Prinzip beruhenden „Schiphol Travel Pass" durchgeführt, durch den eine automatische daktyloskopische Identitätskontrolle mit elektronischer Abfrage des Fahndungsbestandes erfolgte, von deren Ergebnis die Öffnung der Zugangstür abhing.

V. Der technische Fortschritt wird weitere Möglichkeiten des Datenabgleichs eröffnen, beispielsweise die Überwachung von öffentlichen Räumen, Bahnhöfen, Flughäfen etc. durch Kameras, die einen Datenabgleich mit biometrischen Daten ermöglichen. Solange dies zur Strafverfolgung bzw. zur Abwehr von besonders schwerwiegenden Gefahren erfolgt, ist es als ein effizientes Instrument der polizeilichen Arbeit positiv zu werten. Zu fordern ist jedoch, dass in dem noch zu schaffenden Bundesgesetz, dass die Nutzung der biometrischen Daten regeln wird, dieser sich abzeichnende technische Fortschritt begleitet wird von datenschutzrechtlichen Vorschriften. Insbesondere sollte der Datenabgleich im Allgemeinen, insbesondere aber der von biometrischen Merkmalen, von einem strengen, dem Volkszählungsurteil entsprechenden, Zweckbindungsgebot abhängen.

Wittig, Petra 1997: Schleppnetzfahndung, Rasterfahndung und Datenabgleich, in: JuS, H. 11, S. 961-963

Behrens, Michael / Roth, Richard (Hg.) 2002: Biometrische Identifikation – Grundlagen, Verfahren, Perspektiven, Frankfurt a. M.

Anke Borsdorff

Datenerhebung

I. Unter „Datenerhebung" wird das zielgerichtete Beschaffen von personenbezogenen Daten verstanden (§ 3 Abs. 4 BDSG). Voraussetzung hierfür ist eine gesetzliche Ermächtigung. Nicht personenbezogene Daten, wie allgemeine Informationen aus für jedermann zugänglichen Quellen, unterfallen nicht der Datenerhebung. Ebenso liegt keine Datenerhebung vor, wenn Informationen ohne Nachfrage der Behörde an diese herangetragen werden.

Nach § 3 Abs. 1 BDSG sind personenbezogenen Daten Einzelangaben über persönliche (z. B. Personalien) oder sachliche Verhältnisse (z. B. Kfz-Haltereigenschaft) einer bestimmten oder bestimmbaren natürlichen Person (Betroffener). Dabei muss die Identität einer Person nicht namentlich bekannt sein. Hinreichend ist, wenn sie bestimmbar ist, so z. B. durch Abfrage eines amtlichen Kraftfahrzeugkennzeichens. Die Einzelangaben wie Name, Geburtsdatum, Geschlecht, Geburtsort, aber auch Anschrift, Einkommen, Familienstand, Staatsangehörigkeit, Beruf etc. sind es, die eine Person bestimmen oder bestimmbar machen. Nur personenbezogene Daten unterfallen dem Schutz des in Art. 2 Abs. 1 S. 1 i. V. m. Art. 1 Abs. 1 GG verankerten Recht auf informationelle Selbstbestimmung. Die Grundsätze zur Erhebung von personenbezogenen Daten sind grundlegend festgelegt durch das Volkszählungsurteil des Bundesverfassungsgerichts von 1987 (BVerfGE 65, S. 1 ff.), welches u. a. auch zur Novellierung des BDSG und der Polizeigesetze geführt hat.

II. Das BDSG gilt nach den Polizeigesetzen der Länder für alle Arten der polizeilichen Datenerhebung. Nach § 13 Abs. 1 BDSG ist das Erheben personenbezogener Daten zulässig, wenn ihre Kenntnis zur Erfüllung der Aufgaben der erhebenden Stellen erforderlich ist. Dabei sind Daten grundsätzlich bei dem Betroffenen selbst (Grundsatz der Unmittelbarkeit) und offen (Grundsatz der Offenheit) zu erheben. Ohne Mitwirkung der Betroffenen dürfen personenbezogene Daten nur erhoben werden, wenn entweder eine Rechtsvorschrift dies vorsieht oder die zu erfüllende Aufgabe eine Erhebung bei anderen Personen oder Stellen erforderlich macht bzw. die Erhebung bei den Betroffenen einen unverhältnismäßigen Aufwand erfordern würde und keine Anhaltspunkte dafür bestehen, dass überwiegende schutzwürdige Interessen der Betroffenen beeinträchtigt werden (§ 13 Abs. 2 Nr. 2 BDSG). Den allgemeinen Sicherheitsbehörden, wie die Polizei der Länder und des Bundes, sowie den besonderen Sicherheitsbehörden, wie → Bundeskriminalamt, → Bundesnachrichtendienst, → Bundesverfassungsschutz und → Militärischer Abschirmdienst, stehen spezielle Datenerhebungsbefugnisse zur Verfügung. Hierzu zählen vor allem die erkennungsdienstliche Behandlung, Identitätsfeststellungen und Observation, die verdeckte Bildaufnahme und Bildaufzeichnung sowie die → Wohnraumüberwachung und → Telekommunikationsüberwachung, die → Rasterfahndung sowie der Einsatz von Verdeckten Ermittlern und Vertrauenspersonen.

Daten dürfen nur aufgrund eines Gesetzes erhoben werden. Diese Gesetze müssen hinreichend bestimmt sein und einen Schutz gegen die Zweckentfremdung personenbezogener Daten bieten, z. B. durch Weitergabe- und Verwertungsverbote. Des Weiteren gilt das Gebot der Zweckbindung, d. h., Daten dürfen nur zu dem Zweck verwendet werden, zu dem sie erhoben wurden. Verboten sind mithin Datensammlungen auf Vorrat zu unbestimmten oder noch nicht bestimmbaren Zwecken. Werden personenbezogene Daten bei Betroffenen mit ihrer Kenntnis erhoben, so ist der Erhebungszweck ihnen gegenüber anzugeben. Werden sie bei den Betroffenen auf Grund einer Rechtsvorschrift erhoben, die zur Auskunft verpflichtet, oder ist die Erteilung der Auskunft Voraussetzung für die Gewährung von Rechtsvorteilen, so sind die Betroffenen hierauf, sonst auf die Freiwilligkeit ihrer Angaben und möglichen Aussageverweigerungsrechte hinzuweisen (§ 13 Abs. 3 Nr. 1-2 BDSG). Zwar müssen Beschuldigte eines strafrechtlichen Ermittlungsverfahrens Angaben zu ihrer Person machen, weil sie die für das Verfahren notwendige Identifizierung und Erreichbarkeit ihrer Person gewährleisten sollen. Diese Angaben erstrecken sich aber lediglich auf Name, Ort und Tag der Geburt, Familienstand, Beruf, Wohnadresse und Staatsangehörigkeit. Über diese Angaben hinaus haben Betroffene ein Aussageverweigerungsrecht nach der Strafprozessordnung. Aus verfassungsrechtlichen Gründen darf nämlich niemand dazu gezwungen werden, durch Angaben zur Sache an seiner eigenen Überführung als Täter einer Straftat bzw. Ordnungswidrigkeit mitzuwirken.

III. Durch das Gesetz zur Bekämpfung des internationalen Terrorismus – Terrorismusbekämpfungsgesetz – vom 1.1. 2002 (BT-Drs. 14/7386) sind den Sicherheitsbehörden über die schon bestehenden Datenerhebungsbefugnisse weitere eingeräumt worden. Diese neuen Datenerhebungsbefugnisse dienen insbesondere der Abwehr von Gefahren durch Bestrebungen, die gegen den Gedanken der Völkerverständigung (Art. 9 Abs. 2 GG), insbesondere gegen das friedliche Zusammenleben der Völker (Art. 26 GG) gerichtet sind.

IV. Dem Bundesamt für Verfassungsschutz (BfV) wird es ermöglicht bei Kreditinstituten und Finanzdienstleistern unentgeltliche Auskünfte über Konten, Konteninhaber, Geldbewegungen und Geldanlagen einzuholen, wenn tatsächliche Anhaltspunkte für schwerwiegende Gefahren bestehen (§ 8 Abs. 5 BVerfSchG). Die Einholung steht unter Anordnungsvorbehalt des Behördenleiters; es besteht eine Berichtspflicht gegenüber dem Deutschen Bundestag. Für die erhobenen Daten besteht zudem eine strenge Zweckbindung. Des Weiteren hat das BfV ein Auskunftsrecht gegenüber Postdienstleistern bezüglich des Postverkehrs und über eingerichtete Postfächer (§ 8 Abs. 6 BVerfSchG), ein Datenerhebungsrecht bei Luftfahrtunternehmen hinsichtlich der Fluggäste (§ 8 Abs. 7 BVerfSchG) und die Möglichkeit Daten bei Telekommunikationsdienstleistern zu erheben (§ 8 Abs. 8 BverfSchG).

Durch Verweisung auf die Datenerbungsalternativen des BVerfSchG werden dem Militärischen Abschirmdienst im Rahmen seiner Aufgabe Informationen über den internationalen Terrorismus zu sammeln und auszuwerten die oben genannten Befugnisse ebenfalls eingeräumt (§ 1 Abs. 1 MADG). Für das Bundeskriminalamt wurde eine Datenerhebungsbefugnis geschaffen, wenn tatsächliche Anhaltspunkte dafür vorliegen, dass die innere oder äußere Sicherheit der Bundesrepublik Deutschland gefährdet ist oder sich Straftaten gegen sicherheitsempfindliche Stellen von lebenswichtigen Einrichtungen richten (§§ 4 Abs. 5, 7 Abs. 2 BKAG).

Durch die Änderung von § 4 Abs. 2 PaßG, § 1 Abs. 4 u. 5 PersonalausweisG und § 43 ZuwanderungsG ist die Möglichkeit geschaffen worden, neben Lichtbild und Unterschrift auch biometrische Merkmale von Fingern, Händen oder Gesicht in Pässen, Ausweisen, Visa, Duldungen, Aufenthaltstitel etc. aufzunehmen. Außerdem ist durch Änderung des Art. 18 SGB die Einbeziehung von Sozialdaten in die Rasterfahndungen ermöglicht worden.

V. Die erweiterten Datenerhebungsbefugnisse zur Abwehr von terroristischen Gefahren erfüllen den verfassungsrechtlich verankerten Bestimmtheitsgrundsatz und unterliegen Kontrollschranken wie Anordnungsvorbehalten und parlamentarischen Berichtspflichten sowie einem strengen Zweckbindungsgebot. Infolge dessen gehen bei Verstößen gegen die Zweckbindung Verwertungsverbote einher. Somit wurde der Schutz vor Eingriffen in die Rechte eines unbeteiligten Dritten, also eines Bürgers, der nicht in das Täterumfeld fällt, im Sinne des Volkszählungsurteils weitgehend eingehalten. Hinsichtlich der Verarbeitung von biometrischen Daten durch Datenabgleich, Speicherung und Weitergabe ist für die noch ausstehende bundesgesetzliche Regelung eine vergleichbare enge Zweckbindung zu fordern.

Kowalczyk-Schaarschmidt, Anneliese 1997: Besondere Mittel der Datenerhebung nach den Polizeigesetzen der Länder im Rechtsvergleich, Köln

Anke Borsdorff

Datenschutz

I. Der gesetzlich festgeschriebene Datenschutz ist ein Schutzrecht gegenüber staatlichen Eingriffen. Besonders wichtig ist für die aktuelle Diskussion das vom Bundesverfassungsgericht in dem Urteil zur Volkszählung vom 15. Dezember 1983 festgeschrieben Grundrecht auf Informationelle Selbstbestimmung. In der internationalen Diskussion wird eher von „privacy“, dem Schutz der Persönlichkeitsrechte, gesprochen. Mit der Proklamation der Charta der Grundrechte in der Europäischen Union am 7. Dezember 2000 wurde der Schutz personenbezogener Daten zu einem europäischen Grundrecht (Art. 8).

II. Die Aufgabe des Datenschutzes ist der Schutz des Einzelnen und seines Persönlichkeitsrechtes im Umgang mit personenbezogenen Daten. Der Einzelne kann grundsätzlich über die Preisgabe und Verwendung seiner Daten bestimmen. Wenn es einen gesetzlichen Zwang zur Abgabe personenbezogener Daten gibt (z. B. Steuererklärung), muss der Gesetzgeber den Verwendungszweck bereichsspezifisch und präzise bestimmen.

Der umfassende Rahmen für den öffentlichen und nicht öffentlichen Bereich ist das Bundesdatenschutzgesetz (BDSG) und die verschiedenen Landesdatenschutzgesetze. In den bereichsspezifischen Gesetzen fällt das exzessive Verwenden von Generalklauseln auf, was zu einer überregelten Regelungslosigkeit führt. Der Datenschutz wird institutionell von den weisungsunabhängigen Bundes- und Landesbeauftragten für Datenschutz gewährleistet. Aufgrund ihrer Unabhängigkeit haben die Datenschutzbeauftragten einen erheblichen Einfluss auf die Verwaltungspraxis und Gesetzgebung gewonnen. Das deutsche Model der Datenschutzkontrolle zählt im internationalen Vergleich zählt zu den erfolgreichsten.

Am 24. Oktober 1995 wurde die Europäische Datenschutzrichtlinie 95/46/EG verabschiedet. Sie bündelt verschiedene Rechtsgedanken zur Sicherung des Datenschutzes aus den europäischen Staaten. Im Sommer 2001 wurde sie in bundesdeutsches Recht umgesetzt, als erster Teil einer umfassenden Reform des Datenschutzes. Wichtige Punkte des Gesetzes aus Sicht des Bundesdatenschutzbeauftragten sind die Verankerung des Grundsatzes der Datenvermeidung und Datensparsamkeit, die Einführung der Vorabkontrolle, das Verbot der automatisierten Einzelentscheidung, Regeln zur → Videoüberwachung und dem Einsatz von Chipkarten sowie die Einführung eines Datenschutzaudits. Im zweiten Teil der Reform soll das Datenschutzrecht insgesamt vereinfacht, offene Abwägungsklauseln möglichst vermieden und spezialgesetzliche Regeln auf das unabdingbar Notwendige beschränkt werden. Wann dieser zweite Teil der Reform des Datenschutzgesetztes erfolgt, ist unklar.

III. Drei langfristige Veränderungen stellen den traditionellen, staatszentrierten Datenschutz vor neue Herausforderungen. Der Datenaustausch zwischen bundesdeutschen Behörden und der Europäischen Union nimmt ständig zu. Derzeit gibt es immer noch unterschiedliche Standards beim Datenschutz in der Europäischen Union und in den Ländern der Europäischen Union. Der Datenaustausch zwischen Behörden und Privaten nimmt zu. Und Private erfassen und geben immer mehr Daten weiter. Dies ist für Datenschützer ein besonderes Problem, weil einerseits die Betroffenen ihre Daten sehr leichtfertig an Unternehmen weitergeben (z. B. bei Umfragen oder Wettbewerben), die Daten von den Firmen zu Kundenprofilen zusammengestellt und teilweise ohne Einwilligung des Betroffenen weitergegeben werden. Eine Kontrolle erfolgt hier noch nicht.

Der Gesetzgeber verabschiedet sich immer mehr von dem Zweckbindungsgrundsatz. Stattdessen wird im Rahmen einer vorbeugenden Straftatenbekämpfung der Datenschutz immer stärker ausgehöhlt. Denn Datenschutz dürfe nicht Täterschutz sein und rechtstreue Bürger hätten nichts zu befürchten. Deshalb seien Datenschutz, Gewaltenteilung zwischen Polizei und Geheimdiensten, zwischen staatlichen und privaten Stellen nur Hindernisse für eine effektive Kriminalitätsbekämpfung.

IV. In den beiden Sicherheitspaketen wurden die Rechte von Polizei und Geheimdiensten zum Erfassen und Einholen von Daten erheblich erweitert. Eine Zweckbindung gibt es fast nicht, weil Generalklauseln und unbestimmte Begriffe die Gesetze bestimmen. Damit befinden sich die Gesetze im Kampf gegen den Internationalen Terrorismus in der Kontinuität der Ausweitung von Kontroll- und Informationsrechten staatlicher Stellen im Kampf gegen die → Organisierte Kriminalität.

Besonders die Geheimdienste erhielten zahlreiche neue, gegen den Datenschutz gerichtete Rechte. Sie dürfen bei Banken und Finanzdienstleistern Auskünfte über Konteninhaber und Geldbewegungen, bei Postdienstleistern über Namen, Anschriften, Postfächer und sonstige Umstände des Postverkehrs, bei Luftfahrunternehmen über Namen, Anschriften und Inanspruchnahmen von Transportleistungen und sonstigen Umständen des Luftverkehrs, bei Telekommunikationsdienstleistern über T-Verbindungsdaten und Teledienstnutzungsdaten einholen. Außerdem dürfen Geheimdienste inzwischen IMSI-Catcher einsetzen.

Es gibt eine Regelübermittlung der Ausländerbehörden „von sich aus“ an die Verfassungsschutzbehörden von Bund und Länder, wenn „tatsächliche Anhaltspunkte“ für verfassungsfeindliche Aktivitäten vorliegen. Der Onlineabruf der Daten des → Ausländerzentralregisters ist den Geheimdiensten möglich. Es gibt eine Regelanfrage der Ausländerbehörden bei den Geheimdiensten zur Feststellung von Versagungsgründen der Erteilung oder Verlängerung von Aufenthaltsgenehmigungen. Und die Speicherdauer nachrichtendienstlicher Erkenntnisse mit potenziellem Auslandsbezug beim Verfassungsschutz wurde von zehn auf fünfzehn Jahre erhöht. Es gibt keine automatische Löschung.

Das Einbeziehen der Sozialdaten in die → Rasterfahndung, das exzessive Ausweiten von → Sicherheitsüberprüfungen und der automatisierte Abruf von Kundendaten bei Banken, ähnlich einer Kontenevidenzzentrale, sind ebenfalls gegen das Recht auf informationelle Selbstbestimmung gerichtet.

V. Aus Sicht des Datenschutzes fällt auf, dass es niemals leichter war, mit geringem Aufwand, effektive und unsichtbare Kontrollen der Bevölkerung auszuüben. Die Befristung der Terrorismusbekämpfungsgesetze auf fünf Jahre bei den Rechten der Nachrichtendienste und im Sicherheitsüberprüfungsgesetz ist da nur ein schwacher Ausgleich; besonders weil der Gesetzgeber innerhalb dieser fünf Jahre versucht, den Datenschutz weiter auszuhebeln. Ein Ausbau der Kontrollrechte des Parlaments erfolgte nicht. Die Betroffenen werden oft nicht benachrichtigt. Deshalb ist zum Schutz der Privatsphäre in der Informationsgesellschaft das Erarbeiten eines institutionellen und technischen Grundgerüstes, in dem die informationelle Selbstbestimmung, der Schutz nicht personengebundener Daten und die Transparenz politischer Entscheidungen (besonders durch Informationsfreiheitsgesetze) gleichberechtigt nebeneinander stehen, wichtig. Gleichzeitig müssen den einzelnen Bürgern die Kompetenzen zum Schutz seiner Privatsphäre, auch im Internet, besser vermittelt werden.

Bundesbeauftragter für Datenschutz 2003: Tätigkeitsbericht 2001 und 2002 des Bundesbeauftragten für den Datenschutz – 19. Tätigkeitsbericht

Garstka, Hansjürgen 2001: Datenschutz und Informationelle Selbstbestimmung als Grundrecht in der Informationsgesellschaft, in: Vorgänge, H. 3, S. 128-135

Kutscha, Martin 2000: Innere Sicherheit und informationelle Selbstbestimmung, in: Lange, H.-J. (Hg.): Staat, Demokratie und Innere Sicherheit in Deutschland, Opladen S. 355-368

Roßnagel, Alexander / Pfitzmann, Andreas / Garstka, Hansjürgen 2001: Modernisierung des Datenschutzes – Gutachten im Auftrag des Bundesministeriums des Innern, Berlin

Axel Bußmer

DNA-Analyse

I. DNA ist die englische Abkürzung für Desoxyribonukleinsäure (DNS). Bei dieser handelt es sich um ein Riesenmolekül, das in jeder Körperzelle des Menschen vorhanden ist und das gesamte Erbmaterial enthält. Die DNA-Analyse – oder genauer die molekulargenetische Untersuchung – macht sich eine natürliche Besonderheit zunutze: Außer bei eineiigen Zwillingen ist die DNA-Struktur eines jeden Menschen unterschiedlich. Eine Analyse der DNA als Beweismittel im Ermittlungs- und Strafverfahren ermöglicht somit eine eindeutige Identifizierung des Täters.

Die DNA besteht aus Basen, die über eine Zucker-Phosphatkette zu zwei langen Molekülsträngen verknüpft sind. Die Reihenfolge (Sequenz) der Basen bestimmt die Erbinformation, wobei immer drei Basen eine Informationseinheit zur Bildung einer Aminosäure, dem Grundbaustein der Proteine, bilden. Ein solcher Abschnitt für die Proteinbildung wird als Gen bezeichnet. Die Gesamtheit aller Gene eines Menschen bildet das Genom. Die vollständige genetische Information, also das Genom, wird als codierter Teil der DNA bezeichnet. Dieser macht aber nur 3-5 % der DNA-Struktur aus, die übrigen 95-97 % bilden den so genannten nicht codierten Bereich. Dieser scheint – nach heutigem Wissensstand – keine genetischen Informationen zu tragen. Der nicht codierte Bereich entsteht dadurch, dass die Gene in der DNA-Struktur nicht unmittelbar hintereinander angeordnet, sondern durch Basensequenzen unterschiedlicher Länge getrennt sind.

Der nicht codierte Bereich ist für die Personenidentifizierung entscheidend. Er ermöglicht die Ermittlung des Täters mittels DNA-Analyse. Während der codierte Bereich der DNA – er bestimmt die wesentlichen Körperfunktionen – bei allen Menschen nahezu gleich sein muss, sind bei dem für die Proteinbildung bedeutungslosen nicht codierten Bereich individuelle Abweichungen möglich. Sie werden teilweise vererbt, sind aber von Mensch zu Mensch verschieden. Wegen seiner Einzigartigkeit wird der nicht codierte Teil der DNA häufig als „genetischer Fingerabdruck" bezeichnet. Diese Bezeichnung ist aber an sich falsch, denn der nicht codierte Bereich, über dessen Analyse die Personenidentifikation erfolgt, enthält gerade kein Genmaterial.

II. Die Personenidentifizierung mittels DNA-Analyse erfolgt durch den Vergleich von am Tatort gefundenen Körperzellen (Blutflecken, Spermazellen oder Haarwurzeln) mit einer Blutprobe einer bestimmten Person. Das DNA-Material wird mit einem elektrischen Feld aufgesprengt und die so gewonnenen DNA-Fragmente werden sodann durch Anfärbungen sichtbar gemacht. Anschließend werden die Abstände zwischen den Genen auf dem DNA-Strang der beiden Proben verglichen. Durch die Verfeinerung der Untersuchungsmethoden, vor allem aufgrund des PCR-Verfahrens (polymerase chain reaction), bei dem gezielt DNA-Bereiche vermehrt werden, können auch kleinste Menge von DNA untersucht werden. So ist selbst auf der Grundlage von geringsten Spuren – wie Speichel an einer Zigarettenkippe – eine Personenidentifizierung möglich.

Die gesetzliche Grundlage der DNA-Analyse als Beweismittel im Ermittlungs- und Strafverfahren bildete in den ersten Jahren ihrer Anwendung allein die Regelung für Blutentnahmen im Rahmen körperlicher Untersuchungen nach § 81a StPO. Über diesen Mangel einer detallierten gesetzlichen Regelung hinaus war ihr Einsatz von verfassungsrechtlichen Bedenken begleitet. Die Vergleichsprobe wird dadurch gewonnen, dass dem Betroffenen gegen seinen Willen Blut oder Speichel abgenommen werden. Hierin unterscheidet sich die DNA-Analyse nicht von anderen Untersuchungsmaßnahmen, wie etwa der Blutalkoholbestimmung. Der Bundesgerichtshof (BGH) hat in seiner begleitenden Rechtssprechung somit § 81a StPO als ausreichende Grundlage für eine Blutentnahme zum Zweck einer DNA-Analyse angesehen. Die verfassungsrechtlichen Bedenken ergeben sich jedoch erst durch die molekulargenetische Untersuchung der Vergleichsprobe. Kritiker haben in diesem Zusammenhang vor einer Verletzung des Rechts auf informationelle Selbstbestimmung nach Art. 2 Abs. 1 GG i. V. m. Art. 1 Abs. 1 GG gewarnt. Bei der DNA-Analyse wird zwar regelmäßig nur der nicht codierte Bereich der DNA untersucht, also nur der Bereich, der keine Erbinformationen trägt. Allerdings lässt die gewonnene Probe auch eine Entschlüsselung des codierten Bereichs zu. Der Strafverfolgungsbehörde könnte somit der „Schlüssel zum Kern der Persönlichkeit" in die Hand gegeben werden, d. h., es könnte bei jeder molekulargenetischen Untersuchung auch die Gefahr einer schwerwiegenden Beeinträchtigung des Rechts auf informationelle Selbstbestimmung bestehen. Der BGH hat auch in Bezug auf die molekulargenetische Untersuchung der Vergleichsprobe keine verfassungsrechtlichen Bedenken, sie stelle keine Verletzung dieses Grundrechts dar; eine gesetzliche Regelung des Einsatzes der DNA-Analyse im Ermittlungs- und Strafverfahren hat der BGH jedoch als wünschenswert betrachtet.

III. Nach mehr als siebenjähriger Vorbereitung hat der Gesetzgeber 1997 durch das Strafverfahrensänderungsgesetz „DNA-Analyse (‚genetischer Fingerabdruck')" die Kriterien für den Einsatz dieses Beweismittels im Ermittlungs- und Strafverfahren deutlich verschärft. Im Vergleich zur bisherigen Regelung für Blutentnahmen im Rahmen körperlicher Untersuchungen sind folgende Änderungen eingeführt worden: Zur Gewinnung einer Vergleichsprobe gestattet § 81a StPO die Blutentnahme und andere körperliche Eingriffe, zu denen auch der Speichelabstrich zählt. Solche Maßnahmen sind von einem Arzt vorzunehmen (Abs. 1) und einem Richter anzuordnen (Abs. 2). Die Vergleichsprobe darf nur in einem zugrunde liegenden oder einem anderen anhängigen Verfahren verwendet werden und muss unverzüglich vernichtet werden, wenn sie für das Verfahren nicht mehr erforderlich ist (Abs. 3).

Eine molekulargenetische Untersuchung der Vergleichsprobe ist zulässig, wenn sie zur Feststellung der Abstammung oder der Zuordnung einer Spur zum Beschuldigten oder Verletzten erforderlich ist. Das Geschlecht der Person darf bestimmt werden, darüber hinausgehende Untersuchungen, also die Offenlegung des codieren Bereichs, sind ausdrücklich verboten (§ 81e Abs. 1 StPO). Eine molekulargenetische Untersuchung darf auch an aufgefundenem, sichergestelltem oder beschlagnahmtem Spurenmaterial durchgeführt werden (Abs. 2). Aber auch hierbei sind nur die erwähnten Untersuchungen zulässig, weitergehende Untersuchungen, um anhand der genetischen Dispositionen z. B. ein Täterprofil zu erstellen, sind ebenfalls unzulässig.

Eine DNA-Analyse muss von einem Richter schriftlich angeordnet werden und in dieser schriftlichen Anordnung ist der mit der Untersuchung beauftragte Sachverständige zu bestimmen (§ 81f Abs. 1 StPO). Der Sachverständige darf der ermittlungsführenden Behörde oder einer Organisationseinheit dieser Behörde nicht angehören und die Vergleichsprobe muss an diesen ohne Nennung des Namens, der Anschrift und des Geburtsdatums des Betroffenen übergeben werden. Die Untersuchung ist durch einen Datenschutzbeauftragten zu überwachen, auch wenn die Ergebnisse nicht in Dateien verarbeitet werden (Abs. 2).

Unter besonderen Voraussetzungen können auch Vergleichsproben von anderen Personen als dem Beschuldigten molekulargenetisch untersucht werden. Wenn sie als Zeugen in Betracht kommen, ist eine DNA-Analyse zulässig, soweit sie zur Feststellung dient, ob sich an ihrem Körper eine Spur oder Folge einer Straftat befindet (§ 81c Abs. 1 StPO). Bei anderen Personen als dem Beschuldigten oder Zeugen sind Untersuchungen zulässig, wenn sie zur Erforschung der Wahrheit unerlässlich, keine gesundheitlichen Nachteile für den Betroffenen zu befürchten (Abs. 2) und zumutbar sind (Abs. 4). Allerdings kann die Entnahme einer Vergleichsprobe und deren Untersuchung aus den gleichen Gründen wie das Zeugnis verweigert werden (Abs. 3).

Neuerdings gestattet § 81g StPO die molekulargenetische Untersuchung einer Vergleichsprobe eines Beschuldigten auch zur Feststellung eines DNA-Identifizierungsmusters, wenn dieser einer Straftat von erheblicher Bedeutung, insbesondere einer gefährlichen Körperverletzung, eines schweren Diebstahls, einer Erpressung oder einer Sexualstraftat verdächtig ist oder nach Art und Ausführung der Tat bzw. seiner Persönlichkeit Grund zu der Annahme besteht, dass gegen ihn künftig wieder ein Strafverfahren wegen einer der genannten Straftaten zu führen ist. Zudem dürfen nach § 2 DNA-Feststellungsgesetz die Maßnahmen des § 81g StPO auch bei bereits verurteilten Straftätern durchgeführt werden, wenn sie wegen einer der genannten Straftaten rechtskräftig verurteilt sind. Diese auf Grundlage des § 81g StPO und § 2 DNA-Feststellungsgesetz gewonnenen DNA-Muster dienen nicht – wie die DNA-Analyse nach § 81 StPO – als Beweise zur Überführung eines Täters in einem „aktuellen“ Strafverfahren, sondern werden in einer Datenbank beim BKA gespeichert, um mit ihnen Täter bei „künftigen“ Straftaten schneller identifizieren zu können. Vor allem bei dieser Identifizierungsfunktion der DNA-Analyse wird immer wieder seitens der Polizei und Politik gefordert, die gesetzlichen Regelungen auszuweiten und die DNA-Analyse zu einer erkennungsdienstlichen Maßnahme zu machen, also den „genetischen Fingerabdruck“ dem daktyloskopischen gleichzusetzen.

IV. Ein besonderes verfassungsrechtliches Problem stellen die so genannten freiwilligen Massentests dar, bei denen die Angehörigen einer größeren Gruppe, zu der der gesuchte Täter vermutlich zählt, aufgefordert werden, freiwillig eine Speichelprobe abzugeben. Weil die betreffenden Personen ihre Speichelproben „freiwillig“ abgeben, glaubt man für diese Maßnahmen keiner Ermächtigungsgrundlage zu bedürfen. Allerdings nutzt die Polizei dabei bewusst den entstehenden Gruppenzwang aus, sodass von einer Freiwilligkeit keine Rede sein kann. Zudem läuft die Maßnahme der grundgesetzlichen Unschuldsvermutung zuwider: Der Betroffene muss seine Unschuld beweisen. Da die Genauigkeit der DNA-Analyse mittlerweile hinlänglich bekannt ist, wird außerdem der Täter dem Aufruf nicht Folge leisten. Mit dem freiwilligen Massentest kann der Täter daher nicht überführt werden. Er dient vielmehr einer Einschränkung möglicher Täter, im Idealfall auf einen Verdächtigen, gegen den dann zwangsweise nach den §§ 81a und 81e StPO vorgegangen werden kann. Der freiwillige Massentest ist damit nur eine Maßnahme zur Verdächtigenermittlung.

V. Aufgrund seiner außerordentlichen Möglichkeiten und Bedeutung für die Strafverfolgung wird die DNA-Analyse immer wieder den „Begehrlichkeiten“ (Volk 2002) von Strafverfolgungsbehörden und Politik ausgesetzt sein. Angesichts der nicht zu leugnenden Grundrechtsrelevanz besteht für den Gesetzgeber die schwierige Aufgabe, einen angemessenen Ausgleich zwischen den widerstreitenden Belangen zu finden. Der Gesetzgeber wird nicht zuletzt auch auf neue wissenschaftliche Erkenntnisse und die sich daraus entwickelnden Möglichkeiten bei der Strafverfolgung achten und gegebenenfalls gesetzgeberisch nachbessern müssen, um den erforderlichen Grundrechtsschutz weiterhin zu gewährleisten.

Busch, Ralf 2002: Die Speicherung von DNA-Identifizierungsmustern in der DNA-Analyse-Datei, in: NJW, H. 24, S. 1754-1758

Gusy, Christoph 1996: Anmerkung zum Beschluss des BVerfG vom 2.8.1996, in: JZ, H. 23, S. 1176-1178

Oberwetter, Peter 1997: Die DNA-Analyse als medizinisch-kriminalistischer Sachverständigenbeweis, Hamburg

Senge, Lothar 2003: § 81a-§ 81g, in: Pfeiffer, G. (Hg.): Karlsruher Kommentar zur Strafprozessordnung, 5. Aufl., München

Volk, Elisabeth 2002: DNA-Identitätsfeststellungsgesetz – Kein Ende der Begehrlichkeiten, in: NStZ, H. 11, S. 561-565

Christoph S. Schewe

Drittstaatenabkommen

I. Die Drittstaatenregelung in der heutigen Form wurde am 1. Juli 1993 mit der Änderung des Grundrechtes auf Asyl (Art. 16a Abs. 1 GG) beschlossen. Seitdem werden als sichere Drittstaaten

Länder bezeichnet, in denen die Anwendung der Genfer Flüchtlingskonvention und der Europäischen Konvention der Menschenrechte per Gesetz gesichert ist. Es sind sichere Herkunfts- oder Drittstaaten (safe countries). Dies sind heute alle Anrainer-Staaten von Deutschland. In bilateralen Rückübernahmeübereinkommen haben sich diese Staaten gegenseitig verpflichtet, Flüchtlinge, die auf dem Landweg illegal Grenzen passieren, zurückzunehmen.

II. Das Ziel von Rückübernahmeübereinkommen ist, Personen, die sich unerlaubt in einem Staatsgebiet aufhalten, aus diesem zu entfernen. Aufgrund des verstärkten Migrationsdrucks schlossen die europäischen Staaten in den 1990er Jahren bi- bzw. multilaterale Abkommen mit ihren Nachbarstaaten über die Rückübernahme von Flüchtlingen. Außerdem ist jeder Vertragsstaat zur Rückübernahme eigener Staatsangehöriger verpflichtet. So nahm Rumänien, mit dem Ende 1992 ein Rückübernahmeabkommen abgeschlossen wurde, bis 1995 40.000 Staatsbürger zurück. Hergeleitet wird die Rückübernahme aus dem Grundsatz der guten Nachbarschaft.

Neben eigenen Staatsangehörigen sind auch Flüchtlinge von den Rückübernahmeübereinkommen betroffen. Denn die Vertragspartner sehen sich gegenseitig als Staaten an, in denen ein rechtstaatliches Asylverfahren aufgrund der Genfer Flüchtlingskonvention vom 28. Juli 1951, des dazugehörigen Protokolls vom 31. Januar 1967 und der Europäischen Konvention der Menschenrechte garantiert ist. Diese Staaten sind daher für Flüchtlinge sichere Drittstaaten. Konkret bedeutet dies, dass Deutschland Flüchtlinge nach Polen abschieben kann, weil Polen ein sicherer Drittstaat ist und der Flüchtling in Polen einen Asylantrag hätte stellen können. Der Flüchtling als illegal Eingereister hat keinen Anspruch auf Aufenthalt in Deutschland, weil er z. B. kein gültiges Visum besitzt. Eine individuelle Prüfung des Asylantrags findet dann nicht mehr statt.

III. Neben den bilateralen Rückübernahmeübereinkommen sind die multilateralen Übereinkommen im Rahmen des Schengener Abkommens und der Europäischen Union wichtig. Das erste dieser Übereinkommen wurde zwischen den Schengener Staaten und Polen am 29. März 1991 geschlossen. Das außenpolitische Ziel waren ein visafreier Reiseverkehr mit Polen und eine Öffnung der europäischen Staaten nach Osten, das innenpolitische Ziel eine Abnahme von Flüchtlingen. Der Kernpunkt des Vertrages ist die Rücknahme von Drittstaatsangehörigen bei einer rechtswidrigen Einreise oder einem rechtswidrigen Aufenthalt. Polen verpflichtete sich, über Polen in die Schengen-Staaten illegal Eingereiste zurückzunehmen. Gleichzeitig verstärkte Deutschland aufgrund der im Schengener Abkommen geforderten verstärkten Kontrolle der Außengrenze die Kontrollen an der Ostgrenze und erweiterte den grenznahen Bereich, in dem Abschiebungen von Ausländern sofort möglich sind.

In den Schengen-Staaten und später in der Europäische Union mit dem Dubliner Übereinkommen, welches seit 1998 von allen EU-Staaten angewandt wird, wurde für Asylbewerber das Prinzip der Ersteinreise über die Außengrenze, d. h. des Einreiselandes, angenommen. Das Einreiseland ist für das Verfahren zuständig und nicht das Land, in dem der Flüchtling seinen Antrag stellt oder in dem er erwischt wird.

IV. Auf dem Gipfel der Staats- und Regierungschefs der Europäischen Union in Tampere am 15./16. Oktober 1999 einigten diese sich auf die Grundzüge einer Union der Freiheit, der Sicherheit und des Rechts sowie die Schaffung eines gemeinsamen Asylsystems bis 2004. Es geht um die Schaffung eines Verteilungsschlüssels für Flüchtlinge in der Europäischen Union und um Mindestnormen im Asylverfahren, wobei die Genfer Flüchtlingskonvention ausdrücklich anerkannt wird. Das Konzept der sicheren Drittstaaten wird einer der Grundpfeiler des Systems sein.

Unmittelbar vor dem Beitritt der neuen Mitgliedstaaten am 1. Mai 2004 einigten sich die EU-Staaten auf einheitliche Regeln für die Anerkennung von Asylbewerbern. Kernpunkt des Konzeptes ist das Konzept der sicheren Drittstaaten, in das Asylbewerber ohne nähere Prüfung ihres Falles zurückgeschickt werden können. Dazu gehören alle Transitländer, die die Genfer Flüchtlingskonvention ratifiziert haben und einhalten. Dazu gehören ein gesetzlich geregeltes Asylverfahren und das Respektieren der Europäischen Menschenrechtskonvention. Falls nicht, müssen sich die Behörden von der sicheren Lage innerhalb des Drittstaates oder Fluchtlandes für den Flüchtling überzeugt haben. Dabei sind jetzt auch, auf Wunsch der britischen Regierung, gesonderte Bewertungen für einzelne Landesteile oder Bevölkerungsgruppen möglich. Sichere Drittstaaten sind u. a. Weißrussland, Ukraine, Türkei. Kritik an diesen Regeln wurde von Menschenrechtsorganisationen und dem UNHCR geübt. Das UNHCR meinte, nach diesen Regeln seien Kettenabschiebungen und Verstöße gegen internationales Recht möglich.

V. Die Hauptkritik an dem Konzept der sicheren Drittstaaten ist, dass Kettenabschiebungen möglich sind. Dies kann durch verschiedene bilaterale Abkommen geschehen, in denen sich verschiedenen Staaten gegenseitig versichern, dass ein rechtstaatliches Asylverfahren garantiert sei. Gleichzeitig wird aufgrund des innerstaatlichen Politikziels „weniger Asylbewerber“ und des Souveränitätsgebotes der internationalen Politik eine Überprüfung der Asylverfahren in den sicheren Drittstaaten praktisch ausgeschlossen. D. h., Deutschland weiß nicht, inwiefern Asylverfahren in anderen Staaten mit bundesdeutschen Asylverfahren vergleichbar sind. Außerdem wird das Prinzip der Nicht-Zurückweisung bis an seine Grenzen gedehnt. Der Grundsatz des Non-Refoulement ist international im Art. 33 Abs. 1 der Genfer Flüchtlingskonvention von 1951 im engeren Sinne geregelt.

Glatzel, Horst 1997: Bilaterale Rückübernahmeübereinkommen und multilaterale Harmonisierungspolitik, in: Angenendt, St. (Hg.): Migration und Flucht – Aufgaben und Strategien für Deutschland, Europa und die internationale Gemeinschaft, München, S. 107-115

Weber, Albrecht 2001: Zur Entwicklung des europäischen Asylrechts, in: Bundesamt für die Anerkennung ausländischer Flüchtlinge (Hg.): Zuwanderung und Asyl, Nürnberg, S. 91-120

Axel Bußmer

Eurojust

I. Eurojust ist eine im Jahr 2002 gegründete Einrichtung der Europäischen Union mit Sitz in Den Haag. Ihr Auftrag besteht darin, die grenzüberschreitende Zusammenarbeit der Strafjustizbehörden der EU-Mitgliedstaaten zu fördern und zu koordinieren. Damit handelt es sich nicht um eine europäische Staatsanwaltschaft mit eigenen Befugnissen im Strafverfahren. Vor dem Hintergrund der Unübersichtlichkeit der bi- und multilateralen Vereinbarungen zur Rechtshilfe soll Eurojust vielmehr für die mitgliedstaatlichen Strafverfolgungsbehörden Serviceaufgaben zur Vereinfachung und Beschleunigung der internationalen Rechtshilfe in Strafsachen übernehmen. Rechtsgrundlage von Eurojust ist Art. 31 (2) des EU-Vertrages sowie der „Beschluss des Rates über die Errichtung von Eurojust zur Verstärkung der Bekämpfung der schweren Kriminalität" vom 28. Februar 2002 (ABl. EG L 63, 6.3.2002, S. 1).

II. Die Politik des → EU-Systems der Inneren Sicherheit hatte sich bis Ende der 1990er Jahre auf die polizeiliche Zusammenarbeit konzentriert. Die Kooperation der Strafjustizbehörden und namentlich der Staatsanwaltschaften stand demgegenüber lange hintan. Wachsende Bedeutung erhielt der Bereich erst im Rahmen der Umsetzung des 1997 beschlossenen Amsterdamer Vertrags.

Mit einer Gemeinsamen Maßnahme legte der Rat 1998 die Grundlage für die Schaffung des „Europäischen Justitiellen Netzes" (EJN). Das EJN ist ein Netzwerk von mitgliedstaatlichen Kontaktstellen, die sich in Rechtshilfeangelegenheiten gegenseitig unterstützen. Einen Schritt weiter ging der Europäische Rat von Tampere im Oktober 1999, der das Ziel eines „Europäischen Rechtsraums" formulierte, in dem gerichtliche Entscheidungen gegenseitig anerkannt werden. In diesem

Kontext beschlossen die Staats- und Regierungschefs, bis Ende 2001 Eurojust zu schaffen. Aufgabe der Stelle solle sein, die Koordinierung der nationalen Staatsanwaltschaften bei grenzüberschreitenden Fällen zu erleichtern und die strafrechtlichen Ermittlungen mit Bezug zur → Organisierten Kriminalität zu unterstützen. Im März 2001 wurde eine Vorläufereinrichtung (Pro-Eurojust) eingesetzt, innerhalb derer nationale Vertreter auf Grundlage nationalen Rechts zusammenkamen.

Obwohl Eurojust im → Anti-Terrorismusprogramm der EU an prominenter Stelle genannt wurde, hatte seine Einrichtung nur mittelbar mit der sicherheitspolitischen Debatte nach dem 11. September 2001 zu tun, weil die entscheidenden Weichen bereits vorab gestellt worden waren. Die Sicherheitsdebatte hat allerdings zur tatsächlichen Einhaltung des vom Europäischen Rat avisierten Zieldatums beigetragen.

III. Jeder der 25 Mitgliedstaaten entsendet einen Staatsanwalt (bzw. Richter oder Polizeibeamten, die in einigen Mitgliedstaaten staatsanwaltschaftliche Befugnisse besitzen) als Mitglied des Kollegiums zu Eurojust, wobei sich die Mitglieder von weiterem Personal unterstützen lassen können. An der Spitze von Eurojust steht der vom Kollegium gewählte Präsident. In den Mitgliedstaaten sind Kontaktstellen eingerichtet bzw. benannt, wobei hier eine weite Überschneidung mit den EJN-Kontaktstellen herrscht.

Eurojust kann tätig werden bei Ermittlungen und Strafverfolgungsmaßnahmen im Bereich der schweren und organisierten Kriminalität, die mindestens zwei Mitgliedstaaten betreffen. Das Mandat umfasst dabei neben den Kriminalitätsfeldern, in denen auch → Europol tätig werden kann, die → Computerkriminalität, Betrug und Korruption einschließlich der Straftaten zum Nachteil der EG, → Geldwäsche, → Umweltkriminalität, Beteiligung an einer kriminellen Vereinigung sowie alle Straftaten, die im Zusammenhang mit den eben genannten Feldern begangen worden sind. Dabei verfolgt Eurojust vor allem zwei Ziele: Zum einen soll die Stelle eine Koordinierung von grenzüberschreitenden Ermittlungs- und Strafverfolgungsmaßnahmen zwischen den zuständigen Behörden anbieten und durchführen. Zum anderen soll die Zusammenarbeit der Behörden bei der Rechtshilfe in Strafsachen dadurch erleichtert werden, dass bei Eurojust Expertenwissen zur Anwendung und Auslegung des unübersichtlichen Geflechts der internationalen und europäischen Vereinbarungen zur Rechtshilfe bereitgehalten wird. Insgesamt geht es mithin darum, die strafjustizielle Zusammenarbeit mit ihren häufig komplizierten Entscheidungswegen und langwierigen Verfahren zu beschleunigen und zu vereinfachen.

Eurojust ist unmittelbar dem Rat der Innen- und Justizminister verantwortlich. Eine direkte parlamentarische Kontrolle besteht nicht. Das Europäische Parlament erhält lediglich einen jährlichen Bericht durch die Ratspräsidentschaft. Eine unabhängige Gemeinsame Kontrollinstanz, in die jeder Mitgliedstaat einen Vertreter entsendet, überwacht die Einhaltung des Datenschutzes.

IV. Eurojust kann durch seine nationalen Mitglieder oder als Kollegium handeln, wobei das Schwergewicht auf dem Handeln der nationalen Vertreter liegt. Wenn für den Erfolg nationaler Ermittlungen bzw. Strafverfolgungsmaßnahmen eine Unterstützung durch Justizbehörden anderer EU-Mitgliedstaaten notwendig oder sinnvoll erscheint, dann können die Behörden ihren nationalen Vertreter um Unterstützung bitten. Dieser hat nach Art. 6 des Eurojust-Beschlusses die Möglichkeit, die zuständigen Behörden der betroffenen Mitgliedstaaten zu „ersuchen, in Erwägung zu ziehen“, Ermittlungen zu bestimmten Tatbeständen zu führen oder Strafverfolgungsmaßnahmen aufzunehmen, diese an eine andere zuständige Behörde zu übergeben oder zwischen den Behörden zu koordinieren. Ebenso können die nationalen Mitglieder um die Einsetzung eines gemeinsamen Ermittlungsteams oder die Übermittlung aller notwendigen Informationen ersuchen. Die Ersuchen haben allerdings in keinem Fall bindende Wirkung. Alle Informationen, die zwischen Eurojust und den mitgliedstaatlichen Behörden ausgetauscht werden, sind über die nationalen Eurojust-Mitglieder weiterzuleiten. Diese haben Zugang zum nationalen Strafregister und zu den Informationssystemen, die auch im nationalen Bereich einem Staatsanwalt mit gleichwertigen Befugnissen offen stehen. Darüber hinaus sind die Kompetenzen der Mitglieder allerdings unterschiedlich ausgestattet. Während einzelne Vertreter selbstständig staatsanwaltschaftliche Entscheidungen treffen können, sind andere, so auch der deutsche Vertreter, im Wesentlichen darauf beschränkt, Informationen von den zuständigen nationalen Stellen entgegen zu nehmen bzw. an diese weiter zu leiten.

Als Kollegium handelt Eurojust nach Art. 5 des Beschlusses vor allem, wenn es von einem oder mehreren Mitgliedern beantragt wird oder in Fällen, in denen es um Ermittlungen oder Strafverfolgungsmaßnahmen geht, deren Auswirkungen über die unmittelbar betroffenen Mitgliedstaaten hinaus gehen. Das in Art. 7 des Beschlusses festgelegte Aufgabenspektrum von Eurojust als Kollegium entspricht im Wesentlichen dem für die nationalen Mitglieder genannten.

V. Grundlage der Tätigkeiten von Eurojust bzw. seiner Mitglieder bleibt das mitgliedstaatliche Recht. Damit entspricht der Auftrag der Stelle der Logik des EU-Systems der Inneren Sicherheit, bei dem es weniger um die Schaffung einheitlicher Standards als vielmehr um die Verbesserung der Möglichkeiten für eine effektive grenzüberschreitende Kooperation der Behörden geht. Eurojust ist permanent erreichbar, die Stelle mindert das Problem der Sprachenvielfalt und sie stellt ein Verbindungsglied zwischen den Strafverfolgungsbehörden dar. Denn die Unterschiede im nationalen Straf- und Strafprozessrecht sind nach wie vor beträchtlich und stellen ein Problem für die grenzüberschreitende Zusammenarbeit dar. Die nachholende Einbindung der strafjustiziellen Zusammenarbeit in das → EU-System der Inneren Sicherheit, für die Eurojust ein wichtiges Symbol darstellt, unterliegt insoweit weniger dem Primat der Verbesserung justizieller Kontrolle der europäischen polizeilichen Zusammenarbeit als vielmehr dem Interesse an einer effizienten Strafverfolgung. Die vielfach beklagte mangelhafte justizielle Kontrolle namentlich von Europol wird sich durch Eurojust denn auch nicht substanziell verbessern. Eurojust besitzt gegenüber dem Polizeiamt keinerlei Kontroll-, Weisungs- oder gar Sanktionsrechte. Dieser Zustand wird insbesondere dann unbefriedigend, wenn Europol eigene operative Kompetenzen zugewiesen werden sollten. Als komplementäre Einrichtungen konzipiert, wird es in der Praxis dennoch zu Abgrenzungsproblemen und Konkurrenz kommen, denn auch bei Eurojust sind zentrale Datensammlungen in der Planung.

Die Jahresberichte von Eurojust weisen aus, dass die Stelle in wachsendem Maße von den Strafverfolgungsbehörden in Anspruch genommen wird, so 2003 in 300 Fällen. Die künftige Entwicklung von Eurojust hängt jedoch wesentlich davon ab, in welchem Umfang die nationalen Behörden diesen Koordinierungs- und Kontaktweg den erprobten Mechanismen der traditionellen Rechtshilfe vorziehen. Angesichts der nach wie vor voneinander abweichenden Rechtssysteme und -traditionen ist gegenwärtig jedenfalls nicht zu erwarten, dass sich aus Eurojust eine Europäische Staatsanwaltschaft entwickelt, auch wenn Art. III-175 der Europäischen Verfassung dafür eine Rechtsgrundlage böte. Dafür wäre nicht nur größeres gegenseitiges Vertrauen, sondern auch eine Harmonisierung des Straf- und Strafprozessrechts erforderlich, für die derzeit kein Konsens herzustellen ist.

Eurojust 2004: Jahresbericht 2003, Den Haag

House of Lords, European Union Committee 2004: Judicial Cooperation in the EU: The role of Eurojust, 23rd Report of Session 2003-04, London

Milke, Tile 2003: Europol und Eurojust: zwei Institutionen zur internationalen Verbrechensbekämpfung und ihre justitielle Kontrolle, Göttingen

Zöberlein, Renate 2004: Eurojust als Keimzelle einer europäischen Staatsanwaltschaft? Auf dem Weg zu einer gemeinsamen europäischen Strafverfolgung, Berlin

Wilhelm Knelangen

Europol

I. „Europol“ ist eine Strafverfolgungsbehörde der Europäischen Union. Der

Name steht für „Europäisches Polizeiamt“. Der Auftrag dieses Amtes lautet, die Kooperation zwischen den Informationssystemen der nationalen Polizeien besser zu vernetzen und damit die Effizienz bei der Bekämpfung der Organisierten Kriminalität voranzutreiben. Organisierte Kriminalität wird hier verstanden als ein internationales Phänomen mit globalem Bezug, das speziell für die Europäische Integration und für die Existenz ihrer Mitgliedsstaaten zu einem supranationalen Problem geworden ist.

Die Idee zu Europol entstand aus den Überlegungen der TREVI-Gruppe in den 1980er Jahren und wurde dann im Vorfeld zum Maastrichter Vertragswerk von der deutschen Regierung, insbesondere von Bundeskanzler Helmut Kohl, sehr stark favorisiert. Formell beschlossen wurde die Gründung der Institution mit Sitz in Den Haag im Maastrichter Vertrag am 7. Februar 1992. Zunächst kam es jedoch nur zur Einrichtung einer Einheit zur Europäischen Drogenbekämpfung (EDU). Diese war auf der Grundlage der TREVI-Gespräche bereits seit der zweiten Hälfte der 1980er Jahre in Planung gewesen. Erst als die Europol-Konvention von allen Mitgliedsstaaten ratifiziert worden war, ist die eigentliche Einsetzung von Europol am 1. Oktober 1998 erfolgt, mit den vollständigen Aufgabenfeldern erst am 1. Juli 1999.

II. Europol fällt in die Zuständigkeit des Rates der Europäischen Justiz- und Innenminister, ist somit ein Forum der intergouvernementalen Interessenskoordination und noch kein striktes Gemeinschaftsorgan wie etwa die Kommission, das Europäische Parlament oder der Europäische Gerichtshof. Es gibt keinen Automatismus für die Mitgliedschaft bei Europol. Jedes EU-Mitglied muss zunächst die Europolkonvention unterzeichnen und kann erst drei Monate später der Amtsstruktur beitreten.

Das Arbeitsmandat von Europol umfasst folgende Deliktbereiche: (a) Illegaler Drogenhandel, (b) Illegale Zuwanderung, (c) Autoschieberei, (d) Menschenhandel (inklusive Kinderpornografie), (e) Geldfälschung und Fälschung anderer Zahlungsmittel, (f) Illegaler Handel mit radioaktivem und nuklearem Material, (g) Terrorismus, (h) Geldwäsche in Zusammenhang mit den Straftaten a-g und (i) Hightech-Kriminalität (Internet etc.). Die einzelnen Aufgabebereiche zeigen, dass Europol im Wesentlichen die Bekämpfung der → Organisierten Kriminalität (OK) im Visier hat. Das Amt wird in all diesen Fällen immer dann tätig, wenn der Deliktbereich mindestens zwei Mitgliedsstaaten betrifft. Das Mandat kann auch auf andere Deliktformen der internationalen Kriminalität ausgeweitet werden (z. B. Tötungsdelikte). Hierzu bedarf es allerdings eines einstimmigen Beschlusses des Europäischen Rates und einer Konformität mit dem Europol-Übereinkommen.

Das Personal bei Europol rekrutiert sich aus den unterschiedlichsten

Polizeiformationen, vom Zoll über die Gendarmerie bis hin zu Einwanderungsbehörden ist neben der regulären Polizei alles vertreten. Nationale Beamte arbeiten hier mit europäischen Beamten zusammen. Als Schnittstelle für die Informationsvermittlung zwischen den nationalen Polizeiapparaten und Europol fungieren die „Europol Liaison Officers" (ELO). Sie stellen ca. 17 % des gesamten Personals von Europol und werden von den nationalen Ministerien ernannt. National gesehen kommt die größte Mitarbeitergruppe aus den Niederlanden, was sich durch den Standort von Europol erklärt. Interessant ist, dass immerhin 6 % des Personals für Sicherheitsdienstaufgaben eingesetzt werden. Den ca. 350 Mitarbeitern (Stand: August 2004) steht in der Leitung ein Direktorium voran.

III. Bereits jetzt hat Europol eine signifikante Auswirkung auf die EU im Bereich der Inneren Sicherheit. Die Errichtung dieser Institution kennzeichnet im Rahmen der Integration den Weg zu einer Externalisierung der Fragen von „innerer Sicherheit" zur „äußeren Sicherheit". Mit Artikel 30 des Amsterdamer Vertrages sowie auf der Grundlage der Empfehlungen des Gipfels von Tampere 1999 ist die Europäische Union auf dem Weg einer sukzessiven Inklusion von staatlichen Aufgabenfeldern im Bereich der Exekutive hin zu einer supranationalen Behörde. Allerdings ist diese Bewertung gegenwärtig noch mehr politisch als fachlich-polizeilich anzusehen: Der ganze Entstehungsprozess von Europol folgt bis dato dem Muster der funktionalen Integrationslogik, bei der eine nützliche Bedarfsdeckung von den nationalen Administrationen (zunächst) mit einer symbolischen Referenz ausgestattet wird, die dann sukzessive verfeinert und strukturell in den einzelnen Funktionen ausgebaut wird. Der Aufbau einer „Europäischen Polizei Akademie" (CEPOL) seit Januar 2002 sowie die in Artikel 31 des Nizza-Vertrages geforderte Rechtsangleichung durch ein gemeinsames Forum wie → Eurojust (eingerichtet im April 2003) zeigen diesen Trend an. Mittlerweile hat eine operative Taskforce der europäischen Polizeichefs ihre Arbeit aufgenommen und bedient sich dabei des Erfahrungsaustausches mit Europol. Die geplante Einsetzung einer gesamteuropäischen Gendarmerieeinheit, die im Sommer 2004 beschlossen wurde, vollzieht den Schritt zu einer wirklichen Exekutive in einer sich immer mehr vernetzenden Sicherheitsarchitektur der EU.

IV. Die investigative Kompetenz von Europol ist, gemessen an der Aufgabenbreite und der Komplexität der OK auf internationalem Tableau, nur in Umrissen bisher gegeben. Problematisch ist nach wie vor auch die Diversifikation der Zuständigkeiten und Kompetenzen, die von den nationalen Mitgliedsstaaten und ihren unterschiedlichen Polizeisystemen allein bei der Informationsgewinnung für Europol eingespeist werden. In der

Kritik steht insbesondere die Anpassung der datenrechtlichen Standards der einzelnen Mitgliedsstaaten sowie die Möglichkeit der parlamentarischen Kontrolle.

Trotz aller informatorischen Verbesserungen im Umgang mit den Medien entzieht sich Europol weiterhin einem nennenswerten öffentlichen Diskurs. Ob deshalb aber schon in dieser Frage die Effizienz vor dem demokratischen Prinzip rangiert, wie mitunter unterstellt wird, lässt sich empirisch wenig konkretisieren. Denn die Effizienz von Europol wird bisher mehr politisch behauptet als bewiesen. Dafür ist diese Institution aber auch noch zu jung, um Fahndungserfolge in größerer Dimension auf diese neue Struktur zurückführen zu können. Europol ist zunächst (nur) ein Amt für eine verstärkte präventive Polizeiagenda in der EU und zwischen den Mitgliedsstaaten.

V. Grundsätzlich gilt bis dato, dass Europol (noch) kein spezifisches Gemeinschaftsorgan darstellt, auch wenn es im Amsterdamer Vertrag so festgelegt wird. Bezeichnend ist, dass nach einer Empfehlung des Europäischen Parlaments vom April 2003 das Amt in die 1. Säule der EU überführt werden soll. Den inhaltlichen Zusammenhängen mit der Ökonomie und den Sozialstrukturen, die im Gefolge von OK beeinträchtigt werden, würde man mit einem solchen Schritt in der Tat angemessen Rechnung tragen. Als bisheriges Element der 3. Säule ist Europol noch nicht kompatibel mit dem → Schengener Informationssystem.

Die nicht vorhandene exekutive Kompetenz von Europol wird so lange auf sich warten lassen, wie es noch keine europäische Anklagebehörde für das Strafrecht gibt. Allerdings ist es nahe liegend, dass Europol auf mittlere Sicht im Verlauf der weiteren Debatte zu den Auswirkungen des 11. Septembers doch mehr Gewicht erhalten wird. Beispielsweise wird seit Dezember 2002 zwischen Europol und den amerikanischen Sicherheitsbehörden ein personenbezogener Datenaustausch praktiziert. Spätestens seit dem 11. März 2004 ist angesichts des verheerenden Anschlags in Madrid deutlich geworden, dass sich die europäischen Staaten mit der Zwitterrolle ihrer Institutionen im Bereich der 3. Säule nicht mehr zufrieden geben dürfen. Die Notwendigkeit einer weiteren Vernetzung der „inneren“ Sicherheit wird auch den öffentlichen Diskurs in allen Mitgliedsstaaten stärker bestimmen.

Aschmann, Gerrit 2000: Europol aus der Sicht der Bundesländer, Frankfurt a. M.

Baldus, Manfred 2000: Polizeirecht des Bundes mit zwischen- und überstaatlichen Rechtsquellen. Interpol, Schengen, Europol, Bilaterale Verträge, Internationale Rechtshilfe in Strafsachen, 2. neubearb. u. erw. Aufl., Heidelberg

Knelangen, Wilhelm 2001: Das Politikfeld innere Sicherheit im Integrationsprozess. Die Entstehung einer europäischen Politik der inneren Sicherheit, Opladen

Milke, Tile 2003: Europol und Eurojust, Göttingen

Petri, Thomas B. 2001: Europol. Grenzüberschreitende polizeiliche Tätigkeit in Europa, Baden-Baden

Peter Nitschke

EU-System der Inneren Sicherheit

I. In der Europäischen Union hat sich seit In-Kraft-Treten des Maastrichter Vertrages (1993) ein System der Inneren Sicherheit herausgebildet, das die nationalen Systeme der Mitgliedstaaten in zunehmendem Maße überwölbt. Es handelt sich dabei um ein Mehrebenensystem, das neben der Ebene der EU-Institutionen auch die mitgliedstaatliche und die regionale Ebene umfasst. Seine primäre Funktion besteht darin, Rahmenbedingungen für eine effektive grenzüberschreitende Zusammenarbeit von Polizei- und Justizbehörden der Mitgliedstaaten zu schaffen. Kennzeichnend für das EU-System der Inneren Sicherheit ist einerseits, dass die Wahrnehmung der Aufgabe Innere Sicherheit keiner supranationalen Lenkung unterliegt. Rechtsetzung und -durchsetzung bleiben insoweit formal in der Verantwortung der Mitgliedstaaten. Andererseits ist unverkennbar, dass das EU-System eine erhebliche koordinierende und steuernde Funktion für die Gestaltung der Politik der Inneren Sicherheit in den Mitgliedstaaten übernimmt. In besonderer Weise gilt das für die mittel- und osteuropäischen Staaten, die 2004 der EU beigetreten sind und den gesamten innen- und justizpolitischen Besitzstand zu übernehmen hatten. Seine vertragliche Grundlage findet sich mit den „Bestimmungen über die polizeiliche und justitielle Zusammenarbeit in Strafsachen“ in Titel VI des EU-Vertrages.

II. Die Dynamik der Zusammenarbeit im Politikfeld Innere Sicherheit setzte Mitte der 1980er Jahre ein, als die Regierungen der EG/EU-Mitgliedstaaten den Abbau der Grenzkontrollen an den Binnengrenzen an die Vereinbarung flankierender Maßnahmen im innen- und justizpolitischen Bereich knüpften (→ Schengener Zusammenarbeit). Das außerhalb der EG verhandelte Schengener Durchführungsübereinkommen von 1990 stellte das bis dahin formalisierteste Regelwerk für verbindliche Standards bei der grenzüberschreitenden Zusammenarbeit im polizeilichen und strafjustiziellen Bereich dar. Es entfaltete darüber hinaus gehend katalysierende Wirkung, weil es das Bewusstsein für den Interdependenzcharakter transnationaler Kriminalität schärfte. Mit dem Maastrichter Vertrag über die Europäische Union fand diese Einsicht ihren institutionellen Niederschlag, als mit dem „dritten Pfeiler“ der EU ein eigenständiger Handlungsrahmen für die Zusammenarbeit im Politikfeld Innere Sicherheit geschaffen wurde. Neben anderen Feldern der Innen- und Justizpolitik erklärten die Mitgliedstaaten in Art. K.1 EU-Vertrag die polizeiliche und die justizielle Zusammenarbeit in Strafsachen zu Angelegenheiten von „gemeinsamem Interesse“. Institutionell orientierte sich die Zusammenarbeit weitgehend an intergouvernementalen Mustern: die Einstimmigkeit blieb obligatorisch, Rechtsakte wurden erst mit der Umsetzung in nationales Recht der Mitgliedstaaten wirksam und die Gemeinschaftsorgane Kommission, Parlament und Gerichtshof erhielten nur eingeschränkte Kompetenzen. Vom Europol-Projekt abgesehen, blieben die konkreten Ergebnisse der Zusammenarbeit zunächst überaus bescheiden.

Mit dem Amsterdamer Vertrag, der am 1.5.1999 in Kraft trat, wurde der bislang außerhalb der EU angesiedelte Schengener Besitzstand in die EU überführt. Die Bemühungen um die Umsetzung des Vertrags haben zu einer signifikanten Dynamisierung der Zusammenarbeit im Politikfeld Innere Sicherheit geführt. Die erste Sondertagung des Europäischen Rates zur Innen- und Justizpolitik im finnischen Tampere hat im Oktober 1999 die politische Wertigkeit dieses Prozesses mit den Plänen für eine gegenseitige Anerkennung von richterlichen Entscheidungen sowie für die Intensivierung der grenzüberschreitenden polizeilichen und strafjustiziellen Zusammenarbeit noch einmal unterstrichen.

Während sich die Aktivitäten der EU-Mitgliedstaaten in den späten 1990er Jahren auf die Bekämpfung der → Organisierten Kriminalität konzentrierten, steht nunmehr der Terrorismus im Vordergrund. Als Reaktion auf die Anschläge des 11.9.2001 hat der Rat der EU einen umfangreichen Maßnahmenkatalog zur Kooperation im Bereich der Terrorismusbekämpfung verabschiedet, der insbesondere nach dem Madrider Anschlag vom 11.3.2004 ausgeweitet worden ist (→ Anti-Terrorismusprogramm der EU).

III. Die heutige institutionelle Ausprägung des EU-Systems der Inneren Sicherheit basiert auf den Regelungen des Vertrags von Nizza, der am 1.2. 2003 in Kraft getreten ist. Mit dem Ziel der Erhaltung und Weiterentwicklung eines „Raumes der Freiheit, der Sicherheit und des Rechts“ sieht Art. 29 EU-Vertrag eine engere Zusammenarbeit der mitgliedstaatlichen Polizei- und Zollbehörden einschließlich der Europol-Kooperation, eine engere Zusammenarbeit der Justizbehörden unter Einschaltung von → Eurojust sowie eine Annäherung der Strafvorschriften der Mitgliedstaaten vor. Im Zentrum des Entscheidungsprozesses steht der Rat der Innen- und Justizminister, der in allen zentralen Fragen einstimmig beschließt. Damit verfügt jede Regierung über ein Vetorecht. Das entspricht dem sensiblen Charakter des Politikfeldes, schlägt sich aber auch in häufig langjährigen Verhandlungen nieder.

Dem Rat der Innen- und Justizminister stehen zur Verwirklichung der Vertragsziele verschiedene Rechtsinstrumente zur Verfügung. Der „Gemeinsame Standpunkt“ legt das Vorgehen der EU in einer gegebenen Frage fest, etwa eine Verhandlungsposition zu internationalen Vereinbarungen. Der „Rahmenbeschluss“ soll eingesetzt werden, um die Rechts- und Verwaltungsvorschriften der Mitgliedstaaten anzugleichen. Er ist im Hinblick auf das vereinbarte Ziel (politisch) verbindlich, überlässt den Mitgliedstaaten jedoch die Wahl der Mittel zur Erreichung dieses Ziels. Im Unterschied zur Richtlinie des Gemeinschaftsrechts geht von einem Rahmenbeschluss keine unmittelbare Wirkung aus. Der (einfache) Beschluss steht für alle anderen Bereiche zur Verfügung, ist ebenfalls (politisch) verbindlich, aber nicht unmittelbar wirksam. Schließlich verbleibt dem Rat die Möglichkeit, völkerrechtliche „Übereinkommen“ zu beschließen, die von den Mitgliedstaaten ratifiziert werden müssen. In allen Fällen werden die Rechtsakte des EU-Systems der Inneren Sicherheit damit erst durch die Umsetzung in nationales Recht wirksam.

Die Europäische Kommission hat für die polizeiliche und strafjustizielle Zusammenarbeit das Recht der Initiative erhalten, teilt es sich allerdings mit den Mitgliedstaaten. Das Europäische Parlament verfügt über keine Mitentscheidungskompetenzen, sondern ist lediglich zu hören, bevor der Rat einen Rechtsakt beschließt. Die parlamentarische Kontrolle des EU-Systems der Inneren Sicherheit obliegt damit weiterhin den nationalen Parlamenten im Rahmen ihrer allgemeinen Kontrolle des Regierungshandelns im EU-Kontext. Der Europäische Gerichtshof (EuGH) besitzt im Grundsatz die Kompetenz, im Wege der Vorabentscheidung über die Gültigkeit und die Auslegung von Rahmenbeschlüssen und Beschlüssen sowie die Auslegung von Übereinkommen zu entscheiden. Ausdrücklich nicht zuständig ist der EuGH hingegen für die Überprüfung der Gültigkeit oder Verhältnismäßigkeit der Maßnahmen von Polizei und Strafverfolgungsbehörden in den Mitgliedstaaten.

IV. Zu einem neuen institutionellen Rahmen würde das In-Kraft-Treten der Europäischen Verfassung führen, weil darin eine Überführung der Politik der Inneren Sicherheit in die ordentliche EU-Gesetzgebung vorgesehen ist. Nicht nur würde dann in wesentlichen Feldern das Europäische Parlament zum Mitgesetzgeber, sondern der Rat würde grundsätzlich mit qualifizierter Mehrheit entscheiden. Für besonders sensible Felder (z. B. Grundsätze der operativen Zusammenarbeit der Polizeien) bestehen freilich Ausnahmen.

In den zentralen Linien würde jedoch auch die Verfassung wenig ändern. Eine europäische Polizei mit exekutiven Befugnissen, eine europäische Staatsanwaltschaft und ein europäisches Strafprozess- und Polizeirecht dienen auf absehbare Zeit nicht als Zielvorgabe des EU-Systems der Inneren Sicherheit. Dem stehen einstweilen nicht nur Souveränitätsvorbehalte der mitgliedstaatlichen Regierungen, sondern vor allem die zersplitterten nationalen Rechtssysteme und unterschiedlichen Rechtskulturen entgegen. Es sind deshalb weiterhin national verfasste Polizei- und Strafverfolgungssysteme, auf denen das EU-System aufbaut. Daran ändern auch Einrichtungen wie → Europol und → Eurojust zunächst wenig, da sich ihr Auftrag auf die Unterstützung der grenzüberschreitenden Zusammenarbeit nationaler Behörden konzentriert. Auf der anderen Seite ist nicht zu übersehen, dass das EU-System mit Blick auf die funktionalen Erfordernisse einer effektiven horizontalen Kooperation der Behörden einen erheblichen Anpassungsdruck auf die nationalen Systeme hervorgerufen hat, der künftig noch zunehmen dürfte.

V. Im Rahmen der neuen Sicherheitsdebatte ist das EU-System der Inneren Sicherheit noch einmal konsolidiert und ausgebaut worden. Damit haben sich Trends verstärkt, die bereits zuvor erkennbar waren. Für die Bekämpfung der grenzüberschreitenden Kriminalität ist in den vergangenen Jahren ein bemerkenswerter Bestand an europäischen Regeln und Normen entstanden, die die Arbeit von Polizei und Justiz auf nationaler Ebene zunehmend prägen. Wenn die faktische Bedeutung des EU-Systems für die Gestaltung der Politik der Inneren Sicherheit deshalb als hoch zu veranschlagen ist, dann erweist sich zum einen die gegenwärtige Konstruktion der parlamentarischen Kontrolle als wenig befriedigend. Denn während das Europäische Parlament lediglich ein Anhörungsrecht besitzt, werden die nationalen Parlamente in wachsendem Ausmaß mit Kompromisspaketen europäischer Regierungsverhandlungen konfrontiert, die auf nationaler Ebene nur selten aufgeschnürt werden können. Zum anderen ist festzustellen, dass die Politikgestaltung im EU-System primär effizienzorientierten Gesichtspunkten der Sicherheit folgt, während die Dimension der Freiheit und des Rechts vergleichsweise geringe Würdigung erfährt.

Anderson, Malcolm / Apap, Joanna 2002: Police and justice co-operation and the new European borders, The Hague u. a.

Knelangen, Wilhelm 2001: Das Politikfeld Innere Sicherheit im Integrationsprozess. Die Entstehung einer europäischen Politik der inneren Sicherheit, Opladen

Mitsilegas, Valsamis / Monar, Jörg / Rees, Wyn (Eds.) 2003: The European Union and internal security: guardian of the people? Basingstoke u. a.

Müller, Thorsten 2003: Die Innen- und Justizpolitik der Europäischen Union. Eine Analyse der Integrationsentwicklung, Opladen

Walter, Neil (Ed.) 2004: Europe's area of freedom, security and justice, Oxford u. a.

Wilhelm Knelangen

Fachhochschulen (Polizeiausbildung)

I. Bereits in der Gründungsphase der Fachhochschulen für den öffentlichen Dienst in den 70er Jahren wurde das vorhandene Spannungsverhältnis zwischen Hochschulrecht einerseits und Beamtenrecht andererseits zugunsten einer beamtenrechtsnahen Verfahrensweise und im Sinne der Ausnahmeregelung der §§ 73 Abs. 2 und 70 Abs. 1 HRG entschieden. Bei den der direkten Anbindung zugrunde liegenden Überlegungen ließen sich die Aufsichts- und Einstellungsbehörden davon leiten, eine unmittelbare Nähe der Polizeiausbildung zu den Auftraggebern, den Ländern oder dem Bund (für die Bundespolizei), sicherzustellen, um eine Verselbstständigung bzw. Autonomie der Fachhochschulen zu vermeiden. Träger der Fachhochschulen für den öffentlichen Dienst (FHöD) bzw. für öffentliche Verwaltung (FHöV) mit einem Fachbereich „Polizeivollzugsdienst" neben anderen Fachbereichen der öffentlichen Verwaltung oder der reinen Fachhochschulen der Polizei (FHPol.) bzw. Hochschulen der Polizei sind in der Regel die Innenministerien. Die Fachhochschulen für den öffentlichen Dienst erfüllen in der Regel nur formal den Hochschulbegriff; wesentliche Kriterien des materiellen Hochschulbegriffs werden nicht erfüllt. Beispielsweise sind sie in der Mehrzahl keine Körperschaften des öffentlichen Rechts, verfügen nur über eingeschränkte Selbstverwaltungsrechte und haben üblicherweise keine fachhochschulspezifische Personalstruktur (an manchen lehren keine Professoren). Ihr Status, der vielfach mit „Interne Fachhochschulen" bezeichnet wird, regelt sich nach einem besonderen Recht (vgl. z. B. Fachhochschulgesetz für den öffentlichen Dienst – FHGöD – in NRW).

II. Die Ausbildung der Polizei hat sich seit der Mitte der 70er Jahre erheblich entwickelt. Dabei gingen die Bundesländer allerdings unterschiedliche Wege. Wurden noch bis Anfang der 90er Jahre Polizeibeamte in NRW für die Wahrnehmung der Aufgaben im mittleren Polizeivollzugsdienst in polizeiinternen Einrichtungen (so genannten „Bereitschaftspolizeiabteilungen", später „Polizeiausbildungsinstituten") ausgebildet, änderte sich dies mit der politischen Entscheidung, so genannte „Direkteinsteiger" an der Fachhochschule auszubilden, also polizeilichen Nachwuchs, der zwar in Basisfunktionen, aber als Polizeikommissare seinen Dienst verrichten sollte. Diesen Schritt in die so genannte „zweigeteilte Laufbahn" (Basisdienste: Polizeikommissare bis -hauptkommissare; Führungsfunktionen: gehobener Dienst bis Erster Polizeihauptkommissar und höherer Dienst) machten aber nicht alle Bundesländer mit.

Zurzeit (2005) zielt die Ausbildung an den Fachhochschulen auf die Ausbildung zu polizeilichen Basisfunktionen und teilweise auch auf die

Übernahme erster Führungsfunktionen ab. Teilweise wird zur Qualifizierung für Führungsfunktionen auch die Teilnahme an entsprechenden Weiterbildungsveranstaltungen und Führungsfortbildungen verlangt, die ihrerseits an unterschiedlichen Einrichtungen mit differierendem Status durchgeführt werden. Für Laufbahnaufsteiger existiert eine – im Fall der Einführung der „Zweigeteilten Laufbahn" auch für eine Übergangszeit geltende – besondere, zum Teil vom Studiengang für Laufbahnanwärter abweichende, Aufstiegsausbildung; nach Bestehen einer Einstufungsprüfung werden sie zum Teil auch als „besonders Begabte" in einer verkürzten zweijährigen Variante ausgebildet. Die Ausbildung im höheren Dienst der Polizei im Bundesgebiet erfolgt während des ersten Studienjahres in den Bundesländern, das zweite Studienjahr wird an der → Polizei-Führungsakademie in Münster-Hiltrup durchgeführt.

Der besondere Status der Fachhochschulen für den öffentlichen Dienst ist durch streng an den Verwaltungsbezügen und Laufbahnen orientierten Aufgaben gekennzeichnet. So wird in § 9 der „Vorschrift über Ausbildung und Prüfung der Polizei NRW im Laufbahnabschnitt II" aus dem Jahr 2001 beispielsweise als Ziel eine Ausbildung genannt, die Beamtinnen und Beamte in die Lage versetzen soll, Aufgaben der Sachbearbeitung wahrzunehmen, ihnen Grundlagen der Führung und Zusammenarbeit, Kompetenzen für eine Verwendung als Sachbearbeiterin und Sachbearbeiter im Wachdienst und im Ermittlungsdienst grundsätzlich in einer Polizeiinspektion sowie Grundkenntnisse für den Einsatz aus besonderem Anlass zu vermitteln und Grundlagen für eine spätere qualifizierende und spezialisierende Fortbildung zu schaffen.

Forschung und Entwicklung zählen neben der Lehre zu den den Fachhochschulen für den öffentlichen Dienst übertragenen Aufgaben. Weiterbildungsaufträge, wie Aufbaustudiengänge und beispielsweise die Verantwortlichkeit für die Durchführung des ersten Studienjahrs der Ausbildung zum höheren Dienst, die nicht an der Polizei-Führungsakademie (bzw. ab 2007 Deutsche Hochschule der Polizei in Münster-Hiltrup), sondern in den Bundesländern erfolgt, sind nur zum Teil den Fachhochschulen übertragen. Und auch die Zuständigkeit als Verzahnungsstelle für den dualen Theorie-Praxis-Ansatz ist nicht durchgängig den Fachhochschulen übergeben.

Nach einer ersten Einführungsphase der Fachhochschulen für den öffentlichen Dienst in den 70er und 80er Jahren des vorigen Jahrhunderts ergab sich eine Modernisierungsphase in den späten 90er Jahren und in den ersten Jahren des neuen Jahrtausends. Es existieren Fachhochschulen, die alle materiellen Kriterien allgemeiner Fachhochschulen erfüllen, wie beispielsweise die Fachhochschule für Verwaltung und Rechtspflege Berlin, die zukünftig mit der FH für Wirtschaft fusionieren soll, die FH Kehl und die FH Ludwigsburg, wie Fachhochschulen, die – zwar weiterhin nicht selbstständig, aber im Sinne des Wissenschaftsrats modernisiert – als „interne“ Fachhochschulen zunehmend diesem Status entsprechen, ebenso wie solche, die einem Fachhochschulstandard nicht entsprechen und eher als Berufsakademie (vgl. auch den Bericht des Wissenschaftsrats aus 2002) zu bezeichnen sind.

Die Verschiedenheit der Organisationsformen der Fachhochschulen spiegelt die Vielfalt der bundesweiten Fachhochschullandschaft wider. Fachhochschulen für Polizei stehen neben Fachhochschulen für den öffentlichen Dienst mit mehreren Fachbereichen (wie Rechtspflege, Finanzen, kommunale und staatliche Verwaltung und Versicherungsträger), Campus-Fachhochschulen existieren neben den Fachhochschulen in Nordrhein-Westfalen, Hessen und – noch – Niedersachsen, die über mehrere Standorte (Abteilungen, Studienorte) verfügen. Und auch die Größe der Fachhochschulen ist sehr unterschiedlich. Zwischen 80 und 600 (in der Vergangenheit zeitweise über 1.000) Laufbahnbewerber sowie bis zu 350 Laufbahnaufsteiger bilden einen Studienjahrgang.

In der Regel sind die Fachhochschulen für den öffentlichen Dienst bzw. für Polizei eher wie Behörden als wie Fachhochschulen organisiert. Die (Fach-) Hochschulpolitik wird zwar durch den Leiter und den Senat der FH, die Ausgestaltung der fachlichen Inhalte durch die Fachbereichsräte geleistet. Sie unterliegen aber der Rechts- und Fachaufsicht des Innenministeriums, in manchen Fällen auch zusätzlich des Wissenschaftsministeriums, und dies auch in den Fragen von Forschung und Lehre. Der Wissenschaftsrat sieht Probleme durch diese direkte Anbindung der Fachhochschulen an die Innenministerien. „Obgleich in Struktur und Qualitätsniveau der verwaltungsinternen Fachhochschulen große Unterschiede feststellbar sind, verfügen diese als nachgeordnete Behörden oft weder über eine hochschulangemessene Rechtsform noch über eine fachhochschulspezifische Personalstruktur“ (Wissenschaftsrat 2002).

Bei dem Fachhochschulstudium handelt es sich regelmäßig um ein dreijähriges (für Laufbahnaufsteiger auch zweijähriges) Studium, das – in einem Verhältnis zwischen 24 bis 18 Monaten für die Theorie und 12 bis 18 Monaten für die Praxis – in der Theorie grundsätzlich 2.200 Stunden umfasst und das sich als typische duale Ausbildung durch den relativ gesehen hohen Anteil an berufspraktischen Ausbildungsanteilen auszeichnet. Man spricht auch von einer trialen Ausbildung, erkennt man den Anteil an Trainingspraxis ohne direkten Bezug zum Bürger als separaten Teil des Studiums (siehe NRW) an.

Die drei Jahre des Studiums können bundesweit als äußerst unterschiedliches Gemisch an Verlaufs- und Lehrplänen beschrieben werden. Mal gibt es ein Vorpraktikum in der Polizei, mal nicht; mal gibt es ein eindeutiges Grundstudium, mal nicht; teilweise gibt es gemeinsame, so genannte integrative, Lehrveranstaltungen verschiedener Fachbereiche des öffentlichen Dienstes, an anderen Orten nicht; klare Trimester-Strukturen einerseits treffen auf aus unterschiedlichen Zuständigkeitsstrukturen und Trägervielfalt geborenen Theorie-Praxis-Abläufen, die teilweise kaum nachvollziehbar erscheinen.

Bei den Lehrinhalten geht es vergleichbarer zu. Man findet regelmäßig die den Fachgruppen Recht, Einsatz- und Kriminalwissenschaften sowie Sozialwissenschaften zuzuordnenden Fächer und Inhalte, die nur nach dem Ziel der jeweiligen Ausbildung differieren (Ausbildung zukünftiger Führungskräfte einerseits, polizeilicher Mitarbeiter in Basisdiensten andererseits), sowohl in fächer- als auch themenzentrierter Vorgehensweise. Wichtig für den Studienverlauf ist auch, ob nach der Grundausbildung eine Spezialisierung erfolgt (in Richtung eher operativer Tätigkeit, sprich Wach- und Wechseldienst, oder eher ermittelnder Tätigkeit) oder die Generalistenausbildung im Vordergrund steht (wie zumeist). Der Stundenanteil der oben genannten Fachgruppen ist wiederum länderspezifisch sehr unterschiedlich. Regelmäßig wird allerdings den Sozialwissenschaften bereits traditionell ein nur untergeordneter zeitlicher Anteil eingeräumt, wenngleich sich dieser nachweisbar in den Jahren eher erweitert hat.

Im Studienfortschritt werden regelmäßig Leistungsnachweise in Form von Klausuren, Hausarbeiten und Fachgesprächen erbracht; teilweise ist eine Zwischenprüfung vorgesehen. Das Studium endet mit einer Staatsprüfung. Die seit den 70er Jahren übliche Diplomierung der FH-Absolventen ist nur zum Teil von der Vorlage einer Diplomarbeit abhängig. Vielmehr wird das Diplom zumeist nach dem Bestehen der aus Klausuren und einer mündlichen Prüfung bestehenden Staatsprüfung vergeben.

Die Studierenden werden in der Regel als (Polizeikommissar-) Anwärter in den Beamtenstatus eingestellt. Sie erhalten als Studierende bereits Bezüge. Nicht zuletzt aus diesem Grund handelt es sich bei beamteten Studierenden um eine Sonderstellung als studierende Beamte. Von ihnen wird regelmäßig Anwesenheit, also Teilnahme an den Lehrveranstaltungen erwartet. Zwischenzeitliche Teilexternalisierungen – siehe (Fach-) Hochschulen Bremen und Hamburg – mit einer (zeitweisen) Auflösung des Beamtenstatus der Studierenden wurden revidiert. Die im Zuge des Studiums vorgesehenen Zwischenprüfungen und/oder Leistungsnachweise sind in einem vorgegebenen Zeitraum zu erbringen. Werden die vorgeschriebenen Leistungen auch nach Wiederholung nicht erbracht, sind die Studierenden zu entlassen.

Der Status des Lehrpersonals ist einer der Gründe, warum die Fachhochschulen für den öffentlichen Dienst bzw. der Polizei nicht nur nach Meinung des Wissenschaftsrates wesentliche Kriterien des materiellen Hochschulbegriffs nicht erfüllen. Das Lehrpersonal wird zu einem sehr unterschiedlichen Prozentsatz aus dem Bereich des höheren Dienstes der Polizei bzw. auch besonders geeigneter Personen des gehobenen Dienstes rekrutiert. Je nach Land und Größe der FH schwankt der Anteil der hauptamtlichen Kräfte zwischen nahezu 100 und 40 %. Der Anteil des wissenschaftlichen Personals (Professoren) variiert ebenfalls erheblich. Auch die Auswahlkriterien, nach denen die Dozenten erwählt werden, differieren nicht unerheblich. Es gibt auch das Auswahlkriterium „Karrierebaustein", was bedeutet, dass eine Tätigkeit als Dozent an der Fachhochschule für eine Zeit von durchschnittlich drei Jahren als ein Baustein gesehen wird, damit die Person später in höher dotierte Funktionen übernommen werden kann. In der Regel gibt es aber eine Mischung aus Kontinuität sichernden hauptamtlichen Kräften, einem fluktuierenden Anteil und einem Anteil an mehr oder weniger wechselnden nebenamtlichen Kräften, die die Aktualität der Lehre letztlich sichern helfen. Auch die interne Fortbildung der haupt- und nebenamtlichen Kräfte wird äußerst unterschiedlich gehandhabt. Neben sporadischen Seminarangeboten existieren ausgefeilte Weiterbildungsprogramme, deren Nutzung und Wirkung auch kontrolliert wird.

III. Der Reformdruck auf die Ausbildung der Polizei steigt unaufhörlich. Es gibt einerseits – bereits historisch – polizeiinterne Stimmen, die eine eindeutige Reduzierung der Öffnung der Polizeiausbildung und damit eine Steigerung der berufsakademischen Ausrichtung fordern, koste es auch Wissenschaftlichkeit, die gesellschaftliche Öffnung und die öffentliche Anerkennung. Andererseits gibt es die Stimmen, die für eine verstärkt wissenschaftliche Ausrichtung sind, also für die Einführung von Bachelor-Studiengängen bei gleichzeitiger Übernahme der Zuständigkeit für die Theorie-Praxis-Verzahnung durch die FH. Eine weitergehende Externalisierung, also eine Vergabe der Polizeiausbildung (Studium) an die allgemeinen (Fach-) Hochschulen, scheint nicht weiter verfolgt zu werden. Externalisierungen, wie in Brandenburg, Sachsen-Anhalt, Bremen und Hamburg geschehen, haben gezeigt, dass diese nur um den Preis der Abtrennung der Fachbereiche Polizei zu vollziehen waren. So entstehen dann separate Fachhochschulen der Polizei.

Andererseits scheint aber auch kein Wille zur Fortführung von Ideen, alle Bereiche der öffentlichen Verwaltung in einer Fachhochschule zu vereinen, zu existieren. Diese vielleicht aus finanziellen Überlegungen lukrative Verfahrensweise würde inhaltlich auch nur dann besonderen Sinn machen, wenn eine inhaltliche Verflechtung der unterschiedlichen Bereiche des öffentlichen Dienstes erkennbar und an einer solchen FH pflegbar wäre. Ein solches Modell, wie es beispielsweise an der FHöV NRW seit der Studienreform des Jahres 2000 umgesetzt wird, indem ein integratives Konzept Aspekte der Fachbereiche Polizeivollzugsdienst, kommunale und staatliche Verwaltung in Sinn machender Weise zusammenführt, hat eindeutige positive Wirkungen, führt aber auch in der ausprobierten Variante zu Problemen (siehe dortige Evaluationsergebnisse). Die Einbeziehung externer beruflicher Sparten mit Polizeibezug, wie beispielsweise des Sicherheitsgewerbes (siehe Bremen und vor allem Kiel-Altenholz), sind als punktuelle Einzelfallmodelle zu werten.

Der Reformdruck steigt aber auch noch aus anderen Gründen. Neben den finanziellen Zwängen, denen sich der Bund und die Länder ausgesetzt sehen und die der unzweifelhaft vorhandenen Sicherheitsrelevanz und damit nicht einschränkbaren Erforderlichkeit einer Polizei gegenüber stehen, gibt es den Druck auf die Ausbildung durch die neuen, permanenten Veränderungsprozesse in der öffentlichen Verwaltung (Qualitätsorientierung, Veränderungsmanagement durch Personal- und Organisationsentwicklung, siehe „Fallmanager" im Sozialamt als externes, aber umso eindringlicheres Beispiel).

Der Weg in die „Zweigeteilte Laufbahn", die zumindest in NRW auf der Grundlage einer Organisationsuntersuchung der Polizei durch eine Unternehmensberatung im Jahre 1989 auf dem Rückschluss erfolgte, dass der Polizeidienst grundsätzlich dem gehobenen Dienst zuzurechnen sei, führte zu dem Schluss, dass dann bereits für die polizeilichen Neueinsteiger die Fachhochschulausbildung den Regelfall darstellen muss. Bereits der Beamte im Basisdienst benötigt wissenschaftliche Grundlagen, um seinen Dienst verrichten zu können. Anfang des Jahres 2000 wurden aber bereits Stimmen lauter, die – vor dem Hintergrund der finanziellen Entwicklung des Bundes und der Länder – zumindest Teilbereiche des polizeilichen Basisdienstes (wie Gewahrsamsdienste, Objekt- und Personenschutzdienste, normale Verkehrskontrollen und mehr) nicht als eine „üblicherweise dem gehobenen Dienst zurechenbare Tätigkeit" erkannten und neben der Wiedereinführung des mittleren Dienstes die Einführung einer → „Hilfspolizei" forderten. Solche „Polizei-Hilfsdienste" wurden u. a. in Hessen und Berlin eingeführt; weitere Bundesländer überlegen einen solchen Schritt. Tatsächlich muss die Frage erlaubt sein, ob es für die Ausfüllung der einen oder anderen Tätigkeit im Polizeidienst eines dreijährigen Studiums bedarf. Alle Fragensteller scheinen sich darüber einig zu sein, dass zumindest die Fachaufsicht über solche Dienste bei der gut ausgebildeten Polizei liegen muss.

Bereits in den Jahren seit 1998 ist eine Qualitätsausrichtung der FHöD zu erkennen, die sich in der Durchführung von Evaluationen und in der Einrichtung des Benchmarking-Clubs einiger dieser Fachhochschulen manifestierte. Spätestens seit 2002 besteht auch eine Einigkeit der FHöD über die Ziele: Die Ausbildung für den öffentlichen Dienst und für den gesamten öffentlichen Sektor soll auf dem Qualitätsniveau und in den Strukturen des allgemeinen Hochschulbereichs erfolgen (siehe Rektorenkonferenz FHöD).

Ebenso ist eine Annäherung an europäische Ausbildungsstandards erkennbar, die sich in der Orientierung an Bachelor- und Masterstudiengängen zeigt. Die Rektorenkonferenz der Fachhochschulen für den öffentlichen Dienst geht selbst von der Notwendigkeit der Einführung von Bachelor-Studiengängen aus. Diese Entwicklung hat mehrere Hintergründe: die internationale Anerkennung von Bachelor-Studiengängen führt zu einer Ablehnung der üblichen Diplom-Studiengänge; die Einführung von Bachelor-Studiengängen führt zu einer regelmäßigen Qualitätskontrolle der FHöD anhand national und international anerkannter Standards und damit zur ständigen Weiterentwicklung; die Deutsche Hochschule der Polizei in Münster-Hiltrup (ab 2007) wird Master-Studiengänge anbieten. Die Öffnung der Länderpolizeien, in Deutschland auch der Bundesländerpolizeien und der Polizei des Bundes, nach Europa, ist eine Folge der Europäisierung auch im Sicherheitsbereich. Dazu gehört die Förderung der – zumindest – europäischen Zusammenarbeit auch im (Fach-) Hochschulbereich.

Die bisher zu wenig genutzte, aber vorgesehene Zusammenarbeit zwischen den Fachhochschulen, der Praxis und weiterer Forschungs- und Bildungseinrichtungen drängt sich auch aus finanziellen Gründen auf. Die Bündelung wissenschaftlicher Kenntnisse und des Methodenwissens an den Fachhochschulen bildet eine nutzbare Ressource. Die Fachhochschulen werden zwingend, den Empfehlungen des Wissenschaftsrats folgend, als Zentralstellen für die Zusammenführung von Theorie und Praxis fungieren müssen. Die Grundlage dafür bildet das duale Ausbildungssystem (in NRW: triale Ausbildung Theorie – Trainingspraxis – Praxis), das sich grundsätzlich bewährt hat.

IV. Der bundesweit erkennbare Trend, Fachhochschulen der Polizei zu schaffen, führt zu einer Isolierung der Polizeiausbildung. Versteht man die Polizei in ihrer eindeutig erkennbaren Bürgerorientierung, wäre dies als gegenläufiges Signal zu werten. Andererseits scheint dieser Trend nicht umkehrbar zu sein. Die finanziellen Zwänge der Länder führen zu einer klaren Differenzierung in einerseits Bereiche mit Sicherheitsrelevanz mit bedingter Einschränkbarkeit (Notwendigkeit des Beamtenstatus) und andererseits Bereiche ohne eine solche Relevanz, in der die Möglichkeit von Einsparungen ohne wesentliche Einschränkung genutzt werden kann. Damit kommt es zur Bildung bzw. Fortführung interner Fachhochschulen einerseits und zur Externalisierung der Ausbildung anderer Bereiche der öffentlichen Verwaltung andererseits, die auch finanziell erheblich günstiger ist.

Die erkannten Handlungsnotwendigkeiten führen zu einer kaum veränderten Rechtsstellung, aber im Rahmen der Möglichkeiten zu einer hochschulgemäßeren Struktur. Demgemäß werden die Fachhochschulgesetze (für den öffentlichen Dienst) an die Bestimmungen des aktuellen Hochschulrahmengesetzes und die daraufhin geänderten Hochschulgesetze der Länder angenähert, wobei jedoch dem Spannungsfeld Hochschulrecht einerseits und Erfordernisse der Verwaltung/Anforderungen der Innenministerien als Träger andererseits entsprochen werden muss. Als Beispiel seien die maßgeblichen Änderungen des FHGöD NRW vom März 2005 angeführt: Einführung eines Qualitätsmanagements (inkl. Lehrevaluation); nachfrageabhängige Öffnung der FHöV für externe Studierende und Angestellte aus dem öffentlichen Bereich; Einführungsoption für Bachelor- und Masterstudiengänge; verbesserte Verzahnung von Theorie und Praxis an der FhöV; Verstärkung von Forschung und Weiterbildung; Übernahme einer Vielzahl von Regelungen des HSG NRW; erhöhte Rechte für die Beiräte.

V. Als schwierig eingestuft werden muss die Umsetzung der Notwendigkeit, sich auf Bundesebene, zwischen Bund und Ländern, aber auch den Ländern untereinander, strukturbezogen anzunähern. Zwar gibt es entsprechende Absichtserklärungen der Rektorenkonferenz der Fachhochschulen für den öffentlichen Dienst; es ist jedoch gängige Praxis, dass die jeweilige politische Führung in den Ländern, die durchaus schnell wechseln kann, die Richtung der Fachhochschulentwicklung bestimmt. So können binnen kurzer Zeit gegenläufige Tendenzen entstehen. Vor diesem Hintergrund erscheint es wenig wahrscheinlich, dass in absehbarer Zeit eine bundeseinheitliche oder angenäherte Entwicklung zu erwarten wäre.

Dies gilt selbstverständlich auch für den rechtlichen Status der Fachhochschulen. Der Wissenschaftsrat sieht Probleme durch die direkte Anbindung der Fachhochschulen an die Innenministerien, in Struktur und Qualitätsniveau, der höchstens eingeschränkt hochschulangemessenen Rechtsform und der fachhochschulunspezifischen Personalstruktur. Inwieweit der vom Wissenschaftsrat geforderte Status als zentrale Bildungseinrichtung genutzt wird, also beispielsweise Aufbaustudiengänge angeboten werden, dürfte weiterhin den Ministerien überlassen sein. Dies dürfte im Zusammenhang mit der weiterhin offenen Personalstrukturfrage letztlich mitbestimmend dafür werden, ob der eingeschlagene Weg der Verbesserung und damit die eindeutige Anerkennung als (interne) Fachhochschule erfolgen. Zu bedenken ist allerdings auch, dass die Erhöhung des wissenschaftlichen Personalanteils an den Fachhochschulen nicht zu einer Verringerung der Feldkompetenz – bzgl. des Wissensmanagements „Polizei“ – führen darf.

Die Einführung der Bachelor-Studiengänge erfolgt an den Fachhochschulen für Polizei vor dem Hintergrund eines in sich schlüssigen Aufbaus von Abschlüssen (siehe Ermöglichung eigener Master-Studiengänge in Zusammenarbeit mit anderen Hochschulen und an der Deutschen Hochschule der Polizei).

Fachhochschulprofessoren bemängeln im gegenwärtigen Studium einen hohen Anteil an Praktika; sie sehen die Hochschulrelevanz der Ausbildung dadurch gefährdet. Durch die Orientierung an Bachelor-Erfordernissen wird ein höherer Theorieanteil bei gleichzeitig verstärkter praktischer Themenausrichtung verwirklicht – ein eindeutiges Votum!

Aus Reihen der Polizeien kommen immer wieder Stimmen auf, die in der Fachhochschulausbildung eine Akademisierung der polizeilichen Ausbildung „an den Belangen der Praxis vorbei“ erkennen. Dies war gerade in NRW der Fall, als im Jahr 2000 das so genannte „Integrative Studium“, die Verwirklichung der Bezeichnung „FHöV“ durch fachbereichsübergreifende Planungen, Curricula und Lehre, eingeführt wurde. Polizeipraktiker wünschen sich eine spezifische FHPol., gegen die aber u. a. eindeutig die notwendige örtliche Zusammenarbeit in kriminalpräventiven Gruppen oder → Ordnungspartnerschaften und die generelle gesellschaftliche Öffnung der Polizei sprechen. Berufsakademien zeichnen sich jedoch regelmäßig gerade durch eine für sie typische Abschottung und berufsspezifische Einseitigkeit aus.

Die grundsätzliche Sicherheitsrelevanz polizeilicher Aktivität, die Planungssicherheit der Länder zur Personalstärke und damit ebenfalls zur Polizeidichte und der hohe Aufwand, der für die Anwerbung von Interessenten für den Polizeiberuf betrieben werden muss, sprechen bereits gegen eine Externalisierung der Ausbildung. Dies kann auch durch die Tatsache, dass die sofortige Alimentierung der Studierenden den Bund und die Länder selbstverständlich finanziell höher belastet als die Zahlung von Ausbildungsbeihilfe (BAFöG), nicht aufgewogen werden.

Die bundesweit festzustellenden Überlegungen zu einer Dreiteilung polizeilicher Dienste (Hilfsdienste, Basisdienste und spezialisierter Polizeidienst) wird zu veränderten Aufgabenpaletten, Organisationen und Ausbildungsstrukturen führen. Neu zu ermittelnde und definierende Aufgaben und Anforderungsprofile werden die Grundlage dafür bilden. Die „Fachhochschule für Polizei“ wird dem spezialisierten Polizeidienst vorbehalten sein.

Der Trend, betriebswirtschaftliche Qualitätsorientierungen auch in Dienstleistungsbereichen der öffentlichen Verwaltung einzuführen, hat bekanntlich auch vor der Polizei nicht Halt gemacht. Führungs- und Steuerungsmodelle bzw. unterschiedliche Qualitätsmodelle wurden mit mehr oder weniger Fortune und hohem Aufwand eingeführt; manche Bundesländer zeichnen sich durch einen häufigen Wechsel in der Präferenz der Qualitätsmodelle aus. Das Spannungsfeld zwischen öffentlicher Dienstleistung „für den Bürger" im Sinne des Grundgesetzes einerseits und finanziellen Erfordernissen andererseits existiert weiterhin. Ein Rückzug der Polizei auf die rein repressiven Tätigkeitsfelder wäre rechtsstaatlich und auch historisch nicht vertretbar, denn die Bürger haben einen Anspruch auf eine aktuelle, professionelle und bürgernahe Polizei.

Die offensichtliche Finanznot der öffentlichen Haushalte, die sich bereits in einem Stellenrückbau auch bei der Polizei mit der Folge geringerer Einstellungszahlen und damit verbunden mit einem Stellenabbau auch an den Fachhochschulen für den öffentlichen Dienst bemerkbar macht, darf sich in dem sicherheitsrelevanten Bereich der Polizei weder lang- noch mittelfristig auswirken.

Der Bologna-Prozess geht auch an den Fachhochschulen für den öffentlichen Dienst bzw. der Polizei nicht spurlos vorüber. Wir werden eine Modularisierung der Ausbildung erleben – was liegt dann näher, als die entsprechenden Bachelor-Studiengänge einzuführen?

Grimm, Andrea (Hg) 2000: Vom Staatsdiener zum Verwaltungsmanager? Loccum

Innenministerium NRW 1989: Gutachten „Funktionsbewertung" der Unternehmensberatung Kienbaum, Düsseldorf

Rektorenkonferenz 2002: Stellungsnahme der Rektorenkonferenz der FHöD vom 14.02. 2002 zur Empfehlung des Wissenschaftsrats vom 18.01.2002, Gelsenkirchen

Wissenschaftsrat 2002: Empfehlungen zur Entwicklung der Fachhochschulen, Berlin

Schümchen, Werner 2002: Die Entwicklung eines polizeilichen Bildungsmanagements unter besonderer Berücksichtigung der Intensivierung der Theorie-Praxis-Verzahnung in Nordrhein-Westfalen, in: Geierhos, W. / Burgheim, J. / Sterbling, A. (Hg.): Polizei gestern, heute und morgen: Aufgaben und Ausbildung, Rothenburger Beiträge, Schriftenreihe der FH für Polizei Sachsen, Bd. 11, S. 143-162

Schümchen, Werner u. a. 2004: Das Management-Handbuch – Hauptstudium: Qualifizierte Mitarbeiter/-innen, Greven

Werner Schümchen

Fingerabdrucksysteme

I. Unter dem Begriff „Fingerabdrucksysteme" lassen sich die mittlerweile EDV-gestützten organisatorischen Einrichtungen zur Erfassung, Speicherung und Vergleichsrecherche von Fingerabdrücken zusammenfassen. Fingerabdrucksysteme fußen auf der Erkenntnis, dass sich die Muster der Linien auf den Fingerkuppen individuell und zwischen den Menschen unterscheiden. Sie stellen somit das wohl älteste biometrische Verfahren (→ Biometrie) dar. Sie dienen zum einen der Identifizierung von Personen und zum anderen im kriminalistischen Bereich der Zuordnung von Spuren zu Personen. Neben der hauptsächlichen Anwendung im polizeilich-kriminalistischen Bereich werden Fingerabdrucksysteme auch zunehmend für Zwecke der Verwaltung, der Zugangskontrolle und des Geschäftsverkehrs eingesetzt.

II. Die Daktyloskopie (griech. Fingerschau), das Verfahren zum Erfassen und Klassifizieren der individual- und fingerspezifisch ausgeprägten Muster der Papillarlinien (Hautleistenbilder), ist in älteren Kulturen schon seit Jahrhunderten verbreitet. In Indien und China beispielsweise diente der Fingerabdruck der Besiegelung von Verträgen und Authentifizierung von Dokumenten. Beamte des fernöstlichen britischen Kolonialreichs (William Herschel, Henry Faulds) adaptierten dieses Verfahren für ihre eigene Verwaltungspraxis (ab 1858). Der Engländer Francis Galton entwickelte 1892 ein erstes Klassifizierungssystem für Fingerabdrücke, wodurch ein Abgleich erleichtert wurde. Schon zur Jahrhundertwende ersetzten polizeiliche Fingerabdruckskarteien die erst kurz zuvor eingeführte Anthropometrie (Körpervermessung) als polizeilich administratives Identifizierungsmittel. In Deutschland erfolgte die Einführung u. a. durch Robert Heindl zuerst 1903 in Dresden und Sachsen und ab 1912 landesweit bei der Polizei des Kaiserreiches.

Entgegen der verbreiteten Annahme, dass der Aufstieg des Fingerabdrucks allein seinem Potenzial zur Überführung von Schwerstkriminellen zuzuschreiben sei, dienten Fingerabdrucksysteme bereits früh einer herrschaftlich administrativen Kontrolle devianter, marginalisierter oder schlichtweg „fremder" bzw. eingeborener Populationen. Somit ist die Anwendung von Fingerabdrucksystemen von Beginn an mit zwei wesentlichen Perspektiven verknüpft, nämlich mit einer im engeren Sinne kriminalistischen sowie einer gouvernmentalen. Während Kriminalisten die an Tatorten hinterlassenen Fingerabdrücke zur Identifizierung von Tätern heranziehen und so vermehrt Sachbeweise einsetzen konnten, ersetzten Fingerabdrucksysteme die früher verwendeten Methoden (Tätowierungen, Brandmale, Namenslisten, Fotografien oder Körpervermessung) zur Identifizierung von Delinquenten und verdächtig erscheinenden Populationen oder Personen. Die vergleichsweise geringen Änderungen, die das individuelle Fingerabdruckbild mit der Zeit erfährt, und das hohe Maß an Exaktheit, durch welches ein Fingerabdruck einem Individuum zugeordnet werden kann, sowie der relativ geringe apparative zeitliche Erhebungsaufwand, ermöglichte ein System der zuverlässigen individualisierten Registrierung größerer Populationen. Forderungen nach einer zentralen Gesamterfassung der jeweiligen Bevölkerung („Volksdaktyloskopie") konnten sich aber nicht durchsetzen.

Bis weit in die zweite Hälfte des 20. Jahrhunderts sind Grundkonzept und -praxis der Verwendung von Fingerabdrücken zur (forensischen) Identifizierung von Personen weitgehend unverändert geblieben: Abnahme der Abdrücke per Tinte und Zehnfingerblatt, Klassifizierung durch Daktyloskopen und Ablage und Recherche in großen Karteischränken. Betroffen waren in erster Linie diejenigen, die in Kontakt mit der Polizei bzw. der Justiz gerieten. In den 60er und 70er Jahren setzten die Bemühungen um die technische Rationalisierung in Form einer Speicherung in Datenbanken ein, da die wachsenden Bestände kaum noch effizient zu nutzen waren. Der nächste Qualitätssprung, der auch wieder neue Anwendungsperspektiven eröffnete, setzte dann ein mit der allmählichen Marktreife computergestützter (teil-) automatisierter Fingerabdrucksysteme (AFIS: dt. Automatisiertes Fingerabdruck Identifizierungs-System; engl. automated fingerprint identification system), entwickelt z. B. durch die Firmen NEC oder Morpho/Sagem. Das AFIS der deutschen Polizei wurde am 3. Dezember 1992 offiziell seiner Bestimmung übergeben und war vor allem ein Resultat der kriminalpolitischen Debatten über Flüchtlingsströme und Asylverfahren sowie deren sozialstaatlichen und sicherheitspolitischen Begleiterscheinungen, nachdem im Juni 1992 die verpflichtende erkennungsdienstliche Behandlung aller Asylantragsteller ab 14 Jahren in § 16 des Asylverfahrensgesetzes aufgenommen wurde, um einen so genannten „Mißbrauch zu verhindern".

Das AFIS umfasste Ende des Jahres 2002 Fingerabdrucksätze von ca. 3 Mill. der Polizei namentlich bekannten Personen sowie mehr als 5,5 Mill. Fingerabdruckblätter. Darin enthalten sind von der Polizei als Verdächtige, Beschuldigte oder als Personen mit ungeklärter Identität (Ausländer) erkennungsdienstlich Erfassten sowie alle (noch nicht anerkannten) um Asyl Nachsuchenden. Darüber hinaus umfasste das System im Jahr 2000 ca. 186.000 Tatortspuren. Durch das AFIS wurden ca. 13.500 „Spurenleger" identifiziert und 220 Tatzusammenhänge registriert. Monatlich werden mehr als 40.000 neue Fingerabdruckblätter erfasst und ca. 158.000 wegen einzuhaltender Löschungsgebote und -fristen wieder aussortiert (Zahlen: BKA).

Die Erfassung geschieht teilautomatisch, indem jeder einzelne Fingerabdruck von den Operateuren im Grundmuster klassifiziert und über die Tastatur codiert wird. Das Fingerabdruckblatt wird von einer Kamera erfasst und digitalisiert und durch die Computeralgorithmen in einen Binärcode umgewandelt. Dieser Vorgang dauert ca. 2-3 Minuten und erlaubt daher eine höhere Mengenverarbeitung. Neuzugänge werden mit dem Bestand abgeglichen und je nach Fall erfolgte Treffer in einer nach Übereinstimmungswahrscheinlichkeit geordneten Liste angezeigt. Die Entscheidung über eine Übereinstimmung (die ab zwölf gemeinsamen anatomischen Merkmalen als gegeben angesehen wird) ist dem Daktyloskopen vorbehalten.

III. Technische Innovationen und die Implementation der Sicherheitspakete

I und II haben zu einigen Veränderungen in der Anwendung von Fingerabdrucksystemen geführt. Diese lassen sich in zwei Bereiche aufteilen: technische Fortschritte und Maßnahmen und Forderungen im kriminalpolitischen Bereich.

Im Bereich der Technik wird das bundesdeutsche AFIS-System jetzt softwareseitig um die Option der Speicherung von Handabdrücken erweitert (System Metamorpho). Dies ist vor allem aus kriminalistischer Sicht interessant, weil an Tatorten oft Abdrücke von Handflächen zu finden sind. Darüber hinaus hat die Implementation eines „Live-Scan"-Verfahrens zur Erfassung von Fingerabdrücken begonnen, das den Einsatz von Farbe und Bogen überflüssig machen wird. Die Abdrücke können jetzt direkt über einen Scanner eingelesen und als Digitalbild gespeichert bzw. weitergeleitet werden.

Im Zuge der Europäischen Integration ist zudem eine Ausweitung und Vernetzung bestehender Fingerabdrucksysteme über den nationalstaatlichen Rahmen hinaus zu beobachten. Im Rahmen der Dubliner Verträge wurde die Einführung des EURODAC-Systems beschlossen (VO/EG 407/2002), in dem nicht nur alle Asylbewerber (ab 14 Jahren), sondern auch „illegale Immigranten" erfasst werden, um zu überprüfen, ob in mehreren Mitgliedsstaaten Asyl beantragt wurde. Das System ist seit Januar 2003 in Betrieb. Hinzu kommt eine Erhebung von Fingerabdrücken bei der Visagestaltung (VO/EG 334/2002). Neben der Immigrationskontrolle hat die erhöhte Erfassungsdichte vor allem durch die Terroranschläge vom 11. September 2001 einen neuen Aufschwung erfahren, so etwa im Vorhaben, biometrische Daten in Ausweisdokumenten zu speichern.

IV. Fingerabdrucksysteme sind seit nunmehr einem Jahrhundert Bestandteil polizeilicher und administrativer Systeme. Einmal als sicheres und effizientes Mittel zur Identifizierung von Personen ausgemacht, wurden rasch Fantasien wachgerufen, die gesamte Bevölkerung in diesen zu erfassen. Allerdings konnten sich diese Forderungen aus politischen wie technischen Gründen nie durchsetzen. Mittlerweile haben sich die Grundvoraussetzungen aber deutlich gewandelt. Die moderne Informations- und Kommunikationstechnologie lässt es denkbar erscheinen, die enorme Masse an Daten und Datenflüssen eines „Volks-AFIS" zumindest theoretisch verwalten zu können. Zur Blüte orwellscher Fantasien trägt nicht zuletzt bei, dass die Erfassung von Fingerabdrücken auf der Straße durch das digitalisierte Scanner-Verfahren mit wesentlich geringerem Arbeitsaufwand erledigt werden könnte. Unmittelbare Folge wäre wohl ein Anschwellen von Überprüfung der Personalien insbesondere bei der Klientel der „üblichen Verdächtigen" wie Jugendlichen, Ausländern und Obdachlosen.

Aber auch unterhalb der Schwelle einer Volksdaktyloskopie werden Massenabnahmen von Fingerabdrücken im Zuge von Ermittlungen (in Analogie zur Erhebung des „genetischen Fingerabdrucks“) in Zukunft häufiger vorkommen. So wurden etwa im Mai 2001 14.000 Männer in Frankfurt/M. zur Abgabe ihrer Fingerabdrücke aufgefordert, um die Aufklärung des Mordes an einem 13-jährigen Jungen zu unterstützen (taz vom 11.05.2002).

V. Es kann keinen Zweifel daran geben, dass die Entdeckung und kriminalistisch forensische Anwendung des Fingerabdrucks diesen zu einem unentbehrlichen Baustein der Verbrechensaufklärung und Strafverfolgung hat werden lassen. Gleichzeitig birgt er als leicht zugängliches und zu erfassendes biometrisches Identifikationsmerkmal das Potenzial wie auch das Risiko überbordender Kontrollszenarien. Der Zunahme der statistischen Wahrscheinlichkeit einer korrekten Identifikation (d. h. technischen Identifizierbarkeit) im behördlichen und geschäftlichen Verkehr stände ein Verlust an bürgerlicher Freiheit und Privat- bzw. Intimsphäre durch die zügige Abnahme anonymisierter und pseudononymisierter Handlungsfelder gegenüber. Gerade das veränderte Meinungsklima und das gestiegene Schutzbedürfnis gegen als wahrscheinlich angenommene Terroranschläge lässt hier die bürgerrechtlichen Bedenken ebenso relativiert erscheinen wie die Kritik, Systeme wie AFIS oder EURODAC könnten auf Dauer zu einer Marginalisierung ganzer Bevölkerungsgruppen beitragen.

Kritik richtet sich jedoch auch gegen ein allzu großes Vertrauen in die Möglichkeiten der Technik. Die Fehlerraten, sowohl die Fehlidentifikation (ca. 1 %) als auch die Nichterkennungsrate (ca. 10 %), sind beim automatischen Fingerabdruckabgleich in der Regel recht hoch. Die Wahrscheinlichkeit, dass sich die Papillarlinien im Verlauf eines Menschenlebens verändern, ist ebenfalls nicht zu vernachlässigen. Es sind nicht nur einzelne Fälle, in denen vermeintlich schlüssige Fingerabdrucknachweise sich als irrtümlich erwiesen (New York Times vom 13.5.2001) oder neuerdings amerikanische Gerichte Vorbehalte gegenüber der Verlässlichkeit von Fingerabdrücken als Beweismittel erkennen lassen (Die WELT vom 16.3.2001) – neuere wissenschaftliche Studien sind deutlich vorsichtiger als bisher hinsichtlich der tatsächlichen Unterscheidungskraft von Fingerabdrücken und vor allem der Leistungsfähigkeit von gegenwärtigen AFIS.

An Fingerabdrucksysteme müssen ähnliche Kriterien angelegt werden, wie allgemein an biometrische Erfassungssysteme, etwa wie zentral die Daten gespeichert werden, wer darauf Zugriff hat, welche Kontrollmöglichkeiten der Merkmalsträger über die Verwendung seiner biometrischen Information besitzt oder welche Konsequenzen Fehlerkennungen insbesondere für den Merkmalsträger haben können. Denn wenn erst einmal ein zentrales und effizientes System der Identitätskontrolle installiert ist, werden alle Bedarfsträger – und derer gibt es beinahe endlos viele – darauf zugreifen und damit arbeiten wollen. Es ist nicht zu übersehen, dass Fingerabdrucksysteme seit ihrer Einführung bis heute als Instrumente verstanden und eingesetzt werden, um neben den Kriminellen vor allem auch Deviante und Immigranten, jedenfalls gesellschaftlich Marginalisierte zu registrieren und kontrollieren. Mit den Fortschritten der Automatisierung rücken sie dabei wieder in den Mittelpunkt, wenn es um Abwehr und Beherrschung derjenigen geht, die von der Peripherie zu den Zentren von Sicherheit und Wohlstand streben.

Cole, Simon 2001: Suspect Identities: A History of Fingerprinting and Criminal Identification, Harvard

Nogala, Detlef 2000: Gating the Rich – Barcoding the Poor: Konturen einer neoliberalen Sicherheitskonfiguration, in: Ludwig-Mayerhofer, W. (Hg.): Soziale Ungleichheit, Kriminalität und Kriminalisierung, Opladen, S. 49-83

Pankanti, Skarath / Prabhakar, Salil / Jain, Anil K. 2002: On the Individuality of Fingerprints, in: IEEE Transactions on Pattern Analysis and Machine Intelligence, No. 8, S. 1010-1025

Vec, Miloš 2001: Die Spur des Täters – Bertillonage, Daktyloskopie und Jodogramm: Fortschritte und Versprechungen der naturwissenschaftlichen Kriminalistik um 1900, in: Juridikum, Nr. 2, S. 89-94

Detlef Nogala und Volker Mittendorf

Freiwilliger Polizeidienst

I. Der „Freiwillige Polizeidienst“ in Baden-Württemberg, Berlin und Hessen, aber auch die in anderen Bundesländern vorhandenen Sicherheitswachten (Bayern und Sachsen) oder Sicherheitspartner (Brandenburg) sind Organisationseinheiten von Polizeibehörden, in denen Bürgerinnen und Bürger ehrenamtlich und für die Öffentlichkeit erkennbar einen Beitrag für die öffentliche Sicherheit leisten, ohne selbst Bedienstete der Polizei zu sein. Sie übernehmen – in Baden-Württemberg und (teilweise) Sachsen in gemeinsamer Dienstverrichtung mit ausgebildeten Polizeivollzugsbeamtinnen und -beamten (PVB) – polizeiliche Aufgaben von zum Teil erheblichem Umfang bis hin zur Anwendung unmittelbaren Zwanges. In Hessen beispielsweise unterstützt der Freiwillige Polizeidienst (FPolD) die Polizeibehörden im Rahmen der vorbeugenden Bekämpfung von Straftaten, der Überwachung des Straßenverkehrs sowie des polizeilichen Ermittlungs- und Fahndungsdienstes und wird darüber hinaus eingesetzt zur Sicherung und zum Schutz von Gebäuden und öffentlichen Anlagen (§ 1 Abs. 3 HFPG). Der Einsatz des FPolD hat sich dabei auf diejenigen Bereiche und Lagen zu beschränken, in denen zwar ein Sicherheitsbedürfnis oder ein Bedürfnis nach polizeilicher Präsenz besteht, jedoch keine konkrete Gefährdung oder Störung der öffentlichen Sicherheit und Ordnung vorliegt, die den Einsatz von PVB erfordern würde. Situationen, in denen ein Einschreiten nur unter Inkaufnahme dringender oder erheblicher Gefahren für die freiwilligen Helferinnen und Helfer möglich wäre, sollen dadurch vermieden werden. Die von den Polizeibehörden für diese Aufgaben zur Verfügung gestellte Ausrüstung besteht neben dem legitimierenden Dienstausweis aus Funkgerät oder Handy, Reizstoff- oder Pfefferspray zur Eigensicherung sowie einheitlicher, von der „regulären" Polizeiuniform abweichender Bekleidung (Armbinden, blaue Uniformen, signalgraue Allwetterjacken oder dunkelgrüne Westen). Eine Vergütung der freiwilligen Hilfeleistung erfolgt lediglich in Form einer mehr oder weniger hohen, steuer- und sozialabgabepflichtigen Aufwandsentschädigung (in Hessen derzeit ca. 7 €/Std.), meist bei einer gleichzeitigen zeitlichen Begrenzung des ehrenamtlichen Engagements (Hessen max. 20 Stunden pro Monat).

II. Für bürgerliches Engagement war in den Bereichen der Handlungsfelder Soziales, Hilfs- und Rettungsdienste sowie soziale Problemlagen schon immer sowohl der Bedarf als auch die entsprechende Nachfrage vorhanden. Der Bereich der Gewährleistung der öffentlichen Sicherheit und Ordnung, vor allem aber die Anwendung von Zwangsmitteln, waren dem Bürger und dessen ehrenamtlichem Engagement jedoch bewusst vorenthalten. Wenngleich der moderne demokratische Staat nicht nur vor dem Hintergrund weniger prall gefüllter Kassen ein vitales Interesse an einer aktiven Bürgergesellschaft hat, die soziale Integration leistet, den Staat mit Ideen und Impulsen versorgt und ihn durch die Übernahme wichtiger Aufgaben in vielen gesellschaftlichen Bereichen entlastet, galt es als unvereinbar mit dem staatlichen Gewaltmonopol, dem Bürger ohne die Verleihung eines hoheitlichen Amtes hoheitliche Aufgaben zu übertragen.

III. In den letzten Jahren bietet nun auch die Polizei durch die Übernahme freiwilliger Polizeiarbeit eine institutionalisierte Möglichkeit zur Stärkung des ehrenamtlichen Engagements, wird auch im Polizeibereich in besonderer Weise auf die „Ressource" Bürger zurückgegriffen. Zwei Gründe sind hierfür ausschlaggebend: Zum einen soll durch den Freiwilligen Polizeidienst das → subjektive Sicherheitsgefühl der Bürgerinnen und Bürger gestärkt bzw. die in den letzten Jahren zunehmende Kriminalitätsfurcht innerhalb der Bevölkerung, wozu u. a. steigende oder auf hohem Niveau stagnierende Kriminalitätsraten in den Ballungsräumen, die Darstellung von Gewalt und Kriminalität in den Medien, die Wahrnehmung von Verwahrlosung und Verschmutzung im öffentlichen Raum, die Begegnung mit Randgruppen, von denen sich die Bürger gestört oder belästigt fühlen, sowie die (noch) vorrangig in den Großstädten zu beobachtende wachsende Anonymisierung beigetragen haben, genommen werden. Zum anderen soll die ehrenamtliche Polizeiarbeit die Vollzugspolizei in Tätigkeitsfeldern entlasten, die sie in Anbetracht zunehmender Aufgabenvielfalt (und das nicht erst seit den Ereignissen des 11. September 2001) und angespannter Haushalte kaum mehr zufrieden stellend ausfüllen kann. Beide Ziele, sowohl die Stärkung des subjektiven Sicherheitsgefühls als auch die Entlastung der Vollzugspolizei, ebneten beispielsweise 1999 in der von der hessischen Landesregierung aus CDU und FDP geschlossenen Koalitionsvereinbarung dem FPolD als Teil einer „neuen Sicherheitsarchitektur" den Weg.

IV. Die Einführung von „Polizeireserven" (so hieß bis 1999 der FPolD in Berlin) wirft vermehrt die Frage auf, ob der Staat vor dem Hintergrund dieser dualen Kriminalitätsstrategie seiner Rolle als Sicherheitsgarant und Gewaltmonopolist nicht mehr oder nicht mehr in ausreichendem Umfang gerecht werden könne. Tatsächlich verteilt sich nach der Übertragung hoheitlicher Aufgaben auf Privatpersonen (z. B. im Bereich der Überwachung des ruhenden Verkehrs), der zunehmenden Aktivität privater Sicherheitsdienste in öffentlichen Räumen oder der Rückübertragung polizeilicher Aufgaben auf die Kommunen einmal mehr die Last der Gewährleistung öffentlicher Sicherheit und Ordnung auf ein neues und außerhalb der Vollzugspolizei befindliches Schulterpaar. Betrachtet man sich die konkret mit den Aufgaben einer Freiwilligenpolizei verbundenen polizeirechtlichen Befugnisse, wie Befragung, Auskunft, Identitätsfeststellung, Datenverwendung, -übermittlung, -löschung, -sperrung und -berichtigung sowie Platzverweisung, Sicherstellung und die verkehrsrechtliche Befugnis zum Erteilen von Zeichen und Weisungen, die deutlich über die plakative Arbeitsplatzbeschreibung „Präsenz zeigen – Beobachten – Melden" (Bewerberinformation FPolD des Hessischen Ministeriums des Innern und für Sport) hinausgehen, sind kritische Hinweise auf eine Aufweichung des Gewaltmonopols nahe liegend. Gleichermaßen nachvollziehbar ist der Vorwurf, durch die Einführung eines freiwilligen Polizeidienstes werde eine bedenkliche Entprofessionalisierung der Polizei eingeleitet. Wenngleich einerseits die zugestandenen Befugnisse den ehrenamtlichen Helfern in der Regel nur dann zustehen, wenn sie zum Dienst herangezogen werden und eine eigenständige Indienstversetzung nicht gestattet ist, wird andererseits der Verdacht eines schleichenden Qualitätsverlustes polizeilicher Betreuung zusätzlich verstärkt, wenn man beispielhaft den Freiwilligen Polizeidienst in Baden-Württemberg betrachtet: Den Freiwilligen werden dort gleiche polizeirechtliche Befugnisse wie den PVB eingeräumt sowie strafprozessuale Strafverfolgungspflichten auferlegt. Die rund 1600 Angehörigen leisten dort ihren ehrenamtlichen Sicherheitsbeitrag an der Seite ausgebildeter PVB, ausgestattet mit grüner Polizeiuniform und Schusswaffe und nach einer lediglich 116 Stunden umfassenden theoretischen und praktischen „Ausbildung".

V. Abschließend stellt sich die Frage, wie es wohl zukünftig mit den gelegentlich auch als „Hobby-Fahnder" oder „bezahlte Spaziergänger" bezeichneten Bürgern in Uniform weitergehen wird. Während man in Berlin angesichts leerer Kassen neben der Auflösung von Polizeiorchester und Reiterstaffel auch laut an die Abschaffung des FPolD denkt, hat Hessen gerade erst auf heftiges Drängen vieler Gemeinden dessen personelle und regionale Ausweitung beschlossen. Der FPolD ist dort quasi zu einem Selbstläufer geworden. Erwartet uns vor dem Hintergrund anhaltender Flauten öffentlicher Haushalte, wie in so vielen anderen Bereichen des öffentlichen Lebens in der Vergangenheit schon geschehen, gar eine zeitverzögerte Einkehr amerikanischer Verhältnisse? Dort entsteht bereits seit einiger Zeit ein mehr und mehr umfassendes nichtpolizeiliches Beobachtungs- und Tippgebersystem von Freizeitsheriffs (neighbourhood watch areas). Die in Zeiten eines Qualitätsmanagements aus dem Ansinnen verstärkter (Kunden-) Bürgerorientierung heraus geforderte „Bürgerpolizei" ist nicht zwangsläufig als Aufforderung zu verstehen, den Bürger selbst in eine Polizeiuniform zu stecken. „Bürgernähe" bedeutet eben nicht die personale Verschmelzung von Bürger und Polizei. Der Bürger ist „Kunde" und nicht Teil der Polizei. Sicherheit sollte nicht zum Selbstbedienungsladen werden, Polizei sich nicht dem Charakter von Selbsthilfegruppen annähern. Freiwillige Polizeidienste, Sicherheitswachten oder Sicherheitspartnerschaften mögen zwar – dies zeigen zumindest die (wenn auch wenigen) diesbezüglichen wissenschaftlichen Untersuchungen (u. a. Kreuzer/Schneider 2002) – das subjektive Sicherheitsgefühl erhöhen, die objektive Sicherheit aber gewährleisten sie wohl kaum.

Beste, Hubert 2000: Neue Sicherheit für die Stadt, in: NK, H. 1, S. 16-21

Groß, Hermann / Schmidt, Peter 2002: Die Hessische Wachpolizei: Evaluation eines Modellprojektes, in: Bornewasser, M. (Hg.): Tagungsband Empirische Polizeiforschung III – Ansätze zur Konzeption und Evaluation polizeilicher Arbeit, Herbolzheim, S. 151-161

Kreuzer, Arthur / Schneider, Hans 2002: Freiwilliger Polizeidienst in Hessen – Ergebnisse der wiss. Begleitung des Pilotprojekts, Frankfurt a. M.

Peter Schmidt

Geldwäsche

I. Der Tatbetsand der Geldwäsche (§ 261 StGB) wurde im Rahmen des „Gesetzes zur Bekämpfung organisierter

Kriminalität“ (OrgKG) vom 15. 07. 92 in das Strafgesetzbuch aufgenommen. Dem kriminalpolitischen Anspruch nach ist der Geldwäschetatbestand somit eine zentrale Vorschrift des materiellen Strafrechts zur Verfolgung der → Organisierten Kriminalität (OK). Unter Geldwaschen ist das Einschleusen von Vermögensgegenständen aus häufig, jedoch nicht zwingend, organisierter Kriminalität in den legalen Finanz- und Wirtschaftskreislauf zum Zwecke der Tarnung der Herkunft zu verstehen. Eng verbunden mit dem Geldwäschetatbestand auf materiellrechtlicher Ebene ist auf der Rechtsfolgenebene die Gewinnabschöpfung mit Verfall und Einziehung gemäß §§ 73, 74 StGB. Neuere Instrumente mit spezieller OK-Ausrichtung sind die Vermögensstrafe (§ 43a StGB) und der erweiterte Verfall (§ 73d StGB), die ebenfalls im Rahmen des OrgKG eingeführt wurden. Eine bedeutsame Ergänzung erfuhr der Geldwäschetatbestand durch das Geldwäschegesetz (GWG) vom 29.11. 93. Das GWG ist von seinem Regelungsgehalt Gewerberecht und damit dem Wirtschaftsverwaltungsrecht zuzuordnen.

II. Die Ziele, die mit dem GWG verfolgt werden, sind primär der Gesetzesbegründung der Bundesregierung (BT-Drs. 12/2704), aber auch den Regelungen der EG-Richtlinie (ABL. EG Nr. L 166 ff. v. 28.06.91) zu entnehmen. Sie splitten sich in repressive und präventive Ziele. Danach sollen die Gewinne der OK aufgespürt und beschlagnahmt werden. Zugleich sollen Strukturen der OK durch die Gewinnabschöpfung besser sichtbar gemacht werden. Weiterhin soll die durch die Geldwäsche gefährdete Solidität und Stabilität der betroffenen Finanz- und Kreditinstitute und das Finanzsystem selbst geschützt werden. Aufgrund einer weiteren Änderung des GWG durch das „Gesetz zur Verbesserung der Bekämpfung der OK“ vom 04.05.98 wurde diese Zielsetzung erweitert, wobei die bedeutsamste Erweiterung in der „Gewinnabschöpfung durch Besteuerung“ zu sehen ist. Zulasten des bisherigen Verwertungsverbotes können Steuerstrafverfolgungsbehörden Verdachtsanzeigen und Identifizierungsanzeigen nutzen, denn legale und illegale Einkünfte unterliegen gleichermaßen nach § 40 AO der Besteuerung. Soweit die Finanzbehörde die Besteuerungsgrundlage nicht ermitteln oder berechnen kann, kann nach § 162 AO ein normiertes Schätzverfahren zugrunde gelegt werden. So hofft der Gesetzgeber, illegale Gewinne mehr als bisher abschöpfen zu können.

Gewinnorientierte Strategien nehmen in der Kriminalitätskontrolle einen zentralen Stellenwert ein. Die strafrechtliche Verfolgung einerseits sowie der konfiskatorische Zugriff auf Verbrechensgewinne andererseits werden in diesem Bereich als besonders Erfolg versprechend angesehen und bilden zusammen eine Art Doppelstrategie, in der die täterorientierte Bestrafung als klassisch repressive Bekämpfungsmethode um die vorwiegend präventiv ausgerichtete Ermittlung und Abschöpfung verdächtiger Vermögenswerte ergänzt wird. Ziel dieser Strategie ist es die Organisierte Kriminalität am „Nerv“ zu treffen. Zum einen soll die im Zuge der Geldwäschebekämpfung unmittelbare Bestrafung weiter dem Ziel dienen, durch Rückverfolgung die inneren Organisationsstrukturen aufzudecken und mögliche Beteiligte zu identifizieren. Zum anderen sollen die zur Beschlagnahme anfallenden Gewinne gleichzeitig zum Entzug der künftigen Investitionsbasis führen. Gilt doch gerade die Geldwäsche nicht nur als Indikator für OK, sondern zugleich auch als Schwachpunkt, denn sie stellt ein potenzielles Risiko dar, die meist in bar anfallenden Einkünfte aus Gewinn bringenden OK-Formen (z. B. Drogen- oder Waffenhandel) in den legalen Geldkreislauf einzuschleusen. Zum einen handelt es sich hier um ein logistisches Problem, zum anderen werden deliktische Vermögenswerte an den Schnittstellen zwischen legalem und illegalem Geldkreislauf kurze Zeit sichtbar. Sind die illegalen Gelder erst einmal im legalen Geldkreislauf untergebracht, so ist es im Zeitalter des „Electronic Bankings“ fast unmöglich die Kreisläufe nachzuvollziehen.

III. Für eine noch effektivere Zielerreichung verabschiedeten das Europäische Parlament und der Europäische Rat im Dezember 2001 eine neue Richtlinie zur Novellierung der Geldwäsche u. a. mit der Maßgabe, den Vortatenkatalog und den Adressatenkreis zu erweitern, da das Spektrum der Straftaten seit 1991 um ein Vielfaches erweitert sei und der Trend der „Geldwäscher“ hin zu Nichtfinanzunternehmen gehe, um illegale Gelder in das legale Finanzsystem einzuschleusen. Den Mitgliedstaaten wurden 18 Monate eingeräumt, um die Richtlinie in ihren Rechts- und Verwaltungsvorschriften umzusetzen.

Zwar hatten sich die tatsächlichen Verhältnisse seit der ersten Europäischen Richtlinie 1991 und deren Umsetzung in Deutschland 1992 rasant und tief greifend verändert, jedoch war die damalige Veränderung der Gesetzeslage nach kritischer Betrachtung stark mängelbehaftet – Mängel, die bis heute nicht behoben wurden. Nunmehr war der Gesetzgeber gefordert, innerhalb kürzester Zeit alte Mängel zu beseitigen und gleichzeitig die Vorgaben der Europäischen Richtlinie in die Gesetzeslage einzuarbeiten.

IV. Das Ultimatum veranlasste die Legislative, auch unter den Eindrücken der Terroranschläge des 11. September 2001 auf das World Trade Center in New York und der davon ausgehenden vermeintlichen internationalen und nationalen Bedrohungslage, die so genannten Sicherheitspakete I und II zu verabschieden, in denen auch die Geldwäsche großzügig bedacht ist. Es gilt die Finanzströme aus denen sich die OK und der Terrorismus bedienen zu unterbinden. Dazu werden weitreichende Regelungen im

Strafgesetzbuch, der Strafprozessordnung und dem Geldwäschegesetz sowie dem Finanzverwaltungsgesetz und dem Finanzmarktförderungsgesetz vorgenommen. Diese tief greifenden Veränderungen stehen in engem Zusammenhang mit der Sicherheitspolitik der Bundesrepublik in den letzten zwanzig Jahren. Der Gesetzgeber reagiert sehr eilig auf vermeintliche Bedrohungslagen, ohne diese weitreichend analysiert zu haben und setzt sich dadurch zahlreicher und ernst zu nehmender Kritik in den Belangen der Rechtsstaatlichkeit aus.

In jüngerer Vergangenheit hat das Bundesverfassungsgericht im Zusammenhang mit Geldwäsche und OK im Bereich der Drogenkriminalität die Vermögensstrafe nach § 43a StGB für verfassungswidrig erklärt. Zur Begründung wurden die seit langem bestehenden Kritikpunkte der Abkehr vom Schuldprinzip im Strafrecht und dem grundrechtlich verbrieften Bestimmtheitsgebot eines Gesetzes (Art. 20 Abs. 3 GG) herangezogen. Nach dieser Ansicht werde mit der Regelung eine Aufgabe der Rechtsetzung auf den Richter übertragen, der sich der Gesetzgeber aber nicht entziehen dürfe.

V. Die Begründung des höchsten Gerichts ist gleichermaßen als Alarmsignal und als Aufforderung an den Gesetzgeber zu verstehen, seinen rechtsstaatlichen Pflichten nachzukommen. Dies gilt umso mehr, als der Gesetzgeber auf aktuelle Bedrohungslagen immer schneller und für die Bürger eingreifender reagiert. Bestehende gesetzliche Grundlagen, die kaum vollständig entwickelt sind, werden wiederum geändert oder erweitert, ohne Ursachenanalyse oder angemessene kriminalpolitische, kriminalstrategische und gesellschaftliche Aspekte berücksichtigt zu haben. Sowohl die Erfordernisse von Effizienz und Effektivität aufseiten der Sicherheitsbehörden als auch die demokratische Transparenz der Staatstätigkeit und die Gewährleistung von Freiheits- und Bürgerrechten droht im Zuge der allzu eiligen großzügigen Gesetzesnovellierungen auf der Strecke zu bleiben.

Hetzer, Wolfgang 2002: Neue Geldwäscherichtlinien in Europa, in: Kriminalistik, H. 2, S. 74-78

Kargl, Walter 2001: Probleme des Tatbestandes der Geldwäsche, in: NJ, H. 2, S. 57-64

Krüger, Ralf 1992: Das OrgKG – Ein Gesetz unter falscher Flagge, in: Kriminalistik, H. 10, S. 594-598

Suendorf, Ulrike 2001: Geldwäsche, Neuwied

Martina Liebich-Frels

Generalbundesanwalt

I. Der „Generalbundesanwalt“ ist die einzige Staatsanwaltschaft des Bundes. Die offizielle Bezeichnung der 1950 eingerichteten Bundesbehörde lautet: „Der Generalbundesanwalt beim Bundesgerichtshof". Ihre staatsanwaltlichen Aufgaben, insbesondere in allen schwerwiegenden Staatsschutzstrafsachen, werden ausgeübt durch den Generalbundesanwalt (Bundesstaatsanwalt und Leiter der Behörde), die Bundesanwälte, die Oberstaatsanwälte beim Bundesgerichtshof und die wissenschaftlichen Mitarbeiter (Richter und Staatsanwälte aus den Ländern, die für in der Regel drei Jahre an die Behörde abgeordnet werden). Die Behörde gliedert sich in eine Hauptdienststelle mit drei Abteilungen in Karlsruhe sowie eine ausgelagerte Dienststelle in Leipzig am Sitz des 5. Strafsenats des Bundesgerichtshofs (BGH). In diesen beiden Dienststellen sind rund 100 Bundesanwälte, Oberstaatsanwälte, Staatsanwälte und Richter im Rahmen der Strafverfolgung tätig.

II. Der Generalbundesanwalt (GBA) besitzt als Verfolgungs- und Anklagebehörde des Bundes wichtige Strafverfolgungszuständigkeiten im Bereich der → Staatsschutzdelikte (z. B. Landesverrat, Terrorismus, Extremismus etc.) und der Bekämpfung von Schwerkriminalität (§§ 74a, 120 GVG). Diese repressiven Zuständigkeiten sind teilweise obligatorisch, sodass bei einem Verdacht auf Vorliegen einer einschlägigen Straftat der GBA tätig werden muss. Teilweise sind die Kompetenzen des GBA auch als so genannte bewegliche Zuständigkeiten ausgestaltet, d. h., sie hängen davon ab, ob der GBA die Verfolgung wegen der besonderen Bedeutung der Strafsache übernimmt („Evokationsrecht"). Die tatsächliche Zuständigkeit entsteht in einem solchen Falle erst mit der Erklärung der Übernahme der Verfolgung.

III. Außerdem fungiert der GBA in mehrfacher Hinsicht als Registerbehörde. In dieser Eigenschaft führt er das Bundeszentralregister (BZR) in Bonn (§ 1 BZRG). Das BZR umfasst mehrere Einzelregister. Das bekannteste ist das Zentralregister, das im Wesentlichen ein Vorstrafenregister darstellt. In dieses werden vor allem strafgerichtliche Verurteilungen zu einer Kriminalstrafe (z. B. Freiheitsstrafe oder Geldstrafe) oder zu einer Maßregel der Besserung und Sicherung (z. B. Unterbringung in der Sicherungsverwahrung oder Entziehung der Fahrerlaubnis) eingetragen. Aber auch zahlreiche andere Entscheidungen oder Feststellungen von Verwaltungsbehörden und Gerichten, die im Zusammenhang mit der Strafverfolgung oder Strafvollstreckung oder der öffentlichen Sicherheit stehen, werden im BZR vermerkt, etwa Entscheidungen über Ausweisung, Abschiebung, Passversagung, Passentziehung oder Ausweisbeschränkung, Entscheidungen in waffenrechtlichen Angelegenheiten, Berufs- oder Gewerbeuntersagungen, Suchvermerke und Steckbriefe (§§ 4-18, 27 ff. BZRG).

Zum BZR gehört auch das weniger bekannte Erziehungsregister. In dieses werden bestimmte Sanktionen eingetragen, die nach Maßgabe des Jugendstrafrechts gegen Jugendliche bzw. Heranwachsende verhängt worden sind, nämlich die im Jugendgerichtsgesetz (JGG) näher umschriebenen „Erziehungsmaßregeln“ und „Zuchtmittel“, die – anders als die im Zentralregister einzutragende Jugendstrafe – keinen Strafcharakter aufweisen (§§ 59 ff. BZRG, §§ 5 ff. JGG).

Schließlich sind dem BZR zwei weitere wichtige Einzelregister angegliedert: das Gewerbezentralregister (§§ 149 ff. GewO) zur Speicherung gewerberechtlicher Entscheidungen staatlicher Stellen und das Zentrale Staatsanwaltschaftliche Verfahrensregister (§§ 492 ff. StPO), in welches – bundesländerübergreifend – laufende Ermittlungsverfahren gegen Beschuldigte einzutragen sind.

IV. Eine dritte, in der Öffentlichkeit wenig bekannte Aufgabe des GBA liegt in der Unterstützung des → Bundeskriminalamts beim Aufbau der DNA-Analyse-Datei (auch: Zentrale Gen-Datei). In diese sind nach Maßgabe des DNA-Identitätsfeststellungsgesetzes (DNA-IdentG) die genetischen Fingerabdrücke von bereits abgeurteilten Straftätern aufzunehmen, sofern diese Straftaten „von erheblicher Bedeutung“ begangen haben und zudem eine Prognoseentscheidung ergibt, dass nach wie vor von einer gewissen Gefährlichkeit des Verurteilten auszugehen ist. Bei der Erfassung dieser „Altfälle“ zwecks Aufnahme in die DNA-Analyse-Datei des Bundeskriminalamts liefert der GBA als Registerbehörde die notwendigen Informationen über das Vorliegen entsprechender Verurteilungen (vgl. §§ 2a ff. DNA-IdentG).

V. Die Bedeutung des GBA in seiner (primären) Eigenschaft als Strafverfolgungsbehörde des Bundes ist in den letzten Jahren eher gewachsen. Angesichts einer Besorgnis erregend angestiegenen Zahl von rechtsextremistischen Straftaten ist die Neigung des GBA erkennbar größer geworden, auch bei Straftaten aus dem Bereich der allgemeinen Kriminalität die Verfolgung zu übernehmen, wenn die betreffenden Delikte im konkreten Falle einen im weitesten Sinne staatsgefährdenden Charakter aufweisen. So kam es beispielsweise im Herbst 1999 in Ostdeutschland zu einem gemeinschaftlichen Angriff mehrerer Personen auf zwei Vietnamesen, der durch blinden Ausländerhass motiviert war. Die beiden Opfer wurden dabei schwer verletzt; die Tat erregte im In- und Ausland erhebliche Aufmerksamkeit. Der GBA wertete die Tat als gemeinschaftlich versuchten Mord aus niedrigen Beweggründen und zog das Verfahren an sich. Die Rechtsgrundlage für eine derartige Übernahme der Verfolgung bildet § 120 Abs. 2 S. 1 Nr. 3a i. V. m. § 142a Abs. 1 GVG. Danach steht dem GBA u. a. bei den Delikten Mord, Totschlag, Geiselnahme und Angriff auf den Luft- oder Seeverkehr das Recht zur Verfolgungsübernahme zu, wenn die Tat nach den Umständen geeignet ist, den Bestand oder die äußere oder innere Sicherheit der Bundesrepublik Deutschland zu beeinträchtigen, und wenn der GBA außerdem eine besondere Bedeutung des Falles bejaht. Im genannten Beispiel – und in etlichen anderen vergleichbaren Fällen – nahm der GBA eine solche besondere Bedeutung an und wurde in seiner Einschätzung später vom Bundesgerichtshof bestätigt (vgl. NJW 2000, S. 1583; NJW 2001, S. 1359).

Martin, Ludwig 1990: Generalbundesanwalt und Bundesgerichtshof, in: DriZ 1990, S. 219-221

Nehm, Kay 2002: Die Zuständigkeit des Generalbundesanwalts für die Verfolgung extremistischer Einzeltäter, München

Rebmann, Kurt 1986: Die Zuständigkeit des Generalbundesanwalts zur Verfolgung terroristischer Straftaten, in: NStZ 1986, S. 289-294

Rebmann, Kurt 1996: Erweiterung der Zuständigkeit des Generalbundesanwalts auf den Bereich Organisierter Kriminalität, in: Böttcher, R. u. a. (Hg.): Festschrift für Walter Odersky zum 75. Geburtstag am 17. Juli 1996, S. 465 ff.

Schnarr, Karl H. 1993: Innere Sicherheit – die Zuständigkeit des Generalbundesanwalts nach § 120 II 1 Nr. 3 GVG, in: MDR 1993, S. 589-597

Martin Kastner

Geschichte der Terrorismusbekämpfung

I. Die staatlichen Maßnahmen gegen den Terrorismus führten sowohl zu einschneidenden Veränderungen der Strukturen der Sicherheitsbehörden als auch des Rechtssystems der Bundesrepublik. Deshalb ist die Geschichte der Terrorismusbekämpfung nicht auf den Konflikt zweier Akteure – den Staat auf der einen Seite, die jeweilige terroristische Gruppierung auf der anderen – zu reduzieren. Fahndungsmaßnahmen, Gesetzesverschärfungen, Anschläge und Attentate waren zugleich Gegenstände kontroverser Diskussionen, in denen vielfältige, höchst unterschiedliche Erwartungshaltungen und Ängste zum Ausdruck kamen. Einerseits wuchs im Verlauf der 1970er Jahre die Bereitschaft innerhalb der Bevölkerung, vermeintliche Straftaten oder andere Auffälligkeiten mit politischem Hintergrund bei den Sicherheitsbehörden anzuzeigen. Andererseits wurden kritische Stimmen laut, die vor polizeistaatlichen Entwicklungen warnten. Die Auseinandersetzungen um den Terrorismus hatten und haben somit immer auch eine gesellschaftliche Dimension.

II. Die ersten als → terroristische Vereinigungen bezeichneten Gruppierungen in der Bundesrepublik entstanden im Kontext der Protestbewegungen der späten 1960er Jahre. Im Jahr 1970 konstituierte sich die Rote Armee Fraktion (RAF), zwei Jahre später die Bewegung 2. Juni; beide Gruppierungen bezogen sich in ihrem Selbstverständnis auf die Aktionsformen der Stadtguerilla-Gruppen in Südamerika. Im September 1973 machten erstmals die dezentral organisierten Revolutionären Zellen (RZ) mit einem Sprengstoffanschlag auf sich aufmerksam.

Die RAF (bzw. „Baader-Meinhof-Gruppe“) avancierte in der Wahrnehmung der Sicherheitsbehörden und großer Teile der Öffentlichkeit zum „Staatsfeind Nr. 1“. Tatsächlich verübte die Gruppe zwischen 1970 und 1972 eine Reihe spektakulärer Sprengstoffanschläge. Bevorzugte Ziele waren Einrichtungen der US-Armee und der deutschen Polizei. Eine Eskalation des Terrorismus in der Bundesrepublik stellte die Geiselnahme israelischer Sportler durch ein palästinensisches Kommando während der Olympischen Sommerspiele 1972 in München dar. Der Befreiungsversuch der vollkommen unzureichend vorbereiteten und ausgebildeten Polizeikräfte endete in einem Blutbad.

III. Der zeitgleiche technische und personelle Ausbau von Polizei und Geheimdiensten sowie ergänzende Neuerungen vor allem im Polizeirecht und Strafrecht, in der Strafprozessordnung und im Gerichtsverfassungsgesetz wurden zwar mit dem unmittelbaren Hinweis auf den Terrorismus begründet, stellten aber die Umsetzung längerfristiger Planungen dar. Im polizeilichen Bereich lassen sich die Reformen mit den Begriffen „Zentralisierung“, „Spezialisierung“ und „Professionalisierung“ beschreiben. So wurden vor allem die Zuständigkeiten und Kompetenzen der Bundesbehörden gestärkt, in erster Linie die des → Bundeskriminalamtes (BKA). Ein „Sofortprogramm zur Verbrechensbekämpfung“ im November 1970 und das BKA-Gesetz vom Juni 1973 machten das Bundeskriminalamt zur zentralen Bundesbehörde für die Verfolgung von „Schwerstkriminalität“. Im Mai 1975 wurde die „Sicherungsgruppe Bonn“ des BKA durch den Aufbau einer Abteilung „T“ (Terrorismus) weiter gestärkt. Das BKA bekam auf diese Weise endgültig die zentralen Regelungs- und Koordinierungskompetenzen bei politisch motivierten Gewalttaten zugesprochen. Unter der Leitung Horst Herolds (1971-1981) entwickelte das BKA neue computergestützte Ermittlungsmethoden. In der → Rasterfahndung, dem polizeilichen Informationssystem → INPOL und einer der weltweit umfangreichsten EDV-erfassten Datensammlungen spiegelten sich damals weit verbreitete Utopien gesellschaftspolitischer Planbarkeit mittels der Computertechnik ebenso wider, wie die „klassische“ kriminalistische Annahme, auf Grundlage möglichst vieler systematisch erhobener Daten, „abweichendes Verhalten“ erfassen zu können.

Neben dem BKA wurden auch das → Bundesamt für Verfassungsschutz (BfV) und der Bundesgrenzschutz (BGS), seit 1.7.2005 → Bundespolizei (BPol), ausgebaut und umstrukturiert. Im Juni 1972 erhielt das BfV offiziell die Kompetenz auch unter dem Rückgriff auf „nachrichtendienstliche Mittel“ Informationen über „Bestrebungen gegen die freiheitliche demokratische Grundordnung“ zu sammeln – ein Auftrag, der das Tätigkeitsfeld der Behörde erheblich erweiterte, nicht zuletzt, da seit Januar 1972 der so genannte Radikalenerlass auf Bundes- und Länderebene eine Überprüfung aller Beamten und Angestellten des öffentlichen Dienstes durch die Verfassungsschutzämter vorsah. Ein neues Bundesgrenzschutzgesetz trat im April 1973 in Kraft und ebnete den Weg für einen grundlegenden Funktionswandel des ursprünglich quasimilitärischen BGS, der zunehmend (bundes-) polizeiliche Aufgaben, z. B. durch die Einbindung in Fahndungsmaßnahmen, erhalten sollte. Außerdem wurde unter dem Eindruck des katastrophalen Polizeieinsatzes während der Olympischen Spiele mit der GSG 9 des BGS die erste bundesdeutsche Antiterroreinheit aufgestellt. Kurze Zeit später begannen die Länderpolizeien, eigene Sondereinheiten aufzubauen, die so genannten Spezialeinsatzkommandos (SEK) zur Bekämpfung „schwerster Gewaltkriminalität“.

Es wurden nicht nur die Strukturen der Sicherheitsbehörden reformiert, sondern auch das Strafrecht bzw. die Strafprozessordnung modifiziert. Vor allem in den Jahren zwischen 1974 und 1976 wurden im Zuge der Terrorismusbekämpfung zahlreiche Rechtsnormen beseitigt, überarbeitet oder hinzugefügt, was zum Teil erhebliche Einschnitte in die → Grundrechte bzw. in die Rechte beschuldigter aber auch zunächst unverdächtiger Personen bedeutete. Entscheidende Bedeutung kommt dem § 129a des StGB zu, der im August 1976 in Kraft trat und die Bildung und Unterstützung einer oder das Werben für eine → terroristische Vereinigung unter Strafe stellt. Diese juristisch vermeintlich „maßgeschneiderte Antwort“ auf den Terrorismus eröffnet durch zahlreiche ergänzende Folgebestimmungen den Ermittlungs- und Strafverfolgungsbehörden weitreichende Möglichkeiten.

IV. Allerdings brachten weder der personelle und materielle Ausbau der Sicherheitsbehörden noch die intensiven Fahndungsmaßnahmen ein Ende des „bewaffneten Kampfes“. Zwar wurde der harte Kern der ersten RAF-Generation im Juni 1972 festgenommen. Der Terrorismus und die Methoden seiner Bekämpfung blieben jedoch ein in der Öffentlichkeit heftig diskutiertes Politikum. Einerseits unterstützte die überwiegende Mehrheit der Bevölkerung die staatlichen Maßnahmen. Andererseits entzündete sich massive Kritik an den Methoden der Terrorismusbekämpfung. Nachdem bei Festnahmeaktionen mehrere Personen erschossen worden waren, beschuldigten z. B. inhaftierte Mitglieder der RAF oder der Bewegung 2. Juni sowie ihre Angehörigen und Anwälte die Polizei, „Killfahndungen“ zu praktizieren.

Die Frage der Haftbedingungen für Mitglieder der RAF und der Bewegung 2. Juni avancierte zu einem bis heute heftig umstrittenen Konfliktfeld. Die Unterbringung der Terrorismusverdächtigen in Hochsicherheitsgefängnissen, strenge Haftstatuten und die weitgehende Abschottung der Häftlinge trugen den Justizbehörden den Vorwurf der „Isolationsfolter“ ein. Um Änderungen der Haftbedingungen durchzusetzen, traten inhaftierte Mitglieder der RAF und der Bewegung 2. Juni mehrfach in den kollektiven Hungerstreik, wodurch über die unmittelbare Anhängerschaft der RAF hinaus große Teile der linksradikalen Szene mobilisiert wurden, vor allem nachdem im November 1974 der RAF-Aktivist Holger Meins an den Folgen eines Hungerstreiks starb. Durch den Prozess gegen die führenden Köpfe der RAF Andreas Baader, Gudrun Ensslin, Ulrike Meinhof, Irmgard Möller und Jan-Carl Raspe in Stuttgart-Stammheim und schließlich durch den Selbstmord Ulrike Meinhofs im Mai 1976 – die radikale Linke sprach von einem „staatlichen Mord“ – verschärfte sich der Protest gegen die Haftbedingungen der RAF-Mitglieder.

Die Befreiung der Inhaftierten wurde zu „dem“ politischen und strategischen Ziel einer sich neu formierenden zweiten RAF-Generation. Das Jahr 1977 bildete den Höhepunkt dieser „Bleiernen Zeit“ (Margarete von Trotta): RAF-Aktivisten ermordeten im April Generalbundesanwalt Siegfried Buback und seinen Fahrer. Ende Juli wurde der Vorstandsvorsitzende der Dresdner Bank, Jürgen Ponto, bei einem Entführungsversuch erschossen. Anfang September entführte die RAF den Arbeitgeberpräsidenten Hanns-Martin Schleyer und tötete dabei dessen Fahrer und drei Personenschützer. Als palästinensische Terroristen am 13. Oktober eine Lufthansa-Maschine entführten, nahm der Druck auf die Sicherheitsbehörden und die Bundesregierung weiter zu, die jedoch auf die Forderungen der Entführer nicht einging. Die GSG 9 stürmte schließlich am 18. Oktober auf dem Flughafen der somalischen Hauptstadt Mogadischu das Flugzeug und befreite die Geiseln. Daraufhin ermordete die RAF Hanns-Martin Schleyer. Die in Stammheim inhaftierten RAF-Mitglieder wurden in ihren Zellen tot bzw. schwer verletzt aufgefunden. Wie schon beim Tod Ulrike Meinhofs sprachen offizielle Stellen von „Selbstmord“, während linke Kreise diese Version in Frage stellten.

Die Fahndungsmaßnahmen der Polizei nahmen während der Schleyerentführung Dimensionen an, die in der Geschichte der Bundesrepublik ohne Beispiel waren. Zugleich wurde binnen weniger Tage im Bundestag das so genannte Kontaktsperregesetz (§§ 31 f. EGGVG) verabschiedet, das in bestimmten Situationen die vollständige Abschottung Inhaftierter selbst von ihren Anwälten ermöglichte. Die Ereignisse des „Deutschen Herbstes“ 1977 stellten aber nicht nur für die linken

Bewegungen und linksliberalen Intellektuellen, sondern auch für die Sicherheitsbehörden und politisch Verantwortlichen traumatische Erfahrungen dar. Weder der massiv ausgebaute Fahndungsapparat noch das verschärfte rechtliche Instrumentarium hatten unmittelbar zu polizeilichen Erfolgen geführt.

V. Obwohl es der Polizei bis 1984 gelang einige führende RAF-Aktivisten festzunehmen und darüber hinaus eine Reihe ehemaliger Gruppenmitglieder Aufnahme in der DDR fand, existierte die RAF auch in den 80er Jahren weiter. Die RAF versuchte zum einen Anknüpfungspunkte an die Friedensbewegung und die Anti-AKW-Bewegung zu finden, zum anderen propagierte sie den Aufbau einer gemeinsamen „Front" bewaffneter Gruppen in Westeuropa. Während es aber tatsächlich zu Ansätzen einer Kooperation mit anderen terroristischen Gruppierungen in Europa kam, gelang der RAF keine nennenswerte Verankerung innerhalb der Neuen Sozialen Bewegungen. Die politischen Ziele der tödlichen Attentate auf den MTU-Vorstandsvorsitzenden Ernst Zimmermann (1985), das Siemens-Vorstandsmitglied Karl Heinz Beckurts (1986), den Ministerialdirektor Gerold von Braunmühl (1986) und den Vorstandsvorsitzenden der Deutschen Bank, Alfred Herrhausen (1989), waren innerhalb der linken Szene kaum zu vermitteln. Lediglich die Frage der Haftbedingungen erwies sich weiterhin als mobilisierungsfähig.

Seit 1985 gelangen den Sicherheitsbehörden keine größeren Fahndungserfolge mehr. Im Januar 1987 trat dann ein weiteres „Gesetz zur Bekämpfung des Terrorismus" in Kraft, das vor allem die Bestimmungen des § 129a StGB verschärfte. Zudem hofften die Sicherheits- und Justizbehörden mit der befristeten Einführung der umstrittenen Kronzeugenregelung (→ Kronzeuge) im Juni 1989 (die 1999 vorerst auslief) ein effektives Instrument zu erhalten. Diese Erweiterung der rechtlichen Möglichkeiten brachte die Fahndung jedoch kaum voran.

Bundesanwaltschaft und BKA haben auch bis zum heutigen Zeitpunkt nur begrenzte Kenntnisse über den Personenkreis der aktiven RAF bis zu ihrer Selbstauflösung. Die Festnahmen von zehn ehemaligen RAF-Mitgliedern auf dem Gebiet der DDR im Jahr 1990 waren weniger gezielten Fahndungsmaßnahmen als vielmehr dem Zusammenbruch des real existierenden Sozialismus zu verdanken. Dennoch ging im Verlauf der 90er Jahre die Bedeutung des linken Terrorismus zurück. Die RZ begannen sich seit Beginn des Jahres 1992 aufzulösen, die RAF verkündete im April 1992, die „Angriffe auf führende Repräsentanten aus Wirtschaft und Staat" vorläufig zu beenden. Im April 1998 folgte schließlich die Selbstauflösung der Gruppe. Ausschlaggebend für diese Entscheidung waren weniger der Fahndungsdruck als vielmehr RAF-interne Widersprüche sowie die nahezu vollständige gesellschaftliche Isolierung. Das rechtliche Instrumentarium, das zur Bekämpfung gegen den Terrorismus geschaffen worden war, blieb jedoch bestehen, obgleich seit dem Ende der 90er Jahre verstärkt Stimmen laut wurden, Teile dieses „Sonderrechtssystems“ zu beseitigen oder zumindest zu korrigieren.

VI. Mit den vom international operierenden islamistischen Al-Qaida-Netzwerk verübten Anschlägen des 11. September 2001 in den USA sowie in Folge der Terroranschläge in Madrid im März 2004 und in London im Juli 2005 gewannen überall Fragen nach Wegen, Möglichkeiten und Grenzen der Terrorismusbekämpfung neue Brisanz. So führten die Landeskriminalämter seit Ende September 2001 aufwendige Rasterfahndungen durch, um auf diesem Wege Hinweise auf die Existenz unauffällig lebender mutmaßlicher Terroristen („Schläfer“) zu erhalten. Die Rechtmäßigkeit dieser präventiven Maßnahmen, die auf Grundlage der Polizeigesetze der Länder mit der Abwehr einer angeblich „gegenwärtigen Gefahr für den Bestand oder die Sicherheit des Bundes oder eines Landes oder für Leib, Leben oder Freiheit einer Person“ begründet werden, ist juristisch höchst umstritten.

Kernstück der von der Bundesregierung nach dem 11. September eingeleiteten Maßnahmen ist das „Gesetz zur Bekämpfung des internationalen Terrorismus“, das im Januar 2002 in Kraft trat. Darin werden u. a. die Ermittlungsbefugnisse der Nachrichtendienste und des BKA ausgeweitet, das nun eigenständig „Daten zur Ergänzung vorhandener Sachverhalte oder sonst zu Zwecken der Auswertung mittels Auskünften oder Anfragen bei öffentlichen oder nichtöffentlichen Stellen“ erheben kann. Ferner enthält das Gesetz eine Änderung, die den Personenkreis, der den Überprüfungen durch die Verfassungsschutzämter unterliegt, erheblich vergrößert. Die Änderung der Passgesetze ermöglicht die Aufnahme biometrischer Merkmale in die Ausweispapiere (→ Biometrie). Dazu kommen umfangreiche Eingriffe in das Vereinsgesetz (→ Vereinsverbote/Religionsprivileg), die Ausländer- und Asylgesetze sowie den Sozialdatenschutz. Ähnlich wie die Antiterrorgesetzgebung der 70er Jahre, zielen die gegenwärtigen Maßnahmen zum einen darauf, die Kompetenzen der Bundesbehörden zu stärken, zum anderen die Ermittlungsbefugnisse schon weit ins Vorfeld denkbarer (terroristischer) Straftaten auszuweiten.

Eine weitere Intensivierung der Terrorismusbekämpfung stellen die bereits in den 70er Jahren vorangetriebenen Versuche dar, diese auf europäischer Ebene stärker zu koordinieren. Der im November 1993 in Kraft getretene Maastrichter Vertrag beschreibt die Zusammenarbeit in den Bereichen Inneres und Justiz als eine der zentralen Säulen der Europäischen Union. Seit dem Ende der 90er Jahre, besonders aber seit dem 11. September 2001, verstärken die EU-Staaten ihre gemeinsamen Bemühungen. Mit dem „Rahmenbeschluss zur Terrorismusbekämpfung“ vom 13. Juni 2002 wurden vom Europäischen Rat erstmals EU-einheitlich die Begriffe „terroristische Straftaten“ und „terroristische Vereinigungen“ definiert. Flankiert werden diese Maßnahmen von einem ständig erweiterten, zahlreiche Einzelmaßnahmen umfassenden EU-Aktionsplan zur Bekämpfung des Terrorismus sowie der politischen Einigung über einen „Europäischen Haftbefehl“.

Der Internationalisierung des Terrorismus soll auch die Einfügung des § 129b in das StGB Rechnung tragen. Diese Ergänzung des strafrechtlichen Antiterrorinstrumentariums wurde zwar knapp ein Jahr nach den Anschlägen von New York und Washington vorgenommen, war aber schon im Jahr 1999 vom Bundesjustizministerium geplant worden. Die Erweiterung des Paragrafen soll die strafrechtliche Verfolgung auch solcher Gruppierungen ermöglichen, die sich zwar innerhalb der Bundesrepublik nicht illegal betätigen, in anderen Staaten aber als „terroristisch“ gelten.

In welchem Ausmaß die nach dem 11. September 2001 getroffenen Maßnahmen zur Terrorismusbekämpfung die Grund- und Bürgerrechte beeinträchtigen werden, ist noch nicht absehbar. Kritiker weisen darauf hin, dass die neuen Anti-Terror-Gesetze von „uferloser Prävention und exekutivistischem Ermessen geprägt“ (Denninger 2001) seien. Die Maßnahmen hätten sich als ineffektiv erwiesen, zahlreiche Unverdächtige seien überprüft und „dabei real geschädigt“ worden.

Denninger, Erhard 2001: Die Stunde der Exekutive, in: FR vom 14.11.2001

Gössner, Rolf 1991: Das Anti-Terror-System. Politische Justiz im präventiven Sicherheitsstaat, Hamburg

ID-Verlag (Hg.) 1997: Rote Armee Fraktion. Texte und Materialien zur Geschichte der RAF, Berlin

Lisken, Hans / Lange, Hans-Jürgen 2000: Die Polizeien des Bundes, in: Lange, H.-J. (Hg.): Staat, Demokratie und Innere Sicherheit in Deutschland, Opladen, S. 151-166

Pflieger, Klaus 2004: Die Rote Armee Fraktion – RAF. 14.5.1970 bis 20.4.1998, Baden-Baden

Sturm, Michael 2003: „Dazwischen gibt es nichts“. „Bewaffneter Kampf“ und Terrorismusbekämpfung in der Bundesrepublik am Beginn der 1970er Jahre, in: SOWI, H. 2, S. 47-59

Weinhauer, Klaus 2004: Terrorismus in der Bundesrepublik der Siebzigerjahre. Aspekte einer Sozial- und Kulturgeschichte der Inneren Sicherheit, in: Afs, Bd. 44, S. 219-242

Werkentin, Falco 1992: Die politische Moral der Bundesdeutschen und die Effektivität der Dienste, in: Florath, B. / Mitter, A. / Wolle, St. (Hg.): Die Ohnmacht der Allmächtigen. Geheimdienste und politische Polizei in der modernen Gesellschaft, Berlin, S. 241-262

Michael Sturm

Gewaltmonopol

I. Die systematische Zuordnung des Begriffes „Gewaltmonopol“ ist durchaus schwierig: Er hat eine konzeptionelle Dimension, wenn er die „Innere Sicherheit“ unseres fortgeschrittenen Industriestaates vor dem Hintergrund der Gewaltenteilung und einer rechtsstaatlichen Verfassung umfassen soll; er ist ein historischer Begriff, wenn die Entwicklungen zu einem „erfolgreichen“ staatlichen Gewaltmonopol beschrieben werden; er ist ein institutioneller Begriff, wenn er als Synonym für die Agenturen der Sicherheit (Polizei und Militär) steht.

Das Verstehen des Begriffes „Gewaltmonopol“ scheint auch für die hauptberuflichen Inhaber und Inhaberinnen dieses staatlichen Monopols problematisch zu sein, zumal darüber keine publizistische und analytisch ausgerichtete Auseinandersetzung geführt wird. Als Agenturen des Gewaltmonopols gelten gemeinhin Polizei und Militär, sie werden häufig mit den „Inhabern“ gleich gesetzt, mitunter soll das Monopol von ihnen durchgesetzt, in Anspruch genommen oder sogar weiterentwickelt werden. Das Gewaltmonopol scheint ein Begriff zu sein, der insbesondere bei Podiumsdiskussionen, Interviews, Zeitungsartikeln und öffentlichen Statements, mitunter ohne Definition oder genauere Interpretation, benutzt wird. Hier wird ein grundsätzlich prozessuales Verständnis für eine Entwicklung im Zusammenhang mit Staatenbildungsprozessen vorgeschlagen und es werden bestimmte Wirkungen des Gewaltmonopols erläutert.

II. Das Wort „Gewaltmonopol“ ist eine Verkürzung einer Begrifflichkeit, die zuerst Max Weber in seinem Werk „Wirtschaft und Gesellschaft“ definierte. Im Rahmen seiner Überlegungen zum rationalen Staat schreibt er im Kapitel „Typen der Herrschaft“: „Man kann vielmehr den modernen Staat soziologisch letztlich nur definieren aus einem spezifischen Mittel, das ihm, wie jedem politischen Verband, eignet: das der physischen Gewaltsamkeit“ (Weber 1921, S. 821 f.). Zur Erläuterung führt Weber dann folgend aus: „Staat ist diejenige menschliche Gemeinschaft, welche innerhalb eines bestimmten Gebietes – dies: das ‚Gebiet‘, gehört zum Merkmal – das Monopol legitimer physischer Gewaltsamkeit für sich (mit Erfolg) beansprucht. Denn das der Gegenwart Spezifische ist, dass man allen anderen Verbänden oder Einzelpersonen das Recht zur physischen Gewaltsamkeit nur soweit zuschreibt, als der Staat sie von ihrer Seite aus zulässt: er gilt als alleinige Quelle des ‚Rechts‘ auf Gewaltsamkeit“ (ebd.). Max Weber versuchte u. a. in diesem Werk, bedeutsame Begrifflichkeiten auch für die (akademisch werdende) Soziologie zu systematisieren. In diesem Fall verweist er zwar auf das „gegenwärtig Spezifische“ eines Staates – im Anblick eines gerade zu Ende gegangenen Weltkrieges und dem schwierigen staatlichen Unterfangen, den Menschen die Waffen des Krieges wieder abzunehmen. Ansonsten hält sich Weber mit analytischen Ausführungen zu den Vorformen des modernen Staates und den Staatenbildungsprozessen nicht auf.

Anders versteht der Soziologe und Zivilisationstheoretiker Norbert Elias das Gewaltmonopol. Im Rekurs auf Max Weber hält er in den „Studien über die Deutschen“ fest: „Die Schaffung dauerhaft befriedeter Räume hängt mit der Organisierung des sozialen Zusammenlebens in der Form von Staaten zusammen. Ein Aspekt des Problems ist zuerst von Max Weber gesehen worden. Er wies darauf hin, dass die jeweils Regierenden ein Monopol der physischen Gewalt für sich in Anspruch nehmen. Das bedeutet, daß wir in einer Organisation leben, wo Regierende über Spezialistengruppen verfügen, die autorisiert sind, im Notfall physische Gewalt zu gebrauchen, auch, um alle anderen Bürger daran zu hindern. Diese Monopolisierung der Gewalt kann man als eine sozialtechnische Erfindung der Menschen bezeichnen“ (Elias 1989, S. 227 f.).

III. Die Untersuchung „Über den Prozeß der Zivilisation“ von Norbert Elias (1997, zuerst 1939) kann als eine historische Analyse der Staatswerdung gelesen werden. Aspekte zur Monopolbildung im Bereich von Steuern und (zunächst der Verfügungs-) Gewalt von Heeren im Abendland nehmen in diesen Studien einen großen Raum ein. Elias nimmt an, dass insbesondere diese Prozesse die Grundlage für den gesellschaftlichen Zwang zum Selbstzwang legten. Menschen werden u. a. dadurch in die Lage versetzt, eine „Langfristperspektive“ auszubilden und dadurch auch zu lernen, sich mit Rücksicht und Vorsicht in den durch Interdependenzen verdichteten Räumen zu bewegen und den Alltag einzurichten. Neben dieser soziogenetischen Analyse der Staatsbildungsprozesse findet parallel (mit einem Nachhinkeeffekt) in psychogenetischer Hinsicht ein interessanter Umbau der Persönlichkeitsstrukturen der Menschen statt: Menschen können dadurch in der Lage versetzt werden, zunehmend ihre Leidenschaften und Affekte zu kontrollieren.

„Die freie Verfügung über militärische Machtmittel ist dem Einzelnen genommen und einer Zentralgewalt vorbehalten“, so beschreibt Elias (1997, Bd. 2, S. 151) den Monopolmechanismus. Vorausgegangen ist hier ein langer Prozess des Kampfes um Boden, der jeweils die Verfügungsmöglichkeit über militärische Machtmittel zur Voraussetzung hatte. Als die Phase des Kampfes um den Boden zu Ende gekommen war, sieht Elias folgend diverse „Ausscheidungskämpfe“, also die Konkurrenzsituationen von vielen „Monopolisten“. Als Ergebnis hatten diese Ausscheidungskämpfe die Herausbildung von jeweils größere Einheiten, die den Boden mit militärischen Mitteln sichern konnten; die kleineren Einheiten verloren diesen Wettbewerb um die Sicherung ihres Bodens und gingen notgedrungen in den größeren Einheiten auf. „Was sich erst bei einer sehr fortgeschrittenen Funktionsteilung der Gesellschaft her-

das Paradigma liefert nicht Elias, sondern Hobbes

ausbildet, ist eine beständige, spezialisiertere Verwaltungsapparatur dieser Monopole“ (ebd.). Hier sind auch die ersten Professionalisierungsschübe der Gewaltmonopolisten, etwa vom „Straßenreiter“, die zur Begleitung und zum Schutz von Kaufleuten vor Überfällen rekrutiert wurden, hin zum permanent besoldeten Wachmann oder Soldaten, der seiner Beschäftigung hauptberuflich nachgeht, zu finden (vgl. Danker 1988, S. 15 ff.). In der Absolutismusforschung wird entsprechend die zunehmende Mobilisierung von polizeilicher Arbeit als ein wesentliches Strukturmerkmal dieser Epoche angesehen. Hier gelten drei Organisationselemente als bedeutsam, mit denen die Kontrolle und Verwaltung eines mittleren oder großen Territoriums im Inneren sowie die Machtsicherung oder auch Machterweiterung nach außen möglich werden: „Bürokratie, Hofsystem und Heerwesen“ (Hinrichs 1986, S. 13). Norbert Elias nutzt diese historischen Erkenntnisse, um hinter den Kulissen solcher Entwicklungen eine Mechanik zu entdecken: „Mag es sich um Land, um Soldaten oder um Geld in irgendeiner Form handeln, je mehr sich davon in einer Hand akkumuliert, desto weniger wird es für diesen Einzelnen übersehbar, desto sicherer wird er durch sein Monopol selbst auf immer mehr Andere angewiesen sein, desto stärker wird er von dem Geflecht seiner Abhängigen abhängig“ (1997, S. 156).

Hier wird grundlegend die Einsicht beschrieben, welche Bedeutung ein schon von Max Weber erwähnter „Verwaltungsstab“ für dieses Monopol bekommt. Nur mit diesem Instrument kann der Monopolist seine tatsächliche Verfügung über die Geldmittel und Soldaten realisieren. Wenn der Monopolist nur mit Hilfe dieser Bürokratie agieren kann, so nehmen die Machtchancen von Verwaltungen zu, Interessen zu bekunden, Informationen zu steuern und damit Realitäten zu beeinflussen. Spätestens an diesem Punkt der Erkenntnis wird deutlich, dass Webers Definitionen zum Staat und zum Verwaltungsstab, der die Durchsetzung des Monopols der legitimen physischen Gewaltsamkeit betreiben sollte, lediglich eine idealtypische Funktionsbeschreibung ist.

Ein staatliches Gewaltmonopol kann es sowohl in demokratischen als auch in diktatorischen Staaten geben: „Solche Monopole der physischen Gewalt (…) sind, wie so viele menschliche Erfindungen, zweischneidige Errungenschaften; sie haben ein Janushaupt“ (Elias 1989, S. 228). Daher kennen u. a. die politischen Wissenschaften den Begriff des „Polizeistaates“. Der britische Historiker Brian Chapman (1972) beschreibt verschiedene Formen von Polizeistaaten, die in ihrer traditionellen Form u. a. in Österreich (unter Joseph II. 1741-1790) und in Frankreich („Höhere Polizei“ unter Fouché von 1799-1815) existierten. Das „Dritte Reich“ in Deutschland war nach seiner Bewertung ein Polizeistaat in der „modernen“ Form. Während insbesondere die polizeiliche Überwachung zu Beginn des 19. Jahrhunderts unsystematisch, ineffektiv und dem Zufall überlassen war, begann zunächst in Österreich und Frankreich die Entwicklung eines komplexen Polizeisystems, welches insbesondere die schnelle Informationsweitergabe von mehr oder weniger öffentlich gemachten Äußerungen von Menschen zum Inhalt hatte. Diese Polizeien arbeiteten aus einem „allgemeinen Gefühl der Sittlichkeit" heraus, mit dem Ziel, jede Opposition gegen das herrschende Regime zu ersticken (vgl. Chapman 1972, S. 32). „Von den Pharaonen bis zu den Diktaturen der Gegenwart wird die Verfügung über das Monopol der Gewalt als eine entscheidende Machtquelle zum Nutzen kleiner Establishments verwendet" (Elias 1989, S. 229). Am Beispiel des Dritten Reichs ist die diktatorische Instrumentalisierung des staatlichen Monopols physischer Gewalt zur Eliminierung von Menschen umfassend untersucht worden (vgl. u. a. Heuer 1995). Zu der anderen (zivilisierenden) Funktion des staatlichen Gewaltmonopols führt Elias aus: „Auf der anderen Seite hat es auch eine hohe Funktion für die in einem Staate zusammengebundenen Menschen. Es ist eine bisher unerlässliche Bedingung der internen Pazifizierung größerer Sozialverbände, insbesondere des friedlichen Zusammenlebens größerer Menschenmassen in den entwickelteren Industriestaaten – eine Bedingung, die ihrerseits eng verknüpft ist mit dem Steuermonopol; denn ohne Steuern keine Waffenträger, ob Heer oder Polizei, und ohne Heer und Polizei, keine Steuern" (1989, S. 229).

IV. Gegenwärtige Fremdzwänge in einem Staat haben den Charakter eines staatlichen Monopols der physischen Gewalt (vgl. Elias 1990, S. 125). Menschen in fortgeschrittenen Industriestaaten haben es ganz überwiegend gelernt, ihre Leidenschaften und Affekte zu beherrschen sowie Konflikte ganz überwiegend nicht mit physischer Gewalt auszutragen. Nach den Bedingungen von Friedlichkeit des menschlichen Zusammenlebens zu fragen, hält Elias in der Tat für nützlicher als zu untersuchen, warum sich Menschen schlagen oder auch Andere erschlagen (vgl. Elias 1989, S. 226). Dies lenkt das Interesse dann auch auf die ganz praktischen Bedingungen des staatlichen Gewaltmonopols (vgl. Heuer 1997, S. 375 ff.): Wie hat es die Rechtssetzung innerhalb eines Staates verstanden, jegliche Form von privater physischer Gewalt zu ächten und ggf. zu sanktionieren? Was waren die Gründe für die hochkomplexe strafrechtliche Differenzierung zwischen Formen der Körperverletzung, des Raubes, Totschlags und des Mordes? Wie und unter welchen Voraussetzungen funktioniert das Anzeigeverhalten von Menschen, die Zeugen von solchen Delikten werden? Welche Aufgaben und Verfahren haben Gerichte und andere institutionalisierte Konfliktschlichtungsinstitute entwickelt, um solche Handlungen zu sanktionieren? Was ist eine gerechte Sanktion in diesen Fällen? In welchen

Fällen ist private Gewalt, die heute nur noch als Notwehr oder Notstand (auch strafrechtlich) gerechtfertigt ist, erlaubt? Wie gehen Soldaten und Polizeiangehörige mit ihrer Lizenz um, im Fall des Falles tatsächlich selbst physische Gewalt anzuwenden?

V. Die Entwicklung zu einem tatsächlichen staatlichen Gewaltmonopol ist ein Prozess, der nunmehr Jahrhunderte andauert, er wird weiter gehen und hat sicherlich noch nicht seine letzte Stufe erreicht. Elias meint dazu: „Es ist ganz unrealistisch zu sagen, dass dieses Monopol der physischen Gewalt problemlos funktioniert“ (1989, S. 228); an anderer Stelle: „Die Zivilisierung dieser Monopolisten der physischen Gewalt ist ein ungelöstes Problem“ (1990, S. 126). Eine verständige Analyse von Gewaltentwicklungen in Gesellschaften sind auch immer in den Kontext der Betrachtung von Durchbrechungen des staatlichen Monopols physischer Gewalt zu stellen und es ist daher auch kaum ausreichend, Gewaltphänomene nur mit den Statistiken des Vorjahres vergleichen zu wollen. Bei der Analyse des staatlichen Gewaltmonopols geht es auch immer darum, die Bedingungen für ein stabiles friedliches Zusammenleben von Menschen in moderneren Gesellschaften zu verstehen. Bei der Bewertung oder auch Veränderungen dieser Elemente ist eine ganzheitliche Betrachtung erforderlich, so wie sie von Senghaas (1995) in der Form eines zivilisatorischen Hexagon (Entprivatisierung von Gewalt, Kontrolle des Gewaltmonopols und Rechtsstaatlichkeit, Interdependenzen und Affektkontrolle, demokratische Beteiligung, soziale Gerechtigkeit sowie konstruktive politische Konfliktstruktur) vorgeschlagen wurde.

Chapman, Brian 1972: Der Polizeistaat, München

Danker, Uwe 1986: Räuberbanden im Alten Reich um 1700, Frankfurt a. M.

Elias, Norbert 1989: Studien über die Deutschen, Frankfurt a. M.

Elias, Norbert 1990: Engagement und Distanzierung – Arbeiten zur Wissenssoziologie I, Frankfurt a. M.

Elias, Norbert 1997: Über den Prozeß der Zivilisation, Bd. I und II, Frankfurt a. M.

Heuer, Hans-Joachim 1995: Geheime Staatspolizei – Über das Töten und die Tendenzen der Entzivilisierung, Berlin / New York

Heuer, Hans-Joachim 1997: Zur Zivilisierung innerstaatlicher Gewaltmonopolisten, in: Barlösius, E. u. a. (Hg.): Distanzierte Verstrickungen – Die ambivalente Bindung soziologische Forschender an ihren Gegenstand, Berlin, S. 375-395

Hinrichs, Ernst (Hg.) 1986: Absolutismus, Frankfurt a. M.

Senghaas, Dieter 1995: Den Frieden denken, Frankfurt a. M.

Weber, Max 1921: Wirtschaft und Gesellschaft, Tübingen

Hans-Joachim Heuer

Grenzkontrollen

I. „Grenzkontrollen" dienen der Überprüfung der Berechtigung zum Grenzübertritt von Personen und zur Überwachung der Ein- und Ausfuhr von Waren. Die Personenüberprüfung beim beabsichtigten Grenzübertritt erstreckt sich neben der Feststellung der Einreiseberechtigung für Ausländer auf den Abgleich mit dem Personen- und Sachfahndungsbestand des Informationssystems der Polizei (→ INPOL), in dem sowohl Fahndungsaufrufe zum sofortigen Vollzug (z. B. Festnahme) als auch Beobachtungsaufforderungen (z. B. zur Feststellung des Aufenthalts) enthalten sind. In der Bundesrepublik Deutschland übernimmt die → Bundespolizei (BPol; bis zum 1.7.2005 Bundesgrenzschutz – BGS) die Personenüberprüfung anhand der Ausweisdokumente, die Zollbehörden kontrollieren den Warenstrom. An den meisten Grenzübergängen ist es jedoch Praxis, dass sowohl → Personenkontrollen als auch die Überprüfung mitgeführter Waren von den Bediensteten der Zoll- und Grenzpolizeibehörden beider Staaten gemeinsam durchgeführt werden. Nach dem Schengener Abkommen, welches innerhalb der EU einen weitgehenden Verzicht auf gegenseitige Grenzkontrollen zum Inhalt hat (→ Schengener Zusammenarbeit), werden in Deutschland regelmäßige Grenzkontrollen nur noch an den Staatsgrenzen zu den Beitrittsstaaten Polen und Tschechien, beim Grenzübertritt in die Schweiz sowie auf internationalen Flug- und Seehäfen vorgenommen.

II. Die bisherige rechtspolitische Zielsetzung von Grenzkontrollen ist recht allgemein gehalten. Sie dienen laut Bundespolizeigesetz (BpolG) der Erfüllung des Anspruchs auf Aufrechterhaltung der öffentlichen Sicherheit und Ordnung sowie der Gefahrenabwehr. Die BPol erfüllt dieses Ziel durch Personenkontrollen an den Grenzübergängen und durch Überwachung der Grenzabschnitte zum Schutz vor illegalen Grenzübertritten. Weitere Aufgaben der BPol im Bereich der → Luftsicherheit und aus dem Tätigkeitsfeld der früheren Bahnpolizei dienen ebenso diesem Sicherheitsziel. Die im BPolG formulierten Zielsetzungen sind denen vieler anderer Sicherheitsbehörden auf Bundes- und Landesebene ähnlich. Grenzkontrollen gehören somit zu einem umfangreichen Maßnahmenpaket für die Erreichung allgemeiner Sicherheitsziele.

Entsprechend der politischen Anforderung an einen freien Reiseverkehr innerhalb der EU wurde durch das Schengener Abkommen die Funktion der Grenzkontrollen weitestgehend von „normalen" Polizeikontrollen übernommen. Durch die Liberalisierung des Warenverkehrs wurden Zollkontrollen an den EU-Binnengrenzen ohnehin zu großen Teilen obsolet. Zur Substitution von Personenkontrollen an den EU-Binnengrenzen war eine Vereinbarung über geeignete Ausgleichsmaßnahmen (Schengener

Durchführungsübereinkommen) erforderlich. Darin sind die Angleichung von Visabestimmungen der Mitgliedsstaaten, eine polizeiliche und justizielle Zusammenarbeit und ein einheitliches Vorgehen bei den Außengrenzenkontrollen vereinbart. In Deutschland wurden als Ersatz für entfallene Grenzkontrollen anlass- und verdachtsunabhängige Personenkontrollen in einem 30-km-weiten Grenzstreifen durch die BPol und die → Länderpolizeien (→ Schleierfahndung) ermöglicht. Trotz der vertraglichen Verpflichtung zu Ausgleichsmaßnahmen und des Aufbaus eines gemeinsamen → Schengener Informations- und Fahndungssystems (SIS) gab es in der Praxis immer wieder Kritik an der Umsetzung in den einzelnen Mitgliedsstaaten. Probleme beim technischen Aufbau einer einheitlichen Sicherheitsarchitektur und bei der Gewährleistung ausreichender Außenkontrollen haben das In-Kraft-Treten des Schengener Abkommens immer wieder verzögert und sind zum Teil auch heute noch Gegenstand politischer Auseinandersetzungen. Dennoch gilt in der EU die politische Zielsetzung, Grenzkontrollen schrittweise abzuschaffen und durch ein einheitliches europäisches Sicherheitssystem zu ersetzen, nach wie vor.

III. Durch die Erweiterung der Europäischen Union und die Gefahren des internationalen Terrorismus ist die Bedeutung von Grenzkontrollen inzwischen jedoch wieder gestiegen. Vor allem als wirtschaftspolitisches Instrument setzen verschiedene westeuropäische Staaten wieder vermehrt auf das Instrument der Grenzkontrolle. In den Beitrittsverhandlungen im Vorfeld der EU-Erweiterung wurde von einigen Unionsmitgliedern, darunter auch Deutschland als unmittelbarem Nachbar, hohen Wert auf eine ausreichende Übergangsphase insbesondere zum Schutz der heimischen Arbeitsmärkte gelegt. Um einen unkontrollierten Zustrom aus den neuen Mitgliedsstaaten zu verhindern, wird es daher während einer Übergangsphase weiterhin Grenzkontrollen in der bisherigen Intensität an den deutschen Grenzen zu Polen und Tschechien geben. Demgegenüber muss jedoch auch berücksichtigt werden, dass die neuen Beitrittsstaaten durch das Schengener Abkommen verpflichtet sind, ihre EU-Außengrenzen stärker zu sichern und daher bisher bestehende Reiseerleichterungen zu ihren östlichen Nachbarn aufheben und Visapflichten einführen mussten. Sie werden daher im Gegenzug ein hohes Interesse an einem baldigen Ende der Übergangsphase geltend machen und für den Wegfall von Grenzkontrollen nach Deutschland plädieren. Es bleibt abzuwarten, wie sich in dieser Frage die unterschiedlichen Positionen innerhalb der Europäischen Union annähern.

Auch die Frage der künftigen Gestaltung der Grenzkontrollen zur Schweiz ist stark von wirtschaftspolitischen Überlegungen geprägt. Anlass ist vor allem die von der EU angestrebte einheitliche Zinsbesteuerung in

Europa, die nur dann sinnvoll funktionieren kann, wenn auch der Kapitaltransfer in die Schweiz wirksam bekämpft werden kann. Konsequent wäre demnach, die Grenze zur Schweiz als EU-Außengrenze zu betrachten und entsprechend intensive Grenzkontrollen durchzuführen. Gleichzeitig hat aber die Schweiz auch ein hohes Interesse daran, an einem europaweiten Sicherheitsverbund zu partizipieren und nicht von EU-Außengrenzen mit verschärften Reisekontrollen umschlossen zu werden. So wurden steuerrechtliche Fragen und sicherheitspolitische Erwägungen Gegenstand einer gemeinsamen Verhandlungslösung zwischen der EU und der Schweiz. Zwischenzeitlich gestalteten sich diese Konsultationen insofern schwierig, da seitens der Schweiz der Vorwurf erhoben wurde, Deutschland wolle durch verschärfte Grenzkontrollen Druck ausüben. Offizielle Stellen bestritten einen Zusammenhang, zahlreiche Presseberichte wiesen jedoch auf deutlich verlängerte Warte- und Abfertigungszeiten an den Schweizer Grenzen während einer besonders schwierigen Phase der Verhandlungen im Frühjahr 2004 hin. Die Zielsetzung des Abkommens wurde inzwischen auch durch das Ergebnis einer Volksabstimmung in der Schweiz bestätigt, in der sich eine klare Mehrheit für einen Beitritt der Schweiz zum Schengen-Raum aussprach. Damit wird es in absehbarer Zeit auch zwischen der Schweiz und den angrenzenden EU-Ländern keine polizeilichen Grenzkontrollen mehr geben; Warenkontrollen durch den Zoll werden jedoch bestehen bleiben.

IV. Nach den Terroranschlägen vom September 2001 wurde in den USA ein wesentliches Instrument zur Bekämpfung des Terrorismus in der Optimierung der Grenzkontrollen gesehen. Dabei geht es beispielsweise um die Erfassung biometrischer Daten (→ Biometrie) bei der Einreise oder den systematischen Abgleich von Passagierlisten von Fluglinien, die die USA anfliegen. Ankündigungen, die visumfreie Einreise in die USA nur noch Inhabern von Passdokumenten mit biometrischen Angaben zu gestatten, haben die EU konkret in Zugzwang gesetzt, Personaldokumente der Unionsbürger um derartige Elemente zu ergänzen. Bereits bestehende Überlegungen europäischer Sicherheitsbehörden erhalten durch die, wenngleich terminlich immer wieder hinausgeschobene, Forderung der USA weitere Unterstützung. Demgegenüber wachsen allerdings auch die Bedenken von Datenschützern, da beispielsweise nicht klar ist, was mit den in den USA gesammelten biometrischen Daten aller Einreisenden seit September 2004 geschieht.

Auch in Deutschland werden erste Experimente mit der Erfassung biometrischer Daten bei der Grenzkontrolle durchgeführt. Bundesinnenminister Otto Schily weihte im Februar 2004 die erste automatisierte Grenzkontrolle am Flughafen Frankfurt ein, bei der Flugpassagiere, deren biometrische Daten vorab registriert wurden, anstelle der manuellen Kontrolle nur noch ein optisches Gerät zur Erkennung der Iris passieren müssen. Die Teilnahme an dem Pilotprojekt ist freiwillig, geworben wird jedoch mit einer deutlichen Verkürzung der Wartezeiten, sodass datenschutzrechtlichen Einwänden durchaus praktische Vorteile – nicht nur für die Grenzbehörden, sondern auch für die Reisenden – gegenüberstehen.

Die grundsätzliche Zielsetzung des Schengener Abkommens wurde indes von sicherheitspolitischen Konsequenzen nach den Anschlägen vom 11. September 2001 nicht tangiert. Es wäre durchaus denkbar gewesen, den Verzicht auf Grenzkontrollen innerhalb der EU wieder in Frage zu stellen, dies ist jedoch nicht ernsthaft erwogen worden. Die Kontrollbefugnisse der ersatzweisen Schleierfahndung, die in einigen Bundesländern über die 30-km-Grenzlinie hinaus bereits auch auf alle Autobahnen und Bundesstraßen sowie den Bahnverkehr ausgedehnt wurde, erwiesen sich in der Polizeipraxis auch mit Blick auf die Terrorbekämpfung als wesentlich effektiver als es die früheren Grenzkontrollen hätten leisten können.

V. Das Thema Grenzkontrollen ist weiterhin in der politischen Diskussion virulent, und zwar sowohl aus sicherheitspolitischen als auch aus wirtschaftspolitischen Erwägungen heraus. Sie nehmen jedoch über 10 Jahre nach Verwirklichung des freien Personenverkehrs infolge des Schengener Abkommens nicht mehr den herausragenden Stellenwert in einer sicherheitspolitischen Debatte ein, die sich vor allem um eine effektive Terrorbekämpfung bemüht. Die kürzlich vollzogene Umbenennung des bisherigen „Bundesgrenzschutzes" in eine „Bundespolizei" zeichnet eine Entwicklung nach, die nicht nur die Behörde selbst treffender charakterisiert, sondern auch auf die inzwischen wesentlich stärker gewordene Bedeutung anderer polizeilicher Fahndungs- und Kontrollmethoden verweist. Dort, wo sie innerhalb der Europäischen Union noch bestehen, haben Grenzkontrollen jedoch nicht zuletzt deshalb politischen Charme, weil man mit ihrer Einschränkung oder Abschaffung gleichermaßen werben oder drohen und damit politische Zugeständnisse über den engeren Bereich der Sicherheitspolitik hinaus einfordern kann.

Famira, Klaus 2004: Der freie Personenverkehr in Europa – Schengen nach Amsterdam, Wien / Graz

Heesen, Dietrich / Lison, Hans G. / Möllers, Martin (Hg.) 1997: Der Bundesgrenzschutz im Spannungsfeld gesellschaftlicher Entwicklungen, Brühl

Maurer, Albrecht 1998: Schleierfahndung im Hinterland, in: Bürgerrechte und Polizei/ CILIP, H. 1, S. 51-56

Rolf Brandel

Grundrechte

I. Unter dem Begriff „Grundrechte“ werden im juristischen Sprachgebrauch sowohl Bürger- als auch Menschenrechte zusammengefasst: Während letztere jeden Menschen im Geltungsbereich der jeweiligen Kodifikation schützen, werden Bürgerrechte nur den jeweiligen Staatsangehörigen zuerkannt (so z. B. in Art. 12 GG: „Alle Deutschen haben das Recht, ...“).

Die Hauptfunktionen der Grundrechte werden darin gesehen, die Freiheitssphäre des Einzelnen gegen Eingriffe der staatlichen Gewalt zu schützen und ihm damit zugleich die Voraussetzungen für eine freie und aktive Mitwirkung und Mitgestaltung im Gemeinwesen zu sichern. Kodifiziert sind die Grundrechte z. B. in den Verfassungen der meisten europäischen Staaten, aber auch auf völkerrechtlicher Ebene, hier u. a. in Gestalt der Europäischen Menschenrechtskonvention von 1950, dem Internationalen Pakt über bürgerliche und politische Rechte von 1966 sowie dem Internationalen Pakt über wirtschaftliche, soziale und kulturelle Rechte ebenfalls von 1966.

Die im deutschen Grundgesetz verankerten Grundrechte binden als unmittelbar geltendes Recht gemäß Art. 1 Abs. 3 alle Staatsgewalten, also auch den Gesetzgeber. Sie haben mithin Vorrang vor dem „einfachen“ Recht. Über ihre Einhaltung soll nicht nur das Bundesverfassungsgericht wachen, sondern auch alle anderen Gerichte haben sie bei ihren Entscheidungen zu berücksichtigen. Verletzungen der Europäischen Menschenrechtskonvention können nach Erschöpfung des innerstaatlichen Rechtsweges vor dem Europäischen Gerichtshof für Menschenrechte in Straßburg geltend gemacht werden.

II. Je nach ihrem Schutzbereich wird unterschieden zwischen Rechten der Person, die die Privatsphäre des Einzelnen schützen (z. B. Recht auf Leben und körperliche Unversehrtheit, Unverletzlichkeit der Wohnung), den politischen Grundrechten (Meinungs-, Versammlungs- und Vereinigungsfreiheit), den wirtschaftlichen Freiheitsrechten (Berufs- und Eigentumsfreiheit), den Verfahrensgarantien und justiziellen Grundrechten, den Gleichheitsrechten und Diskriminierungsverboten und schließlich den sozialen Grundrechten (z. B. Recht auf Arbeit, Recht auf Wohnraum, die in Deutschland allerdings durchweg nicht als gerichtlich einklagbare Rechte, sondern als bloße Staatszielbestimmungen betrachtet werden).

Eine wichtige Rolle im Rahmen der Inneren Sicherheit spielen vor allem die Grundrechte der Person sowie die Verfahrensgarantien. Gerade diese Schutzgewährleistungen zielen darauf ab, das Eingriffshandeln von Polizei und anderen Sicherheitsbehörden zu begrenzen und als Maßstab einer effektiven gerichtlichen Kontrolle solcher Maßnahmen zu dienen. So kann sich z. B. ein polizeilicher Schusswaffeneinsatz als Eingriff in das Recht auf Leben und körperliche Unversehrtheit auswirken, und mit jeder Freiheitsentziehung wird in das Grundrecht der Freiheit der Person eingegriffen. Alle diese polizeilichen Handlungen sind nur nach Maßgabe der entsprechenden gesetzlichen Eingriffsbefugnisse und unter strikter Wahrung des Verhältnismäßigkeitsgrundsatzes zulässig. Gleiches gilt für Wohnungsdurchsuchungen sowie „Lauschangriffe" (→ Wohnraumüberwachung), die an der Verfassungsgewährleistung der Unverletzlichkeit der Wohnung (Art. 13 GG) zu messen sind. Das Bundesverfassungsgericht hat in seiner Grundsatzentscheidung zu dieser Thematik vom 3. März 2004 festgestellt, dass die Anerkennung eines „absolut geschützten Kernbereichs privater Lebensgestaltung" (NJW 2004, S. 999) darüber hinaus in den unantastbaren Schutzbereich der Menschenwürde nach Art. 1 Abs. 1 GG fällt.

III. Mit der zunehmenden → Telekommunikationsüberwachung durch die Sicherheitsbehörden wird in wachsendem Maße in das Grundrecht auf Schutz des Brief-, Post- und Fernmeldegeheimnisses (Art. 10 GG) eingegriffen. Bei allen anderen Datenerhebungen, -verarbeitungen und -übermittlungen dieser Behörden, die quantitativ eine noch viel größere Rolle in der Praxis spielen, ist das Recht auf informationelle Selbstbestimmung zu beachten. Dieses Grundrecht findet sich zwar nicht explizit im Grundgesetz, wurde aber vom Bundesverfassungsgericht im Volkszählungsurteil von 1983 aus dem allgemeinen Persönlichkeitsrecht abgeleitet und ist inzwischen in den meisten Landesverfassungen verankert. Eingriffe in dieses Recht sind nur auf normenklaren, d. h. für den Bürger nachvollziehbaren gesetzlichen Grundlagen zulässig, müssen dem Allgemeininteresse dienen und auch sonst verhältnismäßig sein.

IV. Gerade unter diesen Gesichtspunkten ist die Vielzahl neuer Eingriffsbefugnisse, die den Sicherheitsbehörden durch das Ende 2001 verabschiedete Terrorismusbekämpfungsgesetz verliehen wurden, verfassungsrechtlich außerordentlich problematisch. Im Rahmen ihrer Entscheidungen zur Zulässigkeit der → Rasterfahndung haben einige Gerichte zu Recht darauf hingewiesen, dass auch nach Einschätzung des Bundesinnenministeriums und der Landesinnenministerien nach den Terroranschlägen in den USA keine konkrete Gefährdungssituation in der Bundesrepublik besteht. Vor diesem Hintergrund ist die Notwendigkeit der neuen Befugnisse und der damit verbundenen weitreichenden Möglichkeiten der Sicherheitsbehörden, in die grundrechtlich geschützte Privatsphäre vieler Personen einzugreifen, höchst fragwürdig.

Durch die neuen Bestimmungen werden vor allem ausländische Bürger und Bürgerinnen unter Generalverdacht gestellt und durch eine nahezu lückenlose informationelle Erfassung zu „gläsernen Menschen“ gemacht. Hingegen betrifft die vorgesehene Aufnahme biometrischer Daten (→ Biometrie) in die Personalausweise die gesamte erwachsene Bevölkerung der Bundesrepublik. Dabei ist einerseits die Eignung dieser Maßnahme zur Entdeckung von Terroristen und zur Verhinderung von Anschlägen höchst zweifelhaft, andererseits ermöglichen solche biometrischen Daten wie z. B. die Gesichtsgeometrie die unbemerkte Erfassung und Identifizierung einer Vielzahl von Menschen mittels des Einsatzes von Videokameras (→ Videoüberwachung) auf öffentlichen Plätzen, z. B. bei einer Demonstration. Damit aber findet nicht nur ein gravierender Eingriff in die informationelle Selbstbestimmung statt. Zugleich entfaltet die Möglichkeit einer solchen Totalerfassung abschreckende Wirkung im Hinblick auf die Wahrnehmung des Grundrechts der Versammlungsfreiheit. Durch eine zunehmende staatliche Überwachung der Telekommunikation einschließlich des Internets (→ Internetüberwachung) wird nicht nur das Fernmeldegeheimnis massiv eingeschränkt, sondern auch die Wahrnehmung der Meinungsfreiheit mit der schweren Hypothek staatlicher Kontrolle belastet. Dies rührt indessen am Fundament der Demokratie, weil die prinzipiell freie Ausübung von Grundrechten wie der Meinungs- und der Versammlungsfreiheit die existenzielle Bedingung für eine freie demokratische Willensbildung darstellt. Nicht zuletzt deshalb ist die von vielen Bürgerrechtsorganisationen gegen die Befugnisausweitung der Sicherheitsbehörden erhobene Kritik ernst zu nehmen.

V. Wenig überzeugend ist hingegen der Versuch, die Kompetenzfülle für Polizei und Geheimdienste durch ein „Grundrecht auf Sicherheit“ zu legitimieren. Die Postulierung eines solchen „Grundrechts“ zugunsten der Staatsgewalt kehrt die Intention grundrechtlichen Schutzes geradezu in ihr Gegenteil um und könnte letztlich uferlose staatliche Eingriffe bis hin zur Aufhebung der individuellen Freiheit rechtfertigen. In der Tat lässt sich inzwischen eine Tendenz zur Ökonomisierung selbst elementarer Grundrechte zugunsten der Inneren Sicherheit konstatieren: Sowohl die Menschenwürde als auch das Recht auf Leben werden im Fall der zunehmend akzeptierten „Rettungsfolter“ bzw. bei der Entscheidung über den Abschuss eines „terrorverdächtigen“ Verkehrsflugzeugs nach dem neuen Luftsicherheitsgesetz zur bloßen Rechengröße degradiert.

In Anbetracht dieser Entwicklung bleibt daran zu erinnern, dass vor dem Hintergrund der deutschen Geschichte und den vielfältigen bitteren Erfahrungen des Missbrauchs staatlicher Machtfülle der Parlamentarische Rat 1949 mit guten Gründen die Grundrechte an den Anfang der Verfassung gestellt hat. Diese bewusste Prioritätensetzung darf nicht der trügerischen Hoffnung geopfert werden, durch die Preisgabe von Freiheitsrechten könne ein Mehr an Innerer Sicherheit erzielt werden.

Düx, Heinz 2003: Globale Sicherheitsgesetze und weltweite Erosion von Grundrechten, in: ZRP, H. 6, S. 189-195
Groß, Thomas 2002: Terrorbekämpfung und Grundrechte, in: KJ, H. 1, S. 1-17
Kutscha, Martin 2000: Innere Sicherheit und informationelle Selbstbestimmung, in: Lange, H-J. (Hg.): Staat, Demokratie und Innere Sicherheit in Deutschland, Opladen, S. 355-368
Limbach, Jutta 2002: Ist die kollektive Sicherheit Feind der individuellen Freiheit? In: AnwBl, H. 8/9, S. 454-458
Müller-Heidelberg, Till u. a. (Hg.) 2005: Grundrechte-Report 2005, Frankfurt a. M.
Perels, Joachim (Hg.) 1979: Grundrechte als Fundament der Demokratie, Frankfurt a. M.

Martin Kutscha

Innenministerkonferenz

I. Die „Ständige Konferenz der Innenminister und -senatoren der Länder", so die offizielle Bezeichnung der in Kurzform als „Innenministerkonferenz" (IMK) bezeichnete Institution, ist das zentrale Koordinations- und (Vor-) Entscheidungsorgan im Politikfeld „Innere Sicherheit", mit welchem die verfassungsrechtlich primär zuständigen Bundesländer versuchen horizontal untereinander und vertikal im Verhältnis zum Bund konsensuell und informell einheitliche Lösungen für Fragen der Inneren Sicherheit zu erarbeiten.

II. Bürokratisches Vorläufer- und Parallelorgan der seit 1954 existierenden „politischen" Innenministerkonferenz war die „Arbeitsgemeinschaft der Innenministerien der Länder der Bundesrepublik". Neben einer rein administrativen Koordination der Innenministerien sollte eine in ihren Ergebnissen nicht aber in ihrer Arbeit öffentlichkeitswirksame politische Absprache der Länderinnenminister erreicht werden. Obwohl das Bundesinnenministerium formal nur als „Gast" teilnimmt, kommt ihm eine entscheidende Rolle innerhalb der IMK zu. Zwar kann der Bundesinnenminister keine Beschlüsse verhindern, eröffnet aber mit einem Vortrag zur innenpolitischen Sicherheitslage zumeist die Innenministerkonferenz und stellt deren Ergebnisse zusammen mit dem Vorsitzenden der IMK dar. Seit einer Organisationsreform 1997 wechselt der Vorsitz jährlich (zuvor zweijähriger Turnus), wobei dem Innenminister oder -senator, der den Vorsitz in der IMK hat, ein Sekretariat zur Seite steht, das bis 1997 im jeweiligen Innenministerium angesiedelt war, seitdem aber im Bundesrat als Dauereinrichtung arbeitet, ohne formalrechtlich an die zweite Parlamentskammer angebunden zu sein. Allerdings sind die Mitglieder der IMK im Regelfall auch Mitglieder des Innenausschusses des Bundesrates, wobei die wesentlichen Entscheidungen zur Politik der Inneren Sicherheit nicht dort fallen, sondern in und zwischen den Ländern oder zwischen den Ländern und dem Bund ausgehandelt werden. Auf europäischer Ebene tritt auf deutscher Seite der Bundesinnenminister zusammen mit dem Vorsitzenden der IMK auf, der damit die Position der Länder im Prozess einer europäisierten Politik der Inneren Sicherheit vertreten kann.

Die IMK tagt in zwei ordentlichen Sitzungen im Frühjahr und Herbst eines jeden Jahres, wobei zwei Teilsitzungen zu unterscheiden sind. Ein größeres Gremium aus ca. 150 (Innen-) Politikern und Ministerialbeamten verabschiedet in meist zweitägigen Treffen die Vorlagen der administrativ-exekutiv geprägten Ergebnisse der Arbeitsebene. Den inneren Kreis der IMK bilden allein die Innenminister und -senatoren der Länder, die strategische oder politisch brisante Themenbereiche in „Kamingesprächen" erörtern. Vorbereitet wird die IMK von informellen Treffen auf Ebene der Staatssekretäre, die letzte strittige Fragen klären sollen und die Ergebnisse der Arbeitsebene zusammenfassen. Neben den ordentlichen Sitzungen finden je nach perzipiertem Handlungsbedarf Sondersitzungen (oft mehrere pro Jahr) der IMK statt.

Unterhalb der politischen Ebene koordinieren und erarbeiten sechs Arbeitskreise (AK) alle Themen der Innenpolitik, wobei ihre Struktur spiegelbildlich den Aufbau eines typischen Landesinnenministeriums reflektiert (AK I: Staatsrecht, Verwaltung, Verwaltungsgerichtsbarkeit; AK II: Öffentliche Sicherheit und Ordnung; AK III: Kommunale Angelegenheiten; AK IV: Verfassungsschutz; AK V: Feuerwehr, Rettungswesen, Katastrophenschutz, Zivilverteidigung; AK VI: Dienst-, Beamten-, Organisationsrecht). Für das Politikfeld „Innere Sicherheit" zentral sind dabei im Polizeibereich der AK II sowie im Geheimdienstsektor der AK IV und in Teilaspekten der AK V. Die Leitung dieser Arbeitskreise, die ebenfalls einer turnusmäßigen Rotation (meist alle zwei Jahre) zwischen den Bundesländern unterliegt, übernimmt dabei fast immer der Abteilungsleiter der betreffenden Ministerialabteilung im Land. Im AK II repräsentiert sind neben den 16 Bundesländern als „beratende Mitglieder ohne Stimmrecht" das Bundesinnenministerium, das → Bundeskriminalamt (BKA) als national koordinierende Kriminalpolizei und die → Polizei-Führungsakademie (PFA) als nationale Ausbildungsstätte für den höheren Polizeivollzugsdienst und damit die Führung der Länder- und Bundespolizeien.

Die eigentliche Arbeit, damit stark an eine ministerielle Organisation erinnernd, findet statt in ständigen „Unterausschüssen", die flexibel und themenbezogen Projektgruppen oder permanente Arbeitsgruppen und Kommissionen für Spezialthemen bilden. Im Arbeitskreis II gibt es aktuell drei

Unterausschüsse, die sich mit „Führung, Einsatz und Kriminalitätsbekämpfung" (UAFEK), „Führungs- und Einsatzmittel" (UAFEM) und „Recht und Verwaltung" (UARV) beschäftigen und damit den Dreiklang „Einsatz-Technik-Organisation" innerhalb der Polizei abbilden. Geleitet werden sie wiederum alternierend von Ministerialbeamten der Länder, die damit im Sinne von „Fachbruderschaften" Entscheidungen „technokratisch" und weitgehend ohne politische Kontrolle präjudizieren. Mit der „Vorschriftenkommission", die sich um die Fortschreibung von Polizeidienstvorschriften (PDV) und Leitfäden kümmert, der „Polizeilichen Kriminalprävention der Länder und des Bundes" und insbesondere der „AG Kripo" existieren drei weitere Untergliederungen des AK II, die funktional als „Unterausschuss" zu werten sind. Die „AG-Kripo" ist dabei ein Zusammenschluss der Leiter der Landeskriminalämter sowie des BKA und kümmert sich insbesondere um die operative Bekämpfung konkreter Kriminalitätsphänomene, die national oder international koordiniert werden müssen, durchbricht damit die von Ministerialbeamten dominierten anderen Unterausschüsse.

III. Anhand eines zentralen Dokuments zur Inneren Sicherheit Deutschlands, dem „Programm Innere Sicherheit" (1974 bzw. Fortschreibung 1994), wird die auf Konsens und Kompromiss basierende, technokratisch geprägte Arbeitsweise der IMK deutlich: Auf 34 Seiten werden 1994 kriminalpolitische Maßnahmen skizziert, polizeiliche Aufgaben im Straßenverkehr beschrieben, die Kompetenzen zwischen Bund und Ländern abgegrenzt, die Europäisierung der Inneren Sicherheit thematisiert, Ausbildungs- und Personalstrukturprobleme in der Polizei aufgezeigt sowie für eine einheitliche Informations- und Kommunikationstechnik geworben. Es handelt sich um keinen Gesetzestext und es liegt in der Verantwortung des einzelnen Landes (und des Bundes) dieses Programm umzusetzen. Da es aber von allen Ländern verabschiedet wurde, selbst wenn in Form von Fußnoten einzelne Länder „abweichende Positionen" vertreten, ohne den Gesamtkompromiss in Frage zu stellen, haben die demokratisch legitimierten Länderparlamente kaum noch Möglichkeiten, das „Programm Innere Sicherheit" insgesamt oder Grundsätze daraus abzulehnen. Ein Beispiel ist der von der IMK 1972 verabschiedete „Musterentwurf eines einheitlichen Polizeigesetzes des Bundes und der Länder", der die Länderpolizeigesetze zunächst im Westen und nach der deutschen Wiedervereinigung auch im Osten maßgeblich beeinflusste.

IV. Der Vorteil einer auf fachliche Expertise aufbauenden Politikentwicklung im Bereich Innere Sicherheit, die überparteilichen Konsens voraussetzt und auf eine Parteipolitisierung weitgehend verzichtet, mündet in eine effektive Koordination föderalistischer

Strukturen in der Innenpolitik. Der Preis, der dafür gezahlt wird, ist eine aufgrund der intensiven Geheimhaltung der IMK verhinderte Beteiligung der Länderparlamente und der Öffentlichkeit. Fragen der Inneren Sicherheit und der Polizeipolitik werden in der IMK, die weder in der Verfassung noch in anderen Gesetzen als Organ auftaucht, soweit vorentschieden, dass Parlamente gegenüber der Exekutive kaum noch Mitwirkungsmöglichkeiten haben und Innenminister unter Verweis auf Beschlüsse der IMK auch unpopuläre Maßnahmen in einem Bundesland implementieren können.

V. In zunehmenden Umfang treten bei wesentlichen Fragen der Inneren Sicherheit der Bundesinnenminister und die EU als Gegenspieler der IMK auf. Das Beispiel der im Nachklang des 11.9.2001 beschlossenen „Sicherheitspakete" des Bundesinnenministers Otto Schily (SPD) zeigt, dass der Bund auch auf Kosten der Länder seine Kompetenzen im Bereich der Terrorismusbekämpfung ausweiten konnte, was nur teilweise den Beifall der Länder fand, insbesondere wenn es um Kompetenzerweiterungen des BKA und des → Bundesamtes für Verfassungsschutz (BfV) ging. Die IMK war an diesem Prozess zwar beteiligt, aber weniger als Akteur denn als „Besitzstandswahrer" der Länder. Noch weiter reichende Beschränkungen der IMK sind von der europäischen Ebene zu erwarten, auf der spätestens seit dem Amsterdamer Vertrag 1999 mit der so genannten dritten Säule der EU, der „polizeilichen und justiziellen Zusammenarbeit in Strafsachen" und ihren institutionellen Ausformungen → Europol und → Eurojust „Rivalen" im Politikfeld „Innere Sicherheit" existieren.

Pütter, Norbert 2000: Föderalismus und Innere Sicherheit. Die Innenministerkonferenz zwischen exekutivischer Politik und politisierter Exekutive, in: Lange, H.-J. (Hg.): Staat, Demokratie und Innere Sicherheit in Deutschland, Opladen, S. 275-289

Hermann Groß

Innere Sicherheit

I. „Innere Sicherheit" (IS) steht für den Teilbereich des politischen Systems, welcher die Handelnden (Akteure), die Strukturen (Polity), die Entscheidungsprozesse (Politics) und die materiellen Inhalte bzw. Programme (Policy) enthält, die an der Herstellung der Politik der IS beteiligt sind und diese kennzeichnen. IS lässt sich in diesem Sinne beschreiben als ein Politikfeld, an dem neben den Akteuren des politisch-administrativen Systems auch eine Reihe von weiteren politischen und gesellschaftlichen Akteuren beteiligt ist. IS ist infolgedessen deskriptiv zu definieren als ein System von staatlichen Institutionen und Einrichtungen, welches durch Verfassung und Organe der demokratischen Willensbildung legitimiert ist, das öffentliche Gewaltmonopol im Rahmen kodifizierter Regeln exekutiv unter Anwendung auch von unmittelbarem Zwang auszuüben. IS als Politikfeld weist darauf hin, dass an der zugrunde liegenden Politikproduktion neben den exekutiven Institutionen und Einrichtungen (vor allem Polizei und Staatsanwaltschaften) weitere Akteure beteiligt sind, zu nennen sind die Innenministerien, parlamentarische Institutionen (Ausschüsse), des Weiteren Parteien und Verbände (Polizeigewerkschaften, Verbände der privaten Sicherheitswirtschaft, Bürgerrechtsgruppen) sowie föderale Verhandlungsgremien (Innenministerkonferenz, Ausschüsse des Bundesrates).

Dieses Netzwerk lässt sich im Sinne dreier konzentrischer Kreise beschreiben. Es kann begrifflich unterschieden werden zwischen dem Zentralbereich, dem politisch institutionellen Umfeld und dem korrespondierenden politischen Umfeld. Auf der Bundesebene umfasst der Zentralbereich die staatlichen Sicherheitsbehörden. Zu nennen sind: die Bundespolizeien (→ Bundeskriminalamt, → Bundespolizei, vormals BGS, der Inspekteur der Bereitschaftspolizeien der Länder beim BMI), die Nachrichtendienste des Bundes (→ Bundesamt für Verfassungsschutz, → Militärischer Abschirmdienst, → Bundesnachrichtendienst), die Sonderpolizeien des Bundes (die → Zollbehörden Zollgrenzdienst und Zollfahndung, Bundesamt für Güterverkehr, Strom- und Schifffahrtspolizei), die → Generalbundesanwaltschaft und als Sondereinrichtung die Hausinspektion des Deutschen Bundestages.

Während es sich im Zentralbereich um Exekutivbehörden handelt, zeichnen sich die Einrichtungen im politisch institutionellen Umfeld dadurch aus, dass diese zu jenen in einem bestimmten, i. d. R. verfassungsrechtlich wie gesetzlich definierten Außenverhältnis stehen, welches normierte und regelhafte Entscheidungs-, Weisungs- und Kontrollrechte umfasst. An Institutionen sind zu nennen: das Bundesministerium des Inneren (BMI), der Bundestag und Bundesrat (insbesondere die Innenausschüsse), die Bundestagsfraktionen (insbesondere deren Facharbeitskreise), der Datenschutzbeauftragte des Bundes sowie herausgehobene Ausbildungseinrichtungen wie die → Polizei-Führungsakademie, die auf einer Bund-Länder-Vereinbarung basiert und den gesamten höheren Dienst sowohl bei den → Länderpolizeien als auch bei der Bundespolizei (BPol), bis zum 1.7.2005 Bundesgrenzschutz (BGS), und dem Bundeskriminalamt (BKA) ausbildet und als Sozialisationsinstanz einen wichtigen Stellenwert einnimmt. Zu nennen ist auch die → Innenministerkonferenz (IMK). Der Bund nimmt daran zumindest auf der Leitungsebene nur als „Gast“ teil, in der AG-Kripo als Unterausschuss dominiert dagegen das BKA sehr deutlich.

Die Akteure des korrespondierenden politischen Umfelds weisen diese normierte und regelhafte Fundierung der Interaktionsbeziehungen zum Bereich der staatlichen Sicherheitsbehörden nicht auf. Ihr Einfluss hängt von Durchsetzungsstrategien ab, welche die Akteure mehr oder weniger frei wählen und beeinflussen können. So werden diese bei den Polizeigewerkschaften beispielsweise bestimmt vom Ergebnis der Personalratswahlen, generell von der Mitgliederrekrutierung, vom Vermögen, diese Potenziale in korporatistischen Verhandlungsgremien zur Geltung zu bringen. An Akteuren im korrespondierenden politischen Umfeld sind somit vor allem die Gewerkschaftsverbände zu nennen, also die Gewerkschaft der Polizei (im DGB), die Deutsche Polizeigewerkschaft im Deutschen Beamtenbund (DPolG), der Bund Deutscher Kriminalbeamter (BDK) sowie der Bundesgrenzschutzverband. Weitere Akteure sind die Parteien, ebenso wie die Verbände der privaten Sicherheitswirtschaft. Zum korrespondierenden politischen Umfeld zählen auch die Medien, insbesondere die überregionalen, die als Teil der mehr oder weniger kritischen Öffentlichkeit über Entwicklungen im Politikfeld berichten und so indirekt auf die Politikproduktion einwirken können. Einzubeziehen sind auch die nicht wenigen Forschungsinstitute, die in Vereinsform von Wissenschaftlern betrieben werden und finanziert über öffentliche Mittel und Drittmittel anwendungsorientierte Problemstellungen der öffentlichen Sicherheit bearbeiten.

Die Frage, inwieweit auch Bürgerrechtsgruppen zum korrespondierenden politischen Umfeld zu rechnen sind, lässt sich nur schwer beantworten. Die faktische Situation kann so umschrieben werden, dass einerseits die Sicherheitsbehörden kaum ein Interesse daran haben, sich mit den entsprechenden Gruppen auseinander zu setzen, geschweige denn, sie in korporatistische Verhandlungsgremien einzubeziehen. Andererseits sind auch die Bürgerrechtsgruppen von ihrem Selbstverständnis her wenig dazu geneigt, sich auf entsprechende „systemimmanente“ Diskurse mit den Sicherheitsbehörden einzulassen. Letztlich drückt sich in dieser fehlenden Einbeziehung von gesellschaftlichen Gruppen in das Politikfeld die alte deutsche Tradition eines strikten Gegenübers von Staat und Gesellschaft aus.

Auf Landesebene umfasst der Zentralbereich die eigentliche Landespolizei (die Schutz- und Kriminalpolizei in den Polizeibehörden auf der kommunalen Ebene), das Landeskriminalamt sowie die landesspezifischen gesonderten Polizeibehörden (Autobahn-, Wasserschutz- und Bereitschaftspolizeien). Es kommen hinzu das Landesamt für Verfassungsschutz, als Sonderpolizeibehörden die Steuerfahndungen sowie die Staatsanwaltschaften der Länder (Generalstaatsanwalt, Leitende Oberstaatsanwälte, Staatsanwälte).

Das politisch institutionelle Umfeld besteht auf Landesebene aus dem Innenministerium, dem Landtag (insbesondere dem Innenausschuss), den Landtagsfraktionen (insbesondere deren Facharbeitskreise), dem Datenschutzbeauftragten und den herausgehobenen Ausbildungseinrichtungen (Fachhochschulen, Polizeischulen). Anzusiedeln sind hier auch die Arbeitsgremien der IMK, die von Beamten sowohl aus der Innenverwaltung wie aus den Sicherheitsbehörden der Länder ausgefüllt werden.

Im korrespondierenden politischen Umfeld auf Landesebene üben vor allem die Gewerkschaftsverbände einen maßgeblichen Einfluss aus. Sie sind in ein festes korporatistisches Austauschverhältnis mit der Polizeiverwaltung eingebunden. An weiteren Akteuren sind zu nennen die Parteien, die Verbände der privaten Sicherheitswirtschaft, die Medien und etwaige Forschungsinstitute. Für die Bürgerrechtsgruppen gelten vergleichbare Bedingungen wie auf der Bundesebene.

Bei der Frage nach dem spezifischen Charakter der Politik-Programme innerhalb des Politikfeldes IS ist zu berücksichtigen, dass hierbei vorrangig regulative Instrumente angewandt werden. Das heißt, Gegenstand dieser Politiken sind nicht finanzielle Verteilungsprogramme, sondern die Formulierung und Durchsetzung von bestimmten Normen, die mittels der dazu befugten exekutiven Sicherheitseinrichtungen – auch unter Anwendung von unmittelbarem Zwang – exekutiert werden sollen. Politik-Programme sind in diesem Sinne und zuallererst die in Gesetzen manifestierten Normierungen und Regelungen. Die einzelnen Policy-Programme ließen sich in diesem Sinne also gleichsetzen mit der Verabschiedung bestimmter Gesetzespakete, die einen bestimmten Zustand „innerer" Sicherheitsoptimierung zum Inhalt haben. Beispiele dafür können sein Gesetze zur Bekämpfung der → Organisierten Kriminalität (OK), zur Unterbindung der → Geldwäsche, zur Durchsetzung des „großen Lauschangriffes" (→ Wohnraumüberwachung) und viele andere Materien, die in der IS im Vordergrund stehen.

Die Policy-Programme im Politikfeld IS lassen sich in drei Typen unterscheiden: Programme im Bereich der → Polizeipolitik, im Bereich der → Kriminalpolitik und im übergreifenden Bereich der Politik der IS. Als Polizeipolitik wären die Programme zu verstehen, die die grundsätzlichen Fragen der Aufbau- und Ablauforganisation zum Inhalt haben, die sich auf Einsatz und Verwendung von Personal und Ressourcen der polizeilichen Behörden richten sowie die Art und Weise der polizeilichen Kompetenzen zum Gegenstand haben. Vergegenständlicht sind diese Programme im Polizeirecht (Polizeigesetze, Polizeiorganisationsgesetze u. a.) sowie in den Erlassen der Innenministerien.

Als Kriminalpolitik lassen sich solche Programme zusammenfassen, die Strategien der Straftatenverhütung und Straftatenermittlung zum Inhalt haben. Vergegenständlicht sind diese Programme vor allem in der → Strafprozessordnung, im → Strafrecht, ebenso wie in den Präventionsprogrammen beispielsweise gegen Drogenmissbrauch etc., des Weiteren Gesetzesprogramme, die sich gegen organisierte Kriminalität, Geldwäscherei u. a. richten ebenso wie sonstige gesetzliche Veränderungen, die das Ziel einer verbesserten Strafermittlung und -verfolgung zum Inhalt haben.

Die Politik der IS umfasst einerseits die Strukturen, Kompetenzen und Strategien zur Anwendung staatlicher und gesellschaftlicher Kontrolle insgesamt, bei der in der Regel staatliche Einrichtungen legitimiert sind, Zwangsmittel einzusetzen. Diese sind vergegenständlicht in den entsprechenden Behördengesetzen (z. B. der Polizei, der Nachrichtendienste u. a.). Sofern sie polizeiliche Behörden betreffen, sind sie weitestgehend deckungsgleich mit polizeipolitischen Programmen, im Gegensatz zu diesen sind sie aber breiter angelegt. So können sie auch zum Gegenstand haben, neue Formen der Aufgabenabgrenzungen zwischen Polizei und Nachrichtendiensten, ebenso zwischen den Einrichtungen der Länder, des Bundes und zunehmend der Europäischen Union zu bestimmen. Vergleichbar kann es um gesetzliche Novellierungen gehen, die das Verhältnis zwischen Staat und Privaten, also insbesondere zwischen staatlichen Sicherheitsbehörden und → privaten Sicherheitsdiensten, neu festlegen. Zur Politik der IS müssen aber andererseits ebenso solche Policy-Programme zählen, die die Rechte der Bürger vor Missbrauch von Eingriffsbefugnissen der Sicherheitsbehörden wie überhaupt Fragen des bürgerlichen Rechtsschutzes (z. B. → Datenschutz) zum Gegenstand haben. In der öffentlichen Debatte wird sehr oft nur der erste Aspekt behandelt, der andere entsprechend vernachlässigt.

II. In den 50er und 60er Jahren sind die Beziehungen zwischen den Sicherheitsbehörden noch nicht so verdichtet, dass es sich rechtfertigt, von einem Politikfeld IS zu sprechen. Der entscheidende Schritt dazu wird Ende der 60er, Anfang der 70er Jahre gelegt: Die Notstandsgesetzgebung differenziert die Arbeitsteilung zwischen Polizei und Militär, der BGS wird im Ergebnis von der Funktion einer Ersatzarmee für den Fall eines Bürgerkrieges freigestellt und konsequent zu einer Polizei des Bundes umgewandelt. Die neuen Protestformen und spätestens der Terrorismus verschaffen die Legitimation, um die Polizeien und Verfassungsschutzämter von Bund und Ländern mit einem großen Mitteleinsatz zu modernisieren. Diese Veränderungen sind eingebunden in eine umfangreiche Reform der öffentlichen Verwaltung insgesamt, die auf verbesserte Ressourcen- und Einsatzplanung, auf Aus- und Fortbildung abzielt (→ Verwaltungsreformen). Dementsprechend müssen die Aktivitäten aller Sicherheitsbehörden sowohl vertikal (Bund-Länder) als auch jeweils horizontal (BMI, BPol, BKA, BfV, MAD, BND) stärker koordiniert werden. Im Ergebnis entsteht ein fester Verbund von Sicherheitsbehörden des Bundes und der Länder.

Die Konjunktur des Begriffes „Innere Sicherheit" ist mit dieser Entwicklung verbunden. Erst in den 60er Jahren taucht er vereinzelt auf, v. a. in der Diskussion der Notstandsgesetze. Mit der sozialliberalen Koalition geht die „IS" dann in den politischen und amtlichen Sprachgebrauch ein. IS soll sich begrifflich bewusst vom Konzept der „streitbaren Demokratie" absetzen. Dieses ist trotz aller kritischen Differenzierungen, die formuliert worden sind, zum Ausdruck des deutschen Staatsverständnisses der Adenauerära mutiert. Der Begriff IS ist hierbei zunächst nicht mehr oder weniger konservativ als „streitbare Demokratie", er zielt jedoch auf eine andere Ebene. „Streitbare Demokratie" muss letztlich einen Kern demokratischer Werte (wie Grundrechte) definieren, die nicht hintergehbar sind und Aussagen darüber zulassen, was demokratisch als akzeptabel gilt und was nicht. Hierüber einen Konsens zu finden, der zudem für die Arbeit der Sicherheitsbehörden praktikabel werden kann, ist in einer pluralistischen Demokratie kaum einzulösen. Die sozialliberale Regierung will in den 70er Jahren dagegen einen anderen Weg beschreiten: Sie will die Institutionen modernisieren, reformorientierte Experten in die Behördenämter einsetzen – im Vertrauen darauf, dass die neuen Strukturen, Prozesse und Akteure auch zu neuen fortschrittlichen Inhalten führen. Im Ergebnis entsteht also nicht eine Zustandsbeschreibung dessen, was „innere Sicherheit" qualitativ bedeuten soll, sondern es differenziert sich ein institutionelles „System der Inneren Sicherheit" heraus. Und die inhaltliche Politikproduktion vollzieht sich, wie in anderen Politikbereichen auch, vor allem in internen Verhandlungsgremien des Politikfeldes.

Vor diesem Hintergrund bleibt IS insbesondere in den 70er und 80er Jahren ein höchst umstrittener Begriff – gerade von gesellschaftskritischer Seite wird er als „Kampferklärung" des Staates an die bürgerlichen Freiheitsrechte verstanden. IS behauptet schließlich auch zu dem Zeitpunkt, als der Begriff kultiviert wird, einen neuen Machtanspruch des Staates. Im Kern steht er dafür, dass die allgemeinen polizeilichen Aufgaben (Bekämpfung der „normalen" Kriminalität), die neuen speziellen Zielsetzungen (Bekämpfung des Terrorismus) und die nachrichtendienstlichen Tätigkeiten (Bekämpfung der Verfassungsfeinde) zu einem institutionellen Sicherheitsverbund zusammengeschlossen werden.

Gleich, welche Position zu den damit verbundenen Fragen eingenommen wird, bleibt es unübersehbar, dass der institutionelle Sicherheitsverbund ein empirisches Faktum bildet, sich ein entsprechendes Politikfeld herausgebildet hat. Dies und der einfache Umstand, über keine geeignete begriffliche Alternative zu verfügen, die genau diesen Sicherheitsverbund umschreibt, führen spätestens in den 90er Jahren dazu, IS auf breiter Basis (wissenschaftlich, politisch, gesellschaftskritisch) begrifflich zu etablieren. Eine neue Qualität erhält das bislang nationale System der IS dadurch, dass es sich im Zuge der europäischen Integration zu einem → EU-System der Inneren Sicherheit weiterentwickelt.

III. Der Terroranschlag des 11. September ist immer wieder als eine Zäsur, als Beginn einer neuen Ära thematisiert worden. Unbestreitbar bedeutet er eine neue Qualität terroristischer Gewalt. In der Art und Weise, wie der Staat darauf reagiert hat, ist aber nicht von einer Zäsur zu sprechen. Überraschend ist allenfalls die Geschwindigkeit, mit der die sicherheitspolitischen Programme (Sicherheitspakete I und II) vorgelegt und dann vor allem durch den Gesetzgebungsprozess gebracht wurden. Kurz vor Jahresende 2001 sind die meisten dieser Gesetze in Kraft getreten.

Das Sicherheitspaket I, welches unmittelbar nach dem Anschlag vorbereitet wurde, enthielt vier Zielsetzungen: (1) durch eine Änderung des Vereinsgesetzes sollte das sog. „Religionsprivileg" (→ Vereinsverbote) entfallen. Religiös motivierte Vereine waren bis dato vor einer zwangsweisen vereinsrechtlichen Auflösung durch den Innenminister geschützt. Der Vorwurf lautete, dass unter dem Deckmantel religiöser Gemeinschaften islamistische Fundamentalisten sich organisieren und agitieren. (2) Des Weiteren sollte es durch Einführung des neuen § 129b Strafgesetzbuch (→ Terroristische Vereinigungen) möglich werden, die Mitgliedschaft in einer terroristischen Vereinigung auch dann zu verfolgen und zu bestrafen, wenn diese in Deutschland nicht tätig ist und deren Mitglieder hier auch keine Straftaten begehen. Damit sollte insbesondere die internationale Verfolgung des Terrorismus erleichtert werden. (3) Ein weiterer Punkt bezog sich auf eine Reihe von Maßnahmen, welche die Sicherheit des Flugverkehrs (→ Luftsicherheit) verbessern sollten: die Sicherung der Cockpit-Türen in Flugzeugen, Zuverlässigkeitsprüfungen des sicherheitsrelevanten Personals, verbesserte Kontrollen von Fluggästen und Gepäck. (4) Schließlich sollten die bisherigen Kontrollen zur Verhinderung von → Geldwäsche verschärft werden.

In der gesellschaftspolitischen Diskussion richtete sich die Kritik gegen den zweiten Punkt (§ 129b), während der erste Punkt kaum in Frage gestellt wurde (rechtliche Gleichstellung religiöser Vereine mit politischen u. a.), der dritte Punkt (Sicherheit im Flugverkehr) nach dem Anschlag nahe liegend war. Der vierte Punkt (Geldwäsche) blieb sehr unbestimmt und wurde erst im zweiten Sicherheitspaket konkretisiert. Die Kritik gegen den neuen § 129b wies vor allem darauf hin, dass eine solche Bestimmung in der Vergangenheit mit gutem Grund nicht in das Strafgesetzbuch aufgenommen wurde. Sie setzt voraus, dass sich eindeutig zwischen terroristischen und freiheitserkämpfenden Gruppen unterscheiden lässt. Eine Widerstandsgruppe gegen Saddam Hussein war aus Sicht des damaligen irakischen Regimes eine terroristische Gruppe, aus Sicht des Westens waren es Freiheitskämpfer. Die Beispiele ließen sich fortsetzen: die PLO, der damalige ANC in Südafrika usw. Die neue Bestimmung führt dazu, so die Kritik, die Rechtsprinzipien unbestimmt werden zu lassen, es wird eine Frage der politischen Opportunität, ob eine Gruppe als terroristisch angesehen wird oder aufgrund außenpolitischer Kalküle nicht.

Das Sicherheitspaket II war wesentlich umfangreicher angelegt. Die wichtigsten Veränderungen betreffen die Ausweitung der Kompetenzen der staatlichen Sicherheitsbehörden. Das → Bundesamt für Verfassungsschutz (BfV) soll künftig auch Auskünfte bei Kredit-, Finanz-, Luftfahrt- und Telekommunikationsunternehmen (Standortdaten, E-Mail-Verkehr usw.) einholen dürfen. Die Überprüfung von Mobiltelefonen wird erleichtert, der Informationsaustausch mit anderen Behörden (Ausländerbehörden etc.) intensiviert. Für den → Bundesnachrichtendienst (BND) gelten die gleichen Bestimmungen wie beim BfV und auch der → Militärische Abschirmdienst (MAD) erhält die gleichen zusätzlichen Kompetenzen eingeräumt wie das BfV, ausgenommen die Auskunftsrechte gegenüber den genannten Unternehmen. Des Weiteren werden die Zentralstellenfunktion des → Bundeskriminalamtes (BKA) gegenüber den Landeskriminalämtern ausgebaut und es erhält originäre Ermittlungszuständigkeiten bei der Datennetzkriminalität. Außerdem erhält der Bundesgrenzschutz (BGS) bzw. die Bundespolizei (BPol) die zusätzliche Aufgaben der Flugbegleitung und die Ausweiskontrollbefugnisse der BPol werden erweitert, sodass ihre Beamten künftig auch ohne Tatverdacht Personen anhalten, befragen (schon bisher) und die Ausweise kontrollieren können.

Neben der Erweiterung der Kompetenzen der Sicherheitsbehörden wurden weitere Gesetzesnovellierungen beschlossen oder geplant: Biometrische Merkmale (→ Biometrie) sollen, vorbehaltlich einer weiteren Zustimmung des Bundestages, in die Ausweispapiere aufgenommen werden (Pass- und Personalausweisgesetz); die Bestimmungen zur Einreise und den Aufenthalt von Ausländern werden verschärft, die Möglichkeiten, Ausländer des Landes zu verweisen, werden erleichtert und die Fingerabdrücke von Asylbewerbern werden automatisch beim BKA abgeglichen, insgesamt wird der Zugriff der Sicherheitsbehörden auf Datenbestände des → Ausländerzentralregisters erleichtert (Ausländer- und Asylverfahrensrecht); der Bereich solcher Einrichtungen, die als sicherheitsrelevant gelten, wird erheblich ausgeweitet (Krankenhäuser, Energieunternehmen usw.), das dort tätige Personal entsprechend überprüft (Sicherheitsüberprüfungsgesetz); die Strafverfolgungsbehörden können zukünftig leichter auf Daten der Sozialbehörden zurückgreifen (Sozialgesetzbuch).

Betrachtet man die Sicherheitspakete mit ihren rund 100 Gesetzen, die novelliert worden sind, genauer, fällt auf, dass viele der Zielsetzungen auch vor dem 11. September längst geplant waren: so die Abschaffung des Religionsprivilegs oder die Änderung des § 129b StGB. Viel gravierender als diese Änderungen sind aber die vielen Gesetzesnovellierungen, die die Kompetenzen der Sicherheitsbehörden ausweiten, hierbei ehedem „eiserne“ Prinzipien des bundesdeutschen Sicherheitssystems noch weiter entkräften, als dies ohnehin schon seit Jahren geschieht. Zu nennen ist die Aufweichung des → Trennungsgebotes zwischen Polizei und Nachrichtendiensten, wonach die Aufgaben und Tätigkeiten dieser Behörden strikt getrennt bleiben müssen, damit die Polizei nicht mit schwer zu kontrollierenden nachrichtendienstlichen Mitteln und die verdeckt arbeitenden Nachrichtendienste nicht mit exekutiven Kompetenzen arbeiten können.

IV. In der gesellschaftspolitischen Kritik standen und stehen denn auch zwei Fragen im Vordergrund: Wie angemessen sind diese erheblichen Ausweitungen der sicherheitspolitischen Eingriffsrechte des Staates im Verhältnis zu den Freiheitsrechten seiner Bürger und, durchaus eng damit verbunden, sind diese Maßnahmen tatsächlich geeignet, die Sicherheit vor terroristischen Anschlägen herzustellen?

Die Sicherheitspakete I und II, die zur Bekämpfung des Terrorismus verabschiedet worden sind, müssen dabei im Zusammenhang gesehen werden mit der Entwicklung der Sicherheitspolitik seit den 80er Jahren. In immer neuen Schüben werden kurzfristig für aktuell wahrgenommene Bedrohungslagen (Organisierte Kriminalität, Rechtsextremismus, Terrorismus) umfangreiche gesetzliche Ermächtigungsgrundlagen geschaffen. Die jeweiligen Bedrohungslagen werden hierbei weder ausreichend hinsichtlich ihrer Ursachen analysiert, noch bleibt genügend Zeit, entsprechend angemessene kriminalpolitische, kriminalstrategische sowie flankierend gesellschaftspolitische Maßnahmen zu entwickeln. Sobald neue Probleme auftauchen, beginnt der Kreislauf erneut. Die zuvor begründeten gesetzlichen Ermächtigungsgrundlagen, in der Regel kaum vollständig entwickelt, werden dadurch aber nicht beendet, sondern bestehen weiter fort. In der Folge entsteht ein Wust an Rechtsnormen. Dies überfordert einerseits die Sicherheitsbehörden selbst, weil das dort tätige Personal angesichts der nicht mehr eindeutigen Zielvorgaben und vor dem Hintergrund knapper Ressourcen an Zeit, Geld und Personal keinen klar eingegrenzten Handlungsrahmen mehr vorfindet. Andererseits führt es bei vielen Bürgern zu einem wachsenden Gefühl eines aufziehenden Überwachungsstaates, weil die Sicherheitsgesetzgebung und die Aufgabenstruktur der Sicherheitsbehörden nicht mehr transparent sind. Letztlich wird damit das Vertrauen in die Funktionsfähigkeit staatlicher Institutionen insgesamt untergraben. Denn wenn jede neue Problemlage so grundlegende Gesetzesänderungen erforderlich macht, wird damit seitens des Staates auch ausgedrückt, dass die zuvor geltenden Rechtsgrundlagen offensichtlich nicht geeignet waren, neue Gefahren abzuwehren.

Die aktuelle Terrorismusdebatte zeigt, dass insbesondere aus dem kurzfristigen Handlungszwang, dem die Politik sich ausgesetzt sieht, sehr schnell zu solchen Instrumenten gegriffen wird, zu denen Erfahrungswerte vorliegen. So sind viele der Instrumente, die jetzt gegen den internationalen und islamistischen Terrorismus eingesetzt werden, der RAF-Terroristenverfolgung aus den 70er Jahren entlehnt. Diese Erfahrungen lassen sich aber nicht übertragen. Tätermotive, Täterprofile, Täterdenkweisen und Tatstrukturen unterscheiden sich grundlegend voneinander. Die auf Abschreckung angelegten Instrumente der 70er Jahre (der Täter muss befürchten, Leben und Freiheit zu verlieren) versagen bei Tätern, die ihr Leben als Waffe einsetzen. Damit besteht die Gefahr fehlender Wirksamkeit der eingesetzten Maßnahmen. Es droht zudem die hilflose und undifferenzierte Ausweitung des Extremismusbegriffes und der potenziellen Verdachtsannahme gegen ganze Bevölkerungsgruppen insbesondere arabisch islamischer Herkunft.

Ein Worst-Case-Szenario wäre dies, dass die präventive Bekämpfung des Terrorismus dazu führt, die Freiheitsrechte der eigenen Gesellschaft zunehmend zu beschränken, nicht um die Gelegenheit zu nutzen, wie von manchen Kritikern unterstellt, den Überwachungsstaat zu installieren, sondern als nicht beabsichtigte Folge im Bemühen, den verdeckt operierenden Terroristen jeden potenziellen Angriffsraum zu verschließen.

V. Das bundesdeutsche System der IS unterliegt derzeit einem starken Wandlungsdruck. Vordergründig ist es der internationale Terrorismus, aus dem die vergangene rotgrüne Bundesregierung, aber auch die neue Große Koalition, die Forderungen ableiten, den föderalen Sicherheitsverbund verstärkt durch zentrale Kompetenzen und Aufgaben des Bundes abzuändern. Insbesondere sollen die Befugnisse des Bundeskriminalamtes, der Bundespolizei und des Bundesamtes für Verfassungsschutz zulasten der Länder gestärkt werden. Auch wurde mit dem „Terrorismus-Abwehrzentrum" eine neue Koordinations- und Auswertungseinheit des Bundes geschaffen, welche die Informationen der Polizeien und der Nachrichtendienste besser erschließen soll. Neben dem Terrorismus sind es aber zwei andere Entwicklungen, die unmerklicher verlaufen, aber das bundesdeutsche Sicherheitssystem sehr tief greifend verändern. Zum einen ist dies der Prozess der Europäisierung der Inneren Sicherheit. Hier differenziert sich das System zunehmend aus. So werden Agenturen und Gremien geschaffen, die den europäischen Grenzschutz koordinieren sollen, ebenfalls vollzieht sich im Bereich der Nachrichtendienste eine Formalisierung der Zusammenarbeit der nationalen Dienste. → Europol soll ausgebaut werden. Eine europäische Staatsanwaltschaft muss zwingend geschaffen werden, was wiederum die Frage nach einem europäischen Strafrecht und einem Strafgericht aufwirft. Zum anderen wandelt sich die Polizei im Zuge der seit Jahren ablaufenden Staats- und Verwaltungsreformen ebenfalls tief greifend. Die Polizei verliert hierbei ihr Monopol der Sicherheitsproduktion. → Private Sicherheitsdienste finden zunehmend die Anerkennung auch der staatlichen Sicherheitsbehörden. Es stellt sich dabei die Frage, wo die neue Grenzlinie zwischen Staat und privaten bzw. kommerziellen Sicherheitsanbietern gezogen werden soll. Die Arbeit der Polizei wandelt sich aber auch durch den verstärkten Einsatz von Instrumenten des New Public Managements (→ Verwaltungsreformen). Die Frage nach dem Verhältnis von Kosten und Leistungen sind längst zu einem Maßstab geworden für die Frage, welche (öffentlichen) Sicherheitsaufgaben der Staat noch ausüben will und kann. Mit dem Modell des „Gewährleistungsstaates" hält auch im Bereich der IS ein Staatsverständnis Einzug, welches zwar noch den Anspruch, Sicherheit zu gewährleisten, aufrecht erhält, den Vollzug (im Sinne von „Leistungstiefe") aber nicht mehr als umfassende Vollzugsaufgabe staatlicher Einrichtungen sieht. Der Staat übernimmt es hierbei, die Rahmenbedingungen der öffentlichen Sicherheit aufrechtzuerhalten, das staatliche Gewaltmonopol zu gewährleisten, Strafverfolgung und Rechtsprechung zu garantieren sowie den militärischen Schutz der Gesellschaft zu erhalten. Darüber hinaus „aktiviert" er seine Bürger (letztlich verpflichtend) zur individuell-sozialen Selbstsicherung und hält sie an, für den unmittelbaren Schutz ihres Eigentums (Alarmsysteme, Wohnungs-, Haus- und Autosicherung, ggf. durch Nutzung privater Sicherheitsdienste) und für den Schutz gegen die Risiken des Lebens jenseits staatlicher Systeme (private Kranken-, Alters- und Pflegeversicherung) selbst zu sorgen. Während sich der Staat also aus den Systemen sozialer Sicherung mangels finanzieller Masse zurückzieht, entwickelt er im Bereich polizeilich verstandener Sicherung ein umfassendes Sicherheitsversprechen – welches, wie ausgeführt, nicht zwangsläufig bedeutet, es in allen Belangen auch mit eigenem Personal umsetzen zu wollen oder zu können.

Ausdruck dieses Sicherheitsversprechens ist die Diskussion um den → „erweiterten Sicherheitsbegriff". Dieser zieht zunächst plausibel die Konsequenz daraus, dass eine Trennung zwischen innerer und äußerer Sicherheit, zwischen staatlich und privat erbrachter Sicherheitsleistung sowie zwischen den einzelnen Behördensystemen der Polizei, der Nachrichtendienste, des Katastrophenschutzes und des Militärs nicht mehr sinnvoll aufrechtzuerhalten scheint. Bei einer genaueren Betrachtung zeigt sich aber schnell, dass mit Aufhebung dieser traditionellen Trennlinien zugleich auch rechtsstaatliche, verfassungsrechtliche, bürgerrechtliche, parlamentarische und demokratische Schutzgüter insgesamt erodieren.

Der Wandel des Systems der IS ist somit untrennbar verbunden mit dem Wandel von Staat und Demokratie insgesamt. IS als Kernbereich staatlicher Macht ist aber in besonderem Maße sensibilisiert für die Auswirkungen, die von den zahlreichen Neuausrichtungen ausgehen. Letztlich geht es darum, das Verhältnis von Staat, Sicherheit, Freiheit und Demokratie in einer durch Europäisierung, Internationalisierung und Globalisierung bestimmten Welt neu zu gewichten – ohne die erreichten rechtsstaatlichen und demokratischen Standards aufzugeben.

Kunz, Thomas 2005: Der Sicherheitsdiskurs. Die Innere Sicherheit und ihre Kritik, Bielefeld

Lange, Hans-Jürgen 1999: Innere Sicherheit im Politischen System der Bundesrepublik, Opladen

Lange, Hans-Jürgen / Schenck, Jean-Claude 2004: Polizei im kooperativen Staat, Wiesbaden

Möllers, Martin H. W. / Ooyen, Robert Chr. van (Hg.) 2003 und 2005: Jahrbuch Öffentliche Sicherheit, Ausgabe 2002/2003 sowie 2004/2005, Frankfurt a. M.

Robert, Philippe 2005: Bürger, Kriminalität und Staat, Wiesbaden

Hans-Jürgen Lange

INPOL

I. INPOL (Informationssystem der Polizei) ist ein Verbund von Datenbanken des → Bundeskriminalamtes (BKA), der → Bundespolizei (BPol), der → Länderpolizeien, der → Zollbehörden (in ihrer Funktion als Grenzpolizei) sowie des Zollkriminalamtes. Es besteht aus Datenbanken zur Personen- und Sachfahndung, zu Kriminalaktennachweisen, Haftdateien, erkennungsdienstlichen Dateien, DNA-Analyse-Dateien sowie aus verschiedenen Spurendokumentationssystemen (SPUDOK) und Arbeits- und Recherchedateien (PIOS).

INPOL wurde 1973 in Betrieb genommen. Nachdem es zunächst durch eine systematische Automatisierung der Personen- und Sachfahndung geprägt war, wurden zwischen 1975 bis 1981 inkrementale Erweiterungen („Wildwuchs“) neuer Systeme vorgenommen, die aus den jeweils unterschiedlichen Strategien der Bundesländer resultierten. Zwischen 1981 und 1992 wurden durch die → Innenministerkonferenz Grundsätze zu einem vollständig modernisierten System erarbeitete; 1998 begann die Entwicklung von „INPOL-neu“. Aufgrund überhöhter Ansprüche an die Leistungsfähigkeit des neuen Systems scheiterten die ursprünglichen Pläne zur Inbetriebnahme Anfang 2001. Diese erfolgte schließlich in mehreren Phasen bis zum 16.08.2003.

II. Das ursprüngliche Inpol-System basierte zuletzt auf stark veralteter Technik, sowohl im Bereich der Hardware, die in dieser Form nicht mehr produziert wurde, als auch der Software. Insbesondere die Struktur der Datenbanken in Form von mehreren, größtenteils unverbundenen Datenbeständen (sowohl auf Großrechnern als auch auf Dienststellen-PCs) und die ineffiziente Datenerfassung als Mehrfacheingabe gleicher Daten in unterschiedliche Systeme führten zu Doppelerfassungen, Inkonsistenzen und veralteten Datenbeständen. Die ineffektive Organisation über zentrale Meldestellen führte dazu, dass nur ein Bruchteil der Fahndungsdaten so erfasst wurde, dass valide Auswertungen möglich waren.

Die Ansprüche an Inpol-neu waren, dass die Daten in einem einheitlichen Datenpool erfasst und zur Verfügung stehen sollen. Die damit verbundenen komplexen Anforderungen an die Datenzugriffsrechte (Eingabe-, Veränderungs-, Löschungs- und Leserechte) führten zusammen mit überhöhten Ansprüchen an die Recherche- und Auswertungsfunktionen sowie Fehlern in der Softwarearchitektur dazu, dass die anfangs geplanten Kosten von 40 Mio. auf mindestens 280 Mio. DM anstiegen. Nachdem Testläufe des Systems unbehebbare Mängel aufwiesen (April 2001), wurde das Projekt in der 1998 begonnenen Form gestoppt und nach mehrstufigem Übergang am 16.08.2003 mit verringertem Funktionsumfang in Betrieb genommen.

III. Das neue Informationssystem der Polizeien sollte die Qualität der Ermittlungs-, Fahndungs- und Präventionsarbeit sowie die Anforderungen an den Datenschutz verändern. Die Polizeiarbeit wurde insofern verändert, als die Meldetätigkeit von zentralen Meldestellen auf die Ebene einzelner Beamter dezentralisiert (270.000 Terminals im Jahr 2003) wurde. Neben einem erleichterten Zugang zu den Daten allgemein wurden somit die Recherche und Verknüpfungsmöglichkeiten von Spuren mit Tatverdächtigen erleichtert. Zudem wurde ein verbesserter Onlinezugriff auf Datenbestände wie etwa des Kraftfahrtbundesamtes oder des → Schengener Informationssystems geschaffen. Die Daten- und Erfassungsstruktur sollte dazu führen, dass aktuellere und vollständigere Daten zur Verfügung stehen und durch entsprechende Verknüpfungen schneller neue Erkenntnisse gewonnen werden können.

IV. Während die Erwartung der Polizei zunächst darin lag, überspitzt ausgedrückt, „vor den Tätern am Tatort zu sein“ (Sehr 1999, S. 532), erscheint vielen Kritikern innerhalb der Polizei INPOL-neu bereits bei seiner Inbetriebnahme technisch veraltet. Die Kritik von Bürgerrechtlern richtet sich an die erhöhte Kontrolldichte sowie den Umfang der erhobenen und verknüpfbaren Daten. Der erweiterte Kreis von Polizeibeamten, die Daten erfassen und abfragen können, wirft darüber hinaus neue Probleme der Kontrolle unberechtigter Zugriffe auf. Problematisch ist nicht allein, welche persönlichen Daten EDV-gestützt gespeichert werden, sondern darüber hinaus, wer von den zunächst 270.000 Terminals aus unter welchen Bedingungen auf welche Daten Zugriff bekommt und wozu diese Daten genutzt werden. Zwar wurden einige Bedenken bezüglich des geplanten Speicherungsumfangs seitens des institutionalisierten Datenschutzes bereits in die Architektur des (gescheiterten) Inpol-neu eingearbeitet, jedoch ist dieser Aushandlungsprozess von der Öffentlichkeit nahezu unbemerkt vor sich gegangen. Eine legitime nachholende Entwicklung der Dateninfrastruktur der Polizei und die Anwendung aktueller Hard- und Software durch die Polizei darf nicht dazu führen, Ängste vor einem Überwachungsstaat zu verstärken, und sollte daher allen gesellschaftlichen Gruppierungen die Möglichkeit geben, Datenschutzinteressen zu artikulieren.

Lange, Hans-Jürgen / Mittendorf, Volker 2001: Innere Sicherheit und Technik – Die Bedeutung technologischer Adaptionen im Hinblick auf Spezialisierung und Aufgabenwandel der Polizei, in: Simonis, G. / Martinsen, R. / Saretzki, Th. (Hg.): Politik und Technik. Analysen zum Verhältnis von technologischem, politischem und staatlichem Wandel am Anfang des 21. Jahrhunderts, PVS-Sonderheft Bd. 31, Wiesbaden, S. 268-292

Schulzki-Haddouti, Christiane 2001: Desaster Inpol-neu. Das neue Polizei-Informationssystem: viel zu teuer, viel zu langsam, in: c't. Magazin für Computertechnik, H. 24, S. 108-110

Sehr, Peter 1999: INPOL-neu: System mit Merkmalen eines extremen Wandels, in: Kriminalistik, H. 8, S. 532-536

Volker Mittendorf

Internationaler Strafgerichtshof

I. Der neue ständige Internationale Strafgerichtshof (IStGH) hat wie der Internationale Gerichtshof (IGH) seinen Sitz in Den Haag. Er ist kein vom UN-Sicherheitsrat eingesetztes „Adhoc-Gericht“, sondern ein durch völkerrechtlichen Vertrag geschaffener Gerichtshof mit eigener internationaler Rechtspersönlichkeit.

II. Internationaler Militärgerichtshof: Die Bemühungen internationale Strafgerichte zu errichten, reichen im 20. Jahrhundert bis zum Ersten Weltkriegs zurück. Der Versuch auf der Grundlage des Versailler Vertrags, den deutschen Kaiser vor ein solches Gericht zu stellen, scheiterte jedoch an der Weigerung Hollands, Wilhelm II. auszuliefern. Weitere geplante Prozesse gegen führende deutsche Militärs, darunter Paul von Hindenburg, aber auch gegen einfache Soldaten wegen mutmaßlicher Kriegsverbrechen, überließ man schließlich – mit geringem Erfolg – der deutschen Strafjustiz. Damit setzte sich noch einmal der für das klassische Völkerrecht als Recht zwischen Staaten typische Grundsatz durch, die strafrechtliche Verantwortlichkeit des Individuums auch bei Verstößen gegen internationales Recht ausschließlich in die innerstaatliche Kompetenz fallen zu lassen. Angesichts der Ungeheuerlichkeit der nationalsozialistischen Verbrechen beschlossen die Alliierten mit dem Londoner Abkommen vom August 1945 die strafrechtliche Verfolgung der Hauptkriegsverbrecher durch die Einsetzung eines Internationalen Militärgerichtshofs. Obwohl noch weitere Staaten beitraten, waren die in Nürnberg und Tokio gebildeten Gerichte keine internationalen, sondern interalliierte Gerichte, deren rechtliche Grundlage nach herrschender Lehre auf der Haager Landkriegsordnung basierte (Art. 43 HLKO / Besatzungsgericht). Dieser Schritt markierte jedoch einen Wendepunkt im Völkerrecht. Art. 6 des Statuts des Nürnberger Militärgerichtshofs sah die persönliche Verantwortlichkeit der Täter vor bei Verbrechen gegen den Frieden, Kriegsverbrechen und Verbrechen gegen die Menschlichkeit. Anknüpfend an die „Nürnberger Prinzipien“ wurde 1948 mit der „Konvention über Verhütung und Bestrafung des Völkermords“ eine weitere positivrechtliche Regelung geschaffen. Die bis heute geltende „Völkermordkonvention“ stellt zwar zunächst auch nur sicher, dass die Signatarstaaten sich völkerrechtlich verpflichten, Völkermord innerstaatlich unter Strafe zu stellen, eröffnete aber auch die Möglichkeit eines internationalen Strafgerichts.

III. UN-Strafgerichtshöfe: Erst mit dem Ende des Ost-West-Konflikts wurde dieser Ansatz angesichts der Verbrechen im ehemaligen Jugoslawien und in Rwanda wieder aufgegriffen. Der UN-Sicherheitsrat beschloss auf der Grundlage des Kap. VII der UN-Charta 1993 bzw. 1994 die Errichtung zweier internationaler Strafgerichtshöfe in Den Haag und Arusha (Tansania) zur Verfolgung von: (a) Verbrechen gegen die Genfer Rotkreuz-Konventionen oder (b) die Gesetze und Gebräuche des Kriegs (Haager Landkriegsordnung), (c) Völkermord und (d) sonstigen schweren Verbrechen gegen die Menschlichkeit.

Die von den UN eingesetzten „Ad-hoc-Gerichte“ sind tatsächlich international, was sich auch im Modus der Richterwahl durch die UN-Generalversammlung auf Vorschlag des Sicherheitsrats widerspiegelt. Im Unterschied zum Nürnberger Militärgerichtshof ist eine Verurteilung in Abwesenheit des Angeklagten nicht zulässig, die Möglichkeit einer zweiten Instanz gegeben und während das Nürnberger Statut als Strafmaß vor allem die Möglichkeit der Todesstrafe zugelassen hat, beschränkt man sich in den Statuten der UN-Gerichte auf die Verhängung von Freiheitsstrafen. Darüber hinaus findet sich in den Gerichtsstatuten ausdrücklich der Verweis, dass bei der Strafzumessung die Praxis jugoslawischer bzw. rwandanischer Gerichte zu berücksichtigen sei (wegen der Problematik rückwirkender Strafgesetzgebung, weil die genannten völkerrechtlichen Verträge zwar die Tatbestände als Verbrechen gegen internationales Recht definieren, jedoch selbst kein Strafmaß nach Völkerrecht vorsehen). Inzwischen sind schon eine Reihe von Verurteilungen auch gegen vormals hochrangige Politiker erfolgt, darunter die lebenslängliche Freiheitsstrafe gegen den früheren Regierungschef von Rwanda, Jean Kambanda. Aus deutscher Sicht trat 1995 das „Gesetz über die Zusammenarbeit mit dem Internationalen Strafgerichtshof für das ehemalige Jugoslawien" in Kraft, das als innerstaatliche Rechtsgrundlage die Überstellung mutmaßlicher Kriegsverbrecher an den Gerichtshof regelt.

IV. Ständiger Internationaler Strafgerichtshof: Die Errichtung eines ständigen, d. h. dauerhaft institutionalisierten und allgemein zuständigen International Criminal Court (ICC) erfolgte mit dem von der UN-Staatenkonferenz im Sommer 1998 beschlossenen „Römischen Statut des Internationalen Strafgerichtshofs", sobald 60 Staaten diesen völkerrechtlichen Vertrag ratifiziert hatten bzw. ihm beigetreten waren (Stand Mai 2004: 94 Ratifikationen). Deutschland hat im Dezember 2000 ratifiziert; hierfür wurde zuvor Art. 16 GG geändert, der bisher die Auslieferung von Deutschen an das „Ausland" verboten hatte. Inzwischen hat die Bundesregierung mit Jahresbeginn 2002 auch die beiden Gesetzesentwürfe über das neue „Völkerstrafgesetzbuch" und über die Zusammenarbeit mit dem IStGH beschlossen. Neben den Regelungen zur Überstellung von Tätern wird dabei für die vom IStGH-Statut geregelten Tatbestände die im deutschen Strafrecht grundsätzlich geltende Voraussetzung strafrechtlicher Verfolgung (Tatortprinzip bzw. Staatsangehörigkeit) zugunsten des „Weltrechtsprinzips" aufgehoben. Daher ist künftig auch ein im Ausland von einem Nicht-Deutschen begangenes Kriegsverbrechen nach deutschem Recht strafbar. Da die nationale Strafgerichtsbarkeit weiterhin Vorrang vor dem IStGH haben wird, ist dies erforderlich, um eine deutsche strafrechtliche „Lücke" infolge der neuen völkerrechtlichen Regelungen zu verhindern.

Der Gerichtshof wird tätig infolge einer Staatenbeschwerde, der Initiative des Sicherheitsrats nach Kap. VII UN Charta oder aber auch infolge der Initiative des eigenen Anklägers, der von Amts wegen ermittelt hat (Art. 13 ff.). Nach Art. 5 des Statuts erstreckt sich seine Zuständigkeit – eingeschränkt durch den Grundsatz der Komplementarität jedoch nur dann, soweit ein Staat nicht fähig oder willens ist, selbst die Strafverfolgung durchzuführen (Art. 17) – auf die Verfolgung von: Völkermord, Verbrechen gegen die Menschlichkeit, Kriegsverbrechen (auch bei nicht international bewaffneten Konflikten) und Aggression. Die Tatbestände sind, mit Ausnahme des umstrittenen und daher noch in einer Folgekonferenz zu definierenden Begriffs der Aggression, im Statut detailliert geregelt (Art. 6 ff.) und auch die individuelle strafrechtliche Verantwortlichkeit (Art. 25) ist ohne Ansehen der Person ausdrücklich festgeschrieben. Daher enthebt weder die amtliche Eigenschaft (z. B. als Staatsoberhaupt, Regierungsmitglied etc.) von der Verantwortlichkeit noch schützt die Immunität vor gerichtlicher Verfolgung (Art. 27). Die Möglichkeit, sich auf ein Handeln auf Befehl zu berufen, wird zudem grundsätzlich ausgeschlossen (Art. 33).

Das Statut garantiert die Prinzipien eines rechtsstaatlichen Verfahrens (z. B. Rückwirkungsverbot, Strafausschließungsgründe, Rechte des Angeklagten, Berufungsinstanz, Ausschluss der Todesstrafe) vor unabhängigen Richtern mit der Möglichkeit der Verhängung einer lebenslangen Freiheitsstrafe. Besondere Bedeutung kommt dabei Art. 7 („Verbrechen gegen die Menschlichkeit") des Statuts zu, der anknüpfend an die Regelungen der UN-Tribunale die Möglichkeit strafrechtlicher Verfolgung von schweren Menschenrechtsverletzungen auch schon in „Friedenszeiten" schafft. Ob es daher sogar möglich ist, hierunter Verbrechen infolge von Terrorismus zu subsumieren, bleibt strittig; soweit man dies bejaht, wären jedoch die Anschläge vom 11. September 2001 aufgrund des im Statut verankerten Rückwirkungsverbots ohnehin nicht durch den IStGH verfolgbar. Deren strafrechtliche Verfolgung vor einem internationalen Gericht wäre daher allenfalls mithilfe einer neuerlichen Einsetzung eines Adhoc-Gerichts der UN durch Beschluss des Sicherheitsrats denkbar. Im Hinblick auf den IStGH wird aber auch vor einer allzu schnellen Ausdehnung der Jurisdiktion auf den Terrorismus gewarnt, die einen Gerichtshof überfordern würde, der gerade erst seine Tätigkeit aufgenommen hat – selbst wenn man in Rechnung stellt, dass die bisher erreichten Bemühungen zur Definition des Terrorismusbegriffs überhaupt ausreichten. Auf jeden Fall bleibt der Gerichtshof auf die Zusammenarbeit mit den Staaten angewiesen. Wenn sich auch seine Mitglieder natürlich hierzu verpflichtet haben, so wird das realistisch in Praxis vor allem dann funktionieren, soweit er die Rückendeckung des UN-Sicherheitsrats bzw. zumindest von Staaten hat, die das Recht mit Macht durchsetzen können und auch wollen. Gerade angesichts der Ereignisse seit dem 11. September 2001 ist es daher besonders zu bedauern, dass die USA der Errichtung des IStGH nach wie vor eher skeptisch gegenüberstehen.

V. Der heftig geführte Streit zwischen den USA und einer Reihe von Signatarstaaten über den durch UN Sicherheitsrats-Beschluss von 2002 befristet herbeigeführten „Sonderstatus" amerikanischer Soldaten im Rahmen von UN-Aktionen erweist sich überwiegend als Form „symbolischer" Politik. Denn aufgrund der dargestellten, bloß

„komplementären“ Zuständigkeit des IStGHs stände es den USA – selbst bei Ratifikation des Statuts und wie jedem anderen Staat auch – ohnehin frei, amerikanische Völkerstraftäter vor ein nationales Gericht zu stellen.

Im Bereich der „Ad-hoc-Tribunale“ bahnt sich mit dem Gerichtshof für Sierra Leone die neue Form „gemischter“ Straftribunale an: Zur Verfolgung der im Verlauf des Bürgerkriegs begangenen Verbrechen wurde 2002 ein Vertrag zwischen Sierra Leone und den UN zur Schaffung eines „Sondergerichts“ mit Sitz in Freetown geschlossen. Dessen Richter werden jeweils von der Regierung und der UN bestimmt; es kommt sowohl Völker- als auch nationales Strafrecht zur Anwendung. Dieses Konzept „internationalisierter“ Strafgerichte findet sich auch bei der strafrechtlichen Verfolgung der Verbrechen im Falle Ost-Timors und der „Roten Khmer“ in Kambodscha.

Fischer, Horst / Lüder, Sascha R. (Hg.) 1999: Völkerrechtliche Verbrechen vor dem Jugoslawien-Tribunal, nationalen Gerichten und dem Internationalen Strafgerichtshof, Berlin

Hankel, Gerd 2003: Die Leipziger Prozesse. Deutsche Kriegsverbrechen und ihre strafrechtliche Verfolgung nach dem Ersten Weltkrieg, Hamburg

Kaul, Hans-Peter 2003: Der Internationale Strafgerichtshof – eine Bestandsaufnahme im Frühjahr 2003, in: Die Friedenswarte, Nr. 1, S. 11-27

Kreß, Claus 2003: Weltstrafgericht unter Druck, in: Bl. Dtsch. Int. Politik, Nr. 8, S. 909-912

Oeter, Stefan 2001: Terrorismus – ein völkerrechtliches Verbrechen? Zur Frage der Unterstellung terroristischer Akte unter die internationale Strafgerichtsbarkeit, in: Die Friedenswarte, Nr. 1, S. 11-31

Ooyen, Robert Chr. van 2002: Der Internationale Strafgerichtshof zwischen Normativität, Machtpolitik und Symbolik, in: IPG, Nr. 4, S. 110-123

Trittin, Antje / Weiß, Norman 2003: Das Sondergericht in Sierra Leone, in: MRM, Nr. 3, S. 173-182

Werle, Gerhard 2003: Völkerstrafrecht, Tübingen

Robert Chr. van Ooyen

Internetüberwachung

I. Unter der Bezeichnung „Internetüberwachung“ werden Aktivitäten der Sicherheitsbehörden (Polizei, Staatsanwaltschaft, Verfassungsschutz, Militärischer Abschirmdienst, Bundesnachrichtendienst) verstanden, welche auf die Sammlung und Auswertung von im Internet vorhandenen oder beim Zugang zum Internet anfallenden Daten abzielen. Rechtlich ist die Internetüberwachung mit der → Telekommunikationsüberwachung gleichgestellt.

II. Bei Delikten, die sich gegen das Internet oder ein einzelnes IT-System richten, handelt es sich um → Computerkriminalität im engeren Sinne. Bei

Delikten, welche sich des Internets als Medium bedienen (z. B. Darstellung von Pornografie und Gewalt), handelt es sich um Kommunikations- bzw. Verbreitungsdelikte, die sich auf die Äußerung oder Weitergabe rechtlich missbilligter Inhalte beziehen. Unter der Maxime „das Internet darf kein rechtsfreier Raum sein", stand diese Deliktform im Zentrum der bisherigen rechtspolitischen Zielsetzung.

Was den jedermann zugänglichen Teil des Internets betrifft, so erfolgt die polizeiliche Überwachung in Form anlassunabhängiger Kontrollen. Hierzu streifen die Überwacher auf der Suche nach strafrechtlich Relevantem durch das Netz, rufen Internetseiten auf, abonnieren Mailinglisten, lesen die Beiträge in Newsgroups bzw. recherchieren auf Newsservern, besuchen Chats und protokollieren deren Beiträge. Eine Begrenzung dieser Tätigkeiten ergibt sich lediglich aus der enormen Größe des zu bestreifenden „globalen Dorfes". Diese Überwachungstätigkeiten können, da ihnen, wenn auch durchaus umstritten, so doch offiziell, keine Eingriffsqualität zugeschrieben wird, ohne besondere rechtliche Grundlage erfolgen. Um der Datenmenge Herr zu werden, wurden Internet-Ermittlungswerkzeuge entwickelt. Diese Überwachungssoftware ermöglicht es, automatisiert und systematisch das Internet nach verbotenen Text- und Bildinhalten zu durchsuchen, Beweismittel zu sichern und Absender und Adressaten zu ermitteln.

III. Zumindest zwei Veränderungen in der Zielsetzung der Internetüberwachung zeigen sich als Folgen der Terrorismusbekämpfung. Die erste Veränderung betrifft die Computerkriminalität im engeren Sinne, sie wird in einem eigenen Beitrag in diesem Buch behandelt. Die zweite Veränderung zielt auf eine Intensivierung der Überwachung des Internets schlechthin ab. Internetstreifen betreffen primär diejenigen, welche Inhalte ins Netz stellen (z. B. in Form von Webseiten oder Newsgroup- bzw. Forenbeiträgen). Im Zuge der Terrorismusbekämpfung wird aber auch die individuelle Kommunikation via Internet verstärkt Ziel der Internetüberwachung. Ersichtlich wird dies aus den in Art. 1-3 des Terrorismusbekämpfungsgesetzes festgeschriebenen Änderungen des Bundesverfassungsschutzgesetzes, des MAD-Gesetzes und des BND-Gesetzes. Alle drei Institutionen erhalten bezüglich der Verbindungs- und Nutzungsdaten umfangreiche Auskunftsbefugnisse gegenüber Providern. Diese Auskünfte können nicht nur hinsichtlich bereits erfolgter sondern auch für die zukünftige Nutzung des Netzes eingeholt werden, was eine kontinuierliche Überwachung bedeutet.

Das Ausmaß der Befugnisse ist erst im Hinblick auf die am 24.10. 2001 beschlossene Telekommunikationsüberwachungsverordnung (TKÜV) zu begreifen. Die TKÜV, deren erster Entwurf nach Bekanntwerden im Jahre 1998 aufgrund massiver Proteste aus der Wirtschaft (gegen die mit ihr verbundenen Kosten) und von Bürgerrechtsgruppen (gegen die mit ihr verbundenen Grundrechtseingriffe) zurückgestellt wurde, regelt die technischen Grundlagen der Überwachung. Erst nach Jahren und unter dem Druck des Arguments, die Terroristen hätten sich auch des Internets bedient, gaben die IT-Verbände ihren Widerstand auf. Mit der TKÜV wurden die Voraussetzungen geschaffen, über die Installation fester Schnittstellen, bei den Providern die Direktüberwachung der Inhalts-, Verbindungs- und Nutzungsdaten – was, bezogen auf das Internet, die Überwachung sämtlicher anfallender Daten bedeutet –, ohne Zeitverzug und auf Kosten der Anbieter selbst, zu ermöglichen.

IV. Eine wehrhafte Demokratie ist darauf angewiesen, dass ihre Sicherheitsbehörden die ihnen zugeschriebenen Aufgaben adäquat erfüllen. Sofern bedeutende neue gesellschaftliche und technische Entwicklungen, wie sie mit der weiten Verbreitung der Internetnutzung heute vorliegen, eine sachgerechte Aufgabenerfüllung erschweren, sind Maßnahmen zu treffen, diesen Missstand zu beheben. Derartige Maßnahmen müssen zumindest vier Notwendigkeiten genügen: Erstens müssen sie im Einklang mit berechtigten verfassungs- und datenschutzrechtlichen Forderungen stehen, um das, was sie zu schützen vorgeben, nichts selbst zu gefährden. Aus dem gleichen Grunde dürfen diese Maßnahmen zweitens nicht dazu führen, dass durch Ihre Umsetzung ungewollt neue und nicht hinnehmbare Gefahren erwachsen. Drittens müssen die Maßnahmen, sofern Begrenzungen von bürgerlichen Freiheiten – wie sie u. a. die unüberwachte Kommunikation darstellt – überhaupt mit einem Gewinn an Sicherheit zu rechtfertigen sind, geeignet sein, der tatsächlichen Gefahrenlage zu begegnen. Viertens muss durch eine den Ansprüchen des demokratischen Rechtsstaates genügetuende Kontrolle der veranlassten Überwachungsmaßnahmen gesichert sein.

Selbst bei flächendeckender Überwachung internetbasierter Kommunikation sind die Maßnahmen ungeeignet, um Verabredungen oder Planungen rechtswidriger Handlungen zu verhindern oder auch nur (vor Ausführung der Tat) zu entdecken. Wer von wechselnden Accounts bei Freemail Providern und von öffentlichen Internetzugängen aus kommuniziert, seine Bewegungen im Netz durch die Nutzung entsprechender Dienste anonymisiert und mittels kostenloser und frei verfügbarer Software Nachrichten verschlüsselt, den werden diese Maßnahmen nicht treffen. Hierzu ist auch grundsätzlich anzumerken, dass Überwachungsmaßnahmen auf hohem technischem Niveau wenig gegen Terrorismus auf niedrigem technischem Niveau auszurichten vermögen. Grundsätzlich muss also bezweifelt werden, ob aus dem „Abhören" der Internetkommunikation ein Sicherheitsgewinn resultieren kann, wobei sich dann die Frage stellt, inwieweit die den Providern durch Einrichtung und Betrieb der Überwachungsvorkehrungen auferlegten Kosten gerechtfertig sind. Vielmehr wird seitens der Anbieter befürchtet, dass die Überwachungsschnittstellen negative Auswirkungen auf die Sicherheit der IT-Infrastrukturen insgesamt haben, da sie als Schwachstellen zum Angriffsziel von Hackern werden könnten.

Darüber hinaus bestehen grundlegende verfassungs- und datenschutzrechtliche Bedenken. Zwar können die Überwachungsmaßnahmen, welche sich auf Kommunikationsinhalte (z. B. der eigentliche Inhalt einer E-Mail) beziehen, nach wie vor nur auf den auch für die klassische Telefonüberwachung gültigen rechtlichen Grundlagen angeordnet werden, also nur beim Vorliegen des Verdachts bestimmter schwerer Straftaten. Nutzungsdaten können jedoch unabhängig von diesem Straftatenkatalog angefordert werden. Nun ist das Internet aber nicht das Telefon, seine Anwendungsmöglichkeiten reichen weit darüber hinaus. In den Internet-Nutzungsdaten enthalten sind die aufgerufenen Internetseiten, Suchanfragen sowie Eingaben in Web-Formulare. Dass sich die gesetzliche Regelung der Überwachung des Internets hier am klassischen Telefon (bei dem Signal- und Stimmdaten von einander getrennt sind) orientiert, führt dazu, dass die Sicherheitsbehörden nicht nur erfahren, wann und mit wem E-Mails ausgetauscht wurden, sondern auch, welche Newsgroups oder Webseiten besucht (bzw. welchen Artikel man wann in welcher Onlineausgabe einer Zeitung gelesen hat), nach welchen Begriffen im Internet recherchiert und welche Produkte (Bücher etc.) online bestellt wurden.

Zu bewerten ist dieser Umstand vor dem Hintergrund, dass – mit dem Terrorismusbekämpfungsgesetz – der Beobachtungsauftrag sowohl des → Bundesamtes für Verfassungsschutz (BfV) als auch des → Militärischen Abschirmdienstes (MAD) um Bestrebungen erweitert wurde, die gegen den „Gedanken der Völkerverständigung" gerichtet sind. Und dies selbst dann, wenn sie nicht dem gewaltgeneigten Extremismus zuzuordnen sind. Die Gefahr, den Begriff des Terrorismus ins Beliebige auszudehnen, ist gegeben und die Befürchtung, es könnten mit den Begrifflichkeiten auch die Eingriffbefugnisse auf die das Netz nutzenden sozialen und politischen Protestbewegungen angewandt werden, ist ernst zu nehmen.

V. Es ist offensichtlich, dass sich zum einen der zu überwachende Personenkreis ausgedehnt, zum anderen auch der potenziell auswertbare Datenbestand vergrößert hat. In dem Maße, wie sich Lebensbereiche (Shopping, Partner- und Jobsuche, Kommunikation, Unterhaltung usw.) im Internet abspielen, hinterlassen immer mehr Nutzer eine aussagekräftige Datenspur. Die Analyse dieser Daten eignet sich in erster Linie dazu, anlassunabhängige Verdachtsmomente gegenüber einzelnen Personen und Personengruppen aufzubauen. Der Umstand, dass das Terrorismusbekämpfungsgesetz die Löschfrist für gesammelte Daten von zehn auf fünfzehn Jahre verlängert hat, lässt die Annahme voluminöser Datenbanken mit detaillierten Persönlichkeitsprofilen als Folge ausufernder Datensammlung realistisch werden. Mehr Überwachung bedeutet jedoch nicht zwangsläufig mehr Sicherheit. Bereits heute kommen die Sicherheitsbehörden mit der Auswertung der erhobenen Daten nicht nach – ihr Problem sind nicht Datenschutzbestimmungen oder unzureichende Strafnormen, sondern das mit dem Begriff „Datenfriedhof" umschriebene, durch unzureichende Qualifikation und Ausstattung verursachte Vollzugsdefizit.

Germann, Michael 2000: Gefahrenabwehr und Strafverfolgung im Internet, Berlin
Perrey, Elke 2003: Gefahrenabwehr und Internet. Befugnisse der Polizei im Lichte eines Rechts auf informationelle Selbstbestimmung, Berlin
Schulzki-Haddouti, Christiane 2001: Digitale Freihäfen, in: Medosch, A. / Röttgers, J. (Hg.): Netzpiraten. Die Kultur des elektronischen Verbrechens, Hannover, S. 177-189

Kurt. H. G. Groll

Katastrophenschutz

I. Der Begriff „Katastrophenschutz" bezeichnet die Gesamtheit aller Maßnahmen, die in Friedenszeiten Kräfte des Bundes, der Länder und der Gemeinden ergreifen, um Gefahren abzuwehren, die sich aus einer Katastrophe ergeben. Eine Katastrophe ist ein Ereignis, bei dem Leben, Gesundheit oder die lebenswichtige Versorgung einer Vielzahl von Menschen oder erhebliche Sachwerte so sehr gefährdet oder schon wesentlich beeinträchtigt werden, dass zur Schadensbegrenzung der koordinierte Einsatz von Kräften und Mittel erforderlich ist. Katastrophen können durch Naturereignisse (z. B. Hochwasser) oder Unglücke (z. B. Eisenbahnunglück) verursacht werden. Der Katastrophenschutz ist hinsichtlich der Gesetzgebung und des Verwaltungsvollzuges grundsätzlich Ländersache (Art. 30, 70 GG). Rechtsgrundlagen bilden die weitgehend einheitlich ausgestalteten Katastrophenschutzgesetze der Länder. Im Verteidigungsfall (Art. 115a ff. GG) ist der Katastrophenschutz ein Teil des „Zivilschutzes". Zwar liegt die Gesetzgebung über den Zivilschutz nach Art. 73 Nr. 1 GG beim Bund für den Verwaltungsvollzug sind aber weiterhin die Länder mit den gleichen Einsatzkräften und Trägern zuständig.

II. Der Katastrophenschutz in den Bundesländern ist keine konkret abgrenzbare Aufgabe der Gefahrenabwehr, wie z. B. Brandschutz oder Verbrechensbekämpfung. Er wird daher nicht aus Einsatzkräften gebildet, die einer Behörde zugeordnet sind, dauerhaft bestehen und kontinuierlich Aufgaben erledigen. Vielmehr ist der Katastrophenschutz ein Organisationsprinzip für eine Vielzahl von Aufgabenträgern, Einsatzkräften und allen anderen, die zur Gefahrenabwehr bei einer Großschadenslage zum Einsatz kommen können und zentral geleitet werden. Eingesetzt werden können z. B. Kräfte der → Bundeswehr, der → Bundespolizei, der Länderpolizeien (Art. 35 Abs. 2 S. 2 GG) sowie der in den betroffenen Ländern stationierten ausländischen Streitkräfte. Auch eine Vielzahl von privaten Unternehmern, Speditions- und Baufirmen, Herstellern oder Lieferanten von Kühl- oder Wärmeaggregaten, Zelten, Versorgungs- und Busunternehmen sind für den Katastrophenschutz ebenso unentbehrlich wie die vielen Hilfsorganisationen, vor allem das Deutsche Rote Kreuz (DRK), der Arbeiter-Samariter-Bund (ASB), der Deutsche Feuerwehrverband (DFV), der Malteser Hilfsdienst (MHD), die Johanniter-Unfall-Hilfe (JUH), die Deutsche Lebens-Rettungs-Gesellschaft (DLRG), die Deutsche Gesellschaft zur Rettung Schiffbrüchiger (DGzRS) und der Verband der Arbeitsgemeinschaften der Helfer in den Regieeinheiten/-einrichtungen des Katastrophenschutzes in der Bundesrepublik Deutschland e. V. (ARKAT). Wegen dieser Vielzahl der am Katastrophenschutz Beteiligten müssen alle Katastrophenschutzbehörden und jede Bezirksregierung einen Katastrophenschutzplan erstellen. In ihm ist die Zusammenführung der umfangreichen sachlichen und personellen Mittel aus den unterschiedlichsten Bereichen und die Organisation ihres Einsatzes geplant. Denn die im Ernstfall notwendigen Informationen, Meldewege und Schnittstellen müssen zuvor zusammengetragen und ausprobiert worden sein. Für besondere, meist örtlich gebundene Gefahrenlagen (z. B. Sturmfluten oder Kernkraftwerksunfälle) gibt es Sonderpläne. Auch bei Industriebetrieben, von denen bei schweren Unfällen Gefahren für die Umgebung ausgehen können, existieren so genannte Notfallpläne.

Träger des unmittelbaren Katastrophenschutzes in den Ländern sind unter Mitwirkung öffentlicher und privater Einrichtungen in der Regel das Land, die Landkreise, kreisfreie Städte und die größeren Städte in den Kreisen, soweit ihnen die Aufgabe der Katastrophenabwehr übertragen wurde. Entsprechend sind die Katastrophenschutzbehörden gegliedert. Die Fachaufsicht, die sich auf die rechtmäßige und zweckmäßige Wahrnehmung der Aufgaben der Katastrophenschutzbehörden erstreckt, üben unmittelbar die Bezirksregierungen aus. Oberste Fachaufsicht haben dabei die obersten Behörden für Inneres (Innenministerien bzw. in den Stadtstaaten Innensenate). Im Katastrophenfall wird der Einsatz durch eine Katastrophenschutzleitung (KatSL) geführt, die von einer Technischen Einsatzleitung (TEL) unterstützt wird. Tritt ein Schadensfall ein, ist im Regelfall – wenn nicht andere Behörden damit beauftragt sind – die Gemeinde als Behörde der allgemeinen Gefahrenabwehr zuständig. Erst wenn die Katastrophenschutzbehörde der Bezirksregierung z. B. bei einem Waldbrand oder einem Flugzeugabsturz den Katastrophenfall feststellt, geht die Zuständigkeit automatisch auf sie über. Sie übernimmt dann die zentrale Leitung und Koordinierung der Bekämpfungsmaßnahmen. Alle anderen Behörden und Einrichtungen haben sich dann dieser Katastrophenschutzbehörde zu unterstellen oder Amtshilfe zu leisten. Der vorbeugende Katastrophenschutz umfasst alle zu treffenden Vorsorgemaßnahmen, um im Falle einer Katastrophe unmittelbar mit den Schutzmaßnahmen beginnen zu können. Dazu gehören vor allem die Ausbildung von Helfern, die Bildung von Einsatzleitungsteams, die Planung eventuell notwendig werdender Koordinierungen verschiedener Träger, die Beschaffung von Ausstattungsmaterial und die Errichtung von Informationswegen für die Bevölkerung. Zu den Schutzmaßnahmen bei eingetretenen Katastrophen gehören vor allem die Rettung von Menschen durch Unterstützung der Rettungs- und Bergungsarbeiten, die Verhinderung der Gefährdung weiterer Personen und bedeutender Sachwerte und die Begrenzung der Schadensausweitung. Insbesondere für die Polizei kommen weitere Aufgaben hinzu wie etwa größere Verkehrsstörungen zu verhindern und ein beweissicheres Strafverfahren durch Erforschung der Schadensursache und des Schadensausmaßes zu gewährleisten.

Soweit der Katastrophenschutz Teil des Zivilschutzes ist, bildet das Zivilschutzgesetz (ZSG), das als Art. 1 des Zivilschutzneuordnungsgesetzes (ZSNeuOG) am 25.3.1997 (BGBl. I 1997, S. 726) verkündet wurde, die gesetzliche Grundlage. Es regelt unter Berücksichtigung des Inneren Notstands nach Art. 91 GG Führungskompetenzen, Zuständigkeiten, Aufgabenzuweisungen, Maßnahmen der Katastrophenprophylaxe sowie die Mitwirkung öffentlicher und privater Institutionen. Es ist Aufgabe des Zivilschutzes, durch nichtmilitärische Maßnahmen die Bevölkerung, ihre Wohnungen und Arbeitsstätten, lebens- oder verteidigungswichtige zivile Dienststellen, Betriebe, Einrichtungen und Anlagen sowie das Kulturgut vor Kriegseinwirkungen zu schützen oder deren Folgen zu beseitigen oder zu mildern (§ 1 Abs. 1 ZSG). Im Einzelnen gehören insbesondere dazu der Aufbau, die Förderung und Leitung des Selbstschutzes der Bevölkerung (§ 5 ZSG), die Warnung der Bevölkerung im Verteidigungsfall (§ 6 ZSG) sowie auch die Errichtung von öffentlichen Schutzräumen (§ 7 ZSG). Ferner ergreift der Zivilschutz Maßnahmen zum Schutz der Gesundheit, die sich im Frieden darauf beschränken, die gesundheitliche Versorgung der Bevölkerung im Verteidigungsfall zu planen (§ 15 ZSG). Schließlich umfasst der Zivilschutz Maßnahmen zum Schutz von Kulturgut (§ 19 ZSG). Inzwischen wird der Katastrophenschutz in den Zivilschutz mit einbezogen: Die nach Landesrecht im Katastrophenschutz mitwirkenden Einheiten und Einrichtungen nehmen auch die Aufgaben zum Schutz der Bevölkerung vor besonderen Gefahren und Schäden, die im Verteidigungsfall drohen, wahr (§ 11 ZSG); dazu werden sie ergänzend ausgestattet (§ 12 ZSG) und ihre Helfer ausgebildet (§ 13 ZSG). Der Bund überlässt die Organisation der Katastrophenschutzbehörden den Ländern (§ 14 ZSG).

III. Auf Grund der Ereignisse des 11. Septembers 2001 sowie auch als Folge der Flutkatastrophe 2002 wurden die rechtlichen Rahmenbedingungen des – für den Friedens- und Verteidigungsfall – zweigeteilten Systems des Katastrophenschutzes neu geregelt. In diesem Zusammenhang errichtete der Bund zur Unterstützung des Krisenmanagements der Länder seit dem 1.5. 2004 das Bundesamt für Bevölkerungsschutz und Katastrophenhilfe (BBK) in Bonn als Bundesoberbehörde im Geschäftsbereich des Bundesministers des Innern. Das BBK versteht sich als zentrales Organisationselement für den zivilen Bevölkerungsschutz neben Polizei, Bundeswehr und Nachrichtendiensten als vierte Säule im nationalen Sicherheitssystem, vor allem gegen den „neuen Feind“ internationaler Terrorismus. Schon im September 2002 richteten die Akademie für Rettungsdienst und Gefahrenabwehr, das Institut für Notfallmedizin Hamburg und die Akademie für Krisenmanagement, Notfallplanung und Zivilschutz des BBK (AKNZ) eine Veranstaltung zum Thema „1. Internationaler Kongress zum 11. September 2001“ aus.

Dem BBK obliegen nunmehr alle Bereiche der Zivilen Sicherheitsvorsorge. Seine Aufgabe „Bevölkerungsschutz“ ist jetzt nicht mehr nur dem Verteidigungsfall im Sinne der Art. 115a ff. GG zuzuordnen, es soll viel mehr alle Bereiche der Zivilen Sicherheit fachübergreifend als Zentralstelle erfassen. Außerdem unterstützt das BBK als Servicestelle des Bundes das Krisenmanagement der Länder, hauptsächlich in den Feldern Information und Koordination. Wesentliche Aufgabe ist ferner die Entwicklung und Beschaffung der ergänzenden Ausstattung (z. B. Löschfahrzeuge, Fahrzeuge zur Erkundung von atomaren, biologischen und chemischen Kampfstoffen, Fahrzeuge zum Verletztentransport und zur Dekontamination von Personen), die Entwicklung von Ausbildungsinhalten des Zivilschutzes sowie die Ausbildung von Führungskräften und Ausbildern des Katastrophenschutzes im Rahmen ihrer Zivilschutzaufgaben. Die Kosten dafür trägt grundsätzlich der Bund (§ 23 ZSG).

Die Terroranschläge des 11. Septembers 2001 in den USA beschleunigten in Deutschland die Aktivitäten des Bevölkerungsschutzes. Das Zentrum für Krisenmanagement im BBK betreibt schon seit dem 1.10.2002 ein gemeinsames Melde- und Lagezentrum von Bund und Ländern (GMLZ). Es soll die Zusammenarbeit zwischen den zuständigen Bundes- und Länderbehörden, zwischen verschiedenen Bundesressorts sowie den Ländern untereinander koordinieren. Zuständig ist das GMLZ auch für die Zusammenarbeit mit nationalen, inter- und supranationalen Organisationen sowie zwischen Deutschland und anderen Staaten bei der Bewältigung von bedeutenden Schaden- und Gefahrenlagen. Dafür liefert das GMLZ den unterschiedlichsten Stellen ständig aktuelle Lageinformationen und ist im Auftrag des Bundesministeriums des Inneren im Rahmen des Gemeinschaftsverfahrens der Europäischen Union zur Förderung einer verstärkten Zusammenarbeit bei Katastrophenschutzeinsätzen tätig. Hauptaufgabe des GMLZ ist die ständige Lagebeobachtung. Diese wird durch Entgegennahme, Beschaffung, Analyse, Verarbeitung, Koordinierung, Weitergabe und Austausch von Meldungen und Informationen aktualisiert. Das GMLZ prognostiziert ferner Schadensentwicklungen bei eingetretenen Ereignisfällen. Darüber hinaus forscht das GMLZ länderübergreifend nach Experten und Ressourcen und vermittelt die Ergebnisse an die Bedarfsträger. Arbeitsgrundlage der Mitarbeiterinnen und Mitarbeiter des GMLZ sind z. B. das deutsche Notfallvorsorge-Informationssystem deNIS und ein ständig wachsendes Netzwerk von eigenen und externen Experten aus den verschiedensten Einrichtungen und Behörden aus dem Bereich des Bevölkerungsschutzes.

Eingeführt wurde auch ein modernes bundesweites Warnsystem. Die Bevölkerung soll schnell und flächendeckend über Schadensfälle und Katastrophenschutzmaßnahmen informiert werden. Der Bund hat bereits eine satellitengestützte Kommunikationsverbindung von den Zivilschutzverbindungsstellen zu den Rundfunkanstalten und zu den Lagezentren des Bundes und der Länder geschaffen. Das bestehende System kennzeichnet die Warnung als Meldung mit höchster Priorität, sodass die Übertragungszeit via Satellit für die Meldung nur noch rund 20 Sekunden beträgt. Außerdem sollen die Lagezentren der Länder mit Empfangs- und Sendestationen ausgestattet werden, damit bei begrenzten Katastrophenfällen auch regional schnell informiert werden kann. Das neue Kommunikationssystem wird durch ein Nachrichtenverteilsystem abgestützt. Die Zivilschutzverbindungsstellen und die Warnstelle der Zentralstelle für Zivilschutz erfassen Gefahrensituationen, die aus der Luft und am Boden entstehen können. Geplant ist auch im Feldversuch mit der Industrie, ein System des Warnrufs über Funkuhren und Mobiltelefone zu entwickeln. Neben dem Warndienst und dem satellitengestützten Warnsystem (SatWaS) gibt es im BBK – im Auftrag des Auswärtigen Amtes – auch die psychologische Notfallversorgung für im Ausland von außergewöhnlichen Ereignissen betroffene Bundesbürger (NOAH). Es wurde bisher bei schweren Busunglücken und vor allem beim Seebeben im Dezember 2004 eingesetzt.

IV. Waren vor dem 11. September 2001 Ausgangspunkt für den Katastrophenschutz Naturereignisse und Unglücke, so entwickelte sich die Ausweitung der Aufgaben im Katastrophenschutz ab 2002 vor dem Hintergrund, Katastrophen könnten aufgrund von Terroranschlägen eintreten. Angesichts der Terrorbedrohung rücken inzwischen die „kritischen Infrastrukturen" immer mehr in den Vordergrund; die ständige Funktionsfähigkeit der Energie-, Trinkwasser- und Nahrungsmittelversorgung sowie der Verkehrs-, Gesundheits-, Entsorgungs-, Kommunikations- und Sicherheitsinfrastrukturen der Behörden und Organisationen soll in Krisen- und Katastrophenlagen gesichert sein. Dabei haben die Neuregelungen insbesondere zum Ziel, eine Flut von Informationen zu erfassen, zu verarbeiten und zu speichern. Dies wird vor allem dem Bund und seiner Zentralstelle für zivile Sicherheit, dem Bundesamt für Bevölkerungsschutz und Katastrophenhilfe (BBK), zugestanden, der somit Regelungskompetenzen in Bezug auf eine allgemeine Gefahrenabwehr erhält. Kompetenzen für den Bereich der allgemeinen Gefahrenabwehr stehen aber nach der verfassungsmäßigen Ordnung der Bundesrepublik nicht dem Bund, sondern allein den Ländern zu. Insgesamt ist gesetzlich eine „Allzuständigkeit" des BBK festzustellen, das nach § 2 Abs. 1 BBKG Aufgaben wahrnimmt, die ihm durch das ZSG oder andere Bundesgesetze oder auf Grund dieser Gesetze – per Rechtsverordnung oder Verwaltungsakt – übertragen werden oder mit deren Durchführung es vom Bundesministerium des Innern oder mit dessen Zustimmung von anderen fachlich zuständigen obersten Bundesbehörden beauftragt wird, soweit keine andere Zuständigkeit durch Gesetz oder auf Grund eines Gesetzes festgelegt ist.

V. Auch in Notstandssituationen bleiben die Grundrechte Abwehrrechte gegen staatliche Maßnahmen. Das gilt auch für Maßnahmen des Katastrophenschutzes. Soweit es sich um Naturkatastrophen, Großschadensereignissen und Epidemien handelt, gilt das gesamte Grundgesetz uneingeschränkt fort, sodass rechtsstaatliche Grundsätze wie der Gesetzesvorbehalt, der Verhältnismäßigkeitsgrundsatz und die Rechtsweggarantie als tragende Elemente des Rechtsstaatsprinzips weiter fortwirken. Verfassungsrechtlich bedenklich ist es, dass es keinen Auskunfts- und Überprüfungsanspruch über Inhalt und Rechtmäßigkeit der vom BBK gespeicherten Daten gibt. Eine z. B. mit § 4 Abs. 4 S. 2 u. 3 KatSG Bln vergleichbare Regelung, dass verdeckte Datenerhebung unzulässig ist und die Daten, die nicht bei der betroffenen Person erhoben worden sind, dieser Person einschließlich des Zwecks der beabsichtigten Nutzung mitzuteilen ist, findet sich weder im BBK noch im ZSG.

Problematisch ist, dass die Katastrophenschutzgesetze der Länder eine Generalklausel beinhalten (z. B. § 8 KatSG Bln), die unter bestimmten Voraussetzungen grundsätzlich jede Maßnahme gegenüber einer Bürgerin oder einem Bürger zulässt. Es liegt im Ermessen der Behörde, ob sie Bürger in Anspruch nimmt und welche Maßnahmen sie ihnen gegenüber ergreift. In Betracht kommen Duldungspflichten z. B. für die Inanspruchnahme eines Eigentums, wenn etwa auf einem privaten Grundstück Einsatzleitungen oder Zeltstädte errichtet oder Obdachlose in Wohnungen eingewiesen werden. Aber auch aktive Arbeitsdienste wie z. B. die Mithilfe beim Deichbau, Durchführung von Absperrmaßnahmen etc. können verlangt werden. Die Heranziehung zu solchen Hilfsarbeiten im Katastrophenfall fällt dabei nicht unter den Begriff der verbotenen Zwangsarbeit nach Art. 12 Abs. 2 u. 3 GG bzw. Art. 4 EMRK. Für erlittene Schäden ist zwar grundsätzlich ein angemessener Ausgleich zu gewähren. Ersetzt werden regelmäßig aber nur die reinen Vermögensschäden sowie Schmerzensgeld bei Personenschäden. Schadenspositionen wie etwa ein entgangener Gewinn werden dagegen nur in Ausnahmefällen ausgeglichen. Außerdem müssen die Entschädigungsansprüche erst mühselig vor den Zivilgerichten geltend gemacht werden.

Atzbach, Rudolf L. 2005: Das neue Bundesamt für Bevölkerungsschutz und Katastrophenhilfe (BBK), in: Möllers, M. H. W. / Ooyen, R. Chr. van (Hg): Jahrbuch Öffentliche Sicherheit 2004/2005, Frankfurt a. M., S. 335-338

Bußjäger, Peter 2003: Katastrophenprävention und Katastrophenbekämpfung im Bundesstaat, Wien

Fuhrmann, Ursula 2002: Sicherheit bei Großschadensereignissen. Reform im Katastrophenschutz ist dringend für unserer Städte, in: Städtetag, H. 11, S. 21-22

Handwerk, Rudolf 2005: Handbuch der Zivilverteidigung. Zivilschutz – Katastrophenschutz – Zivilverteidigung, Loseblattausgabe, Heidelberg

Reichert, Dirk 2002: Zivil- und Katastrophenschutz in Deutschland – Freiwilligkeit (!) als tragende Säule, in: GAIA, H. 1, S. 71-72

Schrömbgens, Marius 2001: Hilfseinsätze im Zivil- und Katastrophenschutz. Freistellung, Vergütung, Erstattung, in: AuA, H. 8, S. 22-23

Wittling, Gernot (Hg.) 2001: Bevölkerungsschutz im 21. Jahrhundert, Edewecht

Martin H. W. Möllers

Korruption

I. Wie bei vielen anderen Begriffen, für die es keine Legaldefinition (Definition eines Begriffes in einem Gesetzestext) gibt, herrscht Unklarheit hinsichtlich der Frage, wie der Begriff „Korruption“ zu definieren sei. In der Bundesrepublik Deutschland besteht jedoch ein weitgehender Konsens, Korruption in erster Linie als eine Verletzung öffentlicher durch private Interessen, also als den Missbrauch öffentlicher Macht für den privaten Nutzen zu begreifen.

Entsprechend der öffentlichen Problematisierung der Thematik liegt der aktuelle Definitionsschwerpunkt auf Korruptionshandlungen zwischen der Privatwirtschaft als „Anbieterseite“ (Korrumpierender) und den öffentlichen Institutionen als „Annehmerseite“ (Korrumpierter). Korruption findet aber nicht nur zwischen öffentlichen Einrichtungen und privatwirtschaftlichen Unternehmen oder einzelnen Personen statt, sondern stellt auch in der freien Wirtschaft ein Mittel zur Vorteilsgewinnung dar. Korrumpierende Privatpersonen, wie z. B. der betrunkene Fahrzeugführer, welcher vor Ort versucht, den Polizeibeamten durch Bestechung von der Einziehung der Fahrerlaubnis abzuhalten, spielen hingegen von ihrer Bedeutung her eine untergeordnete Rolle. Korruption, welche sowohl über Geldleistungen als auch über Sachleistungen erfolgen kann, ist kein Delikt, das für sich alleine steht, sie ist niemals Selbstzweck, sondern dient immer dazu, einen unrechtmäßigen Vorteil zu erlangen. In den meisten Fällen kann Korruption als ein Teilbereich der → Wirtschaftskriminalität angesehen werden.

II. Der Korruptionsbegriff umfasst sowohl mit Strafe bedrohte Handlungen als auch ethisch-moralisch verwerfliche Praktiken. Mit Strafe bedrohte Korruptionshandlungen finden sich in den §§ 298-300 und §§ 331-335 StGB (Vorteilsannahme, Bestechlichkeit, Vorteilsgewährung, Bestechung und besonders schwere Fälle der Bestechlichkeit und Bestechung) sowie in § 108e StGB (Abgeordnetenbestechung im Zusammenhang mit dem Stimmenkauf). Ein eigentliches Gesetz zur Korruptionsbekämpfung, welches auch den Unrechtscharakter derartiger Verhaltensweisen verdeutlichen würde, existiert bis heute nicht. Auch bei dem Gesetz zur Bekämpfung der Korruption vom 13. August 1997 handelt es sich nicht um ein umfassendes Antikorruptionsgesetz. Namensgebung und Inhalt dieses Gesetzes, mit dem ein Straftatbestand gegen wettbewerbsbeschränkende Absprachen bei Ausschreibungen bzw. deren Umsetzung geschaffen wurde, verweisen jedoch neben dem deutlich werdenden politischen Bekämpfungswillen auch darauf, dass der Schwerpunkt der Korruptionsproblematik eindeutig im Bereich der Wirtschaftskriminalität zu sehen ist. Ethisch-moralisch verwerfliche Praktiken, welche mit den Strafgesetzen nicht erfasst werden, können im Bereich der öffentlichen Verwaltung über die vorhandenen disziplinarrechtlichen Bestimmungen sanktioniert werden.

III. Seit Mitte der 1990er Jahre bildet sich in Bezug auf die Korruption in der Bundesrepublik ein steigendes Problembewusstsein heraus. Hinweise hierauf geben bereits die Veränderungen der Erfassungsmodalitäten bei der Erstellung der Kriminalstatistiken: Seit 1994 werden in der Polizeilichen Kriminalstatistik Korruptionsstraftaten gesondert dargestellt; seit 1995 findet eine solche Darstellung ebenfalls für das Gesetz gegen unlauteren Wettbewerb Anwendung. Des Weiteren hat die Bundesregierung im Juni 1998 eine „Richtlinie zur Korruptionsprävention in der Bundesverwaltung“ beschlossen. Entsprechend der Antwort der Bundesregierung auf eine kleine Anfrage von SPD und Bündnis 90 / Die Grünen aus dem Jahre 2000 wird die Beschaffung von Dienstleistungen und Waren in sämtlichen Ministerien als korruptionsgefährdetes Arbeitsgebiet bzw. von manchen Behörden als besonders korruptionsgefährdet eingeschätzt.

Neuere Publikationen stellen kommunale Behörden, insbesondere Verwaltungsbereiche, die für Auftragsvergaben zuständig sind, als besonders anfällig für Korruption heraus. Es ist daher nur folgerichtig, dass mit Zunahme aufgedeckter Korruptionsfälle und den daraus ableitbaren materiellen und immateriellen Schäden (wie einem Vertrauensverlust in die Integrität der Institutionen) auch auf kommunaler und landespolitischer Ebene Anstrengungen zur Korruptionsbekämpfung unternommen werden. So bestimmte z. B. der nordrhein-westfälische Justizminister Fritz Behrens 1999 die Einrichtung von Schwerpunktstaatsanwaltschaften im Kampf gegen Korruption bei den Staatsanwaltschaften in Köln, Wuppertal, Bochum und Düsseldorf. In einigen Städten, z. B. Köln, Dresden, Leipzig, Berlin und Frankfurt, wurden Anti-Korruptionsbeauftragte bzw. Antikorruptions-Koordinatoren ernannt oder „Zentralstellen zur Korruptionsbekämpfung“ eingerichtet.

IV. Die über die Gesetzgebung hinausgehenden Maßnahmen zur Prävention und Verfolgung von Korruptionshandlungen müssen hinsichtlich ihrer Effektivität bewertet werden (vgl. hierzu die Kritik an den Maßnahmen zur Bekämpfung der → Wirtschaftskriminalität). Das Einsetzen von „Anti-Korruptionsbeauftragten“ und Ähnlichem stellt für sich genommen zunächst im besten Falle einen symbolischen, Verfolgungsbereitschaft signalisierenden Akt dar, im schlechtesten Falle ist es „Augenwischerei“, welche vorgibt, die Problematik anzugehen, ohne zu deren Bewältigung wirksam beizutragen. Von Bedeutung ist daher weniger die Schaffung derartiger Stellen an sich, sondern die ihnen zugeschriebenen Funktionen und Kompetenzen. Diese aber differieren untereinander erheblich: Auf der einen Seite gibt es mit der Korruptionsbekämpfung befasste Stellen ohne jegliche Ermittlungsbefugnis. Sie beschränken sich auf Aufklärungsarbeit bei der Verwaltung, in der Hoffnung, den Grad der Sensibilisierung für subtile und offensichtliche Bestechungsangebote zu erhöhen. Andere setzen rein präventiv bei strukturellen Maßnahmen an, wie z. B. mehr Transparenz der Verwaltungsvorgänge und Personalrotationen, oder sie stellen sich als Ansprechpartner für Angestellte des öffentlichen Dienstes und Privatpersonen zu Verfügung. Auf der anderen Seite wurden Stellen geschaffen, deren Befugnisse von der Weitergabe von Informationen (unter Absehen des Dienstweges) über Einsicht in jede Akte bei begründetem Verdacht bis zur Einschaltung von Strafverfolgungsbehörden in Abstimmung mit den zuständigen Ämtern reichen.

V. Korruption führt zur Verschwendung von Steuergeldern, hemmt die Arbeit der öffentlichen Verwaltung und lässt die Kosten der Privatwirtschaft steigen. 1999 wurde der jährlich verursachte Schaden alleine für den Bereich der öffentlichen Bauwirtschaft auf 5 bis 10 Milliarden DM geschätzt. Oftmals gibt es kein direktes Opfer der begangenen strafbaren Handlung und damit auch keinen Anzeigeerstatter, da Korruption in beiderseitigem Einvernehmen stattfindet. Als Opfer sind Dritte anzusehen – der Mitkonkurrent, der Staat, das Gemeinwohl oder die Volkswirtschaft. Neben dem verursachten, aufgrund einer anzunehmenden hohen Dunkelziffer nur schlecht zu schätzenden materiellen Schaden, wird auch davon ausgegangen, dass Korruptionsskandale innerhalb der Wirtschaft, Politik, Polizei und Justiz zu einem erheblichen Vertrauensverlust der Bevölkerung in diese Institutionen führen. Korruption wird allgemein als große Gefahr für den demokratisch verfassten Rechtsstaat und die soziale Marktwirtschaft verstanden.

Den aktuellen Bemühungen zur Korruptionsbekämpfung haftet ein Manko an: Sie zielen auf die Ebene, in der Wirtschaft und Staat am häufigsten miteinander verknüpft sind – die der (insbesondere kommunalen) Verwaltung. Was aber, wenn die Politik, also der Gesetzgeber selbst und nicht nur Angestellte in der öffentlichen Verwaltung, korrumpiert wird? Wenn politische Korruption in Form gegenseitiger (monetäre gegen politische) Gefälligkeiten auftritt, ohne dass konkrete Gegenleistungen vor der politischen Entscheidung durch Stimmabgabe ausgehandelt werden, da man weiß, dass „eine Hand die Andere wäscht“? Der 1994 geschaffene § 108e StGB, der die Abgeordnetenbestechung im Zusammenhang mit dem Stimmenkauf unter Strafe stellt, greift hier nicht. Es handelt sich hier um die Frage nach der Vorherrschaft der Politik, verstanden als Volkssouveränität gegenüber der Wirtschaft. Sie zu stellen, hat angesichts des Zusammenspiels von verdeckten Parteispenden und anonymisierten Spendern sowie für die Wirtschaft folgenschweren politischen Entscheidungen wie z. B. Grenzwertkataloge, Produktauflagen, Arzneimittelzulassungen, Ausfuhrbestimmungen etc. durchaus ihre Berechtigung. Wenn Abgeordnete nach einer Entscheidung von einem dadurch politisch Begünstigten als Dankeschön reichhaltige finanzielle Unterstützung erhalten, auch in Form der Einnahme von hochbesoldeten Wirtschaftsposten nach Beendigung der politischen Karriere, dann ist dies in Deutschland nicht strafbar.

Bannenberg, Britta 2002: Korruption in Deutschland und ihre strafrechtliche Kon-

trolle. Eine kriminologisch-strafrechtliche Analyse, Neuwied u. a.
Bundeskriminalamt (Hg.) 2000: Einschätzungen zur Korruption in Polizei, Justiz und Zoll, Wiesbaden
Eigen, Peter 2003: Transparency International. Das Netz der Korruption, Wie eine weltweite Bewegung gegen Bestechung kämpft, Frankfurt a. M. / New York
Leyendecker, Hans 2003: Die Korruptionsfalle, Reinbek
Pieth, Mark / Eigen, Peter (Hg.) 1999: Korruption im internationalen Geschäftsverkehr, Neuwied

Kurt H. G. Groll

Kriminalistik

I. Der Begriff „Kriminalistik" beinhaltet semantisch den lateinischen Wortstamm „crimen", der Verbrechen bedeutet. Zentraler Gegenstand der Kriminalistik ist also das Verbrechen. In Deutschland wurde der Begriff 1886 vom Strafrechtswissenschaftler Franz von Liszt eingeführt.

Kriminalistik wird überwiegend verstanden als „Lehre von der Strategie und vom richtigen (zweckmäßigen, Verf.) operativen, taktischen und technischen Vorgehen bei der Verbrechensverhütung und -aufklärung" (Burghard 1996, S. 171). Sie befasst sich strategisch mit der Kontrolle komplexer Kriminalitätsphänomene, bezogen auf einzelne Straftaten und kriminalistisch relevante Ereignisse mit deren Aufdeckung, Untersuchung und Verhütung. Bezüglich einzelner Straftaten sind als Gegenstand die Gesetzmäßigkeiten und Erscheinungen des Entstehens von Informationen (Spuren) bei der Begehung von Straftaten sowie die Methoden ihres Auffindens, Sicherns und Bewertens für Ermittlungs- und Beweiszwecke zu bezeichnen. Die Aufgabe der Kriminalistik „ist es, Handlungen und Ereignisse mit kriminalistisch-strafrechtlicher Relevanz aufzudecken, ihren Ablauf zu untersuchen, den Täter zu ermitteln und mit hinreichender Sicherheit zu überführen sowie Wirkungsmöglichkeiten in präventiver Hinsicht zu erkennen und in Anwendung zu bringen" (Ackermann u. a. 2001, S. 4).

II. Der Wissenschaftscharakter der Kriminalistik war noch bis in die zweite Hälfte des 20. Jahrhunderts umstritten. Gegenwärtig besteht in der Literatur dahingehend Übereinstimmung, diesen anzuerkennen (siehe dazu z. B.: Clages 1997, S. 23; Göppinger 1997, S. 40; Forker 2000, S. 53; Ackermann u. a. 2001, S. 4; Brodag 2001, S. 27; Schwind 2004, S. 9). Im System der Wissenschaften ist sie neben der → Kriminologie ein Teilgebiet der Kriminalwissenschaft. Ihre engste Verbindung besteht somit zur Kriminologie, der sie heute noch in Österreich zugeordnet wird. In der neuerlichen Diskussion um die Etablierung einer Polizeiwissenschaft wird durch Polizeiforscher zum Teil die Ansicht vertreten, die Kriminalistik könnte eine Säule dieser künftigen Disziplin bilden. Allerdings besteht hier die Gefahr der einseitigen Betrachtung, da kriminalistische Verfahrensweisen und Erkenntnisse nicht allein in der Polizei Anwendung finden, sondern wesentliche Voraussetzungen schaffen, die der Umsetzung des Strafverfahrens insgesamt dienen, somit auch für die Justiz unentbehrlich sind. Bedenklich ist die damit verbundene Vereinnahmung in das Lehrfach Einsatzlehre, durch die der wissenschaftlich-kriminalistische Ansatz nicht mehr genügend zum Tragen kommen kann.

Dem Wissenschaftscharakter der Kriminalistik entsprechend empfiehlt sich in ihrer Binnenstruktur eine Aufteilung der Kriminalistik in Allgemeine Kriminalistik und Besondere Kriminalistik. Die Allgemeinen Kriminalistik enthält die Teilgebiete, die für die Aufdeckung, Aufklärung und Untersuchung „aller" Straftaten von Bedeutung sind: Geschichte, Allgemeine Theorie und Methodologie der Kriminalistik, Kriminaltaktik, Psychologisch-Soziologische und Naturwissenschaftlich-Technische Kriminalistik (Kriminaltechnik). Die Besondere Kriminalistik umfasst die Methoden für die Untersuchung einzelner Straftaten bzw. spezieller Straftatengruppen, also Einzelgebiete (delikt-, personen- und objektbezogene Straftatenkategorien) sowie die Kriminalstrategie, die delikt-, fach- und regionalstrategisch ausgerichtet sein kann.

Vorherrschend wird in der einschlägigen Literatur die Kriminalistik in drei Bestandteile untergliedert: Kriminaltaktik, Kriminaltechnik und Kriminalstrategie (Kube/Störzer/Timm 1992, S. 2 f.). Die Kriminaltaktik ist die Lehre von den Methoden des zweckmäßigen, rationalen, ökonomischen und psychologischen Vorgehens bei der Aufklärung und Verhütung von Straftaten. Sie dient der Vorbereitung, Durchführung und Ergebnisbewertung von Ermittlungshandlungen im repressiven Bereich sowie von präventiven Aktivitäten. Unter Kriminaltechnik (besser: naturwissenschaftlich-technische Kriminalistik) wird die Gesamtheit der naturwissenschaftlichen und technischen Erkenntnisse, Mittel, Methoden und Verfahren, die zur Beweisführung bei der Aufdeckung, Untersuchung und Verhütung von Straftaten und anderen kriminalistisch relevanten Ereignissen eingesetzt werden, verstanden. Die Kriminalstrategie ist das planmäßig koordinierte Zusammenwirken staatlicher und nichtstaatlicher Institutionen bzw. polizeilicher Kräfte bei der Entwicklung und Anwendung spezifischer Verfahren für eine wirksame Verbrechensbekämpfung. Sie „soll Lösungsmethoden für umfassende, hoch komplexe, mittel- und langfristig angelegte Gestaltungsprobleme bieten, also Gesamtkonzepte zur Zielerreichung" (Brodag 2001, S. 27). Die Kriminalstrategie gewinnt angesichts der zunehmenden Globalisierung und Komplexität gesellschaftlicher, wirtschaftlicher und politischer Prozesse an Bedeutung, da diese mit entsprechend vernetzten Kriminalitätsphänomenen (→ Organisierte Kriminalität, → Wirtschaftskriminalität, Terrorismus) einhergehen.

III. Die historische Entwicklung der Kriminalistik wird in drei Phasen unterschieden: vorwissenschaftliche Kriminalistik, Entwicklung zur gerichtlichen Untersuchungskunde und Verwissenschaftlichung der Kriminalistik (Zbinden 1954). Die vorwissenschaftliche Phase der Kriminalistik war insbesondere gekennzeichnet durch Versuche der mystischen und magischen Aufhellung der „Missetat" (Forker 2000, S. 9). Die Befragung von Orakeln und Urteilen der Gottheiten (Ordalien) dienten dazu, den Verfehlenden zu überführen. Mit Durchsetzung der Inquisitionsverfahren und erster prozessualer Regelungen (z. B. Constitutio Criminalis Carolina im Jahre 1532) begann das Bemühen, Kenntnisse über den Straftatenverlauf mittels körperlicher Einwirkung (Territion und Tortur) zu erlangen. Aber auch schon auf vernunftmäßige Weise (ärztliche Begutachtung der Verletzung) war man versucht, die Wahrheit über den Tathergang herauszufinden.

Erst nach Abschaffung der Folter und Einführung des Prinzips der freien Beweiswürdigung ab Mitte des 18. und in der ersten Hälfte des 19. Jahrhunderts war der Weg für die Entwicklung der Kriminalistik zur Untersuchungskunde eröffnet, da nun die richterliche Überzeugung nicht mehr auf das Geständnis gegründet werden musste, „was zur Erschließung neuer Erkenntnisquellen und damit zu einer empirischen Ergründung des Ablaufes der Straftat und der differenzierten Schuld des Täters führte" (Forker 2000, S. 17). Im 19. Jahrhundert entwickelte sich die Beweistheorie (Mittermaier schrieb 1834 das Buch „Lehre vom Beweis"), das Strafprozessrecht löste sich vom Strafrecht und enthielt normative Regelungen zu Zwangsmaßnahmen. Anfänge kriminalpolizeilicher Strukturen bildeten sich in Frankreich, Großbritannien und Deutschland heraus. Dies führte wiederum zur Entstehung erster kriminalpolizeilicher Methoden (z. B. Führen von Lichtbildkarteien zu Tätern). Als Begründer der Untersuchungskunde kann der badische Amtmann Hugo Franz von Jagemann angesehen werden, der mit seinem zweibändigen „Handbuch der gerichtlichen Untersuchungskunde" (1838-1841) erstmals eine wissenschaftliche Durchdringung der Ermittlungspraxis von Kriminalfällen vornahm.

Die Entwicklung der Kriminalistik wurde insbesondere durch den Aufschwung der Naturwissenschaften sowie der Rechtsmedizin und der Psychologie Ende des 19. und Anfang des 20. Jahrhunderts gefördert. Der Österreicher Hans Groß (1847-1915) gilt als Begründer der wissenschaftlichen Kriminalistik. Während seines Wirkens an den Universitäten Czernowitz, Prag und Graz hielt er Vorlesungen zum Lehrfach Kriminalistik. 1893 schuf er mit dem „Handbuch für den Untersuchungsrichter" erstmals eine strukturierte Aufbereitung vorhandener kriminalistischer Erkenntnisse. Er verstand zum damaligen Zeitpunkt die Kriminalistik noch als Bestandteil der Kriminologie und förderte auch durch eigene Forschung die Kriminalpsychologie.

Der Strafrechtler Franz von Liszt verstand unter Kriminalistik eine „Gesamte Strafrechtswissenschaft“, die aus materiellem und formellem Strafrecht sowie aus Hilfswissenschaften zusammengesetzt sein sollte. Er gründete zudem mit dem Belgier Prins und dem Niederländer van Hamel im Jahre 1888 die „Internationale Kriminalistische Vereinigung“ (Leonhardt 1991, S. 530). Zur Anregung und Förderung der wissenschaftlichen Arbeit auf kriminalistischem Gebiet setzte er das bereits in Marburg gegründete Kriminalistische Seminar an der Friedrich-Wilhelms-Universität zu Berlin fort und begründete damit gewissermaßen die kriminalistische Lehre als universitäre Disziplin, auch wenn die Einrichtung eines Lehrstuhls noch einige Zeit in Anspruch nahm. Die kriminalistische Fotografie, die Körpermessverfahren, die sich zur Signalementlehre entwickelten, Daktyloskopie, kriminalistische Biologie und kriminalistische Chemie, kriminalistische Ballistik und kriminalistische Akustik prägten immer mehr das Profil einer naturwissenschaftlichen technischen Kriminalistik.

Nachdem sich international die Kriminalistik an mehreren europäischen Universitäten etabliert hatte, wurde sie in Deutschland an der Berliner Universität im Jahre 1920 als Lehrfach eingeführt. Seit dieser Zeit hatte sie ihren festen Platz an der späteren Humboldt-Universität zu Berlin. Nach dem Zweiten Weltkrieg gründete der aus Riga stammende Kriminalist und Schriftsachverständige Prof. Arthur Kanger dort an der Juristischen Fakultät ein Institut für Kriminalistik. Es nahm Forschungs- und Lehraufgaben wahr und unterhielt internationale Verbindungen, insbesondere nach Osteuropa. In der DDR war es erstmalig möglich, an der Humboldt-Universität auf dem Gebiet der Kriminalistik einen akademischen Grad zu erlangen (Diplom-Kriminalist); analoge Institute wurden an den Universitäten Leipzig, Halle und Jena geschaffen.

Im Jahre 1968 wurde an der Humboldt-Universität eine eigenständige Sektion Kriminalistik außerhalb der juristischen Fakultät eingerichtet, die im Jahre 1994 in Folge der Einheit Deutschlands aufgelöst wurde. Seit diesem Zeitpunkt wird Kriminalistik an deutschen Universitäten, außer noch einigen Jahren in Jena, nicht mehr gelehrt. Sie findet lediglich an den Fachhochschulen für öffentliche Verwaltung bzw. Polizeifachhochschulen der Länder und an der Polizei-Führungsakademie eine Lehrbasis. Ihre forschungsmäßige Weiterentwicklung wird fast ausschließlich am Bundeskriminalamt betrieben. Im Jahre 1998 beschlossen die Kriminalistik-Dozenten der genannten Lehreinrichtungen, die Kriminalistik wieder systematisch zu entwickeln und sich dafür zu engagieren, sie an einer Universität zu etablieren. Im Jahre 2003 gründete sich ausgehend von dieser Initiative die „Deutsche Gesellschaft für Kriminalistik“. Als gemeinnütziger Verein strebt sie u. a.

an, „die Kriminalistik als Wissenschaft und praktisches Instrument der Straftatenentwicklung fort (zu)entwickeln und damit ihren gesellschaftlichen Stellenwert (zu)verbessern“ (Wolfsburger Programm, unter: www. kriminalistik.info).

IV. In den letzten zwanzig Jahren hat sich die Kriminalistik hinsichtlich ihrer Verfahren und Methoden auf einigen Gebieten rasant entwickelt. Hervorzuheben ist die Weiterentwicklung des naturwissenschaftlichen technischen Bereichs, der durch die Möglichkeit, mit immer weniger Spurenmaterial auf der Grundlage computergestützter Verfahren im Mikrobereich Materialien auszuwerten, dem Sachbeweis eine immer größere Bedeutung in der Beweisführung verleiht. Nach der Entdeckung der Beweiskraft der Fingerabdrücke kann die Möglichkeit der → DNA-Analyse als ein weiterer wesentlicher Entwicklungsschritt in der naturwissenschaftlichen Beweisführung bezeichnet werden. Im kriminaltaktischen Bereich hat sich die Operative Fallanalyse, die kriminalistische und kriminologische Erkenntnisse der Täterermittlung zugrunde legt, als ein wichtiges Instrument der Straftatenaufklärung erwiesen.

Insbesondere Internationalisierung, Computerisierung, Spezialisierung und Qualitätssicherung sind wesentliche Merkmale, die heute und künftig die Kriminalistik kennzeichnen (vgl. Grafl 2002, S. 379). Eine moderne Herausforderung an kriminalistische Ermittlungsmethoden stellt die Straftatenbegehung unter Nutzung des Internets dar (→ Computerkriminalität, → Internetüberwachung).

V. Unter den Bedingungen der Globalisierung, Flexibilität und Mobilität des Täterverhaltens, die sich u. a. in terroristischen Handlungen zeigen, erlangen für die Kriminalistik internationale sicherheitspolitische Aspekte zunehmend an Bedeutung. Die terroristische Bedrohung hat in Deutschland die Diskussion ausgelöst, wie die computergestützten Auswertesysteme zu erweitern und die Zusammenführung der Erkenntnisse der für Sicherheit verantwortlichen Institutionen sinnvoll zu organisieren sind, ohne die grundgesetzlich bestimmten Kompetenzen der Sicherheitsorgane und den Datenschutz zu verwässern.

Nach den Ereignissen des 11. September 2001 und der sich danach zeigenden Entwicklung terroristischer Anschläge ist die Schaffung einer nationalen wie auch internationalen Sicherheitsarchitektur von herausragender Bedeutung. Bezogen auf die Kriminalistik erwachsen vorrangig Anforderungen an die strategische kriminalpolizeiliche Auswertung. Erforderlich ist eine Ergänzung der klassischen Auswertung um anspruchsvolle Formen von Fall-, Struktur- und Profilanalysen, die national und international verwendbar sind. Neue Dimensionen ergeben sich aus der Notwendigkeit, Finanzströme aufzudecken, die oft logistische Basis für organisiertes kriminelles und terroristisches Handeln bilden. Typologien und Methoden der → Geldwäsche gilt es aufzudecken und datenmäßig aufzubereiten. Das zunehmende Informationsaufkommen und die Möglichkeiten der modernen Informationsverarbeitung verlangen optimale Managementstrategien. Vorgesehen ist der Ausbau von „Informationsboards", in denen Sicherheits- und andere Behörden auf der Grundlage ihrer jeweiligen rechtlichen Befugnisse ein kriminelles Phänomen umfassend analysieren und Gegenmaßnahmen ergreifen können.

Die optimale Informationsaufbereitung und -übermittlung wird sowohl national als auch international auf der Grundlage moderner Kommunikations- und Informationssysteme eine immer größere kriminalstrategische Bedeutung erlangen. Dabei hat die → Kriminalprävention inzwischen ein gleiches Gewicht erlangt wie die Verfolgung krimineller Aktivitäten. Internationale Einrichtungen wie → Europol (Europäisches Polizeiamt), Eurodac (Europaweites Automatisiertes Fingerabdrucksystem für Asylbewerber), → Eurojust (soll ein justizieller Gegenpol zu Europol werden), IKPO (Internationale Kriminalpolizeiliche Organisation), SIS (→ Schengener Informationssystem) und viele andere multi- und bilaterale Abkommen und Datensysteme führen zu einer immer stärkeren Verflechtung der Maßnahmen der europäischen und auch anderen Staaten gegen die Kriminalität.

Bereits im Jahr 1992 wurde im Vorwort zu dem Werk „Kriminalistik – Handbuch für Praxis und Wissenschaft" festgestellt: „Kriminalistik unterliegt einem ständigen, sich gerade in den technischen Bereichen sogar beschleunigenden Wandel. Es gibt inzwischen niemanden mehr, der alle angewandten kriminalistischen Methoden kennen oder gar beherrschen würde" (Kube/Störzer/Timm 1992, S. V). Diese Aussage impliziert, dass die Kriminalistik als eine interdisziplinäre Wissenschaft mit vielen anderen Wissenschaftsdisziplinen (Kriminologie, Biologie, Physik, Medizin, Psychologie, Soziologie, Informationswissenschaft, Politologie, Rechtswissenschaft) verbunden ist, welche die Entwicklung der Kriminalistik mit vorantreiben, diese aber auch durch die Kriminalistik befruchtet werden.

Ackermann, Rolf 2002: Zu Funktionen und Aufgaben der Kriminalistik, in: Kriminalistik, H. 5, S.297-304

Ackermann, Rolf 2003: Kriminalistik weiterentwickeln, in: Kriminalistik, H. 3, S. 140-151

Ackermann, Rolf u. a. 2001: Zum Stellenwert der Kriminalistik, Artikelserie in Kriminalistik, H. 9-12/2000, Sonderdruck, Heidelberg

Ackermann, Rolf / Clages, Horst / Roll, Holger 2003: Handbuch der Kriminalistik. Kriminalistik für Praxis und Ausbildung, Stuttgart

Brodag, Wolf-Dietrich 2001: Kriminalistik. Grundlagen der Verbrechensbekämpfung, Stuttgart u. a.

Burghard, Waldemar (Hg.) 1996: Kriminalistik-Lexikon, 3. völlig neubearb. und erw. Aufl., Heidelberg

Clages, Horst 1997: Kriminalistik. Lehrbuch für Ausbildung und Praxis, Stuttgart u. a.

Clages, Horst (Hg.) 2004: Der Rote Faden. Grundsätze der Kriminalpraxis, 11. völlig neu bearb. und erw. Aufl., Heidelberg

Forker, Armin 2000: Einführung in die Kriminalistik, Kriminalistische Kompetenz – Kriminalistenfachbuch KR 1, Losblattsammlung, Lübeck / Berlin / Essen

Göppinger, Hans 1997: Kriminologie, München

Grafl, Christian 2002: Perspektiven der Kriminalistik, in: Kriminalistik, H. 6, S. 379-384

Kube, Edwin 2003: Kriminalistik, in: Dittmann, V. / Jehle, J.-M. (Hg.): Kriminologie zwischen Grundlagenwissenschaften und Praxis, Mönchengladbach, S. 381-388

Kube, Erwin / Störzer, Hans U. / Timm, Klaus J. 1992: Kriminalistik. Handbuch für Praxis und Wissenschaft, Bd. 1, Stuttgart u. a.

Leonhardt, Rainer 1991: Abschied von einem Schatz, in: Kriminalistik, H. 8-9, S. 529-534

Schwind, Hans-Dieter 2004: Kriminologie. Eine praxisorientierte Einführung mit Beispielen, Heidelberg

Timm, Klaus J. 2003: Kriminalistik – Stand und Perspektiven, in: Kriminalistik, H. 3, S. 138-139

Weihmann, Robert 2004: Kriminalistik. Ein Grundriss für Studium und Praxis, 7. aktualisierte und erw. Aufl., Hilden

Zbinden, Karl 1954: Kriminalistik-Strafuntersuchungskunde. Ein Studienbuch, München/Berlin

Reingard Nisse

Kriminalpolitik

I. Unter „Kriminalpolitik“ wird oftmals Rechtspolitik auf dem Gebiet des Strafrechts und damit die Reform des Strafrechts verstanden. Diese enge Auffassung von Kriminalpolitik entspricht aber nicht dem kriminologischen Diskurs. Schon vor über 100 Jahren hatte Franz von Liszt darauf hingewiesen, dass die beste Kriminalpolitik eine gute Sozialpolitik sei. Demzufolge umfasst Kriminalpolitik ressortübergreifende Verbrechensbekämpfung, wobei sich die entsprechenden Aktivitäten nicht nur auf repressive Bereiche beziehen, sondern auch auf den Einsatz (auch außerstrafrechtlicher) präventiver Maßnahmen (vgl. Schwind 2004, S. 13). Kerner spricht von „ressortübergreifender Kriminalpolitik“ (1991, S. 201 f.), Hassemer von einer „Rechtsgüterpolitik“ (1973, S. 193), die gesellschaftlich weiterreichende Ziele verfolge. Kriminalpolitik beschränkt sich somit nicht auf die Frage der Wirksamkeit des Strafrechts, sondern umfasst die Gesamtheit aller staatlichen Maßnahmen zur Verbrechensverhütung und Verbrechensbekämpfung (vgl. Schwind 1980, S. 5). Eher wissenschaftlich gewendet bedeutet Kriminalpolitik die systematisch geordnete Darstellung der gesellschaftlichen Strategien, Taktiken und Sanktionsmittel, die auf eine optimale Verbrechensbekämpfung gerichtet sind (vgl. Kaiser 1993, S. 280 f.).

II. Der Begriff der Kriminalpolitik wurde erstmals um 1800 verwendet (vgl. Schwind 1980; Zipf 1980). Seit In-Kraft-Treten des Reichsstrafgesetzbuches (RStGB) im Jahre 1871 lassen über 170 Änderungsgesetze erkennen, dass die „enge“ Auffassung von Kriminalpolitik im politischen Diskurs vorherrscht. Dabei steht jede Veränderung in einem Abhängigkeitsverhältnis zum jeweiligen Entwicklungsstand der gesamten Rechtspolitik eines Staates (vgl. Kerner 1991, S. 201), charakterisiert also das kriminalpolitische Klima zu diesem Zeitpunkt. Auch in den letzten Jahrzehnten unterlag das System zum Teil erheblichen Veränderungen. Stichworte hierzu sind beispielsweise die Reduzierung der unbedingten Freiheitsstrafen zugunsten der Bewährungsstrafen bei gleichzeitiger Zunahme der Geldstrafen (vgl. Heinz 1999), aber auch die gesetzgeberischen Folgen des RAF-Terrorismus und des „internationalen“ Terrorismus.

Kriminalpolitik wird aber nicht allein vom Gesetzgeber und der Justiz bestimmt; die Exekutive und z. B. auch die Medien haben einen großen Einfluss, wogegen die Wissenschaft mehr und mehr zurücktritt, obwohl sie eigentlich mit ihren empirischen Belegen und theoretischen Konzepten die Grundlage einer rationalen Kriminalpolitik sein sollte und sein will. Zu der Art und Weise, wie Kriminalpolitik auf Regierungsebene betrieben wird, äußert sich Horst Viehmann, selbst jahrelang an vorderster Stelle für kriminalpolitische Reformen im Bundesjustizministerium zuständig: Wer sich mit Reformen befasse, „muss eine stabile Psyche und ein gutes Maß an Abgebrühtheit haben, denn er sieht einerseits, welch unsinnige Rationalitäten Gesetzentwürfen zugrunde liegen können und andererseits mit welcher Unverfrorenheit Politiker in höchsten Ämtern etwa als Minister harte Strafen gegen jugendliche Straftäter fordern (...) und im gleichen Atemzug weit gravierendere Gesetzesverletzungen begehen. Diese Politvergehen alleine fördern die Erosion des Rechtsbewusstseins mehr, als alle jugendlichen Ladendiebe es vermögen.“

Naucke ist zuzustimmen, dass die neuere Geschichte der Kriminalpolitik die Vermutung nahe legt, „dass der moderne Staat die Wissenschaft benutzt, soweit ihm das zweckmäßig scheint, dieser Wissenschaft aber nicht folgt, sobald wissenschaftliche Ergebnisse sich als inopportun erweisen“ (1984, S. 217) – wobei dieses Ergebnis eigentlich nicht wirklich überraschen kann, denn dass Politik in dieser Form mit Wissenschaft umgeht, ist schon lange bekannt (vgl. Feltes 1988).

Eine Blüte erlebte die (wissenschaftliche) Kriminalpolitik in Deutschland Ende der 80er Jahre, als die „Frankfurter Schule der Kriminalpolitik“ (Schüler-Springorum 1991, S. 7) die Diskussion wesentlich prägte (vgl. Hassemer 1987; Lüderssen 1987; Naucke 1987). Demgegenüber wurden die kriminalpolitischen Konsequenzen der Wiedervereinigung 1989/90 ebenso wie die Folgen der Terroranschläge des 11. September 2001 nur zögerlich und zu spät diskutiert (vgl. Scheerer 2002), und seit der offensichtlichen Finanzkrise des Staates und dem damit verbundenen insgesamt repressiver gewordenen gesellschaftlichen Klima hat Kriminalpolitik keine Konjunktur mehr.

Kriminalpolitik umfasst auch (und möglicherweise wesentlich) die „Legitimation durch Verfahren" (Luhmann 1969), wobei man die Legitimationsachse durchaus bis in den Strafvollzug hineinverlängern und so dem Wegsperren von Tätern eine wichtige kriminalpolitische Bedeutung zuweisen kann. Zudem beeinflussen das formelle, vor allem aber das informelle Strafverfahren die Kriminalpolitik inzwischen immer mehr. Wenn 70 % aller von der Polizei eingeleitete Ermittlungsverfahren im weiteren Verlauf eingestellt werden, dann kann die kriminalpolitische Bedeutung dieser Tatsache nicht hoch genug bewertet werden. Entsprechend kontrovers wird dies auch diskutiert, weil man das Legalitätsprinzip nicht angreifen will, obwohl man von einem „faktischen Opportunitätsprinzip" bei der Polizei ausgehen muss (vgl. Kerner 1973; Feltes 1996).

III. Der 11. September 2001 und die daraufhin einsetzende Diskussion um den so genannten „internationalen Terrorismus" verstärkten die schon zuvor eingesetzten repressiven und restriktiven Tendenzen in der Kriminalpolitik. Sicherheit geht seit diesem Zeitpunkt deutlich vor Freiheit – auch in den Augen vieler Bürger, die gegen eine absolute Kontrolle kaum noch etwas einzuwenden haben. Nach Krasmann und anderen erleben wir einen Wandel der Kriminalpolitik, da Kriminalität nicht mehr bekämpft, sondern nur noch verwaltet werde. Dies sei das Ergebnis der Dominanz der liberalen Gouvernementalität, deren Macht sich auf aggregierte Populationen richte, „die mit Hilfe bestimmter Regulierungsmechanismen zum Gegenstand der Überprüfung, Berechnung und Kalkulation werden" (Krasmann 2003, S. 78). Man wird zwar der Analyse folgen können, wonach im Prozess des Aushandelns gesellschaftlicher Entwicklungen zunehmend administrative und vor allem fiskalische Aspekte eine Rolle spielen; daher müssen sich auch Kriminologie und Kriminalpolitik diesen Fragen zuwenden. Darin aber eine Rationalisierung des Kriminellen (vgl. Markantonatou 2004) oder gar eine Rationalisierung der Kriminalpolitik zu sehen, geht fehl. Zwar ist es richtig, dass Effektivität und Effizienz zunehmend an Bedeutung gewinnen und dabei Kriminalitätskosten eine Rolle spielen (vgl. Schüler-Springorum 1991, S. 37 ff.). Die USA als kriminalpolitisches System, das für seine starke Orientierung an ökonomischen Aspekten bekannt ist, haben jedoch mit der „Three-Strikes-and-you-are-out"-Politik, die 1994 begann, inzwischen ein kriminalpolitisches Fiasko erlitten. Inzwischen werden in den USA jedes Jahr rund eine Millionen Gefangene aus dem Strafvollzug entlassen; Menschen, die meist krank und ohne Perspektive ein neues Lumpenproletariat in den amerikanischen Großstädten bilden (vgl. Feltes 2001). Dabei wenden manche US-Bundesstaaten mehr Geld für den Strafvollzug auf als für ihr Bildungssystem.

IV. Die Kriminalpolitik an der Wende zum 21. Jahrhundert ist gekennzeichnet durch eine Betonung der Innerer Sicherheit. Mittel der Wahl ist hierfür das Strafrecht, das inflationär eingesetzt und zunehmend verschärft wird. Das kriminalpolitische Klima ist nicht nur rauer geworden (vgl. Ostendorf 2001, S. 27), sondern es hat sich grundlegend verändert. In Zeiten knapper Kassen haben kriminologische Theorien keine Konjunktur mehr (vgl. Kühne 2003, S. 23). War es in den 60er Jahren des letzten Jahrhunderts noch modern, über Entkriminalisierung zu diskutieren und – wenn auch vereinzelt – umzusetzen, so wurden in den letzten Jahren immer neue Straftatbestände geschaffen und immer höhere Strafen angedroht und auch angewendet; der Anstieg der Strafvollzugspopulation ist wesentlich auf dieses „Mehr" an Strafe zurückzuführen. Eine Trendwende ist, trotz der noch immer hier und da (wenn auch inzwischen eher verschämt) erhobenen Forderung nach einer Abschaffung des gesamten Strafrechts (Stichwort: „Abolitionismus"; Feltes 1991), momentan nicht zu erkennen. Die öffentliche Verunsicherung vor dem Hintergrund einer vor allem von den USA beschworenen und mit verursachten Terrorgefahr, aber auch einer ständig steigenden allgemeinen gesellschaftlichen Verunsicherung (Alterspyramide der Gesellschaft, Hartz-IV-Diskussion), lässt dies nicht zu.

Kriminalpolitik soll vernünftig (also rational) sein, wenn sie Erfolg im Rahmen der repressiven und präventiven Verbrechensbekämpfung verspricht und nicht gegen das Grundgesetz verstößt (vgl. Schwind 1985, S. 573). Aber kann Kriminalpolitik überhaupt rational, also vernunftbasiert sein? Naucke (1982, S. 59) sieht die hierin enthaltene Forderung, Verbrechen emotionslos zu betrachten, als unpolitischen Irrealismus, und auch Schüler-Springorum (1991, S. 174 ff.) steht diesem Ansatz, der auch von Kaiser vertreten wird, kritisch gegenüber. Er spricht von einer „schein-heiligen Rationalität", weil zwischen denen, die Kriminalpolitik betreiben und denen, die von ihr betroffen sind, ein erhebliches Machtungleichgewicht bestehe. Das Strafrechtssystem wird eben nach wie vor „als Allzweckwaffe gegen so ziemlich alles (missbraucht), was uns nicht passt oder wovor wir Angst haben" (Hassemer 1995, S. 485; siehe auch Hassemer 1999, S. 5 f.).

Damit sind Einrichtungen wie das 1998 gegründete „Europäische Forum für angewandte Kriminalpolitik" oder das 1994 ins Leben gerufene „Bremer Institut für Kriminalpolitik" zwar nicht überflüssig, aber ihre Wirkweise dürfte doch eher beschränkt sein. Ebenso stoßen neuere kriminalpolitische Bestrebungen (wie z. B. die „kommunale Kriminalprävention", vgl. Feltes 2004) dann sehr schnell an ihre

Grenzen, wenn die Wohltäter dieser Präventionsangebote feststellen müssen, dass ihre Wohltaten nicht den gewünschten Erfolg haben, also nicht für kriminalpolitische Ruhe sorgen. Immerhin hat die Kriminalpolitik seit längerem einen Lehrstuhl (in Bochum), seit 1988 eine eigene Zeitschrift („Neue Kriminalpolitik"); auch die Zeitschrift „Bewährungshilfe", inzwischen im 51. Jahr, bezeichnet sich als „Fachzeitschrift für Soziales, Strafrecht und Kriminalpolitik".

Dennoch wird man im Ergebnis Hassemer folgen müssen, der bereits 1995 eine sehr ernüchternde Bilanz gezogen hat: Praktische Kriminalpolitik bedeute hierzulande „seit etwa zwanzig Jahren nichts anderes als Verschärfung und Verbilligung; theoretische Äußerungen zu dieser Praxis beschränken sich seit ebenso langer Zeit auf gut gemeinte Warnungen vor übertriebenen Eingriffen in bürgerliche Freiheiten – wenn sie die Verschärfungen nicht gar billigen und einfordern" (S. 483 f.). Man müsse registrieren, dass die Kriminalpolitik „sachverständige Beratung offenbar nicht mehr braucht" (S. 484) – nicht einmal mehr zur eigenen Legitimierung.

Feltes, Thomas 1988: Kriminologische (Praxis-) Forschung: Einige allgemeine Gedanken zu den Abhängigkeiten und Schranken bei der Erkennbarkeit und Veränderbarkeit von kriminologisch relevanter Realität, in: Feltes, Th. / Kury, H. (Hg.): Kriminologie und Praxisforschung, Bonn, S. 55-101

Feltes, Thomas 1991: Abolitionismus, in: Kerner, H.-J. (Hg.): Kriminologie Lexikon, 4. Aufl., Heidelberg, S. 1

Feltes, Thomas 1996: Effizienz der Straftatenbekämpfung, in: Kube, E. (Hg.): Handbuch für polizeiliche Führungskräfte, Stuttgart, S. 573-602

Feltes, Thomas 2001: Das Zero-Tolerance-Konzept: Gartenzwerge aus New York. Oder: Was fangen wir mit der us-amerikanischen Polizeistrategie an? In: Krimnalistik, H. 2, S. 85-89

Feltes, Thomas 2004: Gemeinschaftliche statt kommunaler Kriminalprävention: Ein neuer Weg? In: DKrim, H. 1, S. 5-14

Hassemer, Winfried 1973: Theorie und Soziologie des Verbrechens, Frankfurt a. M.

Hassemer, Winfried 1987: Bedingungen und Gegenstände der Strafrechtspolitik, in: Hassemer, W. (Hg.): Strafrechtspolitik, Frankfurt a. M., S. 9-13

Hassemer, Winfried 1995: Perspektiven einer neuen Kriminalpolitik, in: StV, H. 15, S. 483-490

Hassemer, Winfried 1999: Neue Ansätze der Kriminalpolitik – Prävention durch Integration oder Repression, in: Rössner, D. / Jehle, J.-M. (Hg.): Kriminalität, Prävention und Kontrolle, Heidelberg, S. 3-24

Heinz, Wolfgang 1999: Sanktionierungspraxis in der Bundesrepublik Deutschland im Spiegel der Rechtspflegestatistiken, Berlin / New York

Kaiser, Günther 1993: Kriminalpolitik, in: Kaiser, G. / Kerner, H.-J. (Hg.): Kleines kriminologisches Wörterbuch, 3. Aufl., Heidelberg, S. 280-286

Kerner, Hans-Jürgen 1973: Verbrechenswirklichkeit und Strafverfolgung, München

Kerner, Hans-Jürgen 1991: Kriminalpolitik, in: Kerner, H.-J. (Hg.): Kriminologie Lexikon, 4. Aufl., Heidelberg, S. 201-203

Krasmann, Susanne 2003: Die Kriminalität der Gesellschaft. Zur Gouvernementalität der Gegenwart, Konstanz

Kühne, Hans-Heiner 2003: Neue nationale und internationale Entwicklungen in der Kriminalpolitik, in: Minthe E. (Hg.): Neues in der Kriminalpolitik, Wiesbaden, S. 23-37

Lüderssen, Klaus 1987: Neuere Tendenzen der deutschen Kriminalpolitik, in: StV, H. 7, S. 163-173
Luhmann, Niklas 1969: Legitimation durch Verfahren, 2. Aufl., Opladen
Markantonatou, Maria 2004: Die Umsetzung des Neuen Öffentlichen Managements in der Kriminalpolitik, in: KrimJ, H. 3, S. 162-177
Naucke, Wolfgang 1982: Strafrecht – Eine Einführung., 4. Aufl., Frankfurt a. M.
Naucke, Wolfgang 1984: Über deklaratorische, scheinbare und wirkliche Entkriminalisierung, in: GA, H. 181, S. 199-217
Naucke, Wolfgang 1987: Entwicklungen der allgemeinen Politik und der Zusammenhang dieser Politik mit der Reform des Strafrechts in der Bundesrepublik Deutschland, in: Hassemer, W. (Hg.): Strafrechtspolitik, Frankfurt a. M., S. 15-32
Ostendorf, Heribert 2001: Soziale Arbeit, Strafrecht und Kriminalpolitik – nationaler und internationaler Globalüberblick, in: BewHi, H. 1, S. 27-38
Scheerer, Sebastian 2002: Nachteil und Nutzen kritischer Kriminologie in Zeiten des Terrorismus, in: KrimJ, H. 1, S. 35-40
Schüler-Springorum, Horst 1991: Kriminalpolitik für Menschen, Frankfurt a. M.
Schwind, Hans-Dieter 1980: Zur kriminalpolitischen Lage in der Bundesrepublik Deutschland, in: Schwind, H.-D. / Berckhauer, F. / Steinhilper, G. (Hg.): Präventive Kriminalpolitik, Heidelberg, S. 3-26
Schwind, Hans-Dieter 1985: „Rationale" Kriminalpolitik als Zukunftsaufgabe, in: Schwind, H.-D. (Hg.): Festschrift für Günter Blau, Berlin, S. 573-597
Schwind, Hans-Dieter 2004: Kriminologie – Eine praxisorientierte Einführung mit Beispielen, 14. Aufl., Heidelberg
Viehmann, Horst 2004: JGG-Reformen zwischen Wissenschaft und Politik. Vortrag zur Eröffnung des 14. Niedersächsischen Jugendgerichtstages in Hannover am 31. August 2004, unter: www.horst.viehmann.de
Zipf, Heinz 1980: Kriminalpolitik – Ein Lehrbuch, 2. Aufl., Karlsruhe

Thomas Feltes

Kriminalprävention

I. „Kriminalprävention" umfasst die Gesamtheit aller staatlichen und privaten Bemühungen zur Verhütung von Straftaten. Diese Definition schließt alle Maßnahmen ein, die Kriminalität als gesellschaftliches Phänomen (Makroebene) oder Straftaten als individuelles Ereignis (Mikroebene) quantitativ verhüten, qualitativ mindern oder zumindest die unmittelbaren Folgen der Deliktsbegehung (z. B. Schadensausmaß) gering halten sollen. Auch der Aspekt der Vermeidung bzw. Reduzierung überhöhter Kriminalitätsfurcht (→ subjektives Sicherheitsgefühl) wird von diesem Begriffsverständnis abgedeckt.

In den Kriminalwissenschaften werden drei Stufen der Kriminalprävention unterschieden: (1) Die primäre Prävention, in deren Mittelpunkt Kinder und Jugendliche stehen, zielt auf die Reduzierung der Ursachen kriminellen Verhaltens durch Sozial-, Wirtschafts- oder Kulturpolitik. Im Mittelpunkt stehen vorbeugende Strategien, bezogen auf Erziehung bzw. Sozialisation, Wohnen, Arbeit, Freizeit usw.; auch die Stabilisierung des Rechtsbewusstseins gehört dazu. (2) Über die sekundäre Prävention (Repression) sollen potenzielle Straftäter durch Strafgesetze, polizeiliche Ermittlungserfolge, Verschlechterung der Tatgelegenheitsstrukturen, Warnung der wahrscheinlichen Opfer (z. B. durch das Kriminalpolizeiliche Vorbeugungsprogramm) abgeschreckt werden. (3) Die tertiäre

Prävention zielt auf die (polizeiliche und strafrechtliche) Rückfalleindämmung. Sie setzt im Gegensatz zur primären und sekundären Prävention die Begehung einer Straftat bereits voraus. Die tertiäre Prävention reicht vom Täter-Opfer-Ausgleich bzw. Diversion über den Strafvollzug bis zur Entlassenenhilfe.

II. Grob skizziert vollzog sich die Kriminalprävention hierzulande bis ca. Ende der 80er Jahre vornehmlich im Rahmen von drei Entwicklungslinien: klassische Jugend- und Sozialarbeit mit ihren auch kriminalpräventiven Effekten; vornehmlich auf technische Prävention gestützte Beratungsdienstleistungen der Polizei (Schwerpunkt: Einbruch- und Diebstahlprävention); private Sicherheitsdienste mit den Sparten Sicherheitstechnik und Sicherheitsdienstleistungen (Werk- und Objektschutz, Geld- und Werttransportwesen, Sicherheitsberatung bezüglich Entführung und Erpressung etc.).

III. Gestützt auf ausländische Vorbilder wie die Niederlande und Skandinavien mit ihren jahrzehntelangen Erfahrungswerten bezüglich spezieller Präventionsstrategien und -institutionen und maßgeblich auf polizeiliche wie auch auf wissenschaftliche Initiativen hin setzte im letzten Jahrzehnt in Deutschland ein gewaltiger „Kriminalpräventionsboom“ ein, der inhaltlich zunehmend auf gesamtgesellschaftlich partizipativen bzw. sozial integrativen Ansätzen basiert. So ist seitdem, zunächst in den Köpfen, dann auch verstärkt im Handeln der Menschen, zu beobachten die verstärkte Etablierung der Kriminalprävention in ihrer Ausprägung als: kommunale, vornehmlich auf Allgemein- bzw. Alltagskriminalität bezogene Kriminalprävention; akteurs-, ressort- und politikfeldübergreifende Kriminalprävention; auf Dauer angelegte Kriminalprävention; partizipative, d. h. unter Beteiligung von interessierten bzw. betroffenen Bürgern und gesellschaftlichen Gruppen organisierte Kriminalprävention; wissenschaftlich begleitete Kriminalprävention, vor allem bei der Erarbeitung kriminologischer Regionalanalysen und bei der Evaluation von Maßnahmen. Eine derart vielschichtig angelegte Kriminalprävention muss und kann im Wesentlichen drei Zielsetzungen verfolgen: Erstens die Reduzierung des objektiven Viktimisierungsrisikos, also des Risikos, selbst Opfer zu werden. Zweitens die Beeinflussung solcher Bedingungen, die Bedrohtheitsgefühle auslösen. Drittens die Verbesserung der sozialen Entwicklungsbedingungen insbesondere für die Jugend, denn Kriminalprävention muss mehr als ein bloßes Nebenprodukt z. B. der Sozialpolitik sein. Vergleichbar dem Umweltschutz gilt auch für die Kriminalprävention, dass sie zukünftig noch weitaus stärker als bisher als Querschnittsaufgabe begriffen und wahrgenommen werden muss.

Die institutionellen Äquivalente zu diesem Wachstum der Kriminalprävention zeigen sich insbesondere an neuen bzw. ausgeweiteten Präventionszentralstellen der Polizeien des Bundes und der Länder (Kommission Polizeiliche Kriminalprävention, BKA-Infopool Prävention, Landesräte für Kriminalitätsverhütung), wissenschaftlichen Einrichtungen wie dem Europäischen Zentrum für Kriminalprävention e.V. (seit 1997 Herausgeber der Fachzeitschrift „Die Kriminalprävention") und den seit 1995 jährlichen, von der → Polizei-Führungsakademie mitinitiierten, Deutschen Präventionstagen. Das Justizministerium des Bundes setzte mit dem „Netzwerk Kriminalprävention" einen speziellen Fachbeirat ein und auf kommunaler Ebene dürften mittlerweile weit über 1.000 Kriminalpräventive Räte, Sicherheitsarbeitskreise, Runde Tische etc. in den weit gefächerten → Ordnungspartnerschaften zwischen Polizei, Kommunen, sonstigen Behörden, Wirtschaftsvertretern und gesellschaftlichen Gruppen kontinuierlich tätig sein. Des Weiteren sind die zunehmenden Aktivitäten der Europäischen Union und des Europarats, insbesondere die Konferenzreihe „Kriminalität und Unsicherheit in den Städten" des Kongresses der Gemeinden und Regionen Europas, zu nennen, die zwar auch unter Mitwirkung deutscher Experten stattfinden, insgesamt gesehen aber in der Kriminalpräventionslandschaft hierzulande immer noch vielfach unbeachtet bleiben. Schließlich wurde Ende 2001 die Stiftung „Deutsches Forum für Kriminalprävention" eingerichtet, die sich als eine Art „Dach" der Landespräventionsräte ebenfalls um die Projektförderung und Forschungsunterstützung unter anderem durch die Herausgabe der Fachzeitschrift „forum Kriminalprävention" bemüht.

IV. Die Themenpalette der Kriminalprävention wurde bisher weitgehend von Phänomenen der Allgemeinkriminalität dominiert. Ein zweiter auf mehr spezifische (zum Teil auch neuere) Kriminalitätsfelder wie international organisierte Kriminalität, → Korruption, → Wirtschaftskriminalität oder auch Cyber Crime (→ Internetüberwachung) bezogener Präventionsbereich befindet sich im Vergleich dazu mehr oder weniger noch im Entwicklungsstadium, auch was die wissenschaftliche Beschäftigung betrifft. Dazu trägt auch die traditionelle, teilweise heute noch bei manchen verantwortlichen Polizeirepräsentanten vorhandene Einschätzung bei, dass z. B. die → Organisierte Kriminalität „grundsätzlich kaum oder gar nicht präventabel" sei. Dies zeigt, dass vorhandene erfolgreiche bzw. Erfolg versprechende Präventionsansätze etwa bezüglich der Logistik der Organisierten Kriminalität, der → Geldwäsche / Gewinnabschöpfung oder auch der Korruptionsabwehr nach wie vor noch zu wenig zur Kenntnis genommen oder gefördert bzw. umgesetzt werden.

Die jüngsten Terroranschläge in den USA, Spanien und Russland mit ihren zahlreichen Opfern haben nun eine dritte Themendimension beschleunigt: die „Terrorismus-Prävention“. Die entsprechende Diskussion steht hier noch weitgehend am Beginn, erscheint teilweise auch diffus. Vielfach ist pauschal von erforderlichen neuen technischen wie verhaltensorientierten Präventionsstrategien, einer neuen Präventions- und Sicherheitsarchitektur von Polizei, Nachrichtendiensten und Wirtschaftsakteuren (auch im europäischen bzw. internationalen Maßstab) die Rede, ohne dass die entsprechenden Rollenbilder, Rechtsgrundlagen, internationalen Harmonisierungen, Organisations- und Finanzierungsvoraussetzungen immer klar sind bzw. offen gelegt werden.

V. Es ist davor zu warnen, Kriminalprävention als Zauberformel oder Allheilmittel zu begreifen, um Kriminalität ein für alle Mal beseitigen zu können. Insbesondere in demokratischen und marktwirtschaftlichen Systemen wird es immer einen gewissen Bodensatz an Kriminalität geben, so wie auch die Gesundheitsprävention immer von schweren und tödlichen Krankheiten begleitet werden wird. Worum es also auch zukünftig nur gehen kann, ist die Verhinderung bzw. Zurückdrängung krimineller Erscheinungen überall dort, wo dies aufgrund technischer Mittel oder verhaltensbezogener Maßnahmen möglich erscheint.

Hierzu bedarf es allerdings noch der weiteren Klärung auf zahlreichen Problemfeldern, von denen hier nur wenige genannt werden können: tatsächliches nationales wie internationales Networking zwecks Vermeidung von Doppelarbeit; zukünftige Gewichtung von polizeilicher Repression und Prävention; mehr Kooperationsformen zwischen der Polizei und anderen behördlichen wie gesellschaftlichen Akteuren (z. B. so genannte Polizeiläden in Kombination mit kommunalen Präventionsbüros); Prüfung der Übernahme ausländischer Präventionsfinanzierungs- und -sponsoringmodelle; Internetzugang und Internetnutzung polizeilicher und sonstiger Präventionsakteure; Prävention von grenzüberschreitender Kriminalität speziell in Grenzregionen; Schaffung einer geeigneten Aus- und Fortbildungsinfrastruktur für Polizeibeamte und andere „Präventioner“ einschließlich der Vermittlung und Anwendung wissenschaftlicher Methoden; verstärkte wissenschaftliche Begleitung und Evaluation – obwohl die Ergebnisse der Kriminalprävention u. a. aufgrund von fraglichen Kausalitätszusammenhängen und Zeitspannenproblemen letztlich kaum exakt bzw. immer verlässlich messbar erscheinen.

Hunsicker, Ernst 2004: Präventive Gewinnabschöpfung in Theorie und Praxis, Frankfurt a. M.

Krevert, Peter / Metzner, Corinna 2002: Sicherheit in der Großstadt, Steinfurt

Northoff, Robert (Hg.) 1997 ff.: Handbuch der Kriminalprävention (Loseblattsammlung), Baden-Baden

Kube, Edwin 1987: Systematische Kriminalprävention, Wiesbaden

Schwind, Hans-Dieter 2004: Kriminologie, 14. Aufl., Heidelberg

Zentrale Geschäftsstelle Polizeiliche Kriminalprävention der Länder und des Bundes (Hg.) 2003: Qualitätssicherung polizeilicher Präventionsprogramme, Stuttgart

Peter Krevert

Kriminologie

I. Kriminologie als „Wissenschaft von der Kriminalität" zu bezeichnen, greift sicherlich zu kurz. Eine eher klassische Umschreibung bezeichnet sie als interdisziplinäre Wissenschaft von den Ursachen, Erscheinungsformen und Bekämpfungsmöglichkeiten der Kriminalität. Kerner hat Kriminologie bezeichnet als die Wissenschaft von den Entstehungszusammenhängen, Erscheinungsformen, Vorbeugungs- und Bekämpfungsmöglichkeiten, geeigneten Sanktions- und Behandlungsformen des Verbrechens im Leben von Individuen und Gruppen sowie der Kriminalität im Gefüge von Staat und Gesellschaft. Dabei kann und muss man den Begriff der Kriminalität durch den des abweichenden Verhaltens, der Delinquenz oder des sozial schädlichen Verhaltens ersetzen.

Sutherland und Cressey haben vor fast 50 Jahren Kriminologie wie folgt definiert: „Criminology is the body of knowledge regarding crime as a social phenomenon. It includes within its scope the processes of making laws, of breaking laws, and of reacting toward the breaking of laws. [...] The objective of criminology is the development of a body of general and verified principles and of other types of knowledge regarding this process of law, crime, and treatment" (Sutherland/Cressey 1960, S. 3). Folgt man dieser Definition, dann umfasst die Kriminologie auch Fragen nach der Entwicklung des Strafrechts, das bestimmte Formen sozialen Handelns als „kriminell" definiert und mit Sanktionen belegt, Fragen nach der Entstehung von Zuwiderhandlungen gegen dieses Recht sowie Fragen der gesellschaftlichen Reaktion auf solche Zuwiderhandlungen (Eifler 2002). Andere Autoren stellen zudem noch auf die Tatsache ab, dass die Kriminologie eine Wissenschaft ist, die sich befasst mit den Folgen, die das strafbare Verhalten für das Opfer und die Gesellschaft hat, sowie mit der Art und Weise, in der die staatlichen Organe auf das bekannt werden strafbarer Handlungen reagieren.

Kriminologie ist (methodisch betrachtet) eine empirische, an der systematischen Erforschung der tatsächlichen Begebenheiten orientierte Wissenschaft. Entsprechend versteht Eisenberg (2005) Kriminologie als empirische Wissenschaft von den Zusammenhängen sowohl strafrechtlicher Beurteilung von Geschehensabläufen als auch strafrechtlich beurteilter Geschehensabläufe. Zugleich geht er davon aus, dass die Zusammenhänge einschlägiger Erfassung (als abstrakte wie konkrete Norm- und Wertsetzung) wesentlich von gesellschaftlicher oder sozialer Macht abhängig sind.

Kriminologie wird häufig als ein interdisziplinäres Konstrukt verschiedener Wissenschaften gesehen (z. B. der Psychologie, Soziologie, Pädagogik, Rechtswissenschaft, Kulturwissenschaften, Medienwissenschaften, Geografie, Mathematik, Physik, Medizin) oder als „interdisziplinäre Wissenschaft" betrachtet, auch wenn die sie Ausübenden nur selten wirklich interdisziplinär arbeiten. Die meisten Kriminologen sind entweder juristisch, sozialwissenschaftlich oder (seltener) psychologisch oder medizinisch ausgerichtet, obwohl auch die Politologie und andere Wissenschaften in der Kriminologie eine wichtige Rolle spielen. In jedem Fall übernimmt die Kriminologie aus diesen Wissenschaften zwar Methoden und Ansatzpunkte für theoretische wie empirische Analysen; sie hat aber längst (wenn auch regional unterschiedlich) ein eigenes Forschungsprofil entwickelt.

Teilweise im Gegensatz zur Kriminologie wird die Kriminalsoziologie gesehen, die sich eigener Einschätzung zufolge (Eifler 2002) dadurch abgrenzt, dass sie sich mit den sozialen Bedingungen der Kriminalität und der gesellschaftlichen Reaktion auf Kriminalität beschäftigt.

Hier und da wird auch die Meinung vertreten, dass sich die Kriminologie einer konsensfähigen Definition ihres Forschungs- und Lehrgegenstandes entziehe, weil z. B. die Lehrbücher unterschiedliche Schwerpunkte oder Ausrichtungen haben (Täter vs. Institutionen, system- vs. individualorientiert). Diese Sichtweise verkennt, dass Lehrbücher keine DIN-Normen der jeweiligen Wissenschaft enthalten, sondern individuelle Werke mit (zum Glück) individuellen Schwerpunktsetzungen; gerade dies macht im Übrigen die Wissenschaftlichkeit einer Disziplin aus.

Für Göppinger war Kriminologie vor allem eine „selbständige Erfahrungswissenschaft". Das „juristisch abgegrenzte Verbrechen" war für ihn „Ausgangspunkt kriminologischer Forschung, nicht aber ausschließlich Gegenstand oder gar Forschungsziel der Kriminologie" (Göppinger/Bock 1997, S. 1, 4). Dem folgend bezeichnet Kerner die Kriminologie auch als „integrierte Erfahrungswissenschaft". Für ihn steht die Ursachenforschung im Mittelpunkt: „von den Ursachen oder [...] Entstehungszusammenhängen her kommt man auch zu rationalen und kontrollierbaren Vorbeugungs- und Bekämpfungsstrategien" (Kerner 1991, S. 208 f.).

Einer der Hauptstreitpunkte ist und war die Frage, ob Kriminologie bzw. die von ihr gelieferten Erkenntnisse unmittelbar „anwendbar" sein müssen, oder ob sich die Kriminologie nicht vorrangig oder gar ausschließlich mit den theoretischen Hintergründen von Kriminalität und Kriminalisierung zu beschäftigen habe. Dabei geht es bei der angewandten Kriminologie um die unmittelbare Einsetzbarkeit wissenschaftlicher Erkenntnisse in der Praxis, während anwendungsorientiert auch solche kriminologischen Forschungen und Erkenntnisse sein können, die sich für einen direkten Transfer in Praxisbereiche nicht eignen. Dieser Streit hat vor allem auch etwas mit der Frage zu tun, ob und ggf. wem die Kriminologie Ergebnisse zuliefert und welchen Ausgangspunkt sie dabei verfolgt. Für Hofmann muss sich die Kriminologie „als konsequent antimetaphysisch [verstehen]. Es geht ihr nicht um ‚letzte' Ursachen, im Sinne von absoluten Erklärungen, nicht darum, was hinter dem Beobachtbaren steht, sondern um das unmittelbar Gegebene" (Hofmann 1992, S. 6). In die gleiche Richtung geht Schwind (2005), der die Bedeutung der Kriminologie als Grundlage für kriminalpolitische Entscheidungen betont.

Deutlicher wird das Profil der Kriminologie, wenn man sich ansieht, mit welchen Fragen und Themen sie sich beschäftigt, wobei die Schwerpunkte wechseln und beständig neue Bereiche hinzukommen (müssen). Gegenwärtig beschäftigt sich die Kriminologie in Theorie und Praxis mit:

- Art und Umfang von Straftaten oder anderen sozial schädlichen Verhaltensweisen (sog. Phänomenologie);
- den Ursachen für normabweichendes und normtreues Verhalten, von der individuellen Ebene des Täters bis zu den gesellschaftlichen und strukturellen Aspekten. Hier versucht die Kriminologie vor allem, die aus unterschiedlichen Bereichen (z. B. Soziologie, Psychologie, neuerdings auch Biologie und – wieder – Medizin) gelieferten Erkenntnisse zu systematisieren und zu bewerten;
- der Kriminalpolitik (als Politik der Kriminalitätskontrolle), einschließlich den Prozessen der Kriminalisierung, Entkriminalisierung und Dekriminalisierung, anderen Prozessen im Zusammenhang mit Bestrafung, Behandlung und anderen Maßnahmen sowie der Prävention und alternativen Antworten auf sozial schädliches Verhalten;
- dem System der Strafverfolgung, darunter besonders den Institutionen Polizei, Staatsanwaltschaft, Gerichte, Strafverteidigung, Gefängnisse, Träger ambulanter Maßnahmen (z. B. Bewährungshilfe, Täter-Opfer-Ausgleich);
- den Wirkungen von Strafandrohungen und angewendeten repressiven Maßnahmen, die auf individueller Ebene (Spezialprävention) oder allgemeiner Ebene (Generalprävention) durch Hilfe und Behandlung (positive) oder Sanktionierung bzw. Strafandrohung (negative) ansetzen;
- anderen Institutionen, Gruppen oder auch Prozessen in der Gesellschaft, die sich mit kriminalitätsrelevanten Fragen beschäftigen, einschließlich der Prävention von Straftaten und der Präven-

tion von Ungerechtigkeit in der Gesellschaft (z. B. durch ungleiche Anwendung von Strafrecht, ungleiche soziale Bedingungen);

- der Viktimologie, die sich mit dem Opfer als Individuum, seiner Rolle im Prozess des Opferwerdens sowie mit der Verhinderung sekundärer oder tertiärer Viktimisierung und Hilfen bei der Bewältigung der (materiellen und immateriellen) negativen Folgen des Opferwerdens beschäftigt;
- der Verbrechensfurcht, die zunehmend als kriminologisch wie gesellschaftspolitisch relevantes Problem erkannt wird, weil sie die Lebensqualität vieler Bevölkerungsgruppen negative beeinflusst (z. B. Frauen, alte Menschen, Kinder und Jugendliche).

II. Historisch betrachtet kann man davon ausgehen, dass die wissenschaftliche Beschäftigung mit Kriminalität und kriminellen Handlungen vor etwa 200 Jahren begann, wobei diese Sichtweise entscheidend von der Definition dessen abhängt, was man als „Wissenschaft" bezeichnet, denn bereits in der Bibel werden (ebenso wie im Koran oder anderen Glaubensbüchern) kriminelle Handlungen ebenso wie präventive und repressive Maßnahmen beschrieben und bewertet.

Fragestellungen, die man in heutiger Sicht der Dinge als kriminologisch kennzeichnen kann, lassen sich in der Entwicklungsgeschichte der Wissenschaft einige Jahrhunderte zurückverfolgen. Strafrechtskritik, Strafverfahren und Kriminalpolitik fanden ihren ersten großen Durchbruch mit der von Cesare Beccaria 1764 vorgelegten Kampfschrift „Dei Delitti e delle Pene" (Über Verbrechen und Strafen), die in zahlreiche Sprachen übersetzt wurde und dem Aufklärungsgedanken nachhaltigen Einfluss verschaffte. Nur wenige Jahre später, nämlich 1777, erschien John Howards kritischer Bericht „The State of Prisons" (Der Zustand der Strafanstalten), in welchem er der internationalen Öffentlichkeit das Ergebnis seiner umfangreichen Besuche und Besichtigungen sowie gründlichen Analyse europäischer und amerikanischer Gefängnisse vorlegte. Die weitere Entwicklung führte u. a. zu den kriminologischen Teilgebieten Pönologie, Strafvollzugswissenschaft, Sanktions- und Behandlungsforschung. Spätestens seit diesem Zeitpunkt ist auch das Verhältnis zwischen Kriminologie und Strafrechtswissenschaft umstritten. Die Kriminologie als „Ableger" der Strafrechtswissenschaft zu sehen, wird dabei ebenso fehlgehen wie die Annahme, dass die Kriminologie dem Strafrecht quasi vorgeschaltet sei, da sie erst die Grundlagen beschreibe und definiere, auf denen sich das Strafrecht dann bewege.

Am einflussreichsten für die europäische kriminologische Entwicklung war sicherlich die heute so bezeichnete täterorientierte Kriminologie. Sie fand ihren ersten Kulminationspunkt in dem 1876 erschienenen Hauptwerk von Cesare Lombroso über den „Verbrecherischen Menschen“, in dessen Folge sich das Stichwort vom „geborenen Verbrecher“ als Leitidee für eine ganze Etappe kriminologischer Forschungen und Kontroversen festsetzte (zuletzt mit unrühmlichen Entgleisungen zwischen 1933 und 1945). Einer der Hauptvertreter der so genannten kriminalanthropologischen italienischen Schule, die sich um Lombroso und seinen Schüler Ferri bildete, war Garofalo, der erstmals unter dem Buchtitel „Criminologia“ (1885) den Begriff der Kriminologie gebildet und in die wissenschaftliche Diskussion eingeführt haben soll.

Die so genannte positivistische Kriminologie thematisierte und dokumentierte die biologischen Merkmale als Ursachen krimineller Handlungen. Entsprechend wird dort der Ursprung der empirischen Kriminologie gesehen, auch wenn die Studien von Lombroso aus heutiger Sichtweise sehr naiv erscheinen und fehlerbehaftet waren. Etwa zeitgleich entstand auch die soziologische Betrachtungsweise der Bedingungen von Kriminalität: Für Adolphe Quetelet und Emile Durkheim standen die sozialen Bedingungen von Kriminalität im Mittelpunkt. In der amerikanischen Soziologie entstand zu Beginn des 20. Jahrhunderts die Schule der Sozialpathologie, die sich mit der Analyse sozialer Probleme beschäftigte. Die „Chicagoer Schule“ thematisierte die soziale Desorganisation in der Gesellschaft als Ursache für Kriminalität.

Seit den 1930er Jahren konzentrierte man sich auf die Analyse sozialer Strukturen und Prozesse und deren Einflüsse auf Kriminalität. Daraus entstand der Mehrfaktorenansatz, der biologische, psychologische und soziale Faktoren zusammenfasste, weshalb ihm verschiedentlich Theorielosigkeit oder theoretischer Agnostizismus vorgeworfen wurde. In den 1950er Jahren kam dann der interaktionistische Ansatz bzw. der so genannte Labeling-Approach-Ansatz auf, der auf die Folgen gesellschaftlicher Zuschreibungsprozesse für kriminelle Karrieren abhob (vgl. insgesamt Eifler 2002).

In Deutschland griff Fritz Sack die in den USA entwickelten soziologisch orientierten Ansätze zur Erklärung der Kriminalität auf (vgl. Sack/König 1968). Die theoretischen Weiterentwicklungen in der amerikanischen Kriminalsoziologie wurden hierzulande jedoch kaum weiter verfolgt, was sicherlich auch mit der Tatsache zusammenhängt, dass es Kriminologie und Kriminalsoziologie nicht geschafft haben, sich feste Plätze in der deutschen Wissenschaftslandschaft zu sichern.

Eine deutliche kriminalpolitische Stoßrichtung ergab sich bereits Ende des 19. Jahrhunderts durch Franz von Liszt, der die kriminalanthropologischen Einsichten und kriminalpolitischen Reformvorstellungen der italienischen Kriminologen aufgriff, aber mit der Suche nach Umweltfaktoren anreicherte, weshalb man ihn früher der so genannten kriminalsoziologischen Schule zurechnete. Kulminationspunkte der Entwicklung mit bis heute fortreichenden Folgen waren die Gründung der „Zeitschrift für die gesamte Strafrechtswissenschaft“ (1881), ein Jahr später das „Marburger Programm“ und 1889 die Mitgründung der „Internationalen kriminalistischen Vereinigung“.

Wie fast keine andere Wissenschaft hat die Kriminologie bis heute eine kaum überschaubare Vielfalt vor allem an Theorien, aber auch an Methoden hervorgebracht, was gelegentlich dazu führt, dass man ihr wegen dieser Heterogenität die Wissenschaftseigenschaft absprechen und sie zur „Hilfswissenschaft“ (z. B. der Rechtswissenschaft) degradieren will. Dies hat sicher auch damit zu tun, dass fast ebenso umstritten wie die Definition von Kriminologie schon die Definition von Kriminalität ist. Von dieser Definition hängt nämlich ab, wie sich die Kriminologie und ihre Fachvertreter dem Problem des abweichenden Verhaltens zuwenden. Eine Perspektive (dominierend bis in die 1960er Jahre) ging davon aus, dass Ausgangspunkt allen kriminologischen Denkens und Handelns eine einheitliche gesellschaftliche Definition dessen ist, was als kriminell und damit strafwürdig betrachtet wird. Diese Sichtweise setzt quasi auf ein vorgegebenes Konstrukt auf. Seit Ende der 1960er Jahre wird diese Sichtweise zu Recht abgelehnt. Ob man dabei so weit gehen muss und das Strafrecht als Kontrollinstrument der Mächtigen betrachten und die dem Strafrecht verbundene Kriminologie entsprechend als Handlanger der Mächtigen sehen muss, kann man bezweifeln. Jedenfalls gehören solche Überlegungen als wichtiger Bestandteil mit in die kriminologische Diskussion.

Bedeutsam hieran ist vor allem die konflikttheoretische Auffassung von Kriminalität und kriminellen Handlungen, die eine gewisse Nähe zur interaktionistischen Perspektive aufweist, die wiederum auf den symbolischen Interaktionismus zurückgeht. Danach ist Kriminalität kein individuell zu verantwortendes Geschehen, sondern das Resultat eines Definitionsprozesses, dem bestimmte Personen (in der Regel sozial Benachteiligte) unterworfen werden, ohne dass sie sich dagegen wehren können.

Die jeweilige Definition von Kriminalität bestimmt zwar die Perspektive, aus der kriminologische Fragestellungen bearbeitet werden, aber begrenzt nicht unbedingt das Forschungsfeld. Vielmehr haben diejenigen theoretischen Ansätze, die die sozialen Bedingungen von Kriminalität und kriminellen Handlungen thematisieren, vor allem eine andere Zielrichtung und einen anderen Erklärungsansatz als die so genannten täterorientierten, individualistischen Ansätze.

Streit herrscht auch darüber, ob und wie man Kriminalität qualitativ bestimmen kann. Prinzipiell konkurrieren hier offizielle Statistiken (polizeiliche Kriminalstatistik, gerichtliche Strafverfolgungsstatistik) mit so genannten Dunkelfeldstudien, die eine grundlegende andere Ausgangsbasis haben. Während die offiziellen Statistiken nur das dokumentieren und registrieren können, was den Strafverfolgungsbehörden gemeldet oder was dort weiterverarbeitet und zur Verurteilung gebracht wird, versuchen die Dunkelfeldstudien Aussagen zur tatsächlich in der Gesellschaft vorhandenen Kriminalität zu machen. Beide Ansätze sind jedoch mit Fehlern behaftet. So sind die offiziellen Statistiken z. B. wesentlich vom Anzeigeverhalten abhängig, das sich im Laufe der letzten Jahre grundlegend verändert hat. Den Dunkelfeldstudien wiederum mangelt es an methodischer Vergleichbarkeit. Zudem können mit ihnen nicht alle Straftaten gleichermaßen erfasst werden. In jedem Fall wird man davon ausgehen müssen, dass sich das Verhältnis zwischen Dunkel- und Hellfeld der Kriminalität in den letzten 100 Jahren entscheidend verändert hat.

III. Je nach der Grundorientierung und den Traditionen der Herkunftsdisziplin der Forscher wird nach wie vor die Betonung auf individuelle Umstände, auf Faktoren aus dem engeren Umfeldbereich oder auf übergreifende gesellschaftliche Bedingungen gelegt. Selbst die kritischsten kriminologischen Richtungen klassischer Art, wie die marxistische Kriminologie, bleiben aber insgesamt einem materiellen Erklärungsansatz verbunden. Nach wie vor herrscht (in Deutschland) Streit zwischen den „kritischen" Kriminologen und anderen. So hat Sebastian Scheerer zum Beispiel der „traditionellen" Kriminologie nach dem 11. September 2001 erneut Theorielosigkeit vorgeworfen und den Vorzug der „kritischen" Kriminologie betont, allerdings ohne konkret deutlich zu machen, wo der Vorteil dieser Kriminologie in der Bewältigung der kriminologisch relevanten Alltagsprobleme liegt (und darum muss es – zumindest auch – einer Wissenschaft gelegen sein, wenn sie gesellschaftlich akzeptiert werden will): „Gerade im Gegensatz zur traditionellen Kriminologie mit ihrer geschichtslosen, theorielosen, verdinglichenden und psychologisierenden Schieflage hat die kritische doch einiges zu bieten" (Scheerer 2002, S. 36).

Eine Kriminologie, die sich als positivistische Tatsachenwissenschaft versteht, die sich dem Strafrecht unterzuordnen oder ihm gar zu dienen habe (ähnlich wie die Kriminalistik), wird heute von niemandem mehr vertreten. Zur Kriminalistik hatte Hans Gross Ende des 19. Jahrhunderts geschrieben: Sie „will nichts anderes, als der Strafrechtswissenschaft Handlangerdienste leisten, sie hat ihren Zweck erreicht, wenn sie Steine herbeischleppen durfte (Gross 1898, S. 116). Die Kriminologie und den Kriminologen als blinden Handlanger des Strafrechts zu sehen, der seine Aufträge von dort bekommt, entspricht weder dem heutigen Wissenschaftsverständnis, noch demokratischer Rechtstradition, auch wenn solche Wünsche hier und da immer noch durchscheinen, dann meist aber an andere Berufsgruppen (Psychiater, Psychologen) im Zusammenhang z. B. mit der Erstellung von Gutachten gerichtet werden.

Andererseits muss jede Wissenschaft (und damit auch die Kriminologie) ihren gesellschaftlichen Nutzen deutlich machen. Spätestens zu Zeiten einer dramatischen Finanzkrise des Staates kann sich keine Gesellschaft Orchideenwissenschaften leisten, die Wissenschaft „just for fun“ oder „l'art pour l'art“ betreiben – wobei man schon bestreiten muss, ob es sich dabei dann wirklich um Wissenschaft handelt. Dies deutlich zu machen, hat die Kriminologie über Jahre hinweg in Deutschland versäumt, und entsprechend steht sie jetzt vor einem Scherbenhaufen. Während in anderen Ländern (England, Belgien, USA, Schweiz) kriminologische Lehrstühle, Institute und Studiengänge seit geraumer Zeit vermehrt geschaffen werden, muss sich die deutsche Kriminologie seit den 1990er Jahren gegen Streichungen und Verlagerungen von Lehrstühlen wehren.

Zwar ist die Sichtweise der „kritischen“ oder „linken“ Kriminologen, wonach das Strafrecht (und seine Instanzen) erst die Probleme schaffen, die die Kriminologie dann „beseitigen“ soll, prinzipiell richtig; aber eben nur prinzipiell. Sie greift zu kurz, weil allein das Aufzeigen dieser Probleme (Stichworte: Etikettierung, Labeling, Instanzen sozialer Kontrolle) zwar hilfreich ist, aber eigentlich automatisch nach Alternativen ruft. Man kann durchaus von „symbolischen Strafrechtsfunktionen“ (Scheerer) sprechen und sie theoretisch und möglichst auch empirisch belegen; das Entscheidende ist aber der nächste Schritt: Welche Alternativen stehen in einer demokratischen, aufgeklärten Gesellschaft zur Verfügung? Wer diese Frage nicht beantwortet (oder gar meint, sie nicht beantworten zu müssen), der sägt sich selbst den Ast ab, auf dem er sitzt – und zwar auch wissenschaftstheoretisch. Denn auch Grundlagenforschung muss sich über die Verwertungszusammenhänge im Klaren werden, denen sie unterworfen ist (vgl. Feltes 1988), und sie muss deutlich machen, zu welchen Konsequenzen sie aufruft.

Wenn z. B. Sebastian Scheerer (1989, S. 33 f.) von einer „Selbstüberschätzung“ der Kriminologie spricht, weil sie sich auch für positive Alternativen interessiere, so hilft eine solche Polarisierung und Vereinfachung der Sichtweisen nicht weiter. Die fast schon moralische Trennlinie zwischen den kritischen und den „konservativen“ Kriminologen hat in Deutschland sowohl der wissenschaftlichen als auch der gesellschaftlichen und politischen Akzeptanz des Faches geschadet. Hinzu kommt, dass diese, auf das Strafrecht beschränkte Sichtweise auch aus anderen Gründen zu kurz greift: Fritz Sack selbst hat darauf hingewiesen, dass „Kriminalität und Kriminalpolitik praktisch aus strafrechtlichen Zuständigkeiten entbunden [sind], insofern all die Prinzipien, nach denen das Strafrecht mit der Kriminalität umzugehen vorgibt, verlassen sind. Das Strafrecht ist nicht länger ‚ultima ratio', sondern das vorrangigste Mittel des Umgangs mit Problemen gleich welcher Art“ (Sack 2002, S. 41).

Die Geschichte der Kriminologie nicht nur in Deutschland belegt, dass Forschungsimpulse meist von außen kamen oder durch aktuelle Probleme vorgegeben wurden, auf die man aber nicht immer eine Antwort und nur selten eine angemessene hatte. Vielfach wurden Theorien und Methoden von anderen Disziplinen praktisch ungeprüft übernommen. Fritz Sack führt das darauf zurück, dass die Kriminologie „immer gerade quantitativ und qualitativ identisch [ist] mit dem, was sie an Interessen, an Methoden, an Ergebnissen und an Theorien von anderer Seite empfängt und erfährt. Sie hat ihren Gegenstand, ihr Selbstverständnis geändert in dem Maße, in dem Tempo, nach der Art, wie sich andere Wissenschaften fortentwickelt haben, weil sie ‚must dine, in order to survive, at other people's tables'“ (Sack 1978, S. 202 unter Zitierung von Shoham Shlomo 1963, S. 231). Karl-Ludwig Kunz kommentiert diese Meinung von Fritz Sack wie folgt: „Wenngleich die Kriminologie an fremden Tischen essen muss, was sie von ihren Gastgebern aufgetischt erhält, so erlaubt sie sich doch, die Gastgeber zu wechseln und in verschiedenen Gasthäusern zugleich zu tafeln“ (Kunz 2004, S. 26).

Zwar macht der (Strafrechts-) Gesetzgeber wichtige Vorgaben für das Feld, mit dem sich die Kriminologie beschäftigt. Allerdings sind dies nicht die einzigen Vorgaben, vielmehr kommen aus anderen Politikbereichen weitere hinzu. Vor allem kann und darf dies die Wissenschaft Kriminologie nicht daran hindern, sich mit den Voraussetzungen dieser Vorgaben, mit ihren Auswirkungen und Konsequenzen, den Nebenwirkungen, Risiken und „Kollateralschäden“ zu beschäftigen. Eine wahrhaft kritische Kriminologie muss genau dies anhand theoretischer, vor allem auch empirischer Studien aufzeigen. Gleichzeitig sollte sie auch konstruktive Beiträge leisten, weil sie sonst nicht akzeptiert wird und mögliches Einflusspotential verschenkt (zumindest muss sie sich dann den Vorwurf gefallen lassen, es nicht versucht zu haben, die Dinge, die sie kritisiert, auch zu verändern). Nur eine Kriminologie, die sich als kritisch-reflektierende Wissenschaft versteht, die durch das Strafrecht konstruierte soziale Probleme, die damit verbundene moralische Abwertung und den vom Strafrecht vorgegebenen Rahmen zwar akzeptiert, aber gleichzeitig versucht, hier Transparenz herzustellen (und damit durchaus skandalisierend wirkt), kann ihrer wissenschaftstheoretischen wie demokratischen Funktion gerecht werden. Wenn sie zugleich die Hintergründe analysierend darstellt und damit möglicherweise den kriminalpolitischen Akteuren die Jungfräulichkeit raubt oder sie in (berechtigten) Begründungszwang bringt, ist schon vieles erreicht. „Erfahrung“ muss dabei objektivierbar sein, d. h., die Kriminologie lebt von empirisch *und* theoretisch fundierter

Forschung, nicht nur für die „Praxis", sondern auch für die Allgemeinheit (z. B.: Kindesmissbrauch, Gewalt in der Familie, Drogenkriminalität) und die Politik (z. B.: Gesetze, neue Sanktionen, Verfahrensregelungen). Einer der ersten deutschen Nachkriegskriminologen hat Ende der 1960er Jahre folgendes formuliert: Uns „drängt sich [...] die Forderung nach einer empirischen Erhellung der Hintergründe letzter kriminalpolitischer Entscheidungen auf; denn erst das Wissen darum, was wir wirklich tun, ist Voraussetzung für ein sinnvolles und gleichermaßen humanes kriminalpolitisches Handeln. Man kann wohl ohne Vorurteil sagen, dass dieser erhellende Prozess nicht nur im Verlauf der dornenreichen Geschichte der Strafrechtspflege segensreich gewirkt hat, sondern auch heute weiterhin Not tut. Die Kriminologie als Wissenschaft würde m. E. schon dann ihre Daseinsberechtigung unter Beweis stellen, wenn sie diesen Vorgang im Sinne einer echten Humanisierung unserer Strafrechtspflege fördern könnte" (Leferenz, in: Göppinger/Leferenz 1968, S. 13).

Kriminologie als Studienfach gibt es in Deutschland in der Juristenausbildung als Grundlagenfach. Hier gab es einen Schub durch die Reform der Juristenausbildung in den 1970er Jahren. Kriminologie wurde als Wahlfach für Rechtsstudenten, in der Regel zusammen mit Jugendstrafrecht und Strafvollzug, in Lehre und Prüfung eingeführt. Seit der Reform dieser Ausbildung ist sie seit 2005 auch in verschiedenen Schwerpunktbereichen vertreten, in denen die Studierenden ihren hochschulinternen Abschluss machen können. Entsprechend besitzen fast sämtliche Universitäten mit juristischer Fakultät einen Lehrstuhl für Kriminologie, dessen Inhaber jedoch zumeist auch Lehr- und Prüfungsverpflichtungen im Bereich des Strafrechts erbringen müssen und damit häufig wenig Spielraum z. B. für empirische Forschungen haben. Ebenso gibt es verschiedene universitäre Institute für Kriminologie wie das Max-Planck-Institut in Freiburg, das Kriminologische Forschungsinstitut e.V. in Hannover, die Kriminologische Zentralstelle in Wiesbaden (eine aktuelle Übersicht findet sich auf der Website des Instituts für Kriminologie in Tübingen unter: http://www.ifk.jura.uni-tuebingen.de/www.html).

Kriminologische Inhalte werden darüber hinaus an vielen soziologischen, sozialwissenschaftlichen, psychologischen und anderen Fachbereichen vermittelt, allerdings ohne dass hier ein entsprechender Studiengang angeboten wird. Zudem ist die Kriminologie (allerdings in quantitativ und qualitativ unterschiedlichem Ausmaß) auch an den Polizei-Fachhochschulen des Bundes und der Länder sowie an der (in Gründung befindlichen) Deutschen Polizei-Hochschule in Münster (ehemalige Polizei-Führungsakademie) vertreten. Ein Aufbaustudiengang „Kriminologie" existierte seit den 1980er Jahren an der Universität Hamburg mit dem Abschluss „Dipl.-Kriminologe". Er wurde 2005 in ein (konsekutives, d. h. auf einem B.A.-Abschluss aufbauendes) Master-Programm an der sozialwissenschaftlichen Fakultät überführt, das mit einem Master of Arts (M.A.) abschließt. Möglich ist auch erstmals und bislang einzigartig in Deutschland die Promotion (Dr. phil.) im Fach Kriminologie.

An der Universität Greifswald ist ein weiterbildender Studiengang „Master of Laws (LL.M.) in Criminology and Criminal Justice – Kriminologie und Strafrechtspflege" geplant, wobei hier abzuwarten sein wird, ob sich die Universität nicht dazu entschließt, einen Masterstudiengang nach dem Bologna-Modell anzubieten, der den aktuellen Entwicklungen besser entsprechen würde als der veraltete LL.M-Studiengang.

Als kriminologische Zusatzqualifikation versteht sich der weiterbildenden Masterstudiengang „Kriminologie und Polizeiwissenschaft", der seit dem Wintersemester 2005/06 an der juristischen Fakultät der Ruhr-Universität Bochum angeboten wird (www. rub. de/kriminologie) (vgl. Feltes 2005). Der Studiengang bietet Personen, die sich mit Kriminalität und abweichendem Verhalten beschäftigen oder damit konfrontiert werden, die Möglichkeit, im Rahmen eines auf zwei Semester komprimierten, praxisorientierten Studienganges kriminologische Grundlagen aufzunehmen, aktuelle Forschungsergebnisse kontrastierend und im angeleiteten Diskurs mit anderen aufzuarbeiten und diese im gemeinsamen, interdisziplinären Dialog in praxistaugliche Handlungsmodelle zu transferieren.

Damit wird nun auch in Deutschland die Möglichkeit geboten, sich wissenschaftlich vertieft kriminologisch aus- und fortzubilden. Schon längst gehören in anderen Ländern Europas und in Nordamerika vergleichbare Studiengänge (Criminal Justice, Criminology, Police Science) zum Angebot vieler renommierter Universitäten. Beispiele sind der Master in European Criminology an der Universität Leuven, der Master of Criminal Justice an der Boston University und die Nachdiplomstudiengänge in Bern.

Nachweise kriminologischer Literatur werden seit vielen Jahren in der „Kriminologischen Dokumentation" (KrimDok) an der Universität Tübingen geführt, in der inzwischen fast 140.000 Titel recherchierbar sind. In Hamburg wird ein „Krimpedia" (in Anlehnung an Wikipedia) gepflegt und ab Herbst 2006 steht das erste deutsche Online-Lexikon der Kriminologie „KrimLex" zur Verfügung (www.krimlex.de).

IV. Eine wissenschaftliche Disziplin hat sich erst dann etabliert, wenn sie sich auch im Spiel um die Umverteilung wissenschaftlicher Ressourcen und die Besetzung wissenschaftlicher Positionen durchsetzen kann. Zu einer voll entwickelten Disziplin gehören u. a. ein Name, eine oder mehrere Fachvereinigungen, entsprechend benannte Lehrstühle, eigenständige Abteilungen oder sogar Fakultäten, getrennt zugewiesene Forschungsmittel und mindestens in Teilen separate Forschungseinrichtungen, ein eigenes Lehr- und Prüfungswesen mit selbstständigen, staatlich anerkannten oder sogar staatlich verliehenen Abschlusszeugnissen (Diplomen, Promotionen, Habilitationen) und schließlich eigene Fachzeitschriften und sonstige Kommunikationsmöglichkeiten (wie beispielsweise Kongresse). Im Bereich der Lehre scheint sich hier seit geraumer Zeit eine positive Entwicklung abzuzeichnen und es bleibt abzuwarten, ob auch andere Universitäten dem Hamburger Beispiel folgen und Master- oder Bachelor-Studiengänge in Kriminologie anbieten.

Betrachtet man sich die Organisation der deutschsprachigen Kriminologie, so sieht man die 1927 in Österreich gegründete „Gesellschaft für die gesamte Kriminologie", die 1988 mit der in den 1960er Jahren gegründeten Deutschen kriminologischen Gesellschaft zur „Neuen kriminologischen Gesellschaft" vereinigt wurde. Ebenfalls seit Ende der 1960er Jahre besteht der „Arbeitskreis junger Kriminologen". 1988 wurde die „Gesellschaft für interdisziplinäre wissenschaftliche Kriminologie" gegründet. Auf internationaler Ebene besteht seit 1938 die Internationale kriminologische Gesellschaft (Societé internationale de Criminologie), auf europäischer Ebene seit 2000 die European Society of Criminology.

Den meisten Erfolg hat die Kriminologie bislang in den USA und in Kanada. Seit einiger Zeit erlebt sie auch in England, Belgien, den Niederlanden und der Schweiz einen bedeutsamen Aufschwung. Ob die Entwicklung in Deutschland einen ähnlichen Aufschwung bringen wird, mag man bezweifeln. Zu sehr sind die Vertreter der Kriminologie inzwischen anderweitig eingebunden. Zudem waren in den 1990er Jahre mehrere kriminologische Lehrstühle an juristischen Fakultäten gestrichen oder umgewandelt worden. Dies belegt, dass es der deutschen Kriminologie in den letzten 40 Jahren nicht gelungen ist, sich in der wissenschafts- und rechtspolitischen Diskussion zu verankern. Die Ursachen dafür dürften einerseits in der Tatsache zu suchen sein, dass es in Deutschland bislang kein kriminologisches Berufsbild gibt – ganz im Gegensatz zum Ausland, wo Kriminologen in der Polizei, den sozialen Diensten oder dem Strafvollzug vertreten sind. Hinzu kommt die Tatsache, dass es den deutschen Kriminologen trotz verzweifelter Bestrebungen nicht gelingt, gemeinsam ihre Interessen in der wissenschaftlichen und politischen Öffentlichkeit zu vertreten. Selbst als die Forschungsmöglichkeiten durch spezielle Förderungsprogramme ausgeweitet wurden (vor allem durch ein Schwerpunktprogramm der Deutschen Forschungsgemeinschaft), hat dies nicht zu einer dauerhaften Verbesserung der Forschungslage in der Kriminologie geführt. Während in anderen Ländern Lehrstühle und Institute in den letzten Jahren massiv ausgebaut und Forschungsgelder in diesem Bereich vervielfacht werden, steht die deutsche Kriminologie mehr oder weniger da, wo sie vor 40 Jahren stand: am Anfang.

Eifler, Stephanie 2002: Kriminalsoziologie, Bielefeld
Eisenberg, Ulrich 2005: Kriminologie, 6. Aufl., München
Feltes, Thomas (Hg.) 1988: Kriminologie und Praxisforschung. Probleme, Erfahrungen und Ergebnisse, Bonn
Feltes, Thomas 2005: Kriminologie als interdisziplinäre Wissenschaftspraxis – wie der Masterstudiengang „Kriminologie und Polizeiwissenschaft“ an der juristischen Fakultät der Ruhr-Universität Bochum eine Brücke zwischen Theorie und Praxis schaffen will, in: Bewährungshilfe, H. 4, S. 359-369
Göppinger, Hans / Leferenz, Heinz 1968: Kriminologie und Kriminalpolitik, in: Dies. (Hg.): Kriminologische Gegenwartsfragen, Vorträge bei der XIV. Tagung der Gesellschaft für die gesamte Kriminologie vom 13. bis 16. Oktober 1967 in Köln, H. 8, Stuttgart, S. 10-23
Göppinger, Hans / Bock, Michael 1997: Kriminologie, München
Gross, Hans 1898: Criminalpsychologie, Graz
Hofmann, Frank 1992: Einführung in die Kriminologie, Hilden
Kerner, Hans-Jürgen (Hg.) 1991: Stichwort „Kriminologie“, in: Kriminologie Lexikon, 4. völlig neu bearb. Aufl., Heidelberg, S. 206-211
Kunz, Karl-Ludwig 2004: Kriminologie, 4. Aufl., Bern
Sack, Fritz / König, René 1968: Kriminalsoziologie, Frankfurt a. M.
Sack, Fritz 1978: Promleme der Kriminalsoziologie, in: König, R. (Hg.): Handbuch der empirischen Sozialforschung, Bd. 12, 2. Aufl., Stuttgart, S. 192-492
Sack, Fritz 2002: Einführende Anmerkungen zur Kritischen Kriminologie, in: Anhorn, R. / Bettinger, F. (Hg.): Kritische Kriminologie und Soziale Arbeit. Impulse für professionelles Selbstverständnis und kritisch-reflexive Handlungskompetenz, Weinheim, S. 27-45
Scheerer, Sebastian 1989: Vom Praktischwerden, in: KrimJ, H. 1, S. 30-42
Scheerer, Sebastian 2002: Nachteil und Nutzen kritischer Kriminologie in Zeiten des Terrorismus, in: KrimJ, H. 1, S. 35-40
Schwind, Hans-Dieter 2005: Kriminologie, 15. Aufl., Heidelberg
Shoham, Shlomo 1963: The Theoretical Boundaries of Criminology, in: British Journal of Criminology, Bd. 3, S. 231-247
Sutherland, Edwin H. / Cressey, Donald R. 1960: Principles of criminology, 6. Aufl., Chicago

Thomas Feltes

Kronzeuge

I. Der Begriff „Kronzeuge“ stammt rechtshistorisch aus dem angelsächsischen Strafverfahrensrecht; er spielt bis heute vor allem im angloamerikanischen Strafprozess eine wichtige Rolle. In Großbritannien wird der Kronzeuge traditionell „Queen's Evidence“ genannt, also „Zeuge der Königin“, d. h. der Krone, die im angelsächsischen Strafprozess stets die Anklage vertritt. Im modernen Sprachgebrauch versteht man unter einem Kronzeugen eine Person, die zwar selbst als Täter oder Teilnehmer von Straftaten in Erscheinung getreten ist, die jedoch mit den Strafverfolgungsbehörden freiwillig zusammenarbeitet und der für ihr Auftreten als Belastungszeuge bzw. für eine sonstige Mitwirkung bei der Aufklärung oder Verhinderung von Straftaten im Gegenzug bestimmte Vergünstigungen in Gestalt von Straffreiheit oder Strafmilderung gewährt werden können.

II. Dem deutschen Strafprozessrecht war die Rechtsfigur des Kronzeugen lange unbekannt. Erst im Jahre 1989 wurde eine zunächst auf den Bereich terroristischer Straftaten beschränkte Regelung eingeführt, die den Begriff „Kronzeuge" explizit verwendete. Diese von Anfang an politisch umstrittene Regelung über die Gewährung von Straffreiheit oder Strafmilderung für tatbeteiligte Personen, die mit den Strafverfolgungsbehörden kooperieren, wurde in das Strafverfahrensrecht eingeführt durch das „Gesetz zur Änderung des Strafgesetzbuches, der Strafprozessordnung und des Versammlungsgesetzes und zur Einführung einer Kronzeugenregelung bei terroristischen Straftaten" vom 9.6. 1989 (BGBl. I, S. 1059). Dieses Gesetz regelte in den §§ 1-5 des Art. 4 detailliert die Voraussetzungen, unter denen einem terroristischen Straftäter in der Rolle eines Kronzeugen ein Absehen von Strafverfolgung oder zumindest eine Strafmilderung zuteil werden konnte. Die Gültigkeit der Kronzeugenregelung war ursprünglich bis zum 31.12. 1992 befristet, wurde aber wiederholt verlängerte. Durch das „Verbrechensbekämpfungsgesetz" aus dem Jahr 1994 (BGBl. I, S. 3186) wurde die auf terroristische Straftaten beschränkte Kronzeugenregelung durch Einfügung des Art. 5 auf „organisiert begangene Straftaten" erweitert. Die Gültigkeitsdauer der erweiterten Kronzeugenregelung wurde bis zum 31.12. 1999 befristet. Da eine erneute Verlängerung der Gültigkeitsdauer nicht erfolgte, ist die Kronzeugenregelung zum Ende des Jahres 1999 – vorerst – ersatzlos ausgelaufen.

III. Es gab und gibt jedoch sowohl aus dem politischen Raum als auch aus dem Bereich der mit Strafverfolgung befassten Stellen zahlreiche Stimmen, die vehement eine Neuauflage der Kronzeugenregelung fordern, ggf. in einer modifizierten und verbesserten Form. So wies etwa die 71. Justizministerkonferenz (JMK) vom 24./25.5. 2000 in Potsdam darauf hin, dass aus der staatsanwaltschaftlichen und gerichtlichen Praxis nach wie vor Bedarf für eine Kronzeugenregelung angemeldet wird, nämlich für solche Straftaten, die auf der Täterseite durch besonders abgeschottete Strukturen gekennzeichnet sind und die typischerweise nur mit Hilfe von Insiderwissen aufgeklärt werden können.

Den Forderungen aus Politik und Praxis entsprechend bereitete das Bundesministerium der Justiz (BMJ) schon vor dem 11. September 2001 eine Nachfolgeregelung für die ausgelaufene Kronzeugenregelung vor. Diese Ersatzregelung sollte für aussagewillige Rechtsextremisten und für den Bereich der → Organisierten Kriminalität gelten. Ein entsprechender Gesetzentwurf wurde vom BMJ im Januar 2001 vorgelegt und insbesondere von Vertretern der SPD befürwortet (vgl. z. B. die Anmerkungen von Bundesinnenminister Otto Schily in der „Frankfurter Allgemeine Zeitung“ vom 19.3.2001 und in der „Welt“ vom 8.10. 2001 sowie seine Rede vor dem Deutschen Bundestag am 11.10.2001). Die Realisierung dieses Gesetzentwurfs scheiterte jedoch am Widerstand von Bündnis 90 / Die Grünen. Umstritten war dabei im politischen Raum u. a. die Frage, ob die Neuregelung, so wie die früheren Vorschriften, auch aussagebereiten Terroristen zugute kommen solle und ob das Instrument des Kronzeugen nicht auch zur Bekämpfung von Korruptionsdelikten eingesetzt werden könne.

Angesichts der seit den Anschlägen vom 11. September 2001 neu eingetretenen, bisher unbekannten Dimension der Bedrohung durch den internationalen Terrorismus bestand dann zunächst weithin Einigkeit darüber, dass kooperationswillige „Aussteiger“ aus der Terroristenszene de lege ferenda in ein neues gesetzliches Kronzeugenmodell mit einbezogen werden müssten. Deshalb sollte das am 1.1.2002 rückwirkend in Kraft getretene „Gesetz zur Bekämpfung des internationalen Terrorismus“ vom 9.1.2002 (BGBl. I, S. 361) nach den ursprünglichen Plänen eigentlich bereits eine neue und umfassende Kronzeugenregelung enthalten. Jedoch konnte man sich im Gesetzgebungsverfahren wiederum nicht über die Einzelheiten einer derartigen Neuregelung abschließend verständigen, sodass nunmehr, entgegen anders lautenden Ankündigungen, das „Terrorismusbekämpfungsgesetz“ keine neue Kronzeugenregelung enthält. Der nachträgliche Erlass einer solchen wurde aber in mehrfachen Äußerungen von Mitgliedern der Bundesregierung für eine nahe Zukunft in Aussicht gestellt, entweder in Gestalt eines eigenständigen „Kronzeugengesetzes“ oder durch die Aufnahme einer entsprechenden Ergänzung des Strafgesetzbuches (StGB). Gedacht war mit Blick auf die letztgenannte Variante z. B. an eine Erweiterung der in § 46 StGB (Grundsätze der Strafzumessung) enthaltenen Regelungen oder an die Einfügung eines § 46a StGB. Entgegen diesen Ankündigungen ergab sich jedoch im Laufe des Frühjahrs 2002, dass die an der Regierungskoalition beteiligten Parteien zu einer politischen Einigung über die in Aussicht gestellte Kronzeugenregelung erneut außerstande waren. Als ausschlaggebend erwies sich dabei wiederum der Widerstand von Bündnis 90/ Die Grünen, die seit jeher dem „schmutzigen Deal von Schwerverbrechern mit dem Rechtsstaat“ (so ihr Verhandlungsführer Volker Beck) überwiegend kritisch bis ablehnend gegenüberstehen. Auch Bekundungen neueren Datums von Vertretern der Bundesregierung lassen erkennen, dass entgegen den ursprünglichen Plänen derzeit keine wirkliche Neigung besteht, eine neue Normierung der Kronzeugenproblematik in Angriff zu nehmen. So hat z. B. die Bundesjustizministerin Brigitte Zypries (SPD) gegenüber dem Magazin „Focus“ am 30.11. 2003 Forderungen nach einer Wiedereinführung der ausgelaufenen Kronzeugenregelung eine Absage erteilt, und zwar mit der Begründung, die frühere Kronzeugenregelung habe sich „damals nicht bewährt“. Damit ist der Versuch, ein Nachfolgemodell für die Ende 1999 ausgelaufene Kronzeugenregelung zu etablieren, trotz des zwischenzeitlich eher noch gestiegenen Handlungsbedarfs angesichts eines weltweit zunehmenden Terrorismus, vorerst gescheitert.

IV. Auch zukünftig wird der politische und juristische Streit über die Notwendigkeit und Legitimation einer neuen Kronzeugenregelung vorhersehbar weitergehen. Dem häufig erhobenen Vorwurf, durch die dem stets tatbeteiligten Kronzeugen zugute kommenden Vergünstigungen bleibe die materielle Gerechtigkeit auf der Strecke, ließe sich der Boden dadurch entziehen, dass bei schweren Straftaten des Kronzeugen diesem lediglich Strafmilderung, nicht aber völlige Straffreiheit gewährt wird. So könnte z. B. bei Kronzeugen aus der terroristischen Szene oder aus dem Bereich der Organisierten Kriminalität eine Mindestfreiheitsstrafe in der Größenordnung von drei bis fünf Jahren vorgesehen werden. Aber auch wenn das Ziel einer angemessenen und gerechten Bestrafung von Straftätern, welche in die Rolle des Kronzeugen schlüpfen oder flüchten, aufgrund der einzuräumenden Privilegierungen teilweise nicht vollständig erreicht werden sollte: Allein ein kurzer prüfender Blick in die Geschichte der Bekämpfung der Mafia, ob sizilianischer, italienischer und US-amerikanischer Prägung, demonstriert eindeutig, dass effektive Strafverfolgung gegen gewachsene und nach außen abgeschottete verbrecherische Organisationen ohne die Hilfe von aussagewilligen „Insidern“ schlichtweg nicht möglich ist.

Eine weitere bekannte und letztlich nicht zu leugnende Problematik der Kronzeugenregelung besteht darin, dass dieser auf Grund seiner prozessualen Lage versucht sein mag, durch übertriebene oder gezielt unwahre Behauptungen, z. B. durch die Verdächtigung Unschuldiger, seine Stellung zu verbessern. Der Kronzeuge weiß bzw. meint zu wissen, was die Verfolgungsbehörden von ihm erfahren wollen. Fehlt ihm ausreichendes Insiderwissen oder traut er sich z. B. aus Angst vor Racheakten nicht, dieses zu benutzen, so liegt die Gefahr von falschen Bekundungen auf der Hand. Gleichwohl handelt es sich hierbei nicht wirklich um eine Gefahr, die allein und spezifisch mit der Rechtsfigur des Kronzeugen verbunden ist: Die Notwendigkeit einer Beurteilung der Glaubwürdigkeit im Hinblick auf unter Umständen „zweifelhafte“ Zeugen ist dem Strafprozess auch sonst immanent und stellt insofern auch in anderen Zusammenhängen eine Routineaufgabe für das erkennende Gericht dar. Einem denkbaren Missbrauch könnte auch durch die Schaffung einer gesetzlichen

Vorbehaltsklausel begegnet werden, und zwar des Inhalts, dass die Verurteilung eines Angeklagten niemals allein auf die Aussage eines Kronzeugen gestützt werden darf. Schließlich wäre es möglich, dem Staat den nachträglichen Widerruf gewährter Vergünstigungen zu erlauben, wenn sich Behauptungen eines Kronzeugen später als unzutreffend erweisen.

V. Unabhängig von der oben beschriebenen, derzeit ausgelaufenen, aber in fernerer Zukunft vielleicht wieder zu erwartenden Regelung, die in „allgemeiner" Form zur Bekämpfung von Terrorismus, Extremismus und Organisierter Kriminalität einen Rückgriff auf Kronzeugen im Strafverfahren erlaubte, kennt die aktuelle Rechtsordnung in zwei speziellen Zusammenhängen Privilegierungsvorschriften, die ihrem Wesen nach ebenfalls Kronzeugenregelungen darstellen, ohne dass das Gesetz insoweit den Begriff des Kronzeugen explizit verwenden würde. Es hat sich dafür der Terminus „kleine Kronzeugenregelung" eingebürgert. Diese bezieht sich zunächst auf die in § 31 BtMG enthaltene Regelung zur Bekämpfung der → Rauschgiftkriminalität. Danach kann das Gericht eine Strafe nach seinem Ermessen mildern oder von einer Bestrafung wegen einer Rauschgiftstraftat absehen, wenn der Täter durch die freiwillige Offenbarung seines Wissens wesentlich dazu beigetragen hat, dass die Tat über seinen eigenen Tatbeitrag hinaus aufgedeckt werden konnte oder wenn der Täter freiwillig sein Wissen rechtzeitig einer Dienststelle offenbart, sodass bestimmte Betäubungsmitteldelikte verhindert werden können. Diese „spezielle" Kronzeugenregelung ist ebenso geltendes Recht wie diejenige, die sich im Zusammenhang mit strafbarer → Geldwäsche in § 261 Abs. 10 StGB findet. Danach kann das Gericht bei Geldwäsche eine Strafe nach seinem Ermessen mildern oder ganz von einer Bestrafung absehen, wenn der Täter durch die freiwillige Offenbarung seines Wissens wesentlich dazu beigetragen hat, dass die Tat über seinen eigenen Tatbeitrag hinaus oder das Geldwäschedelikt eines anderen aufgedeckt werden konnte.

Die EU plant eine weitere spezielle Kronzeugenregelung zur Bekämpfung der „Schleusungskriminalität". Ein den Regierungen der Mitgliedstaaten am 12.02.2002 vorgelegter Richtlinienvorschlag der Europäischen Kommission sieht vor, dass ertappte illegale Einwanderer im Falle ihrer Kooperationswilligkeit eine Bedenkzeit von 30 Tagen erhalten sollen; innerhalb dieser Zeitspanne wären sie vor Abschiebung geschützt. Entschließt sich der Betroffene zur Mitarbeit bei der Verfolgung der Schleuser und halten die zuständigen Behörden seine Anwesenheit für zweckmäßig, so soll er eine Aufenthaltserlaubnis für zunächst sechs Monate erhalten. Diese kann um jeweils weitere sechs Monate verlängert werden. Mit der Erteilung der Aufenthaltserlaubnis soll auch der legale Zugang zum Arbeitsmarkt, zur allgemeinen und beruflichen Bildung sowie zur medizinischen Versorgung eröffnet sein. Die Kommission hält den Erlass einer derartigen gemeinschaftsrechtlichen Regelung für dringend geboten, da dem organisierten Menschenhandel und dem damit verbundenen Anstieg der illegalen Einwanderung nach aller Erfahrung auf einzelstaatlicher Ebene allein nicht beizukommen sei.

Mehrens, Stefanie 2001: Die Kronzeugenregelung als Instrument zur Bekämpfung organisierter Kriminalität – Ein Beitrag zur deutsch-italienischen Rechtsvergleichung, Dissertation, Freiburg i. B.

Mühlhoff, Uwe / Pfeiffer, Christian 2000: Der Kronzeuge – Sündenfall des Rechtsstaats oder unverzichtbares Mittel der Strafverfolgung? In: ZRP 2000, S. 121-127

Peglau, Jens 2001: Überlegungen zur Schaffung neuer „Kronzeugenregelungen", in: ZRP 2001, S. 103-105

Schaefer, Hans C. 2000: Zu einer möglichen Neuauflage der Kronzeugenregelung, in: NJW 2000, S. 2325-2326

Schnorr, Stefan / Wissing, Volker 2002: Kronzeugenregelung ade! In: ZRP 2002, S. 240

Martin Kastner

Kryptografie

I. „Kryptografie" ist die Wissenschaft von der Verschlüsselung bzw. dem Verschleiern des Inhalts einer Nachricht. Dem gegenüber steht die „Kryptoanalyse" als Wissenschaft von der Entschlüsselung kryptografischer Nachrichten. Der Sammelbegriff für beide Disziplinen ist „Kryptologie". Der Begriff „Steganografie" bezeichnet im Unterschied dazu das Verbergen der Tatsache, dass überhaupt eine Botschaft übermittelt wird.

II. Verschlüsselungen, Entschlüsselungen und das Verbergen von Nachrichten vor allem für militärische und geheimdienstliche Zwecke werden seit dem Altertum praktiziert. Frühe Verschlüsselungen beruhten insbesondere auf dem Prinzip der monoalphabetischen Chiffrierung (Austausch von Buchstaben nach mehr oder weniger komplizierten Schlüsseln), meist gemischt mit der Verwendung von Codes (Austausch von Worten gegen andere). Mit den Fortschritten der Mathematik und der Linguistik in der Renaissance gelang es immer besser, Chiffren durch den Einsatz statistischer Häufigkeitsanalysen zu brechen. Daraufhin wurde im 15. Jahrhundert die polyalphabetische Verschlüsselung entwickelt, bei der jeder einzelne Buchstabe nach einem anderen Schlüssel codiert wird. Nachdem es in der ersten Hälfte des 20. Jahrhundert gelungen war, die polyalphabetische Verschlüsselung durch mechanische und elektromechanische Systeme (die deutsche Wehrmacht setzte im Zweiten Weltkrieg z. B. die unter dem Namen „Enigma" bekannte Chiffriermaschine ein) für den breiten Einsatz praxistauglich zu machen, gelang es durch den beginnenden Einsatz von elektronischen Computern, auch diese Verschlüsselungssysteme erfolgreich zu analysieren.

Neben der schrittweisen Entwicklung immer komplexerer polyalphabetischer Verfahren in den 50er und 60er Jahren stellen das Verfahren des öffentlichen Austausches symmetrischer Schlüssel durch Whitfield Diffie, Martin Hellman und Ralph Merkle (1976) und die Entwicklung der asymmetrischen Public-Key-Kryptografie durch Ron Rivest, Adi Shamir und Leonard Adleman (1977) den nächsten Entwicklungssprung in der Anwendung kryptografischer Verfahren dar. Durch die Verwendung so genannter Einwegfunktionen – mathematische Funktionen, deren Funktionswert keine Rückschlüsse auf den Ausgangswert ermöglichen – im Diffie-Hellman-Merkle-Verfahren wird der bisher notwendige geheime Austausch von Datenschlüsseln zur Chiffrierung von Botschaften unnötig. Der Rivest-Shamir-Adleman-Algorithmus erlaubte es darüber hinaus, dass durch die Verwendung von öffentlichen Schlüsseln Botschaften von jedem verschlüsselt werden können. Die Entschlüsselung der mit öffentlichem Schlüssel chiffrierten Botschaften hingegen ist nur dem Empfänger mit einem geheimen Schlüssel möglich. Eine kryptoanalytische Dechiffrierung solcher Schlüssel ist – abgesehen von Problemen bei der Verwaltung geheimer Schlüssel – nur durch nicht erreichbare Mobilisierung von Rechnerkapazitäten möglich. Darauf bezieht sich die Bezeichnung solcher Verfahren als „starke Kryptografie“.

Aktuelle Forschungen konzentrieren sich auf quantenkryptografische Verfahren. Mittels Übermittlung subatomarer Teilchen (z. B. Lichtfotonen) und Messung bestimmter quantenmechanischer Zustände können hier Schlüssel sicher ausgetauscht werden. Die besonderen quantenmechanischen Eigenschaften – insbesondere die Tatsache, dass jede Messung den quantenmechanischen Zustand der Teilchen verändert – machen jedes unerkannte Mitlesen solcher Schlüssel unmöglich. Derzeit scheint es vom Prinzip her noch undenkbar, dass solcherart chiffrierte Botschaften jemals dechiffriert werden könnten.

III. Sowohl im wirtschaftlichen Bereich (Onlinebanking, -auktionen, -shopping etc.) als auch im privaten Bereich stellte sich mit zunehmender Anwendung computergestützter Datenübermittlungsmöglichkeiten das Problem der Sicherheit von Botschaften vor dem Zugriff unberechtigter Dritte. Die Anwendung von sicheren kryptografischen Verfahren trat daher im Verlauf der 90er Jahre immer stärker aus dem Bereich des rein bzw. überwiegend Militärischen heraus. Im Handel und privaten Bereich stieg die Nachfrage nach geeigneten Verschlüsselungstechniken. Gleichzeitig erwuchs damit erstmals das Problem, dass auch legale staatliche Zugriffe auf privat ausgetauschte Botschaften zum Zwecke der Strafverfolgung unmöglich werden könnten. Mit der Veröffentlichung des Quellcodes (Text von Computerprogrammen vor der Umsetzung in ausführbare Programme) des Programmes „Pretty Good Privacy" (PGP) verstieß der US-Amerikaner Phil Zimmermann 1991 gegen die in den USA geltende Exportbeschränkung für „starke" kryptografische Produkte und löste eine intensive Debatte über den datenschutzrechtlichen Nutzen von kryptografischer Software im Gegensatz zu militärischen, nachrichtendienstlichen und staatlichen Strafverfolgungsinteressen aus.

IV. Rechtlich hatte diese Debatte Folgen für den Umgang mit Verschlüsselungstechniken. In den westlichen Demokratien sind im Wesentlichen vier Strategien im Umgang mit kryptografischer Software zu beobachten: (1) Verbot „starker" Kryptografie für Privatanwender; (2) Einrichtung von so genannten „Trust Centern", staatlichen oder staatlich zertifizierten Sammelstellen, bei denen die geheimen privaten Schlüssel hinterlegt werden müssten; (3) Behörden sollen auf der Grundlage einer „Legal Interception" (unter Strafandrohung) das Recht erhalten, verschlüsselte Botschaften auf richterliche Anordnung hin einzusehen; (4) vollständige Liberalisierung starker kryptografischer Verfahren.

Darüber hinaus wurde im Rahmen des „Wassenaar-Abkommens" (1998) zur Exportkontrolle von Waffen starker Kryptografie der Status eines „Dual-Use Goods" zugesprochen und Ausfuhrbeschränkungen auferlegt. Ende 1999 hoben die USA Exportbeschränkungen für starke Kryptografie jedoch (wohl auch auf Grund der gestiegenen wirtschaftlichen Bedeutung von Kryptoprodukten) auf, sodass der militärische Aspekt in den Hintergrund getreten zu sein scheint.

V. Nachdem sich im Verlauf der 90er Jahre die bürger- und handelsrechtliche Sichtweise einer Liberalisierung von Kryptoprodukten immer stärker durchzusetzen schien, sind nach den Anschlägen auf das World Trade Center die sicherheitspolitischen und militärischen Präferenzen wieder stärker ins Zentrum der politischen Diskussion getreten. Obwohl starke Kryptografie vermutlich keine herausragende Rolle bei der Koordination der Terrorakte vom 11. September 2001 gespielt hat, gewinnt die Einschätzung an Plausibilität, dass Terroristen die Planung von Attentaten durch die Verwendung starker Verschlüsselungstechniken erleichtert werden könnte. Das Augenmerk der Sicherheitsbehörden richtet sich jedoch derzeit stärker auf die Überwachung von Verbindungsdaten. Aufgrund der technischen Natur kryptografischer Verfahren erscheint es selbst bei Verboten immer möglich, Straftaten durch geschickte Mehrfachanwendung von Kryptografie und Steganografie zu koordinieren. Ob eine massive Beschränkung der informationellen Selbstbestimmung in der privaten Kommunikation oder bei der Abwicklung von Onlinegeschäften durch eine Beschränkung der Anwendungsfreiheit kryptografischer Software gerechtfertigt ist, steht daher zu bezweifeln.

Electronic Privacy Information Center (Ed.) 1999: Cryptography and Liberty 1999. An International Survey of Encryption Policy, Washington DC

Huhn, Michaela / Pfitzmann, Andreas 1998: Verschlüsselungstechniken für das Netz. Wie schützt man Vertraulichkeit und Integrität? In: Leggewie, C. / Maar, Ch. (Hg.): Internet und Politik. Von der Zuschauer- zur Beteiligungsdemokratie, Köln, S. 438-456

Singh, Simon 2002: Geheime Botschaften. Die Kunst der Verschlüsselung von der Antike bis in die Zeiten des Internet, 2. Aufl., München

Wätjen, Dietmar 2003: Kryptographie. Grundlagen – Algorithmen – Protokolle, Heidelberg

Winkel, Olaf 1997: Private Verschlüsselung als öffentliches Problem, in: Leviathan, H 4, S. 567-586

Volker Mittendorf

Küstenwache

I. Die Küstenwache der Bundesrepublik Deutschland ist ein seit dem 01. 07.1994 bestehender Koordinierungsverbund der Vollzugskräfte des Bundes auf See. Sie ist also keine Körperschaft mit eigener Rechtspersönlichkeit und auch keine selbstständige Behörde mit eigenen Zuständigkeiten und Befugnissen, sondern eine Form der verabredeten Zusammenarbeit verschiedener Bundesministerien zur wirkungsvolleren Erledigung verschiedener maritimer Aufgaben durch die ihnen jeweils nachgeordneten Behörden. An der Verabredung beteiligte Ministerien sind das Bundesfinanzministerium, das Bundesinnenministerium, das Bundesministerium für Verbraucherschutz, Ernährung und Landwirtschaft, das Bundesverkehrsministerium und das Bundesministerium für Umwelt, Naturschutz und Reaktorsicherheit.

Die Idee einer besseren Bündelung und organisatorischen Zusammenfassung der seefahrenden Vollzugskräfte geht bereits auf das Jahr 1954 zurück. Schon in dieser Zeit hat der Deutsche Bundestag sich um eine Verbesserung der Zusammenarbeit der Überwachungs- und Vollzugsdienste auf See bemüht. Zunächst wurden deswegen Verwaltungsvereinbarungen über den schifffahrtspolizeilichen Vollzug mit den Küstenländern getroffen. Später folgten weitere Vereinbarungen zwischen den unterschiedlichen Ressortministerien des Bundes, um eine gegenseitige Aufgabenübertragung festlegen zu können. Letzten Endes bildete ein Kabinettsbeschluss vom 19.04.1994 den Anstoß zur Einrichtung des Koordinierungsverbundes Küstenwache. Einzige Rechtsgrundlage für die Etablierung der Küstenwache ist bis zum heutigen Tage der „Gemeinsame Einrichtungserlass Küstenwache“ vom 01.07.1994.

Der Vorteil des Koordinierungsverbundes Küstenwache soll vorrangig ein Synergieeffekt sein, die vorhandenen Kräfte sollen schneller und wirkungsvoller eingesetzt und unerwünschte Reibungsverluste vermieden werden. Die Notwendigkeit zur Verbesserung der Zusammenarbeit auf See ergab sich spätestens durch die seit 1990 veränderten geografischen Verhältnisse. Die Bundesrepublik Deutschland verfügt seit der Wiedervereinigung immerhin über eine (begradigt) rund 1.000-km-lange Küstenlinie. In der Nord- und Ostsee finden jährlich etwa 200.000 Schiffsbewegungen statt. Zu den Verkehrsschwerpunkten zählen dabei die Deutsche Bucht mit den Zufahrten zur Jade, Weser und Elbe sowie der Nord-Ostsee-Kanal, ferner das Seegebiet der westlichen Ostsee mit den Verkehrswegen Kiel / Großer Belt und das Seegebiet nördlich von Rügen.

Die Küstenwache wird auf See in der täglichen Arbeit getragen von der → Bundespolizei (BPol; bis zum 1.7. 2005 Bundesgrenzschutz), den → Zollbehörden, der Wasser- und Schifffahrtsverwaltung des Bundes (WSV) und der Bundesanstalt für Landwirtschaft und Ernährung (BLE). Sie hat als einheitliches Erkennungszeichen eine vertikale schwarz-rot-goldene Kennzeichnung und den Schriftzug „Küstenwache“ am Schiffsrumpf. Darüber hinaus wird das Logo der Küstenwache (hellblaues Wappenschild mit Anker und Bundesadler) an den Aufbauten geführt. Die Vollzugskräfte der jeweiligen Behörden tragen als gemeinsames Erkennungszeichen das Emblem der Küstenwache an ihrer Dienstkleidung.

II. Die wichtigsten Aufgaben der Küstenwache sind der maritime Umweltschutz (Feststellung von Gewässerverschmutzungen; → Umweltkriminalität), die Gewährleistung der Sicherheit und Leichtigkeit des Schiffsverkehrs (z. B. Setzen und Betreiben von Seezeichen, Aufsicht über das Lotsenwesen, Untersuchung von Seeunfällen), der polizeiliche Grenzschutz (Kontrolle der Einhaltung gesetzlicher Ein- und Ausreisebestimmungen, Unterbindung der unerlaubten Einreise und Bekämpfung der grenzüberschreitenden Kriminalität), der Fischereischutz (z. B. Kontrolle der Fangnetzmaschengröße) sowie der Zoll (Erhebung von Einfuhr- und Ausfuhrabgaben sowie Überwachung des Warenverkehrs) und die Sicherung nationaler Ansprüche im Bereich des Festlandssockels. Der Kerngedanke der Küstenwache ist, dass die Kooperationspartner einerseits ihre originären Aufgaben grundsätzlich weiterhin individuell ausführen und andererseits Aufgaben übernehmen, die sich aus dem Koordinierungsverbund ergeben. So nehmen nunmehr die BPol und der Zoll außerhalb des Küstenmeeres schifffahrtspolizeiliche Aufgaben im Auftrag des Verkehrsministeriums wahr. Der Zoll hat auch die Wahrnehmung grenzpolizeilicher Aufgaben auf See übertragen bekommen und im Rahmen der Fischereiaufsicht kontrolliert er im Auftrag der Bundesanstalt für Landwirtschaft und Ernährung die Fangnetzgrößen der Fischereifahrzeuge. Einzelheiten ergeben sich aus dem „Gesetz über die Aufgaben des Bundes auf dem Gebiet der Seeschifffahrt" – Seeaufgabengesetz – in der Neufassung vom 26.07.2002, der „Verordnung zur Übertragung von Aufgaben auf dem Gebiet der Seeschifffahrt zur Ausübung auf die Bundespolizei (BPol) und die Zollverwaltung" vom und der „Zweiten Verordnung zur Änderung seeverkehrsrechtlicher Vorschriften".

Zur Erfüllung ihrer Aufgaben kann die Küstenwache auf insgesamt etwa 30 Seefahrzeuge zurückgreifen. Ferner stehen ihr für die Luftüberwachung bis zu sieben Hubschrauber der BPol und zwei Flugzeuge vom Typ Dornier DO 228 zur Verfügung, die im Auftrag des Bundesministers für Verkehr von Besatzungen der Bundeswehr geflogen werden und zum Aufspüren von Gewässerverschmutzungen in der Nord- und Ostsee eingesetzt werden. Allein die Hubschrauber des BPol unternehmen täglich mindestens einen Streifenflug über der Ostsee und sind an fünf Tagen pro Woche über der Nordsee präsent. Der Schwerpunkt des polizeilichen Einsatzgeschehens der Küstenwache liegt – entgegen dem Wortlaut – allerdings außerhalb der Küstengewässer. Einsatzgebiet ist neben der so genannten Hohen See überwiegend die Ausschließliche Wirtschaftszone (AWZ), also ein Seegebiet mit einer maximalen Tiefe von 200 Seemeilen, welches in Deutschland jedoch im Bereich der Ostsee aufgrund der geografischen Gegebenheiten durchschnittlich nicht mehr als 20-25 Seemeilen umfasst und auch im Bereich der Nordsee kaum an die 200-Seemeilengrenze heranreicht.

Die Koordination der Einsätze der Küstenwache erfolgt derzeit noch durch zwei Küstenwachzentren (mit Sitz in Cuxhaven und Neustadt/Holstein), von denen eines die Nordsee und eines die Ostsee überwacht. Die Küstenwachzentren verfügen über einen ständigen Lageüberblick und sind über die Einsatzsituation aller in See stehenden Einheiten informiert, denn sie stehen mit sämtlichen Booten und Schiffen in Funkverbindung. Bei ihnen gehen alle Meldungen über Vorbereitung, Beginn und Ende von Kontrollmaßnahmen ein. Dadurch werden Mehrfachkontrollen verhindert und ausgewogene Kontrolltätigkeiten sichergestellt.

Die Zusammenarbeit der beteiligten Bundesbehörden in den Küstenwachzentren wird durch den „Gemeinsamen Ausschuss Küstenwache" kontrolliert. Der Ausschussvorsitz wechselt jährlich zum 01.07. in festgelegter Reihenfolge (WSV, BPol, Zoll, BLE). Er tagt mindestens zweimal im Geschäftsjahr. Die Marine, die Deutsche Gesellschaft zur Rettung Schiffbrüchiger (DGzRS) sowie die Wasserschutzpolizeien der norddeutschen Küstenländer sind in diesem Gremium nicht vertreten.

Am Sitz des Wasser- und Schifffahrtsamtes in Cuxhaven befindet sich neben dem Küstenwachzentrum Nordsee und der Wasserschutzpolizeileitstelle auch das Havariekommando, dessen Aufgabe in erster Linie das zentrale Unfallmanagement ist. Dazu gehört neben der Entgegennahme von Meldungen über Schiffs- und Schadstoffunfälle in der Nord- und Ostsee auch die Koordination der Rettung und Bergung sowie der Brandbekämpfung. Das Havariekommando ist bei der Erfüllung seiner umfangreichen Aufgaben stets auf die Hilfe der in der Küstenwache organisierten Behörden angewiesen.

III. Neben der Küstenwache des Bundes existiert seit 1995 auch eine Küstenwache des Landes Schleswig-Holstein. Man erkennt diese an ihren meist blauen Schiffsrümpfen mit der weißen Aufschrift „Küstenwache" und der vertikalen blau-weiß-roten Kennzeichnung (die Landesfarben Schleswig-Holsteins) an den Aufbauten. Sie ist ein Zusammenschluss der den Ministerien für Inneres, Finanzen und Energie, Wirtschaft und Verkehr sowie Umwelt, Natur, Forsten und Forschung gehörenden Schiffen und Boote im Interesse einer effektiveren, ressortübergreifenden Aufgabenerfüllung. Die Küstenwache des Landes Schleswig-Holstein ist vor allem auf den Seeschifffahrtstraßen und im Küstenmeer präsent. Dort obliegt ihr neben der Gewährleistung des Meeresumweltschutzes und des allgemeinen Naturschutzes auch die Erhaltung der Schiffssicherheit.

IV. Es gibt zwischen der Küstenwache des Bundes und der des Landes Schleswig-Holstein keinerlei wechselseitige Weisungskompetenzen. Beide Organisationen bestehen autonom nebeneinander. Die Kräfte der Küstenwache Schleswig-Holsteins kommunizieren nicht mit den Küstenwachzentren des Bundes, sodass diese im Allgemeinen nicht über die jeweilige Position der Schiffe und Boote Schleswig-Holsteins informiert sind. Dieses wenig effektive Nebeneinander zweier Küstenwachorganisationen ist zum Teil die Folge der rechtsstaatlich unzulässigen und daher unbedingt zu vermeidenden Mischverwaltung. Bund und Länder bzw. die Länder untereinander können nicht einfach ihre jeweiligen Aufgaben gemeinsam wahrnehmen oder durch die jeweils andere Gebietskörperschaft wahrnehmen lassen. Zum Teil wird jedoch eine wirkungsvollere Zusammenarbeit auch durch bewusstes Beharren der Länder auf ihren Kompetenzen und wenig bundesfreundliches Verhalten erschwert.

V. Innerhalb der deutschen Küstengewässer sind derzeit noch die Länder mit ihren Wasserschutzpolizeien zur Abwehr von Gefahren zuständig (Art. 30 GG). Die Küstenwache bzw. ihr wesentlicher polizeilicher Arm – der Bundespolizei See – kann innerhalb dieses Koordinatensystems außerhalb der Ausübung rein grenzpolizeilicher Befugnisse zur Abwehr allgemeiner Gefahren für die öffentliche Sicherheit nur im Wege einer so genannten Eilkompetenz einschreiten, wenn Vollzugskräfte des jeweiligen Bundeslandes gar nicht oder nicht rechtzeitig erreichbar sind. Effektives Behördenhandeln im Kampf gegen Terror und Verbrechen wird dadurch noch immer erschwert. Die Terroranschläge vom 11. September 2001 sind ohnehin an der Küstenwache des Bundes als Gesamtgebilde weitestgehend spurlos vorübergegangen. Es wurden zwar durch die „International Maritime Organization" (IMO) Vereinbarungen zur Verbesserung der Schiffssicherheit getroffen, wie z. B. die Einführung eines ISPS Codes (eine Identifikationskennung ähnlich dem aus der Luftfahrt bekannten Transpondersignal) und eines so genannten point of contact (eine nationale Alarmierungsstelle, die von einem Schiff in Notfällen angesprochen werden kann), aber eine spezielle Aufgaben- und Befugniserweiterung fehlt noch immer. Es muss sich also noch zeigen, wie weit der Staat auf See und im Küstengewässer für die Herausforderungen durch Terroristen gerüstet ist.

Jenisch, Uwe 2000: Hoheitliche Aufgaben für Polizei und Umweltschutz vor den deutschen Küsten, in: NuR, H. 4, S. 193-201

König, Doris 2002: Schiffsicherheit auf der Ostsee, in: DÖV, H. 15, S. 639-647

Schnoor, Herbert 2000: Verfassungsrechtliche Bedingungen einer Küstenwache zur Bewältigung maritimer Schadensfälle, in: NordÖR, H. 6, S. 221-226

Schütte, Matthias 2003: Die Küstenwache des Bundes, in: Die Polizei, H. 1, S. 8-15

Matthias Schütte

Länderpolizeien

I. Im System der Inneren Sicherheit Deutschlands bilden die Länderpolizeien der 16 Bundesländer sowohl in ihrem Umfang als auch von ihrem Aufgabenspektrum her das Rückgrat des staatlichen Gewaltmonopols, selbst wenn es in Form der → Bundespolizei (BPol; bis zum 1.7.2005 Bundesgrenzschutz – BGS) eine nationale Schutzpolizei und in Form des → Bundeskriminalamtes (BKA) eine national koordinierende Kriminalpolizei gibt. Neben dem Kultusbereich bildet die Innere Sicherheit die wichtigste (verbliebene) Kompetenz der Länder im föderalistischen Staatsaufbau der Bundesrepublik. Ein materieller Polizeibegriff umfasst dabei vor allem die Gefahrenabwehr, also die Staatstätigkeit, die vom Einzelnen oder von der Allgemeinheit diejenigen Gefahren abhält, die die öffentliche Sicherheit und Ordnung bedrohen. Dem Schutz der Bürger auf der einen Seite steht der Schutz staatlicher Institutionen und deren Repräsentanten auf der anderen Seite gegenüber.

Die Länderpolizeien beschäftigen rund 240.000 Polizeibeamte. Die Polizeidichte ist in Deutschland mit insgesamt 1:344 (ein Landespolizist trifft statistisch auf 344 Einwohner) im europäischen Vergleich eher niedrig und weist zwischen den einzelnen Bundesländern systematische Unterschiede auf: Relativ die meisten Polizeibeamten finden sich in den Stadtstaaten Berlin,

Hamburg und Bremen, wobei Berlin mit 1:183 die höchste Polizeidichte hat, was mit dem Status als Bundeshauptstadt erklärt werden kann. Gegenüber den westdeutschen Flächenländern haben die ostdeutschen Länder eine höhere Polizeidichte, die mit der Übernahme der DDR-Volkspolizisten in die Polizei der neuen Länder zusammenhängt. Entlassen oder ausgetauscht wurde im Rahmen der Wiedervereinigung (nur) die Polizeiführung, die durch Westimporte leicht ersetzbar und im Gegensatz zur Masse der Volkspolizisten „funktional entbehrlich" war.

II. Nach dem Zweiten Weltkrieg wurden 1949 deutsche Polizeibehörden unter alliiertem Besatzungsrecht eingerichtet, wobei anknüpfend an Entwicklungslinien aus der Weimarer Republik die primäre Zuständigkeit an die Länder ging. In der amerikanischen und der englischen Besatzungszone wurden im angloamerikanischen Verständnis, nach dem die Polizei dem Bürger zu dienen hat, die Polizei dabei (re-) kommunalisiert, womit (größere) Städte ihre eigene Polizei erhielten. Rechtlich wurde an das preußische Polizeigesetz aus dem Jahre 1931 angeknüpft, das in vielen Bundesländern – selbst in der DDR – bis in die 60er Jahre galt. Festzustellen ist darüber hinaus eine „Entpolizeilichung" vieler Aufgabenbereiche, die zivilen Ordnungsbehörden zugewiesen wurden, und eine klare Trennung der Polizei vom Militär und den Geheimdiensten als Konsequenz aus den Erfahrungen mit der totalitären Polizeipolitik des Nationalsozialismus. Polizei wurde damit auf vollzugspolizeiliche Aufgaben, Verkehrsüberwachung und Verfolgung von Straftaten beschränkt. Ausfluss des Kalten Krieges zwischen Ost und West waren 1951 die Gründung der (kasernierten) Bereitschaftspolizeien auf Landesebene und des BGS auf Bundesebene im Westen und der kasernierten Volkspolizei im Osten – die beiden letzten Institutionen bildeten Mitte der 50er Jahre dann auch den Kern der wiedergegründeten Armeen in beiden deutschen Staaten.

Heute besitzen die Länderpolizeien trotz einiger markanter Unterschiede in Organisation und Ausbildung prinzipiell eine ähnliche Struktur der polizeilichen Aufgabenerfüllung, was auf die Novellierung des Polizeirechts ab Mitte der 70er Jahre zurückzuführen ist. Damals wurde von der → Innenministerkonferenz, dem entscheidenden Koordinationsorgan der Polizeipolitik im föderalistischen Polizeiaufbau Deutschlands, ein (erster) Mustergesetzentwurf für ein einheitliches Polizeigesetz (1975) von Bund und Ländern verabschiedet, dem die Länder weitgehend folgten. Vereinheitlicht wurde damit das „Was", nicht aber das „Wie" der Polizeiarbeit. Bis zu diesem Zeitpunkt kam es auch zu einer „Entkommunalisierung" der Polizei (München überführte 1975 als letzte Stadt die kommunale Polizei in die Zuständigkeit des Landes Bayern). Die Aufgaben der Polizei sind damit gesetzlich normiert und lassen sich in

Prävention (Vorbeugung von Straftaten) und Repression (Strafverfolgung) unterschieden, wobei entgegen einer anderen öffentlichen Wahrnehmung, in der die Ermittlung von Straftätern im Vordergrund steht, die traditionelle Form der Polizeiarbeit präventive Maßnahmen darstellen.

III. Innerhalb der Länderpolizeien existiert eine funktionale Differenzierung zwischen Schutzpolizei und Kriminalpolizei, die auch unter dem Begriff „polizeilicher Einzeldienst" zusammengefasst wird, ergänzt durch die Bereitschaftspolizei, wobei alle drei Sparten nochmals Spezialisierungen aufweisen:

Die (uniformierte) Schutzpolizei (verkörpert durch den klassischen „Schutzmann an der Ecke") leistet den Posten- und Streifendienst, Verkehrslenkung- und Verkehrsüberwachung sowie den „ersten Angriff" und Ermittlungen bei Ordnungswidrigkeiten und Straftaten. Eine spezielle Untergliederung ist die Wasserschutzpolizei, die schutzpolizeiliche Aufgaben auf den Binnengewässern ausübt. Vier von fünf Landespolizisten gehören der Schutzpolizei an, die auch über spezielle Einsatzmittel verfügt wie Hubschrauber-, Hunde- oder Reiterstaffel.

In Spezialeinsatzkommandos (SEK) und Mobilen Einsatzkommandos (MEK) verfügt die Kriminalpolizei über trainierte Spezialisten für besonders gefährliche Einsätze (z. B. Geiselnahmen) oder spezielle Observationsaufgaben. SEKs wurden dabei ab den 70er Jahren als Reaktion auf den Linksterrorismus in Deutschland aufgebaut. Die Kriminalpolizei bekämpft insbesondere die (schweren) Straftaten, für die Spezialwissen, geeignete Ressourcen und umfangreich Ermittlungsaufgaben erforderlich sind. In organisatorisch ausdifferenzierten Dienststellen werden z. B. Tötungsdelikte, → Wirtschaftskriminalität, Sexualstraftaten oder → Staatsschutzdelikte bearbeitet.

Die Bereitschaftspolizei als selbstständige Polizeiorganisation beruht auf einer Verwaltungsvereinbarung zwischen Bund und Ländern und dient in ihrer stärker auf militärischen Prinzipien ausgerichteten Ausbildung, Struktur und Ausrüstung (z. B. Wasserwerfer und gepanzerte Fahrzeuge) der Bewältigung von (länderübergreifenden) Großlagen wie Demonstrationen, bei denen geschlossene Polizeiverbände notwendig sind. Im Gegensatz zur Schutz- und Kriminalpolizei, für deren Finanzierung allein das jeweilige Bundesland aufkommt, beteiligt sich der Bund bei den Sachkosten für die Bereitschaftspolizei, verfügt im Gegenzug aber auch über Mitbestimmungsrechte bei Einsätzen. Dem föderalistischen Beistandsgedanken verpflichtet ist die gegenseitige Hilfe durch Bereitstellung von Bereitschaftspolizeieinheiten für Einsätze, bei denen die Polizeikräfte eines Landes allein überfordert wären (z. B. Atommülltransporte).

IV. Im organisatorischen Aufbau der Polizei unterscheiden sich die Bundesländer erheblich, wobei zwei Typen differenziert werden können. Am Beispiel von Hessen, das nach einer Organisationsreform 2001 von einer Mischform, in der die Polizeiorganisation mit anderen Behörden der Ordnungsverwaltung (z. B. Regierungspräsidien, Landkreise) kombiniert wird, zu einer „reinen" Polizeiorganisation gewechselt hat, wird dies deutlich: Hessen verfügt aktuell über sieben Polizeipräsidien, die das gesamte Land abdecken (Flächenpräsidien), und zwei „Bereichpräsidien", die zentrale Funktionen für ganz Hessen haben (Bereitschaftspolizeipräsidium und Präsidium für Technik, Logistik und Verwaltung). Zentrale Aufgaben für die Kriminalpolizei erfüllt wie in allen anderen Bundesländern das Landeskriminalamt. An der Spitze der hessischen Polizei steht das Landespolizeipräsidium (LPP), geleitet vom ranghöchsten Polizisten, dem Landespolizeipräsidenten. Das LPP bildet damit auch die Schnittstelle zur Politik mit dem Innenminister als politisch verantwortlichem Minister. War dies vor der Organisationsreform eine Abteilung des Ministeriums, ist es nun (formal) die zentrale Führungs- und Koordinationsorganisation der hessischen Polizei. Unterhalb der Ebene der Präsidien arbeiten in Hessen ca. 15.000 Polizeivollzugsbeamte in 28 Polizeidirektionen und 128 Polizeirevieren / Polizeistationen als Basisorganisationen in der Schutzpolizei und in Fachkommissariaten der Kriminalpolizei.

In der Ausbildung innerhalb der Polizei lässt sich in der Geschichte der Bundesrepublik eine Tendenz zur „Entmilitarisierung" und Höherqualifizierung feststellen. War früher die Ausbildung von Polizisten für den mittleren Dienst („Wachtmeister") innerhalb der Bereitschaftspolizei auf Grundlage eines mittleren Bildungsabschlusses (oder eines Hauptschulabschlusses und einer Berufsausbildung) der Regelfall, verbunden mit einer Kasernierung und hierarchisch formalisierten Abläufen, gilt dies heute nicht mehr für alle Bundesländer. Im Rahmen der so genannten „zweigeteilten Laufbahn" haben sich Länder wie Hessen, Niedersachsen oder Nordrhein-Westfalen für eine „Akademisierung" des Polizeiberufs entschieden, die auf Basis mindestens eines Fachabiturs ein dreijähriges Studium an den verwaltungsinternen → Fachhochschulen der Länder vorsieht und mit der Ernennung zum Kommissar (als Eingangsamt des gehobenen Dienstes) endet. Dahinter stecken erhöhte Anforderungen an die Polizeiarbeit, aber auch die erfolgreiche Politik der traditionell starken Polizeigewerkschaften, die über eine Höherqualifizierung auch bessere materielle Bedingungen für ihre Mitglieder erzielen wollten. In Ländern mit der zweigeteilten Laufbahn hat zukünftig damit jeder Polizist ein Studium absolviert und es gibt neben dem gehobenen Dienst allein den höheren Dienst in der Polizei, womit die (wenigen) herausgehobenen Führungspositionen besetzt werden; der Anteil des höheren Dienstes beträgt in allen Ländern dabei nur etwa 1-2 % aller Polizeibeamten. Die Ausbildung für den höheren Dienst erfolgt zentral an der → Polizei-Führungsakademie in Münster-Hiltrup, einer Bildungseinrichtung, die auf Grundlage einer Verwaltungsvereinbarung aller Bundesländer (und des Bundes) geschaffen wurde und sich in den nächsten Jahren zur „Deutschen Hochschule der Polizei" entwickeln soll.

Eine weitere Strukturveränderung ist mit dem Einzug von Frauen in die Schutzpolizei (in der Kriminalpolizei gab es schon seit den 20er Jahren einige Frauen) ab 1978 (als erstes Land Berlin; Bayern als letztes Land 1990) verbunden. Der traditionelle Männerberuf Polizist ist aktuell zwar noch immer männlich geprägt; mit ca. einem Drittel Frauen, die derzeit den Polizeiberuf ergreifen, werden sich jedoch intern und extern im Verhältnis zum Bürger Veränderungen ergeben. Die Rekrutierung von Ausländern für die Polizei war dagegen bisher wenig erfolgreich, obwohl sich die Länderpolizeien nach einem Beschluss der Innenministerkonferenz von 1993 intensiv darum bemühen.

V. Aktuell sehen sich Länderpolizeien mit folgenden Problemen konfrontiert: Mit der Bundespolizei, die nach der deutschen Wiedervereinigung ihr Aufgabenspektrum ausweiten konnte, existiert heute eine Polizei des Bundes, die nicht nur an den Außengrenzen Deutschlands polizeilichen Einzeldienst versieht, sondern mit der Übernahme der Bahnpolizei auch intern (an Bahnhöfen, in der Flugsicherung) und damit in Konkurrenz mit den Länderpolizeien agiert. Ausdruck hierfür war die Umbenennung des BGS in „Bundespolizei".

Mit der Europäisierung der Polizeiarbeit (z. B. → Europol) sind Kompetenzeinschränkungen für Länderpolizeien verbunden; gleichzeitig müssen Länderpolizeien (zusammen mit der BPol) aber auch Auslandseinsätze (z. B. Jugoslawien) leisten, Aufgaben, auf die sie zunächst nicht vorbereitet sind. Das Anwachsen → privater Sicherheitsdienste kann zwar Länderpolizeien entlasten, gleichzeitig wird davon ihre dominante Position auf dem Gebiet der Inneren Sicherheit tangiert.

Parallel zu Verwaltungsreformen in der allgemeinen inneren Verwaltung verändern sich Länderpolizeien unter aktuellen Haushaltszwängen. Mithilfe neuer Steuerungsmodelle (z. B. Budgetierung) und anderer Elemente aus der Privatwirtschaft (z. B. Leitbilder für die Polizeiarbeit) soll die Polizeiarbeit optimiert werden, um als Dienstleistungsinstitution mehr Bürgernähe und Effizienz zu erreichen. Neue Elemente in den Polizeien der Länder, wie Sicherheitspartnerschaften in den Kommunen, freiwilliges Engagement der Bürger (z. B. die Sicherheitswacht in Bayern oder der → Freiwillige Polizeidienst in Hessen) oder die → Wachpolizei als angestellte Polizei für einfache Polizeiaufgaben wie den Objektschutz, sind Beispiele der aktuellen Polizeipolitik in den Ländern. Die Polizei als Institution und damit primär die Länderpolizeien genießen in der Bevölkerung sehr großes Vertrauen, dass nur noch vom Bundesverfassungsgericht übertroffen wird und weit vor politischen Institutionen wie dem Parlament oder den Parteien liegt – ein Ausdruck der rechtsstaatlichen Verankerung der deutschen Polizei.

Haselow, Reinhard / Noethen, Stefan / Weinhauer, Klaus 2000: Die Entwicklung der Länderpolizeien, in: Lange, H.-J. (Hg.): Staat, Demokratie und Innere Sicherheit in Deutschland, Opladen, S. 131-150

Hermann Groß

Luftsicherheit

I. Die „Luftsicherheit" erstreckt sich auf den Schutz vor Angriffen auf die Sicherheit des Luftverkehrs. Sie ist durch das Luftsicherheitsgesetz (LuftSiG) ausgestaltet (BGBl. I 2005, S. 78). Die Regelungen des LuftSiG stellen gegenüber den Befugnissen der Polizei aus den Gefahrenabwehrgesetzen Spezialvorschriften dar. Ein Rückgriff auf die Bestimmungen der Polizeigesetze der Länder und des Bundespolizeigesetzes (BPolG) ist bei Wahrnehmung der Aufgabe „Luftsicherheit" nur zulässig, soweit das LuftSiG keine bzw. keine abschließenden Spezialvorschriften enthält.

Ermächtigungsadressat der Befugnis aus § 5 LuftSiG sind die Luftfahrtbehörden. Nach Art. 87d Abs. 1 GG handelt es sich dabei grundsätzlich um Fachbehörden des Bundes. Der Bund hat jedoch durch § 16 Abs. 2 LuftSiG in weitem Umfang Luftverkehrsaufgaben auf die Länder übertragen, was nach Art. 87d Abs. 2 GG zulässig ist. Die Länder werden dabei im Auftrag des Bundes tätig. Luftfahrtbehörden sind deshalb neben dem Luftfahrtbundesamt, das vornehmlich zur Abwehr der inneren betriebsbedingten Gefahren zuständig ist, die nach Landesrecht zuständigen Behörden des jeweiligen Bundeslandes. Wird jedoch die Wahrnehmung der in § 5 LuftSiG beschriebenen Luftsicherheitsaufgaben auf die → Bundespolizei (BPol; bis zum 1.7. 2005 Bundesgrenzschutz – BGS) rückübertragen („Rückholung" der Aufgabe), wie es geschehen ist, dann ist die jeweils mit der Aufgabenwahrnehmung konkret betraute Bundespolizeibehörde nach § 5 LuftSiG i. V. m. § 4 BPolG „Luftsicherheitsbehörde". Unerheblich ist hierbei, dass § 4 BPolG lediglich auf § 5 LuftSiG verweist, da § 2 S. 1 LuftSiG vorweggenommen die Luftsicherheitsbehörde für die Befugnisnorm des § 5 LuftSiG als Grundlage regelt und die Aufgabe beschreibt. Würde man die Zuweisung der §§ 2 und 1 LuftSiG an die BPol ablehnen, hätte dies zur Folge, dass eine Zuständigkeitslücke entstünde, da § 16 LuftSiG auf Aufgaben nach § 2 LuftSiG verweist. Die Aufgabenwahrnehmung im Bereich der Luftsicherheit durch die BPol bzw. den BGS war umstritten und Gegenstand einer Verfassungsbeschwerde Nordrhein-Westfalens. Der 2. Senat des Bundesverfassungsgerichts hat jedoch festgestellt, dass die Aufgabenwahrnehmung durch den BGS verfassungsgemäß ist (NVwZ 1998, S. 495).

II. Gesetzessystematisch ist eine Trennung zwischen der Abwehr betriebsbedingter und der Abwehr äußerer Gefahren vollzogen worden. Im Vordergrund der Abwehr äußerer Gefahren steht der Schutz vor Entführung von Luftfahrzeugen, Geiselnahme von Passagieren sowie Bombendrohungen gegen Luftfahrzeuge und Einrichtungen des Luftverkehrs. Der Schutz gegen äußere Gefahren umfasst alle Eingriffe in die Sicherheit des Luftverkehrs, soweit sie nicht in einem unmittelbaren Zusammenhang mit betriebstechnischen, also typischen und spezifischen Abläufen des Luftverkehrs stehen (innere Gefahren). Äußere Gefahren sind mithin Gefahrensituationen, die ihren Ursprung nicht im Luftverkehr selbst haben, sondern durch äußere, nicht luftfahrtspezifische Einwirkungen entstehe.

Der Schutz durch die BPol unterliegt gemäß § 16 Abs. 1 LuftSiG der räumlichen Beschränkung auf das jeweilige Flugplatzgelände; mit der Ausnahme, dass Fracht-, Post- und Versorgungsgüter auch außerhalb des Flugplatzgeländes kontrolliert werden dürfen (§ 16 Abs. 1 S. 2 LuftSiG). Das LuftSiG enthält spezielle Befugnisse zur Durchführung von Luftsicherheitskontrollen. Durch § 5 Abs. 5 LuftSiG wird die Möglichkeit geschaffen, die Durchführung der Luftsicherheitskontrollen auf geeignete Personen als Beliehene zu übertragen. Im Rahmen der Luftsicherheit betreffen neben den Luftfahrtbehörden auch den Flughafenbetreiber gemäß § 8 LuftSiG sowie den Luftfahrtunternehmer aufgrund § 9 LuftSiG Pflichten zur Sicherung des Flughafenbetriebes und des Betriebes der Luftfahrtunternehmen, woraus sich Mitwirkungspflichten für diese begründen. Ein einheitlicher Sicherheitsstandard auf allen deutschen Verkehrsflughäfen wird gewährleistet durch den Rahmenplan Luftsicherheit, ein zwischen den zuständigen Bundes- und Landesministerien, Flughafenbetreibern, Luftfahrtunternehmen und sonstigen Servicebetrieben abgestimmtes, schriftliches Gesamtkonzept zur Abwehr von Gefahren für die Sicherheit des Luftverkehrs. Er enthält einen umfänglichen Katalog von Sicherheitsvorschriften, Einzelmaßnahmen, Verfahrensabläufen, Organisationsmodellen, Informationspflichten und Meldewegen. Um die Luftwaffe auch zur Bekämpfung von Terroristen einsetzen zu können, ist die Regelung über die Unterstützung und Amtshilfe durch die Streitkräfte in die §§ 13-15 LuftSiG in das Luftsicherheitsrecht aufgenommen worden. Danach können die Streitkräfte im Luftraum zur Verhinderung des Eintritts eines besonders schweren Unglücksfalles Luftfahrzeuge abdrängen, zur Landung zwingen und, als Ultima Ratio, mit Waffengewalt auf diese einwirken.

III. Während des Fluges, des Startes und der Landung hat der verantwortliche Luftfahrzeugführer die geeigneten Maßnahmen zur Aufrechterhaltung der Sicherheit und Ordnung an Bord zu treffen. Alle an Bord befindlichen Personen haben den hierzu notwendigen Anordnungen Folge zu leisten (§ 12 LuftSiG). Der Luftfahrzeugführer (§ 2 LuftVO) ist Inhaber der Bordgewalt und hat somit die Verantwortung für das Luftfahrzeug (§ 3 LuftVO). Die Bordgewalt umfasst die nautische Entscheidungsbefugnis und die Befehlsgewalt gegenüber allen Personen an Bord, die gegen die Sicherheit oder Ordnung an Bord verstoßen. Die Bordgewalt gilt nicht für ausländische Luftfahrzeuge. Diese Polizeigewalt an Bord deutscher Luftfahrzeuge besteht nicht nur auf deutschem Staatsgebiet, sondern uneingeschränkt auch über der Hohen See und – subsidiär – im Ausland (soweit der ausländische Staat von seiner Hoheitsgewalt keinen Gebrauch macht). Der Luftfahrzeugführer ist Beliehener und Beamter im straf- und haftungsrechtlichen Sinne. Des Weiteren findet sich eine Legitimation für die Bordgewalt in Art. 6 des von der Bundesrepublik Deutschland ratifizierten „Abkommens über strafbare und bestimmte andere an Bord von Luftfahrzeugen begangene Handlungen“ (so genanntes Tokioter Abkommen vom 14.9.1963; BGBl. II 1969, S. 121).

IV. Durch Art. 6 des am 1.1.2002 in Kraft getretenen Gesetzes zur Bekämpfung des internationalen Terrorismus ist für die BPol in § 4a BPolG eine Erweiterung der schon bestehenden Luftsicherheitsaufgabe geschaffen worden. Damit wird neben die Bordgewalt eine polizeiliche Zuständigkeit für die Abwehr von terroristischen Angriffen, Geiselnahmen und Flugzeugentführungen für die BPol geschaffen. Darüber hinaus wird § 12 Abs. 3 S. 3 LuftSiG durch den Zusatz ergänzt, dass der Einsatz von Schusswaffen nur durch Polizeibeamte, insbesondere durch die der BPol erfolgen darf.

V. Problematisch erscheint, wie § 4a BPolG von der Bordgewalt nach § 12 LuftSiG abzugrenzen ist und welche der beiden Polizeigewalten vorgeht. Betrachtet man die Bordgewalt und die Gefahrenabwehraufgabe der BPol nach § 4 BPolG i. V. m. § 5 LuftSiG sowie des neu geschaffenen § 4a BPolG von der Gesetzessystematik her, so lässt sich eine Abgrenzung aufgrund der Gefahrenrichtungen vornehmen. Während der die Bordgewalt begründende § 12 LuftSiG die inneren, flugspezifischen und nautischen Gefahren betrifft, zielt der die BPol betreffende § 5 LuftSiG auf die äußeren Gefahren durch Angriffe auf den Luftverkehr ab, die ihren Ursprung eben gerade nicht im Luftverkehr selbst haben. Somit sind dem Luftfahrzeugführer aufgrund seiner Bordgewalt die Abwehr innerer Gefahren und der BPol die Abwehr äußerer Gefahren zuzuordnen. Dies spiegelt sich auch in der amtlichen Begründung zum § 4a

BPolG wider, in der hervor gehoben wird, „dass Maßnahmen zur Aufrechterhaltung oder Wiederherstellung der Sicherheit oder Ordnung an Bord stets im Einklang mit den Anforderungen an die Sicherheit des Flugzeuges und der Passagiere stehen müssen. Welche Auswirkungen die konkreten Maßnahmen im Einzelfall auf die Sicherheit eines Fluges im Ganzen haben können, könne nur der Luftfahrzeugführer aufgrund seiner fliegerischen Erfahrung und Kenntnis der Gesamtzusammenhänge beurteilen.“ Hieraus ist zu ersehen, dass der Gesetzgeber trennt zwischen inneren und äußeren Gefahren, wobei die Grenze der Gefahrenabwehr der äußeren Gefahren immer die innere Gefahr darstellt. Somit hat die Abwehr äußerer Gefahren durch die BPol Vorrang gegenüber der Bordgewalt des Luftfahrzeugführers. Jedoch darf durch die Gefahrenabwehrmaßnahmen nach § 4a BPolG die Sicherheit des Fluges selbst nicht tangiert werden. Für den Vorrang der Polizeigewalt aus § 4a BPolG spricht überdies die amtliche Begründung zur Bordgewalt aus § 12 LuftSiG, in der klar gestellt wird, dass es der Bordgewalt nur bedarf, „weil in diesem Zeitpunkt Organe der Luftaufsicht im Allgemeinen nicht an Bord sind“ (BT-Drs. 3/478, S. 4). Außerdem legt die amtliche Begründung zum LuftSiG 2005 (BT-Drs. 15/2361, S. 20) fest, „dass der Luftfahrzeugführer den originären Hoheitsträger nicht bei seiner hoheitlichen Aufgabenwahrnehmung hindern kann.“

In diesem Kontext liest sich auch der Wortlaut des Art. 6 Abs. 1 Nr. c des Tokioter Abkommens, wonach die Maßnahmen des Luftfahrzeugführers deswegen zu erfolgen haben, um es ihm zu ermöglichen, die Personen der zuständigen Behörde zu übergeben. So spricht auch dies für den Vorrang der Polizeigewalt, denn wenn die Maßnahme erfolgt, um die Personen der zuständigen Behörde zu übergeben, dann muss bei Anwesenheit der zuständigen Behörde, diese die Maßnahmen doch gerade selbst treffen dürfen und sogar müssen. Das Tokioter Abkommen selbst gibt dem BPol-Beamten an Bord eine Eingriffsbefugnis in Art. 6 Abs. 2 S. 1. Danach können Besatzungsmitglieder und Fluggäste, und hierzu zählt auch die BPol, auch ohne Ermächtigung durch den Luftfahrzeugführer angemessene vorbeugende Maßnahmen treffen, wenn sie ausreichende Gründe für die Annahme haben, dass ein solches Vorgehen unmittelbar notwendig ist, um die Sicherheit des Luftfahrzeugs oder der Personen oder Sachen an Bord zu gewährleisten. Allein hieraus lässt sich auch ohne den § 4a BPolG eine Möglichkeit zum Einschreiten für die BPol begründen. Diese Befugnis behält auch weiterhin Bedeutung für die polizeilichen Maßnahmen an Bord, da der Geltungsbereich des § 4a BPolG auf das deutsche Staatsgebiet und außerhalb des deutschen Küstenraumes bis zum Erreichen des Küstenraumes eines anderen Staates beschränkt ist. Solange keine dem Tokioter Abkommen entsprechende internationale Regelung für den polizeilichen Flugsicherheitsbegleiter geschaffen wird, bleibt Art. 6 Abs. 2 S. 2 Tokioter Abkommen Rechtsgrundlage für ein Einschreiten. Im Falle von Kollisionen der Polizeigewalt nach § 4a BPolG mit der Bordgewalt ist festzustellen, dass gegenüber behördlichen Verwaltungsakten die Bordgewalt grundsätzlich subsidiär ist und somit also zurück tritt hinter § 4a BPolG, mit der Ausnahme, dass der Luftfahrzeugführer den behördlichen Weisungen nicht ohne erhebliche Gefahr für das Luftfahrzeug, die Besatzung oder Fluggäste nachkommen kann. Die Abwehr der äußeren Gefahren durch § 4a BPolG findet folglich seine Grenze in der Sicherheit des Fluges, die der inneren Gefahrabwehraufgabe der Bordgewalt angehört.

Borsdorff, Anke 2002: Das gemeinsame Aktionsfeld von Flugsicherheitsbegleiter und des Luftfahrzeugsführers im Blickpunkt des neuen § 4a BGSG und der Bordgewalt, in: ASPI BGS, H. 4, S.112-121

Giemulla, Elmar / Schmid, Ronald: Luftverkehrsgesetz, Frankfurter Kommentar zum Luftverkehrsrecht, Bd. 1, Losblattsammlung, §§ 29, 29c LuftVG

Heesen, Dietrich 1994: Luftsicherheit – eine neue Aufgabe des BGS, in: FA, H. 1, S. 1-15

Hofmann, Max / Grabherr, Edwin 1993: Luftverkehrsgesetz, Kommentar, München

Richter, Steffen 1999: Luftsicherheit – Einführung in die Aufgaben und Maßnahmen zum Schutz vor Angriffen auf die Sicherheit des zivilen Luftverkehrs, Köln

Schütte, Matthias 2005: Air-Policing. Störer- und Terrorbekämpfung durch die Luftwaffe auf der Grundlage des neuen Luftsicherheitsgesetzes, in: DPolBl, H. 3, S. 15-18

Anke Borsdorff

Militärischer Abschirmdienst

I. Der Militärische Abschirmdienst (MAD) ist der kleinste der drei deutschen Geheimdienste des Bundes. Er wurde im Januar 1956 durch Generalleutnant a. D. Gerhard Wessel gegründet. Wessel war im Zweiten Weltkrieg bereits Leiter der Abteilung Fremde Heere Ost im Generalstab der Wehrmacht. Dort folgte er in der Abteilungsleitung Reinhard Gehlen, dem späteren ersten Präsidenten des → Bundesnachrichtendienstes (BND). Eine unmittelbare gesetzliche Grundlage gab es für die Einrichtung des MAD nicht. Bis 1990 operierte er ohne eine spezielle gesetzliche Grundlage allein auf der Basis von Verwaltungsvorschriften des Bundesministers der Verteidigung (BMVg). Dieser Umstand ist lange Zeit kritisiert worden und wurde als Defizit insbesondere im Zusammenhang mit den skandalträchtigen Lauschangriffen des MAD in den 70er Jahren deutlich.

Der Militärische Abschirmdienst ist ein Teil der Streitkräfte und gehört innerhalb der Bundeswehr zum Organisationssektor der neu geschaffenen „Streitkräftebasis“. Truppendienstlich untersteht er dem Stellvertreter des Generalinspekteurs der Bundeswehr. Seit dem 01.10.1984 besteht er aus dem Amt für den Militärischen Abschirmdienst in Köln (dieses ist der Nachfolger des früheren Amtes für Sicherheit der Bundeswehr – ASBw) und vierzehn weiteren nachgeordneten Stellen, mit deren Hilfe eine flächendeckende Präsenz erzielt werden soll. Das Amt für den MAD steht entweder unter der Leitung eines Präsidenten (Beamten) oder Amtschefs (Soldaten). Diesem unterstellt sind der Ständige Vertreter des Präsidenten und sechs Fachabteilungen.

Der MAD verfügt derzeit über einen Personalbestand von ca. 1.300 Mitarbeitern, der sich aus Soldaten und Zivilbediensteten zusammensetzt. Die Aus- und Fortbildung dieser Mitarbeiter fand früher unter anderem an der Schule für Nachrichtenwesen der Bundeswehr (SNBw) in Bad Ems statt. Heute werden die MAD-Mitarbeiter auch an der Schule des Verfassungsschutzes in Swisttal-Heimerzheim ausgebildet. Im Jahr 2000 wurde der Geheimdienst mit einem Betrag in Höhe von ca. 62 Mill. € aus dem Bundeshaushalt finanziert.

II. Als Inlandsnachrichtendienst nimmt der MAD in der Bundeswehr die Aufgaben wahr, die im Zivilbereich von den Verfassungsschutzbehörden des Bundes und der Länder wahrgenommen werden. Seine Aufgaben und Befugnisse ergeben sich aus dem „Gesetz über den Militärischen Abschirmdienst“ (MADG) vom 20.12.1990 (BGBl. I, S. 2954), das am 30.12.1990 in Kraft trat und im Jahr 2002 durch das Terrorismusbekämpfungsgesetz erweitert wurde. Nach § 1 MADG, in der bis zum 31.12.2003 geltenden Fassung, ist es die Aufgabe des MAD, Informationen zu sammeln und auszuwerten. Dabei stehen besonders Auskünfte, Nachrichten und Unterlagen im Vordergrund, die sicherheitsgefährdende Bestrebungen betreffen, sowie geheimdienstliche Tätigkeiten für eine fremde Macht, die entweder von Angehörigen der Bundeswehr ausgehen oder gegen diese bzw. gegen die Bundeswehr als Einrichtung gerichtet sind. In diesem engen organisations- und personenbezogenen Zusammenhang beobachtet der MAD auch Bestrebungen, die gegen die Freiheitlich Demokratische Grundordnung gerichtet sind oder den Bestand bzw. die Sicherheit des Bundes oder eines Landes betreffen.

Seine Informationen gewinnt der Militärische Abschirmdienst sowohl aus frei zugänglichen Quellen (z. B. Zeitschriften und Zeitungen oder Fernsehen) als auch durch interne Hinweise und Meldungen aus der Bundeswehr. § 3 Abs. 1 MADG sieht für ihn die Zusammenarbeit mit den Verfassungsschutzbehörden des Bundes und der Länder vor, sodass auch auf diesem Wege weitere Informationen an den MAD gelangen.

Weiterhin obliegt dem Militärischen Abschirmdienst die Beurteilung der Sicherheitslage von Dienststellen und Einrichtungen der Bundeswehr sowie der Dienststellen und Einrichtungen der verbündeten Streitkräfte, wenn sich die Bundesrepublik Deutschland in internationalen Verträgen dazu verpflichtet hat und zwischen dem BMVg und den zuständigen obersten Landesbehörden Einvernehmen darüber besteht, dass dem MAD die Beurteilung der Sicherheitslage übertragen werden soll.

Eine weitere wesentliche Aufgabe des Militärischen Abschirmdienstes ist die Mitwirkung bei → Sicherheitsüberprüfungen von Bewerbern für die Bundeswehr sowie von Angehörigen der Bundeswehr. Die Einzelheiten über die Durchführung einer Sicherheitsüberprüfung ergeben sich dabei aus dem Sicherheitsüberprüfungsgesetz vom 20. 04.1994 (BGBl. I, S. 867) in Verbindung mit Teil C der Zentralen Dienstvorschrift (ZDv) 2/30 vom 29.04.1994.

Nach § 4 Abs. 1 MADG darf der Militärische Abschirmdienst die zu seiner Aufgabenerfüllung notwendigen Daten erheben, verarbeiten und nutzen. Es ist ihm jedoch nicht gestattet, polizeiliche Befugnisse auszuüben und es ist ihm auch untersagt, die Polizei im Wege der Amtshilfe um Maßnahmen zu ersuchen, zu denen er selbst nicht befugt ist. Er ist auch nicht berechtigt, Zwangsmittel und Sonderrechte nach dem „Gesetz über die Anwendung unmittelbaren Zwanges und die Ausübung besonderer Befugnisse durch Soldaten der Bundeswehr und verbündeter Streitkräfte sowie zivile Wachpersonen“ (UZwGBw) vom 12.08. 1965 (BGBl. I, S. 796) anzuwenden.

Der MAD darf gemäß § 4 Abs. 1 MADG in Verbindung mit § 8 Abs. 2 Bundesverfassungsschutzgesetzes (BVerfSchG) vom 20.12.1990 (BGBl. I, S. 2954) Methoden und Instrumente zur heimlichen Informationsbeschaffung anwenden. Dazu gehört neben den verdeckten Ermittlungen der Einsatz von Vertrauensleuten (V-Leuten), die Observation sowie Bild- und Tonaufzeichnungen (→ Telekommunikationsüberwachung) und die Verwendung von Tarnpapieren und Tarnkennzeichen. Ferner darf der MAD so genanntes Spielmaterial in den Umlauf bringen, um seine Gegner zu täuschen. Alle diese nachrichtendienstlichen Mittel sind in einer Dienstvorschrift zu benennen, die der Zustimmung des BMVg bedarf und dem parlamentarischen Kontrollgremium zu berichten sind.

III. Durch Art. 2 des Terrorismusbekämpfungsgesetzes vom 09.01.2002 (BGBl. I, S. 361) ist der § 1 MADG dahingehend erweitert worden, dass dem Geheimdienst nunmehr auch die Sammlung von Informationen, Auskünften und Unterlagen über die Beteiligung von Angehörigen der Bundeswehr (oder von Personen die im Geschäftsbereich des Bundesministers der Verteidigung tätig sind oder werden wollen) an Bestrebungen obliegt, die gegen den Gedanken der Völkerverständigung und das friedliche Zusammenleben der Völker gerichtet sind.

Eine weitere Befugnis des MAD ist durch Art. 2 des Terrorismusbekämpfungsgesetzes dahingehend erweitert worden, dass er nunmehr unter Einschränkung des in Art. 10 GG geschützten Brief-, Post- und Fernmeldegeheimnisses im Einzelfall auf schriftlichen und begründeten Antrag seines Präsidenten oder dessen Stellvertreters zur Erfüllung seiner Aufgaben nach § 1 Abs. 1 S. 1 Nr. 2 MADG unter bestimmten Voraussetzungen von gewerblichen Telekommunikations- und Teledienstanbietern unentgeltlich Auskünfte über Verbindungsdaten einholen darf. Dazu gehören Standortkennung, Rufnummer, Kartennummer und Angaben über Beginn und Ende der Verbindung nach Datum und Uhrzeit, ferner Angaben über die Art der vom Kunden in Anspruch genommenen Telekommunikationsdienstleistungen.

IV. Diesen jüngsten Regelungen begegnen verfassungsrechtliche Bedenken. Die Formulierungen sind zum Teil recht nebulös ausgefallen, da z. B. nicht ersichtlich wird, von welcher Art und von welchem Umfang die Bestrebungen sein müssen, die gegen den Gedanken der Völkerverständigung gerichtet sind. Ein Verstoß gegen das verfassungsrechtliche Gebot der Normenklarheit und Bestimmtheit ist damit bereits indiziert. Weiterhin drängt sich die Frage auf, ob die neuen Befugnisse des MAD gegen das Recht auf informationelle Selbstbestimmung verstoßen. Eingriffe des Gesetzgebers in dieses vom Bundesverfassungsgericht im so genannten Volkszählungsurteil vom 15.12.1983 (BVerfGE 65, S. 1 ff.) aus Art. 1 in Verbindung mit Art. 2 GG entwickeltem Recht sind nur zulässig, wenn es sich um geeignete und erforderliche sowie im engeren Sinne verhältnismäßige gesetzgeberische Maßnahmen handelt. Das ist jedoch schon im Hinblick auf die immer noch fehlenden Belege für eine Verschlechterung der Sicherheitslage in der Bundesrepublik Deutschland und speziell in der Bundeswehr fraglich.

Gegen die gesetzlichen Neuerungen ist von Teilen der Literatur zum Teil kritisch angemerkt worden, dass sie ein Schritt auf dem Weg zum hoch technisierten Überwachungsstaat darstellen und den MAD genauso wie den BND und das → Bundesamt für Verfassungsschutz (BfV) zu einem beinahe omnikompetenten Dienst erstarken lassen. Dies sei ein zu hoher Preis für die nur vage Möglichkeit, die Bundesrepublik Deutschland besser vor Terroristen schützen zu können. Im Übrigen habe schon das Versagen der mit umfangreicheren Befugnissen ausgestatteten amerikanischen Dienste indiziert, dass mehr Befugnisse nicht mehr Sicherheit bedeuten müssen. Unter dem Eindruck der Terroranschläge vom 11.09.2001 sei durch das Terrorismusbekämpfungsgesetz ein Ausnahmezustand zur Norm erhoben worden. Der MAD habe das Recht erhalten, ohne Wissen der Betroffenen an eine große Menge sensibler Daten zu gelangen und diese zu verarbeiten, obwohl im Einzelfall noch kein strafprozessualer Anfangsverdacht oder eine konkrete Gefahrenlage bestehe.

V. Den erweiterten Befugnissen des MAD stehen umfangreiche Kontrollmechanismen gegenüber. So erfolgt z. B. die Kontrolle des Militärischen Abschirmdienstes durch den Bundestag in erster Linie über das Parlamentarische Kontrollgremium (PKG) nach dem „Gesetz über die parlamentarische Kontrolle nachrichtendienstlicher Tätigkeit des Bundes“ vom 11.04. 1978 (BGBl. I, S. 453) in der Fassung vom 17.06.1999 (BGBl. I, S. 1334). Zusätzlich findet eine Kontrolle durch den Verteidigungsausschuss des Bundestages und, allerdings nur bei Bedarf, durch einen eingesetzten Untersuchungsausschuss statt. Bei geplanten geheimen Abhörmaßnahmen des MAD wird der Dienst durch die so genannte G-10-Kommission des Bundestages kontrolliert.

Weiterhin unterliegt der MAD der Kontrolle durch den Bundesbeauftragten für den Datenschutz. Dieser hat jedoch nur ein Informations- und Akteneinsichtsrecht. Das vorgesetzte Verteidigungsministerium überwacht den MAD im Rahmen der Dienst- und Fachaufsicht. Nicht zu unterschätzen ist die „Überwachung“ durch die Berichterstattung der freien Presse (so z. B. in der „Kießling Affäre“). Eine ernsthafte Gefährdung der Bürgerrechte ergibt sich somit aus den erweiterten Befugnissen des MAD noch nicht.

Im März 2004 wurde das MAD-Gesetz erneut geändert (BGBl. I, S. 334). Im neu gefassten § 14 wird dem MAD eine erweiterte Datenabfragemöglichkeit und vor allem Befugnisse während besonderer Auslandsverwendungen der Bundeswehr zugestanden. Der Dienst soll auch im Ausland (allerdings zeitlich und räumlich begrenzt) Informationen sammeln und auswerten, wenn dies zur Sicherung der Einsatzbereitschaft der Truppe und zum Schutz des Personals der Bundeswehr erforderlich ist. In den Auslandsliegenschaften der Bundeswehr soll der MAD an Überprüfungen von Personen sowie bei technischen Sicherheitsmaßnahmen mitwirken. Die Befugnis des BND zur Durchführung von Auslandsoperationen soll dadurch nicht berührt werden. Vielmehr verlangt das Gesetz, dass der Militärische Abschirmdienst den BND um Hilfe ersuchen muss, wenn er außerhalb von Bundeswehrliegenschaften im Ausland Informationen über Personen sammeln will, die nicht zur Bundeswehr gehören.

Dau, Klaus 1991: Rechtsgrundlagen für den MAD, in: DÖV, H. 16, S. 661-670

Haedge, Karl-Ludwig 1998: Das neue Nachrichtendienstrecht für die Bundesrepublik Deutschland. Ein Leitfaden mit Erläuterungen, Heidelberg

Schimpff, Thomas 1990: Die rechtliche Stellung der Nachrichtendienste. Verwaltungs- und verfassungsrechtliche Einordnung der Aufgaben und Befugnisse von Verfassungsschutzämtern, MAD und BND, Frankfurt a. M.

Matthias Schütte

Ordnungspartnerschaften

I. „Ordnungspartnerschaften“ sind lokale Netzwerke, in denen die Polizei mit staatlichen und kommunalen Behörden, Institutionen, Verbänden und Einrichtungen aus Wirtschaft und Gesellschaft sowie Bürgerinnen und Bürgern zusammenarbeitet, um die Aufrechterhaltung der öffentlichen Ordnung gemeinschaftlich sicherzustellen. Neben den Polizeien der Länder und des Bundes, Justizbehörden und kommunalen Behörden (Ordnungs-, Jugend- und Sozialamt) und Einrichtungen (Schulen) sind eine Vielzahl „privater“ Partner wie Drogen- und andere Beratungsstellen, Verkehrsbetriebe, Einzelhändler, Sicherheitsunternehmen, Vereine und einzelne Bürgerinnen und Bürger an den Ordnungspartnerschaften beteiligt.

II. Die Ordnungspartnerschaften sind aus der Rezeption des angloamerikanischen → Community Policings entstanden. Dieses ist ein Konzept kommunaler → Kriminalprävention, das auf eine Stärkung polizeilichen Handelns durch eine „Aktivierung“ der Bürgerinnen und Bürger in Kooperationsverbünden zwischen Polizei, Kommunen und Bürger zielt. Neben den Ordnungspartnerschaften können die → Freiwilligen Polizeidienste, → Hilfspolizeien und Präventionsräte als deutsche Varianten des Community Policings bezeichnet werden.

Grundlegend für die Ordnungspartnerschaften ist der Begriff „Öffentliche Ordnung“. Unter diesem wird die Gesamtheit der ungeschriebenen Regeln verstanden, deren Befolgung nach den jeweils herrschenden sozialen und ethischen Anschauungen als unerlässliche Voraussetzung eines geordneten menschlichen Zusammenlebens innerhalb eines bestimmten Gebiets angesehen wird (BVerfGE 69, 315, 352). Die Aufrechterhaltung der öffentlichen Ordnung ist in Deutschland eine originäre Aufgabe der Polizeien. Obgleich diese Aufgabenzuweisung nicht in allen Landespolizeigesetzen normiert ist, stellt sie in der Praxis einen Großteil polizeilicher Tätigkeit dar. Den Ordnungspartnerschaften liegt die Grundidee zugrunde, dass die Gewährleistung der öffentlichen Ordnung zwar in erster Linie der Polizei obliegt, ihre Aufrechterhaltung aber eine gesamtgesellschaftliche Aufgabe ist. Aus diesem Grund soll die Polizei im Rahmen dieser Netzwerke mit staatlichen und kommunalen Verantwortungsträgern sowie privaten Partner Präventionskonzepte und Repressionsmaßnahmen erarbeiten, die jeder im Rahmen seiner Aufgaben und Kompetenzen umsetzt (vgl. Erlass des IM NRW vom 30.11.1998 – IV C 2 – 600/295).

Im Mittelpunkt der Ordnungspartnerschaften steht die Stärkung des Sicherheitsgefühls der Bevölkerung (→ subjektives Sicherheitsgefühl). Dies soll zum einen erreicht werden, indem Angsträume (Bahnhof, Einkaufspassagen etc.), die durch die Anwesenheit als bedrohlich empfundener Gruppen wie aggressive Jugendliche, Obdachlose, Junkies, Bettler und Ausländer bestimmter Nationalität aufgebaut werden, beseitigt werden. Zum anderen sollen die öffentliche Ordnung bedrohende Verhaltensweisen, die zwar unterhalb von Straftaten und Ordnungswidrigkeiten anzusiedeln sind, aber als „Vorboten“ der Kriminalität angesehen werden, im Vorfeld bekämpft oder durch repressive Maßnahmen sanktioniert werden. Hierzu werden unter anderem Farbschmiererei (Graffitis), Vandalismus oder exzessiver Alkoholkonsum in der Öffentlichkeit gezählt.

III. Aufgrund einer Landesinitiative wurden z. B. in Nordrhein-Westfalen seit 1997 in 179 Städten und Gemeinden mehr als 840 zeitlich begrenzte Ordnungspartnerschaften gebildet. Die Themenvielfalt und die Anzahl der Beteiligten ist inzwischen kaum noch zu überschauen. Stadtteil- oder adressatenbezogenen Ordnungspartnerschaften in Form von Runden Tischen, Sicherheitsbesprechungen, Informationsveranstaltungen, gemeinsamen Streifen etc. scheinen zu einer festen Größe kommunaler Kriminalprävention zu werden. Es ist zu beobachten, dass der Kreis der Partner vergrößert wird, z. B. durch die Einbeziehung sozialer Randgruppen oder, auf dem Hintergrund der Entwicklungen nach dem September 2001, islamischer Gruppen.

IV. Neben den zugrunde liegenden kriminalpräventiven Überlegungen sollen die Freiwilligen Polizeidienste und Hilfspolizeien zum einen die angespannten Landeshaushalte entlasten. Zum anderen setzt die ehrenamtliche Polizeiarbeit in der Vollzugspolizei Ressourcen frei für neue Aufgaben, die ihr infolge des 11. September zugesprochen wurden. Diese fiskalischen und sicherheitspolitischen Überlegungen haben für die Ordnungspartnerschaften (noch) keine Bedeutung. Die Beteiligung der freiwilligen Polizeidienste an Ordnungspartnerschaften ist hingegen möglich.

V. Die Etablierung der Ordnungspartnerschaften scheint ein verstärktes Sicherheits- und Ordnungsbewusstsein in breiten gesellschaftlichen Kreisen zu belegen und die Bereitschaft sich im Rahmen eines Community Policing an der Aufrechterhaltung der öffentlichen Ordnung zu beteiligen. Darüber hinaus führen Ordnungspartnerschaften dazu, dass öffentliche Behörden über ihren eigenen Zuständigkeitsrahmen hinaus eine vernetzte Präventions- und Interventionsarbeit leisten. Die Ordnungspartnerschaften indizieren eine nicht existente institutionelle örtliche Grundvariante des „Polizeimachens“, wie sie im Community Policing enthalten ist. Hierfür müssen die rechtlichen Grundlagen erst noch geschaffen werden. Diese sind notwendig, um einerseits die Kompetenzen der Ordnungspartnerschaften klar vom staatlichen Gewaltmonopol abzugrenzen und andererseits die jeweiligen Zuständigkeiten der Ordnungspartner zu klären. Dies gilt insbesondere für die Beteiligung von Vereinen und Personen, die keine öffentlichen Aufgaben haben und deren Befugnisse eben nicht rechtlich festgelegt sind.

Ooyen, Robert Chr. van 2002: „Community policing“ in Deutschland: Der Bürger zwischen Partizipation, Gemeinschaft und Instrumentalisierung, in: Die Polizei, H. 1, S. 1-7

Werner Schümchen

Organisierte Kriminalität

I. Die „Gemeinsamen Richtlinien der Justizminister / -senatoren und Innenminister / -senatoren der Länder über die Zusammenarbeit von Staatsanwaltschaft und Polizei bei der Verfolgung der Organisierten Kriminalität“ definieren Organisierte Kriminalität als „die von Gewinn- oder Machtstreben bestimmte planmäßige Begehung von Straftaten, die einzeln oder in ihrer Gesamtheit von erheblicher Bedeutung sind, wenn mehr als zwei Beteiligte auf längere oder unbestimmte Dauer arbeitsteilig a) unter Verwendung gewerblicher oder geschäftsähnlicher Strukturen, b) unter Anwendung von Gewalt oder anderer zur Einschüchterung geeigneter Mittel, c) unter Einflussnahme auf Politik, Medien, Öffentliche Verwaltung, Justiz oder Wirtschaft zusammenwirken.“

Kritik an dieser Definition wurde in der Vergangenheit von Polizeipraktikern und Wissenschaftlern immer wieder geübt. So wurde bemängelt, dass die derzeitige Definition zu umfassend und somit unscharf sei. Dies habe seine Ursache nicht zuletzt darin, als dass Organisierte Kriminalität (OK) nicht nur ein äußert vielgestaltiges, sondern auch ein sich stets wandelndes Phänomen sei und der Versuch einer begrifflichen Einordnung zwangsläufig scheitern müsse.

Bisherige Forschungsarbeiten auf diesem Gebiet haben gezeigt, dass es sich bei Gruppierungen der Organisierten Kriminalität in Deutschland in den meisten Fällen nicht um Organisationen im engeren Sinne, sondern um arbeitsteilig vorgehende kriminelle Netzwerke ohne hierarchische Strukturen handelt. Dennoch existieren international Gruppierungen, für die das Etikett „kriminelle Organisation“ durchaus zutreffend erscheint. Während bei kriminellen Netzwerken der ökonomische Aspekt, also die „Gewinnerzielung“ die herausragende Rolle spielt, üben „kriminelle Organisationen“ auch soziale (Zusammengehörigkeitsgefühl, Verleihung von Status im kriminellen Milieu etc.) und quasistaatliche Funktionen (z. B. Konfliktschlichtung, Schutz) aus.

Ähnlich wie die Gesellschaft ist auch die kriminelle Welt hierarchisch strukturiert. Die Stellung in dieser Hierarchie bemisst sich nicht zuletzt an dem sozialen und ökonomischen, aber auch an dem kulturellen und symbolischen Kapital der jeweiligen Akteure. Insofern ist die Unterwelt ein Spiegelbild der Oberwelt. Mögen die einen geschützt sein durch politische Reputation, sind es bei den anderen Sprachbarrieren und kulturelle Besonderheiten, die polizeiliche Ermittlungen erschweren. Kinzig spricht deswegen statt von „organisierter Kriminalität" von „schwer ermittelbarer Kriminalität" (2004, S. 779).

II. OK ist nicht zuletzt eine Folgeerscheinung der illegalen Ökonomie, die Güter und Dienstleistungen anbietet, die von einem nicht unbeträchtlichen Teil der Bürger nachgefragt werden. Zahlreiche strafbare Handlungen werden im Kontext der Organisierten Kriminalität als legitime Opportunitäten angesehen. Die mediale und politische Konstruktion von OK als „äußerer Feind" in Gestalt von Ausländern, Asylbewerbern und Aussiedlern hat dazu geführt, dass die Bekämpfung klassischer Milieukriminalität, d. h. der „Organisierten Kriminalität der Randständigen", lange Zeit handlungsleitend für die Ermittlungsbehörden war. Daraus erklärt sich auch der überproportional hohe Anteil an ausländischen bzw. männlichen Tatverdächtigen aus den sozialen Unterschichten. Der „Weiße-Kragen-Kriminelle" ist dagegen eher eine Ausnahme, u. a. wegen der mangelhaften Bekämpfung der organisierten → Wirtschaftskriminalität, aber auch aufgrund des Umstandes, dass es einheimischen Kriminellen aus der Mittel- und Oberschicht viel leichter als Randgruppenangehörigen gelingt, gesellschaftliche Eliten für ihre illegalen Machenschaften einzuspannen. Deren Aktionsradius ist aufgrund kultureller und sozialer Barrieren von vornherein begrenzt. „Hochwertige" → Korruption spielt daher in den meisten OK-Verfahren keine oder nur eine untergeordnete Rolle, da „der Grad der Gefährlichkeit für die Gesellschaft mit dem Grad der sozialen Integration zunimmt" (von Lampe 2000, S. 9; siehe auch Arlacchi 1989, der in diesem Zusammenhang von der „doppelten Integration" spricht).

III. Die Realität hat mittlerweile auch die Polizeipraktiker eingeholt und zu einer kritischen Auseinandersetzung mit den bisherigen Strategien der Ermittlung und Bekämpfung geführt. So gilt mittlerweile die strikte Trennung zwischen qualifizierter Bandenkriminalität und Organisierter Kriminalität als überholt. Darüber hinaus gerät die Wirtschaftskriminalität zunehmend in das Blickfeld der Ermittler. Die Neuorientierung auf der Ebene der Normdurchsetzer findet in der kriminalpolitischen Diskussion jedoch kaum Berücksichtigung. Nach wie vor wird von offizieller Seite an einer Sichtweise von OK festgehalten, die die Funktion dieser Form von Kriminalität für moderne Gesellschaften außer Acht lässt.

IV. Die Ereignisse des 11. September 2001 haben das OK-Thema in den Hintergrund gedrängt. Gegenwärtig dominiert die Gefährdung durch den internationalen Terrorismus den sicherheitspolitischen Diskurs bzw. die Aktivitäten von Polizei und Geheimdiensten. Die latente Bedrohungssituation bindet personelle und materielle Ressourcen, die nicht zuletzt bei der Bekämpfung der OK fehlen. Allerdings wurde im Zuge der weltweiten Terrorismusgefahr die Diskussion um eine Einbindung der Geheimdienste bzw. Staatsschutzstellen in die Bekämpfung der OK neu belebt.

Terrorismus und OK sind aber auch nicht zwei Seiten der gleichen Medaille. Während Terroristen die Destabilisierung politischer Systeme zum Ziel haben und ihre kriminellen Aktivitäten bewusst für politische Zwecke einsetzen, können Gruppierungen aus dem Bereich der OK daran kein Interesse haben, da gerade ein gut funktionierender Staat bzw. die Existenz von Verboten eine Voraussetzung für die Existenz illegaler Märkte sind. Dennoch sind die Grenzen zwischen Terrorismus und OK fließend. Am Beispiel Afghanistan, weltweit größter Produzent von Rohopium, wird die enge Verbindung von Politik, Terrorismus und OK deutlich. Nicht selten werden kriminelle Gruppierungen von Geheimdiensten dazu benutzt, politischen Einfluss zu sichern. Dies führt dann zu der paradoxen Situation, dass verschiedene Sicherheitsfunktionen des Staates kollidieren, d. h., Maßnahmen, die der Staat trifft, um terroristischer Aktivitäten zu begegnen, leisten gleichzeitig organisierter Kriminalität Vorschub.

V. Im Zuge der Deregulierung der Märkte und dem Abbau sozialer Sicherungssysteme, womit ein Anstieg der Armutsbevölkerung in der Ersten Welt und die Herausbildung einer subproletarischen Schicht verbunden ist, wird die illegale Ökonomie weiter expandieren. Verstärkt wird dieser Prozess durch die abnehmende Rechtstreue der Bürger, nicht zuletzt deshalb, weil illegale Märkte wirtschaftliche und soziale Ausgrenzungsprozesse abfedern. OK als wesentlicher Bestandteil illegaler Märkte entpuppt sich als einer der Modernisierungsgewinner.

Arlacchi, Pino 1989: Mafiose Ethik und der Geist des Kapitalismus: Die unternehmerische Mafia, Frankfurt a. M.

Besozzi, Claudio 1997: Organisierte Kriminalität und empirische Forschung, Zürich

Kinzig, Jörg 2004: Die rechtliche Bewältigung von Erscheinungsformen organisierter Kriminalität, Berlin

Krauthausen, Ciro 1997: Moderne Gewalten: Organisierte Kriminalität in Kolumbien und Italien, Frankfurt a. M. / New York

Schweer, Thomas 2003: Der Kunde ist König: Die Vergesellschaftung der Organisierten Kriminalität in Deutschland, Frankfurt a. M.

Thomas Schweer

Personenkontrollen

I. „Personenkontrollen“ werden Maßnahmen der Sicherheitsbehörden genannt, bei denen die Personalien einer Person erhoben, mit Datenbeständen abgeglichen und die Person und mitgeführte Sachen durchsucht werden können.

II. Personenkontrollen können präventiv der Gefahrenabwehr oder repressiv der Strafverfolgung dienen. Da sie in die verfassungsrechtlich geschützten Rechte auf informationelle Selbstbestimmung, bei Durchsuchung und Inaugenscheinnahme in die allgemeine Handlungsfreiheit und ggf. in die körperliche Bewegungsfreiheit eingreifen, sind sie nur zulässig, wenn es eine gesetzliche Grundlage für sie gibt. Die Befugnisse zu repressiven Personenkontrollen finden sich in der Strafprozessordnung (StPO), Personenkontrollen zur Gefahrenabwehr können auf die Polizeigesetze der Länder und auf weitere sicherheitsrechtliche Gesetze, insbesondere das Bundespolizeigesetz (BPolG) gestützt werden.

Die Personenkontrollen zur Strafverfolgung dienen der Ergreifung eines Straftäters und der Suche nach Hinweisen, die bei der Aufklärung einer Straftat dienlich sein können. Dementsprechend ist Voraussetzung, dass zumindest der Verdacht einer beendeten oder gerade stattfindenden Straftat besteht. Präventive Personenkontrollen werden hingegen durchgeführt, bevor ein Schaden vorliegt oder eine Straftat begangen wird. Ein Straftatverdacht ist im Gegensatz zu den repressiven Kontrollen in der Regel nicht erforderlich. Daher haftet ihnen die Tendenz zu einer ungerechtfertigten selektiven Auswahl (→ Profiling) an.

Durch präventive Personenkontrollen sollen die Mittel zur Begehung einer erwarteten Straftat aufgefunden, der vermutliche Straftäter soll erkannt oder durch eine Erhebung, gegebenenfalls verbunden mit einer Speicherung der erhobenen Daten, wie etwa seines Aufenthaltsortes, von der Tatbegehung abgeschreckt werden. Werden Personendaten gespeichert, um in einem späteren Strafverfahren verwendet zu werden, spricht man von „Verfolgungsvorsorge“. Während in der rechtswissenschaftlichen Literatur diskutiert wird, ob die Verfolgungsvorsorge rechtsstaatlichen Grundsätzen entspricht sowie durch welchen Gesetzgeber (Bund oder Länder) und wie sie gesetzlich zu regeln ist, erkennen die Gerichte sie ohne weiteres an.

Die rechtliche Einordnung einer Personenkontrolle ist unterschiedlich. In der Regel handelt es sich um eine Identitätsfeststellung, bei der Ausweis- und sonstigen Identitätspapiere überprüft werden. Auf Fragen nach den Personalien muss geantwortet werden. Erfolgt keine Antwort, liegt eine Ordnungswidrigkeit nach § 111 OWiG vor, zu deren Ahndung die Identität zwangsweise festgestellt werden kann, d. h., die Person kann nach Identitätspapieren durchsucht werden. Kann die Identität nicht durch die Vorlage von Ausweispapieren geklärt werden oder besteht der Verdacht, dass die angegebene nicht die wirkliche Identität des Betroffenen ist, können erkennungsdienstliche Maßnahmen wie die Abnahme von Fingerabdrücken oder der Abgleich mit den künftig in Ausweispapieren gespeicherten biometrischen Merkmalen stattfinden. Als äußerstes Mittel kommt die Mitnahme zur Dienststelle in Betracht. Dies ist nur zulässig, wenn die Identität auf andere Weise nicht oder nur unter erheblichen Schwierigkeiten festgestellt werden kann. Zusätzlich ist aus Verhältnismäßigkeitsgründen zu fordern, dass tatsächliche Anhaltspunkte für einen Rechtsverstoß, etwa für unerlaubten Aufenthalt, für einen Verstoß gegen räumliche Beschränkungen (Aufenthaltsgesetz und Asylverfahrensgesetz) oder für die Beteiligung an einer Straftat bestehen. Ist dies nicht der Fall, dürfen diese stark eingreifenden Mittel auch bei verbleibenden Zweifeln über die Identität nicht eingesetzt werden. In diesem Zusammenhang ist hervorzuheben, dass es nach der eindeutigen Rechtslage und entgegen weitverbreiteter Meinung in der Bundesrepublik grundsätzlich keine Pflicht gibt, ständig den Personalausweis bei sich zu tragen, solange die Bundesgrenze nicht überschritten wird. Die Gesetze fordern auch von Ausländern lediglich den „Besitz“ von Personaldokumenten; seit 1.1.2005 sind sie ausdrücklich „mitzuführen“, etwa bei der Ein- oder Ausreise (§ 3 Abs. 1, § 13 Abs. 1 AufenthG; § 8 FreizügG/EU; BGBl. I 2004, S. 1950).

Verbunden mit der Identitätsfeststellung ist häufig die Durchsuchung der Person sowie mitgeführter Sachen nach Gegenständen, die nicht der Identifizierung dienen. Diese Durchsuchung kann dem Auffinden gefährlicher Gegenstände wie Waffen dienen oder den Zweck haben, Gegenstände, deren Mitführung in einer konkreten Situation verboten ist, zu finden. Dies betrifft insbesondere die Befugnisse der Bundespolizei (bis zum 1.7.2005 Bundesgrenzschutz) und des Zolls zur Suche nach eingeschmuggelten Drogen und Bargeld, das ausgeführt werden soll. Zu den mitgeführten Sachen, die ebenfalls durchsucht werden dürfen, gehören Gepäckstücke und vor allem Kraftfahrzeuge, die Versteckmöglichkeiten für Gegenstände oder Personen bieten.

Weniger stark eingreifende Maßnahmen als Identitätsfeststellung und Durchsuchung sind Befragung und Inaugenscheinnahme. Es bestehen erhebliche rechtliche Unterschiede, obwohl in der Praxis die Maßnahmen äußerlich kaum zu unterscheiden sind. Während die Identitätsfeststellung auf die Ermittlung der Personalien beschränkt ist, darf der Beamte bei der Befragung jede Frage stellen, die zur Erfüllung einer polizeilichen Aufgabe erforderlich ist, so etwa nach dem Ziel der Reise oder dem Zweck des Aufenthalts. Zwar besteht nicht die Pflicht, auf diese Fragen zu antworten, soweit sie über die Angabe der Personalien hinausgehen. Da eine Belehrung hierüber aber zumeist nicht erfolgt, werden solche Fragen aufgrund des psychischen Drucks der Gesprächssituation meistens beantwortet. Wird die Auskunft hingegen verweigert, so können – im Gegensatz zu Identitätsfeststellung – keine weiteren Maßnahmen getroffen werden, um der Befragung zu einem Erfolg zu verhelfen.

Bei der Inaugenscheinnahme ist es anders als bei der Durchsuchung rechtlich nicht möglich, Gegenstände vollständig voneinander zu separieren, etwa Gepäckstücke zu öffnen und ihren Inhalt auszubreiten. Zulässig sind das Öffnen von Behältnissen und das Anheben von Gegenständen, die der Abdeckung dienen. Da die Inaugenscheinnahme aber jede sinnliche Wahrnehmung umfasst, sind auch Riechen, Schmecken, Tasten und Fühlen sowie die Verwendung von Spürhunden und CO^2-Spürgeräten zulässig, was insbesondere bei der Suche nach Schmuggelgut und unerlaubt einreisenden Personen wichtig ist.

III. Da Personenkontrollen lediglich ein Mittel der Sicherheitsbehörden sind, das aufgrund einer Vielzahl von Gesetzen zu einer Vielzahl von Zwecken eingesetzt werden kann, ist eine Veränderung der Handhabung nicht allgemein, sondern nur in Bezug auf Teilgebiete beschreibbar (→ Schleierfahndung, → Grenzkontrollen). Daher kann hier nur ein Überblick über die wichtigsten Maßnahmen nach der StPO und den Polizeigesetzen gegeben werden. Auf die Regelungen der Grenzkontrollen (§§ 22, 23 BPolG), Zoll- und Finanzkontrollen (§ 10 ZollVwG, § 210 Abgabenordnung) und Verkehrskontrollen (§ 36 Abs. 5 StVO) wird hingewiesen.

Personenkontrollen sind nach § 111 StPO zulässig, wenn eine Straftat nach §§ 129a, 250 Abs. 1 Nr. 1 StGB, also z. B. Bildung einer terroristischen Vereinigung, Mord, Totschlag, erpresserischer Menschenraub, Geiselnahme, Brandstiftung oder schwerer Raub begangen worden ist. Auf öffentlichen Straßen und Plätzen können Kontrollstellen eingerichtet werden. Die Anordnung erfolgt durch den Richter, bei Gefahr im Verzug auch durch die Staatsanwaltschaft oder die Polizei. Eine Speicherung der Daten zur späteren Auswertung ist nach § 163d StPO zulässig (Schleppnetzfahndung).

Die Polizeigesetze erlauben Personenkontrollen zur Abwehr einer konkreten Gefahr, an durch Straftaten gefährdeten Objekten (öffentliche Verkehrsmittel, Amtsgebäude), an Kontrollstellen ähnlich § 111 StPO, jedoch mit der Zwecksetzung nicht der Verfolgung, sondern der Verhinderung schwerer Straftaten und von Straftaten nach § 27 VersG (Hinschaffen von Waffen zu Versammlungen). Hervorzuheben sind Kontrollen an polizeilich definierten „gefährlichen Orten“. An diesen bestehen tatsächliche Anhaltspunkte dafür, dass dort Straftaten verabredet, vorbereitet oder verübt werden, gegen aufenthaltsrechtliche Vorschriften verstoßen wird oder Prostitution stattfindet. Derartige Kontrollen an gefährlichen Orten werden in Form von Razzien insbesondere zur Bekämpfung offener Drogenszenen eingesetzt, etwa in Parkanlagen und in Bahnhofsvierteln, sowie zunehmend in Moscheen und Gebetshäusern, in denen Extremisten vermutet werden.

IV. Die Auswirkungen der sicherheitspolitischen Veränderungen entsprechen den veränderten Zielsetzungen, die durch die terroristischen Anschläge der letzten Jahre bedingt sind. Wie auch bei anderen Fahndungsbefugnissen führten die Anschläge dazu, dass die Behörden großzügiger mit diesem Instrument umgehen. Da Personenkontrollen auch die Feststellung bezwecken, ob die in den Ausweisdokumenten oder mündlich angegebene Identität mit der konkret angetroffenen Person übereinstimmt, besteht ein enger Zusammenhang zur Diskussion um die Aufnahme codierter biometrischer Merkmale in die Dokumente (→ Biometrie).

V. Personenkontrollen mittels eigens eingerichteter Kontrollstellen haben sich als wenig effektiv erwiesen. Sie können, etwa durch die Koordination einer Flucht nach begangener Straftat mittels Mobiltelefonen, leicht umgangen werden. Diese geringe Effizienz war einer der Gründe für die Schaffung der Befugnisse zu ereignisunabhängigen Kontrollen, die Personenkontrollen durch mobile Fahndungseinheiten erlauben (→ Schleierfahndung).

Bei Personenkontrollen aufgrund des Polizeirechts, insbesondere etwa Razzien in Gebetshäusern, ist die empfundene Eingriffsintensität dieser Maßnahmen aufgrund der Betroffenheit einer Vielzahl an Rechtsverstößen unbeteiligter Personen sehr hoch. Dennoch sind sie grundsätzlich von den gesetzlichen Grundlagen gedeckt. Bei Beachtung der rechtlichen Voraussetzungen durch die Polizei können daher rechtliche Einwände grundsätzlich nicht erhoben werden. Bei Einzelkontrollen fehlt es hingegen schon objektiv an einer hohen Eingriffsintensität.

Müller, Rolf-Georg 1997: Polizeiliche Datenerhebung durch Befragung – Zugleich eine Analyse des § 9 nw. PolG, Berlin

Rachor, Frederik 2001: Polizeiliche Einzelmaßnahmen, in: Lisken, H. / Denninger, E. (Hg.): Handbuch des Polizeirechts, 3. Aufl., München, S. 382-419

Robrecht, Michael P. 2001: Das Verhältnis der Befragung nach § 18 Abs. 1 SächsPolG zu den Grundregeln der Datenerhebung, in: SächsVBl., H. 1, S. 19-22

Christian Krane

Polizeibewaffnung

I. „Polizeibewaffnung“ ist eine Sammelbezeichnung für die Mittel der Polizei zur Anwendung physischer Gewalt zwecks Eigensicherung, Schutz anderer Personen oder Durchsetzung von Zwangsmaßnahmen. Polizeilicher Waffengebrauch ist im demokratischen Rechtsstaat an enge gesetzliche Voraussetzungen gebunden. Demnach ist die Anwendung von unmittelbarem Zwang, also physischer Gewalt, nur insoweit zulässig, als dies zum Erreichen des gesetzlich definierten Zweckes erforderlich ist. In den Polizeigesetzen der Länder der Bundesrepublik Deutschland ist normalerweise auch definiert, welche Waffen als Polizeiwaffen zulässig sind, meist Schlagstock, Pistole, Revolver, Gewehr, Maschinenpistole und Maschinengewehr, bisweilen auch Sprengmittel (z. B. Handgranaten), wobei diese nur gegen Sachen angewendet werden dürfen.

II. 1945 wurde die deutsche Polizei durch die alliierten Siegermächte des Zweiten Weltkrieges zunächst entwaffnet. Noch im selben Jahr aber ließen sie wieder eine begrenzte Ausstattung der Polizei mit Schusswaffen zu und ab 1950 gestatteten alle Besatzungsmächte die Vollausstattung der Polizeibeamten mit Faustfeuerwaffen. Gemäß Art. 2 Abs. 2 GG ist ein Waffengebrauch gegen Menschen nur aufgrund von Gesetzen zulässig. Diese müssen der Europäischen Menschenrechtskonvention (EMRK) vom 4.11. 1950 entsprechen, wonach die Tötung von Menschen nur in unbedingt notwendigen Ausnahmefällen rechtens ist. Schon in den 1950er Jahren erhielt die Polizei verstärkt Einsatzmittel, die den Gebrauch der Schusswaffe vor allem gegen Menschenmengen überflüssig machen sollten: Wasserwerfer und Tränengas. Daneben stand aber die (Re-) Militarisierung der Polizei. In der DDR wurde ab 1948 die Kasernierte Volkspolizei aufgestellt, die eine militärische Ausrüstung erhielt. Als Reaktion darauf und auf den Koreakrieg (1950-53) wurden 1951 die Bereitschaftspolizeien der Länder und der Bundesgrenzschutz, seit dem 1.7. 2005 → Bundespolizei (BPol), eingerichtet, die zur Abwehr von bewaffneten Unruhen im Innern mit Pistolen, Karabinern, Maschinengewehr, Panzerfahrzeugen und Granatwerfern ausgestattet wurden.

III. Die bürgerkriegsgemäße Ausrüstung der Polizei wurde durch die Notstandsgesetze vom 24.6.1968 entbehrlich. Denn nach dem neuen Art. 87a Abs. 4 GG war jetzt bei der Bekämpfung „organisierter und militärischer Aufständischer" im Innern notfalls der Einsatz der Bundeswehr zulässig. Auch forderten jüngere Polizeiführer und die Gewerkschaft der Polizei seit den späten 1960er Jahren eine Begrenzung der Polizeibewaffnung auf spezifisch polizeiliche Waffen. Die „polizeitypische Waffe" sollte dazu dienen, Rechtsbrecher möglichst nur kampfunfähig zu machen; bisherige Waffen der Polizei mit undifferenzierter Tötungswirkung sollten abgeschafft werden. So begann die Entmilitarisierung der Polizeibewaffnung: Bei den → Länderpolizeien wurden Granatwerfer und Karabiner abgeschafft, das militärische Maschinengewehr MG 42 bzw. MG 1 durch das automatische Gewehr G 8 ersetzt. Beim Bundesgrenzschutz wurden Panzerabwehrwaffen und Panzerwagen mit 7,6-cm-Kanonen verschrottet.

In der Praxis wurde die Schusswaffe gegen Menschenmengen nach 1950 von der Polizei nur sehr selten eingesetzt. Für Einsätze gegen gewalttätige Menschenmengen forderten eher konservative Politiker und die Deutsche Polizeigewerkschaft im Beamtenbund verschiedentlich die Einführung von Gummischrot-Geschossen, entsprechende Versuche wurden aber in den 1980er Jahren wegen hoher Verletzungsgefahr abgebrochen. Dagegen spielte der Wasserwerfer als „Distanzwaffe" zur Durchsetzung von Platzverweisen gegen Menschenmengen bis in die 1980er Jahre eine bedeutende Rolle. Wasserwerfer und Tränengas zählen in der polizeirechtlichen Terminologie nicht zu den Waffen der Polizei, sondern sind „Hilfsmittel der körperlichen Gewalt", ebenso wie Dienstpferde und -hunde, Dienstfahrzeuge, Handfessel und Führungskette. Wichtig ist seit den 1970er Jahren auch die so genannte passive Bewaffnung der Polizei bei Grosseinsätzen: Schutzhelm mit durchsichtigem Kunststoffvisier, Einsatzanzug mit Schutzelementen und Stiefeln, durchsichtiger Schutzschild und Schlagstock. Die passive Bewaffnung senkt das Risiko der Verletzung von Polizeibeamtinnen und -beamten durch gewalttätige Gegner, wodurch Schusswaffengebrauch aus Notwehr unwahrscheinlicher wird. Die martialische Ausrüstung, von Skeptikern als Anzeichen polizeilicher Militarisierung bewertet, ist in Wirklichkeit „gerade Ausdruck einer polizeilichen und nicht auf physische Vernichtung zielenden Einsatzkonzeption" (Busch u. a. 1985, S. 187).

Ein wesentlicher Aspekt bei der Ausstattung der Polizei mit Schusswaffen ist seit den 1970er Jahren die Effektivität. Man sucht Waffen, welche die Person, gegen die sich der Schusswaffengebrauch richtet, sofort handlungsunfähig machen können („Mann-Stopp-Wirkung") und zudem unbeteiligte Personen schonen. Die bis dahin beschafften Schusswaffen waren zum Teil für den militärischen Gebrauch konzipiert, so auch die seit den 1960er Jahren bei den Länderpolizeien eingeführte Maschinenpistole MP 5. 1975 verabschiedete der Arbeitskreis II der → Innenministerkonferenz ein „Pflichtenheft Faustfeuerwaffe", in dem polizeispezifische Anforderungen an Schusswaffen definiert wurden, u. a. Funktionssicherheit auch unter Extrembedingungen, gute Treffleistung und Sicherheit für den Schützen. Erprobungen führten 1978 zu dem Ergebnis, dass die Pistolen P 5 (Hersteller: Walther), P 6 (SIG-Sauer) und P 7 (Heckler und Koch), allesamt im Kaliber 9 mm, den Anforderungen des Pflichtenheftes entsprachen.

Ebenfalls dem Effektivitätsprinzip entspricht die Professionalisierung des Tötens durch die Polizei. Nach dem missglückten Versuch einer Geiselbefreiung in München 1972 wurden Sondereinheiten des Bundesgrenzschutzes (GSG 9) und der Polizei (MEK, SEK, Präzisionsschützenkommandos) geschaffen. Sie erhielten u. a. Präzisionsgewehre mitsamt Zusatzgeräten und wurden auch dazu ausgebildet, Menschen gezielt zu töten, wenn dies unumgänglich ist, um z. B. akut mit dem Leben bedrohte Geiseln zu schützen. Die Mehrheit der Bundesländer hat den „Todesschuss“ oder „finalen Rettungsschuss“ mittlerweile in ihren Polizeigesetzen geregelt, meist auf Initiative christdemokratischer Regierungen. Die Frage, ob die gezielte Tötung auch in den anderen Bundesländern zulässig ist, wird kontrovers diskutiert. Die juristischen und auch öffentlichen Diskussionen, die in dieser Sache z. B. nach dem traurigen Ende des Gladbecker Geiseldramas von 1988 geführt wurden, spielen in der Praxis jedoch kaum eine Rolle. So wurden in Nordrhein-Westfalen mehrfach (z. B. Ende 1999 in Aachen und im September 2004 in Neuss) auch ohne entsprechende Regelung im dortigen Polizeigesetz Geiselnehmer gezielt getötet und die Geiseln gerettet; eine öffentliche Diskussion über die Rechtmäßigkeit blieb aus.

IV. Die „polizeitypische“ Waffe ist im Idealfall eine nicht letale, d. h. nicht tödliche Waffe. Sie entspricht dem demokratischen Rechtsstaat, in dem auch die körperliche Unversehrtheit des Rechtsbrechers nach Möglichkeit zu schonen ist, ebenso der Fürsorgepflicht für die Polizeibeamtinnen und -beamten, für die das Töten eines Menschen nachteilige psychische Folgen haben kann. Die bisher diskutierten nicht tödlichen Mittel haben jedoch entscheidende Nachteile hinsichtlich Wirksamkeit und gesundheitlicher Folgen. U. a. werden Elektroschockwaffen (z. B. „Taser“) erprobt, seit kurzem gehört das Reizstoffsprühgerät (RSG) zur Standardausrüstung im polizeilichen Einzeldienst. Nachdem aber im Jahr 2000 acht Polizeibeamtinnen und -beamte im Dienst getötet worden waren, rückte die Eigensicherung in den Mittelpunkt der Diskussion, bei der gerade der Drohwirkung der Pistole besondere Bedeutung eingeräumt wird.

Bei dem Bemühen von Bund und Ländern um eine hohe „Mann-Stopp-Wirkung“ der Schusswaffe fokussierte sich der Blick in den 1990er Jahren auf die Munition. Das bei der Polizei bisher verwendete Vollmantel-Rundkopf-Geschoss hat keine optimale Mann-Stopp-Wirkung, zudem kann es die getroffene Person durchschlagen und Unbeteiligte treffen. Deshalb wurden so genannte Deformationsgeschosse getestet, die sich beim Aufprall auf einen Menschen vergrößern und dadurch stärkere Schäden verursachen, ohne jedoch die getroffene Person zu durchzuschlagen. Im November 1999 wurde die Einführung der neuen Munition von der Innenministerkonferenz beschlossen und ab Herbst 2001 durchgeführt. Die Gefahr der tödlichen Wirkung des Schusswaffengebrauchs wird durch Deformationsgeschosse aber nicht verringert. – Die Terroranschläge vom 11.9.2001 verursachten bisher weder eine Änderung im Bereich der Polizeibewaffnung noch des Waffengebrauchsrechts.

V. Kommunikative Intelligenz ist gewiss das Einsatzmittel der Polizei, das dem demokratischen Rechtsstaat am meisten entspricht. Aber nicht jede gewaltbereite Person kann auf diese Weise von Straftaten abgehalten werden. Da die ideale Polizeiwaffe technisch noch nicht machbar ist, muss sich die Polizei mit Waffen begnügen, die durchaus tödlich wirken können. Gerade um Tötungen auf ein Minimum zu reduzieren, ist eine intensive Ausbildung der Polizeibeamtinnen und -beamten an diesen Waffen, aber auch hinsichtlich der rechtlichen Voraussetzungen des Waffengebrauchs, unerlässlich.

Busch, Heiner u. a. 1985: Die Polizei in der Bundesrepublik, Frankfurt a. M. / New York

Damm, Hans-Rudolf 1996: Waffen und Munition für die Polizei, in: Schriftenreihe der Polizei-Führungsakademie, H. 3, S. 103-116

Dicke, Wolfgang 2002: Taser – eine pfeilschnelle Lösung? In: Deutsche Polizei, H. 11, S. 24-25

Lorei, Clemens (Hg.) 2003: Eigensicherung und Schusswaffeneinsatz bei der Polizei, Frankfurt a. M.

Rachor, Frederik 2001: Polizeihandeln, in: Lisken, H. / Denninger, E. (Hg.): Handbuch des Polizeirechts, Teil F, 3. Aufl., München, S. 295-562

Scholzen, Reinhard 2000: Neue Munition für die deutsche Polizei – Der Streit um Mann-Stopp-Wirkung und Durchschlagskraft einer polizeitypischen Munition, in: Kriminalistik, H. 8, S. 556-561

Winter, Martin 1998: Politikum Polizei. Macht und Funktion der Polizei in der Bundesrepublik Deutschland, Münster

Stefan Noethen

Polizeiforschung, empirische

I. Als „empirische Polizeiforschung" kann jede im weitesten Sinne sozialwissenschaftliche Auseinandersetzung mit dem Thema Polizei gelten, die basierend auf der Methodologie und Methodik empirischer Sozialforschung theoretisch inspiriert und methodisch kontrolliert Daten erhebt, analysiert und / oder interpretiert. Empirische Polizeiforschung ist, was ihre theoretischen und methodischen Grundlagen betrifft, an die klassischen sozialwissenschaftlichen Disziplinen Soziologie, Psychologie, Politikwissenschaft und die sozialwissenschaftlich orientierte Kriminologie angebunden. Sie kann zudem als einer der Bausteine einer sich entwickelnden → Polizeiwissenschaft verstanden werden.

Das Material für Analysen der empirischen Polizeiforschung bieten nicht nur klassische Befragungen qualitativer oder quantitativer Art, sie kann auch aus teilnehmenden Beobachtungen oder Gruppendiskussionen bestehen, kann Aktenanalysen, Diskurs- oder Inhaltsanalysen anderer Art betreiben. Empirische Polizeiforschung kann dabei bereits vorliegende Statistiken, aber auch alternative empirische Materialien heranziehen, die nicht eigens für den Forschungszweck erhoben wurden, sich somit gleichsam „anfallenden empirischen Materials" bedienen (z. B. in Form von Veröffentlichungen in der polizeispezifischen Fachöffentlichkeit, die einer inhaltsanalytische Analyse unterzogen werden). Analyseeinheiten sind dabei nicht nur die einzelnen Polizisten, sondern auch Subgruppen innerhalb der Polizei, ausgewählte organisatorische Einheiten und / oder die Polizei als Ganzes. Die empirische Polizeiforschung in der Bundesrepublik Deutschland ist jedoch – insbesondere im internationalen Vergleich betrachtet – nicht als sehr ausgeprägt zu bezeichnen.

II. Der Versuch mit den Mitteln der sozialwissenschaftlichen Empirie das Feld „Polizei" systematisch zu analysieren, hat in Deutschland eine recht junge Geschichte. Einhergehend mit einem wachsenden Misstrauen gegen Herrschaftsstrukturen allgemein wurde gegen Ende der 1960er Jahre von einigen Wissenschaftlern auch die Notwendigkeit gesehen, polizeiliches Handeln und dessen Folgen zu erforschen: Während polizeibezogene Literatur sich zuvor überwiegend mit „Tätern" und „Kriminalität" befasste, standen nunmehr staatliche Instanzen und „Kriminalisierung" im Mittelpunkt des Interesses.

Mittels teilnehmender Beobachtung erarbeiten sich Feest/Blankenburg (1972) Ende der 60er Jahre einen intensiven Einblick in den Alltag von Schutz- und Kriminalpolizisten. Die Ergebnisse dieses „Klassikers" der empirischen Polizeiforschung in Deutschland lassen sich stark vereinfacht zu einigen zentralen Aussagen zusammenfassen: Trotz des geltenden Legalitätsprinzips sei die Polizei nicht in der Lage, alle Straftaten mit gleicher Intensität zu bearbeiten. Daher hätten Polizeibeamte Selektionsmechanismen entwickelt, mit denen eine Situation vordefiniert werde, wobei dies im Ergebnis zu einer strafvereitelnden Behandlung von Personen mit wahrgenommener hoher „Beschwerdemacht" führe (Feest/Blankenburg 1972, S. 19 f., 117).

Die Arbeiten kritischer Sozialwissenschaftler wie Feest, Blankenburg, Brusten und Lautmann waren von dem Anspruch und der Hoffnung geleitet, durch wissenschaftliche Betrachtung die Institution „Polizei" für die Öffentlichkeit transparenter werden zu lassen. Auf diesem Wege, so die Absicht der Forschenden, sollte ein Beitrag zur Demokratisierung der Polizei und deren Integration in die Gesellschaft geleistet werden (vgl. hierzu insbesondere als Zusammenschau die Sammelbände: Feest/Lautmann 1971; Brusten/Feest/Lautmann 1975). Eher problematisch gestaltete sich aber nach den ersten Veröffentlichungen die Beziehung zwischen den Forschern und den Beforschten, sprich der Polizei: Die ablehnende Reaktion der Praktiker auf die Analyse ihrer Handlungsstrategien erschwerte den weiteren Zugang zum Feld auf absehbare Zeit – Nachwirkungen waren noch Mitte der 90er Jahre zu spüren (vgl. Pick 1995).

Sozialwissenschaftler beschäftigten sich in der Folge nur noch punktuell mit Fragen polizeilicher Tätigkeit; über diese Aktivitäten hinaus haben sich lediglich an einigen Hochschulen länger beständige Arbeitsgruppen gebildet (z. B. in Form der Arbeitsgruppe „Bürgerrechte und Polizei / CILIP" an der FU Berlin). Die hohen Erwartungen der frühen 70er Jahre hinsichtlich einer eigenständigen Forschungsrichtung haben sich somit letztlich nicht erfüllt. Zum Kristallisationspunkt für empirische Polizeiforschung haben sich nicht die Universitäten (im Sinne einer „Forschung *über* die Polizei"), sondern die Polizei (-institutionen) selbst entwickelt („Forschung *für* die Polizei"). Rein zeitlich fiel der scheiternde Versuch, eine polizeiexterne systematische Beobachtung der Polizei zu institutionalisieren, mit internen Anstrengungen der Polizei zusammen, die eigene Arbeit durch wissenschaftliche Begleitung effektiver zu gestalten – und hierfür auch sozialwissenschaftliche Ansätze bzw. Methoden zu verwenden. Dabei standen folgende Arbeitsfelder im Vordergrund (exemplarisch belegt mit einzelnen Studien): Tatortaufnahme (Schmitz 1977; Schmitz/Lenders/Reentz 1978); Verhältnis Ermittler – Zeuge bzw. Ermittler – Opfer (Weis 1982; Steffen 1987); Ermittlungsarbeit (Waldmann 1977; Steffen 1982; Oevermann/Schuster/Simm 1985; Dölling 1987); spezielle Taten bzw. ausgewählte Tätergruppen (z. B. Organisierte Kriminalität: Rebscher/Vahlenkamp 1988; Sieber/Bögel 1993). Zusammenfassend kann für die Zeit seit Mitte der 70er bis zum Beginn der 90er Jahre festgehalten werden: (1) die Forschungen waren konzentriert auf die Kriminalitätsbekämpfung, (2) als empirische Polizeiforscher dominierten Angestellte der polizeilichen Forschungsstellen und (3) methodisch gesehen überwogen Sekundäranalysen amtlicherseits erzeugter Akten bzw. Daten sowie Expertenbefragungen (nur sehr vereinzelt erfolgten direkte Befragungen von Beamten, z. B. zu ihrer „persönlichen" Situation).

III. Im Verlauf der 90er Jahre verstärkte sich eine Entwicklung, die z. T. ihre Vorläufer bzw. Wurzeln bereits in den 80er Jahren hatte. So finden sich bereits in den 80er Jahren vereinzelt einige Veröffentlichungen aus Projekten mit polizei*externen* Wissenschaftlern bzw. Geldgebern (Schneekloth 1986, Willems u. a. 1988). Aber erst im Verlauf des folgenden Jahrzehnts trugen all jene Projekte Früchte, die in den 80er Jahren angelegt und per Feldarbeiten in diesem Jahrzehnt durchgeführt wurden. Zudem öffnete sich die Forschung polizei*interner* Forschungsinstitute verstärkt einer kritischen Betrachtung der eigenen Organisation und interessierte sich zudem für eine Analyse des Verhältnisses der Polizei zur Öffentlichkeit. Weiterhin wurde das Forschungsfeld der Verbrechensbekämpfung von polizei*externen* Forschern neu entdeckt und unter anderen Fragestellungen bearbeitet. Von besonderer Bedeutung waren ab dem Ende der 80er Jahre folgende Arbeitsfelder und Studien: Ermittlungsarbeit und Alltagshandeln (Feltes 1988; Reichertz 1991; Stock/ Kreuzer 1996; Schröer 2002; Lorei 2003); Konfliktbewältigung und Trainingskurse (Volmerg/ Büttner 1986; Lamnek 1988; Willems u. a. 1988; Weis 1990; Walter/ Wagner 1996; Ohlemacher u. a. 2003); Gesundheit und Arbeitszufriedenheit (Zittlau 1992; Kirkcaldy 1993; Deusinger 1995; Jaschke 1997; zusammenfassend: Ahlf 1997, S. 108 ff.; jüngst: „Polizei & Wissenschaft", H. 2/2003, Themenheft zur Berufsmotivation und Arbeitszufriedenheit); Fremdenfeindlichkeit (Eckert/Jungbauer/Willems 1996; Backes u. a. 1997; Bornewasser 1999; zusammenfassend: Heuer 1998); Transformation in den neuen Bundesländern (Behr 1993, 1996; Korfes 1997); Polizei als Organisation / Organisationsentwicklung (Schneekloth 1986; Wempe 1990; Projektgruppe 1998; Behr 2000; Lange/Schenck 2004; Mensching u. a. 2004).

Der 11. September 2001 hat in der empirischen Polizeiforschung bislang noch zu keinerlei signifikanten Veränderungen in der Auswahl und empirischen Bearbeitung von Forschungsthemen geführt. Hierfür dürften zwei Aspekte ursächlich sein: Erstens bedarf es diskursiver Klärungsprozesse in den beteiligten akademischen Disziplinen, wie mit Blick auf die Folgen den 11. Septembers empirisch zu klärende Fragestellungen zu formulieren wären, und zweitens benötigt die Ab- und Aufarbeitung empirischer Fragen schlichtweg Zeit.

IV. Zusammenfassend kann als „state of the art" Anfang des ersten Jahrzehnts des neuen Jahrtausends gelten: (1) Die Methoden und (inter-) disziplinären Perspektiven der empirischen Polizeiforschung sind vielfältiger geworden, (2) die Polizeiforschung „über" die Polizei hat sich anteilsmäßig verstärken können und (3) insgesamt gesehen ist die empirische Polizeiforschung jedoch im Vergleich zu anderen sozialwissenschaftlich-kriminologischen Forschungsgebieten noch immer schwach ausgeprägt.

Weiterhin zu bemängeln ist vor allem einerseits das Fehlen einer ausgereiften (und damit auch der Mangel an einer die empirische Forschung inspirierenden) Theorie und andererseits einer kontinuierlichen finanz- und personalstarken empirischen Forschung außerhalb der Polizei. Ähnlich äußerte sich Feltes: „Es fehlt in Deutschland an einer systematischen, (nicht nur, aber auch wissenschaftlich) begleiteten, rationalen Beschäftigung mit dem, was Polizei tut, was sie tun kann und was sie tun sollte. (...) Entweder werden diese Aspekte (partei-) politisch diskutiert, oder so fachspezifisch

(z. B. kriminalistisch), daß es an einer übergeordneten, strukturierten Theorie für das, was man tut, logischerweise fehlen muss“ (Feltes 1997a, S. 3; siehe auch 1997b, S. 61). Erste Ansätze einer solchen Institutionalisierung und Verstetigung der Zusammenarbeit von sozialwissenschaftlicher Theorie und Empirie einerseits und polizeilicher Praxis andererseits zeigen sich seit einigen Jahren in den Arbeitszusammenhängen des Tagungs- und Diskussionskontextes „Empirische Polizeiforschung“, den Aktivitäten des „Arbeitskreises Innere Sicherheit“ (AKIS), den Publikationen des „Verlages für Polizeiwissenschaft“ (inklusive der Zeitschrift „Polizei & Wissenschaft“), der Veröffentlichungsreihe des „Felix-Verlags“ und im Rahmen der Diskussionen zur Etablierung eines empirischen Forschungsinstituts an der sich aus der Polizei-Führungsakademie (PFA) entwickelnden Hochschule der Polizei.

Ahlf, Ernst-Heinrich 1997: Ethik im Polizeimanagement. Polizeiethik mit Bezügen zu Total Quality Management (TQM), Wiesbaden

Backes, Otto u. a. 1997: Risikokonstellationen im Polizeialltag. Ergebnisse einer mehrperspektivischen Untersuchung zum Verhältnis von Polizei und Fremden in Konfliktsituationen, Bielefeld

Behr, Rafael 1993: Polizei und sozialer Wandel. Ergebnisse einer teilnehmenden Beobachtung bei der Schutzpolizei in Thüringen, Holzkirchen Obb.

Behr, Rafael 1996: Kontinuität und Störung: (Ostdeutsche) PolizistInnen auf der Suche nach Ordnung, in: KrimJ, H. 1, S. 4-22

Behr, Rafael 2000: Cop Culture. Der Alltag des Gewaltmonopols, Opladen

Bornewasser, Manfred 1999: Fremdenfeindlichkeit und Polizei, in: Dünkel, F. / Geng, B. (Hg.): Rechtsextremismus und Fremdenfeindlichkeit. Bestandsaufnahme und Interventionsstrategien, Mönchengladbach, S. 289-309

Brusten, Manfred / Feest, Johannes / Lautmann, Rüdiger 1975: Die Polizei – eine Institution öffentlicher Gewalt, Neuwied/Darmstadt

Deusinger, Ingrid M. 1995: Polizeiforschung. Betrachtungen zum Forschungsanliegen und erste Ergebnisse einer systematischen Untersuchung zu Einstellungen der Bürger zur Polizei, in: Kriminalistik, H. 11, S. 705-710

Dölling, Dieter 1987: Polizeiliche Ermittlungstätigkeit und Legalitätsprinzip – eine empirische und juristische Analyse des Ermittlungsverfahrens unter besonderer Berücksichtigung der Aufklärungs- und Verurteilungswahrscheinlichkeit, Wiesbaden

Eckert, Roland / Jungbauer, Johannes / Willems, Helmut 1996: Zur Feindschaft verdammt? Belastungssituationen der Polizei im Umgang mit ausländischen Tatverdächtigen und ihre Konsequenzen, in: Polizei-Führungsakademie (Hg.): Fremdenfeindlichkeit in der Polizei? Ergebnisse einer wissenschaftlichen Studie, Schriftenreihe der Polizei-Führungsakademie, H. 1/2, Lübeck, S. 88-108

Feest, Johannes / Blankenburg, Erhard 1972: Die Definitionsmacht der Polizei. Strategien der Strafverfolgung und sozialen Selektion, Düsseldorf

Feest, Johannes / Lautmann, Rüdiger (Hg.) 1971: Die Polizei. Soziologische Studien und Forschungsberichte, Opladen

Feltes, Thomas 1988: Polizeiliches Alltagshandeln, in: Kaiser, G. / Kury, H. / Albrecht, H.-J. (Hg.): Kriminologische Forschung in den 80er Jahren. Projektberichte aus der Bundesrepublik Deutschland, Bd. 1, Freiburg i. Br., S. 125-156

Feltes, Thomas 1997a: Zur Einführung: New York als Modell für eine moderne und effektive Polizeipolitik? In: Dreher, G. /

Feltes, Th. (Hg.): Das Modell New York: Kriminalprävention durch „Zero Tolerance“? Beiträge zur aktuellen kriminalpolitischen Diskussion, Holzkirchen Obb., S. 3-15

Feltes, Thomas 1997b: Kriminalität, Polizei und soziale Kontrolle – aktuelle Bemerkungen zu zukünftigen Entwicklungen, in: Widersprüche, H. 63, S. 51-63

Feltes, Thomas 2003: Frischer Wind und Aufbruch zu neuen Ufern? Was gibt es neues zum Thema Polizeiforschung und Polizeiwissenschaft, in: Die Kriminalpolizei, H. 3, S. 29-34

Heuer, Hans-Joachim 1998: Fremdenfeindliche Einstellungen und polizeiliches Handeln. Forschungsstand, Gegenmaßnahmen und Ausblick, in: Kriminalistik, H. 6, S. 401-410

Jaschke, Hans-Gerd 1997: Öffentliche Sicherheit im Kulturkonflikt. Zur Entwicklung der städtischen Schutzpolizei in der multikulturellen Gesellschaft, Frankfurt a. M. / New York

Kirkcaldy, Bruce D. 1993: Job Stress and Satisfaction: International Police Officers, in: Psychological Reports, Vol. 72, p. 386

Korfes, Gunhild 1997: Soziale Kontrolle im Wandel der Einstellungen von ostdeutschen Polizisten und Strafjuristen, in: Boers, K. / Gutsche, G. / Sessar, K. (Hg.): Sozialer Umbruch und Kriminalität in Deutschland, Opladen, S. 293-330

Lamnek, Siegfried 1988: Ideologie vs. Erfahrung. Demonstrationen in der Sicht von Bürgern und Polizei, in: Kaiser, G. / Kury, H. / Albrecht, H.-J. (Hg.): Kriminologische Forschung in den 80er Jahren. Projektberichte aus der Bundesrepublik Deutschland, Bd. 1, Freiburg i. Br., S. 201-222

Lange, Hans-Jürgen / Schenck, Jean-Claude 2004: Polizei im kooperativen Staat. Verwaltungsreform und Neue Steuerung in der Sicherheitsverwaltung, Wiesbaden

Liebl, Karlhans / Ohlemacher, Thomas (Hg.) 2000: Empirische Polizeiforschung. Interdisziplinäre Perspektiven in einem sich entwickelnden Forschungsfeld, Herbolzheim

Lorei, Clemes (Hg.) 2003: Eigensicherung und Schusswaffeneinsatz bei der Polizei – Beiträge aus Wissenschaft und Praxis, Frankfurt a. M.

Mensching, Anja u. a. 2004: Polizei im Wandel. Binnenverhältnisse in der niedersächsischen Polizei am Beispiel des Einsatz- und Streifendienstes und der für ihn vorgesetzten Ebenen. Abschlussbericht des qualitativen Projektteiles, KFN-Forschungsbericht Nr. 92, Hannover

Oevermann, Ulrich / Schuster, Leo / Simm, Andreas 1985: Zum Problem der Perseveranz im Deliktstyp und modus operandi, Wiesbaden

Ohlemacher, Thomas (unter Mitarbeit von Dieter Boumans, Annette Buchner und Dennis Sögding) 2003: Empirische Polizeiforschung: Auf dem Weg zum Pluralismus der Perspektiven, Disziplinen und Methoden, in: Lange, H.-J. (Hg.): Die Polizei der Gesellschaft. Zur Soziologie der Inneren Sicherheit, Opladen, S. 377-397

Ohlemacher, Thomas u. a. 2003: Gewalt gegen Polizeibeamtinnen und -beamte 1985-2000. Eine kriminologische Analyse, Baden-Baden

Pick, Alexander 1995: Polizeiforschung zwischen Wissenschaft und Scharlatanerie, in: Kriminalistik, H. 11, S. 697-703

Projektgruppe 1998: Personal- / Organisationsentwicklung und Führung in der Polizei Nordrhein-Westfalen. Bericht der Projektgruppe (sog. Stork-Bericht), Vervielfältigtes Manuskript (August 1998)

Rebscher, Erich / Vahlenkamp, Werner 1988: Organisierte Kriminalität in der Bundesrepublik Deutschland, Wiesbaden

Reichertz, Jo 1991: Aufklärungsarbeit. Kriminalpolizisten und Feldforscher bei der Arbeit, Stuttgart

Schmitz, Heinrich W. 1977: Tatortbesichtigung und Tathergang, Wiesbaden

Schmitz, Heinrich W. / Lenders, Winfried / Reents, Elfriede 1978: Tatgeschehen, Zeugen und Polizei, Wiesbaden

Schneekloth, Hans-Dieter 1986: Polizeilicher Jugendschutz. Beobachtung und Analyse einer Einrichtung polizeilicher Jugendarbeit, Darmstadt

Schröer, Norbert 2002: Verfehlte Verständigung? Kommunikationssoziologische Fallanalyse zur interkulturellen Kommunikation, Konstanz

Sieber, Ulrich / Bögel, Marion 1993: Logistik der Organisierten Kriminalität, Wiesbaden

Steffen, Wiebke 1982: Untersuchungen der Möglichkeiten des datenmäßigen Abgleichs von Tatbestandsmerkmalen zur Fallzusammenführung, München

Steffen, Wiebke 1987: Gewalt von Männern gegenüber Frauen, München

Stock, Jürgen / Kreuzer, Arthur 1996: Drogen und Polizei. Eine kriminologische Untersuchung polizeilicher Rechtsanwendung, Bonn

Volmerg Ute / Büttner, Christian 1986: Unsicherheit macht hart, in: Psychologie heute, H. 1, S. 40-47

Waldmann, Peter 1977: Organisations- und Rollenkonflikte in der Polizei, in: MSchr Krim, H. 2, S. 65-82

Walter, Michael / Wagner, Andrea 1996: Alltägliches Krisenmanagement von Polizisten. Die Beseitigung des Öffentlichkeitsbezuges. Erste Befunde aus teilnehmender Beobachtung, in: Forschung in Köln / Berichte aus der Universität, H. 2, S. 8-15

Weis, Kurt 1982: Die Vergewaltigung und ihre Opfer, Stuttgart

Weis, Kurt 1990: Fußballrowdies – Die enttäuschte Suche nach Ursachen, Interventionsmöglichkeiten und Präventionsmaßnahmen, in: DVJJ (Hg.): Mehrfach Auffällige – Mehrfach Betroffene, Bonn, S. 215-225

Wempe, Peter 1990: Bestandsaufnahme Mitarbeiterbefragung, in: Bereitschaftspolizei – heute, H. 9, S. 25-29

Willems, Helmut u. a. 1988: Demonstranten und Polizisten. Motive, Erfahrungen und Eskalationsbedingungen, München

Zittlau, Jörg 1992: Gesundheitsverhalten der Polizeibeamten, in: Kriminalistik, H. 4, S. 218-220

Thomas Ohlemacher

Polizei-Führungsakademie

I. Die Polizei-Führungsakademie (PFA) ist die zentrale Aus- und Fortbildungseinrichtung für die Polizeibeamten des höheren Dienstes des Bundes und der Länder. Die in Münster-Hiltrup gelegene Akademie ist eine Einrichtung des Landes Nordrhein-Westfalen, die auf der Grundlage eines Abkommens zwischen dem Bund und allen Ländern gemeinsam getragen und anteilig finanziert wird. Neben ihrem Bildungsauftrag führt sie Forschungen auf dem Gebiet des Polizeiwesens durch und pflegt Beziehungen zu vergleichbaren Bildungseinrichtungen anderer Staaten.

Die PFA wurde im Mai 1945 zunächst als Zentralpolizeischule für die britische Besatzungszone gegründet, ab dem 15.12.1949 unter der Bezeichnung Polizei-Institut Hiltrup weitergeführt und am 1.1.1973 in Polizei-Führungsakademie umbenannt. Sie wird von einem Präsidenten geleitet und gliedert sich in Fachbereiche, das Polizeitechnische Institut und Dezernate (zuständig für Querschnittsaufgaben und Verwaltung). Die Fach- und Rechtsaufsicht übt ein Kuratorium aus, dessen Mitglieder die Leiter bzw. andere hohe Beamte der Polizeiabteilungen der Innenministerien sind. Im föderalen System der Bundesrepublik Deutschland mit der vorrangigen Zuständigkeit der Länder für Polizeiangelegenheiten kommt der

Polizei-Führungsakademie eine nicht unerhebliche Bedeutung für ein gemeinsames Polizeiverständnis zu.

II. Hauptaufgabe der Polizei-Führungsakademie ist die Ausbildung angehender Führungskräfte der Polizei. Die Studierenden rekrutieren sich bisher überwiegend aus schutz- und kriminalpolizeilichen Funktionen des gehobenen Dienstes, so genannten Aufstiegsbeamten. Sie verfügen nach ihrem Fachhochschulstudium in der Regel über mindestens fünf Jahre Berufspraxis und werden nach dem Prinzip der Bestenauslese in dezentralen Auswahlverfahren des Bundeskriminalamtes, der Polizei des Bundes und der Länderpolizeien ausgewählt. Zum geringeren Teil handelt es sich bei den Studierenden um Laufbahnbewerber mit abgeschlossenem Hochschulstudium (Juristen mit erstem Staatsexamen, Betriebs- und Volkswirte, Sozialwissenschaftler), die als so genannte Direkteinsteiger für die Ausbildung des höheren Dienstes eingestellt werden.

Alle Studierenden absolvieren einen zweijährigen Studiengang nach einem einheitlichen Lehrplan. Das erste Studienjahr wird zur Einbeziehung der Spezifika von Bund und Ländern dezentral, das zweite zentral als Präsenzstudium an der Polizei-Führungsakademie durchgeführt. Die Stärke eines Studiengangs variiert, abhängig vom aktuellen bundesweiten Bedarf, zwischen 100 und 220 Studierenden. Gemäß Abkommen soll durch das Studium „die Fähigkeit erworben werden, größere Polizeidienststellen und Polizeieinheiten zu führen, in Führungsstellen den Einsatz der Polizei zu leiten, besondere Aufgaben in Zentralbehörden des Bundes und der Länder und in obersten Bundes- und Landesbehörden wahrzunehmen und bei der Ausbildung und Fortbildung der Polizeivollzugsbeamten mitzuwirken" (Abkommen über die einheitliche Ausbildung der Anwärter für den höheren Polizeivollzugsdienst und über die Polizei-Führungsakademie, Artikel 5). Das praxisorientierte Studium umfasst Inhalte der Fächer Führung, Organisation und öffentliche Betriebswirtschaftslehre, der Rechts- und Sozialwissenschaften, Kriminalistik und Kriminologie, der polizeibezogenen Einsatz- und Verkehrslehre sowie der Berufsethik. Sie werden in Vorlesungs- und Seminarform aber auch in Übungen und Trainings vermittelt, zum Teil aufgabenbezogen interdisziplinär unter so genannten Operativen Leitthemen. Das gestufte Prüfungssystem im zweiten Studienabschnitt mit mündlicher Abschlussprüfung hat den Charakter einer internen Laufbahnprüfung (Staatsprüfung). Ein akademischer Grad wird nicht verliehen. Juristen mit zweitem Staatsexamen werden an der Polizei-Führungsakademie in einem gesonderten halbjährigen Studienkurs ohne Prüfungen auf polizeiliche Führungs-Funktionen vorbereitet (etwa zwischen 10 und 25 Teilnehmer pro Jahr).

Die Fortbildung für polizeiliche Führungskräfte des höheren und teilweise auch des gehobenen Dienstes ist die zweite Hauptaufgabe der Polizei-Führungsakademie. Das Fortbildungsprogramm wird als systematische Ergänzung und Fortsetzung der Ausbildung verstanden. Die jährlich ca. 50 Seminare und Arbeitstagungen richten sich je nach thematischem Schwerpunkt zusätzlich an Vertreter anderer öffentlich-rechtlicher Institutionen und kooperierende Akteure im Bereich der inneren Sicherheit (z. B. Justiz, Zoll, Sicherheitsgewerbe), zum Teil mit spezifisch internationaler Ausrichtung an leitende Polizeibeamte des Auslandes. Grundsätzlich werden allgemein fachliche, funktionsbezogene, anlassbezogene und projektbezogene Fortbildungsveranstaltungen unterschieden. Der größte Anteil ist funktionsbezogen und richtet sich an Adressaten vergleichbarer Funktionen bzw. Fachverantwortung. Allgemein fachliche Fortbildung bezweckt eine allgemeine interdisziplinäre Aktualisierung und Vertiefung von Fachkenntnissen; anlassbezogen werden bedeutsame polizeirelevante Ereignisse oder Entwicklungen nachbereitet. In projektbezogenen Veranstaltungen werden Konzeptionen für herausragende Probleme erarbeitet. Ein modular aufgebautes Managementkolleg dient der gezielten Personalentwicklung für Spitzenämter des höheren Dienstes. Die Fortbildungsveranstaltungen werden jährlich von ca. 3000 Teilnehmern besucht, davon kommen ca. 10-15 % aus dem Ausland und ca. 3 % aus polizeiexternen Bereichen.

Das Polizeitechnische Institut unterstützt und berät die Polizeien des Bundes und der Länder durch fachtechnische Stellungnahmen, Gutachten und Konzepte. Außerdem werden in technischen Richtlinien die Anforderungen an polizeiliche Führungs- und Einsatzmittel formuliert und entsprechende Testreihen koordiniert. In begrenztem Umfang findet an der Polizei-Führungsakademie polizeibezogene Forschung statt, vor allem zu Fragen der Verwaltungsmodernisierung, der Effektivität und Effizienz polizeilicher Konzepte sowie im Bereich der Kriminalprävention. Der Fachbibliothek ist eine polizeigeschichtliche Sammlung angegliedert, mit einer Dauerausstellung zur Geschichte der polizeilichen Bildungsarbeit. Für herausragende wissenschaftliche Abhandlungen zu polizeiwissenschaftlichen Themen wird alle zwei Jahre ein Preis der Polizei-Führungsakademie vergeben.

Von besonderer Bedeutung sind die Auslandsbeziehungen der Akademie. Insbesondere zu vergleichbaren Bildungs- und Forschungseinrichtungen in Europa bestehen vielfältige enge Kontakte. Die Polizei-Führungsakademie ist Teil der Europäischen Polizeiakademie „Collège Européen de Police“ (CEPOL), einem Netzwerk von Polizeiakademien und -hochschulen der Europäischen Union. Sie gehört darüber hinaus der Mitteleuropäischen Polizeiakademie (MEPA) an und der Association of European Police Colleges (AEPC), die auch viele Nicht-EU-Mitglieder umfasst. Ziel dieser Kooperationsformen ist die Verbesserung der grenzüberschreitenden polizeilichen Zusammenarbeit durch Harmonisierung der Ausbildung, gemeinsame Fortbildungsangebote und Tagungen.

III. Die Anforderungen an Führung und Management der Polizei werfen zwangsläufig die Frage auf, ob der rechtliche und institutionelle Rahmen einer Berufsakademie ausreicht, den angehenden Führungskräften die für ihre komplexen Aufgaben erforderlichen Kenntnisse, Methoden und Kompetenzen zu vermitteln. Erste Überlegungen, die Einrichtung in eine Hochschule der Polizei zu überführen, gab es bereits kurz nach ihrer Gründung seit dem Ende der vierziger Jahre. Einerseits wurde es immer unabweisbarer, dass ein für den höheren Dienst qualifizierendes Studium wissenschaftlich begründete Erkenntnisse und Methoden zu vermitteln hat. Andererseits gab es lange Zeit die Befürchtung, eine zu akademisch ausgerichtete Ausbildung an einer Hochschule könnte zu einem Verlust des Praxisbezugs und zu verminderter Handlungskompetenz der Absolventen führen. Deshalb dauerte es noch Jahrzehnte, bis alle beteiligten Innenressorts des Bundes und der Länder schließlich davon überzeugt waren, einen Statuswechsel anzustreben.

Am 20.11.1998 fasste die ständige Konferenz der Innenminister und -senatoren den Beschluss, die Polizei-Führungsakademie zu einer (internen) Hochschule weiter zu entwickeln. Seit dem 27.1.2005 liegt nach einem umfassenden Abstimmungsprozess auch mit den Wissenschaftsministerien ein gültiges Gesetz des Landes Nordrhein-Westfalen über die Deutsche Hochschule der Polizei (Polizeihochschulgesetz – DHPolG) vor. Dieses Gesetz ist Teil des anzupassenden Abkommens, das erst durch Ratifizierung aller Länder und des Bundes Gültigkeit erlangt und damit die Gründungsphase der Hochschule einleitet (ab Frühjahr 2006). Zeitgleich mit dem Statuswechsel wird der zweijährige Studiengang für den höheren Polizeidienst in einen Masterstudiengang umgestellt – Abschluss: „Master of Public Administration – Police Management“. Dieser nach den Bolognakriterien gestaltete modularisierte Studiengang wurde bereits durch ein unabhängiges Akkreditierungsinstitut anerkannt. Das Polizeihochschulgesetz verpflichtet die zukünftige Hochschule u. a. „die Polizeiwissenschaft durch Forschung, Lehre, Studium und Weiterbildung zu pflegen und zu entwickeln“ (§ 4 Abs. 2 DHPolG).

IV. Durch die Entwicklung zur Deutschen Hochschule der Polizei und der damit verbundenen Veränderungen des Studiums der Führungskräfte wird eine neue Stufe der Professionalisierung des Polizeiberufs erreicht. Dabei behält die Einrichtung ihren Charakter als zentrale Serviceeinrichtung für und innerhalb der Polizei, gleichzeitig aber wird sie – wenn auch mit einem sehr speziellen Profil – in allen wesentlichen Aspekten ein Teil des Hochschulsystems in Deutschland. Durch diese Entwicklung gehen starke Impulse aus zu einer entsprechenden Umwandlung der Fachhochschulstudiengänge für Polizeibeamte des gehobenen Dienstes in Bachelorstudiengängen. International wird das Projekt ebenfalls sehr bewusst wahrgenommen und eine Umgestaltung der Ausbildung von polizeilichen Führungskräften im Sinne des Bolognaprozesses in anderen Staaten fördern.

V. Auch im Status einer Hochschule wird die zentrale Funktion einer Kommunikationsplattform und eines Forums für ein gemeinsames Polizeiverständnis im föderalen Polizeisystem erhalten bleiben. Das ausgeprägte Interesse der Innenminister des Bundes und der Länder an einer aus ihrer Sicht steuerbaren Entwicklung, verbunden mit dem Ziel einer bestmöglichen, spezifischen und praxisgerechten Aus- und Fortbildung der Führungskräfte auf wissenschaftlicher Grundlage, bietet eine gute Voraussetzung für den Weiterbestand und die kontinuierliche Modernisierung der Einrichtung. Eine dort stärker als bisher institutionalisierte Polizeiforschung dürfte eine wesentliche Erfolgsvoraussetzung für die Entwicklung der Polizeiwissenschaft in Deutschland darstellen. Die Kooperation mit allgemeinen Hochschulen und Forschungseinrichtungen wird sich im Sinne der Zielsetzung deutlich intensivieren, ebenso mit vergleichbaren Einrichtungen des Auslandes.

Birkenstock, Wolfgang / Hauff, Mechthild / Neidhardt, Klaus 2005: Der Masterstudiengang und die Entwicklung der PFA zur Deutschen Hochschule der Polizei, in: Die Polizei, H. 5, S. 130-135

Klaus Neidhardt

Polizeihoheit der Länder

I. Der Begriff „Polizeihoheit der Länder" bringt zum Ausdruck, dass die Zuständigkeit für das Polizeiwesen in der Bundesrepublik Deutschland grundsätzlich den Bundesländern vorbehalten ist. Diese haben nach dem Prinzip des Föderalismus neben dem Bund eine eigene Staatsqualität. Sowohl „die Ausübung der staatlichen Befugnisse und die Erfüllung der staatlichen Aufgaben" (Art. 30 GG) als auch die Gesetzgebung (Art. 70 GG) ist nach dem Grundgesetz Sache der Länder, soweit das Grundgesetz keine andere Regelung trifft oder zulässt. Mithin sind die Länder auch für die Gesetzgebung und die Organisation des Polizeiwesens zuständig, insofern es sich nicht um sonderpolizeiliche Einrichtungen des Bundes handelt.

II. Schon während der konstitutionellen Monarchie und der Weimarer Republik kam die Polizeihoheit den einzelnen Ländern zu. Erst ab 1933 fand in Deutschland eine Zentralisierung des Polizeiwesens statt. Diesem System erteilten die westlichen Siegermächte nach 1945 eine entschiedene Absage. Sie erblickten in einem zentralisierten Polizeiapparat eine politische Gefahr. Im so genannten Polizeibrief der Militärgouverneure vom 14. April 1949 an den Präsidenten des Parlamentarischen Rates (abgedruckt bei Helmut Roewer 1987: Nachrichtendienstrecht der Bundesrepublik Deutschland, Köln u. a., S. 135 f.) wurde dementsprechend, entgegen den „zentralistischen“ Ambitionen einiger Mitglieder dieses Gremiums, eine dezentralisierte Polizei gefordert. Zwar wurde der künftigen Bundesregierung gestattet, Bundespolizeibehörden „zur Überwachung des Personen- und Güterverkehrs bei der Überschreitung der Bundesgrenzen“, zur „Sammlung und Verbreitung von politischen Auskünften“ sowie zur „Koordinierung bei der Untersuchung von Verletzungen der Bundesgesetze und die Erfüllung internationaler Verpflichtungen hinsichtlich der Rauschgiftkontrolle, des internationalen Reiseverkehrs und von Staatsverträgen über Verbrechensverfolgung“ einzurichten, wobei die Befugnisse, Zuständigkeiten und Aufgaben jedes dieser besonderen Bundesorgane durch Bundesgesetz geregelt werden sollten. Als Grundsatz wurde formuliert: „Keine Bundespolizeibehörde darf Befehlsgewalt über Landes- oder Ortspolizeibehörden besitzen.“

III. Dementsprechend wurden auf der Grundlage des Art. 87 Abs. 1 S. 2 GG der Bundesgrenzschutz (BGS), seit dem 1.7.2005 → Bundespolizei (BPol), und das → Bundeskriminalamt (BKA) eingerichtet. Darüber hinaus nehmen weitere Institutionen des Bundes wie z. B. das Zollkriminalamt „kraft Sachzusammenhanges“ materiell polizeiliche Befugnisse wahr. Kennzeichnend für die Entwicklung der Rechtsgrundlagen des BKA und vor allem des BGS ist indessen die schrittweise Ausweitung der Aufgabenbereiche sowie der Eingriffsbefugnisse. So ist der BGS durch das „Aufgabenübertragungsgesetz“ von 1992 faktisch zu einer allgemeinen Flächenpolizei für den Bereich der Flugsicherung und des Eisenbahnbetriebes geworden. Zumindest für bestimmte Ausnahmesituationen hat sich der BGS darüber hinaus „von einer reinen Grenzpolizei zu einer multifunktional einsetzbaren ‚Polizei des Bundes‘ gewandelt“, wie das Bundesverfassungsgericht in seinem Beschluss vom 28. Januar 1998 konstatierte. Die durch den Gesetzgeber 2005 beschlossene Umbenennung des BGS in „Bundespolizei“ ist denn auch nur konsequent. Das Bundesverfassungsgericht hat diese Entwicklung prinzipiell gebilligt, allerdings auch Grenzlinien benannt: „Der Bundesgrenzschutz darf nicht zu einer allgemeinen, mit den Landespolizeien konkurrierenden Bundespolizei ausgebaut werden und damit sein Gepräge als Polizei mit begrenzten Aufgaben verlieren“ (BVerfGE 97, S. 198 ff.).

IV. Eine ähnliche Entwicklung wie für den BGS ist auch für das BKA zu konstatieren. Durch entsprechende gesetzgeberische Ausweitung seiner Zuständigkeitsbereiche ist es immer mehr zu einer zentralen Strafermittlungsbehörde geworden. Auch durch das Terrorismusbekämpfungsgesetz von 2002 sind dem BKA wiederum neue Befugnisse verliehen worden: Es darf künftig ohne irgendeine Mitwirkung der Länderpolizeien bei allen „öffentlichen oder nichtöffentlichen Stellen“ Daten erheben. Die ursprünglich vom Bundesinnenministerium geforderten weit reichenden Kompetenzen zur „Initiativermittlung“ sind ihm – bisher – vom Gesetzgeber allerdings vorenthalten worden. In diesem Punkt hat die massive Kritik vieler juristischer Standesorganisationen am beabsichtigten Machtzuwachs für diese Bundesbehörde immerhin Wirkung im Gesetzgebungsverfahren zeitigen können.

V. Der grundlegende Trend zur allmählichen Aushöhlung der Polizeihoheit der Länder wird damit freilich nicht umgekehrt. So berichtete die Presse im September 2004 von einem zwischen der SPD-Bundestagsfraktion sowie dem damaligen Innenminister Schily abgestimmten Papier, wonach das BKA sowie das Bundesamt für Verfassungsschutz den entsprechenden Landesbehörden gegenüber künftig weisungsberechtigt sein sollen (Frankfurter Rundschau vom 11.9.2004). Ob die hierfür erforderliche Änderung des Grundgesetzes die Zweidrittelmehrheit von Bundestag und Bundesrat erhalten wird, ist allerdings fraglich. Indessen favorisieren die CDU und CSU eine Verfassungsänderung, die den Einsatz der → Bundeswehr im Inneren künftig unter erleichterten Bedingungen zulassen soll. Die Verabschiedung des „Luftsicherheitsgesetzes“ im Sommer 2004 geht bereits ein Stück weit in diese Richtung, indem der Bundeswehr neue Kompetenzen in diesem Bereich (einschließlich des Abschusses „terrorverdächtiger“ Verkehrsflugzeuge) zugesprochen werden. Der Trend zur Zentralisierung wird auch verstärkt durch verschiedene institutionalisierte Formen polizeilicher „Zusammenarbeit“ zwischen Bund und Ländern, in Zukunft vor allem aber durch engere Kooperationen und Abstimmungen auf EU-Ebene und durch den weiteren Ausbau des Schengener Informationssystems im Zeichen internationaler Terrorismusbekämpfung.

Kutscha, Martin 2004: „Verteidigung“ – Vom Wandel eines Verfassungsbegriffs, in: KJ, H. 3, S. 228-240

Linke, Tobias 2004: Innere Sicherheit durch die Bundeswehr? In: AöR, Bd. 129, S. 489-541

Lisken, Hans / Lange, Hans-Jürgen 2000: Die Polizeien des Bundes, in: Lange, H-J. (Hg.): Staat, Demokratie und Innere Sicherheit in Deutschland, Opladen, S. 151-166

Niess, Frank 2004: Kooperations- vs. Konkurrenz-Föderalismus. Vom „antifaschistischen Allheilmittel“ zum „antidemokratischen Reformhemmnis“, in: Bl. Dtsch. Int. Politik, H. 11, S. 1353-1363

Saurer, Johannes 2005: Die Ausweitung sicherheitsrechtlicher Regelungsansprüche im Kontext der Terrorismusbekämpfung, in: NVwZ, H. 3, S. 275-282

Martin Kutscha

Polizeikultur

I. Bis heute gibt es in Deutschland kein theoretisch konsistentes und sozialwissenschaftlich fundiertes Wissen zur Kultur der Polizei. Auch einen entsprechenden etablierten Forschungszweig, wie dies in der angloamerikanischen Polizeiwissenschaft durchaus der Fall ist, sucht man vergebens. Schaut man sich die Veröffentlichungslage an, dann kann man durchaus sagen, dass die Polizeikultur in Deutschland bislang eine marginale Rolle in Wissenschaft und Praxis spielt. Dementsprechend schwer fällt die Beschreibung der Rezeptionsgeschichte und die Bestimmung dessen, was Polizeikultur letztlich ist. Vorstellbar sind allerdings mindestens zwei Perspektiven, von denen die erste Version die theoretisch weniger elaborierte, aber konsensfähigere sein dürfte.

Aus der Perspektive der Organisationskultur kann im Sinne einer populärwissenschaftlichen Debatte Polizeikultur folgendermaßen definiert werden: „Polizeikultur umschreibt (...) typische polizeiliche Handlungen, Symbole, Zeremonien, Rituale, Stile usw., die natürlich von der jeweiligen Organisationsstruktur (den harten Faktoren), aber auch von den praktizierten Werthaltungen, Normen, Orientierungsmustern, Leitbildern usw. (den sog. weichen Faktoren) abhängig sind" (Ahlf 1997, S. 98). Polizeikultur lässt „die nach außen und innen sichtbar gewordenen, unverwechselbaren Äußerungen", also eine „Polizeiidentität" erkennen (ebd.).

Dabei fällt erstens auf, dass sowohl strukturelle (die Institution und die Organisation betreffende) als auch habituelle (auf die persönliche Ausgestaltung durch Individuen bezogene) Faktoren herangezogen werden, und dass zweitens von „einer" Identität der Polizei ausgegangen wird. Die Polizei als homogenes Gebilde zu beschreiben, mit dem sich alle Mitglieder identifizieren können, gelingt auf sehr abstrakter Ebene oder bei tragischen Ereignissen: Stirbt ein Polizist im Dienst durch fremdes Verschulden, dann fühlen sich alle Polizisten und Polizistinnen getroffen. Der Trauerflor an den Antennen aller bundesdeutschen Streifenwagen ist durchaus auch ein Teil der gemeinsamen Polizeikultur. Diese „universalen Gemeinsamkeiten" leiten aber aller Erfahrung nach nicht den Berufsalltag unmittelbar an. Dafür sind konkretere kulturelle Bindungen nötig. Deshalb ist eine Begriffsbestimmung vorzuziehen, die sich am Kern der Polizeiarbeit orientiert, nämlich an der monopolistischen Verfügung über Gewalt und der dazu notwendigen Ethik des polizeilichen Handelns.

Aus der Perspektive der polizeilichen Handlungsethik ist Polizeikultur ein Bündel von Wertbezügen, die als transzendentaler Rahmen das Alltagshandeln von Polizeibeamten und -beamtinnen ermöglichen, begrenzen und anleiten. Wertbezüge geben darüber Auskunft, in welchen Situationen welche Werte und Tugenden in welchem Ausmaß Geltung erlangen (z. B. Selbstdisziplin, Tapferkeit, Loyalität, Zivilcourage) und auch darüber, wann und in welchem Ausmaß Gewalt angewendet werden muss, soll oder darf.

Wichtig bei dieser Definition ist das „Bündel" von Wertbezügen, das für eine gewisse Vielfalt an Identifikationsmöglichkeiten sorgt, je nach Stellung in der Organisation und abhängig von der konkreten Aufgabe. Diese Begrifflichkeit folgt der Ansicht, dass Organisationen keine homogenen Gebilde (mit einer einzigen Identität) sind, sondern aus eher lose verbundenen kulturellen Inseln bestehen, die fallweise durchaus Gemeinsamkeiten und Kongruenzen entwickeln können (z. B. gegenüber als feindlich erlebten Umwelten), aber im Innern der Organisation erheblich mehr Differenz als Gemeinsamkeit aufweisen. Als Transmissionsriemen für „richtiges Handeln" können die Mythen, Erzählungen, erfahrbaren Routinen und andere expressive (symbolische) Ausdrucksmittel gelten, die etwas über die „erfolgreiche Bewältigung des Alltags" vermitteln. Insofern kann man letztlich sagen, dass die Polizei keine Kultur „hat", sondern dass Polizei (bzw. dass Polizieren) selbst Kultur „ist".

II. Zunächst ist festzuhalten, dass die Polizei in der Bundesrepublik Deutschland sich ihrer gesellschaftlichen Wertschätzung immer sicher sein konnte und dies offensichtlich auch war. Dominierend für die demokratisch legitimierte staatliche Gewalt ist bis heute die Geltung einer allgemeinen „Gerechtigkeitsannahme", und zwar im Sinne einer für alle gleichen Verfahrensförmigkeit. Sie geht von der Prämisse der Gleichberechtigung und Gleichbehandlung aller Menschen aus. Eine aus der Gerechtigkeitsannahme abgeleitete Organisationskultur orientiert sich an Max Webers Idealtypus der bürokratischen Herrschaft und betont auf der habituellen Seite besonders die so genannten Sekundärtugenden (Fleiß, Disziplin, Ordnungssinn, Gehorsam, Sauberkeit, Pünktlichkeit, Anständigkeit, Tüchtigkeit), weil diese das reibungslose Funktionieren der Verwaltung ermöglichen und unterstützen. Der Bürger spielt in dieser Tradition eine Rolle als Staatsbürger mit Rechten und Pflichten, nicht aber als Klient oder als Kunde.

III. Neben der Ethik der Gerechtigkeit gewinnt seit einiger Zeit eine Ethik des Schützens an Bedeutung, deren Prämisse die innergesellschaftliche Gewaltlosigkeit ist, und die sich darauf richtet, dass niemand Schaden erleiden sollte bzw. im Schadensfall die Schwächeren konkret und öffentlich geschützt werden. Der Bürger ist nicht mehr Kollektiv-Adressat, sondern individueller Abnehmer einer staatlichen Dienstleistung. Die institutionelle Betonung einer Ethik des Schützens und einer stärkeren Bezugnahme auf die Zivilgesellschaft erfordert von den Mitgliedern der Polizei eine erweiterte Tugendlehre, denn nun wird von Polizisten zunehmend eine Orientierung am Interesse des einzelnen Bürgers (neuerdings auch als Kunde bezeichnet) erwartet. Dazu benötigen Polizisten ein Selbstbewusstsein, das sich wieder stärker an den so genannten Primärtugenden Klugheit (Weisheit), Gerechtigkeit, Mäßigung (Ausgewogenheit) und Tapferkeit orientiert, aber auch „moderne" Tugenden enthält: Menschlichkeit, Höflichkeit, Kommunikationsfähigkeit, Gelassenheit, Freundlichkeit, intellektuelle und soziale Beweglichkeit, „emotionale Intelligenz", Hilfsbereitschaft, Kreativität in der Arbeitsbewältigung, Kooperationsfähigkeit und Teamfähigkeit.

IV. Eine Veränderung der Diskussion um Polizeikultur im Zusammenhang mit der zunehmenden Bedrohung durch den weltweiten Terrorismus hat es in Deutschland bislang nicht gegeben. Durch die traditionelle Betonung eines „homogenen" Kulturbegriffs der Polizei, wie er in der ersten Definition aufscheint und unter anderem in den so genannten Polizeilichen Leitbildern zum Ausdruck kommt, wird die real erfahrbare Differenz in der Polizei, z. B. zwischen Alten und Jungen, zwischen Frauen und Männern, zwischen den „street cops" und den „manangment cops" (Reuss-Ianni 1983), ebenso vernachlässigt wie die Wahrnehmung der Diskrepanzen zwischen Sein und Sollen, zwischen Anspruch und Wirklichkeit, zwischen der Sphäre des Tuns und der Welt des Vordenkens in der Polizei. Die Sichtweise von Polizeikultur, die sich aus populären Organisationskulturmodellen ableitet, und die die Vielfalt und die Differenz eher ausblendet, macht einen Gegenentwurf zur Polizeikultur notwendig (während eine Polizeikultur, die sich aus den ethischen Grundlegungen ableitet, diese Vielfalt bereits impliziert). Die Konkurrenz zwischen den unterschiedlichen Denk- und Handlungslogiken im polizeilichen Alltag kommt in der Unterscheidung zwischen „Polizeikultur" und „Polizistenkultur" (Cop Culture) zum Ausdruck.

Anders als in der angloamerikanischen Polizeiforschung wird in der deutschen Verwendung des Polizeikulturbegriffs keine von vornherein abweichende bzw. subkulturelle Qualität unterstellt. Die stattdessen vorgeschlagene Unterscheidung in Polizei- und Polizistenkultur geht ebenfalls nicht von der Konformität der einen und der Devianz der anderen aus. Polizistenkultur ist eine Kultur der unmittelbaren Erfahrung, der Expressivität, auch des symbolischen Handelns. Sie wird mündlich überliefert, hat keinen theoretisch begründeten Gültigkeitsanspruch. Hier spielen Vorstellungen von Gerechtigkeit eine unmittelbare Rolle für das Selbstverständnis der Polizistinnen und Polizisten, wobei die Eckpfeiler hierfür nicht notwendigerweise mit elaborierten Gerechtigkeitstheorien übereinstimmen. Reziprozität ist ein wichtiger Parameter, aber auch Ehre, Solidarität, und Pflichterfüllung. Polizeikultur dient zum einen der Selbstverständigung der Polizeiführung, zum anderen als Kommunikationsangebot an die Öffentlichkeit. Polizistenkultur richtet sich – als Abgrenzungsdiskurs – ausschließlich an die (tendenziell statusniedrigeren) Mitglieder der ausführenden Ebenen der Polizei.

V. Eine Organisationskultur zeigt sich an der Art und Weise, wie man miteinander redet (Kommunikationskultur), wie man Interessenkonflikt handhabt (Streitkultur) oder wie man Entscheidungen trifft. Für eine ernstzunehmende Polizeikultur ist es zwingend erforderlich, sich über die dem Arbeitsethos von Polizisten und Polizistinnen zugrunde liegenden Werte und Moralvorstellungen zu verständigen, und zwar nicht nach Maßgabe des politisch Wünschenswerten, sondern nach der Maßgabe des real Vorfindbaren. Dies wird insbesondere bedeutsam bei der Frage nach der Bemessung von Kriterien zur Konformität bzw. zur Abweichung im Polizeidienst.

Polizeibeamte verfügen über sehr unterschiedliche Wissensbestände und sehr unterschiedliche Strategien zur erfolgreichen Alltagsbewältigung. Sie greifen selbstverständlich auf organisationskulturelle Elemente zurück, verwenden selbstverständlich Sinnkonstruktionen, die ethisch reflektiert sind (z. B. in vielen Spontanaktionen zur Rettung von Menschenleben aus unmittelbarer Gefahr), sie verwenden aber auch Konstruktionen, die nicht politisch korrekt, die subkulturell geprägt, diskriminierend oder grenzüberschreitend sind. Für eine Forschung über Polizeikultur wäre durchaus die Frage interessant, wie sich z. B. Tapferkeit oder Feigheit bei Polizistinnen und Polizisten herstellt, wie sie generiert wird und wie sie kulturell eingerahmt wird. Neben den Gemeinsamkeiten müsste Polizeikultur und ihre Erforschung auch die institutionellen Differenzen und Konflikte der Polizei thematisieren, die damit in das institutionelle Bewusstsein gehoben und einem Verstehen und Verändern zugänglich gemacht werden können.

Ahlf, Ernst-Heinrich 1997: Ethik im Polizeimanagement. Polizeiethik mit Bezügen zu Total Quality Management (TQM), Wiesbaden

Behr, Rafael 2000: Cop Culture – Der Alltag des Gewaltmonopols. Männlichkeit, Handlungsmuster und Kultur in der Polizei, Opladen

Chan, Janet B. L. 1997: Changing Police Culture: Policing in a Multicultural Society, Cambridge

Prigge, Wolfgang-Ulrich / Sudek, Rolf (Hg.) 2003: Innere Führung durch Leitbilder? Eine Analyse des Leitbildprozesses bei der Polizei, Berlin

Reuss-Ianni, Elizabeth 1983: Two Cultures of Policing: Street Cops and Management Cops, Transaction Books, New Brunswick

Rafael Beer

Polizeipolitik

I. Als Polizeipolitik sind die Programme zu verstehen, welche die grundsätzlichen Fragen der Aufbau- und Ablauforganisation der Polizei zum Inhalt haben, die sich auf Einsatz und Verwendung von Personal und Ressourcen der polizeilichen Behörden richten sowie die Art und Weise der polizeilichen Kompetenzen zum Gegenstand haben. Vergegenständlicht sind diese Programme im Polizeirecht (Polizeigesetze, Polizeiorganisationsgesetze u. a.) sowie in den Erlassen der Innenministerien. Polizeipolitik bildet neben → Kriminalpolitik und Politik der Inneren Sicherheit die inhaltliche (auch Policy bzw. Politik-Programme genannte) Dimension des Politikfeldes → „Innere Sicherheit".

II. Die Trennlinie zwischen allgemeiner Verwaltungspolitik, welche die operative Ebene des Verwaltungshandelns betrifft, und weiterführender Institutionspolitik, welche die angesprochene strategische Ebene des Verwaltungshandelns berührt, wäre dort zu ziehen, wo sich verwaltungspolitische Zielsetzungen auf reine organisationsinterne Anpassungen, personelle Veränderungen etc. konzentrieren, die Zielsetzungen also darauf ausgerichtet sind, die Effizienz einer Organisation zu verbessern. Dies können Ziele sein wie Personaleinsparungen, generell Kostenreduzierungen, die Absicht, interne Kommunikationsprozesse zu optimieren oder interne Konflikte zu lösen. Es handelt sich dabei um reine administrative Belange, die im Regelfall weder innerhalb noch zwischen den Akteurskoalitionen verhandelt werden müssen. Richten sich interne Veränderungen aber darauf, das Außenverhältnis zwischen System und Umwelt zu verbessern, eine gesteigerte Wirkungswahrscheinlichkeit der Organisation in der Außenwelt zu erreichen, wird Verwaltungspolitik zu einem Bestandteil einer umfassender angelegten Institutionspolitik. Polizeipolitik ist in diesem Sinne vorrangig Institutionspolitik. Hier versucht die Organisation, ihre Effektivität zu optimieren, sich auf veränderte Umweltanforderungen einzustellen. Maßnahmen dieser Art können nicht getrennt werden von anderen Policy-Instrumenten, seien es Gesetzespakete oder Anreizprogramme, mit denen die Verwaltung in die Teilsysteme hineinwirken will. Umfangreiche Verhandlungen mit den involvierten Akteursgruppen über die institutionelle Neustrukturierung werden notwendig. Institutionspolitik ist auch beschreibbar als ein Prozess institutionellen „Lernens".

Neben diesen „üblichen" Handlungsgrundlagen für die Implementation von öffentlichen Politiken weist die Polizeipolitik eine Besonderheit auf. Aufgrund der weitreichenden Eingriffsbefugnisse in die Rechte und das Eigentum der Bürger, die insbesondere den Polizeibehörden zukommen, nimmt die Frage der Organisation und Strukturierung der Polizeibehörden selbst einen ungleich größeren Spielraum ein, als dies für alle anderen exekutiven Verwaltungsbereiche gilt. Soll die Polizei verstärkt öffentliche Präsenz zeigen? Sollen bestimmte Umstrukturierungen und Schwerpunktverlagerungen innerhalb der Polizei vollzogen werden, z. B. um verstärkt gegen die → Organisierte Kriminalität (OK), gegen Rechtsextremismus oder gegen Alltagskriminalität zu ermitteln? Entscheidungen dieser Art bestimmen ganz wesentlich, welche Strategien der Strafverfolgung, wie überhaupt Organisationsformen der öffentlichen Sicherheit und Ordnung zur Geltung kommen.

Der Entscheidungsverlauf im Rahmen der Diskussion über → Europol mag dafür stellvertretend stehen. Europol ist in diesem Sinne ein Synonym für einen bestimmten vertraglichen wie gesetzlichen Inhalt, also ein Politik-Programm, welches zugleich von der Frage nach der Art und Weise, wie Europol organisiert wird, nicht zu trennen ist. Die Frage, ob Europol mit 100 oder mit 1000 Personalstellen ausgestattet wird, ist unterhalb der vertraglich bzw. gesetzlich definierten Inhalte des Europolabkommens von entscheidender Bedeutung dafür, wie weitreichend die tatsächlich eingeräumten Kompetenzen denn auch umgesetzt werden können. Gleiches gilt für innenpolitisch bestimmte Themen.

Bei der Frage eines neuen Bundespolizeigesetzes stehen bestimmte Sicherheitsaspekte im Vordergrund, wie beispielsweise die Frage nach der Absicherung der EU-Außengrenzen, verbunden mit bestimmten kriminalpolitischen Zielvorstellungen. Tatsächlich bestimmend ist bei den zurückliegenden Novellierungen aber die Frage gewesen, wie eine Organisation, eben die → Bundespolizei (BPol; bis zum 1.7.2005 Bundesgrenzschutz), die durch die westeuropäische Einigung und durch die innerdeutsche Vereinigung eines Großteils ihrer Aufgaben beraubt worden ist, nun bei Wahrung des eigenen Personalbestandes neue Aufgaben übernehmen kann. Der Umstand, ob ein polizeilicher Aufgabenbereich des Bundes, so die alte Bahnpolizei, in den Bestand der BPol integriert und die Art und Weise, wie die interne Hierarchie der einzelnen Ämterbereiche nun organisiert wird, nimmt hierbei einen entscheidenden Einfluss auf die Frage, wie die BPol dann von den neuen gesetzlichen Kompetenzzuweisungen auch tatsächlich Gebrauch machen kann.

Schließlich ein drittes Beispiel dafür, wieweit institutionspolitische Inhalte und klassische Fragen von Verwaltungspolitik im Bereich der Polizeipolitik zusammenfallen: Der Streitpunkt, inwieweit aus personalpolitischen Gründen die Qualifizierung innerhalb der Laufbahnordnungen der

Polizei zugunsten einer höheren Gewichtung des gehobenen Dienstes ausgeweitet wird, könnte so besehen unter verwaltungspolitischen Gesichtspunkten behandelt werden, wäre damit gewissermaßen nicht von Interesse für die eigentlichen Fragestellungen der Policy-Forschung. Tatsächlich hat aber die Frage der Höherqualifizierung mit all ihren nicht intendierten Folgewirkungen einen erheblichen Einfluss darauf, wie die Polizei als Organisation selbst dazu beiträgt, bestimmte soziale Verhaltensweisen als für die Innere Sicherheit von besonderer Relevanz zu werten. Eine Polizeiorganisation, die diesen Weg der Höherqualifizierung einschlägt, muss zwangsläufig auch daran interessiert sein, der Polizei höherwertige Tätigkeitsbereiche zuzuordnen, um so überhaupt die beamtenrechtliche Höherqualifizierung rechtfertigen zu können. So sind beispielsweise in der BPol, die eigentlich als Spezialpolizei des Bundes gedacht gewesen ist, Tendenzen vorzufinden, kriminalpolizeiliche Dienstbereiche (so im Fahndungsbereich des bahnpolizeilichen Aufgabenbereichs) auszubauen, weil diese erst höherwertige Stellenbeschreibungen ermöglichen. In Verbindung mit den entsprechenden Standesorganisationen (Polizeigewerkschaften) nehmen solche innerorganisatorischen Interessenpositionen sehr wohl Einfluss darauf, in welche Richtung sich auch die politisch inhaltlichen Diskussionen entwickeln und bestimmte Themen die öffentliche sicherheitspolitische Arena erreichen.

Vor diesem Hintergrund weist das Politikfeld Innere Sicherheit im Prozess der Politikformulierung tatsächlich ein ausgeprägtes Maß an Politikverflechtungsstrukturen auf. Allerdings betrifft dies nicht alle Fragen. Es ist zwischen verschiedenen thematischen Bereichen zu unterscheiden, in denen die Entscheidungen sehr stark durch den föderalen Verbund geprägt sind, und anderen Bereichen, bei denen die originäre Landeshoheit noch sehr weitreichend ist. Vereinfacht ist zu sagen, dass alle Angelegenheiten, welche die Länder-Bund-Zusammenarbeit ebenso wie die Zusammenarbeit im europäischen Sicherheitsverbund berühren, zum Gegenstand der föderalen Verhandlungsgremien zählen. Dies hat allerdings auch weitreichende Konsequenzen für die Politik-Programme im Bereich der → Kriminalpolitik wie auch in den übergreifenden Fragen der Politik der Inneren Sicherheit. Ein großer Teil dieser Programme kann aufgrund der Zuständigkeiten des Bundes, beispielsweise für die Strafprozessordnung, nur in der Länder-Bund-Zusammenarbeit verändert werden. Im Verlaufe der bundesdeutschen Entwicklung hat sich so ein „Mehrebenen-Sicherheitsverbund“ (Lange 1999) herausgebildet, der zum einen zu einer immer stärkeren rechtlichen und organisatorischen Angleichung der Sicherheitseinrichtungen der Länder und des Bundes geführt hat und der zum anderen in der bundesdeutschen Entwicklung eine faktische „Große Koalition der Inneren Sicherheit“ (Kutscha

1998) aus SPD, CDU und CSU begründet, die den föderalen Sicherheitsverbund durchgängig ohne wirklich große Konflikte erst regierbar werden lässt.

Wenngleich die Polizeihoheit verfassungsrechtlich verankert bei den Ländern liegt, verfügt der Bund doch über wesentliche Einflussnahmen, nicht zuletzt wegen der beständig an Kompetenzen wachsenden Behörden wie → Bundeskriminalamt (BKA) und → Bundespolizei, ebenso über das → Bundesamt für Verfassungsschutz (BfV), die → Generalbundesanwaltschaft sowie über das Rechtsinstrumentarium der → Strafprozessordnung (StPO) und des → Strafrechtes sowie, meistens ungerechtfertigt im Schatten stehend, die → Zollbehörden. Zwar sind alle damit in Verbindung stehenden Rechtsmaterien in der Regel zustimmungspflichtig über den Bundesrat, aber der Bund kann aus zwei Gründen hier seine Vorstellungen wirkungsvoll durchsetzen: Zum einen führt die Finanzknappheit insbesondere bei den kleineren Bundesländern dazu, oftmals bereitwillig dem Bund und seinen Sicherheitsbehörden Aufgaben abzutreten, weil dies einiges Geld spart, und zum anderen trägt der Bund trotz der Beteiligungsrechte der Länder faktisch die Außenrepräsentanz in dem an Gewicht zunehmenden europäischen Sicherheitsverbund. Der Bund ist in der Inneren Sicherheit also weder eine Restgröße noch ein Getriebener angesichts der Polizeihoheit der Länder; vielmehr ist er innerhalb des Sicherheitsverbundes eine prägende Kraft für die Entwicklung des „Gewaltmonopolisten Staat".

Die Landesautonomie ist dagegen sehr ausgeprägt in allen Fragen der Polizeipolitik, insbesondere der Polizeiorganisation und der Personalpolitik. In diesen Bereichen ist auf Landesebene ein stark korporatistisch ausgeprägtes Interessenvermittlungssystem vorzufinden. Konkret handelt es sich hier um die Polizeigewerkschaften, die auf der horizontalen Ebene insbesondere der Länder, vergleichsweise auch auf der Bundesebene für die Bereiche, in denen der Bund zuständig ist, eine sehr intensive Mitwirkung durchgesetzt haben. Sobald es die vertikalen Politikbereiche betrifft, fehlt der Einfluss der Verbände fast vollständig. Ein entscheidender Grund liegt darin, dass alle Materien, die für die Verbände wichtig sind (Personalbewirtschaftung, Besoldung etc.), sehr stark in der Zuständigkeit der Landespolitik liegen bzw. zukünftig, im Rahmen der Föderalismusreform, deren Gewicht zunehmen wird (Beamtenrecht). Für die Länder bedeutet dies, dass sie eigenständige Akzente hauptsächlich im Bereich der Polizeipolitik setzen können. Daraus resultiert eine entscheidende Rahmenbedingung für die Politikformulierung. Im Bereich der Kriminalpolitik können die Länder eigenständig vor allem im Bereich kriminalpräventiver Programme handeln; sie können Schwerpunktkommissariate bilden, die ihr Augenmerk intensiver auf bestimmte Deliktbereiche richten. In der Politik der Inneren Sicherheit können sie vergleichbar ihr jeweiliges Landesamt für Verfassungsschutz auf die Beobachtung bestimmter Gruppierungen ausrichten; sie können Initiativen ergreifen, neue Formen der Zusammenarbeit zwischen staatlichen, kommunalen und privatwirtschaftlichen Sicherheitsproduzenten anzustoßen (Sicherheitspartnerschaften, Sicherheitswachten u. a.). In allen anderen Fragen der Kriminalpolitik und der Politik der Inneren Sicherheit sind sie auf die Zusammenarbeit mit anderen Ländern und dem Bund angewiesen.

III. Externe Ereignisse wie Terrorismus oder Europäisierung wirken sich im Bereich der Polizeipolitik nicht direkt aus, sondern lösen jeweils „institutionspolitische“ Schübe aus. So spielen in den 90er Jahren institutionspolitischen Überlegungen in der deutschen Polizei wieder verstärkt eine größere Rolle, weil hier nicht einfach die Organisation verwaltungsintern verändert werden soll, sondern die erklärte Zielbestimmung darin liegt, die Wirksamkeit der Organisation in den sie umgebenen Teilsystemen zu erhöhen. Als ein Beispiel dafür wurde bereits Europol genannt, Synonym für den Aufbau einer europäischen Inneren Sicherheit. Auch hier kann nicht davon gesprochen werden, dass sich das vorhandene System der Inneren Sicherheit lediglich umgruppiert, bloße organisationsinterne Anpassungen vollzieht. Vielmehr vernetzen sich die einzelnen nationalen Systeme der Inneren Sicherheit zu einem europäischen Verbund. Ihnen ist gemeinsam, dass sie auf der europäischen Ebene (betrachtet aus der Perspektive der Bundesrepublik) eine neue dritte Politikebene einbeziehen: neben Ländern und Bund die EU-Ebene. Hierauf richtet sich eine Vielzahl von Verträgen, Kooperationsabkommen, Gesetzespaketen. Zugleich bedeutet dies, dass einige herausgehobene Polizeieinrichtungen wie das BKA sich auch intern auf die neue Zentralstellenfunktion von Europol einzustellen beginnen, ebenso wie die Länder sich darauf einrichten, künftig nicht nur mit dem Bund um Kompetenzen im Bereich der Kriminalpolitik und der Politik der Inneren Sicherheit zu konkurrieren, sondern diese Aufgabenabstimmungen auch verstärkt mit der europäischen Ebene vornehmen zu müssen.

Der Terrorismus im Gefolge des 11. September bestärkt einen Prozess sowohl der Re-Nationalisierung als auch der Zentralisierung in der Inneren Sicherheit allgemein, wie auch speziell in der Polizei- und Kriminalpolitik. Zwar werden auch weiterhin die europäischen Sicherheitskooperationen ausgebaut, doch entwickelt jedes EU-Land sehr eigenständig nationale Antiterrorkonzepte, bei denen allenfalls nach der Implementation versucht wird, ihre Anwendung in europäischer Perspektive zu harmonisieren. In der polizeipolitischen Diskussion ist auffällig, dass anstelle früherer dezentraler und föderaler Sicherheitskonzepte nun verstärkt auf national angelegte zentrale Strukturen gesetzt wird. So sollen in der Bundesrepublik insbesondere das BKA und die BPol an Kompetenzen hinzugewinnen, vor allem dem Bund weiterreichende Zuständigkeiten in der Terrorabwehr eingeräumt werden.

IV. Die gegenwärtige polizeipolitische Diskussion verfolgt zwei Hauptstränge. Zum einen behandelt sie die Konsequenzen, die aus einer möglichen Neudefinition des Sicherheitsbegriffs resultieren. Aus der Globalisierung und Internationalisierung der Sicherheitsdimension, wofür der Terrorismus stellvertretend stehe, sei die Folgerung zu ziehen, dass die bisherige Trennung zwischen innerer und äußerer Sicherheit nicht länger gültig sein könne. Es müsse deshalb von einem erweiterten → Sicherheitsbegriff ausgegangen werden. Aus dieser These wird die polizeipolitische Konsequenz gezogen, dass die bisherige bundesdeutsche Sicherheitsstruktur durch eine neue Sicherheitsarchitektur abgelöst werden müsse. Je nach Standpunkt werden weitreichende Forderungen abgeleitet, die den kompletten Umbau der Sicherheitsbehörden empfehlen, verbunden mit einer sehr starken Präferenz für zentralstaatliche Strukturen zulasten der föderalen. Weniger radikale Positionen sprechen sich dafür aus, bestehende Koordinierungs- und Kommunikationsprozesse zu überprüfen und zu verbessern, dabei aber wesentliche Errungenschaften der bundesdeutschen Entwicklung, so die föderale Ausrichtung ebenso wie das → Trennungsgebot zwischen Polizei und Nachrichtendiensten, beizubehalten und weiterhin zur Grundlage eines um die europäische Ebene erweiterten Mehrebenensystems in der Inneren Sicherheit zu nehmen.

Zum anderen wird die polizeipolitische Diskussion stark durch die aktuellen Staats- und Verwaltungsreformen bestimmt, die eben auch die Polizei als Teil der öffentlichen Verwaltung verändern werden. Auf der Ebene der Staatsreformen sind dies insbesondere die Fragen nach den zukünftigen Staatsaufgaben, die der Staat beispielsweise in der Inneren Sicherheit noch ausüben will und kann. Eng damit verbunden ist die sich verschiebene Abgrenzung zwischen staatlichen Sicherheitsbehörden und privatwirtschaftlichen Sicherheitsdienstleistern. Wurde diese Diskussion lange Zeit unter einem Entweder-Oder behandelt, werden auch hier die Grenzziehungen zunehmend unübersichtlicher, weil beispielsweise im Modell des Gewährleistungsstaates der Staat zwar weiterhin die öffentliche Sicherheit garantieren will, die Durchführung (im Sinne von Leistungstiefe) im Einzelfall aber auch an kommerzielle Anbieter oder an Public Private Partnerships oder an die Bürger delegiert wird. Der Bereich der → Verwaltungsreformen in der Polizei ist mit diesen Veränderungen eng verbunden. Durch den Einsatz neuer Steuerungsmodelle gewinnen zunehmend betriebswirtschaftliche Kriterien und Instrumente an Bedeutung. Organisationsentwicklung, Personalentwicklung ebenso wie die Außenbeziehungen der Polizei werden nun auf Wirkungsorientierung, Kundenverständnis und Kosten-Leistungsverhältnis geprüft. Auch hierbei ist nicht zu übersehen, dass unter dem Diktat leerer öffentlicher Kassen vermehrt die Tendenz zu Großbehörden dominiert, beispielsweise indem bislang an kommunale Grenzen ausgerichtete Polizeibehörden zu regionalen Großpräsidien zusammengefasst, mittlere Behördenstufen abgebaut, stattdessen auf Leitungs- und Steuerungsaufgaben fokussierte Zentralbehörden geschaffen werden.

V. In dem Maße, wie öffentliche Verwaltungen in Zeiten großer Finanzprobleme unter den Druck geraten, ihre Aufgaben und Leistungen hinsichtlich der damit verbundenen Kosten zu rechtfertigen, und die Staaten angesichts der internationalen Sicherheitsprobleme sich gezwungen sehen, ihren Bürgern dennoch Handlungsfähigkeit unter Beweis zu stellen, geraten alle tradierten Strukturen und Entscheidungsprozesse unter einem beschleunigten Wandlungsdruck. Polizeipolitik verweist darauf, dass sich hierbei nicht „objektive“ Sachzwänge vollziehen und nur jeweils eine Lösungsoption enthalten (z. B. Zentralisierung), sondern es sich hierbei um Aushandlungsprozesse handelt. Unterschiedliche Akteure, seien es Regierung und Opposition oder Bund und Länder oder Polizeigewerkschaften und Verbände der privaten Sicherheitswirtschaft, sie alle ringen darum, jeweils eigene Handlungsorientierungen einzubringen und durchzusetzen. Dementsprechend unterschiedlich werden die Organisationsformen, Steuerungsverfahren und Entscheidungsprozesse (im Sinne neuer Governanceformen) von Politikfeld zu Politikfeld ausfallen. Für die rechtsstaatliche und demokratische Qualität dieser Entwicklung wird entscheidend sein, inwieweit es gelingt, die jeweiligen funktional angelegten Lösungen mit Kriterien der Kontrolle und Transparenz zu verbinden. Für die Polizeipolitik gilt dies umsomehr, je deutlicher die institutionellen Arrangements, die die involvierten Akteure im Sicherheitsbereich vereinbaren, die Fähigkeit des Staates betreffen, in die Rechte und das Eigentum aller seiner Bürger einzugreifen.

Aden, Hartmut 1998: Polizeipolitik in Europa, Opladen

Lange, Hans-Jürgen (Hg.) 2003: Die Polizei der Gesellschaft. Zur Soziologie der Inneren Sicherheit, Opladen

Lange, Hans-Jürgen / Schenck, Jean-Claude 2004: Polizei im kooperativen Staat, Wiesbaden

Winter, Martin 1998: Politikum Polizei. Macht und Funktion der Polizei in der Bundesrepublik Deutschland, Münster

Hans-Jürgen Lange

Polizeiwissenschaft

I. „Polizeiwissenschaft“ kann definiert werden als die Wissenschaft von der Polizei in ihrem Sein und Sollen. Sie befasst sich mit der Polizei als Funktion, als Institution und mit ihrem Handeln. Ihr Zeck ist die systematische Erforschung polizeibezogener Phänomene und Fragestellungen. Voraussetzung für eine solche Definition ist ein hinreichend einheitliches Verständnis von Polizei: Sie erfüllt – funktional – Kernaufgaben im Bereich der inneren Sicherheit und der Aufrechterhaltung der öffentlichen Ordnung, insbesondere der allgemeinen Gefahrenabwehr sowie der präventiven und repressiven Kriminalitätskontrolle. Allzeit erreichbar erbringt sie – systemabhängig – als unspezifische Hilfeinstitution für die Bürger gemeinschaftsbezogene Dienstleistungen und nimmt weitere Aufgaben wahr. Sie ist als öffentliche, meist staatliche Institution legitimiert und spezialisiert, Maßnahmen mit Zwang durchzusetzen.

Die moderne Polizeiwissenschaft ist von der älteren Polizeiwissenschaft zu unterscheiden, die im deutschsprachigen Raum ab dem ersten Drittel des 18. Jahrhunderts bis zur zweiten Hälfte des 19. Jahrhunderts existierte. Sie hatte, basierend auf einem noch deutlich weiteren Polizeibegriff im Sinne von „Zustand des Gemeinwesens, gute Ordnung“, den Charakter einer allgemeinen Verwaltungslehre.

II. Die Entwicklung der Polizeiwissenschaft im heutigen Sinne ist nicht zu trennen von der Professionalisierung und der Idee einer wissenschaftlichen Fundierung der Polizeiarbeit. In Deutschland kam diese Entwicklung mit der zunehmenden Modernisierung der Polizei in der Weimarer Republik in Gang. Sichtbarster Ausdruck dessen war die Gründung des Preußischen Polizeiinstituts in Berlin (parallel zur Gründung polizeiwissenschaftlicher Institute im Ausland) unter dem Innenminister Carl Severing 1927. Es sollte forschend und lehrend auf allen Gebieten des Wissens und Könnens, der Theorie und der Praxis für die gesamte deutsche Polizei wirken und wurde bald in einschlägigen Fragen der Polizeiwissenschaft und Ausbildung richtungweisend. Nach dem Krieg (1948) knüpfte das Polizei-Institut Hiltrup unter seinem Leiter Herbert Kalicinski daran an. Gemäß seinem Statut sollte es nicht nur eine höhere Lehranstalt sein, sondern – als Forschungsanstalt – auch „die zentrale Pflegestätte für die gesamte Polizeiwissenschaft“. Obgleich in keiner der beiden Einrichtungen ein wissenschaftssystematisch begründetes Konzept der Polizeiwissenschaft vorgelegt wurde, lag immerhin schon ein verschiedene polizeibezogene Wissensgebiete intengrierendes Verständnis zugrunde, das auch nach der Umwandlung des Polizei-Instituts zur → Polizei-Führungsakademie bestimmend blieb. Das Gesetz über die Deutsche Hochschule der Polizei vom 15.2.2005 weist auch der zukünftigen Hochschule die Aufgabe zu, „die Polizeiwissenschaft durch Forschung, Lehre, Studium und Weiterbildung zu pflegen und zu entwickeln“ (§ 4 Abs. 1 DHPolG). In Vorbereitung des Statuswechsels hat die Polizei-Führungsakademie seit 1999 eine sich allmählich ausweitende Diskussion über die Möglichkeit, den Nutzen und das Selbstverständnis einer solchen Polizeiwissenschaft initiiert. Erste Anzeichen einer Institutionalisierung in Deutschland können im Erscheinen der Zeitschrift „Polizei und Wissenschaft“ und dem Lehrstuhl für Kriminologie und Polizeiwissenschaft an der Universität Bochum gesehen werden. Darüber hinaus kann inhaltlich die zunehmend interdisziplinäre Entwicklung der (empirischen) → Polizeiforschung in Deutschland der sich entwickelnden Polizeiwissenschaft zugerechnet werden.

International hat sich die Polizeiwissenschaft unter den Begriffen „police science“, „police studies“, „police research“ und „police theory“, angeregt durch die Vorreiterrolle Großbritanniens und der USA auf diesem Gebiet (Vorläuferstudien seit den 20er Jahren des 20. Jahrhunderts), in vielen Staaten etabliert. In Zusammenhang damit existieren (wissenschaftliche) Fachzeitschriften und -publikationen, Lehrstühle, Forschungsinstitute und -programme sowie Studiengänge mit polizeiwissenschaftlichen Inhalten. Dabei variiert das Begriffsverständnis und z. T. werden diese Lehr- und Forschungsaktivitäten als Bestandteil anderer Wissenschaften betrachtet, etwa der Kriminologie, der Soziologie, der Politik- oder der Rechtswissenschaft. Aktuell befasst sich eine internationale Arbeitsgruppe im Rahmen von CEPOL, des Europäischen Netzwerkes der Polizeiakademien und -hochschulen, mit der Entwicklung eines europäischen Ansatzes der Polizeiwissenschaft.

III. Während, zumindest in Deutschland, noch über die Existenzberechtigung, die Begründung, das Selbstverständnis und die Chancen der Polizeiwissenschaft diskutiert wird, entwickelt sich die entsprechende polizeibezogene Forschung international beständig wieter, nicht zuletzt unter dem Eindruck der Herausforderungen durch den internationalen Terrorismus. In dem sich ausdifferenzierenden Wissenschaftssystem ergibt sich die Legitimation einer neuen Wissenschaft wie der modernen Polizeiwissenschaft aus der Bedeutung ihres Gegenstandes, ihrer theoretischen Fruchtbarkeit und ihrem praktischen Nutzen. Die zentrale Bedeutung der Polizei in ihrer Funktion für die objektive und subjektive Sicherheit in einer Gesellschaft und ihre dazu notwendige Befugnis zu situationsgerechter Gewaltausübung rechtfertigt ihre systematische wissenschaftliche Erforschung. Eine solche ist nicht durch isolierte Beiträge etablierter Einzelwissenschaften oder polizeinaher Fächer möglich, sondern nur inter- und transdisziplinär zusammengeführt, orientiert an forschungsleitenden Schlüsselfragestellungen. Die Polizeipraxis lässt schließlich auch keine isolierte Beachtung handlungsrelevanter Dimensionen wie etwa der rechtlichen, einsatztaktischen, ökonomischen, sozialen oder psychologischen zu. So integriert die Polizeiwissenschaft als Querschnittswissenschaft die relevanten Teilbereiche verschiedener polizeinaher, geisteswissenschaftlicher und naturwissenschaftlicher Disziplinen ohne deren Eigenständigkeit zu berühren: der polizeilichen Einsatz- und Verkehrslehre, der Kriminalistik und Kriminologie, der Verwaltungswissenschaft, der Rechts-, Sozial- und Wirtschaftswissenschaften, der Psychologie, der Physik, Biologie, Medizin, etc.

Damit verbunden ist ein Methodenpluralismus. Je nach Erkenntnisinteresse und konkreter Fragestellung folgt sie den Begründungslogiken ihrer Bezugsdisziplinen, kombiniert und adaptiert sie geeignete Erkenntnismethoden (der empirischen Sozialforschung, der juristischen Auslegung und Argumentation, des naturwissenschaftlichen Experiments usw.). Im Rahmen einer solchen Konzeption der Polizeiwissenschaft können auch Fragen der inneren bzw. öffentlichen Sicherheit behandelt werden, die über die gegebenen Zuständigkeiten einer konkreten Polizeiorganisation hinausgehen – etwa die Aktivitäten privater Sicherheitsdienstleister und anderer bedeutsamer Akteure. Ein anderes „Framing", wie z. B. die interdisziplinäre Erforschung des Politikfeldes „Innere Sicherheit", wird damit nicht in Frage gestellt.

Ihrem Wesen nach ist die Polizeiwissenschaft einerseits analytisch-empirisch, indem sie alle Aspekte von Polizei und ihrer Bezüge erfassen, verstehen und erklären soll, und andererseits normativ, als sie unter ethischen, rechtlichen und anderen Wertaspekten Beiträge zur Konzeption einer guten Polizei und zur Optimierung ihrer Arbeit leistet – wie Polizei sein soll, sein kann bzw. nicht sein darf. Insofern weist die Polizeiwissenschaft neben ihrer theoretischen Dimension als angewandte Wissenschaft eine starke Praxisorientierung auf. Dabei wahrt sie grundsätzlich – wie jede Wissenschaft – ein kritisch distanzierendes, objektivierendes Verhältnis zu ihrem Gegenstand. Deshalb ist es unerheblich, ob sie als Forschung für oder über die Polizei innerhalb oder außerhalb polizeilicher Forschungseinrichtungen betrieben wird. Die Rechtfertigung der Wahrheit ihrer Aussagen findet allemal im Diskurs der Scientific Community statt. Ihr praktischer Nutzen, ihre Beiträge zu einer Reflexion und zur Verbesserung polizeilicher Arbeit, ebenso zur Optimierung polizeilicher Aus- und Fortbildung sind allerdings wesentliche Legitimationen für die Entwicklung der Polizeiwissenschaft. Schlüsselfragen dieser neuen Disziplin könnten deshalb lauten – neben der allgemeinen Frage nach den Merkmalen einer guten Polizei: Worauf gründet und wie funktioniert eine bürgernahe Polizei in einem demokratischen Rechtsstaat? Was ist rechtlich einwandfreies, demokratieadäquates, professionelles, effektives wie effizientes polizeiliches Handeln und wie kann es gewährleistet werden? Wie, mit welchen rechtlich zulässigen Strategien und mit welcher Ausstattung lässt sich eine optimale Informationsversorgung und -verarbeitung erreichen? Welche Kompetenzen sind für unterschiedliche Funktionen in der Polizei erforderlich und wie können sie bestmöglich vermittelt werden?

Die gegenwärtige polizeibezogene Forschung befasst sich mit einer Fülle sehr unterschiedlicher Einzelthemen, insbesondere zur Polizei als Organisation und zu polizeilichen Aktivitäten. Was aber noch fehlt und deshalb der weiteren Grundlegung bzw. theoretischen Fundierung der Polizeiwissenschaft vorbehalten bleibt, ist eine schlüssige Systematik, die eine Verortung wissenschaftlicher Bemühungen und eine Bewertung des aktuellen Forschungsstandes, insbesondere auch die Identifizierung von Lücken erlaubt. Aus Sicht der Polizeipraxis ist nach wie vor eine umfassende Untersuchung polizeilicher Konzepte und Strategien hinsichtlich ihrer Wirksamkeit im Sinne der Zielsetzung aber auch ihrer nicht intendierten Wirkungen wünschenswert, ebenso – auf der Metaebene – die Analyse der Möglichkeiten, kritischen Erfolgsfaktoren und Grenzen rationaler Steuerung (im Sinne der Ansätze zur Verwaltungsmodernisierung). Unter demokratietheoretischen, politikorientierten Aspekten drängen sich Analysen zu den Voraussetzungen und Folgen aktueller Strategien zur Terrorismusbekämpfung auf (Strukturen, Akteure, Instrumente, Spannungsverhältnis von Sicherheit und Freiheit).

IV. Die weitere Entwicklung der Polizeiwissenschaft wird zeigen, ob es ihr jenseits aller legitimatorischen Begründungen in einem für eine funktionierende, lebendige Wissenschaft notwendigen Ausmaß gelingt, sich tatsächlich zu etablieren. Erfolgsmaßstab ist dabei sicherlich nicht allein ihre Verbreitung, gemessen etwa an der schieren Zahl der Fachvereinigungen, Lehrstühle, Fachzeitschriften und -publikationen, einschlägiger Studiengänge, internationaler Symposien etc., sondern die Qualität und Kontinuität polizeiwissenschaftlicher Forschung und Lehre im nationalen und internationalen Kontext. Voraussetzung dafür ist zunächst die Akzeptanz der Grundidee des Konzepts einer disziplinübergreifenden integrativen wissenschaftlichen Befassung mit dem Thema Polizei sowohl innerhalb der Polizei selbst als auch im Wissenschaftssystem. Vorrangig müssen nun die Grundlagen der Polizeiwissenschaft expliziert werden. Weiter bedarf es mehr polizeiwissenschaftlicher Projekte durch Forscher in polizeilichen bzw. polizeinahen aber ebenso externen Einrichtungen. Dafür wiederum ist kontinuierlich ein Mindestmaß an finanziellen Ressourcen erforderlich. Deren Verfügbarkeit, abhängig von der tatsächlichen Relevanz polizeibezogener Fragestellungen, kann als ein Gradmesser der Richtigkeit des

Konzepts der Polizeiwissenschaft angesehen werden. Auch die Subsumption polizeibezogener Forschung, Lehre und Studium unter dem Begriff „Polizeiwissenschaft“ (Begriffsmarketing) spielt eine Rolle. Inhaltlich muss der Wert der Ergebnisse, die Fruchtbarkeit der theoretischen Vorstöße überzeugen. Der zukünftigen Deutschen Hochschule der Polizei im Verbund mit den → Fachhochschulen der Polizei kommt dabei eine Schlüsselrolle zu. Eine paradigmatische Wirkung kann von der erfolgreichen Begründung eines europäischen Ansatzes der Polizeiwissenschaft durch CEPOL ausgehen. Letztlich gilt auch in Bezug auf die Polizeiwissenschaft: Nichts ist so stark wie eine Idee, deren Zeit gekommen ist.

Jaschke, Hans G. / Neidhardt, Klaus 2004: Moderne Polizeiwissenschaft als Integrationswissenschaft. Ein Beitrag zur Grundlagendiskussion, in: Polizei und Wissenschaft, H. 4, S. 14-24

Lange, Hans-Jürgen 2003: Polizeiforschung, Polizeiwissenschaft oder Forschung zur Inneren Sicherheit? – Über die Etablierung eines schwierigen Gegenstandes als Wissenschaftsdisziplin, in: Lange, H.-J. (Hg.): Die Polizei der Gesellschaft. Zur Soziologie der Inneren Sicherheit, Opladen, S. 427-453

Schneider, Hans Joachim 2000: Police Science, Police Research, Police Theory – Internationale Ansätze einer Polizeiwissenschaft, in: Schriftenreihe der Polizei-Führungsakademie, H. 1/2: Polizeiliche Handlungslehre – Polizeiwissenschaft, S. 133-171

Stock, Jürgen 2000: Selbstverständnis, Inhalte und Methoden einer Polizeiwissenschaft, in: Schriftenreihe der Polizei-Führungsakademie, H. 1/2: Polizeiliche Handlungslehre – Polizeiwissenschaft, S. 101-122

Klaus Neidhardt

Private Sicherheitsdienste

I. „Private Sicherheitsdienste“ sind Unternehmen, die im Auftrag der öffentlichen Hand, anderer privater Unternehmen oder von Privatpersonen Sicherheitsdienstleistungen anbieten oder elektronische und mechanische Sicherheitstechnik verkaufen, also Leben und Eigentum fremder Personen bewachen (Objekt- und Personenschutz) oder durch Technik sicherstellen. Zur Unterscheidung von zivilgesellschaftlich privatem Engagement von Bürgern, z. B. in → freiwilligen Polizeidiensten und Sicherheitswachten, sowie zur deutlicheren Akzentuierung des Ziels der Branche, der Gewinnerzielung, wird auch von gewerblichen oder kommerziellen Sicherheitsdiensten gesprochen. Rechtsgrundlage ihres Tätigwerdens ist das unter einem Erlaubnisvorbehalt stehende Gewerbeordnungsrecht (§ 34a GewO); ein eigenständiges Gesetz zur Regelung der Tätigkeitsbereiche und Kompetenzen der Branche gibt es nicht. Entsprechend stehen privaten Sicherheitsdiensten keine anderen Rechte zu als allen Bürgern – die Notwehrrechte (§§ 32 ff. StGB), die Jedermannrechte und das Recht auf vorläufige Festnahme (§ 127 StPO).

II. In Deutschland wurde der erste Sicherheitsdienst 1901 gegründet. Seitdem ist die Branche in der Bundesrepublik, mit ausgeprägten Wachstumsschüben nach dem Zweiten Weltkrieg, in Folge des „Deutschen Herbstes“ und nach dem Fall der Mauer, kontinuierlich gewachsen. Konnten bis in die 60er Jahre hinein private Sicherheitsdienste noch wesentlich als Werkschutz charakterisiert werden, nahm mit dem beginnenden „Outsourcing“ bisher fabrikintern erbrachter Dienstleistungen der Umfang eigenständiger Sicherheitsbetriebe zu. Seitdem hat sich das Aufgabenspektrum deutlich ausgeweitet, sodass 2004 rund 2.600 Unternehmen einen Gesamtumsatz von 8,2 Mrd. € mit ihren etwa 145.000 sozialversicherungspflichtig Beschäftigten realisieren; andere Zahlen nennen einschließlich Werkschutz, Detektiven und kurzfristig Beschäftigten bis zu 270.000 Beschäftigte. Die Umsätze verteilen sich inklusive Montage und Service auf den Verkauf von elektronischen (2,3 Mrd. €) und mechanischen Sicherheitstechniken (3,6 Mrd. €) sowie auf die Bewachung von Objekten und Personen (2,3 Mrd. €).

Der Bewachungsbereich ist oligopolistisch organisiert: 12 % der 2.600 Betriebe teilen 81 % des Umsatzes unter sich auf und beschäftigen zwei Drittel aller Mitarbeiter. Die gesamte Branche erwirtschaftet 30 % ihres Umsatzes mit Separatposten und Pförtnerdiensten, etwa 13 % mit dem Schutz militärischer Einrichtungen – hier werden wie beim Schutz von Atomkraftwerken (1 %) besondere Sicherheitsanforderungen an das Personal gestellt. Weitere 20 % des Umsatzes werden im Bereich der Ordnungs-, Revier- und Streifendienste erzielt, 19 % im Werkschutz; die restlichen 14 % verteilen sich auf Sicherungsposten bei der Bahn (6 %), Geld- und Werttransporte (4 %), Notrufzentralen (2 %) und Sonstige. Insgesamt konzentriert sich die Branche vor allem auf Sicherheitsdienstleistungen für private Unternehmen und eine (partnerschaftliche) Ergänzung polizeilicher Tätigkeiten.

III. Mittlerweile gilt als unstrittig, dass Sicherheitsdienstleistungen als marktfähige Güter eingeordnet werden können. Eine, wenn auch keineswegs durchgängig zu beobachtende, verschlechterte Sicherheitslage (Kriminalitätsbelastung, „objektive“ Sicherheit) und begrenzte polizeiliche Kapazitäten, ein sich verschlechterndes → subjektives Sicherheitsgefühl und die erfolgreichen Vermarktungsstrategien des Sicherheitsgewerbes selbst („Durchmarktung der inneren Sicherheit“) werden in der Literatur für das Wachstum der Branche verantwortlich gemacht. Konstatiert wird zudem, dass das öffentliche Leben zunehmend in öffentlich zugänglichen, aber in Privateigentum befindlichen Räumen stattfindet. Die Ausweitung der Handlungsfelder steht insofern nach herrschender Auffassung in engem Zusammenhang mit zunehmenden Privatisierungstendenzen öffentlicher Flächen bzw. staatlicher Aufgaben insgesamt („schlanker Staat"). Aufgrund fiskalpolitischer Begrenzungen versucht der Staat zunehmend, seinen Sicherheitsauftrag an Private zu delegieren, wie andersherum Bürger wegen nicht hinreichender Gewährleistung ihrer Sicherheitsbedürfnisse auf gewerbliche Sicherheitsanbieter zurückgreifen.

Als momentan größter Wachstumsbereich der privaten Sicherheitsdienste gelten der Einsatz im öffentlichen Raum und die verstärkte Integration privater Sicherheitsdienste in vormals hoheitliche Aufgabenbereiche. Dazu gehören in jüngster Zeit neben der → Videoüberwachung mobile City-Streifen in Fußgängerzonen und Einkaufsstraßen (derzeit bundesweit ca. 90), die Bewachung und das Gebäudemanagement von Asylbewerberheimen, Abschiebegefängnissen sowie Haft- und psychiatrischen Anstalten, während die Fahndung nach Straftätern sowie die Überwachung des fließenden und ruhenden Verkehrs (noch) kontrovers diskutiert werden. Darüber hinaus sind sie sowohl auf kommunaler Ebene wie auf Landesebene vertreten in Präventionsräten und → Ordnungspartnerschaften. Durch Beschäftigungs- und Qualifizierungsmaßnahmen für Langzeitarbeitslose und Sozialhilfeempfänger sind private Sicherheitsdienste zudem ein wichtiger Faktor der aktiven Arbeitsmarktpolitik.

Zwar haben die Anschläge des 11. September der privaten Sicherheitsbranche (anders als in den USA) neue Märkte vor allem bei der Flug-, Schiff- und Hafensicherheit eröffnet und den Austausch mit der → Innenministerkonferenz (AK II) intensiviert. Gleichwohl kann von kohärenten Strategien im Hinblick auf eine Ausweitung des Tätigkeitsspektrums bei kommerziellen Sicherheitsdiensten kaum gesprochen werden, denn grundsätzlich übernimmt die Branche alles, was möglich und Gewinn versprechend ist; konsequenterweise stehen bei den derzeitigen Marketing-Strategien der Globalisierungsprozess, die Bedrohung durch den internationalen Terrorismus und die EU-Osterweiterung im Vordergrund, die eine intensivierte Beteiligung kommerzieller Sicherheitsdienste zur Aufrechterhaltung der Inneren Sicherheit notwendig mache.

IV. In Hinblick auf die Privatisierung staatlicher Kontrolle, wie sie vor allem auf öffentlichem Straßenland durch das Gewerbe zum Tragen kommt, wird in der kritischen Sozialwissenschaft und von Bürgerrechtsorganisationen kritisiert, dass dies zur Einschränkung grundrechtlich geschützten Verhaltens in Teilbereichen des öffentlichen Lebens führen kann. In der rechtswissenschaftlichen Literatur wird der Einsatz privater Sicherheitsdienstleister im Auftrag von Geschäftsleuten im öffentlichen oder halb öffentlichen

Raum insbesondere deshalb kontrovers diskutiert, weil sie bei der Durchsetzung von Partikularnormen ihrer jeweiligen Arbeitgeber im Vorfeld von Straftaten und Ordnungswidrigkeiten so genannte unerwünschte Personen ausschließlich wegen „ästhetischer" Gründe oder Profitinteressen aus (innerstädtischen) Flächen vertrieben. Rechtswissenschaftlich ist strittig, inwieweit die Jedermannrechte, die für Ausnahmesituationen geschaffen wurden, in denen polizeilicher Schutz nicht greifbar ist, als Rechtsgrundlage für das Tätigwerden eines ganzen Gewerbes dienen können. Kontrovers wird auch diskutiert, ob die Übernahme (vormals) hoheitlicher Aufgaben durch private Sicherheitsdienste das staatliche → Gewaltmonopol fragmentieren oder auflösen und damit letztlich den Schutz öffentlicher Rechtsgüter gefährden könnte.

Da das kommerzielle Sicherheitsgewerbe im Rahmen seiner Patrouillen-, Kontroll- und Wachdienste regelmäßig auch Daten von (unbeteiligten) Dritten erhebt, ist bei deren Tätigwerden auch das informationelle Selbstbestimmungsrecht tangiert. Vor allem in Hinblick auf die Internationalisierung des Gewerbes – zahlreiche in der Bundesrepublik tätige Betriebe gehören ausländischen Konzernen – werden die Speicherung, Verarbeitung und Nutzung dieser Daten seit geraumer Zeit kritisch diskutiert, da die Datenschutzregelungen in den beteiligten Ländern z. T. unter den bundesrepublikanischen Standards liegen und eine EU-einheitliche Regelung des → Datenschutzes noch nicht besteht. Ebenso wird insbesondere vor dem Hintergrund einer Ausweitung der Tätigkeitsbereiche des Gewerbes die unzureichende Ausbildung ihrer Mitarbeiter problematisiert. Zur Beschäftigung in bzw. Leitung von Sicherheitsdiensten sind lediglich 24- bzw. 40-stündige Lehrgänge erforderlich; lediglich für den Einsatz im öffentlichen Raum ist seit Januar 2003 vor der Industrie und Handelskammer eine Sachkundeprüfung abzulegen. Unverhältnismäßiges Handeln und Kompetenzüberschreitungen wegen mangelnder Qualifikation sind vielfach belegt. Schließlich haben verschiedene Untersuchungen gezeigt, dass der Einsatz privater Sicherheitsdienste im öffentlichen Raum in (Fantasie-) Uniformen entgegen der erwarteten Steigerung des subjektiven Sicherheitsgefühls im Gegenteil zu stärkerer Verunsicherung führt.

V. Grundsätzlich ist mit einem Bedeutungszuwachs der Branche zu rechnen, weil sich der Staat aus Teilbereichen seines bisherigen Tätigkeitsspektrums weiter zurückziehen wird. Insbesondere steht zu erwarten, dass die Kooperation zwischen kommerziellen und staatlichen Akteuren im Rahmen von „Public-" bzw. „Police-Private-Partnerships" zunimmt. Vor allem vor dem Hintergrund verbesserter Qualifikationsniveaus und zunehmender Spezialisierung der Landes- und Bundespolizeien ist mit einer Übernahme von niedrig qualifizierten Tätigkeiten durch das Gewerbe zu rechnen; die EU-Osterweiterung wird den Wettbewerb innerhalb der Branche verschärfen und dabei den weiteren Ausbau des Niedriglohnsektors intensivieren. Weiter ist der Prozess des „Outsourcing“ in der Privatwirtschaft und bei staatlichen Institutionen (Krankenhäuser, Schulen, Alten- und Pflegeheime, Arbeitsagenturen) ebenso wenig abgeschlossen, wie in sozialräumlicher Hinsicht der Privatisierungsprozess öffentlicher Flächen fortschreitet. Schließlich ist darauf hinzuweisen, dass eine stärkere gesetzliche Einhegung des Gewerbes und klarere Fassung seiner Tätigkeitsfelder und Befugnisse durch den bundesdeutschen Gesetzgeber nicht zu erwarten und damit ein sukzessives Wachstum auch aus dieser Perspektive wahrscheinlich ist.

Eick, Volker 2003: New Strategies of Policing the Poor, in: Policing and Society, Nr. 4, S. 365-379
Nitz, Gerhard 2000: Private und öffentliche Sicherheit, Berlin
Nogala, Detlef 1995: Was ist eigentlich so privat an der Privatisierung sozialer Kontrolle? In: Sack, F. u. a. (Hg.): Privatisierung staatlicher Kontrolle: Befunde, Konzepte, Tendenzen, Baden-Baden
Obergfell-Fuchs, Joachim 2000: Privatisierung von Aufgabenfeldern der Polizei, Wiesbaden
Ottens, Reinhard W. / Olschok, Harald / Landrock, Stephan 2001 (Hg.): Recht und Organisation privater Sicherheitsdienste in Europa, Stuttgart u. a.
Sack, Fritz u. a. 1995 (Hg.): Privatisierung staatlicher Kontrolle: Befunde, Konzepte, Tendenzen, Baden-Baden
Stober, Rolf / Olschok, Harald (Hg.) 2004: Handbuch des Sicherheitsgewerberechts, München

Volker Eick

Profiling

I. „Profiling“ ist eine in den USA und Großbritannien schon seit Jahren angewandte Methode der Täterprofilerstellung. In Deutschland wird diese Technik seit einigen Jahren beispielsweise bei Sexualverbrechen eingesetzt. Es sind mehrere Anwendungsbereiche und Problemfelder des Profilings zu unterscheiden: repressives, präventives und „racial“ Profiling.

II. Profiling im „repressiven“ Sinne ist eine polizeiliche Vorgehensweise, bei der aufgrund einer Analyse der Umstände einer konkreten Straftat, insbesondere des Tatorts und der Vorgehensweise des Täters, eine Vorstellung vom Täter, seiner psychologischen Struktur und seiner Lebensumstände entwickelt wird. Dadurch sollen die Ermittlungstätigkeit in einem konkreten Fall gelenkt, zu erwartende (Serien-) Straftaten prognostiziert und langfristig über den Fall hinaus auf strukturierte Art Praxiserfahrungen gewonnen und vermittelt werden. Aus dem untersuchten, konkret vorliegenden kriminellen Verhalten werden Schlüsse auf Merkmale des Täters gezogen. Diese Merkmale können sozial adäquat (rechtmäßig, nicht kriminell) sein, wie z. B. Alter, Ethnie, Hautfarbe, Geschlecht, Beruf, Bildung, Staatsangehörigkeit etc. Sie können aber auch etwaige Rechtsverstöße und Vorstrafen umfassen. So wird auf induktivem Wege eine möglichst genaue Beschreibung des Täters erstellt. Anschließend werden diejenigen Personen, die zu der so abstrakt ermittelten Personengruppe gehören, weitergehenden Ermittlungsmaßnahmen unterzogen.

Als „präventives" Profiling wird die Vorgehensweise der Polizei beschrieben, bei der Auswahl derjenigen Personen, die unabhängig von einem konkreten Fall durch eine polizeiliche Initiativmaßnahme in Anspruch genommen werden, ein bestimmtes Profil zugrunde zu legen. Im Gegensatz zum repressiven Profiling nach einer konkreten Tat handelt es sich hierbei nicht nur um ein rational strukturiertes Vorgehen, sondern auch um eine Einbeziehung und Nutzbarmachung un- und teilbewusster Vorstellungen der Polizisten. Präventives Profiling betrifft die Arbeit des Polizisten „vor Ort", dessen Erfahrungen und die daraus resultierenden Wirklichkeits- und Verdachtskonstruktionen durch die profilorientierte Auswahl sozial adäquater Anhaltspunkte für Rechtsverstöße nutzbar gemacht werden. Zum Teil wird durch die Zusammenfügung verschiedener Informationen die Intensitätsstufe des Verdachts erreicht. Soweit die tatsächlichen Anhaltspunkte im sozial Adäquaten verbleiben und Schlussfolgerungen auf einen Verdacht mit hinreichender Wahrscheinlichkeit nicht zulassen, darf dies aus rechtlichen Gründen nur aufgrund besonderer gesetzlicher Ermächtigungsgrundlagen erfolgen. Derartige Befugnisse erlauben polizeiliche Maßnahmen auch dann, wenn ein Verdacht nicht vorliegt. Verkehrskontrollen nach § 36 Abs. 5 StVO gehören hierzu, aber auch ereignisunabhängige → Personenkontrollen. Bei dieser → „Schleierfahndung" erfolgen Identitätsfeststellungen und Durchsuchungen aufgrund tatsächlicher Anhaltspunkte, die mit abstrakten Lageerkenntnissen für unerlaubten Aufenthalt und grenzüberschreitende Kriminalität durch bestimmte Personengruppen übereinstimmen.

Von „Racial Profiling" wird gesprochen, soweit ein oder das maßgebliche Merkmal, das zur Erstellung eines Profils von zu kontrollierenden Personen verwendet wird, deren „Rasse" betrifft. Es kommt auf vererbbare körperliche und sonstige unveränderliche Merkmale an. Hierzu gehören insbesondere die Hautfarbe und die Sprache, in einem weiteren Sinne auch die Religionszugehörigkeit und das gesamte Erscheinungsbild einer Person. Es reicht zur Einordnung unter das Racial Profiling aus, dass eines dieser Merkmale als Auswahlkriterium oder zum Anlass einer polizeilichen Maßnahme genommen wird. So werden etwa in Deutschland bei ereignisunabhängigen Kontrollen de facto ausschließlich Personen fremdländischer, insbesondere südländischer oder osteuropäischer Erscheinung, kontrolliert. Soziologische Untersuchungen aus Großbritannien und den USA belegen, dass Kraftfahrzeuge mit signifikant höherer Wahrscheinlichkeit angehalten werden, wenn der Fahrer schwarzer Hautfarbe ist. Auch gewisse repressive Maßnahmen der Verbrechensaufklärung können dem Racial Profiling zugeordnet werden.

Das repressive Profiling wurde durch einige spektakuläre Fahndungserfolge, unter anderem in den USA seit den 1950er Jahren, in Europa etwa bei der Fahndung nach dem österreichischen Briefbombenattentäter, bekannt und populär. Das präventive Profiling spielte bisher keine hervorgehobene Rolle. Anders wurde hingegen stets die Anwendung polizeilicher Methoden empfunden, die sich als Racial Profiling darstellen, gleich ob präventiv oder repressiv. Insbesondere in den USA war gesellschaftlich unbestritten, dass es unzulässig ist, die Hautfarbe als Indiz für einen Rechtsverstoß zu nehmen. Die Rechtsprechung der Gerichte war hingegen uneinheitlich. Der amerikanische Präsident George W. Bush setzte sich bei seinem Amtsantritt Anfang 2001 für die Verhinderung des Racial Profilings ein. In Deutschland wurde die polizeiliche Praxis der Schleierfahndung von Menschenrechtsgruppen stets kritisiert.

III. Die Ereignisse seit September 2001 haben die Anwendung und Beurteilung der Methoden des Profiling verändert. Zwar wurde in der Bundesrepublik der gesetzliche Rahmen des Profilings grundsätzlich nicht qualitativ geändert. Jedoch erfüllten die Täter der Anschläge in den USA (und später ähnlich in Madrid) gleich mehrere Merkmale, die im Sinne des Profilings relevant waren. Unter den Attentätern in den USA waren junge männliche Erwachsene muslimischen Glaubens, überwiegend arabischer Herkunft, die sich vorher zu Studienzwecken in Deutschland aufhielten und nicht die deutsche Staatsangehörigkeit besaßen. Dementsprechend wurden, insbesondere an den Universitäten, durch die Sicherheitsbehörden → Rasterfahndungen unter Verwendung dieser Merkmale durchgeführt. Die Maßnahmen wurden von den Betroffenen und den Studierendenschaften politisch und gerichtlich – zum Teil mit Erfolg – angegriffen.

IV. Die Ereignisse seit September 2001 haben zu Veränderungen der gesellschaftlichen Haltung gegenüber dem Racial Profiling geführt. Von offizieller Seite wird die Einstellung der polizeilichen Praxis nicht mehr gefordert. Stellungnahmen deutscher Gerichte existieren, soweit ersichtlich, nicht, da die Unzulässigkeit der Maßnahmen jeweils auf anderen Gründen beruhte, etwa, weil es rechtlich an der tatbestandsmäßig notwendigen Gefahr fehlte.

V. Das repressive Profiling ist ebenso wie das präventive Profiling bei Verwendung einschlägiger, belegbarer Anhaltspunkte an sich unbedenklich. Im

Gegensatz hierzu ist das Racial Profiling nicht nur ethischen, sondern auch schweren verfassungsrechtlichen Bedenken ausgesetzt. Eine polizeiliche Verfolgung aufgrund dieser Merkmale in anderen Staaten kann ein Asylgrund sein.

Eine Benachteiligung aufgrund der „Rasse“, des Glaubens, der Sprache, der Heimat und Herkunft muss sich am besonderen Gleichheitssatz des Art. 3 Abs. 3 GG messen lassen. Dieser entfaltet strengen juristischen, aber nur geringen praktischen Schutz. Ob das Racial Profiling vor dem besonderen Gleichheitssatz Bestand hat, ist bisher nur in Ansätzen untersucht. Es ist deutlich zu unterscheiden zwischen Maßnahmen, die auf Vorurteilen beruhen und solchen, die eine rationale Anwendung des Kriteriums darstellen. Die Intensität einer Benachteiligung kann ermittelt werden, indem weiter zwischen drei Typen von Maßnahmen unterschieden wird: erstens einem der Maßnahme zugrunde liegenden und durch sie zum Ausdruck kommenden abwertenden allgemeinen Vorurteil, zweitens der Verwendung des Merkmals als rationales Indiz für einen Rechtsverstoß oder drittens als derartiges Indiz im konkreten Einzelfall.

Ist im Einzelfall bekannt, dass das körperliche Merkmal bei einem konkreten Täter vorhanden war, können aus einer Gruppe als Täter in Betracht kommender Menschen diejenigen Personen genaueren Polizeimaßnahmen unterworfen werden, welche das gleiche Merkmal ebenfalls aufweisen. Keinen weiteren Maßnahmen ausgesetzt werden dürfen hingegen diejenigen, die dieses Merkmal nicht aufweisen. Zur Verdeutlichung wird ein „Umkehrschluss“, ein gedanklicher Austausch des fraglichen Merkmals vorgenommen. Die zu untersuchende Maßnahme erfolgt bei Trägern des Merkmals (Teilgruppe 1), hingegen nicht bei Personen, die das Merkmal nicht tragen (Teilgruppe 2). Vertauscht man gedanklich das Merkmal, denkt man es also jeweils beim Täter und der einen Personengruppe hinweg, bei der anderen aber hinzu, und würde bei dieser hypothetischen Prüfung die Maßnahme immer noch dieselben Personen treffen (Teilgruppe 1), so wird an das Merkmal keine Wertung geknüpft. Es wird als informationelle Unterschiedlichkeit, als Indiz für etwas anderes genommen. Einiges spricht dafür, dass Maßnahmen unter diesen Voraussetzungen nicht per se gegen das Diskriminierungsverbot verstoßen.

Problematisch bleibt aber weiterhin der präventive, über den Einzelfall hinausgehende Rückgriff auf die genannten Merkmale als allgemeine Kriterien der Polizeiarbeit, auch dort, wo sie statistisch signifikant und daher eigentlich rational verwendbar sind. Der Verzicht auf das problematische Kriterium der „Rasse“ bedeutet nicht zwangsläufig, Verbrechen in Kauf zu nehmen, sondern führt in erster Linie zu höheren Belastungen für Dritte, da die Kontrollmaßnahmen dann zur Erreichung des Ziels der Sicherheit breiter zu streuen sind. Diese Betrachtungsweise, nicht zwischen Gleichheit und Verbrechen, sondern zwischen Gleichheit und Unbequemlichkeit zu wählen, verstärkt die Bedenken gegen die Verwendung der „Rasse“ als Kriterium für Polizeimaßnahmen. Denn bei der notwendigen Abwägung wiegt Unbequemlichkeit weniger schwer als Unrecht.

Einen bemerkenswerten Versuch, Benachteiligungen in der polizeilichen Praxis zu begegnen, stellt der 1997 eingefügte § 6 Abs. 3 des Polizeigesetzes von Sachsen-Anhalt dar (GVBl. LSA, S. 1072). Obgleich diese Vorschrift die Benachteiligungsverbote des Grundgesetzes im polizeilichen Bereich verdeutlicht und erweitert, ist zu befürchten, dass sie symbolisch und ohne praktische Wirksamkeit bleibt.

Geis, Max-Emanuel / Möller, Markus 2004: „Krieg gegen den Terrorismus“ in Baden-Württemberg, in: Die Verwaltung, H. 3, S. 431-449

Harris, David A. 1997: “Driving while Black” and all other traffic offenses: the supreme court and pretextual traffic stops, in: The Journal of Criminal Law and Criminology, S. 544-582

Holmes, Ronald M. / Holmes, Stephen T. 1996: Profiling Violent Crimes – An Investigative Tool, 2. Aufl., Thousand Oaks

Krane, Christian 2004: Rechtliche und ethische Probleme der Praxis ereignisunabhängiger Personenkontrollen, in: DPolBl, H. 5, S. 32-34

Schauer, Frederick 2003: Profiles, Probabilities and Stereotypes, Cambridge/London

Christian Krane

Proliferation

I. Im eigentlichen Sinne bezeichnet „Proliferation“ die Weitergabe von Atomwaffen oder von Material und technischem Wissen zu ihrer Entwicklung und Herstellung an andere Staaten durch Atommächte. Längst muss der Begriff jedoch auch die Weitergabe von biologischen und chemischen Waffensystemen bzw. von Material und technischem Wissen zu ihrer Entwicklung und Herstellung einschließen. Denn diese können ebenfalls zur Massenvernichtung menschlichen Lebens eingesetzt und, bedingt durch den technologischen Fortschritt, auch wesentlich leichter produziert bzw. beschafft werden.

II. Die Problematik der Proliferation von Atomwaffen entstand in der Zeit des Kalten Krieges, in dem sich die beiden Atommächte USA und Sowjetunion durch die reine Existenz ihres Atomwaffenbestandes in Schach hielten. Angesichts des Vernichtungspotenzials von waffenfähigem angereichertem Uran bemühten sich die beiden Staaten schon frühzeitig darum, die absolute Zunahme von Kernwaffen bzw. deren internationale Verbreitung unter Kontrolle zu bringen. Binnen weniger Jahre entwickelten jedoch die übrigen Vetomächte des UN-Sicherheitsrates Großbritannien (1952), Frankreich (1960) und China (1964) ebenfalls Atomwaffen.

Spätestens mit dem Zusammenbruch der Sowjetunion mit der Folge eines „Auseinanderbrechen(s) von Staatsgewalt und Nuklearstatus“ (Häckel 2000, S. 185) hat sich die Problematik der Proliferation verschärft. Lange blieb unklar, wer die Kontrolle über das sowjetische Atomwaffenarsenal antreten würde. Die seither festzumachenden strukturellen Veränderungen des internationalen Systems haben mit dazu beigetragen, dass Argentinien, Brasilien, Iran, Südkorea und Taiwan an der Schwelle zum Atommacht-Status stehen, während Indien, Pakistan, Südafrika und Nordkorea diesen bereits unter Beweis gestellt haben. Israel hat entsprechende Gerüchte nie bestritten und kann heute zweifellos zur Gruppe der Atommächte zweiter Ordnung gerechnet werden.

Seit im Zusammenhang mit den Anschlägen vom 11. September 2001 auf das World Trade Center in New York Pläne terroristischer Gruppierungen bekannt wurden, für künftige Attentate auch Atomwaffen oder doch wenigstens so genannte radiologische oder „schmutzige“ Bomben verwenden zu wollen, hat die Proliferationsproblematik erneut an Brisanz zugenommen. Angesichts der Entschlossenheit gerade fundamentalistisch islamischer Gruppen erscheint ein Bedrohungspotenzial durchaus als realistisch und es ist nach wie vor fraglich, wie der Staat darauf reagieren soll bzw. kann. Hierauf nimmt auch die UN-Sicherheitsratsresolution Nr. 1373 (September 2001) bezug, welche die Staatengemeinschaft u. a. auffordert, den Informationsaustausch über den Handel mit Waffen, Sprengstoff und sicherheitssensitivem Material sowie über die von Massenvernichtungswaffen im Besitz von Terroristen ausgehenden Gefahren zu intensivieren.

Die bisherigen internationalen Anstrengungen, die Verbreitung von Technologie und spezifischem Wissen zur militärischen Nutzung der Kernspaltung auf der Grundlage des im März 1970 in Kraft getretenen Atomwaffensperrvertrages zu kontrollieren, sind indes nur mäßig erfolgreich gewesen. Einerseits untersagt der Vertrag ausdrücklich die Proliferation von Atomwaffen wie auch deren Produktion und Besitz außerhalb des anerkannten Kreises der Atommächte. Andererseits räumt er jedoch den Zugang zu nuklearem spaltbarem Material, entsprechender Technologie und dem notwendigen spezifischen Wissen ein, sofern eine ausschließlich friedliche und internationalen Kontrollen offen stehende Nutzung garantiert wird. Als problematisch erweisen sich vor allem die Kontrollen der Nuklearanlagen durch die Internationale Atomenergie-Organisation (IAEO). Zwar sind mit Ausnahme des Vatikans, Kubas, Indiens, Israels und Pakistans – die drei letztgenannten sind gleichwohl Mitglieder der IAEO und somit formal an deren Auflagen gebunden – derzeit immerhin 187 von 192 Staaten dem Atomwaffensperrvertrag beigetreten. Die IAEO hat aber keine eigenen Kompetenzen, bei Verstößen gegen den

Vertrag Sanktionen zu verhängen, sondern ist hierbei vom UN-Sicherheitsrat abhängig. Seit 1997 ergänzt daher ein Zusatzprotokoll den Atomwaffensperrvertrag, das inzwischen von mehr als 80 Staaten unterzeichnet wurde und nun u. a. auch unangemeldete Kontrollen zulässt. Gerade die Beispiele Iran, Irak, Libyen, Nordkorea oder Pakistan haben erneut gezeigt, dass solch ein „Nichtverbreitungsregime" (Müller 1993, S. 135 f.) nur begrenzt funktionsfähig ist, solange allein die offiziell der IAEO gemeldeten Anlagen kontrolliert werden können. Im Falle Nordkoreas, das offen Japan und Südkorea bedroht und als erstes Vertragsmitglied den Atomwaffensperrvertrag aufgekündigt hat (2003), verhindert das Veto Chinas ein konzises Vorgehen der UN. Dabei stellt die mit pakistanischer Hilfe durchgeführte atomare Aufrüstung einen klaren Bruch internationaler Verträge dar. Gleiches gilt eigentlich auch für die so genannte „Mininuke-Strategie" (Einsatz von Gefechtsköpfen mit minimaler Sprengkraft), welche die USA seit 2003 im Rahmen ihrer Präventivkriegszenarien und Nationalen Sicherheitsdoktrin entwickelt, da sie unter Umständen einen neuen nuklearen Rüstungswettlauf initiieren könnte.

III. Proliferation bezeichnet jedoch längst nicht mehr ausschließlich den Nuklearbereich sondern schließt mittlerweile im Sinne der ABC-Waffensysteme auch den Bereich der Bio- bzw. Chemiewaffen ein. So gilt die Verabschiedung des Chemiewaffenübereinkommens (1997) als ein notwendiger Schritt, um auch hier das Nichtverbreitungsregime mit Blick auf die gestiegene terroristische Bedrohung zu modernisieren und eine entsprechende Proliferation zu unterbinden. Als Auslöser für die weitere Entwicklung auf diesem Gebiet kann der Sarin-Anschlag gelten, den die Aum-Seke im März 1995 auf die Tokioter U-Bahn verübte. In diesem Zusammenhang wurde alsbald deutlich, dass Nervengase wie Sarin, Tabun oder VX-Gas bzw. deren Ausgangsstoffe trotz aller Gegenmaßnahmen (Meldepflicht, Zollkontrollen, etc.) auch in größeren Mengen auf dem Weltmarkt zu beziehen sind. Und das, obwohl bislang 174 Staaten das Übereinkommen paraphiert bzw. 161 (Stand: März 2004) auch ratifiziert haben. Dabei greift das Übereinkommen einige der Regelungen des Wassenaar-Abkommens (1995) auf, in dem sich die 33 Signatarstaaten – unter ihnen auch Russland und die USA – verpflichtet haben, den Transfer von kriegstauglicher wie konventioneller Technologie zu reglementieren. Vor allem zum Zweck der Transparenz in den nur zu oft undurchsichtigen Handelsbeziehungen aus Scheinfirmen, Treuhändern und politischen Verflechtungen streben die Mitgliedsstaaten eine internationale Exportkontrolle zur generellen Nichtverbreitung von kriegsfähigem Material an, da das Risiko des Weiterverkaufs bzw. der Unterstützung von Terrorgruppen als durchaus bedeutsam eingeschätzt wird. Dementsprechend gilt u. a. der Grundsatz der gegenseitigen Information zu abgelehnten Ausfuhranträgen. Als unerwartetes Problem hat sich indes die Erstellung und Aktualisierung einer einheitlichen Liste (im Sinne eines Export-Monitorings) für sensible Waren (z. B. Aluminiumröhren, Gaszentrifugen, Fermenter) und Dienstleistungen (etwa das Bankengeheimnis) erwiesen, da Ausfuhrbestimmungen, Zoll und Grenzschutz nach wie vor Hoheitsbereiche der Unterzeichnerstaaten sind. Der Vorteil des Monitorings liegt dagegen unzweifelhaft in der zentralen Erfassung nahezu aller rüstungsrelevanter Technologien inklusive einer entsprechenden Aufbereitung der Daten. Bei Anhaltspunkten für einen Verstoß gegen das Reglement könnten so schneller entsprechende Maßnahmen eingeleitet werden.

IV. Als unmittelbare Reaktion auf die gestiegene terroristische Bedrohung durch international operierende Gruppen hat beispielsweise die EU das Amt eines Terrorbeauftragten geschaffen und den Niederländer Gijs de Vries dafür nominiert. Der Aufgabenbereich der bislang mit der Sammlung und Koordination von Erkenntnissen zu grenzüberschreitenden Straftaten innerhalb der EU befassten → Europol wurde um den Bereich der Terrorbekämpfung erweitert, ohne allerdings die Kompetenzen auf eigenständige Ermittlungen auszudehnen. Dies behalten sich die EU-Mitgliedsstaaten vor, die wie etwa die Bundesrepublik Deutschland die einschlägige Gesetzgebung mit so genannten Sicherheitspaketen verschärft haben, die etwa den Zivilschutz (→ Katastrophenschutz) für den Fall eines ABC-Anschlages regeln. Als ein weiterer Schritt zur Absicherung der bestehenden Nichtverbreitungs- bzw. Exportkontrollregime gilt der im November 2002 unterzeichnete Haager Verhaltenskodex gegen die Proliferation ballistischer Raketen, der sich auf konventionelle und bislang nur mäßig reglementierte Militärgüter wie Trägersysteme bezieht.

V. Der Arbeitsbeginn des → Internationalen Strafgerichtshofes in Den Haag bietet im Sinne der Strafrechtsverfolgung die Option, den Katalog internationaler Strafrechtskonventionen um ein Verbot von ABC-Waffen zu ergänzen. So könnten „unabhängig vom Ort der Straftat und der Nationalität des Straftäters" (Meier/van Aken 2003, S. 79) in jedem Signatarstaat wirksame Schritte zur Strafverfolgung bei Verstößen gegen entsprechende Exportbestimmungen eingeleitet werden. Möglicherweise führt dies zu der Erkenntnis, dass militärische Aktionen zur Durchsetzung der Non-Proliferation künftig nicht mehr notwendig sein müssen.

Häckel, Erwin 2000: Internationale Nuklearpolitik/Proliferation, in: Woyke, W. (Hg.): Handwörterbuch internationale Politik, 8. akt. Aufl., Bonn, S. 179-190

Körner, Karin 2003: Massenvernichtungswaffen und die NATO: die Bedrohung durch die Proliferation von Massenvernichtungswaffen als Kooperationsproblem der transatlantischen Allianz, Baden-Baden

Meier, Oliver / Aken, Jan van 2003: Politische Handlungsmöglichkeiten zur Kontrolle biologischer Waffen? In: S+F, H. 2, S. 75-81

Müller, Harald 1993: Die Chance der Kooperation. Regime in den internationalen Beziehungen, Darmstadt

Riecke, Henning / Müller, Harald (Hg.) 2004: Proliferation, Bielefeld

Schaller, Christian 2004: Die Unterbindung des Seetransports von Massenvernichtungswaffen: Völkerrechtliche Aspekte der „Proliferation Security Initiative", Berlin

Martin Schwarz

Protest Policing

I. „Protest Policing" bezeichnet die polizeiliche „Behandlung" und Kontrolle von Protestierenden. Der Ausdruck wurde von Donatella della Porta in die sozialwissenschaftliche Diskussion eingeführt. Sie definiert Protest Policing als "the police handling of protest events – a more neutral description for what protestors usually refer to as 'repression' and the state as 'law and order'" (Porta/Reiter 1998, S. 1).

Protest Policing umfasst verschiedene Arten des polizeilichen „Managements" von Protestaktionen; dazu zählen auch die Terrorismusbekämpfung, die Verfolgung politischer Straftaten und die Aufklärung „politischer Milieus", wie sie der polizeiliche Staatsschutz und die Ämter für Verfassungsschutz betreiben. Den Kernbereich des Protest Policings machen indes die Polizeieinsätze anlässlich von Demonstrationen und anderen Protestaktionen aus. Vorrangig sind solche Einsätze das Arbeitsgebiet geschlossen operierender Polizeieinheiten, insbesondere aus Bereitschaftspolizei und → Bundespolizei (bis zum 1.7.2005 Bundesgrenzschutz). Die Art und Weise, wie die Polizei mit Demonstranten umgeht, kann als ein sichtbarer Indikator der politischen Gelegenheitsstrukturen gewertet werden, denn die Praxis von Protest Policing hat großen Einfluss auf die Chancen von politischen Gruppierungen, sich jenseits der parlamentarischen Bühne zu artikulieren, Sympathisanten zu mobilisieren und politischen Druck auszuüben. Die Frage, ob sich die Polizei als grundrechts- und damit versammlungsfreundliche „Bürgerpolizei" oder als etatistisch-autoritäre und ordnungsfixierte „Staatspolizei" versteht, hat große Auswirkungen auf die Qualität des demokratischen Willensbildungsprozesses.

II. Im traditionellen Staatsverständnis steht das Gewaltmonopol im Zentrum der Staatlichkeit. Dieses Monopol auf Gewaltsamkeit hat zwei Seiten – eine innere und äußere: Nach außen stützt das Militär die Souveränität und Sicherheit des Staates in der Staatengemeinschaft; nur der Staat darf über militärische Kräfte verfügen. Nach innen sind ausschließlich der Staat und seine für diesen Zweck eingerichteten Organisationen (an erster Stelle: die Polizei) legitimiert, Gewalt ausüben. Militär und Polizei sind letztendlich die beiden Klammern, die einen Staat zusammenhalten; ohne Polizei und Militär ist ein Staat kein Staat – so das traditionelle Staatsverständnis.

Zwischen Polizei und Militär gab es im Laufe der Geschichte immer wieder Funktionsverschiebungen. Vor der „Erfindung" der Institution Polizei im 19. Jahrhundert war das Militär für die innere und die äußere Sicherheit zuständig. Sicherheit in diesem Zusammenhang hieß immer Sicherung der staatlichen Herrschaft gegen Angriffe von äußeren und inneren Feinden und Durchsetzung staatlicher Ziele. Nach und nach löste die Polizei im Innenbereich das Militär ab; im Kaiserreich wurde diese Entwicklung eingeleitet, in der Weimarer Republik ersetzten dann Polizeitruppen weitgehend das Militär im Innern. Allerdings zeigt die Geschichte auch, dass die Polizei das Militär nicht nur verdrängte, sondern paramilitärische Polizeieinheiten ermöglichten auch ihre (Re-) Militarisierung: Nach beiden Weltkriegen dienten die Polizei als Keimzelle der militärischen Aufrüstung und damit der Wiederherstellung der staatlichen Souveränität. In der Bundesrepublik wurde zwischen Militär und Polizei nach und nach eine scharfe funktionale Trennlinie gezogen, das Militär war für die äußere und die Polizei für die innere Sicherheit zuständig. Doch die Entwicklung endete nicht bei einer Polizei als Quasi-Militär im Innern. Denn nicht nur die Institution des Militärs wurde aus den inneren Konflikten herausgehalten, auch die Polizeitruppen selbst wurden immer stärker entmilitarisiert und damit „verpolizeilicht", d. h., auf Aufgaben der Ordnungssicherung ausgerichtet. Dies betrifft insbesondere den Bereich des Protest Policings. So fand in der Bundesrepublik ab den 60er Jahren eine strategische Entwicklung weg von der „paramilitärischen" Aufstandsbekämpfung hin zu einer „polizeilichen" Protestkontrolle und -bewältigung statt.

Noch in den frühen 60er Jahren mussten Angehörige der geschlossenen Einheiten, der Bereitschaftspolizei und des Bundesgrenzschutzes lernen, wie man Angriffe schwer bewaffneter Feinde auf Versorgungseinrichtungen, Bandenüberfälle und Sabotageakte bekämpft. Die Polizeitruppen übten in den paramilitärisch inszenierten Manövern, deren Hintergrund kommunistische Umsturzszenarios darstellten, den Krieg gegen Partisanen. Dementsprechend bestand die Ausrüstung aus Stahlhelmen und Handgranaten, Maschinen- und Schnellfeuergewehren.

Der Katalysator der Entwicklung von der paramilitärischen Aufstandsbekämpfung zum professionalisierten „modernen" Protest Policing war die Studentenrevolte 1968. Die Polizei außerhalb der Kasernen war auf die zahlreichen regelverletzenden Aktionen der Demonstranten ebenso wenig vorbereitet wie die geschlossenen Einheiten. Es fehlte vor allem an geeigneten Führungsstrukturen, Rechtskenntnissen und „handwerklichen“ Fähigkeiten. Die Polizei hat im Laufe der zahlreichen Großdemonstrationen in den 70er und 80er Jahren viele Erfahrungen sammeln können, die dann auch in neue Einsatzkonzepte geflossen sind. Dazu kommt die faktische Anerkennung des Grundrechts auf Versammlungsfreiheit im Gefolge der Demonstrationen: Protest Policing ist in der Bundesrepublik seit Mitte der 80er Jahre stark durch das Brokdorf-Urteil des Bundesverfassungsgerichts vom 14. Mai 1985 geprägt, das den Grundrechtsaspekt der Demonstrationsfreiheit (Art. 8 Abs. 1 GG) klar herausgestellt hat (vgl. BVerfGE 69, S. 315 ff.). Gemäß diesem höchstrichterlichen Urteil hat die Polizei gegenüber den Veranstaltern und den Teilnehmern versammlungsfreundlich zu agieren. Dementsprechend steckt seit Anfang der 80er Jahre der strategische Kern der polizeilichen Einsatzphilosophie in der Devise, Gewalt bereits im Vorfeld zu verhindern. Nicht nur die Gewalttätigkeit der Protestierenden soll unterbunden werden, sondern auch der Einsatz polizeilicher Gewalt soll – unter Beachtung des Verhältnismäßigkeitsprinzips – sparsam dosiert werden. Denn die Gewaltanwendung durch die Polizei ist ihre legitimatorisch angreifbare „Achillesferse“. Regelmäßig standen (und stehen) die Polizei und ihre Demonstrationseinsätze wegen unverhältnismäßig gewalttätigen Maßnahmen in der Kritik der öffentlichen und veröffentlichten Meinung.

III. Gewaltprophylaxe wird heute indes nicht als Gewaltverzicht oder taktischer Rückzug, sondern als offensives Handeln verstanden. Die neueren Entwicklungen im Protest Policing lassen sich an vier Punkten festmachen:

1) *Offensive Taktiken* ersetzen defensiven Maßnahmen. Dazu zählen insbesondere im Kontext von Demonstrationen die Vorverlagerung polizeilicher Maßnahmen wie → Personenkontrollen und präventive Ingewahrsamnahmen sowie während Demonstrationen der aktive Gebrauch von Platzverweisen, einschließende Begleitungen bzw. Absperrungen der (vermeintlich) militanten Demonstranten und die frühzeitige Festnahme von erkannten „Störern“. Eine so verstandene Deeskalation erfordert eine aktive Lagebewältigung mit hohem Planungs- und Personalaufwand. Das Ziel ist, Gewalt im Keim zu ersticken, wenn nötig mittels polizeilicher Gewalt. Sogar das Absenken der polizeilichen Einschreitschwelle (frühes Einschreiten bei schon erkennbaren geringen Störungen) wird als deeskalative Maßnahme bezeichnet. Dahinter stehen die strategisch-taktischen Prioritäten der Polizei, die Demonstration unter Kontrolle zu halten, für alle Eventualitäten der komplexen Situation „Demonstration“ gewappnet zu sein und Straftäter beweissicher festzunehmen.

2) Der Trend zu einem frühen, aber dosierten polizeilichen Gewalteinsatz geht einher mit der gewachsenen Bedeutung des *Informationsma-*

nagements für die Entscheidungsfindung und damit für polizeiliches Handeln generell. Die Beurteilung der Lage vor, während und nach dem Einsatz ist eng verknüpft mit der Einschätzung des (erwarteten) polizeilichen Gegenübers (der Protestdiagnose) und mit der praktizierten Einsatzphilosophie.

3) Um Gewalt im Vorfeld zu verhindern, wird die Planung und Umsetzung *integraler Gesamtkonzepte* bei komplexen „Lagen" gefordert – jenseits des Kerns polizeilicher Schutzaufgaben. Damit wird eine Entgrenzung des traditionellen polizeilichen Handlungsrahmens forciert, zum einen durch die Kooperation mit anderen Akteuren wie Vereinen und Behörden (z. B. in sog. konzertierten Aktionen) und zum anderen durch die einsatzbegleitende Öffentlichkeitsarbeit.

4) *Einsatzbegleitende Öffentlichkeitsarbeit* wird als ein taktisches Maßnahmenbündel verstanden, das verschiedene Kommunikations- und Beeinflussungstechniken gegenüber der Bevölkerung, der Öffentlichkeit, den Medien, den Veranstaltern und den Demonstranten beinhaltet. Das Wort wird damit zum taktischen Instrument der Polizei, die Sprache zum Einsatzmittel. Bezweckt wird mit der einsatzbegleitenden Öffentlichkeitsarbeit, Verständnis für die polizeilichen Maßnahmen herzustellen, Entschlossenheit der Polizei zu demonstrieren und gegenüber den potenziellen Störern die Erfolglosigkeit unfriedlicher Aktionen zu signalisieren. Unterstützung im Gebrauch von Kommunikationstechniken erfährt die polizeiliche Öffentlichkeitsarbeit durch die Polizeipsychologie, die über gesprächstechnische Beeinflussung annähernd gewaltfreie Lösungen zu realisieren versucht.

IV. Die oben genannte funktionale Differenzierung – die Organisation Militär erfüllt idealtypische militärische Aufgaben (Schutz des Staates nach außen und Interessendurchsätzung des Staates gegenüber anderen Staaten) und die Organisation Polizei nimmt idealtypische Polizeiaufgaben (Ordnungssicherung im Inneren, u. a. Protest Policing) wahr – ist aber nicht als der Endpunkt, sondern eher als Wendepunkt der Geschichte der Staatsgewalt zu bezeichnen. Seit den 90er Jahren ist eine neue Entwicklung festzustellen: Nicht die Polizei militarisiert sich, wie es lange Zeit in der Geschichte der bundesrepublikanischen Polizei befürchtet wurde, sondern das Militär (bzw. ein Teil dessen) „verpolizeilicht" sich. Es übernimmt im Rahmen von Einsätzen kollektiver Sicherheitsbündnisse auch Ordnungsaufgaben im Ausland. Die politische Debatte in der Bundesrepublik nach dem 11. September 2001 weist indes in eine neue Richtung: den Einsatz des Militärs im Innern zur Unterstützung der Polizei bei der „Terrorbekämpfung". Die Grenzen zwischen Polizei und Militär verwischen wieder. Inwieweit dies auch die Praxis des Protest Policings betreffen wird, bleibt zu beobachten.

Funk, Albrecht 1986: Polizei und Rechtsstaat. Die Entwicklung des staatlichen Gewaltmonopols in Preußen 1848-1914, Frankfurt a. M.

Porta, Donatella della / Reiter, Herbert 1998: Introduction: The Policing of Protest in Western Democracies, in: Dies. (Hg.): Policing Protest. The Control of Mass Demonstrations in Western Democracies, Minneapolis

Werkentin, Falco 1984: Die Restauration der deutschen Polizei. Innere Rüstung von 1945 bis zur Notstandsgesetzgebung, Frankfurt a. M.

Winter, Martin 1998: Politikum Polizei. Macht und Funktion der Polizei in der Bundesrepublik Deutschland, Münster

Winter, Martin 2003: Metamorphosen des staatlichen Gewaltapparates. Über die Entwicklung von Polizei und Militär in Deutschland, in: Leviathan, H. 4, S. 519-555

Martin Winter

Rasterfahndung

I. Die „Rasterfahndung" ist ein in den 1960er Jahren vom → Bundeskriminalamt (BKA) entwickeltes Verfahren zur Personenermittlung mittels vernetzter Durchsuchung polizeifremder Datenbeständen. Da es im Gegensatz zu einer „echten" Fahndung keine bekannte Zielperson gibt, ist es ihr Ziel, den Kreis der zu überprüfenden Personen einzuschränken. Dazu werden bestimmte Personengruppen aus öffentlichen und privaten Datenbanken herausgefiltert, indem nach bestimmten Merkmalen gesucht wird, von denen man annimmt, dass sie auf eine gesuchte Person zutreffen.

II. Der Rasterfahndung liegt die Erkenntnis zugrunde, dass bei vielen Abläufen des täglichen Lebens eine gesuchte Person in einer Vielzahl öffentlicher und privater Datenbanken „Spuren" hinterlässt. Um die Gruppe ausfindig zu machen, der die gesuchte Person angehört, müsse man nur diese Datenbestände nach bestimmten, auf die gesuchte Person vermutlich zutreffenden Merkmalen durchsuchen und miteinander abgleichen. Da dieser Abgleich mithilfe eines Computers vorgenommen wird, bezeichnet man die Rasterfahndung auch als maschinell-automatisierte Überprüfung personenbezogener Daten in polizeifremden Datensätzen.

Die Rasterfahndung läuft in fünf Schritten ab. Zuerst werden auf die gesuchte Person vermutlich zutreffende Prüfungsmerkmale zu einem Täterprofil zusammengefasst. Auf der Grundlage dieses Profils wird die Suchanfrage (das Raster) formuliert. Außerdem werden die Speicherstellen bestimmt, in deren Datenbeständen recherchiert werden soll. Im zweiten Schritt recherchiert die Speicherstelle anhand dieser Suchanfrage in ihren Datenbeständen nach den Merkmalen, die das Raster erfüllen. In einem dritten Schritt werden dann die herausgefilterten Daten in einer separaten Datei, Report genannt, gespeichert. Als Viertes übermittelt die Speicherstelle diesen Report an die für die Durchführung der Rasterfahndung zuständige Behörde, d. h. an die Staatsanwaltschaft oder Polizei. Im fünften Schritt gleicht die zuständige Behörde die übermittelten Daten mit von anderen Speicherstellen übermittelten Reporten maschinell ab. Dabei wird eine Schnittmenge der Personen gebildet, deren Daten mit den festgelegten Merkmalen übereinstimmen. Die Rasterfahndung ist damit abgeschlossen; die herausgefilterte Personengruppe wird nun mittels herkömmlicher Ermittlungsmaßnahmen (Befragung, Durchsuchung, Observation etc.) überprüft.

Die Rasterfahndung kann sowohl zur Strafverfolgung als auch Gefahrenabwehr eingesetzt werden. In der Strafverfolgung setzt ihre Anwendung zureichende tatsächliche Anhaltspunkte für eine katalogmäßig beschriebene Straftat voraus. Die unter § 98a Abs. 1 S. 1 StPO aufgezählten Straftaten entstammen zumeist dem Bereich der → Organisierten Kriminalität (Betäubungsmittelverkehr, Geldfälschungen) oder sind diesem eigen (Gewerbsmäßigkeit, Tatbegehung als Bande). Darüber hinaus werden auch Straftaten gegen Leib und Leben, die sexuelle Selbstbestimmung und die persönliche Freiheit sowie → Staatsschutzdelikte erfasst. Aber nicht jede Straftat aus den genannten Bereichen rechtfertigt eine Rasterfahndung; die einzelne Straftat muss vielmehr von erheblicher Bedeutung sein. Nach der Interpretation des Bundesverfassungsgerichts ist damit die besonders gefährliche Kriminalität gemeint, wobei aber keine pauschalisierende, sondern eine einzelfallbezogene Beurteilung vorgenommen werden muss. Als Abgrenzungskriterium wird herangezogen, ob die Tat vor dem Landgericht angeklagt werden muss, d. h., eine Freiheitsstrafe von mehr als vier Jahren zu erwarten ist. Schließlich verfügt § 98a Abs. 1 S. 2 StPO über eine qualifizierte Subsidiaritätsklausel, d. h., die Rasterfahndung ist nur zulässig, wenn die Erforschung des Sachverhalts oder die Ermittlung des Aufenthaltsortes des Täters auf andere Weise erheblich weniger Erfolg versprechend oder wesentlich erschwert ist.

Rechtsgrundlagen für die Rasterfahndung zur Gefahrenabwehr finden sich mit Ausnahme von Niedersachsen und Schleswig-Holstein in allen Landespolizeigesetzen. Diese orientieren sich an § 10f des „Vorentwurfs zur Änderung des Musterentwurfs eines einheitlichen Polizeigesetzes“ (VE ME PolG), der von der → Innenministerkonferenz 1990 verabschiedet wurde. Nach § 10f VE ME PolG ist die Rasterfahndung – dort als „besondere Form der Datenerhebung“ bezeichnet – zum Zwecke der Gefahrenabwehr nur zulässig, wenn sie der Abwehr einer gegenwärtigen Gefahr für den Bestand oder die Sicherheit des Bundes oder eines Landes oder für Leib, Leben und Freiheit einer Person dient. Eine „einfache“ Gefahr im Sinne einer hinreichenden Wahrscheinlichkeit des

Schadenseintritts genügt somit nicht für den Einsatz der Rasterfahndung. „Gegenwärtig" bedeutet vielmehr eine Steigerung des Gefahrengrades sowohl in zeitlicher Hinsicht als auch hinsichtlich der Wahrscheinlichkeit des Schadenseintritts. Eine Gefahr ist damit gegenwärtig, wenn die Schädigung der betreffenden Schutzgüter schon eingetreten ist oder zumindest unmittelbar oder in allernächster Zeit mit an Sicherheit grenzender Wahrscheinlichkeit bevorsteht. Liegen diese Voraussetzungen vor, kann die Polizei von allen öffentlichen und nichtöffentlichen Stellen die Übermittlung personenbezogener Daten bestimmter Personengruppen zum Zwecke der Rasterfahndung verlangen.

III. Ursprünglich wurde die Rasterfahndung zur Strafverfolgung eingesetzt. Mit ihrer Hilfe konnten z. B. in den 70er Jahren erstmals RAF-Mitglieder festgenommen werden. In der Folge der Anschläge des 11. September und der Tatsache, dass viele der Attentäter zeitweilig ihren Aufenthalt in der Bundesrepublik hatten, wurde die Rasterfahndung auch als Mittel der Gefahrenabwehr entdeckt. Mit ihr, argumentieren die Befürworter, könne es gelingen, die noch in Deutschland verbliebenen „Schläfer" zu enttarnen. Im März 2004 wurden Pläne des deutschen Innenministers Otto Schily bekannt, die Rasterfahndung EU-weit im Kampf gegen den so genannten internationalen Terrorismus einzusetzen.

IV. Weil sich die Schwelle der gegenwärtigen Gefahr für einen effektiven Einsatz der Rasterfahndung als zu hoch erwiesen hat, haben einige Landtage reagiert und die Voraussetzungen für den präventiven Einsatz der Rasterfahndung abgesenkt. Erforderlich ist künftig nicht mehr eine gegenwärtige Gefahr, sondern es genügt bereits eine „normale", d. h. eine konkrete Gefahr.

V. Die Rasterfahndung – sei es zum Zwecke der Strafverfolgung, sei es zur Gefahrenabwehr – ist ein verfassungsrechtlich bedenkliches Instrumentarium. Denn sie stellt einen einschneidenden Eingriff in das Grundrecht auf informationelle Selbstbestimmung nach Art. 2 Abs. 1 i. V. m. Art. 1 Abs. 1 GG dar. Dieses Recht gewährleistet dem Einzelnen, über die Bekanntgabe und Weitergabe persönlicher Daten selbst zu entscheiden. Der Eingriff ist deshalb so gravierend, weil die überprüfte Person in der Regel nicht weiß, dass ihre Daten, die zu anderer Zeit, an einem anderen Ort und von anderer Stelle erhoben und gespeichert wurden, den Strafverfolgungs- oder Polizeibehörden übermittelt werden. Da sie von dem Zugriff staatlicher Stellen auf ihre Daten nicht in Kenntnis gesetzt wird, kann sie sich gegen diesen Eingriff auch nicht wehren.

Als problematisch erweist sich auch das Missverhältnis zwischen Täter und Unbeteiligten, präventiv-polizeilich formuliert, das Missverhältnis zwischen Störer und Nichtstörer. Diesem Missverhältnis wirkt zwar teilweise das Verfahren der Rasterfahndung entgegen, denn nur die im Report der Speicherstelle erfassten Daten erhält die ermittelnde Behörde; die übrigen und in der Regel meisten Daten bleiben ihrem Zugriff verborgen. Dennoch bleibt ein Missverhältnis zwischen gesuchter Person und erfasster unbeteiligter Dritter bestehen, selbst bei einem feinen Raster. So wurden z. B. im „Paradefall" der Hamburger Elektrizitätswerke die Daten von 18.000 Kunden an die Polizei übermittelt. Als Folge hieraus ist insbesondere die Aufhebung der Unschuldsvermutung zu kritisieren, denn alle Personen, deren Merkmale dem Täterprofil entsprechen, werden als verdächtig eingestuft und sehen sich polizeilichen Maßnahmen ausgesetzt.

Die mit der Rasterfahndung verbundenen Eingriffe in Grundrechte Unbeteiligter lassen sich nur rechtfertigen, wenn die Maßnahme der Aufklärung gravierender Straftaten oder der Abwehr von Gefahren für hochrangige Schutzgüter dient. Dabei muss allerdings gewährleistet sein, dass mit ihr schwere Straftaten aufgeklärt oder Gefahren für hochrangige Schutzgüter verhindert werden, d. h., um geeignet zu sein, muss sie grundsätzlich auch Erfolg versprechend sein. Es hat aber kaum eine Rasterfahndung zu einem zählbaren Erfolg geführt, sieht man von dem erwähnten Fall der Hamburger Elektrizitätswerke ab, in dem es mittels der Rasterfahndung gelang, eine konspirative Wohnung der RAF ausfindig zu machen. Vermutlich ist es gerade der ausnahmsweise eingetretene Erfolg, der diesen Fall zum „Paradefall" der Rasterfahndung macht. Angesichts der nur geringen Erfolge der Rasterfahndung darf deren grundsätzliche Eignung sowohl als Maßnahme der Strafverfolgung als auch als Mittel zur Gefahrenabwehr aber bezweifelt werden.

Zum Zwecke der Gefahrenabwehr ist die Rasterfahndung bis zum 11. September nicht zum Einsatz gekommen. Die aus verfassungsrechtlicher Sicht erforderlichen strengen Eingriffsvoraussetzungen führen überdies dazu, dass die Rasterfahndung zu präventiven Zwecken regelmäßig nicht zulässig sein wird. Eine gegenwärtige Gefahr für den Bestand oder die Sicherheit des Bundes oder eines Landes oder für Leib, Leben und Freiheit einer Person wird nur äußerst selten vorliegen. Dies gilt auch für die nach den Anschlägen des 11. September in mehreren Bundesländern durchgeführten Rasterfahndungen. Deren Zulässigkeit wurde von den damit befassten Gerichten höchst unterschiedlich beurteilt. Einige hielten sie für zulässig (OLG Düsseldorf, VG Mainz), andere verneinten ihre Zulässigkeit (KG Berlin, OLG Frankfurt), weil eine gegenwärtige Gefahr derzeit nicht vorliege.

Unabhängig von der Frage der Zulässigkeit der nach dem 11. September durchgeführten Rasterfahndungen muss deren Nutzen als äußerst gering bewertet werden. Besondere Erfolge konnten die Polizeibehörden bislang nicht vermelden. Zudem wird selbst bei Vorliegen einer gegenwärtigen Gefahr die Rasterfahndung wohl kaum das geeignete Mittel zur Gefahrenabwehr sein: Gegenwärtige Gefahren erfordern ein entschlossenes Handeln statt eines Recherchierens in Datenbeständen. Die Rasterfahndung wird damit als Mittel der Gefahrenabwehr nur eine untergeordnete Rolle spielen und mehr als symbolische Bedeutung nicht erlangen.

Achelpöhler, Wilhelm / Niehaus, Holger 2003: Rasterfahndung als Mittel zur Verhinderung von Anschlägen islamistischer Terroristen in Deutschland, in: DÖV, H. 2, S. 49-58

Gusy, Christoph 2002: Rasterfahndung nach Polizeirecht? In: KritV, H. 4, S. 474-490

Horn, Hans-Detlef 2003: Vorbeugende Rasterfahndung und informationelle Selbstbestimmung, in: DÖV, H. 18, S. 746-755

Lisken, Hans 2002: Zur polizeilichen Rasterfahndung, in: NVwZ, H. 5, S. 513-519

Siebrecht, Michael 1997: Rasterfahndung, Berlin

Christoph S. Schewe

Rauschgiftkriminalität

I. Der Begriff „Rauschgift" bezieht sich alltagssprachlich auf illegale Drogen wie Cannabis, Kokain und Heroin, also auf die Substanzen, die in den Anlagen des Betäubungsmittelgesetzes aufgeführt werden, während legale Drogen wie Tabakwaren und Alkohol gerne als „Genussmittel" tituliert werden. Drogen sind natürliche oder (halb) synthetische Stoffe, deren Applikation (oral, intravenös, inhalativ, nasal etc.) psychoaktive Effekte bewirken. Es wird differenziert zwischen frei verkäuflichen Substanzen (Lösungsmitteln, Tee, Kaffee), Stoffen, deren Verkauf eingeschränkt ist (Alkohol, Tabak), Substanzen, die sowohl verkehrsfähig als auch verschreibungspflichtig sind (Opium), verkehrsfähigen, aber nicht verschreibungsfähigen Substanzen (Cocablätter) und nicht verkehrsfähigen Stoffen (Heroin). Die „Rauschgiftkriminalität" umfasst Verstöße gegen das Betäubungsmittelgesetz (BTMG), wobei zwischen Betäubungsmittelvergehen, besonders schweren Betäubungsmittelvergehen und Betäubungsmittelverbrechen unterschieden wird. Zur Rauschgiftkriminalität ist jedoch im weiteren Sinne auch die direkte und indirekte Beschaffungskriminalität sowie Folgekriminalität zu zählen, d. h. Straftaten, die zur (un-)mittelbaren Erlangung von Betäubungsmitteln respektive unter Drogeneinwirkung verübt werden.

II. Federführend bei der Bekämpfung der Rauschgiftkriminalität ist das Bundesministerium des Inneren bzw. die Innenministerien der Länder und die ihnen nachgeordneten Behörden (Bundeskriminalamt, Landeskriminalämter, Kriminalkommissariate zur Bekämpfung der organisierten Rauschgiftkriminalität der einzelnen Polizeipräsidien). Dokumentiert wird die Entwicklung der Rauschgiftkriminalität alljährlich im Bundeslagebild „Rauschgift“ (ehemals „Rauschgiftjahresbericht“) des → Bundeskriminalamtes (BKA) sowie in den Lagebildern der einzelnen Länder. Polizeistatistiken stellen jedoch nur einen Ausschnitt der Rauschgiftproblematik dar, da polizeiliche Selektionsmechanismen und wechselnde Kontrollintensität die polizeilichen Daten wesentlich beeinflussen. Auch ist zu bedenken, dass es sich immer nur um der Polizei bekannt gewordene Fälle handelt, nicht registrierte bzw. nicht angezeigte Delikte unberücksichtigt bleiben. Dies ist im Bereich der Rauschgiftkriminalität umso problematischer als es sich hierbei in erster Linie um „victemless crimes“ handelt, an deren Aufdeckung weder die Verkäufer noch die Käufer interessiert sind, somit die Anzeigebereitschaft per se in diesem Kriminalitätsfeld niedrig ist (Dunkelfeld) und die Polizei primär agiert und nicht reagiert (Problem der Selektion). Dies erklärt die hohe Aufklärungsquote in diesem Deliktbereich.

III. Aufgrund der genannten Faktoren sagen Polizeistatistiken nur sehr bedingt etwas über die Akzeptanz des illegalen Rauschgiftkonsums in der Bevölkerung respektive über die biografischen Merkmale der Konsumenten aus. Nach einer Erhebung des Instituts für Therapieforschung haben im Jahr 2000 in Westdeutschland 8,5 Mill. und in Ostdeutschland eine Mill. Personen der 18- bis 59-jährigen Wohnbevölkerung schon mindestens einmal in ihrem Leben eine illegale Droge konsumiert, wobei Cannabis die mit Abstand am häufigsten genannte war. Als Konsumenten traten vornehmlich Jugendliche, Heranwachsende und Jungerwachsene in Erscheinung. Dies verdeutlicht, dass der illegale Drogenkonsum in der Bundesrepublik Deutschland längst kein Randgruppenphänomen mehr ist.

Repressive Maßnahmen richten sich jedoch vor allem gegen Konsumenten der so genannten offenen Drogenszene, da diese für die Beamten zugänglicher ist als das „bürgerliche Drogenmilieu“, in dem vornehmlich ein sozial integrierter, kontrollierter Rauschgiftkonsum praktiziert wird. Zwar dominieren bei den polizeilich auffällig gewordenen Konsumenten ähnlich wie in repräsentativen Bevölkerungsumfragen die jüngeren Altersgruppen. Die Rauschgiftkriminalität ist jedoch primär eine männliche Domäne. Auch kommt dem Rauschgift „Heroin“ in polizeilichen Statistiken eine wesentlich größere Bedeutung zu, als dies in Bevölkerungsumfragen der Fall ist. Gesagtes unterstreicht nicht nur das selektive Vorgehen der staatlichen Kontrollorgane, sondern lässt auch vermuten, dass der Konsum illegaler Drogen nicht selten lediglich episodenhaften Charakter hat bzw. ein problematischer Umgang mit harten Drogen verstärkt von Männern praktiziert wird.

IV. Der hohe Anteil an Migranten unter den Tatverdächtigen im Bereich der Rauschgiftkriminalität, vor allem beim Handel und Schmuggel, erklärt sich zum einen dadurch, dass natürliche und halb synthetische Drogen wie Heroin, Kokain und Cannabinoide im Ausland angebaut bzw. produziert werden. Zum anderen werden im Rahmen der Rauschgiftdistribution niedere oder prekäre Aufgaben häufig von Angehörigen ethnischer Minderheiten ausgeübt. Illegale Aktivitäten bieten diesen Menschen eine „Alternative" zur legalen Ökonomie, insbesondere vor dem Hintergrund, dass die Bedrohung der eigenen Existenz vor allem von Ausländern, Aussiedlern und Asylbewerbern zunehmend als gesellschaftliche Realität erfahren wird. Dies resultiert aus einer Sozialstruktur, die diesen Bevölkerungsgruppen nur eingeschränkte Möglichkeiten zur Realisierung von Wohlstand und Erfolg bietet.

In den letzten Jahren hat sich der illegale Rauschgiftmarkt mehr und mehr ausdifferenziert. Haschisch und Marihuana haben sich in der deutschen Drogenkultur etabliert und werden von Hunderttausenden sozial etablierter Gebraucher, die nicht der sichtbaren Rauschgiftszene zuzuordnen sind, konsumiert. Die Subkultur der Partyszene bevorzugt neben Cannabinoiden aufputschende Substanzen wie Ecstasy und Kokain. In der offenen Straßenszene dominieren weiterhin Heroin und Kokain. Darüber hinaus gewinnen biogene Rauschgifte in der Jugendkultur zunehmend an Bedeutung.

V. Da die Nachfrage nach illegalen Drogen in den letzten Jahren weiter gestiegen ist und der Konsum in zunehmend größeren Teilen der Bevölkerung auf Zustimmung trifft, ist davon auszugehen, dass der Rauschgiftmarkt weiter expandieren und somit auch die Rauschgiftkriminalität zukünftig steigen wird. Die Entwicklung der letzten Jahre macht deutlich, dass der Steuerungsfunktion drogenpolitischer Entscheidungen bzw. repressiver Maßnahmen Grenzen gesetzt ist. Polizeiliche Aktionen haben, wenn überhaupt, nur lokal und zeitlich begrenzt Einfluss auf das Marktgeschehen hinsichtlich des Angebots und der Nachfrage sowie der Preisentwicklung und Qualität. Dies hat seine Ursache nicht zuletzt darin, dass der weltweite Rauschgiftmarkt nicht von einigen wenigen Organisationen monopolartig dominiert wird, sondern heterogene Geschäftsbeziehungen und teilweise relativ kurzlebige Netzwerkstrukturen den Handel mit illegalen Drogen kennzeichnen.

Besozzi, Claudio 2002: Organisierte Kriminalität, in: Pieth, M. u. a. (Hg.): Gewalt im Alltag und organisierte Kriminalität, Bern u. a., S. 71-150

Braun, Norman u. a. 2001: Illegale Märkte für Heroin und Kokain, Bern u. a.

Kemmesies, Uwe. E. 2004: Zwischen Rausch und Realität. Drogenkonsum im bürgerlichen Milieu, Wiesbaden

Kraus, Ludwig / Augustin, Rita 2001: Repräsentativerhebung zum Gebrauch psychoaktiver Substanzen bei Erwachsenen in Deutschland 2000, Geesthacht

Paoli, Letizia 2003: „Die unsichtbare Hand des Marktes“. Illegaler Drogenhandel in Deutschland, Italien und Russland, in: Oberwittler, D. / Karstedt, S. (Hg.): Soziologie der Kriminalität, Wiesbaden, S. 356-383

Thomas Schweer

Rechtspolitik

I. Rechtspolitik beschäftigt sich mit der Frage und den Entscheidungen, mit welchen rechtlichen Mitteln und auf welche Weise bestimmte soziale Ziele erreicht werden sollen (vgl. Strempel 1987, S. 17; Hippel 1992, S. 1 f.). Es geht nicht um Fragen des gesetzten Rechts („de lege lata“), sondern um Fragen „de lege ferenda“, also des zu setzenden Rechts.

II. Die Grundlagen der Rechtspolitik werden mehrheitlich auf Jeremy Bentham zurückgeführt, der in seinem Werk die Aussage tätigte: „(...) the greatest happiness of the whole community ought to be the end or object of pursuit, in every branch of the law“ (Bentham 1843, S. 4). Diese Aussage wird oftmals auf den vereinfachenden Nenner gebracht, dass das „größte Glück der ganzen Gemeinschaft“ Ziel aller Rechtspolitik sein solle (vgl. Hippel 1992; Rehbinder/Usteri 2002). Als weitere (rechts-) philosophische Grundlagen – die hier erwähnt werden sollen – sind die Rationalität des Rechts nach Kant oder die Sittlichkeit des Staates von Hegel zu nennen.

Neben den Rechtswissenschaften beschäftigte sich – und dies insbesondere in den 80er und 90er Jahren des letzten Jahrhunderts – die so genannte Rechtspolitologie mit dieser Thematik, wobei sich ihre Analysen schwerpunktmäßig mit der politischen Funktion des Rechts auseinander setzten (vgl. Voigt 1989). Nicht unerwähnt dürfen bei einer Beschäftigung mit der Rechtspolitik auch die Forschungen im Bereich der Rechtssoziologie bleiben, wobei hier insbesondere die Bereiche der Normgenese- und Implementationsforschung zu erwähnen sind (vgl. Gessner 1984; Rottleuthner 1992). Insgesamt kann man jedoch nicht von einer „Disziplin der Rechtspolitik“ sprechen, sondern Fragen der Rechtspolitik werden in den genannten Disziplinen oder Teildisziplinen behandelt und diskutiert. Dabei ist auch zu beachten, dass Rechtspolitik zwar eine Verrechtlichung der Sozial- oder Wirtschaftsbereiche darstellt, sie wird aber trotzdem oftmals nur als ein „Rechtserzeugungsverfahren“ (Görlitz 1989) thematisiert. So kommt es auch immer wieder zu sehr unterschiedlichen „Zuweisungen“ der Rechtspolitik zu den genannten Fächern: Böckenförde (1974) führt z. B. aus, dass die Rechtspolitik nach der herrschenden Definition ein Arbeitsfeld der Rechtswissenschaften sei (ähnlich: Adomeit 1981). Demgegenüber stellen die der Politikwissenschaft zuzurechnenden Autoren diese Zuordnung in Frage und sehen den Schwerpunkt der Forschungen eher im Bereich der Rechtspolitologie angesiedelt (vgl. Voigt 1989; Görlitz 1989).

Es kann somit auch nicht von der Entwicklung einer Disziplin gesprochen werden, da Fragen der Rechtspolitik in verschiedenen Wissenschaftsbereichen diskutiert und unter sehr unterschiedlichen theoretischen Annahmen beforscht werden. So wird auch häufig in der Literatur richtigerweise festgestellt, dass es bisher an einer wissenschaftssystematischen Verortung der Rechtspolitik mangelt.

III. Zu den Inhalten der Rechtspolitik gehören alle gesetzlichen Maßnahmen, die der Erhaltung und der Verbesserung der Lebensgrundlagen dienlich sein können, d. h., sie ist insbesondere verantwortlich für: Freiheit, Sicherheit, Arbeit, Bildung, Lebensstandard, Umwelt (physische und soziale), Gesundheit und Gerechtigkeit (vgl. mit weiteren Gesichtspunkten: Grimm/Maihofer 1988; Rehbinder/Usteri 2002). Somit umfasst die Rechtspolitik nicht nur Fragen der Inneren Sicherheit, sondern sie beschäftigt sich mit der Gesetzgebung im Bereich des Arbeitsrechts, über das Familienrecht, Handelsrecht, Verwaltungsgesetzgebung bis hin zur Zivilprozessordnung. Alle gesetzlichen Maßnahmen, die für die Verbesserung und zur Sicherheit des Zusammenlebens notwendig sind, gehören daher dem Bereich der Rechtspolitik an (vgl. Wehling 1985; Hoffmann-Riem 2001). Insoweit lässt sich die Rechtspolitik auch in verschiedene Unterbereiche aufteilen, die oftmals eine eigenständige wissenschaftliche Karriere erleben und sich so auch mehr oder weniger verselbstständigt haben, wie z. B. die Kriminalpolitik, die Arbeitsmarktpolitik, die Sozialpolitik, die Umweltpolitik oder auch die Verkehrspolitik.

Zu den Inhalten der Rechtspolitik lassen sich jedoch nicht nur die einschlägigen Gesetze oder Gesetzesinitiativen rechnen. Es müssen hier auch die unterschiedlichen Funktionen von Recht mit berücksichtigt werden, z. B. (1) die symbolische Gesetzgebung (vgl. Kindermann 1988), (2) der Einsatz von Medien (vgl. Wassermann 1992, S. 426 f.), (3) die experimentelle Gesetzgebung (vgl. Mader 1988) oder (4) die politische Steuerung durch Recht (vgl. Burth/Görlitz 2001). Zu den Akteuren der Rechtspolitik gehören in diesem umfassenden Sinne daher speziell alle so genannten beamteten Rechtspolitiker, die in den verschiedensten Ministerien von Bund und Ländern mit der rechtlichen Gestaltung beschäftigt sind. Gleichfalls gehören natürlich die Abgeordneten von Bundestag und den Landtagen sowie des Bundesrates zu diesen Akteuren sowie in besonderen Situationen auch der Bundespräsident. Im Bereich der Rechtspolitik sind aber nicht nur diese „beschließenden“ Akteure zu nennen, sondern auch alle Parteimitglieder, die z. B. Parteiprogramme ausarbeiten, oder Interessenvertreter, Verbandspolitiker, Gewerkschaften, Kirchenvertreter, Mitglieder der Sozialverbände oder der Sozialversicherungsträger, die ihre Vorstellungen zur Rechtspolitik artikulieren. Schließlich sind auch noch die Mitglieder von Recht sprechenden Organen zu nennen, die gleichfalls Einfluss auf die Rechtspolitik nehmen und dadurch oftmals eine aktive Rechtspolitik betreiben (man denke z. B. an die so genannten Musterprozesse). Daneben ist auch der Bereich der Rechtswissenschaft als Akteur der Rechtspolitik zu nennen, wobei der Bereich nicht nur die Rechtsauslegung betrifft, sondern auch den Bereich der Kommentierung oder das wissenschaftliche Schrifttum zu rechtspolitisch einschlägigen Fragen. Der letztere Gesichtspunkt wird jedoch von anderen Autoren in Frage gestellt (vgl. Weinberger 1992), sodass man feststellen kann, dass in diesem Bereich noch viele ungeklärte Fragen bestehen.

IV. Wurden noch zu Beginn der 90er Jahre als wichtigste zukünftige Ziele der Rechtspolitik Fragen der Auswirkungen der neuen informationellen, bio- und gentechnologischen Technologien, des Ausstiegs aus der Atomenergie, der Naturzerstörung, der beruflichen Gleichstellung, der Männergewalt oder der Asyl- und Zuwanderungsproblematik genannt (vgl. Blanke 1989), so gehen die aktuellen Diskussionen doch eher um andere Problembereiche oder es kommt zu einer Spezifizierung der Fragen, wie z. B. im Bereich der Asylpolitik oder der Gentechnologie. Zu betonen ist jedoch, dass die Diskussionen der 90er Jahre nicht ad acta gelegt werden können, weil Regelungen getroffen worden sind, sondern die Diskussionen darüber dauern oftmals unter anderen Rahmenbedingungen und Gewichtungen weiter an und Klärungen sind nach wie vor unbestimmt (vgl. Däubler-Gmelin 2002; Funke 2002).

Die gesamte Rechtspolitik ist weiterhin nicht so sehr durch die strafrechtlichen Bemühungen, oder vielleicht besser gesagt, durch den Bereich der Kriminalpolitik geprägt, insbesondere wenn man sich auch die Dauer mancher Diskussion z. B. im Zusammenhang mit der Neugestaltung des Sanktionsbereichs vor Augen führt (vgl. Albrecht 2000), sondern eher durch Maßnahmen im Bereich der Sozial- und Arbeitsmarktgesetzgebung sowie den anderen Bereichen des Wirtschaftsrechts. Dies wird auch deutlich, wenn man die Veröffentlichungen der einschlägigen Tagungskreise zur Rechtspolitik in der Bundesrepublik Deutschland betrachtet, wie z. B. den „Bitburger Gesprächen“ oder dem Zentrum für Europäische Rechtspolitik an der Universität Bremen (ZERP), deren Schwerpunkte Fragen der Rentenversicherung, einer globalen Wirtschaft oder der Zukunft des Eigentums sowie Probleme mit dem Patentrecht, der Warenverkehrsfreiheit oder die Transnationalisierung des Rechts sind. Auch die Beiträge in der „Zeitschrift für Rechtspolitik“ zeigen diese Schwerpunkte auf; so wurden in den letzten

Jahrgängen insbesondere Fragen der Antidiskriminierung, des Streikrechts, des Steuerrechts oder der Modernisierung der Justiz behandelt.

Weiterhin entstand in der Rechtspolitik ein Diskussionsschwerpunkt unter dem Motto „Die Würde des Menschen war unantastbar“, wobei es jedoch nicht um Fragen kriminalpolitischen Inhaltes geht, sondern um die Forschung mit embryonalen Stammzellen und Fragen im Zusammenhang mit der Asyl- und Medienpolitik (vgl. Böckenförde 2003; Maunz/Düring 2002).

V. Im Bereich der Kriminalpolitik werden zwar seit den Anschlägen am 11. September 2001 in den USA in den Medien die vielfältigen Probleme mit der Terrorismusbekämpfung diskutiert. Die zentrale Frage in diesem Zusammenhang ist jedoch nicht unbedingt die Aufrüstung der Sicherheit gegenüber terroristischen Aktivitäten, sondern die Frage, wie einer zunehmenden Bedrohung der Freiheit und der Menschrechte trotz des Bedrohungspotenzials durch die Terroristen entgegengewirkt werden kann (vgl. mit weiteren Nachweisen: Bull 2003; Hoffmann-Riem 2002). Weitere zentrale Themen der Rechtspolitik in diesem Bereich sind Fragen wie: Mindestverbüßungsdauer bei lebenslanger Freiheitsstrafe, Europäischer Haftbefehl, Jugendstrafrecht, Menschenrechte im Strafverfahren (z. B. Folterverbot), Internationale und organisierte Verbrechensorganisationen (z. B. Menschenschmuggel), Korruptionsbekämpfung oder Anlagebetrug.

Weitere zukünftige Großfragen der Rechtspolitik betreffen eine einheitliche EU-Gesetzgebung und in der Kriminalpolitik die Strafverfolgung. Dies auch im Zusammenhang mit der internationalen Terrorismusbekämpfung und der gegenwärtig noch „lokalen“ Gesetzgebung. Andererseits wird es von besonderer Wichtigkeit sein, hier eine Balance zu finden zwischen dem Sicherheitsbedürfnis und der Notwendigkeit, Freiheits- und Gleichheitsrechte wie insgesamt die Menschenwürde nicht außer Acht zu lassen und diese immer noch als zentralen Punkt der Rechtspolitik zu bewahren.

Adomeit, Klaus 1981: Rechtstheorie für Studenten, Heidelberg

Albrecht, Peter-Alexis 2000: Reformbemühungen und Versäumnisse aktueller Rechtspolitik, in: NJ, H. 9, S. 449-453

Bentham, Jeremy 1843: The Works of Jeremy Bentham, London

Blanke, Thomas 1989: Gestaltungsmöglichkeiten des Rechts in den neunziger Jahren, in: Vorgänge, H. 98, S. 49-61

Böckenförde, Ernst-Wolfgang 1974: „Lebensqualität“? Köln

Böckenförde, Ernst-Wolfgang 2003: Die Würde des Menschen war unantastbar, in: FAZ vom 3.9.2003

Bull, Hans Peter 2003: Freiheit und Sicherheit angesichts terroristischer Bedrohung, in: Möllers, M. H. W. / Ooyen Chr. van (Hg.): Jahrbuch Öffentliche Sicherheit 2002/ 2003, Frankfurt a. M., S. 265-281

Burth, Hans-Peter / Görlitz, Axel 2001: Politische Steuerung in Theorie und Praxis, Baden-Baden

Däubler-Gmelin, Herta 2002: Für eine zukünftige Rechtsordnung, in: ZRP, H. 8, S. 357-359
Funke, Rainer 2002: Rechtspolitik der 14. Legislaturperiode, in: ZRP, H. 8, S. 363-364
Gessner, Volkmar 1984: Rechtssoziologie und Rechtspraxis, in: Soziale Welt, H. 4, S. 480-501
Görlitz, Axel 1989: Rechtspolitik als Forschungsgegenstand, in: Görlitz, A. / Voigt, R. (Hg.): Rechtspolitologie und Rechtspolitik, Jahresschrift für Rechtspolitologie Bd. 3, Pfaffenweiler, S. 22-30
Grimm, Dieter / Maihofer, Werner (Hg.) 1988: Gesetzgebungstheorie und Rechtspolitik, Opladen
Hegel, Georg W. F. 1970: Grundlinien der Philosophie des Rechts, Werke Bd. 7, Frankfurt a. M.
Hippel, Eike von 1992: Rechtspolitik, Berlin
Hoffmann-Riem, Wolfgang 2001: Modernisierung von Recht und Justiz, Frankfurt a. M.
Hoffmann-Riem, Wolfgang 2002: Freiheit und Sicherheit im Angesicht terroristischer Anschläge, in: ZRP, H. 12, S. 497-501
Kant, Immanuel 1990: Die Metaphysik der Sitten, 1. Teil: Rechtslehre, Stuttgart
Kindermann, Harald 1988: Symbolische Gesetzgebung, in: Grimm, D. / Maihofer, W. (Hg.): Gesetzgebungstheorie und Rechtspolitik, Opladen, S. 222-245
Mader, Luzius 1988: Experimentelle Gesetzgebung, in: Grimm, D. / Maihofer, W. (Hg.): Gesetzgebungstheorie und Rechtspolitik, Opladen, S. 211-221
Maunz, Theodor / Düring, Günter (Hg.) 2002: Grundgesetz, Kommentar, München
Rehbinder, Manfred / Usteri, Martin (Hg.) 2002: Glück als Ziel der Rechtspolitik, Bern
Rottleuthner, Hubert 1992: Grenzen rechtlicher Steuerung – und Grenzen von Theorien darüber, in: Koller, P. / Varga, C. / Weinberger, O. (Hg.): Theoretische Grundlagen der Rechtspolitik, Stuttgart, S. 123-139
Strempel, Dieter 1987: Zum Begriff „Rechtspolitik“, in: RuP, H. 1, S. 12-18
Voigt, Rüdiger 1989: Rechtspolitik als Gegenstand der Rechtspolitologie, in: Görlitz, A. / Voigt, R. (Hg.): Rechtspolitologie und Rechtspolitik, Jahresschrift für Rechtspolitologie Bd. 3, Pfaffenweiler, S. 11-21
Wassermann, Rudolf 1992: Reflexionen zur Rechtspolitik, in: Arzt, G. u. a. (Hg.): Festschrift für Jürgen Baumann zum 70. Geburtstag, Bielefeld, S. 419-429
Wehling, Hans-Georg (Hg.) 1985: Recht und Rechtspolitik, Stuttgart
Weinberger, Ota 1992: Wissenschaftliche Politik? Betrachtungen über die Möglichkeiten einer rationalen und demokratischen Rechtspolitik, in: Koller, P. / Varga, C. / Weinberger, O. (Hg.): Theoretische Grundlagen der Rechtspolitik, Stuttgart, S. 37-46

Karlhans Liebl

Regelüberprüfung

I. Eine „Regelüberprüfung“ ist eine Überprüfung von allen Antragstellern bzw. Bewerbern für bestimmte Rechte oder Ämter. Besonders bekannt sind die Regelüberprüfungen im Rahmen des Radikalenerlasses beim Verfassungsschutz für Anwärter des öffentlichen Dienstes und bei der Bundesbehörde für die Unterlagen des Staatssicherheitsdienstes über eine Mitarbeit bei der Stasi.

II. Mit dem Radikalenerlass vom 28. Januar 1972 (später Extremistenbeschluss) und den daraus folgenden Berufsverboten gab es bereits eine Regelüberprüfung beim Verfassungsschutz in Deutschland. Damals diente die Regelüberprüfung bei allen Anwärtern für den öffentlichen Dienst und auch bei Beschäftigten im öffentlichen Dienst dazu, Personen, die sich nicht zur freiheitlich-demokratischen Grundordnung bekannten, die Beschäftigung zu verweigern. Diese „Verfassungsfeinde“ kamen meistens aus dem linken bis linksextremistischen Spektrum. Nach Angaben der Initiative „Weg mit den Berufsverboten“ wurden 35.000 Dossiers, d. h. Akten des Verfassungsschutzes über die Bewerber angefertigt. 11.000 Bewerber wurden zu Anhörungen eingeladen und 1.250 daraufhin nicht eingestellt. Wer in den Anhörungen z. B. zugab, Mitglied der verfassungsfeindlichen DKP zu sein, wurde nicht eingestellt. 256 Verfassungsfeinde wurden erst nach Dienstantritt entdeckt und dann entlassen. Meistens, weil sie Mitglied der DKP oder maoistischer Gruppen waren. So wurden nach einem Bericht des niedersächsischen Verfassungsschutzes zwischen 1972 und 1988 59 Links- und 3 Rechtsextremisten nach teilweise langen Gerichtsverfahren entlassen.

Die Regelanfrage wurde zuerst 1977 in Bremen, zuletzt 1990 in Bayern eingestellt. Seitdem wird bei Einstellungen nur noch dann der Geheimdienst gefragt, wenn tatsächliche Anhaltspunkte darauf hinweisen, dass der Bewerber politisch nicht geeignet ist.

In den 90er Jahren wurden dagegen immer wieder, weitgehend erfolglos, Regelanfragen und Berufsverbote für Mitglieder der Scientology-Sekte und Rechtsextremisten gefordert. Beispielsweise forderte die Bremer CDU 1993 eine Regelüberprüfung, um Unterstützer der DVU aus dem öffentlichen Dienst zu entlassen. Seit 1996 gibt es in Bayern eine Verfassungsschutzanfrage für Sektenmitglieder.

Für DDR-Bürger wurde bei Bewerbungen für den öffentlichen Dienst die Regelanfrage praktisch eingeführt. Durch die Vereinigung entstand in Behörden die Praxis, bei Bewerbungen bei der Bundesbehörde für die Unterlagen des Staatssicherheitsdienstes nachzufragen, ob Stasi-Kontakte oder eine SED-Mitgliedschaft vorliegen oder diese Person eine besondere Staatsnähe zur DDR hatte. In verschiedenen Ländern, u. a. in Bayern, müssen daher Bewerber für den öffentlichen Dienst einen Fragebogen zur Prüfung der Verfassungstreue ausfüllen und sich mit Nachforschungen über ihr Privatleben bei den zuständigen Stellen (Gauck-Behörde, Verfassungsschutz und Landesjustizverwaltung) einverstanden erklären. Bis zur Jahresmitte 1993 stellten öffentliche Stellen über eine Million Überprüfungsanträge an die Gauck-Behörde. Insgesamt verschwand die Regelanfrage, auch als eine exzessiv genutzte Kannbestimmung, in den 90er Jahren des vergangenen Jahrhunderts aus der Verwaltungspraxis.

Im August 2004 verweigerte das Kultusministerium Baden-Württembergs erstmals seit 1993 einem Lehrer die Übernahme in den Schuldienst wegen linksextremistischer Einstellungen und Aktivitäten. Dem 34-jährigen Michel Csazkóczy wird die Mitgliedschaft in der „Antifaschistischen Initiative Heidelberg" vorgeworfen.

III. Im Gegensatz zur Regelüberprüfung bei Beschäftigten oder Anwärtern für den öffentlichen Dienst werden mit der in den Sicherheitspaketen beschlossenen Regelüberprüfung Ausländer überprüft, inwiefern sie als „Terroristen" eine Gefahr für die Bundesrepublik darstellen und deshalb nicht einreisen dürfen, keinen Asylanspruch haben und, wenn sei eine gültige Aufenthaltsgenehmigung haben, ausreisen müssen.

In das Sicherheitspaket II wurde im Prinzip eine Regelüberprüfung für Ausländer, die aus einem visumpflichtigen Land kommen, und Asylbewerber festgeschrieben. In § 64 des Ausländergesetzes wurde festgeschrieben, dass die visumerteilende Auslandsbehörde die erhobenen Daten von Antragsteller und Einlader zur Feststellung von Versagensgründen an den → Bundesnachrichtendienst, das → Bundesamt für Verfassungsschutz, den → Militärischen Abschirmdienst und das Zollkriminalamt übermitteln kann. In der Anwendung dürfte dies zu einer Regelanfrage führen, denn nur so kann festgestellt werden, ob es Gründe gegen das Erteilen eines Visums gibt. Als neue Versagensgründe gibt es die Gefährdung der freiheitlich demokratischen Grundordnung, der Sicherheit der Bundesrepublik, das Beteiligen an Gewalttätigkeiten bei dem Verfolgen politischer Ziele, dem Aufruf oder der Drohung zur Gewaltanwendung, dem Angehören oder Unterstützen einer internationalen terroristischen Vereinigung (§ 8 Abs. 1 Nr. 5 Ausländergesetz). Es sind unbestimmte Rechtsbegriffe, die auch Globalisierungsgegner und Unterstützer von revolutionären Bewegungen, für die Gewalt ein Mittel im Kampf gegen repressive Regierungen ist, umfassen können. Menschen, auf die einer dieser Versagensgründe zutrifft, erhalten kein Visum, keine Aufenthaltsgenehmigung und keine Verlängerung ihrer Aufenthaltsgenehmigung.

Gleichzeitig können „öffentliche Stellen" automatisch auf einen Teil der gespeicherten Daten für eine Aufenthaltsgenehmigung zugreifen. Dies sind Name, Geburtsdatum, Geschlecht, Staatsangehörigkeit, Art der Aufenthaltsgenehmigung, Seriennummer des Vordrucks, ausstellender Staat, Gültigkeitsdauer und Prüfziffern. Weil zur Begriffsbestimmung von „öffentlichen Stellen" in den Erläuterungen der Bundesregierung auf den § 2 des Bundesdatenschutzgesetzes verwiesen wird, sind damit auch private Stellen, die hoheitliche Aufgaben übernehmen, gemeint, z. B. Handwerkskammern. In dem → Ausländerzentralregister sind bereits heute Daten von über zwölf Millionen Ausländern gesammelt. Auf diese Daten können Bundeskriminalamt, Bundesamt für Verfassungsschutz, Bundesnachrichtendienst, Auslandsvertretungen sowie Ausländer- und Asylbehörden zugreifen. Mit der Gesetzesänderung wird das Ausländerzentralregister zu einer allgemein zugänglichen

Visa-Entscheidungsdatei. Gleichzeitig wurden die Sicherheitsüberprüfungen für Beschäftigte in lebens- und verteidigungswichtigen öffentlichen und nicht öffentlichen Einrichtungen erweitert, ohne dass diese Einrichtungen und der zu überprüfende Personenkreis genauer spezifiziert wurden.

IV. Abgesehen von den technischen Problemen einer Regelanfrage beim Verfassungsschutz über Menschen, die sich bisher nicht in der Bundesrepublik aufhielten, zeigen die Erfahrungen mit dem Radikalenerlass und der dortigen Regelanfrage, dass das verfochtene Ziel nicht erreicht wurde. Dagegen wurden viele Unschuldige verdächtigt, erhielten deswegen ein Berufsverbot und ein Klima der Angst und Unsicherheit prägte die Gesellschaft. „Fatal war der Einschüchterungseffekt, die staatliche Erziehung zum Duckmäusertum" (Spoo 2001, S. 150).

Für Ausländer, die nach Deutschland einreisen wollen oder sich legal in Deutschland aufhalten, kann die neue Regelanfrage zu einer Beschränkung ihrer Reisefreiheit führen. Damit die verschiedenen staatlichen Stellen ihrer Aufgabe nachkommen können, müssen sie auch Daten von Nicht-Deutschen sammeln, die bisher nicht in Deutschland waren. Ein Datenaustausch zwischen bundesdeutschen und anderen Geheimdiensten kann das Leben der Antragsteller gefährden. Konkrete Fälle sind bis jetzt einer breiten Öffentlichkeit noch nicht bekannt geworden.

Drieschner, Frank 2004: Zu links für das Lehramt, in: Die Zeit vom 2. September 2004, S. 6

Spoo, Eckart 2001: Was bleibt, ist mehr als Nachdenklichkeit – Die Berufsverbote und ihre Wirkungen, in: Vorgänge, H. 3, S. 144-150

Axel Bußmer

Schengener Informationssystem

I. Das „Schengener Informationssystem" (SIS) beruht auf den Art. 92 ff. des Schengener Durchführungsübereinkommens von 1993. In dem Übereinkommen verpflichten sich die Vertragsstaaten, den kontrollfreien Grenzübertritt im so genannten Schengenraum zu ermöglichen. Das SIS ist neben den verschärften → Grenzkontrollen an den Schengen-Außengrenzen „die" Ausgleichsmaßnahme für den Wegfall der Grenzkontrollen. Es ist ein Fahndungssystem, das im Grundsatz der Suche nach einzelnen Personen und Sachen dient. Es bezweckt bisher nicht wie andere Informationssysteme (insbesondere Systeme von → Europol) die Zusammenführung fallbezogener Informationen.

Die Datenbestände werden in jedem Vertragsstaat getrennt geführt. Die Übereinstimmung der verschiedenen nationalen Datenbestände wird über das Central Schengen Information System (CSIS), einen Zentralrechner in Straßburg, erreicht. Die nationalen Schengener Informationssysteme (NSIS) sind über die jeweiligen nationalen Zentralstellen, welche ergänzende Informationen übermitteln (Supplementary Information Request at the National Entry – SIRENE), mit dem CSIS und mittelbar mit den anderen NSIS verbunden. In der Bundesrepublik ist das → Bundeskriminalamt die Zentralstelle. Die Einhaltung der bei der Verwendung des SIS zu beachtenden datenschutzrechtlichen Bestimmungen wird durch die Gemeinsame Kontrollinstanz von Schengen (GKI) sowie durch den Bundesbeauftragten für den Datenschutz (BfD) überwacht und dokumentiert.

II. Voraussetzung der Ausschreibung im SIS ist jeweils die Vereinbarkeit dieser Eintragung mit nationalem Recht. In der Bundesrepublik müssen also die Voraussetzungen der Strafprozessordnung oder der Polizeigesetze beachtet werden. Nach Anlage F Nr. I 2 zu den „Richtlinien für das Straf- und das Bußgeldverfahren“ (RiStBV) soll die internationale Fahndung grundsätzlich im SIS erfolgen, es sei denn, es liegen Anhaltspunkte vor, dass sich die gesuchte Person nur im Inland aufhält. In jedem Fall nationaler Fahndung ist zu prüfen, ob nicht auch eine Fahndung im SIS veranlasst ist (Nr. II 1).

Gespeichert werden einerseits Daten von Personen, die zur Festnahme ausgeschrieben sind, andererseits von Personen, deren Aufenthalt ermittelt werden soll, weil sie als Zeuge gesucht werden oder weil von ihnen eine Gefahr ausgeht. Als Ausgleichsmaßnahme für den Wegfall der Binnengrenzkontrollen werden Daten von Drittausländern, die zur Einreiseverweigerung ausgeschrieben sind, etwa weil sie ausgewiesen, zurückgewiesen oder abgeschoben worden sind, gespeichert. Hauptanwendungsgebiete bezüglich Sachen sind die Speicherung der Daten von Schusswaffen, falschen Banknoten, gestohlenen Kraftfahrzeugen und amtlichen Dokumenten, insbesondere von Personalpapieren.

Die Abfrage des SIS geschieht online und in Sekundenschnelle, bei Polizei und → Bundespolizei (bis 1.7.2005 Bundesgrenzschutz) seit August 2003 über das polizeiliche Informationssystem INPOL-neu (→ INPOL). Insbesondere bei aus anderem Anlass vorgenommenen Kontrollen, etwa bei Verkehrskontrollen, können Personen und Kraftfahrzeuge als gesucht erkannt werden. Die weitere Vorgehensweise der Polizei richtet sich dann nach den durch das SIS gelieferten Handlungsanweisungen und reicht von der Festnahme bis zur – dem Betroffenen nicht mitgeteilten – verdeckten Registrierung, die der Erstellung von Bewegungsbildern dienen soll.

Verwaltungsbehörden haben grundsätzlich keinen eigenen Zugriff auf das SIS. Dem Kraftfahrtbundesamt in Flensburg, das selbst keine eigene

Zugriffsberechtigung hat, werden bisher Daten über im SIS gesuchte Kraftfahrzeuge über das Bundeskriminalamt mitgeteilt; die Kommission der Europäischen Gemeinschaft hat mit Datum vom 31. Mai 2005 einen Vorschlag zur Änderung der Rechtsgrundlagen zur Erweiterung der Zugriffsrechte der Kfz-Zulassungsbehörden vorgelegt.

Am 1.1.2004 waren im SIS mit seit Jahren steigender Tendenz 883.511 Personenfahndungen und 10.476.039 Sachfahndungen gespeichert. In der Bundesrepublik wurden im Jahre 2003 ca. 41,5 Mio. SIS-Abfragen durch die Länderpolizeien und ca. 37,5 Mio durch den Bundesgrenzschutz vorgenommen. Im selben Jahr wurden in der Bundesrepublik bei ebenfalls steigender Tendenz insgesamt 4.831 Personen- und Sachtreffer aufgrund ausländischer Ausschreibungen erzielt. Im Ausland wurden aufgrund deutscher Ausschreibungen 913 Personen- und Sachtreffer erzielt, im gesamten Schengenraum insgesamt 11.744 Treffer. Im Schengenraum wurden 578 Personen, die zur Festnahme ausgeschrieben waren, aufgrund des SIS erkannt, davon 156 in Deutschland.

III. Die Ereignisse seit September 2001 haben bisher, abgesehen von der ohnehin geplanten technischen Fortentwicklung, weder zu technischen Modifikationen am SIS noch zu einer qualitativ veränderten Ausschreibungspraxis geführt. Dies entspricht seiner bisherigen Auslegung als Fahndungs-, nicht als Expertensystem. Eine Ausschreibung der gesuchten Personen der terroristischen Vereinigungen erfolgt regelmäßig auch im SIS, da die Terroristen international mobil sind. Neue Ausschreibungskategorien wie z. B. „Mitglied von Al Quaida" oder „Terrorismusverdacht" wurden nicht eingeführt. Im Gespräch ist jedoch eine Weiterentwicklung des SIS durch Erweiterung der Ausschreibungskategorien sowie durch die Verknüpfung von Fahndungen miteinander.

IV. Während Polizeipraktiker das SIS als effizientes Fahndungsinstrument beschreiben, das die polizeiliche Fahndung in Europa auf ein quantitativ und qualitativ höheres Niveau gehoben habe, erheben Datenschützer Bedenken. Diese richten sich jedoch weniger gegen die Existenz des Systems als gegen seine Handhabung in der Praxis. Nicht zu übersehen ist, dass das SIS mehr ist als eine bloße Ausgleichsmaßnahme für den Wegfall der Binnengrenzkontrollen: So erstrebte auch Großbritannien, das bisher nicht auf Grenzkontrollen verzichtet, Zugriff auf die Datenbestände. Die Erleichterung der physischen Grenzüberschreitung durch die Bürger wird staatlicherseits durch die verstärkte Nutzung der prinzipiell nicht an Grenzen gebundenen Informationen kompensiert. Dies zeigt, dass die grenzüberschreitende Datenverarbeitung geradezu exemplarisch für die Reaktion des Staates auf die ihm aufgedrängte, aber auch von ihm selbst mitgetragene Globalisierung steht.

Bundesministerium des Inneren 2004: Schengen-Erfahrungsbericht 2003 (jährlich im Herbst fortgesetzt), unter: www.bmi.bund.de

Mokros, Reinhard 2001: Polizeiliche Zusammenarbeit in Europa, in: Lisken, H. / Denninger, E. (Hg.): Handbuch des Polizeirechts, 3. Aufl., München, S. 1190-1200

Tuffner, Martin 2000: Das Schengener Informationssystem (SIS) – Ein Quantensprung der polizeilichen Fahndung in Europa, in: Kriminalistik, H. 1, S. 39-43

Christian Krane

Schengener Zusammenarbeit

I. Die Schengener Zusammenarbeit ist ein zentraler Baustein sowohl der praktischen als auch der politischen Kooperation im → EU-System der Inneren Sicherheit. Sie umfasst die Aktivitäten, die von den beteiligten Regierungen aus sicherheitspolitischer Perspektive für die Flankierung einer Personenfreizügigkeit ohne Grenzkontrollen in der EU als notwendig angesehen werden. Im Einzelnen handelt es sich dabei um (1) die grenzüberschreitende Zusammenarbeit von Polizei- und Justizbehörden, insbesondere entlang der Binnengrenzen, (2) die Überwachung der Außengrenzen des Schengener Raumes, (3) den Fahndungsverbund des → Schengener Informationssystems (SIS) sowie (4) ein gemeinsames Asyl- und Einwanderungsregime. Die Schengener Zusammenarbeit fußt nicht auf einer eigenständigen Organisation mit eigenen Kompetenzen, sondern stellt vielmehr einen Rahmen dar, innerhalb dessen die nationalen Polizei- und Justizbehörden grenzüberschreitend nach vertraglich vereinbarten Grundsätzen agieren. Zunächst außerhalb der Strukturen von EG/EU entstanden, ist die Schengener Zusammenarbeit seit dem In-Kraft-Treten des Amsterdamer Vertrags (1999) in den Besitzstand der Europäischen Union überführt worden.

II. Belgien, die Bundesrepublik Deutschland, Frankreich, Luxemburg und die Niederlande vereinbarten im Schengener Abkommen vom 14. Juni 1985, ihre Kontrollen an den gemeinsamen Grenzen schrittweise abzubauen und an die gemeinsamen Außengrenzen zu verlagern. Da aus Sicht der Regierungen mit dem Wegfall der Personenkontrollen die Gefahr von „Sicherheitsverlusten“ verbunden war, wurde die Realisierung dieses Vorhabens an die Vereinbarung eines Bündels von innen- und justizpolitischen „Ausgleichsmaßnahmen“ geknüpft. Am Ende langjähriger Verhandlungen gelang die Einigung auf das Schengener Durchführungsübereinkommen (SDÜ) vom 19. Juni 1990, das bis heute die zentrale Rechtsgrundlage der Schengener Zusammenarbeit ist.

Das SDÜ enthält Regelungen zur Außengrenzkontrolle, zur Visa-, Asyl- und Einwanderungspolitik und zur justiziellen Rechtshilfe in Strafsachen. Den inhaltlichen Schwerpunkt stellt aber die polizeiliche Zusammenarbeit dar. Die Vertragspartner haben sich verpflichtet, sich nach Maßgabe des nationalen Rechts gegenseitig bei Gefahrenabwehr und Strafverfolgung zu unterstützen. Insbesondere wurde den Behörden in den Grenzregionen die Möglichkeit des direkten Austauschs von Informationen eröffnet. Auch sieht das SDÜ die Möglichkeit der grenzüberschreitenden Observation und der Nacheile vor. Schließlich schuf das SDÜ die Grundlage für die Errichtung des Schengener Informationssystems. Dieses ist ein automatisiertes System zur Personen- und Sachfahndung und, mehr noch, zur Verhinderung illegaler Einreise. Die Dateneingabe erfolgt in der Verantwortung nationaler Zentralstellen (in Deutschland: → Bundeskriminalamt) in den nationalen Systemteil und wird über die technische Unterstützungseinheit in Straßburg an die anderen nationalen Systeme weitergeleitet, sodass ein gemeinsamer aktueller Fahndungsbestand online zur Verfügung steht.

III. Die Logik der Schengener Zusammenarbeit sieht vor, dass die Grenzkontrollen an den Binnengrenzen erst aufgehoben werden, sobald der Schutz der Außengrenzen nach den Schengener Kriterien gewährleistet und die effektive Anwendung der Ausgleichsmaßnahmen sichergestellt ist. Die praktische Inkraftsetzung des SDÜ erfolgte deshalb für die fünf Erstunterzeichner sowie für Portugal und Spanien erst am 26. März 1995. Seitdem ist die Schengener Zusammenarbeit kontinuierlich territorial ausgeweitet worden: Mit der Ausnahme von Großbritannien und Irland sind in den vergangenen Jahren die Personenkontrollen an den Binnengrenzen zwischen allen alten EU-Mitgliedstaaten sowie Island und Norwegen abgebaut worden. Die zehn neuen Mitglieder sind mit ihrem EU-Beitritt zwar automatisch Schengener Vertragspartner geworden. Mit einer Aufhebung der Grenzkontrollen ist dennoch nicht vor 2006 zu rechnen, weil die beigetretenen Staaten zum einen die hohen Schengener Kontrollstandards erfüllen müssen und zum anderen zuvor das neue Informationssystem „SIS II“ zur Verfügung stehen muss. Seit mehreren Jahren verhandelt überdies der Schweizer Bundesrat mit der EU über einen Beitritt der Schweiz zur Schengener Zusammenarbeit.

IV. Die wichtigste institutionelle Veränderung der bis dahin außerhalb der EU angesiedelten Schengener Zusammenarbeit erfolgte mit der Überführung des gesamten Schengener Besitzstandes in die Europäischen Union im Jahre 1999, die im „Schengen-Protokoll“ des Amsterdamer Vertrages vereinbart worden ist. An die Stelle des Schengener Exekutivausschusses trat damit der Rat der EU. Die Fortentwicklung der Zusammenarbeit findet auf der Grundlage des Gemeinschafts- (Titel IV EGV) bzw. Unionsrechts

(Titel VI EUV) statt. Die assoziierten Mitglieder Island und Norwegen werden über den „Gemischten Ausschuss" voll an der Anwendung und Weiterentwicklung des Schengener Besitzstandes im Rahmen von EG und EU beteiligt. Großbritannien und Irland haben von der „opt-in"-Regelung des Art. 4 des „Schengen-Protokolls" Gebrauch gemacht, nach der sie sich an der polizeilichen und strafjustiziellen Kooperation beteiligen können, obwohl sie weiterhin Grenzkontrollen durchführen. Dänemark beteiligt sich lediglich an der auf Titel VI EUV, nicht aber an der auf Titel IV EGV gestützten Weiterentwicklung der Schengener Zusammenarbeit.

V. Neben der Fortentwicklung des übergeordneten rechtlichen Rahmens der Schengener Zusammenarbeit ist in den vergangenen Jahren ein dichtes Netz von bilateralen Vereinbarungen für die praktische Zusammenarbeit der Behörden in den unmittelbaren Grenzregionen entstanden. Dennoch kritisieren Praktiker, dass die Funktionsweise der Schengener Zusammenarbeit nach wie vor von erheblichen Unterschieden der nationalen Rechtsgrundlagen und der Rechtsanwendung beeinträchtigt wird. Die Überwachung der Außengrenzen zu den mittel- und osteuropäischen Staaten ist in den 1990er Jahren mit erheblichem personellem und finanziellem Aufwand verstärkt worden, bevor sich im Zuge der Vorbereitung des EU-Beitritts die Maßnahmen auf die Sicherung der „neuen" Schengen-Außengrenze konzentriert hat. Die Wirkung von Grenzkontrollen darf jedoch nicht überschätzt werden. Wie Kriminalstatistiken zeigen, hat sich die vonseiten der Strafverfolgungsbehörden formulierte Furcht vor „Sicherheitsverlusten" im Zuge des Abbaus der Grenzkontrollen in Westeuropa nicht bestätigt. Zudem erweist sich die abschreckende Wirkung von Kontrollen als gering gegenüber professionellen Netzwerken organisierter Kriminalität.

Der Abbau der Grenzkontrollen hat indes nicht zu einer generellen Abnahme der Kontrollintensität an den Binnengrenzen geführt, da nahezu alle Mitgliedstaaten in ihrem nationalen Recht Grundlagen für verdachtsunabhängige → Personenkontrollen im Grenzraum geschaffen haben (→ Schleierfahndung). Auch haben mehrere Schengener Staaten von der Möglichkeit des Art. 2 (2) SDÜ Gebrauch gemacht, Grenzkontrollen für einen begrenzten Zeitraum wieder einzuführen, am häufigsten im Zusammenhang mit politischen Gipfeltreffen oder Staatsbesuchen. Zu einer grundlegenden Reform der Schengener Zusammenarbeit wird es im Rahmen der Schaffung des SIS II kommen. Die Regierungen der Mitgliedstaaten diskutieren, ob → Europol und → Eurojust, aber auch Geheimdienste einen direkten Zugriff auf den Datenbestand des SIS erhalten sollen. Ebenso zeichnet sich die Entwicklung eines „integrierten Grenzschutzsystems" ab, bei dem es allerdings einstweilen weniger um die Schaffung einer einheitlichen EU-Grenzpolizei als vielmehr um gemeinsame Ausbildungsstandards und Handlungsprinzipien geht.

Anderson, Malcolm / Apap, Joanna 2002: Police and justice co-operation and the new European borders, The Hague u. a.
Famira, Klaus 2004: Der freie Personenverkehr in Europa: Schengen nach Amsterdam, Berlin
Knelangen, Wilhelm 2004: Freiheit, Sicherheit und Recht. Erweiterte Innen- und Justizpolitik, in: Osteuropa, H. 5-6, S. 430-441
Den Boer, Monica (Ed.) 2000: Schengen Still Going Strong: Evaluation and Update, Maastricht

Wilhelm Knelangen

Schleierfahndung

I. Als „Schleierfahndung“ werden verdachtsunabhängige → Personenkontrollen bezeichnet. Zum Teil wird auch von anlassunabhängigen, lagebildorientierten oder lagebildabhängigen Personenkontrollen gesprochen. Da die Kontrollen in Wirklichkeit weder verdachts- noch anlassunabhängig sind und nicht nur Personen, sondern auch Sachen wie Kfz betreffen, ist die Bezeichnung „ereignisunabhängige Kontrolle“ die zutreffendste.

Bayern war Ende 1994 das erste Bundesland, das in sein Polizeiaufgabengesetz die verdachtsunabhängige Personenkontrolle aufnahm. Seitdem sind die meisten anderen Bundesländer dem Beispiel gefolgt und haben ihren Polizeien in unterschiedlicher Ausprägung die Schleierfahndung ermöglicht. Die Bundespolizei (BPol), bis zum 1.7.2005 Bundesgrenzschutz (BGS), ist seit 1998 zur Durchführung einer Schleierfahndung befugt.

Tatbestandliche Voraussetzungen für die Schleierfahndung sind (mit Unterschieden je nach Gesetz), dass die Kontrollen stattfinden im Grenzgebiet bis zu einer Tiefe von 30 Kilometern, im öffentlichen Verkehrsraum oder in Einrichtungen des internationalen Verkehrs, insbesondere in Zügen. Überwiegend vorgeschrieben und auch Praxis ist die Kontrolle aufgrund polizeilicher Lagebilder, aus denen sich ergibt, dass im betreffenden Gebiet eine grenzüberschreitende Kriminalität oder ein unerlaubter Aufenthalt stattfindet. Dagegen wird nicht vorausgesetzt, dass eine Gefahr oder ein Gefahrenverdacht oder ein Verdacht einer Straftat vorliegt.

II. Die Befugnisse zur Schleierfahndung wurden geschaffen, weil die Gesetzgeber einen Ausgleich für den Wegfall der innereuropäischen Binnengrenzen infolge des Schengener Durchführungsübereinkommens für notwendig hielten. Für die Erweiterung der physischen Grenzübertrittsmöglichkeiten durch Privatpersonen sollte nicht nur durch eine internationale polizeiliche Kooperation ein Ausgleich geschaffen werden, es sollte auch im Bundesgebiet ein „Sicherheitsschleier“ entwickelt werden, der unvorhersehbare Kontrollen gegen grenzüberschreitende organisierte und nicht organisierte Kriminalität ermöglicht. Der Verzicht auf die als zu eng empfundene tatbestandliche Voraussetzung eines Verdachts sollte diese Unvorhersehbarkeit garantieren.

Da für die Rechtmäßigkeit der Maßnahme ein Verdacht im Sinne tatsächlicher Anhaltspunkte für einen Rechtsverstoß nicht erforderlich ist, erfolgen die Kontrollen in der Praxis aufgrund der „polizeilichen Intuition“. Diese kann darin bestehen, dass der Beamte aufgrund seiner Erfahrung Tatsachen wahrnimmt, die mit einem Rechtsverstoß einhergehen, jedoch keine indizielle Schlussfolgerung auf diesen zulassen, sondern im Bereich des sozial Adäquaten verbleiben (Beispiel: blanke Schrauben an verschmutztem Kennzeichen). Es kann sich jedoch auch um rein sozialpsychologisch erklärbare Reaktionen handeln, deren Grundlagen dem Beamten nicht bewusst sind (→ Profiling). Dies birgt die Gefahr, dass Vorurteile zu polizeilichen Maßnahmen führen, da die Kontrollen aufgrund ihrer gesetzlichen Zwecksetzung nur dann Erfolg versprechen, wenn sie bei „fremdländisch“ aussehenden Personen erfolgen. Weil die Normen auf das Tatbestandsmerkmal des Verdachts verzichten, fällt in der konkreten Situation eine Reflexionsstufe über den wirklichen Anlass der Inanspruchnahme weg.

Verfassungsrechtlich sind ereignisunabhängige Kontrollen nur zulässig, soweit sie die Befragung, Inaugenscheinnahme und den Abgleich der erhobenen personenbezogenen Daten mit polizeilichen Dateien, etwa → INPOL und SIS (→ Schengener Informationssystem), gestatten. Da tatbestandlich nur der Aufenthalt in einem Gebiet gefordert wird, in dem die äußerst geringfügig erhöhte Wahrscheinlichkeit grenzüberschreitender Kriminalität besteht, sind auch nur geringfügig eingreifende Maßnahmen angemessen, die sich mit Abschluss der Kontrolle erledigt haben müssen. Insbesondere die Speicherung personenbezogener Daten einschließlich des Aufenthaltsortes ist unzulässig.

III. Durch die Neufassung des § 2 Abs. 2 Nr. 3 BPolG wurde der räumliche Bereich, in dem die Bundespolizei Kontrollen vornehmen darf, im Küstengebiet erweitert. Grundsätzlich zulässig ist die Aufgabenwahrnehmung in einer 30-km-Zone, die durch Rechtsverordnung bis zu einer Tiefe von 80 km ausgedehnt werden kann. Hierdurch soll den Zufälligkeiten des geografischen Küstenverlaufs Rechnung getragen werden, die in bestimmten Gebieten keinen oder nur einen schmalen Kontrollstreifen auf dem Festland übrig lassen. Außerdem erfolgte eine Angleichung an die entsprechenden Regelungen des Zollverwaltungsgesetzes. Durch die Erweiterung des Kontrollbereichs sollte „der Möglichkeit, dass Terroristen den Weg über die deutschen Küstengrenzen nutzen, um unbemerkt in das Bundesgebiet zu gelangen oder dieses mit geringem Entdeckungsrisiko wieder zu verlassen, (...) entgegengetreten werden" (BT-Drs. 14/7386, S. 45). Dementsprechend wurde die Befugnis zur ereignisunabhängigen Identitätsfeststellung und Durchsuchung räumlich erweitert (§§ 23 Abs. 1 Nr. 3, Abs. 1a, 44 Abs. 2 BPolG). § 22 Abs. 1 BPolG wurde dahingehend ergänzt, dass befragte Personen mitgeführte Ausweispapiere zur Prüfung auszuhändigen haben. Hierdurch sollen „im Einzelfall ergänzend gewonnene sachdienliche Informationen – gerade auch zu einem späteren Zeitpunkt – noch verifiziert und stichhaltig verwertet werden können" (BT-Drs. 14/7386, S. 46). Diese Regelung betrifft nicht die Schleierfahndung im engen Sinne, da es sich um Kontrollen an gefährdeten Objekten handelt (Verfassungsorgane des Bundes, Bahnhöfe und Bahnanlagen, Flughäfen). Sachlich wird aber die Befugnis zu ereignisunabhängigen Kontrollen auf diese Objekte entsprechend den landesgesetzlichen Regelungen ausgedehnt (vgl. § 27a S. 1 Nr. 2 SOG MV). Die Begründung des Gesetzes impliziert, dass die erhobenen Daten gespeichert werden.

IV. Die Erweiterung der Befugnisse der Bundespolizei ist in Bezug auf ereignisunabhängige Kontrollen, verglichen mit den übrigen Änderungen durch das Terrorismusbekämpfungsgesetz, gering. Weder rechtsdogmatisch noch kriminalpolitisch können erhebliche neue Einwendungen gegen die Neuregelung erhoben werden. Allerdings kann bezweifelt werden, ob die Erweiterung der Befugnisse im Küstenbereich entscheidende Wirkungen hat. Schon im Jahre 1999 entfiel auf die ca. 37.800 festgestellten unerlaubten Einreisen gerade eine auf die Einreise per Schiff.

Faktische Auswirkungen der neuen Qualität terroristischer Angriffe und der neuen Rechtsgrundlagen auf die polizeiliche Praxis ergeben sich nur in sehr geringem Umfang, da ereignisunabhängige Kontrollen kein geeignetes Mittel zur Bekämpfung des internationalen Terrorismus sind, auch wenn sie regelmäßig nach terroristischen Angriffen – wie etwa nach dem 11. März 2004 in Madrid – zumeist von politischer Seite als Bekämpfungsmaßnahme gefordert oder angekündigt werden.

Nach neueren Entwicklungen sollen die ereignisunabhängigen Personenkontrollen unverändert beibehalten, z. B. in der Fortschreibung des Niedersächsischen Gefahrenabwehrgesetzes zum Gesetz über die öffentliche Sicherheit und Ordnung vom 10. Dezember 2003 (Nds GVBl., S. 414), oder eingeführt werden (§ 4 Abs. 2 des geplanten HmbDatVPolG, Hamburger Bürgerschaft Drs. 18/1487). In Berlin wiederum wurden sie wegen „Erfolglosigkeit" (Abgeordnetenhaus-Drs. 15/1818; zur allgemeinen Effektivität der Schleierfahndung mit umfassenden Nachweisen: Kant 2004) nach knapp fünf Jahren durch Aufhebung der Befugnisnorm des § 18 Abs. 7 ASOG abgeschafft (GVBl. Berlin S. 174). Diese „Erfolglosigkeit" in Berlin ist auf die Aufnahme eines Behördenleitervorbehalts zurückzuführen, der zu einem der Großstadt nicht angemessenen punktuellen Charakter der Maßnahmen führte, sowie auf zwischenzeitlich geänderte politische Prioritäten.

V. Auch nach Ausweitung der Befugnisse sind es die bekannten Kritikpunkte, die gegen die Regelungen im BPolG und in den Landespolizeigesetzen in Erinnerung gerufen werden. Die Befugnisnormen sind zum Teil zu weit gefasst, nunmehr insbesondere durch die Erstreckung der Befugnisse der Bundespolizei auf Küstenstädte. Sie entsprechen nicht den tatsächlichen Gegebenheiten und sind schon einfachrechtlich inhärent unstimmig; so kann etwa eine unerlaubte Einreise durch eine Kontrolle im Bundesgebiet nicht mehr „verhütet" werden. Da die Kontrollen in Wirklichkeit der Aufdeckung und Unterbindung von Rechtsverstößen dienen, gehören sie nicht, wie zumeist angenommen, dem Aufgabengebiet der vorbeugenden Bekämpfung von Straftaten, sondern der Gefahrenabwehr an. Soweit sie bei „fremdländisch" aussehenden Personen stattfinden, ist ihre Vereinbarkeit mit dem besonderen Gleichheitssatz des Art. 3 Abs. 3 GG fraglich (→ Profiling). Es wäre wünschenswert, derartigen Bedenken nicht nur durch die zurückhaltende Anwendung der Kontrollen in der Praxis, sondern auch durch die Neufassung der Befugnisnormen, insbesondere durch gesetzliche Beschränkung auf Befragung, Inaugenscheinnahme und Abgleich und durch Aufnahme des ausdrücklichen Verbots der Speicherung personenbezogener Daten Rechnung zu tragen.

Bei der Planung ereignisunabhängiger Kontrollen sowie für den Rechtsschutz der betroffenen Bürger ist nach den nunmehr vorliegenden Entscheidungen der Verwaltungsgerichte (VG Bayreuth, 1 K 01.468 vom 29. Januar 2002; VG Augsburg, 8 K 02.1703 vom 18. Dezember 2003) zu beachten, dass die Gerichte eine intensive Prüfung bezüglich des räumlichen Orts der Kontrolle vornehmen und die Maßnahmen bei Überschreitung der räumlichen Grenzen für rechtswidrig erklären. Die Kontrollen dürfen nur an Orten stattfinden, die nachweisbar unter den Tatbestand der gesetzlichen Ermächtigungsgrundlage fallen, insbesondere von erheblicher Bedeutung für die grenzüberschreitende Kriminalität sind. Dies hat die Polizei gegebenenfalls vor Gericht nachzuweisen, etwa durch Vorlage der Lagebilder, aus denen die besondere Kriminalitätsbelastung hervorgeht. Die übrigen gegen die „Schleierfahndung" vorgebrachten Kritikpunkte haben hingegen vor den Verwaltungsgerichten bisher keine Relevanz erlangt.

Castillon, Nicole 2003: Dogmatik und Verfassungsmäßigkeit neuer Befugnisse zu verdachts- und anlassunabhängigen Polizeikontrollen, Frankfurt a. M.
Kant, Martina 2004: „Evaluation" der Schleierfahndung, in: Bürgerrechte & Polizei/cilip, H. 1, S. 46-55
Krane, Christian 2003: „Schleierfahndung" – Rechtliche Anforderungen an die Gefahrenabwehr durch ereignisunabhängige Personenkontrollen, Stuttgart
Krane, Christian 2004: Rechtliche und ethische Probleme der Praxis ereignisunabhängiger Personenkontrollen, in: DPolBl, H. 5, S. 32-34

Christian Krane

Sicherheitsbegriff, erweiterter

I. Der erweiterte Sicherheitsbegriff geht davon aus, dass sich in der Zukunft völlig neue Gefahrenszenarien ereignen können: Neben dem Zerfall von Staaten und der entsprechenden Desintegration ganzer Regionen der Erde und deren globale Auswirkungen sind es neue Formen des Terrorismus, gezielte Angriffe auf informationstechnische Systeme, die Verbreitung von Massenvernichtungswaffen und die Möglichkeit, dass Terroristen sich dieser bemächtigen. Darüber hinaus werden ökologische Katastrophen globalen Ausmaßes, die beispielsweise durch Bodenerosion und Wassermangel, durch ein Ansteigen der Weltmeere, durch Klimawandel und vieles mehr entstehen könnten, in Betracht gezogen. Einbezogen ist ebenso die demografische Entwicklung, die einerseits durch ein rasantes Bevölkerungswachstum in vielen Regionen der Welt, andererseits durch rückläufige Bevölkerungsraten in Europa gekennzeichnet ist und große Bevölkerungswanderungen sowie Konflikte und Kriege um existenzielle Ressourcen hervorbringen könnte. Der erweiterte Sicherheitsbegriff will auf diese Entwicklungen reagieren und ein zusammenführendes Sicherheitsdenken implementieren. Demzufolge verschwimmen die Differenzierungen und Grenzziehungen zwischen äußerer und innerer, zwischen privater und staatlicher, zwischen rechtsstaatlicher und sozialer, zwischen ökonomischer und ökologischer Sicherheit zunehmend. Die unterschiedlichsten Behörden, seien es Polizei oder Militär, Umwelt- oder Entwicklungshilfeeinrichtungen, müssten lernen, „zusammenhängend" und „ganzheitlich" zu denken. Der erweiterte Sicherheitsbegriff plädiert dafür, dass sich der Staat umfassender auf den Faktor „Sicherheit" als entscheidende gesellschaftliche Entwicklungskonstante konzentriert. Dementsprechend sind die bislang getrennten Bereiche von Polizei, Nachrichtendienste (→ Bundesverfassungsschutz, → Bundesnachrichtendienst, → Militärischer Abschirmdienst), → Katastrophenschutz und Militär, ebenso aber auch die → privaten Sicherheitsdienste und die Belange von Migration und Entwicklungspolitik in einem zusammenfassenden Verbund zu stellen. Eng damit verbunden ist die Forderung, eine neue Sicherheitsarchitektur zu entwickeln, die diesen Anforderungen gerecht werden könne.

II. Der „erweiterte Sicherheitsbegriff" resultiert ursprünglich aus dem militärischen Zusammenhang. In einem Strategiepapier spricht sich die NATO im Jahre 1991 dafür aus, nach dem Wegfall des Ost-West-Gegensatzes und des damit verbundenen klassischen Gegenübers von zwei hochgerüsteten Militärblöcken einschließlich ihrer Streitkräfte, sich auf neue Sicherheitsbedingungen auszurichten. Diese sind davon geprägt, dass sich vermehrt „low intensity conflicts" (van Creveld), insbesondere in Form von Bürgerkriegen, global ausbreiten und sich Verelendungen ganzer Regionen, Flüchtlingsströme, Kämpfe um existenzielle Grundlagen usw. als Folge einstellen werden. Die Vertreter einer erweiterten Sicherheitskonzeption folgern daraus, dass die herkömmlichen militärischen Großformationen nicht mehr geeignet sind, auf diese neuen Gefahren zu reagieren und Sicherheit zu gewährleisten. Zum einen seien kleinere mobile Einheiten notwendig, zum anderen müsse sich das Militär auf Bereiche einstellen, die bislang nicht zu ihren Tätigkeiten zählten. Zu nennen sind Prozesse des „nation building", bei denen es darum geht, in Krisenzonen neue funktionsfähige Staatsstrukturen aufzubauen, Katastrophenschutzleistungen zu integrieren, polizeiliche Sicherungsarbeiten zu leisten usw. Für die strategische Analyse sei dabei erforderlich, „Sicherheit" neu zu definieren und hier eben unterschiedliche Politikfelder einzubeziehen.

III. In der Folge des 11. Septembers hat sich diese Diskussion um ein (anfangs militärisch verstandenes) neues Sicherheitsdenken dann sehr schnell um die Dimension der → Inneren Sicherheit erweitert. Da die Terroristen des 11. Septembers weltweit agierten, lag es nahe, den Zusammenhang von innerer und äußerer Sicherheit eng zu betonen. Der als Reaktion auf den Anschlag geführte Afghanistankrieg schien zu bestätigen, dass zukünftig zwischen Innen und Außen, Polizei und Militär, Terrorbekämpfung und Krieg nicht mehr zu unterscheiden ist. In den USA wurde diese neue Einschätzung denn auch flankiert von einer der umfangreichsten Reorganisationen in der staatlichen Struktur. Mit Schaffung des Ministeriums für „Homeland Security" wurden viele bis dato eigenständig agierende Sicherheitsbehörden zentralisiert und in einer Behördenstruktur zusammengeführt. Diese wurde zudem ganz auf die Terrorbekämpfung ausgerichtet.

In der Bundesrepublik wurde diese Diskussion aufmerksam verfolgt. Insbesondere von der Bundesakademie für Sicherheitspolitik gingen zielstrebig Impulse aus, die bundesdeutschen Sicherheitskonzeptionen nicht länger nach Innen und Außen zu trennen, sondern sie in einem „erweiterten Sicherheitsverständnis" zusammenzuführen und dementsprechend eine „neue Sicherheitsarchitektur" für die Bundesrepublik zu entwickeln. Medial und seitens der Politik fand dies ein großes Interesse. Unverkennbar hegten die Konzepte des neuen Sicherheitsdenkens eine Präferenz für die Zentralisierung von Sicherheitsstrukturen. Je detaillierter die Diskussion aber darum ging, wie man die neue Sicherheitsarchitektur denn nun konkret gestalten und umsetzen sollte, zeigte sich umso deutlicher, dass das amerikanische Vorbild auf das politische System der Bundesrepublik nicht übertragbar ist. Während das US-System von einem dualen Föderalismus gekennzeichnet ist, bei dem jede Ebene, sowohl der Zentralstaat als auch die Bundesstaaten, über eigene Sicherheitssysteme verfügen, der Zentralstaat also seine Bereiche zusammenlegen konnte, ohne die Rechte der Bundesstaaten massiv zu berühren, ist das bundesdeutsche System durch einen kooperativen Föderalismus gekennzeichnet. Eigenständige Sicherheitsbehörden des Bundes (→ Bundespolizei) oder der Länder (→ Länderpolizeien) sind dabei nur ein Teil des Sicherheitssystems. Viel prägender sind miteinander verwobene Systeme (Bundeskriminalamt, Verfassungsschutz, Katastrophenschutz). Eine Bündelung in eine Sicherheits-Superbehörde würde hier unweigerlich den gesamten Föderalismus in Frage stellen bzw. müsste im Prinzip eine neue Verfassungsordnung voraussetzen. Die Länder waren nicht ansatzweise bereit, darüber ernsthaft mit dem Bund zu verhandeln. In der Folge hat diese Variante des neuen bzw. erweiterten Sicherheitsdenkens, die auf einen kompletten „Systemwechsel" angelegt ist, an Resonanz verloren.

IV. Im Vergleich zu der unmittelbar nach dem Anschlag vom 11. September geführten Diskussion setze eine wesentlich sachlichere ein, als insgesamt über die Funktionsfähigkeit des Föderalismus in der Bundesrepublik gesprochen und (im Rahmen der Föderalismuskommission) verhandelt wurde. Deutlich wurde hierbei, dass es nicht um einen kompletten Systemwechsel in der Sicherheitsarchitektur geht, sondern um die Defizitanalyse des bestehenden föderalen Systems. Angesprochen sind hierbei die drei Säulen der Inneren Sicherheit: Polizei, Verfassungsschutz und Katastrophenschutz. Ergänzend sind die Staatsanwaltschaften einzubeziehen. Übereinstimmung wurde dahingehend erreicht, dass die staatlich gewollten Aufgaben im Sicherheitsbereich überprüft und ggf. neu festgelegt werden sollten. Es müssten die Aufgabenverteilungen einerseits zwischen den föderalen Ebenen der Länder, des Bundes und der EU, andererseits auf der jeweiligen horizontalen Ebene zwischen den einzelnen Behörden genauer abgegrenzt werden. Die zahlreichen, im Laufe von Jahrzehnten angewachsenen Kompetenzen der Sicherheitsbehörden sollten dort, wo veränderte Aufgaben dies erfordern, neu definiert, zugleich aber auch dort, wo sie ihre Begründung und ihren Sinn verloren haben, gestrichen werden. Mit dem Scheitern der Föderalismuskommission endete zunächst auch die Diskussion um eine neue Sicherheitsarchitektur. Die neu gebildete große Koalition will einen erneuten Anlauf nehmen, um den bundesdeutschen Föderalismus zu reformieren. Im Bereich der Inneren Sicherheit wird dabei eine stärkere Aufgabentrennung zwischen Bund und Ländern in den Vordergrund gestellt, insbesondere soll der Bund breitere Kompetenzen in der Terrorismusbekämpfung erhalten.

V. In der Bilanzierung der bisherigen Ansätze und Konzeptionen ist der erweiterte Sicherheitsbegriff genaustens dahingehend zu differenzieren, welche zukünftigen Gefahren er einerseits beschreibt und welche Folgen er andererseits daraus zieht. Die kausale Folge, dass aus den Gefahren, die er beschreibt, zwingend eine neue Sicherheitsarchitektur abzuleiten ist, kann nicht aufrechterhalten werden.

Die Forderung nach einer „neuen“ Sicherheitsarchitektur ist noch wesentlich skeptischer zu betrachten. Die Vision des „Neuen“ mag immerzu beflügeln, ein rechtsstaatlich bewährtes System einfach einem „Systemwechsel“ zu unterziehen, sollte jedoch eine genaue Defizitanalyse und ein noch genaueres Nachdenken über die Folgen voraussetzen. Das bundesdeutsche Sicherheitssystem ist auf Kooperation angelegt. Weder kann die staatliche Sicherheitsproduktion auf einige wenige zentrale Superbehörden konzentriert werden, noch kann der Staat ein umfassendes Sicherheitsversprechen abgeben. Sicherheit im kooperativen Staat wird auch weiterhin bedeuten, dass die unterschiedlichen Ebenen, allen voran die Länder und der Bund, in einem föderalen Sicherheitsverbund zusammenarbeiten müssen. Dies ist allein schon deshalb ohne wirkliche Alternative, weil die europäische Ebene unweigerlich hinzukommen wird bzw. schon längst ist. Föderal organisierte Mehrebenensysteme werden von daher die Organisationsform der Zukunft sein. Sie werden den Staat nicht ersetzen, ihn aber vor die Notwendigkeit stellen, sich darauf auszurichten. Verstärkt werden die Kommunen als eigenständige vierte Ebene hinzukommen, auch im Sicherheitsbereich. Von einer fünften, global ausgerichteten Ebene (UN, OSZE, NATO), ist dabei noch gar nicht zu sprechen, weil diese sich noch auf lange Zeit in weniger verregelten Zusammenhängen bemerkbar machen wird als beispielsweise die EU, die quasi staatsähnliche Verdichtungen annimmt.

Für das bestehende Sicherheitssystem der Bundesrepublik kann dies nur bedeuten, die bestehende Sicherheitsarchitektur weiterzuentwickeln, auf neue Anforderungen auszurichten, wo dies nach eingehender Prüfung notwendig erscheint. Diese Anpassungsleistung hat sie aber schon immer vollbracht. Das Sicherheitssystem von 1949 war anders ausgeformt als das von 1969, das von 1989 war in vielen Details anders als das von 1991 und seitdem hat es sich weiter variiert.

Die aktuelle Anpassungsleistung wird sich darauf richten müssen, die Sicherheitsaufgaben, die die Kommunen, die Länder, der Bund und die EU wahrnehmen sollen und ausüben können, im Detail trennschärfer voneinander abzugrenzen. Für die Kommunen wird es darum gehen, vor allem im präventiven Bereich tätig zu werden. Die Länder werden sich darauf konzentrieren müssen, die für den Bürger unmittelbar erlebbare öffentliche Sicherheit, insbesondere wahrgenommen durch die Polizei, leistungsfähig und wirkungsvoll zu organisieren. Sie sollten sich da zurücknehmen, wo es um europäisch und international ausgerichtete Sicherheitsleistungen geht. Kleinere Bundesländer können dies eh nicht durchhalten, die größeren sollten hier nicht der Eitelkeit erliegen, quasi eigene „Außenpolitiken" betreiben zu wollen. Der Bund wiederum sollte nicht der Versuchung erliegen, eben auch für „Alltagssicherheiten", die die Bürger also direkt erleben können, sorgen zu wollen, sondern sich auf die verfassungsrechtlich vorgesehenen Funktionen von spezialisierten Sicherheitsaufgaben konzentrieren. Dies sind insbesondere solche, die europäisch und international ausgerichtet sind. Die EU schließlich wird ähnlich ergänzende Sonderaufgaben zu erfüllen haben. Sie wird aber vor allem damit beschäftigt sein, die Standards der europäischen nationalen Sicherheitssysteme angleichen zu helfen, was aber vor allem bedeuten muss, diesen Mehrebenen-Sicherheitsverbund auf ein rechtsstaatliches, demokratisches und bundesstaatliches hohes Niveau anzuheben, nicht aber nur eine funktionale Sachzwanglogik vorzuführen.

Eine erweiterte Sicherheitskonzeption ist in diesem Sinne damit verbunden, als das zukünftig stärker als bisher die Zusammenarbeit zwischen den einzelnen Säulen der Inneren Sicherheit (Polizei, Nachrichtendienste, Katastrophenschutz) in den Vordergrund rückt. Die Grundprämissen jedoch, die sich in der bundesdeutschen Entwicklung bewährt haben, so das → Trennungsgebot zwischen Polizei und Nachrichtendiensten, dürfen dabei aber nicht einer reinen Funktionslogik geopfert werden. Auch kann die Trennung zwischen äußerer Sicherheit, die im Einsatzfall vom Militär wahrgenommen wird, und der inneren Sicherheit, die vorrangig Aufgabe der Polizei ist, allein schon deshalb nicht aufgehoben werden, weil im internationalen Bereich nicht ansatzweise rechtsstaatliche Standards realisiert sind, wie sie die westlichen Nationalstaaten für ihre inneren Belange erreicht haben. Die „Erweiterung" des Sicherheitsdenkens kann sich also hauptsächlich nur darauf beziehen, die Kommunikation und die gemeinsame Nutzung von Wissen über komplexer gewordene Zusammenhänge, unter Wahrung rechtlicher und demokratischer Standards, zu verbessern, nicht aber darauf, eine völlig neue Sicherheitsstruktur aufzubauen.

Eine neu konzipierte Sicherheitsstruktur unterläge zudem der Gefahr, das Sicherheitssystem allein auf eine aktuelle Gefahrenquelle (z. B. Terrorismus) auszurichten. Stattdessen sollte die „Mehrdimensionalität der Leistungsfähigkeit“ in der aktuellen sicherheitspolitischen Diskussion einen wesentlich höheren Stellenwert erlangen, als dies die vorherrschende und aktionistische, auf symbolische Effekte angelegte kurzatmige Problemsicht zulässt. Der Sicherheitsdiskurs der Bundesrepublik leidet entscheidend darunter, dass er, nicht zuletzt durch eine entsprechende mediale Unterstützung, immer nur eine Eindimensionalität der Problemwahrnehmung gestattet (Organisierte Kriminalität, dann Rechtsextremismus, dann Terrorismus usw.). Diese kann sich aber sehr schnell ändern durch ein einziges Ereignis, welches dann eine völlig neue Sichtweise eröffnet, verbunden mit entsprechenden sicherheitspolitischen Forderungen nach Gesetzesverschärfungen, Kompetenzausweitungen, Umbauaktionen sowie Unterstellungen des Versagens all dessen, was bislang gegolten hat.

Literatur

Bundesakademie für Sicherheitspolitik (Hg.) 2001: Sicherheitspolitik in neuen Dimensionen: Kompendium zum erweiterten Sicherheitsbegriff, Hamburg

Creveld, Martin van 2001: Die Zukunft des Krieges, 2. Aufl., München

Lange, Hans-Jürgen 2005: Eckpunkte einer veränderten Sicherheitsarchitektur für die Bundesrepublik, in: Polizei & Wissenschaft, H. 4, S. 52-75

Rinke, Bernhard / Woyke, Wichard (Hg.) 2004: Frieden und Sicherheit im 21. Jahrhundert, Opladen

Weidenfeld, Werner (Hg.) 2004: Herausforderung Terrorismus. Die Zukunft der Sicherheit, Wiesbaden

Hans-Jürgen Lange

Sicherheitskooperationen

I. Sicherheitskooperationen sind Regelwerke zwischen dem Bund und den Ländern mit dem Ziel, die Zusammenarbeit zwischen der → Bundespolizei (BPol; bis zum 1.7.2005 Bundesgrenzschutz) und der Polizei des jeweiligen Bundeslandes bei der Abwehr von Gefahren für die öffentliche Sicherheit oder Ordnung zu verbessern. Zu diesem Zweck haben der Bundesminister des Innern und die Innenminister bzw. Innensenatoren einiger Länder Verwaltungsvereinbarungen zur Bildung eines Sicherheitskooperationssystems geschlossen – zum Teil nimmt auch der Bundesminister der Finanzen mit den Einsatzkräften der Zollverwaltung an den Sicherheitskooperationen teil. Von den Sicherheitskooperationen zu trennen sind die Sicherheits- und → Ordnungspartnerschaften. Diese gehen zurück auf einen Beschluss der → Innenministerkonferenz (IMK) vom 02.02.

1998 (Aktion Sicherheitsnetz) und sind Modellprojekte der Zusammenarbeit auf regionaler Ebene.

II. Die Sicherheitskooperationen sollen die sichtbare Präsenz der Polizeikräfte erhöhen, um dadurch das → subjektive Sicherheitsgefühl der Bevölkerung zu stärken und darüber hinaus auch das Entdeckungsrisiko für gesuchte Personen zu verschärfen. Weiterhin soll die Effektivität der Fahndung nach Personen oder Sachen gesteigert werden. Zusätzlich wird angestrebt, die → Organisierte Kriminalität sowie die Schleusungskriminalität und die illegale Migration zu bekämpfen bzw. wirksamer zu verhindern.

Zur Erreichung dieser Ziele werden z. B. die Streifenpläne der kooperierenden Behörden aufeinander abgestimmt sowie gemeinsame Ermittlungsgruppen eingerichtet. Aufsehen erregende Ergebnisse solcher Ermittlungsgruppen wurden z. B. in Hamburg am 04.05.1999 bekannt. An diesem Tage wurde vom Bundesgrenzschutz (BGS) gemeinsam mit der Polizei Hamburg ein personalintensiver Einsatz gegen die Modellprostitution erfolgreich beendet. Nach dem Einsatz von 350 Polizeivollzugsbeamten des BGS und 430 Polizeivollzugsbeamten des Freistaates Hamburg konnten 43 Prostituierte vorläufig festgenommen und sechs Haftbefehle vollstreckt werden (Pressemeldung der Behörde für Inneres in Hamburg vom 21.08.2000).

Die Zusammenarbeit zwischen BPol und Länderpolizeien erfolgt bei den Sicherheitskooperationen auf der Grundlage und nach Maßgabe des für die jeweilige Vertragspartei geltenden Polizeirechts (z. B. die Vereinbarung zwischen dem Bundesminister des Innern und dem Innenministerium des Landes Niedersachsen über die Bildung eines gemeinsamen Sicherheitskooperationssystems vom 26.04.1999). Die einschlägigen gesetzlichen Normen sehen durchweg vor, dass die Landespolizei auch dann auf der Grundlage des jeweiligen Landespolizeirechts tätig wird, wenn sie Amtshandlungen zur Wahrnehmung von Aufgaben der BPol vornimmt. Die Bundespolizei muss hingegen im umgekehrten Falle seine Maßnahmen auf die Grundlage des Polizeirechts des Landes stellen. Es gilt also für die BPol im Zuge der Sicherheitskooperation immer das Landesrecht. Man kann daher schon von einer Prädominanz des Landesrechts sprechen.

III. Die Regelungen zur Etablierung der Sicherheitskooperation erscheinen zwar effektiv, aber dennoch bedenklich, denn sie verwischen die generell bestehenden Unterschiede zwischen der Sonderpolizei BPol (als einer Polizei mit nur begrenztem Aufgabenbereich) und den „allgemeinen Polizeikräften“ der Bundesländer. Das Bundesverfassungsgericht hat in seiner Entscheidung vom 28.01.1998 (2 BvF 3/92) zum Aufgabenübertragungsgesetz bereits deutlich herausgestellt, dass die BPol nicht ihr sonderpolizeiliches Gepräge verlieren und zu einer allgemeinen (mit den Polizeien der Länder) konkurrierenden Bundespolizei ausgebaut werden darf. Es erscheint somit zweifelhaft, wenn nunmehr lediglich im Wege einer Verwaltungsvereinbarung Kräfte der BPol zur Disposition des Landes gestellt werden und dort auf der Basis einer (Dauer-) Anforderung die Polizei des Landes im Wege einer Art Daueramtshilfe unterstützen und damit letzten Endes in der täglichen Praxis genau die Aufgaben verrichten, die sie eigentlich gar nicht verrichten dürften bzw. können. Die gemäß Art. 35 Abs. 1 GG durch alle Behörden des Bundes und der Länder wechselseitig zu leistende Amtshilfe ist eine Hilfe unter Überwindung von Zuständigkeits- und Kompetenzgrenzen. Sie ist nach dem Willen der Verfassung aber nur als punktuelle und ausnahmsweise Hilfestellung zu verstehen, die sich gerade nicht auf ein regelmäßiges Zusammenwirken erstrecken darf.

Das Grundgesetz (Art. 30, 70) hat das Polizeirecht eindeutig zur ständigen Ländersache erklärt. Lediglich in bestimmten Notfällen (Art. 35 Abs. 2, 91 Abs. 1, 115f Abs. 1 GG) kann eine Unterstützung der Länderpolizeien durch die BPol unabhängig von der restriktiven Amtshilfevorschrift des Art. 35 Abs. 1 GG erfolgen. Dessen ungeachtet ist das Polizeirecht auch ein Bereich, der – mit Ausnahme der neuen Sicherheitskooperationen – von den Ländern stark gegen Aktivitäten des Bundes verteidigt wird. Als Beispiel soll hier nur an den heftigen Widerstand der Länder gegen das Aufgabenübertragungsgesetz von 1992 (Übertragung von Aufgaben der Bahnpolizei und der Luftsicherheit auf den BGS) und das BGS-Neuregelungsgesetz von 1994 sowie die Einführung der umstrittenen Schleierfahndungsbefugnisse für den BGS im Sommer 1998 erinnert werden.

Losgelöst von den verfassungsrechtlichen Bedenken stellen sich bei einer näheren Untersuchung der Sicherheitskooperationsvereinbarungen schnell weitere Bedenken ein. Kritikwürdig sind z. B. einzelne Passagen in den Verwaltungsabkommen zwischen Bund und Ländern. So dürfte die in Art. 7 der Vereinbarung zwischen dem Bund und dem Land Niedersachsen enthaltene Regelung, wonach zwischen dem niedersächsischen Innenministerium und den Bundespolizeipräsidien West und Nord Vereinbarungen zur Konkretisierung der Zuständigkeitsabgrenzungen grundsätzlicher Art für die abschließende strafprozessuale polizeiliche Sachbearbeitung getroffen werden können, rechtswidrig sein (eine identische Formulierung findet sich in Art. 7 der Vereinbarung zwischen dem Bund und dem Land Bremen). § 12 des Bundespolizeigesetzes (BPolG) hat die Strafverfolgungskompetenzen der BPol sowohl eng als auch abschließend begrenzt. Für eine andersartige grundsätzliche Zuständigkeitsabgrenzung verbleibt also gar kein Raum mehr.

IV. Im Angesicht knapper Finanzmittel und unbesetzter Dienstposten bei den Länderpolizeien wird über die medienwirksamen Sicherheitskooperationen durch die Länder immer häufiger Gebrauch von den Beamten der BPol gemacht, denn in den Verwaltungsvereinbarungen ist geregelt, dass die Länder für die Führungs- und Einsatzmittel der BPol nichts bezahlen müssen. Auch die besonders kostenintensiven Zulagen, Mehrarbeitsvergütungen, Reisekosten und Trennungsgelder muss der Bund für seine dem Land überstellten Beamten selber tragen. Man kann bei dieser Sachlage beinahe schon von einem schleichenden Verfassungswandel sprechen. Der Bund verschafft sich quasi durch die Hintertür Zutritt zu einem klassischen Bereich des Landesrechts und wertet gleichzeitig das in der Vergangenheit eher geringe Ansehen seiner „Sonderpolizei“ BPol deutlich auf. Aus Sicht der Länder ist diese Regelung aber dennoch attraktiv, da sie keine Kosten für das Personal der BPol aufbringen müssen und trotz dieser erzielten Vorteile formal keine Gesetzgebungs- und Verwaltungskompetenzen an den Bund verloren haben. Ferner kann die Verwaltungsvereinbarung im Bedarfsfalle wieder gekündigt werden, während eine einmal erfolgte Grundgesetzänderung mit einem ähnlichen Inhalt gemäß Art. 79 Abs. 2 GG nur mit einer Zweidrittel-Mehrheit im Bundestag und im Bundesrat wieder korrigiert werden könnte.

Peilest, Andreas 2001: Sicherheitspartnerschaften, in: Möllers, M. H. W. (Hg.): Wörterbuch der Polizei, S. 1459-1460
Ulrich, Andreas 2000: Kosten ohne Glanz, in: Der Spiegel, H. 41, S. 50

Matthias Schütte

Sicherheitsüberprüfung

I. Durch die Sicherheitsüberprüfung (SÜ) werden Personen überprüft, die bei einer öffentlichen Stelle des Bundes, eines Landes oder einer Gemeinde mit einer sicherheitsempfindlichen Tätigkeit betraut werden sollen. Eine sicherheitsempfindliche Tätigkeit wird ausgeübt, wenn eine Person Zugang zu im öffentlichen Interesse geheimhaltungsbedürftigen Tatsachen, Gegenständen oder Erkenntnissen (Verschlusssachen) hat oder sich diesen verschaffen kann. Für den Bereich des Bundes ist die SÜ geregelt im „Gesetz über die Voraussetzungen und das Verfahren von Sicherheitsüberprüfungen des Bundes“ (Sicherheitsüberprüfungsgesetz – SÜG) vom 20.4.1994 (BGBl. I 1994, S. 867), zuletzt geändert durch die Achte Zuständigkeitsanpassungsverordnung vom 25.11. 2003 (BGBl. I 2003, S. 2304).

II. Eine sicherheitsempfindliche Tätigkeit darf erst nach Vollendung des 16. Lebensjahres übertragen werden. Die Sicherheitsüberprüfung bedarf der Zustimmung des Betroffenen. Wird diese versagt, kann zwar keine sicherheitsempfindliche Aufgabe übertragen werden, Nachteile personalrechtlicher Art sollen dadurch aber nicht entstehen. Die volljährigen Ehe- oder Lebenspartner sollen in die SÜ einbezogen werden.

Der Zweck der Sicherheitsüberprüfung ist es, den Geheimnisschutz von Verschlusssachen (VS) zu wahren, indem die Ausübung einer sicherheitsempfindlichen Tätigkeit auf Personen beschränkt wird, bei denen kein Sicherheitsrisiko vorliegt. Ein solches liegt z. B. vor, wenn tatsächliche Anhaltspunkte Zweifel an der Zuverlässigkeit des Betroffenen bei der Wahrnehmung einer sicherheitsempfindlichen Tätigkeit oder mögliche Anbahnungs- und Werbungsversuche fremder Nachrichtendienste die Besorgnis der Erpressbarkeit begründen. Außerdem, wenn tatsächliche Anhaltspunkte Zweifel am Bekenntnis des Betroffenen zur freiheitlichen demokratischen Grundordnung im Sinne des Grundgesetzes oder am jederzeitigen Eintreten für deren Erhaltung enstehen lassen (§ 5 Abs. 1 SÜG). Ein Sicherheitsrisiko kann auch bei Ehe- oder Lebenspartnern vorliegen (§ 2 Abs. 2 i. V. m. § 6 Abs. 2 SÜG).

Entsprechend ihrer Schutzbedürftigkeit werden vier verschiedene Geheimnisstufen von Verschlusssachen unterschieden (§ 4 Abs. 2 SÜG): Wenn eine Kenntnisnahme von VS durch Unbefugte (1) den „Bestand oder lebenswichtige Interessen“ der Bundesrepublik Deutschland oder eines ihrer Länder gefährden, gelten sie als „streng geheim“, (2) die „Sicherheit oder Interessen“ der Bundesrepublik oder eines ihrer Länder bedrohen, als „geheim“, (3) für die Interessen Deutschlands oder eines Bundeslandes schädlich sind, als „VS-vertraulich“ oder (4) für das Interesse der Bundesrepublik oder eines ihrer Länder nachteilig sind, als „VS-nur für den Dienstgebrauch“.

In Abhängigkeit zu den Geheimnisstufen der Verschlusssachen werden drei Arten der Sicherheitsüberprüfung unterschieden (§§ 7-10 SÜG): Eine „einfache SÜ“ (SÜ 1) wird durchgeführt, wenn eine Person Zugang zu „VS-vertraulich“ eingestuften Verschlusssachen, eine „erweiterte SÜ“ (SÜ 2), wenn eine Person Zugang zu „geheim“ eingestuften VS und eine „erweiterte SÜ mit Sicherheitsermittlungen“ (SÜ 3), wenn eine Person Zugang zu „streng geheim“ eingestuften VS erhalten soll oder ihn sich verschaffen kann. Für den Zugang zu „VS-nur für den Dienstgebrauch“ sieht das SÜG keine spezielle Sicherheitsüberprüfung vor.

Unabhängig von der jeweils durchgeführten Art der Sicherheitsüberprüfung muss der Betroffene eine „Sicherheitserklärung“ (§ 13 SÜG) abgeben. In dieser sind anzugeben: Name, auch frühere, Vorname; Geburtsdatum und -ort; Staatsangehörigkeit, auch frühere und doppelte Staatsangehörigkeiten; Familienstand; Wohnsitze und Aufenthalte von längerer Dauer als zwei Monate, und zwar im Inland in den vergangenen fünf Jahren, im Ausland ab dem 18. Lebensjahr; ausgeübter Beruf; Arbeitgeber und dessen Anschrift; Anzahl der Kinder; im Haushalt lebende Personen über 18 Jahre (Namen, auch frühere, Vornamen, Geburtsdatum und -ort und Verhältnis zu diesen Personen); Eltern, Stief- oder Pflegeeltern (Namen, auch frühere, Vornamen, Geburtsdatum und -ort sowie Wohnsitz); Ausbildungs- und Beschäftigungszeiten, Wehr- oder Zivildienstzeiten mit Angabe der Ausbildungsstätten, Beschäftigungsstellen sowie deren Anschriften; Nummer des Personalausweises oder Reisepasses; Angaben über in den vergangenen fünf Jahren durchgeführte Zwangsvollstreckungsmaßnahmen und ob zurzeit die finanziellen Verpflichtungen erfüllt werden können; Kontakte zu ausländischen Nachrichtendiensten oder zu Nachrichtendiensten der ehemaligen DDR, die auf einen Anbahnungs- und Werbungsversuch hindeuten können; Beziehungen zu verfassungsfeindlichen Organisationen; anhängige Straf- und Disziplinarverfahren; Angaben zu Wohnsitzen, Aufenthalten, Reisen, nahen Angehörigen und sonstigen Beziehungen in und zu Staaten, in denen nach Feststellung des Bundesministeriums des Innern als nationale Sicherheitsbehörde besondere Sicherheitsrisiken für die mit sicherheitsempfindlicher Tätigkeit befassten Personen zu befürchten sind; Angaben zu früheren Sicherheitsüberprüfungen. Darüber hinaus sind bei einer SÜ 2 oder SÜ 3 zwei Auskunftspersonen (Namen, Vornamen, Anschrift und Verhältnis zur Person) zur Identitätsprüfung des Betroffenen zu nennen und bei einer SÜ 3 drei Referenzpersonen mit deren Beruf, beruflichen und privaten Anschriften einschließlich Rufnummern sowie zeitlicher Beginn der Bekanntschaft.

Neben der Sicherheitserklärung sehen die einzelnen Arten der Sicherheitsüberprüfung folgende Maßnahmen vor: Bei der SÜ 1 werden die Angaben in der Sicherheitserklärung unter Berücksichtigung der Erkenntnisse der Verfassungsschutzbehörden des Bundes und der Länder sicherheitsmäßig bewertet, unbeschränkte Auskünfte aus dem Bundeszentralregister (BZR) eingeholt und Anfragen an das → Bundeskriminalamt (BKA), die Bundespolizeidirektion (BPolD) und die Nachrichtendienste des Bundes gestellt (§ 12 Abs. 1 SÜG). Die SÜ 2 schließt die Maßnahmen der SÜ 1 ein. Zusätzlich werden Anfragen an die Polizeidienststellen der innegehabten Wohnsitze des Betroffenen, in der Regel beschränkt auf die letzten fünf Jahre, gestellt und seine Identität geprüft (§ 12 Abs. 2 SÜG). Bei der SÜ 3 befragt die mitwirkende Behörde zusätzlich zu den Maßnahmen der anderen beiden SÜ die von dem Betroffenen in seiner Sicherheitserklärung angegebenen Referenzpersonen und weitere geeignete Auskunftspersonen, um zu prüfen, ob die Angaben zutreffen und tatsächliche Anhaltspunkte vorliegen, die auf ein Sicherheitsrisiko schließen lassen (§ 12 Abs. 3 SÜG). Sind der Betroffene oder einbezogene Personen (Ehegatte, Lebenspartner) vor dem 1.1. 1970 geboren worden und in dem Gebiet der ehemaligen DDR wohnhaft gewesen, wird zusätzlich bei der Bundesbeauftragten für die Unterlagen des Staatssicherheitsdienstes der ehemaligen DDR nachgefragt, ob eine hauptamtliche oder inoffizielle Tätigkeit des Betroffenen oder der einbezogenen Person festgestellt wurde (§ 12 Abs. 4 SÜG).

III. Durch das am 1.1.2002 in Kraft getretene Terrorismusbekämpfungsgesetz ist der Personenkreis, der sicherheitsüberprüft werden kann, erweitert worden. Die Neuregelungen des SÜG dehnen den Gesetzeszweck über den vorbeugenden personellen Geheimschutz (SÜ von Personen, die im öffentlichen Dienst Zugang zu VS haben) auf den vorbeugenden personellen Sabotageschutz aus. Eine sicherheitsempfindliche Tätigkeit übt nun auch aus, wer in einer lebens- oder verteidigungswichtigen sowohl öffentlichen wie privaten Einrichtung beschäftigt ist oder werden soll (§ 1 Abs. 4, 5 SÜG). Welche Einrichtungen lebens- oder verteidigungswichtig sind, obliegt der Feststellung durch die Bundesregierung (§ 34 SÜG). Nach der Begründung des Änderungsgesetzes sollen darunter Einrichtungen verstanden werden, die für „die Versorgung der Bevölkerung (z. B. Energie, Wasser, pharmazeutische Firmen, Krankenhäuser, Banken) dienen oder die für das Funktionieren des Gemeinwesens (z. B. Telekommunikation, Bahn, Post, Rundfunk- und Fernsehanstalten) notwendig sind."

IV. Der Personenkreis, der sich zukünftig möglicherweise einer Sicherheitsüberprüfung unterziehen muss, wird ausgeweitet auf z. B. Journalisten und Reporter bei Funk, Fernsehen und Printmedien, Personen des Kranken- und Pflegedienstes, Mitarbeiter von Chemiekonzernen sowie Angestellte von Telefon-, Internet- und Postdienstanbietern. Von einer SÜ betroffen sein könnten sogar Arbeiter von kleinen Subunternehmen, die im Auftrag von Elektrizitätsfirmen oder Wasserbetrieben tätig sind. Auch wenn diese Personen der Privatwirtschaft (zunächst!) lediglich eine SÜ 1 über sich ergehen lassen müssen, so ergibt sich aus dem Inhalt der Sicherheitserklärung eine Vielzahl persönlicher Angaben. Als Maßnahmen im Rahmen der SÜ bei Beschäftigten der Privatwirtschaft sind möglich: Abfragen beim → Bundesamt für Verfassungsschutz (BfV) und den Verfassungsschutzbehörden der Länder, Einholungen unbeschränkter Auskünfte aus dem BZR, Anfragen an das BKA, die Grenzschutzdirektion und die Nachrichtendienste des Bundes sowie ggf. an die Bundesbeauftragte für die Unterlagen des Staatssicherheitsdienstes der ehemaligen DDR. Ergibt die Anfrage sicherheitserhebliche Erkenntnisse, wird sie zur Bewertung an die mitwirkende Behörde weitergeleitet. Danach können auch weitere geeignete Auskunftspersonen befragt und Auskünfte bei Staatsanwaltschaft oder Gerichten eingeholt werden (§ 12 Abs. 5 SÜG). Im Übrigen sind darüber hinaus noch intensivere SÜ-Maßnahmen gemäß den §§ 9, 10 SÜG möglich.

Zwar ist das Ergebnis der SÜ den Betroffenen mitzuteilen und ihnen vor einer abschließenden Entscheidung Gelegenheit zur Äußerung zu geben. Allerdings ist die Anhörung so durchzuführen, dass „der Quellenschutz gewährleistet“ ist. Das bedeutet, dass es praktisch keinen Schutz gegen anonyme Anschuldigungen gibt.

V. Durch die Erweiterung des Gesetzeszwecks auf einen vorbeugenden personellen Sabotageschutz werden Regelungen in Bezug auf eine allgemeine Gefahrenabwehr aufgenommen. Kompetenzen für den Bereich der allgemeinen Gefahrenabwehr stehen aber nach der verfassungsmäßigen Ordnung der Bundesrepublik nicht dem Bund, sondern allein den Ländern zu.

Außerdem ist aus verfassungsrechtlicher Sicht festzustellen, dass mit den neuen Regelungen zur SÜ tief in das sich aus Art. 1 und 2 GG ergebende „informationelle Selbstbestimmungsrecht“ der Bürger eingegriffen wird. In den Schutzbereich der Grundrechte darf grundsätzlich nur eingegriffen werden, wenn die Einwirkung auf einer parlamentsgesetzlichen Grundlage beruht. Im Rang unterhalb eines Parlamentsgesetzes stehendes Recht (z. B. Rechtsverordnung) darf keine Eingriffe in das Schutzgut von Grundrechten regeln. Die wesentlichen Entscheidungen, vor allem solche, die in die Freiheitssphäre der Bürger eingreifen, müssen vom Gesetzgeber bestimmt sein und dürfen nicht ins Ermessen der Exekutive gestellt sein. Diese so genannte Wesentlichkeitstheorie steht im engen Zusammenhang mit dem Vorbehalt und dem Vorrang des Gesetzes, die sich aus Art. 20 Abs. 3 GG ergeben. Mit der Neufassung des SÜG wird eine Ausweitung des so genannten sicherheitsrelevanten Bereichs auf weite Bereiche der privaten Wirtschaft eingeleitet. Diese Ausweitung ist durch das Gesetz nicht begrenzt, sondern auf Grundlage des § 34 SÜG durch die Exekutive mittels Rechtsverordnung beliebig erweiterbar, sodass u. U. ein Verstoß gegen die vom Bundesverfassungsgericht formulierte Wesentlichkeitstheorie vorliegt.

Im Zusammenhang mit der Wesentlichkeitslehre steht der Bestimmtheitsgrundsatz, der sich allgemein aus dem Rechtsstaatsprinzip des Art. 20 Abs. 3 GG ergibt. Er besagt, dass ein in Grundrechte eingreifendes Gesetz klar und bestimmt sein muss. Je intensiver Gesetze in die Grundrechte eingreifen, desto bestimmter müssen sie sein. Art. 80 Abs. 1 GG legt fest, dass in dem Gesetz, das die Ermächtigung zum Erlass einer Rechtsverordnung enthält, Inhalt, Zweck und Ausmaß der erteilten Ermächtigung bestimmt werden. Die vorliegenden Neuregelungen zur SÜ sind aber insbesondere bei den Begriffen „lebens- oder verteidigungswichtige Einrichtungen“, „erhebliche Gefährdung für die Gesundheit oder das Leben von großen Teilen der Bevölkerung“ zu „befürchten“ und „Funktionieren des Gemeinwesens“ zu unbestimmt und damit verfassungsrechtlich bedenklich.

Das Terrorismusbekämpfungsgesetz lässt nunmehr auch eine nachrichtendienstliche Zwangsbewirtschaftung von Arbeitsplätzen zu, die Eingriffe in die durch Art. 12 GG geschützte Berufsfreiheit erwarten lässt. Zu befürchten ist außerdem eine Verdrängung von Ausländerinnen und Ausländern aus bisher zugänglichen Beschäftigungsbereichen. Denn sie können möglicherweise die SÜ nur deshalb nicht bestehen, weil sie u. U. nicht genügend Daten bereithalten können, die sie für ihre sicherheitspolitische Zuverlässigkeit nach Ansicht der zuständigen Behörden benötigen würden. Deshalb stehen die Neuregelungen des SÜG potenziell auch im Widerspruch zum Recht der EU.

Bull, Hans P. 2003: Freiheit und Sicherheit angesichts terroristischer Bedrohung – Bemerkungen zur rechtspolitischen Diskussion, in: Möllers, M. H. W. / Ooyen, R. Chr. van (Hg.): Jahrbuch Öffentliche Sicherheit 2002/2003, Frankfurt a. M., S. 265-281

Denneborg, Ernst A. 2001: SÜR – Sicherheitsüberprüfungsrecht. Kommentar, Loseblattausgabe, 8. Lieferung, Heidelberg

Denninger, Erhard 2002: Freiheit durch Sicherheit? Anmerkungen zum Terrorismusbekämpfungsgesetz, in: APuZ, B 10-11, S. 22-30

Leidinger, Tobias 2002: Sicherheitsverantwortung des Betreibers: Sicherheitsmanagement uns Sicherheitsüberprüfung, in: RdE, H. 2, S. 29-38

Noll, Alfred J. 2000: Die Vertrauenswürdigkeit eines Menschen im Rechtsstaat. Das Problem der Sicherheitsüberprüfung, in: juridikum, H. 1, S. 43-44

Martin H. W. Möllers

Soziale Kontrolle

I. Der Begriff „Soziale Kontrolle“ umfasst im weitesten Sinne die Gesamtheit aller sozialen Prozesse und Strukturen, mit denen in einer Gesellschaft ein als abweichendes definiertes Verhalten überprüft und sanktioniert wird. Die soziale Kontrolle gehört zu den klassischen Theoriekonzepten der Sozialwissenschaften, die diese Disziplin(en) seit ihren Anfängen im 19. Jahrhundert begleitet haben. Seither ist die Vielzahl von Definitionsversuchen fast unüberschaubar, dennoch soll hier versucht werden, wesentliche Schichtungen des Konzeptes freizulegen und seine Entwicklung nachzuzeichnen.

II. Mit dem Konzept der sozialen Kontrolle können, verkürzt formuliert, diejenigen Prozesse, Mechanismen und Strukturen erfasst werden, mit der eine Gesellschaft versucht, Normen durchzusetzen und ihre Mitglieder auf normgemäßes Verhalten zu verpflichten. Diese Konzeptualisierung impliziert zweierlei: eine positive Konnotation von Verhaltensweisen, die den akzeptierten Normen entsprechen, zugleich sind Verletzungen des Normgefüges negativ besetzt; ein Verhindern bzw. Sanktionieren abweichender Verhaltensweisen. Den Hintergrund dieser Konzeptionalisierung bilden Repräsentationen einer intakten Gemeinschaft mit dörflichem Charakter, in der sich alle, zum Nutzen aller, gegenseitig kontrollieren, getreu dem hobbesschen Leviathan.

Eine derartige Annäherung ist mit unterschiedlichen Perspektiven verknüpft, einerseits mit einer Mikroperspektive, die sich auf individuelle Verhaltensweisen einzelner Mitglieder der Gesellschaft richtet, andererseits mit einer (Vielzahl von) Makroperspektive(n), die sich auf Strukturen und Institutionen sozialer Kontrolle fokussiert/en. Vor allem im Kontext von Thematisierungen dieser Makroperspektive ist es in den letzten Jahrzehnten zu inflationären Benennungen dieser Strukturen und Institutionen gekommen: Neben Unterscheidungen wie z. B. der zwischen formeller und informeller sozialer Kontrolle oder Zusammenfassungen, die zwischen staatlicher und nichtstaatlicher Sozialkontrolle zu trennen versuchen, ist es die Summe von Einzelinstitutionen der sozialen Kontrolle, die die Konturen und die Abgrenzungen des Konzepts unscharf werden ließ. Zentrale Institutionen wie z. B. die Schule, die Medien oder die Religion, aber auch die Familien oder die Nachbarschaft wurden zu Instanzen sozialer Kontrolle deklariert, die nun neben dem Recht und vor allem weiten Teilen des staatlichen Sicherheits- und Sanktionsapparates (die Polizei, die Strafjustiz, das Gefängnis) stehen.

Trotz dieser Unübersichtlichkeiten lässt sich in der Rückschau eine Grundlinie erkennen, deren Effekte bis in die erste Hälfte der 1990er Jahre hineinreichen: Seit den 60er Jahren setzen sich zunehmend herrschaftskritische Thematisierungen des Konzeptes durch; die systemstabilisierenden Funktionen sozialer Kontrolle, die vordem eher positiv gesehen wurden, sind jetzt durchweg einem herrschaftskritisch negativen Duktus verpflichtet. Dieser Duktus reflektiert – cum grano salis – Konflikte unterschiedlicher Gruppen um die Teilhabe an der (politischen / ökonomischen) Macht innerhalb eines Systems, dessen Grundstrukturen unter den gesellschaftlichen Bedingungen unumstritten sind. Die dabei beschriebene, oft als „Fordismus" bezeichnete Gesellschaftsformation ist gekennzeichnet durch das Soziale als gesellschaftlicher Bezugsrahmen, Massenproduktion, Egalisierung von Wohlstand und Konsum bzw. durch relative soziale Sicherheit. In der → Kriminalpolitik ließ sich dies in verschiedensten Versionen des Resozialisierungsgedankens wiederfinden. Diese Gesellschaftsformation scheint sich aufzulösen.

Eine Vielzahl von neueren Annäherungen an den Komplex der sozialen Kontrolle versucht einen Wandel zum „Postfordismus“ oder „Neoliberalismus“ nachzuvollziehen und so Anschluss an allgemeinere sozial theoretische Überlegungen zu finden. Thematisiert werden wachsende Unsicherheiten bis ins Zentrum der Gesellschaft, Fragmentierungen beziehungsweise Differenzen, Flexibilisierungen von Kontrolle oder allgemeiner der Lebensverhältnisse und die zunehmende Ökonomisierung des Sozialen und der Kriminalpolitik. Die Kommodifizierung der Kontrolle, ihre zunehmend präventive Ausrichtung und Technisierung tun ihr Übriges, dass nach alternativen Zugängen gesucht wird.

III. Helga Cremer-Schäfer und Heinz Steinert (1998) schlugen bereits zu Beginn der 90er Jahre vor, gegenüber staatlichen Strafen eine Perspektive der sozialen Ausschließung einzunehmen. Sie versuchen dafür die Funktionsweisen der Institution „Verbrechen und Strafe“ in ihren verschiedenen Dimensionen nachzuvollziehen. Auf der individuellen Ebene erscheint „Verbrechen“ als ein Konflikt zwischen verschiedenen Beteiligten, bei dem jemand vorgeworfen wird, etwas Kriminelles getan zu haben. Andererseits zirkulieren auf dieser Ebene die Alltagsgeschichten über Kriminalität, mit denen Akteure eine Moral darstellen. Diese Moraldarstellungen lassen sich auf kollektiver Ebene benutzen, um Normen und Regeln abzusichern oder in Frage zu stellen. Hier setzen Moralunternehmen und symbolische Kreuzzüge an, mit denen unterschiedliche Gruppen versuchen, ihre Ordnungsvorstellungen durchzusetzen. Auf einer organisatorischen Ebene dienen „Verbrechen und Strafe“ zur Darstellung von Herrschaft, bei der staatliche Akteure intervenieren und Bestrafungen ausgeteilt werden. Dabei gehen Cremer-Schäfer und Steinert davon aus, dass soziale Kontrolle als „ideologischer Staatsapparat“ funktioniert und an die jeweils gültige „Arbeitsmoral“ beziehungsweise die „Kapitalstrategien“ und an soziale Ungleichheiten ankoppelt. Damit liegt der Fokus staatlicher Sozialkontrolle auf den als überflüssig geltenden Personen und jenen, die als Störer der Ordnung erscheinen. Auf gesellschaftlicher Ebene stellt sich die Institution „Verbrechen und Strafe“ als soziale Ausschließung dar. Staatliche Bestrafungen von der Geld- bis zur Freiheitsstrafe und damit verbunden ein Verlust der Ehre und Stigmatisierungen gehen demnach unweigerlich mit der Reduzierung der Möglichkeiten zur Teilhabe am gesellschaftlichen Leben einher. Als soziale Funktion von staatlicher Bestrafung erscheint nach den Autoren die Legitimierung sozialer Ausschließung.

Die sich an den Arbeiten Foucaults orientierende Theoriebildung von Susanne Krasmann (2000) fasst die Fragen sozialer Kontrolle als ein subjektgenerierendes Phänomen des Regierens oder genauer des Zusammenfallens von Eigen- und Fremdführung auf. Die Autorin stellt sich dabei die Fragen, wie Akteure das Feld Kriminalität und ihre Rolle demgegenüber einschätzen und institutionalisieren. Untersucht werden die verwendeten Technologien der Macht (Disziplinierungen, Verantwortungsübergabe, Überwachungen, räumliche Praxen etc.), die eingegangenen Partnerschaften und die verwendeten Wissensformen. So fällt aktuell der Blick auf Phänomene des „governing at a distance", versicherungstechnische Regulierungsformen, die „Responsibilisierung" und das Management „krimogener Situationen", die sich zwischenzeitlich in einer Vielzahl kriminalpräventiver Programme wiederfinden lassen. Kontrolle wird unter einem neoliberalen Vorzeichen zu einem Vorgang, der sich verstärkt an einer ökonomischen Logik orientiert und sich so einerseits zur aktiven Selbstkontrolle umformt, aber andererseits punitiv gegen vermeintliche Risikopersonen vorgeht.

Einen ähnlichen Zugang folgt Reinhard Kreissl (2000), indem er feststellt, dass die für Sozialkontrolle konstitutive Differenz von Konformität und Abweichung zusehendst diffus wird und die traditionelle Ausformung von sozialer Kontrolle an Bedeutung verliert. Es differenziert sich ein System aus, dass unter dem Stichwort „proaktive Normalitätskontrolle" verhandelt wird, bei dem die Bürger nicht nur der Obrigkeit gegenüber, sondern auch in ihren Kontakten untereinander zunehmend unberechenbarer werden. Die entstehenden postmodernen Überwachungsformen ähneln nach Kreissl Klubanlagen mit regulierten Tagesabläufen, Gemeinschaftsaktivitäten etc., wobei die Kontrolleure die Rolle von Animateuren übernehmen, die versuchen, die motivierten Bürger in ein System der Selbstkontrollen und Eigenverantwortungen zu integrieren. Die Möglichkeit des harten Ausschlusses besteht allerdings fort, denn die Zugänge zu den Klubanlagen sind überwacht und Stacheldraht markiert die Grenzen, die von außen nicht überschritten werden sollen. So erscheint es mit Kreissl interessant den Blick weg von Normen und Sanktionen zu nehmen und auf die gesellschaftliche Mobilitäts- und Zirkulationsordnung zu richten, um die „territorialen Strategien" und ihre Überwachung zu erfassen.

Cremer-Schäfer, Helga / Steinert, Heinz 1998: Straflust und Repression. Zur Kritik der populistischen Kriminologie, Münster

Krasmann, Susanne 2000: Kriminologie der Unternehmer-Gesellschaft, in: Dinges, M. / Sack, F. (Hg.): Unsichere Großstädte? Vom Mittelalter bis zur Postmoderne, Konstanz, S. 291-311

Kreissl, Reinhard 2000: Soziale Kontrolle, Kriminalität und abweichendes Verhalten in zeitgenössischen Gesellschaften. Einige Überlegungen in gesellschaftstheoretischer Absicht, in: Peters, H. (Hg.): Soziale Kontrolle: zum Problem der Nonkonformität in der Gesellschaft, Opladen, S. 19-42

Peters, Helge 1995: Devianz und soziale Kontrolle: Eine Einführung in die Soziologie abweichenden Verhaltens, Weinheim

Scheerer, Sebastian 2000: „Soziale Kontrolle“ – Schöner Begriff für böse Dinge? In: Peters, H. (Hg.): Soziale Kontrolle: zum Problem der Nonkonformität in der Gesellschaft, Opladen, S. 153-169

Herbert Reinke und Sascha Schierz

Sozialverteidigung

I. Der Begriff „Sozialverteidigung“ bezeichnet eine kriminalpolitische Theorie, die nach dem Zweiten Weltkrieg in Italien entstand und sich als alternatives Konzept zu den Straftheorien versteht, indem es das „Recht zu strafen“ durch das „Recht des Gesellschaftsschutzes“ ersetzt. Die Sozialverteidigung ist von der „Zivilverteidigung“ zu unterscheiden, welche sich auf den organisierten Schutz des Lebens von Zivilisten, von zivilem Eigentum und Produktionsmitteln vor, während und unmittelbar nach großen Katastrophen (→ Katastrophenschutz), Angriffskriegen und Terroranschlägen bezieht. Sie ist auch nicht mit der so genannten zivilen Verteidigung gleichzusetzen, die das Recht oder sogar die Pflicht bedeutet, der Staatsmacht den Gehorsam zu verweigern oder sogar gewalttätigen Widerstand zu leisten, wenn die Inhaber der Staatsämter ihre Macht missbrauchen.

II. Als Vater der Sozialverteidigung gilt der Rechtsanwalt Graf Filippo Gramatica, der 1945 in Genua das Studienzentrum für Sozialverteidigung gründete. Im November 1947 wurde in San Remo das Problem der „difesa sociale“ zum ersten Mal auf einem internationalen Kongress erörtert. Im Wesentlichen forderten die Vertreter der Sozialverteidigung, dass das Sanktionsrecht in erster Linie an der Sozialgefährlichkeit der Täter ausgerichtet wird. Das Prinzip der Tatschuld sollte mehr oder weniger vollständig verdrängt und von einem Maßnahmenrecht ersetzt werden, wobei eine Kategorisierung von Tätergruppen gefordert wurde.

Das Konzept der Sozialverteidigung beschäftigt sich mit dem unlösbar erscheinenden Widerspruch, den die gleichzeitige Existenz verschiedener Straftheorien vor allem in Bezug auf die Strafzwecke erzeugt. Es sieht eine radikale Abkehr vor vom Schuldstrafrecht, also von der strafrechtlichen Verantwortlichkeit des Individuums. Die Bestrafung durch den Staat wird als nicht gerechtfertigt angesehen, wenn sie sich nicht auf die Persönlichkeit des Individuums als dem Urheber des Ungehorsams und als wertbezogene oder psychologische Haltung des Einzelnen in der Gesellschaft bezieht. Die gesellschaftlich-soziale Wertung der „human- und naturgebundenen Persönlichkeit“ des handelnden Täters solle die „strafrechtliche Verantwortlichkeit“ ablösen. Maßstab solle nicht mehr die materielle Straftat, sondern die Gesellschaftswidrigkeit bzw. -feindlichkeit des Täters sein (Gramatica 1965, S. 21).

Das Problem des Gesellschaftsschutzes ist somit Ausgangspunkt für die Entwicklung einer soziologischen Strafrechtstheorie. Nicht mehr die Schuld an einer Tat soll die Art und Stärke der staatlichen Reaktion auf Kriminalhandlungen bestimmen, sondern die „soziale" Gefährlichkeit eines Täters. Es gilt, die Gesellschaft und ihre Mitglieder vor „Sozialschädlingen" zu schützen. Nach der Auffassung der Vertreter der Sozialverteidigung könne es nicht der Sinn und Zweck des Strafrechts sein, einzelne Rechtsgüter zu schützen, vielmehr müsse die soziale Einfügung und Anpassung des Individuums erreicht werden: „Der Schutz der Gesellschaft, auf das *Individuum* als menschliches und soziales Wesen bezogen, kann sich nicht auf den gleichen Zweck beschränken, den heute die Strafe hat. Er muss viel besser und auf rational-vernünftigere Weise (durch den Gesellschaftsschutz) auf die Besserung, auf die Wiedergewinnung des Subjektes hinstreben und vor allem auf die Verhütung der Ursachen, die den Menschen haben antisozial werden lassen, bedacht sein (Prävention)" (ebd., S. 22). Unzurechnungsfähigen Personen könne daher nur eine medizinische Behandlung zugedacht werden. Täter, die zurechnungsfähig seien, sollen keine Strafe mehr erhalten, sondern eine „Maßregel" in Form vorbeugender erzieherischer Maßnahmen, die sich auf die Untersuchung der Persönlichkeit des Täters und die Feststellung der Art und Stärke seiner Antisozialität gründen.

Die radikale Theorie der Sozialverteidigung lehnt ein generalpräventives Konzept ab. Sie kritisiert daher auch, dass die einzelnen von der Gesellschaft festgelegten Straftaten einen fest umrissenen Strafrahmen haben. Das Konzept der Sozialverteidigung setzt konsequent auf die spezialpräventive Wirksamkeit von Maßregeln. Eine solche stark spezialpräventive Ausrichtung erfordert aber, dass sich die auf die Tat folgenden Maßnahmen den individuellen „Bedürfnissen" des Täters anpassen müssen, sodass ein Maßnahmenkatalog gar nicht erst festgelegt werden kann. Welche konkreten Reaktionen der Staat auf gesellschaftsschädigendes Verhalten anwendet, bleibt offen, da die Maßnahmen dem jeweiligen Bedürfnis des einzelnen Täters zur Resozialisierung und zur sozialen Wiedereingliederung anzupassen sind. Schon daraus wird deutlich, dass die Sozialverteidigung den Schutzzweck der Rechtsordnung auf einen rein sozialen Schutz verengt. Es genügt nicht, staatliche Maßnahmen allein danach zu bestimmen, welche charakterlichen Mängel durch die Tathandlung erkennbar geworden sind. Immerhin spielt auch die Frage der Willensfreiheit des Einzelnen bei kriminellen Handlungen eine wesentliche Rolle.

III. Auf dem dritten internationalen Kongress der „Société Internationale de Défense Sociale", deren Präsident Filippo Gramatica war, kam es zu einer Abspaltung gemäßigter Vertreter der Sozialverteidigung. Die „Défense

Sociale Nouvelle" um den Franzosen Marc Ancel und dem Schweizer Jean Graven hatte ihre Blütezeit in den 1960er und 1970er Jahren und erfährt derzeit infolge der rasanten Entwicklung des internationalen Terrorismus in der → Kriminalpolitik eine Renaissance.

Das Modell der Neuen Sozialverteidigung lehnt sich in Abgrenzung zum ursprünglichen Konzept mehr an die Struktur des bestehenden Strafrechts an und gibt das Schuldprinzip nicht generell auf. Vielmehr wird das Prinzip von Strafe und Verantwortlichkeit in abgewandelter Form zugrunde gelegt: „In dieser neuen Bedeutung wird der Ausdruck (Sozialverteidigung) nicht mehr allein als Träger des alten Begriffes ‚Schutz der Gesellschaft' gebraucht; er gewinnt vielmehr eine eigene Dynamik und er erweckt die Vorstellung von gewissen Widerständen gegen das Bestehende oder gewissen Ansichten in Bezug auf das, was sein sollte" (Ancel 1970, S. 18). Die Neue Sozialverteidigung stellt die „Verantwortlichkeit" für die Tat in den Mittelpunkt und unterscheidet die subjektive Verantwortlichkeit von der kollektiven. Vorausgesetzt wird dabei, dass die subjektive Verantwortlichkeit bei jedem Menschen vorhanden ist; jeder Mensch sei in der Lage, Gutes von Schlechtem zu unterscheiden. Die kollektive Verantwortlichkeit erfordere dagegen eine Betrachtung der Gesellschaft, insbesondere der Umwelt des Täters. Wer eine kriminelle Handlung begehe und dadurch seiner subjektiven Verantwortung nicht gerecht werde oder sich seiner Verantwortung nicht bewusst sei, müsse zu seinem eigenen persönlichen Schutz resozialisiert werden. Er bedürfe aber auch einer Strafe oder einer sonstigen Maßnahme, damit die Gesellschaft geschützt werde. In Abgrenzung zu den Kriminaltheorien, die Schuld und Vergeltung propagieren, will die Neue Sozialverteidigung aber die Auswahl zwischen Freiheitsstrafe und sonstiger Maßnahme allein davon abhängig machen, welche den höchstmöglichen Nutzen zur Wiedereingliederung des Täters in die Gesellschaft bringt. Eine individuelle Bestrafung wegen begangenen Unrechts im Sinne auch einer Befriedigung des Opfers wird abgelehnt.

IV. Auch heute noch kennzeichnet der benannte Zwiespalt von Gesellschaftsschutz und individueller Bestrafung das Spannungsverhältnis, das mit alternativen Konzepten des Strafrechts insbesondere auf dem Gebiet der Sanktionen einhergeht. Gerade die (Neue) Sozialverteidigung ist ein Beispiel dafür, dass kriminalpolitische Konzepte und deren Entwicklung „an ihre Zeit" gebunden sind. Die 1960er und 1970er Jahre waren insgesamt von alternativen sozialen Bewegungen geprägt.

Aktuell wird der Begriff Sozialverteidigung nicht mehr auf das Konzept der Straftheorie reduziert, sondern steht eher allgemein für den Schutz der Gesellschaft vor insbesondere terroristischen und sonstigen kriminellen Angriffen von außen, gegen die der Einzelne kaum Möglichkeiten der Verteidigung hat. Beispiele dafür sind nicht nur die Terroranschläge in den USA vom 11. September 2001, die Versendung von biologischen Kampfstoffen in Form von Anthrax (Milzbrandsporen) per Post kurze Zeit später oder die Anschläge in Madrid am 11. März 2004, sondern auch Angriffe aus dem Cyberspace, die geeignet sind, Behörden lahm zu legen und wichtige Datenbestände zu vernichten. Der Terrorismus stellt sich inzwischen erheblich bedrohlicher dar, weil einerseits neue Waffen und Sprengstoffe ein sehr großes zerstörerisches Potenzial besitzen und andererseits Professionalisierung und Rücksichtslosigkeit der Terroristen eine stärkere Betroffenheit verursachen. Außerdem wirkt es sich bedrohlich aus, dass der Zugang zu Informationen der rasanten technologischen Entwicklungen bei herkömmlichen Waffen und Sprengstoffen sowie insbesondere bei chemischen, biologischen und nuklearen Waffen mit Hilfe des Internets immer leichter wird. Besonders gefährlich erscheint schließlich, dass Terrorismus international operativ vernetzt ist. Al Qaida und andere Gruppen unterhalten in mehreren Ländern Stützpunkte oder mindestens Ruheräume und nutzen bestehende Rechtslücken für ihre Zwecke aus.

Auf Grund dieser Bedrohungslage wurden – als sichtbarer Ausdruck der Sozialverteidigung – in Deutschland massive Maßnahmen gegen solche terroristische Angriffe mit den Sicherheitspaketen I und II, insbesondere mit dem Terrorismusbekämpfungsgesetz, das am 1.1.2002 in Kraft getreten ist, sowie mit der Änderung zahlreicher Gesetze in Gang gesetzt. Zum Beispiel werden nunmehr → Sicherheitsüberprüfungen für Mitarbeiter in lebens- oder verteidigungswichtigen Einrichtungen ermöglicht, Rechtsgrundlagen für die Aufnahme biometrischer Merkmale in Pässe und Personalausweise geschaffen (→ Biometrie), der Gebrauch von Schusswaffen in zivilen Luftfahrtzeugen durch Polizeivollzugsbeamten eingeführt (→ Luftsicherheit), die → Rasterfahndung durch die Einbeziehung von bestimmten Sozialdaten weitreichender gestaltet und der Bundeswehr gestattet, Zivilluftfahrzeuge als Mittel der Terrorismusbekämpfung abzuschießen (§§ 13 und 14 LuftSiG).

V. Es stellt sich daher die Frage, ob nicht mit dem Schutz der Gesellschaft die individuelle Freiheit verloren geht, Menschenrechte verletzt werden oder sogar die Demokratie in Frage gestellt wird. Verfassungsrechtlicher Beurteilungsmaßstab für die meisten der in den so genannten „Sicherheitspaketen" vorgesehenen nun teilweise schon umgesetzten Regelungen ist das Grundrecht auf informationelle Selbstbestimmung nach Art. 2 Abs. 1 i. V. m. Art. 1 Abs. 1 Satz 1 GG, welches das Bundesverfassungsgericht im Volkszählungsurteil vom 15.12.1983 höchstrichterlich anerkannte (BVerfGE 65, S. 1 ff.). Gesetzliche Beschränkungen dieses Rechts müssen verhältnismäßig, also zur Erreichung des jeweiligen

Zwecks auch wirklich geeignet, erforderlich und angemessen sein (BVerfGE 65, S. 44). Daran bestehen aber schon deshalb erhebliche Zweifel, weil die neuen Befugnisse der Sicherheitsbehörden und die damit verbundenen Grundrechtseinschränkungen sehr weit reichen und außerdem für eine Vielzahl von Personen „erforderlich" sein sollen. Die meisten der informationellen Befugnisregelungen sind zur Abwehr von Terroristen oder zur Enttarnung so genannter Schläfer nicht geeignet und verstoßen dadurch gegen den rechtsstaatlichen Verhältnismäßigkeitsgrundsatz. Nicht zu rechtfertigen ist etwa die nahezu lückenlose Erfassung und Überwachung aller ausländischen Bürgerinnen und Bürger im → Ausländerzentralregister. Auch die beabsichtigte Aufnahme biometrischer Daten in die Personalausweise, also die biometrische Vollerfassung der gesamten Bevölkerung, deren Mitglieder damit zu potenziellen Rechtsbrechern stigmatisiert werden, ist nicht zur Abwehr islamistischer Terroristen geeignet, da diese nicht mit deutschen Personalausweisen einreisen. Dagegen kann sie aber mit Hilfe moderner Software und den zunehmend in vielen Innenstädten installierten Videokameras (→ Videoüberwachung) zur automatischen Identifizierung und Überwachung aller Menschen genutzt werden, die sich im öffentlichen Raum bewegen, sodass sich eine flächendeckende Überwachung der Bevölkerung – Grundlage totalitärer politischer Systeme – realisieren ließe.

Die im Luftsicherheitsgesetz verankerte Möglichkeit der Bundeswehr, Zivilluftfahrzeuge als Mittel der Terrorismusbekämpfung abzuschießen und damit die sich in dem Flugzeug befindenden Personen zu töten, greift in das Grundrecht auf Leben nach Art. 2 Abs. 2 S. 1 GG ein. Hier gibt es schon formale verfassungsrechtliche Bedenken, weil z. B. die Vollzugskompetenz, die innerstaatliche Rechts- und Friedensordnung vor Gefahren zu schützen, nicht bei den Streitkräften, sondern bei der Polizei liegt. Materiell ist bedenklich, ob es nicht bei der Tötung von Menschen zur Rettung anderer um eine Abwägung oder sogar Aufrechnung „Leben gegen Leben" geht. Schließlich ist die Praktikabilität dieser Regelung allein wegen des Zeitpunkts des Abschusses zu bezweifeln.

Ancel, Marc 1970: Die neue Sozialverteidigung. Eine Bewegung humanistischer Kriminalpolitik, Stuttgart

Baurmann, Michael 1998: Zweckrationalität und Strafrecht. Argumente für ein tatbezogenes Maßnahmenrecht, 2. Aufl., Opladen

Fehn, Karsten / Brauns, Miriam 2003: Bundeswehr und innere Sicherheit. Eine Analyse der rechtlichen Möglichkeiten und Grenzen polizeilicher Aufgabenwahrnehmungen durch die Streitkräfte, insbesondere bei zu Terrorzwecken entführten Passagierflugzeugen, Frankfurt a. M.

Gramatica, Filippo 1965: Grundlagen der Défense Sociale, Bde. 1 und 2, Hamburg

Hoffmann-Riem, Wolfgang 2000: Kriminalpolitik ist Gesellschaftspolitik, Frankfurt a. M.

Silva Sánchez, Jésus M. 2003: Die Expansion des Strafrechts. Kriminalpolitik in postindustriellen Gesellschaften, Frankfurt a. M.

Martin H. W. Möllers

Staatsschutzdelikte

I. Als „Staatsschutzdelikte" werden Straftaten bezeichnet, die sich gegen die Verfassung, den Bestand des Staates oder gegen seine innere bzw. äußere Sicherheit richten. Für die Erfassung, Verfolgung und Aburteilung von Staatsschutzdelikten gelten in vieler Hinsicht Sonderregelungen, sodass sich die Bekämpfung der so genannten Staatsschutzkriminalität von der Verbrechensbekämpfung im Bereich der „normalen" Kriminalität deutlich unterscheidet.

II. Üblicherweise wird zwischen Staatsschutzdelikten im engeren und weiteren Sinne unterschieden. Im engeren Sinne werden zu den Staatsschutzdelikten diejenigen Straftaten gerechnet, die bereits kraft ihrer tatbestandlichen Struktur generell einen staatsgefährdenden Charakter aufweisen. Dazu zählen die im 1. und 2. Abschnitt des Besonderen Teils des Strafgesetzbuches (StGB-BT) aufgeführten Delikte (§§ 80-101a StGB). Die gesetzlichen Abschnittsüberschriften „Friedensverrat", „Hochverrat", „Gefährdung des demokratischen Rechtsstaates", „Landesverrat" und „Gefährdung der äußeren Sicherheit" verdeutlichen bereits den Inhalt und Anwendungsbereich dieser Bestimmungen. Zu den Staatsschutzdelikten im engeren Sinne lassen sich außerdem diejenigen Straftaten rechnen, die im 3. bis 5. Abschnitt des StGB-BT geregelt sind, nämlich bestimmte Delikte gegen ausländische Staaten (§§ 102-104a StGB), ferner Straftaten gegen deutsche Verfassungsorgane (§§ 105-108e StGB) und die Landesverteidigung (§§ 109-109k StGB), schließlich auch noch die beiden Sonderstraftatbestände der Verschleppung (§ 234a StGB) und der politischen Verdächtigung (§ 241a StGB), die freilich beide durch die deutsche Wiedervereinigung ihre frühere Bedeutung weithin eingebüßt haben.

Im weiteren Sinne lassen sich zu den Staatsschutzdelikten auch solche Straftaten zählen, welche zwar grundsätzlich in den Bereich der „allgemeinen" Kriminalität gehören (z. B. Bildung einer kriminellen Vereinigung, Mord, Brandstiftung, Sachbeschädigung, Bauwerkszerstörung, Angriffe auf den Luftverkehr), die aber im konkreten Falle aus einer politischen Motivation heraus begangen werden bzw. welche nach den Tatumständen im Einzelfall die innere oder äußere Sicherheit des Staates gefährden. So kann etwa ein Tötungsverbrechen aus Ausländerhass die Annahme eines Staatsschutzdelikts begründen und zur Übernahme der Strafverfolgung durch den → Generalbundesanwalt führen (NJW 2000, S. 1583; NJW 2001, S.

1359). Auch die strafbare Bildung einer → terroristischen Vereinigung (§ 129a StGB) fällt in der Regel in den Bereich der Staatsschutzkriminalität, obwohl dies – entgegen der zu eng geratenen Deliktsbezeichnung – nicht absolut zwingend ist, wie ein näherer Blick in den Tatbestand des § 129 StGB zeigt.

III. Für die Verfolgung von Staatsschutzdelikten im engeren oder weiteren Sinne bestehen vielfache staatsanwaltschaftliche und gerichtliche Sonderzuständigkeiten (§§ 74a, 120, 142a GVG). Auch die Länderpolizeien haben zur Bekämpfung der Staatsschutzkriminalität besondere „Staatsschutzdienstellen" eingerichtet. Nach § 5 StGB („Schutzprinzip") gilt das deutsche Strafrecht für viele Staatsschutzdelikte auch dann, wenn sie im Ausland begangen worden sind. Insofern so genannte „Distanzdelikte" im Ausland ihren Ausgang nehmen und sich im Inland fortsetzen, ist das deutsche Strafrecht über § 9 StGB anwendbar, weil der Tatort dann auch im Inland liegt, mit der Folge, dass das deutsche Strafrecht gemäß § 3 StGB (Territorialprinzip) Anwendung findet.

IV. Die in Deutschland verfolgten Staatsschutzdelikte werden über den „Kriminalpolizeilichen Meldedienst in Staatsschutzsachen" (KPMD-S) an das → Bundeskriminalamt (BKA) gemeldet und dort in der Polizeilichen Kriminalstatistik (PKS) erfasst. Dabei wird die Staatsschutzkriminalität in der besonderen „Polizeilichen Kriminalstatistik Staatsschutzdelikte" (PKS-S) eigenständig ausgewiesen. Soweit es sich um politisch motivierte bzw. staatsgefährdende Straftatbestände aus dem Bereich der „allgemeinen" Kriminalität handelt, erfolgt eine Doppelerfassung dieser Delikte, die dann sowohl in die allgemeine PKS als auch in die spezielle PKS-S aufgenommen werden. Die PKS ist einschließlich der PKS-S im Internet über www.bundes kriminal amt.de abrufbar. Für das Jahr 1999 beispielsweise meldeten die zuständigen Polizeidienststellen nach Abschluss der Ermittlungen bundesweit 21.219 Staatsschutzdelikte. Dies entspricht gegenüber 1998 einer Abnahme von 4,9 %. Von den insgesamt in der PKS-S 1999 erfassten 21.219 Straftaten gehörten 9.304 zu den Staatsschutzdelikten im engeren Sinne, 70 Strafsachen betrafen die Bildung einer terroristischen Vereinigung im Sinne des § 129a StGB und bei den übrigen 11.845 Delikten handelte es sich um Straftatbestände aus dem Bereich der allgemeinen Kriminalität, die jedoch politisch motiviert waren bzw. einen staatsgefährdenden Charakter aufwiesen. Für das Jahr 2000 wurden in der PKS-S insgesamt 23.620 Staatsschutzdelikte erfasst. Dies bedeutet gegenüber 1999 einen deutlichen Anstieg in Höhe von 11,3 %. Bei 13.018 Straftaten handelte es sich um Staatsschutzdelikte im engeren Sinne, die übrigen 10.602 Delikte betrafen Staatsschutzdelikte im weiteren Sinne.

Die in Deutschland auftretende Staatsschutzkriminalität wird statistisch nicht nur in der jährlichen PKS-S erfasst. So erstellt z. B. auf Bundesebene auch die Abteilung „Polizeilicher Staatsschutz" beim Bundeskriminalamt auf der Grundlage von Mitteilungen der Länderpolizeien im Rahmen des Kriminalpolizeilichen Meldedienstes in Staatsschutzsachen sowie im Rahmen der Sondermeldedienste für fremdenfeindliche bzw. antisemitische Straftaten monatliche „Lagebilder" über den polizeilichen Staatsschutz. Die in diesen Lagebildern erfassten Zahlen dienen u. a. als Basis für den Verfassungsschutzbericht des Bundes. Daneben erstellt das Bundeskriminalamt auch wöchentliche „Lageberichte", in denen u. a. aktuelle Ereignisse und Maßnahmen aus dem Bereich der Staatsschutzkriminalität dargestellt werden.

V. Für die Aburteilung von Staatsschutzdelikten bestehen etliche gerichtliche Sonderzuständigkeiten. Jedes Landgericht (LG), in dessen Bezirk ein Oberlandesgericht (OLG) seinen Sitz hat, richtet eine „Staatsschutzkammer" als Sonderstrafkammer ein. Diese ist dann „sachlich" für die Verfolgung der im Katalog des § 74a Abs. 1 GVG aufgeführten Staatsschutzdelikte und einiger weiterer Straftaten sowie „örtlich" für den gesamten Bezirk des OLG zuständig (§ 74a Abs. 3 GVG). Übernimmt allerdings der Generalbundesanwalt wegen der besonderen Bedeutung des Falles die Strafverfolgung durch Ausübung seines insoweit bestehenden „Evokationsrechts" (vgl. § 74a Abs. 2 GVG), so entsteht nach § 120 Abs. 2 S. 1 Nr. 1 GVG eine erstinstanzliche Zuständigkeit desjenigen OLG, in dessen Bezirk die Landeshauptstadt ihren Sitz hat (§ 120 Abs. 1 GVG, so genanntes „Staatsschutz-OLG"). Dieses entscheidet dann – wie bei sonstigen Strafsachen auch – durch einen Straf- bzw. Staatsschutzsenat. Bei bestimmten schweren Staatsschutzdelikten ist das Staatsschutz-OLG nach § 120 Abs. 1 GVG „immer" als Eingangsgericht zuständig. Außerdem besteht gemäß § 120 Abs. 2 S. 1 Nr. 2 und 3 GVG eine erstinstanzliche Zuständigkeit des Staatsschutz-OLG bei bestimmten schwerwiegenden Straftaten aus dem Bereich der allgemeinen Kriminalität, wenn diese von einer nicht oder nicht nur im Inland agierenden kriminellen Vereinigung begangen worden sind oder aber einen staatsgefährdenden Charakter aufweisen, insofern der Generalbundesanwalt jeweils wegen der besonderen Bedeutung des Falles die Verfolgung übernommen hat. Allerdings kann das OLG in den Fällen des § 120 Abs. 2 S. 1 Nr. 1-3 GVG bei der Eröffnung des Hauptverfahrens die Sache an das Landgericht oder ggf. an das Amtsgericht verweisen, wenn eine besondere Bedeutung des Falles nicht gegeben erscheint (§ 120 Abs. 2 S. 2 GVG). In bestimmten Fällen, z. B. bei Strafsachen von minderer Bedeutung, gibt der Generalbundesanwalt das Verfahren vor Einreichung einer Anklageschrift an die Landesstaatsanwaltschaft ab (§ 142a Abs. 2-4 GVG). Soweit der Generalbundesanwalt das Verfahren vor dem OLG betreibt, übt dieses ausnahmsweise Bundesgerichtsbarkeit aus (Art. 96 Abs. 5 GG i. V. m. § 120 Abs. 6 GVG).

Gallandi, Volker 1983: Staatsschutzdelikte und Pressefreiheit – Von der Stärkung des Rechts und der Legitimität von Strafgesetzgebung im politischen Konflikt, Königstein i. T.

Goßmann, Ralf-Günter 2000: Polizeilicher Staatsschutz – Nur eine Personalreserve oder unverzichtbarer Bestandteil moderner Polizeiorganisation? In: Kriminalistik, H. 12, S. 812-816

Harnischmacher, Robert / Heumann, Rolf 1984: Die Staatsschutzdelikte in der Bundesrepublik Deutschland, Stuttgart

Hetzer, Wolfgang 1999: Polizei und Geheimdienste zwischen Strafverfolgung und Staatsschutz – Sicherheitsarchitektur vor Sanierung oder Demolition? In: ZRP 1999, S. 19-24

Roggemann, Herwig 1996: Europäische Grenzen für den deutschen Staatsschutz? Zum Radikalen-Erlass-Urteil des EuGHMR (Fall Vogt), in: NJ 1996, S. 338-342

Martin Kastner

Strafprozessordnung / Eingriffsbefugnisse

I. Die „Strafprozessordnung" (StPO) regelt das Verfahren, durch welches die Polizei, Staatsanwaltschaften und Gerichte Straftaten aufklären und sanktionieren. Sie bestimmt ferner, auf welche Weise ein Ermittlungsverfahren beendet wird: durch endgültige oder vorläufige Einstellung, gegebenenfalls unter Auflagen, oder durch Anklage mit anschließendem gerichtlichem Verfahren, das wiederum mit Einstellung, Freispruch oder Verurteilung abschließt (→ Strafprozessordnung / Rechtswirklichkeit). Um den Strafverfolgungsorganen die Mittel zur Aufklärung einer Straftat zu geben, enthält die StPO Vorschriften, die Eingriffe in Rechte, insbesondere in Grundrechte, gestatten. Es kann von „Ermittlungsbefugnissen" gesprochen werden, wenn das „Recht" der Behörde zum Tätigwerden betont werden soll, von „Eingriffsbefugnissen", wenn die Qualifizierung der Maßnahme als Erlaubnis zum Eingriff in Rechte hervorgehoben werden soll.

II. Die seit 1879 in ihren Grundsätzen kaum veränderte Strafprozessordnung weist der Polizei und Staatsanwaltschaft die Aufgabe zu, Straftaten zu ermitteln, insofern zureichende tatsächliche Anhaltspunkte vorliegen (§§ 152 Abs. 2, 163 Abs. 1 StPO). Welche Ermittlungsmaßnahmen eingeleitet werden dürfen, führt die StPO einzeln auf. Maßnahmen, die in Rechte eingreifen, sind nur unter bestimmten Voraussetzungen zulässig. In den jeweiligen Vorschriften werden diese Voraussetzungen und der Umfang der zulässigen Maßnahme beispielsweise wie folgt benannt: Eine Durchsuchung darf beim Verdächtigen nur erfolgen, wenn zu „vermuten“ ist, dass sie zur Auffindung von Beweismitteln führen wird. Bei anderen Personen als Verdächtigen, also etwa Unbeteiligten, ist eine Durchsuchung grundsätzlich nur zulässig, wenn nicht nur Vermutungen, sondern „Tatsachen“ den Schluss zulassen, dass die gesuchte Person, eine Spur oder Sache aufzufinden sein wird.

Dieses System ist durch zweierlei Merkmale gekennzeichnet. Zum einen ist die Auflistung der Ermittlungsbefugnisse abschließend; eine Maßnahme ist nur zulässig, wenn sie sich unter einen der geregelten Fälle fassen lässt. Dies führt zu einer gelegentlich recht weiten Auslegung der Ermittlungsbefugnisse, wodurch z. B. die molekulargenetische Analyse als körperliche Untersuchung verstanden wird. Weil solch eine weite Auslegung begrenzt möglich ist, werden in die StPO häufig neue Ermittlungsbefugnisse aufgenommen (z. B.: Überwachung der Telekommunikation, Abhörmaßnahmen, Verdeckte Ermittler, Kontrollstellen, Ausschreibung zur polizeilichen Beobachtung). Zum anderen fehlt es an das gesamte Strafverfahrensrecht betreffenden Regelungen über den Umgang mit personenbezogenen Daten.

III. Durch das Strafverfahrensänderungsgesetz (StVÄG) vom 2. August 2000 (BGBl. 2000 I, S. 1253) sind „Ermittlungsgeneralklauseln“ für die Polizei und die Staatsanwaltschaft geschaffen worden (§§ 161 Abs. 1, 163 Abs. 1 StPO). Atypische Maßnahmen sind nicht mehr grundsätzlich unzulässig, sondern von der Befugnis gedeckt, „Ermittlungen jeder Art“ vorzunehmen. Außerdem ist durch Neufassungen einiger Ermächtigungen und umfangreiche Änderungen in §§ 474 ff. StPO, die überschrieben sind mit „Erteilung von Auskünften und Akteneinsicht, sonstige Verwendung von Informationen für verfahrensübergreifende Zwecke, Dateiregelungen“, ein detailreiches Regelwerk zur Datenverarbeitung geschaffen worden. Hiermit soll der vom Bundesverfassungsgericht im Volkszählungsurteil (BVerfGE 65, S. 1 ff.) gestellten Forderungen genügt werden, bereichsspezifische Regelungen für den Umgang mit personenbezogenen Daten zu schaffen und Eingriffe in Grundrechte nur aufgrund einer hinreichend klaren und bestimmten gesetzlichen Grundlage vorzunehmen.

IV. Das StVÄG hat das Strafverfahrensrecht an die tatsächliche Entwicklung der Praxis polizeilicher Ermittlungen angepasst. So wurde etwa die alte Regelung der Öffentlichkeitsfahndung, die noch auf den Steckbrief abstellte, den modernen Fahndungsmethoden, insbesondere über Fernsehen und Internet, angepasst. Auch war die Regelung der Datenverarbeitung längst überfällig. Die Polizeigesetze der Länder enthalten entsprechende Regelungen, die die Belange des polizeilichen Informationsmanagements mit den bereits im Volkszählungsurteil des Bundesverfassungsgerichts entfalteten Anforderungen des → Datenschutzes in Ausgleich bringen sollen, schon seit langem.

V. Die Änderungen des Strafverfahrensrechts sollen die Datenverarbeitung in Übereinstimmung mit der polizeilichen Wirklichkeit bringen. Es kann aber nicht unberücksichtigt bleiben, dass die Regelungstechnik zum Teil – wie häufig im Datenschutzrecht – verwirrend ist. Dies mag, da die Vorschriften sich nicht an den Bürger, sondern an Behörden wenden, eine eher gesetzesästhetische Frage sein. Jedoch ist die Fassung der Ermittlungsgeneralklausel problematisch. Denn sie enthält keine tatbestandlichen Voraussetzungen, bei deren Gegebensein die Maßnahme rechtmäßig ist, und wird daher dem verfassungsrechtlichen Vorbehalt des Gesetzes nicht gerecht. Im Gegensatz zu den Polizeigesetzen der Länder wird auch nicht geregelt, gegen wen sich Maßnahmen aufgrund der Generalklausel richten dürfen. Im Grunde bestimmt sie nur, dass die Polizei befugt ist, in Rechte einzugreifen. Dies kann dazu führen, dass Maßnahmen, die nach den speziellen Regelungen unzulässig wären, unrichtigerweise unter Verweis auf die Generalklausel für gerechtfertigt erklärt werden. Auch wenn dies nicht eintreten sollte: eine praktisch gehaltlose Norm als eine hinreichend präzise Grundlage für Grundrechtseingriffe zu begreifen, ist allein „Eingriffssemantik" (Schroeder 2001). Obendrein handelt es sich um eine recht eigenartige symbolische Gesetzgebung, deren Ziel weniger die Beruhigung der politisch interessierten öffentlichen Meinung als die Befriedigung eines rein juristischen Bedarfsempfindens ist, welches – wenn überhaupt – nur beim Fachpublikum gegeben war.

Hefendehl, Roland 2001: Die neue Ermittlungsgeneralklausel der §§ 161, 163 StPO: Fluch oder Segen? In: StV, H. 12, S. 700-706

Krane, Christian 2004: Das Verhältnis der polizeirechtlichen Standardbefugnisse zueinander und zur Generalklausel, in: NordÖR, H. 11, S. 425-431

Schroeder, Friedrich Ch. 2001: Eingriffssemantik, in: JZ, H. 2, S. 84

Christian Krane

Strafprozessordnung / Rechtswirklichkeit

I. Die „Strafprozessordnung" (StPO) regelt das Verfahren, in dem die Sicherheitsbehörden und die Gerichte Straftaten aufklären und sanktionieren (Einzelheiten: → Strafprozessordnung / Eingriffsbefugnisse).

II. Das in der StPO angelegte Verfahren zur Aufklärung und Bestrafung von Straftaten kann als dreistufig umrissen werden. Nach diesem seit 1879 geltenden Ideal erhält die Polizei oder die Staatsanwaltschaft Kenntnis von einer Straftat, etwa durch eine Strafanzeige oder durch eigene Wahrnehmung. Gegebenenfalls trifft die Polizei unaufschiebbare Maßnahmen, weitere Ermittlungen führt sie auf Weisung der Staatsanwaltschaft. Kommt diese zur Überzeugung, dass eine Verurteilung wahrscheinlich ist, klagt sie die Tat bei Gericht an, das den Angeklagten verurteilt oder freispricht. Andernfalls stellt sie das Verfahren ein. Das Gericht selbst führt das Verfahren in öffentlicher Hauptverhandlung und entscheidet nach seiner aus dieser Hauptverhandlung geschöpften Überzeugung.

Die Schuld des Verdächtigen ist im so genannten Strengbeweisverfahren nachzuweisen, d. h., es sind nur die in der StPO genannten Beweismittel zulässig, also Einlassung und Geständnis des Angeklagten, Sachverständige, Augenschein, Urkunden und Zeugen. Die Vernehmung durch Behörden und Gerichte hat stets unter Beachtung rechtsstaatlicher Grundsätze zu erfolgen: „Die Freiheit der Willensentschließung und der Willensbetätigung (...) darf nicht beeinträchtigt werden durch Mißhandlung, durch Ermüdung, durch körperlichen Eingriff, durch Verabreichung von Mitteln, durch Quälerei, durch Täuschung oder durch Hypnose. (...) Aussagen, die unter Verletzung dieses Verbots zustande gekommen sind, dürfen auch dann nicht verwertet werden, wenn der Beschuldigte der Verwertung zustimmt“ (§ 136a StPO). Art. 104 Abs. 1 GG bestimmt: „Die Freiheit der Person kann nur auf Grund eines förmlichen Gesetzes und nur unter Beachtung der darin vorgeschriebenen Formen beschränkt werden. Festgehaltene Personen dürfen weder seelisch noch körperlich mißhandelt werden.“

III. Zur Betrachtung der Rechtswirklichkeit des Strafverfahrens ist zwischen Kapitalverbrechen, wie denen des Terrorismus, und der „Alltagskriminalität“ zu unterscheiden. Das für den Bereich der Alltagskriminalität weiter unten Dargelegte gilt für den Bereich der Kapitalverbrechen nur mit Einschränkungen. Hier hat die Staatsanwaltschaft, insbesondere der → Generalbundesanwalt, noch weitgehend das Verfahren in der Hand. Die zur Aufklärung schwerwiegender Straftaten eingesetzten Ermittlungsmethoden bedingen gravierende Grundrechtseingriffe und dürfen daher häufig nicht durch die Polizei allein vorgenommen werden. Die für die Alltagskriminalität wichtigen Einstellungen nach dem Opportunitätsprinzip (§§ 153 ff. StPO) verbieten sich hingegen schon wegen der Schwere der Delikte, Gleiches gilt für Verständigungen vor Gericht.

In Deutschland verbieten § 136a StPO und das Grundgesetz Vernehmungsmethoden, wie sie wohl bei den Verhören der Gefangenen im Irak und möglicherweise auch in Guantanamo eingesetzt worden sind. Es ist unbestritten, dass der Einsatz von Folter zur

Aufklärung von Straftaten unzulässig ist. Kontrovers diskutiert wird hingegen der Einsatz von Folter zur Gefahrenabwehr, insbesondere bei drohender Lebensgefahr.

Im Bereich der Alltagskriminalität hingegen ist die gesetzlich vorgesehene Aufgabenteilung zwischen Polizei, Staatsanwaltschaft und Gericht mittlerweile Theorie. Das Schwergewicht der Ermittlungstätigkeit hat sich zugunsten der Polizei verschoben, die Ermittlungstätigkeit der Staatsanwaltschaft ist de facto nicht mehr existent (vgl. BT-Drs. 14/6079, S. 6). Im konkreten Strafverfahren beschränkt sich die Leitungsbefugnis der Staatsanwaltschaft heute gegebenenfalls auf die Anordnung weniger Nachermittlungen und alsdann auf Einstellung oder Anklage.

Diese Entwicklung wird gefördert durch den rechtlichen und tatsächlichen Ausbau des Aufgabengebietes der vorbeugenden Bekämpfung von Straftaten. Die Polizei, nicht die Staatsanwaltschaft, erhielt durch die Landespolizeigesetze weitgehende Ermittlungsbefugnisse im Vorfeld von Straftaten. Die Gesetzgeber gingen davon aus, dass die Polizei von ihrer sachlichen und personellen Ausstattung her am ehesten in der Lage sei, diese Aufgabe wahrzunehmen.

Andererseits hat die Staatsanwaltschaft zulasten der Gerichte Entscheidungskompetenz gewonnen. Denn seit 1993 ist eine Einstellung nach § 153a StPO durch die Staatsanwaltschaft in vielen Fällen nicht nur dann möglich, wenn die Schuld des Täters als gering anzusehen ist, sondern bereits dann, wenn die Schwere der Schuld nicht entgegensteht. Hiernach ist die Staatsanwaltschaft nach dem Legalitätsprinzip zwar verpflichtet, bei Anhaltspunkten für Straftaten Ermittlungen aufzunehmen, sie ist im Bereich kleiner und mittlerer Kriminalität aber nicht mehr verpflichtet, die Sache einem unabhängigen Gericht vorzulegen.

Die Verfahrenseinstellung wird so als probates Mittel zur möglichst ökonomischen Verwaltung des knappen Guts „Strafrechtspflege" verwendet. Zwar mögen die §§ 153, 153a StPO ein vergleichsweise flexibles Reaktionsinstrumentarium bereithalten, das in einer großen Anzahl von Fällen einfacher und mittlerer Kriminalität die Tat am ehesten angemessen sanktioniert. Umgangen wird aber so die dem Parlament durch die Verfassung zugewiesene Aufgabe, im dafür vorgesehenen Verfahren unter den Augen der Öffentlichkeit über die Strafbarkeit bestimmter Handlungen zu entscheiden. Die rechtspolitisch schwierige Entkriminalisierungsdebatte wird vermieden. Dies gilt in besonderem Maße für die politisch kaum rational führbaren Diskussionen um → Rauschgiftkriminalität und Ladendiebstahl.

Auch das gerichtliche Verfahren entspricht nicht mehr den ursprünglich in der StPO niedergelegten Vorstellungen. Insbesondere bei aufwendigen Strafverfahren der → Wirtschaftskriminalität und der → Organisierten Kriminalität hat sich außerhalb des gesetzlichen Rahmens eine Praxis der Absprache im Strafprozess zwischen den Verfahrensbeteiligten entwickelt, die als „Verständigung" oder als „Deal" bezeichnet wird. Bei diesen Absprachen erleichtert der Angeklagte die Aufklärung der Tat, nachdem ihm gerichtlich zugesagt wurde, dass diese Hilfe strafmildernd berücksichtigt werde.

Diese heftig umstrittene Praxis hat der Bundesgerichtshof unter folgenden Voraussetzungen für zulässig erklärt (BGHSt 43, S. 195): Die Verständigung muss grundsätzlich unter Mitwirkung aller Beteiligten in „öffentlicher" Hauptverhandlung geschehen, ihr Ergebnis ist zu protokollieren, das Gericht muss die Glaubhaftigkeit eines Geständnisses ggf. prüfen, es kann eine bindende Strafobergrenze angeben, wobei die Strafe nach den gesetzlichen Strafzumessungsgesichtspunkten zu finden ist und schuldangemessen sein muss. Die Verständigung darf nur die Strafzumessung, nicht aber die rechtliche Einordnung der Tat betreffen. Ein vorab erklärter Rechtsmittelverzicht ist unwirksam.

Der Gesetzgeber hat sich immer wieder mit einer gesetzlichen Regelung der Praxis der Verständigung befasst, ohne eine gesetzliche Fassung zu finden. „Tägliche Praxis in allen Gerichten ist, dass das Nachtatverhalten wie zum Beispiel ein Beitrag zur Aufklärung einer Straftat strafmildernd berücksichtigt wird" (Ströbele, BT Plenarprotokoll 14/192, S. 18700). Das Angebot einer Strafmilderung sollte aber an bestimmte Voraussetzungen, Regelungen, Begründungen und Sicherungen geknüpft werden (Däubler-Gmelin, BT Plenarprotokoll 14/192, S. 18717). Die Untätigkeit des Gesetzgebers hat den Großen Senat für Strafsachen des Bundesgerichtshofs veranlasst, die Anforderungen an die Verständigung weiter zu präzisieren. Dabei hat er ausdrücklich an den Gesetzgeber appelliert, Zuständigkeit, Voraussetzungen und Begrenzungen von Urteilsabsprachen zu regeln. Die Entscheidung des Großen Senats vom 3. März 2005 ist – trotz oder gerade wegen der an ihr geübten rechtsdogmatischen und praktischen Kritik – ein beeindruckendes Dokument für die Nöte, in die die Justiz durch das Auseinanderfallen von Rechtswirklichkeit und Gesetzeslage gerät.

IV. Die Auswirkungen auf das deutsche Strafverfahrensrecht betreffen insbesondere die Erlangung und Verwertung von Beweisen. Der BGH hat in seiner Entscheidung zum Fall El Motassadeq vom 4. März 2004 hervorgehoben, dass die Nichtfreigabe von Zeugenaussagen durch andere Staaten die Beweisgrundlage für die richterliche Überzeugungsfindung derart schwächen könne, dass ein Freispruch erfolgen müsse. Denn eine mittelbare Beweisführung sei weniger zuverlässig als die direkte Zeugenvernehmung, ferner erleide das Fragerecht der Verteidigung Einbußen. Dem geminderten Beweiswert sei durch die freie richterliche Beweiswürdigung und durch den Satz „in dubio pro reo“ Rechnung zu tragen.

V. Der BGH hat durch die Betonung rechtsstaatlicher Grundsätze nicht nur die Unabhängigkeit der Rechtsprechung von ausländischen und deutschen Sicherheitsbehörden betont. Er hat auch, in klassischer rechtsstaatlicher Tradition, dem Grundsatz Vorrang eingeräumt, dass besser zehn Schuldige freizusprechen sind, als dass ein Unschuldiger zu Unrecht verurteilt wird.

Die Diskussion um die Folter im Bereich der Gefahrenabwehr erweist sich weiter als offen. Sie ist, wenn überhaupt, nicht allein auf rechtlicher Ebene zu lösen. Vielleicht liegt ein Ansatz darin, anzuerkennen, dass es Situationen gibt, in denen der Einzelne sich moralisch verpflichtet fühlt, Folter anzudrohen, er sich aber den daraus folgenden rechtlichen Konsequenzen stellen muss.

Unzweifelhaft hat sich im Bereich der Alltagskriminalität die Rechtswirklichkeit weit vom Idealbild des Strafverfahrens entfernt. Solange sie sich aber im Rahmen des rechtlichen Instrumentariums hält, trifft der Vorwurf kaum Polizei, Staatsanwaltschaften und Gerichte. Es wird rechtlich Gebotenes, nämlich die Durchführung eines Gerichtsverfahrens und die gerichtliche Sanktionierung (oder eben Freispruch!), als nicht sachangemessen empfunden. Den Ausweg müssen sich die unter dem Zwang der Sachentscheidung stehenden ausführenden Organe durch Ausnutzung der vorhandenen Spielräume suchen. Wie nicht selten wird materiell-rechtlichen, politischen und ethischen Problemen zuerst durch geänderte Handhabung oder durch politisch leicht durchzusetzende Anpassung des Prozessrechts begegnet, bevor durch Änderung des Strafgesetzes selbst eine inhaltliche Position vertreten werden muss. Insoweit ist der Umgang mit dem Strafverfahrensrecht Indiz für geänderte gesellschaftliche Wirklichkeiten. Zweifelhaft ist allerdings die ebenso in den Polizeigesetzen anzutreffende Tendenz, eher eine bestehende Praxis der Strafverfolgungsorgane zu legalisieren, als diesen rechtliche Vorgaben zu machen, an die sie sich zu halten haben.

Meyer-Goßner, Lutz 2003: Der gescheiterte Deal, in: StraFo, H. 12, S 401-406

Poscher, Ralf 2004: „Die Würde des Menschen ist unantastbar“, in: JZ, H. 15, S. 756-762

Rzepka, Dorothea 1999: Das Strafverfahren in den Händen der Polizei, in: KritV, H. 3, S. 312-335

Seher, Gerhard 2005: Anmerkung zum Beschluss des Bundesgerichtshofs vom 3.3. 2005 – GSSt 1/04, in: JZ, H. 12, S. 634-636

Christian Krane und
Peter Reichenbach

Strafrecht

I. Das Strafrecht ist die Gesamtheit der Rechtsnormen, die ein mit Strafe bedrohtes Verhalten kennzeichnen und sanktionieren. Es ist Teil des öffentlichen Rechts, da es die Beziehungen hoheitlicher Natur zwischen Staat und Bürger regelt und nur der Staat das Recht hat, Strafe im Wege des Strafprozesses zu verhängen. Während das materielle Strafrecht als Hauptquelle im StGB und daneben in strafrechtlichen Nebengesetzen geregelt ist, bestimmt das formelle Strafverfahrensrecht der StPO und des GVG die Durchsetzung der Strafe („auf welchem Wege wird bestraft“). Materielles Strafrecht und formelles Strafverfahrensrecht unterliegen gemäß Art. 72, 74 Abs.1 Nr.1 GG der konkurrierenden Gesetzgebung des Bundes.

Der Geltungsbereich des deutschen Strafrechts bestimmt sich nach den §§ 3-7 StGB. Das StGB ist in einen Allgemeinen Teil (AT) und einen Besonderen Teil (BT) gegliedert. Im AT sind Vorschriften allgemeinen Charakters enthalten, die für jede Straftat gelten können, was insbesondere die gemeinsamen Züge der mit Strafe bedrohten Handlungen, ihre Begehungsweise und die Rechtsfolgen anbelangt. Im BT sind einzelne Straftatbestände nach Deliktgruppen gegliedert.

Strafe setzt Schuld im Rechtssinn voraus. Im Sanktionssystem des Strafrechts steht neben dem Schuldprinzip gleichberechtigt das Resozialisierungsprinzip. Den „Strafen“ stehen die „Maßregeln“ der Besserung und Sicherung gegenüber, die nicht an die Schuld anknüpfen, sondern an die Gefährlichkeit des Täters. Die Rechtsfolgen einer Straftat müssen dem Rechtsstaatsprinzip und dem Grundsatz der Verhältnismäßigkeit entsprechen.

II. Das Strafrecht als Teil der Rechtsordnung unterliegt dem Wandel der gesellschaftlichen Bedürfnisse und deren Forderungen an sich selbst und den Staat. So liegen den Zielsetzungen des Strafrechts letztendlich verschiedene Theorien, zunächst über den Sinn des Strafens an sich zugrunde. Dies sind die absoluten und relativen Strafzwecktheorien. Die wesentlichen absoluten Strafzwecktheorien sind insbesondere auf Kant und Hegel zurückzuführen und beschäftigen sich mit dem Vergeltungs- und Sühnegedanken, die aber nur auf eine rein repressive Wirkung der Strafe abzielen und die Herstellung der staatlichen Rechtsordnung und Gerechtigkeit im Sinn haben. Die relativen Theorien, vertreten durch Feuerbach und von Liszt, stellen auf die rein präventive Wirkung von Strafe ab. Sie unterscheiden zwischen Generalprävention, d. h. Stärkung des Rechtsbewusstseins der Allgemeinheit und Spezialprävention, zwischen der Abschreckung des Täters selbst und der Sicherung der Gesellschaft vor dem Täter. Jede dieser Ansichten hat jedoch einige Schwachpunkte aufzuweisen. Denn die absoluten Theorien berücksichtigen nicht die gesellschaftlichen Belange und die Sicherung des Gemeinwesens, die relativen Theorien dagegen sehen keine Begrenzungen für das Strafmaß vor.

Nur unter Berücksichtigung und Verquickung der Ansichten ergibt sich ein sinnvoller Zweck der Strafe, die nach heutigem Strafrecht auch im StGB verankert ist (z. B. §§ 46 Abs. 1 S. 1, 2 StGB). So dient das Strafrecht der Verwirklichung des Gemeinwohls und der Wahrung des Rechtsfriedens durch den Schutz von Rechtsgütern, die in der Verfassung fest verankert sind. Lebensgüter, Sozialwerte und rechtlich anerkannte Interessen des einzelnen (Leben, Freiheit etc.) und der Allgemeinheit (Bestand des Staates und seiner freiheitlich demokratischen Grundordnung etc.) gilt es zu schützen.

Unter diesen Aspekten steht das Strafrecht in einem Spannungsfeld zwischen innerer Sicherheit und sozialem Zusammenhalt. Die innere Sicherheit als verfassungsrechtliche Aufgabe des Staates (BVerfGE 49, S. 202 ff.) und die von der Werteordnung der Grundrechte abzuleitenden Schutzaufgaben implizieren in Verbindung mit dem staatlichen Gewalt- und Strafmonopol und dem Grundrecht des Bürgers auf Sicherheit eine entsprechende Schutzpflicht des Staates. Dieser Schutzpflicht ist der Staat durch die Legislative in der Vergangenheit vielfach nachgekommen.

III. Bei kritischer Betrachtung ist festzustellen, dass der Gesetzgeber häufig erst während einer (vermeintlich) auftretenden Bedrohungslage und dann übereilt reagiert. Die dahingehende staatliche Sicherheitspolitik lässt sich gerade am aktuellen Beispiel der Terrorismusbekämpfung und insbesondere des Strafrechts entwickeln.

Weitgehend besteht Einigkeit, dass der Terrorismus in der Bundesrepublik Deutschland aus der Studentenrevolte der 60er Jahre entstanden ist (→ Geschichte der Terrorismusbekämpfung). Der Kern der Außerparlamentarischen Opposition (APO) des Deutschen Sozialistischen Studentenbundes versuchte durch Demonstrationen das bestehende Regierungs- und Gesellschaftssystem zu verändern, erklärte Gewalt als Mittel zur Demonstration. Aus dieser Gruppierung heraus bildete sich 1970 die Baader-Meinhof-Bande, die sich später Rote-Armee-Fraktion (RAF) nannte. Parallel bildete sich die terroristische Gruppe Bewegung 2. Juni und die Gruppe der Revolutionären Zellen (RZ). Alle diese terroristischen Gruppierungen sahen ihre Aufgabe darin, die bestehende Gesellschaftsordnung, den Kapitalismus und die Rechtsordnung radikal umzustürzen.

Diese Bedrohungslage nun forderte den Gesetzgeber, der zunächst repressionsorientiert mit zahlreichen Gesetzesänderungen im strafrechtlichen Bereich reagierte. Die Novelle begann 1974 mit einem Gesetz zur

Ergänzung des ersten Gesetzes zur Reform des Strafverfahrensrechts, das den Verteidigerausschluss für die Fälle neu regelte, in denen der Verteidiger in dringendem Tatverdacht stand, selbst an Straftaten seines Mandanten beteiligt zu sein. Im 14. Strafrechtsänderungsgesetz von 1976 wurde dann u. a. die verfassungsfeindliche Befürwortung von Straftaten unter Strafe gestellt (§ 88a StGB) sowie § 130 StGB eingefügt, dem zufolge die Anleitung zu Straftaten durch Schriften sanktioniert wurde. Es folgte das so genannte Antiterroristengesetz von 1976, das in einem neuen § 129a StGB die Bildung → terroristischer Vereinigungen mit Strafe bedrohte. 1989 schließlich wurde die → Kronzeugenregelung (→ Kronzeuge) eingeführt, die Mitglieder der Terrorgruppen motivieren sollte, sich zu stellen und – gegen Strafminderung – ihre Gefährten zu verraten. Die Gesetzesentwicklung mündete schließlich in ein umstrittenes, präventiv konzipiertes Aussteigerprogramm. Wenngleich auch im April 1998 in einem Schreiben an eine Nachrichtenagentur die Auflösung der RAF bekannt gegeben wurde, hat die umstrittene Regelung, die bis 1999 verlängert wurde, nicht dazu beigetragen, dass sich einer der Mitglieder einer terroristischen Vereinigung freiwillig gestellt hat. So wie in der damaligen Phase des Terrorismus wurde auch nach den Anschlägen des 11. September 2001 der Ruf nach einem „starken Staat" laut, der seiner Verantwortung für die innere Sicherheit nachzukommen habe. Kritiker dieser vielfältigen Gesetzesänderungen sehen darin, heute wie damals, eine Schwächung der demokratischen Kontrolle. Grundlegende Prinzipien der Strafrechtspflege würden einer zweifelhaft gesteigerten Bedrohung der Bevölkerung zum Opfer fallen, sodass ein notfallähnliches Reaktionsbedürfnis des Staates auf strukturelle Erscheinungsformen der Kriminalität, insbesondere des Terrorismus, nicht begründbar sei.

IV. Unter dem Eindruck neuer Erscheinungsformen und neuer Dimensionen des Terrorismus aus religiösen Motiven, reagiert der Staat nunmehr erneut sehr schnell durch vielfältige Gesetzesänderungen, nicht zuletzt eben auch oder gerade im Strafrecht. Der Staat stützt sich dabei offensichtlich auf Erfahrungswerte aus der Terrorismusbekämpfung der 70er Jahre, ohne die geänderte Motivlage der terroristischen Gruppierungen effektiv zu berücksichtigen. Die Verabschiedung der Sicherheitspakete I und II zur Bekämpfung des Terrorismus enthalten u. a. einschneidende Regelungen auch im strafrechtsrelevanten Bereich, die die Grundlegung im Strafrecht zumindest in Frage stellen. Gerade in diesem grundrechtssensiblen Bereich aber muss der Staat weitsichtig und sorgsam mit seiner Aufgabenwahrnehmung umgehen, denn er steht nicht über der Gesellschaft. So hat er nach dem Schuldprinzip im Strafrecht, dem beschuldigten Bürger seine Schuld zu beweisen. Mit den neuerlichen einschneidenden Eingriffen in die Privatsphäre und die Freiheitsrechte ganzer Bevölkerungsgruppen aber hat es den Anschein, dass hier eine stillschweigende Beweislastumkehr stattfindet; der vermeintliche Straftäter hätte dann seine Unschuld zu beweisen. Auch die Grundsätze der Verhältnismäßigkeit und Bestimmtheit eines Strafgesetzes sind immer weniger transparent und weichen einer ohnehin zweifelhaften Effektivität der mit den Sicherheitspaketen verbundenen Strafverfolgung.

V. Es steht sicher außer Frage, dass jede neue Kriminalitätsentwicklung – insbesondere in den derzeitigen Dimensionen des Terrorismus – eine Herausforderung eines jeden Staates bedeutet, aber hier scheint der Staat langfristig gut beraten, sorgsam mit den Möglichkeiten einer effektiven Bekämpfung und Reaktion von Bedrohungslagen umzugehen. Strafverfolgung um jeden Preis kann nicht Ziel der Strafrechtspflege sein und ist eines demokratischen Staates nicht würdig.

Kargl, Walter 1995: Die Funktion des Strafrechts in rechtstheoretischer Sicht, Heidelberg

Schmidt, Rolf 2003: Strafrecht Allgemeiner Teil, Bremen

Martina Liebich-Frels

Subjektives Sicherheitsgefühl

I. Der Begriff „Subjektives Sicherheitsgefühl“ bezeichnet die Einschätzung des Einzelnen seiner Sicherheit oder – aus umgekehrtem Blickwinkel – der Gefahr, dass seine Rechtsgüter beeinträchtigt werden. Zumeist wird als Hauptursache der befürchteten Rechtsgüterbeeinträchtigung eine zunehmende Kriminalität angenommen, weshalb das subjektive Sicherheitsgefühl im Wesentlichen mit dem kriminologischen Begriff der Kriminalitätsfurcht gleichgesetzt wird. Allerdings geht das subjektive Sicherheitsgefühl über die Kriminalitätsfurcht hinaus. Zum einen erfasst das Sicherheitsgefühl auch die Beunruhigung durch mittelbare Beeinträchtigungen wie die Besorgnis anlässlich massenhafter Kleinkriminalität sowie demonstrativer und ohne Ahndung bleibender Rechtsbrüche und Ordnungsstörungen, während die Kriminalitätsfurcht nur die Besorgnis vor eigenen unmittelbaren Gefährdungen durch Kriminalität meint. Zum anderen schließt das Sicherheitsgefühl auch Beeinträchtigungen der Sicherheit ein, die nicht durch Kriminalität hervorgerufen werden, z. B. die Sorge um den Verlust des Arbeitsplatzes. Von der Begrifflichkeit her steht das subjektive Sicherheitsgefühl also im Zusammenhang mit der objektiven Sicherheit und deren negativem Gegenstück, der Gefahr. Im politischen Sprachgebrauch wird das Sicherheitsgefühl zumeist verallgemeinert: Es ist nicht mehr vom Sicherheitsgefühl einer bestimmten Person die Rede, sondern vom „Sicherheitsgefühl der Bevölkerung".

II. Die begriffliche Verwandtschaft des Sicherheitsgefühls und der objektiven Sicherheit legt zunächst den Schluss nahe, dass auch ein enger tatsächlicher Zusammenhang zwischen objektiver Sicherheit und subjektivem Sicherheitsgefühl besteht, dass also die von dem Einzelnen angenommene Wahrscheinlichkeit, eines seiner Rechtsgüter könnte verletzt werden, mit der tatsächlich bestehenden Wahrscheinlichkeit übereinstimmt. Soziologische und kriminologische Untersuchungen, die sich mit dem Verhältnis von subjektivem Sicherheitsgefühl und objektiver Sicherheit befasst haben, sind aber zu einem gegenteiligen Ergebnis gekommen: Das Sicherheitsgefühl spiegelt nicht die objektive Gefährdungslage wider. So ist zum einen zu beobachten, dass sich kein proportionaler Zusammenhang zwischen der objektiven Gefährdung des Einzelnen und seinem Sicherheitsgefühl herstellen lässt, d. h., dass z. B. Personen, die sich besonders fürchten, Opfer von (Gewalt-) Kriminalität zu werden, nicht besonders gefährdet sind und umgekehrt Personen, die statistisch am häufigsten Opfer von Kriminalität werden, sich am wenigsten fürchten. Zum anderen lässt sich auch erkennen, dass Veränderungen der objektiven Sicherheitslage, d. h. ein Ansteigen oder Absinken der Kriminalität, keine unmittelbaren Auswirkungen auf das Sicherheitsgefühl haben. Weil, anders als die begriffliche Nähe von objektiver Sicherheit und subjektivem Sicherheitsgefühl vermuten lässt, zwischen beiden kein klarer tatsächlicher Zusammenhang besteht, wird dieses Verhältnis als „Kriminalitätsfurchtparadox" bezeichnet.

III. Kann das subjektive Sicherheitsgefühl wirklich als Kriminalitätsfurchtparadox bezeichnet werden? Ihre konstituierenden Faktoren und prägenden Einflüsse geben Anlass dazu, dies zu bezweifeln.

Zu den konstituierenden Faktoren des Sicherheitsgefühls gehören die Einschätzung des Einzelnen seines Risikos, seiner Vulnerabilität und Copingfähigkeit. Die Risikoeinschätzung betrifft die Bewertung der Wahrscheinlichkeit, Opfer einer Straftat zu werden, die Einschätzung der Vulnerabilität die Befürchtung entstehender Verluste, die einem als Opfer einer Straftat drohen. Die Copingfähigkeit (to cope: mit einer Situation fertig werden) betrifft die Einschätzung des persönlichen Vermögens, eine Gefahr abzuwehren, sich dieser durch Flucht zu entziehen oder durch sicheres Auftreten erst gar nicht auszusetzen bzw. eine Gefahrensituation durch geschicktes, meist verbales Verhalten zu entschärfen.

Das subjektive Sicherheitsgefühl bestimmt sich demnach aus der persönlichen Beantwortung der drei Fragen: Kann ich Opfer einer Straftat werden? Was kann mir in einem solchen Fall passieren? Und wie kann ich eine gefährliche Situation bewältigen? Da jeder diese Fragen anders beantwortet, kann sich jemand, der statistisch besonders gefährdet ist, trotz allem sicher fühlen, während ein anderer sich fürchtet, obwohl die Wahrscheinlichkeit, Opfer einer Straftat zu werden, für ihn objektiv gering ist. Die fehlende Proportionalität zwischen Sicherheitsgefühl und objektiver Gefährdungslage erklärt sich damit durch die das Sicherheitsgefühl konstituierenden Faktoren. Insoweit lässt sich das Kriminalitätsfurchtparadox begründen.

Dass die objektive Sicherheitslage so geringe Auswirkungen auf das subjektive Sicherheitsgefühl hat, wird durch die Einflüsse auf die konstituierenden Faktoren noch verstärkt. Die Einschätzungen des Einzelnen seines Risikos, seiner Vulnerabilität und Copingfähigkeit werden entscheidend durch seine Wahrnehmung der Kriminalität bestimmt. Der Einzelne nimmt Kriminalität, insbesondere die befürchtete Gewaltkriminalität, zumeist über Medien wahr. Die Berichterstattung in den Medien, insbesondere im Fernsehen, legt ihren Schwerpunkt auf Gewaltdelikte, obwohl diese den polizeilichen Kriminalitätsstatistiken zufolge nur einen geringen Anteil an der Gesamtkriminalität ausmachen. Durch diese mediale Verengung entsteht beim Betrachter ein verzerrtes Bild von Kriminalität. Dieses wird durch unseriöse Berichterstattung noch verstärkt, die reißerisch und effekthascherisch über Gewaltkriminalität berichtet. Diese indirekte Beeinflussung durch Medien spielt eine wesentlich wichtigere Rolle für das subjektive Sicherheitsgefühl als die tatsächliche objektive Sicherheitslage. Deshalb haben Veränderungen der objektiven Gefährdungslage so geringe Auswirkungen auf das Sicherheitsgefühl. Aufgrund der konstituierenden Faktoren des Sicherheitsgefühls (Einschätzung des Risikos, der Vulnerabilität und der Copingfähigkeit) und deren Beeinflussung durch die Medien kann das Auseinanderfallen von objektiver Gefährdungslage und subjektivem Sicherheitsgefühl nicht als Kriminalitätsfurchtparadox bezeichnet werden.

IV. Bedenklich ist die Verrechtlichung, die das subjektive Sicherheitsgefühl verstärkt erfährt. Immer häufiger dient es als Rechtfertigung staatlicher Maßnahmen. So werden im Namen des Sicherheitsgefühls von der Polizei z. B. Aufenthaltsverbote für Obdachlose in Innenstädten verhängt und Plätze per Videokameras überwacht. Diese Maßnahmen zur Stärkung des Sicherheitsgefühls der Bevölkerung sind indes mit Eingriffen in die Grundrechte der von der Maßnahme betroffenen Personen verbunden. Die Polizei darf aber zum Schutz der objektiven Sicherheit in Grundrechte eingreifen. Die subjektiven Vorstellungen des Einzelnen oder der Mehrheit der Bevölkerung von Sicherheit darf sie nicht zum Maßstab ihres Handelns machen, zumindest nicht, wenn dies mit Grundrechtseingriffen verbunden ist.

V. Die Attentate vom 11. September 2001 haben auch Auswirkungen auf das subjektive Sicherheitsgefühl gehabt. Wurde es bislang von der Furcht vor Kriminalität beeinträchtigt, so ist seitdem die Furcht vor terroristischen Anschlägen hinzugetreten. Allein die Grundidee des Terrors, durch die Unvorhersehbarkeit und Allgegenwärtigkeit der Gefahr eines Anschlags Furcht unter der Bevölkerung zu verbreiten, erklärt die Wirkung auf das subjektive Sicherheitsgefühl. Ihre Beeinträchtigung ist das Ziel des Terrorismus und nicht bloße Nebenfolge, wie bei der Kriminalität.

Entsprechend der Konzeption des Terrorismus fiel die staatliche Reaktion auf die Attentate des 11. September 2001 aus: Vielfach wurden Maßnahmen ergriffen, die weniger darauf abzielen, die objektive Sicherheit zu stärken, als vielmehr der Bevölkerung das Gefühl zu vermitteln, es werde alles für ihre Sicherheit unternommen. Dies gilt sowohl für einige Gesetzesänderungen, die im Rahmen der Sicherheitspakete beschlossen wurden, als auch für die in vielen Bundesländern initiierten → Rasterfahndungen, die aufgrund gerichtlicher Vorgaben teilweise wieder eingestellt wurden, und die verstärkte Präsenz der Polizei vor bedeutenden Einrichtungen. Solange diese Maßnahmen ohne Grundrechtsbeeinträchtigungen erfolgen, sind sie nicht zu beanstanden und können sogar als positiv bewerten werden. Grundrechtseingriffe lassen sich aber nicht allein mit dem subjektiven Sicherheitsgefühl rechtfertigen.

Boers, Klaus 1991: Kriminalitätsfurcht, Pfaffenweiler

Boers, Klaus 2001: Kriminalprävention und Kriminalpolitik mit der Kriminalitätsfurcht? In: Neue Kriminalpolitik, H. 2, S. 10-15

Boers, Klaus / Kurz, Peter 2001: Kriminalitätsfurcht ohne Ende? In: Albrecht, G. / Backes, O. / Kühnle, W. (Hg.): Mythos Gewalt, Frankfurt a. M., S. 123-144

Reuband, Karl-Heinz 1989: Die Kriminalitätsfurcht der Bundesbürger 1965-1987, in: ZfS, H. 6, S. 470-476

Waechter, Kay 1999: Rechtsgütergewichtung und wahre sowie eingebildete Bedrohungen, in: DVBl, H. 12, S. 809-815

Christoph S. Schewe

Telekommunikationsüberwachung

I. Die „Telekommunikationsüberwachung" (TKÜ) umfasst alle Maßnahmen zur Überwachung von privaten Nachrichtenübermittlungen mittels technischer Einrichtungen. Überwachungsmaßnahmen können die Sprachtelefonie über Fest- und Mobilanschlüsse, den Telefax-, SMS- und E-

Mailverkehr sowie auf Mailboxen gespeicherte Nachrichten betreffen. Eine TKÜ kann sowohl Gegenstand einer strafprozessualen (§ 100a StPO) als auch geheimdienstlichen (Artikel 10-Gesetz, § 8 BVerfSchG, § 10 MADG, § 8 BNDG) Ermittlung sein.

II. Die TKÜ gilt als ein wirksames Instrument in der Bekämpfung der Organisierten Kriminalität (OK) und des Terrorismus sowie des Schutzes nationaler Sicherheit. Als eine besondere Maßnahme soll sie vor allem den ermittlungsstrategischen Mangel eines fehlenden Anzeigenerstatters ausgleichen. Die Überwachung der Telekommunikation erweist sich jedoch insofern als problematisch, als dass sie einen schwerwiegenden Eingriff in das Brief-, Post- und Fernmeldegeheimnis (Art. 10 GG) bedeutet. Dieses Grundrecht schützt jedermann, also nicht nur deutsche Staatsbürger, vor einem unbefugten Eindringen der öffentlichen Gewalt in den privaten Nachrichtenverkehr.

Die rechtliche Grundlage für eine Überwachung der Telekommunikation wurde 1968 im Rahmen der Notstandsgesetzgebung geschaffen. Erstens ist durch das „Gesetz zur Beschränkung des Brief-, Post- und Fernmeldegeheimnis“ (Artikel 10-Gesetz) den Verfassungsschutzbehörden des Bundes (→ Bundesamt für Verfassungsschutz) und der Länder, dem → Militärischen Abschirmdienst und → Bundesnachrichtendienst zum Zweck des Staatsschutzes das Recht eingeräumt worden, die Telekommunikation zu überwachen, wenn der Verdacht besteht, dass jemand ein Verbrechen des Hoch- oder Landesverrats bzw. eine schwere Straftat gegen die freiheitliche demokratische Grundordnung, den Bestand der Bundesrepublik oder die Sicherheit der in Deutschland stationierten Truppen der Vertragstaaten des Nordatlantikpaktes begangen hat oder plant. Die TKÜ kann sich sowohl gegen einen Verdächtigen als auch gegen Dritte richten. Sie muss vom Bundesinnenminister oder einem Landesinnenminister angeordnet werden und ist auf höchstens drei Monate mit der Möglichkeit einer Verlängerung befristet. Die durch die Überwachungsmaßnahme erlangten personenbezogenen Informationen dürfen in anderen Strafverfahren nur verwendet werden, wenn sie zur Aufklärung einer der im Artikel 10-Gesetz benannten Straftaten beitragen. Sind die gesammelten Informationen zur Strafverfolgung nicht mehr nötig, müssen sie vernichtet werden. Die Betroffenen sind von der Durchführung einer TKÜ zu unterrichten, sobald eine Gefährdung des Überwachungszwecks ausgeschlossen werden kann. Die Kontrolle der Überwachungsmaßnahmen erfolgt einerseits durch die G10-Kommission, welche über Zulässigkeit und Notwendigkeit einer TKÜ entscheidet. Andererseits überprüft ein parlamentarisches Gremium die Durchführung einzelner Maßnahmen. Beide Kontrollinstanzen haben das Recht, bestehende Anordnungen zu beenden. In den Bundesländern ist die parlamentarische

Kontrolle durch Landesgesetze entsprechend geregelt.

Zweitens kann durch die Einfügung des § 100a in die Strafprozessordnung (StPO) die Telekommunikation überwacht werden, wenn der Verdacht besteht, dass jemand an einem der oben genannten Staatsschutzdelikte, an einem Kapitalverbrechen oder an einer sonstigen gefährlichen Straftat (Geldfälschung, Erpressung etc.) beteiligt ist und wenn die Ermittlungen auf andere Weise aussichtslos oder wesentlich erschwert wären. Die Überwachungsmaßnahme darf nur durch einen Richter, bei Gefahr im Verzug auch durch eine Staatsanwaltschaft angeordnet werden; letztere Anordnung tritt außer Kraft, wenn sie nicht binnen drei Tage von einem Richter bestätigt wird. Darüber hinaus entsprechen die Durchführungsbestimmungen der TKÜ im Ermittlungsverfahren des Strafprozesses (§ 100b StPO) im Wesentlichen denen des Artikel 10-Gesetzes.

Die Einführung der strafprozessualen TKÜ war 1968 ein Nebenprodukt der Regelung geheimdienstlicher Überwachungskompetenz. Verstanden als eine „ultima ratio", war sie von den verfassungsrechtlichen Kontroversen um das Artikel 10-Gesetz ausgenommen. Die Überwachung der Telekommunikation im Ermittlungsverfahren des Strafprozesses gewann jedoch mit der Bekämpfung des Terrorismus in den 70er und der → Organisierten Kriminalität in den 90er Jahren zunehmend an Bedeutung. Seit 1968 ist der § 100a StPO um eine Vielzahl von Straftatbeständen erweitert worden. Zurzeit werden etwa 100 Delikte benannt, die eine TKÜ begründen. Diese lassen sich in folgende Gruppen einteilen: → Staatsschutzdelikte, Schwerkriminalität, Waffendelikte, Straftaten gegen die Volksgesundheit und Straftaten des Ausländer- und Asylverfahrensgesetzes. Nach dem Charakter der Delikte differenziert umfasst der Katalog Verbrechen und Vergehen, Fahrlässigkeitsdelikte, Vorschriften des Nebenstrafrechts, Gefährdungs- und Organisationsdelikte.

Darüber hinaus wurden in den §§ 100a, 100b StPO die Worte „des Fernmeldeverkehrs" ersetzt durch „der Telekommunikation". Waren bei der Einführung der strafprozessualen TKÜ noch gesprochene Nachrichten das Ziel der Maßnahme, so erfasst der § 100a heute alle Formen der Nachrichtenübermittlung mittels technischer Einrichtungen.

III. Vor dem Hintergrund des sicherheitspolitischen Wandels der vergangenen Jahre sind im Bereich der TKÜ folgende kriminalpolitische Veränderungen zu beobachten. Als eine wesentliche Maßnahme ist die Erweiterung der geheimdienstlichen Überwachungskompetenz auf die Abhörung „extremistische[r] Einzeltäter oder lose[r] Gruppierungen" (§ 3 Abs. 1 Nr. 6 Artikel 10-Gesetz) sowie die „Vorbereitung und Durchführung eines Vereins- oder Parteiverbots" (§ 4 Abs. 3 Nr. 3 Artikel 10-Gesetz) im Juni 2001 zu nennen. Infolge des 11. September beschloss die → Innenministerkonferenz zudem mit Blick auf mutmaßliche Islamisten, dem Bundeskriminalamt (BKA) im Rahmen der → Rasterfahndung eine allgemeine Befugnis zur TKÜ ohne strafprozessualen Anfangsverdacht, d. h. ohne Beantragung einer Beschränkungsmaßnahme, zu erlauben. Dies rief nicht nur die Datenschützer auf den Plan, sondern führte auch zu einer Reihe gerichtlicher Klagen, sodass eine entsprechende Befugnis des BKA bislang ausblieb.

IV. Obwohl sich die Gesetzeslage in Bezug auf die TKÜ nur unwesentlich verändert hat, haben sie quantitativ erheblich zugenommen. Lag die Anzahl der Maßnahmen 1999 bei 2.508 und 2000 bei 3.353, betrug sie 2001 3.868 und 2002 4.137. Im gleichen Zeitraum hat die Zahl der Anordnungen in einem weit größeren Maße zugenommen. Waren es im Jahre 1999 noch 12.651 Anordnungen, waren es im Folgejahr bereits 15.741. Dieser Trend setzte sich fort, sodass 2001 ein Wert von 19.896 und 2002 einer von 22.874 erfasst wurde. Der in Relation zur Anzahl der Maßnahmen größere Anstieg der Anordnungen wird mit den Entwicklungen neuer Kommunikationsformen und -techniken, insbesondere mit der Verbreitung der Mobiltelefone erklärt. So gäbe es Fälle, in denen Verdächtigte über 80 oder mehr Mobilfunkkarten verfügten, für deren Überwachung jeweils eine separate Anordnung erforderlich sei (Bundesministerium der Justiz 2003, S. 7). Auf diese Weise versuchten sich diese Personen einer Überwachung zu entziehen.

Im internationalen Vergleich liegt die Anzahl der Telekommunikationsüberwachungen in Deutschland auf hohem Niveau und wird in Europa lediglich von Italien, den Niederlanden sowie der Schweiz übertroffen. Wesentlich geringer fallen die Zahlen in den Vereinigten Staaten aus. Dies sei hauptsächlich darauf zurückzuführen, dass die US-amerikanischen Richter im Gegensatz zu ihren deutschen Amtskollegen nach Erteilung einer Abhörgenehmigung ausführlich über den Verlauf berichten müssen. Dies habe eine „beeindruckende Selbstregulierung der Abhörpraxis“ (Böttger/Pfeiffer 1994, S. 13) zur Konsequenz.

Eine aktuelle Studie beschäftigt sich mit der „Rechtswirklichkeit und Effizienz“ der TKÜ in Deutschland (Albrecht/Dorsch/Krüpe 2003). Die Untersuchung ergab, dass sie ein effektives Mittel der Strafverfolgung darstelle, welches in knapp zwei Drittel der Verfahren zu Ermittlungserfolgen führe. Im Wesentlichen komme sie im Bereich der Betäubungsmittelkriminalität, aber auch in Mord- bzw. Totschlagsfällen sowie bei Erpressungen zum Einsatz. Weniger relevant sei sie hinsichtlich der Verfolgung von Extremisten. Kritik äußern die Autoren der Studie zum einen daran, dass der Benachrichtigungsgspflicht der Behörden im Anschluss an einer Maßnahme oftmals nicht nachgekommen würde. Zum anderen bemängeln sie die fehlende Transparenz und Kontrolle der richterlichen Anordnungen. So werde beinahe jede beantragte Abhörmaßnahme genehmigt und die richterlichen Begründungen seien meist unreflektierte Wiederholungen der „polizeiliche[n] Anregungen" (ebd., S. 17). Als Erklärung dafür weisen die Forscher auf das nicht nur in Deutschland verbreitete Problem hin, dass den Richtern die erforderliche Zeit für eine sorgfältige Prüfung fehle. Deshalb sollte es ihrer Meinung nach Richter geben, „die ausschließlich mit den Vorermittlungen befasst sind" (ebd., S. 38), sowie ein externes Kontrollsystem.

V. Infolge des technischen Wandels steht die TKÜ vor sowohl neuen Herausforderungen als auch Schwierigkeiten. Vor dem Hintergrund einer fortschreitenden Professionalisierung der Überwachten ist künftig eine Zunahme der Anordnungen zu erwarten. Schließlich ist generell von mehr genehmigten Verfahren auszugehen, wenn nicht der Praxis entgegengewirkt wird, dass Anträge kaum kritisch geprüft werden (können), was, wie die Datenschützer kritisieren, eine erhebliche Einschränkung der Rechtsstaatlichkeit darstelle.

Albrecht, Hans-Jörg / Dorsch, Claudia / Krüpe, Christiane 2003: Rechtswirklichkeit und Effizienz der Überwachung der Telekommunikation nach den §§ 100a, 100b StPO und anderer verdeckter Ermittlungsmaßnahmen, Freiburg i. Br.

Backes, Otto u. a. 2002: Wirksamkeitsbedingungen von Richtervorbehalten bei Telefonüberwachungen, Bielefeld

Backes, Otto / Gusy, Christoph 2003: Wer kontrolliert die Telefonüberwachung? Eine empirische Untersuchung zum Richtervorbehalt bei der Telefonüberwachung, Frankfurt a. M.

Böttger, Andreas / Pfeiffer, Christian 1994: Der Lauschangriff in den USA und in Deutschland, in: ZRP, H. 1, S. 7-17

Bundesministerium der Justiz 2003: Zypries: Telefonüberwachung wirksam und maßvoll, Mitteilung für die Presse, Nr. 35, Berlin

Bundesverband der Deutschen Industrie 2003: Telekommunikationsüberwachung verfassungsgemäß und wirtschaftsfreundlich gestalten, Berlin

Gusy, Christoph 2004: Präventiv-polizeiliche Telekommunikationsüberwachung, in: Die Polizei, H. 3, S. 61-67

Kinzig, Jörg 2004: Die Telefonüberwachung in Verfahren organisierter Kriminalität. Fehler bei der richterlichen Anordnung, Mängel des Gesetzes, Berlin

Wu, Jiuan-Yih 2005: Strafprozessuale Telekommunikationsüberwachung in der Informationsgesellschaft. Eine rechtsvergleichende Untersuchung zwischen Deutschland und Taiwan, Frankfurt a. M.

Steffen Zdun

Terroristendateien

I. Unter Terroristendateien werden die Daten des Bundeskriminalamtes und der Staatsschutzstellen der Landeskriminalämter verstanden, in denen ausländische Extremisten sowie Links-

und Rechtsextremisten erfasst werden. Neben verurteilten politischen Straftätern werden regelmäßig auch nur verdächtige Personen gespeichert. Seit kurzem gibt es ergänzend dazu eine bundesweite Islamistendatei und eine Terroristendatei ist geplant. Auf Länderebene gibt es Störerdateien.

II. Das → Bundeskriminalamt (BKA) fasst im → INPOL (Informationsdienst der Polizei) verschiedene Daten in unterschiedlichen Dateien zusammen. Von besonderem Interesse sind neben der Staatsschutzdatei PIOS (Personen-Institutionen-Objekt-Sachen) die Gewalttäterdateien. PIOS enthält unter anderem die Datei „Landfriedensbruch". In ihr sind etwa 2000 Personalien erfasst, die mindestens ein Ermittlungsverfahren wegen Landfriedensbruch oder einer ähnlichen Straftat hatten. Diese Datei gehört zum geschützten Bestand, d. h., Polizeidienststellen haben normalerweise keinen Zugriff auf sie.

Im Gegensatz dazu gehören die drei politischen Gewalttäterdateien LIMO (politisch links motiviert), REMO (politisch rechts motiviert) und AUMO (politische Ausländerkriminalität) zum offenen Bestand. Neben Beschuldigten und rechtskräftig Verurteilten werden in diesen Dateien auch Personen aufgenommen, die einen Platzverweis erhielten, deren Personalien erfasst wurden, die in Gewahrsam genommen wurden, damit sie keine Straftaten begehen, und bei denen Waffen oder andere gefährliche Gegenstände sichergestellt wurden. D. h., jeder, der sich an einer Demonstration beteiligt oder in der Nähe einer Demonstration oder eines anderen polizeirelevanten Ereignisses ist, kann in einer dieser Dateien erfasst werden. Außerdem kann jeder aufgenommen werden, wenn Tatsachen die Annahme rechtfertigen, dass diese Person künftig Straftaten von erheblicher Bedeutung begehen wird. Das Kriterium für die Aufnahme in eine dieser Dateien ist, nach einem Beschluss der → Innenministerkonferenz vom 24. November 2000, dass die Persönlichkeit Grund zu der Annahme liefert, dass Strafverfahren gegen diese Person zu führen seien. Entscheidend für die Aufnahme ist, dass „bestimmte Tatsachen die Annahme rechtfertigen, dass die Betroffenen (...) politisch motivierte Straftaten von erheblicher Bedeutung begehen werden." Welche Tatsachen diese sind, ist unklar. Dennoch sieht die Bundesregierung in dieser Formulierung das Korrektiv gegen eine uferlose Datensammlung. Die Daten werden mindestens fünf Jahre gespeichert und anschließend geprüft, ob eine weitere Speicherung nötig ist. Die Meldungen der Bundesländer für die Terroristendateien erfolgen nicht nach einheitlichen Richtlinien. Zum Beispiel soll die Berliner Polizei Personen, die einen Platzverweis erhalten, nicht weitermelden.

III. Der Ausgangspunkt für die Installierung der Dateien war die öffentliche Diskussion von rechtsextremistischer

Gewalt im Sommer 2000. Weil Bayern allerdings zwischen links- und rechtsextremistischen Gewalttätern nicht unterscheiden wollte, wurden drei Gewalttäterdateien eingerichtet. Nach dem Beschluss der Innenministerkonferenz richtete das BKA die Dateien unverzüglich mit einer Sofortanordnung am 23. Januar 2001 ein. Die Dateierrichtungsanordnungen erfolgten nach einem Anhörungsverfahren und dem sich anschließenden Länderbeteiligungsverfahren am 4. Oktober 2002. Dennoch wurden die Dateien unmittelbar nach der Sofortanordnung beim BKA eingerichtet und sind seit dem 20. Februar 2001 verfügbar. Am 6. September 2001 waren 1.423 Personen gespeichert, in der Datei „Gewalttäter rechts“ 858, in „Gewalttäter links“ 426 und in „Straftäter politisch motivierter Ausländerkriminalität“ 139 Personen. Am 15. Oktober 2002 waren in „Gewalttäter rechts“ 1.807, in „Gewalttäter links“ 1.174 und in „Straftäter politisch motivierter Ausländerkriminalität“ 338 Datensätze gespeichert.

Als Vorbild für die politischen Gewalttäterdateien diente die Datei „Gewalttäter Sport“, die nach der Fußball-WM 1998 eingerichtet wurde. In ihr werden gewaltbereite Fußballfans gespeichert und vor wichtigen Spielen mit Gefährdeanschreiben, polizeilichen Hausbesuchen und Auflagen bis hin zu Reiseverboten Einfluss auf die Fans genommen. Aufgrund einer Änderung des Passgesetzes können polizeibekannte Hooligans an einer Ausreise gehindert werden.

Bekannt wurde vor allem die Datei LIMO, als Demonstranten im Juli 2001 nicht zu dem G-8-Gipfel in Genua (20.-22. Juli 2001) reisen durften. Es kam zu Ausreiseverboten an der Schweizer Grenze und zu einem Datenaustausch zwischen deutschen und italienischen Behörden. Z. B. war ein italienischer Haftrichter im Besitz personenbezogener Daten eines angeschuldigten Deutschen über ein bereits 1997 eingestelltes Ermittlungsverfahren. Es kam damals zu keiner Anklage oder Verurteilung. Ein 22-jähriger Student wurde an der Ausreise gehindert, weil er sich im September 2000 am „Aufstand der Anständigen“ beteiligte und sechs Minuten auf der Straße saß, um einen NPD-Aufmarsch zu blockieren. Das Verfahren wurde nach einer Geldstrafe von 300 DM eingestellt.

Bereits vor dem Gipfel in Genua gab es Gefährdeansprachen an Menschen, die in der LIMO-Datei registriert waren. Teilweise erhielten diese „Gewalttäter“ auch polizeiliche Hausbesuche, Meldeauflagen und Ausreiseverbote. Eine Beschwerde eines Berliner Bürgers gegen das Ausreiseverbot und die tägliche Meldepflicht wurde am 17. Juli 2001 von der Ersten Kammer des Berliner Verwaltungsgerichtes abgelehnt. In der Urteilsbegründung stand unter anderem: „Selbst wenn er (der Kläger, A. d. V.) bislang an übrigen Veranstaltungen nicht in strafbarer Weise beteiligt gewesen sein sollte, lässt dies für sich genommen noch nicht den Schluss zu, seine Teilnahme an gewalttätigen Auseinandersetzungen in Genua komme von vornherein nicht in Betracht." An eine Gewaltprognose müssten keine allzu hohen Anforderungen gestellt werden.

Für die Betroffenen ist oft unklar, weshalb sie von der Polizei als „Gewalttäter" angesehen werden. Vor dem EU-Gipfel in Brüssel im Dezember 2001 schrieb die Göttinger Polizei mehrere Menschen im Rahmen der Gefährdeansprachen an, von denen niemand wegen Vergehen oder Straftaten im Zusammenhang mit dem Versammlungsrecht verurteilt war. Sie wissen nicht, aufgrund welcher Vorfälle sie für diese Ansprachen ausgewählt wurden.

2004 wurde dann nach dem Fall Metin Kaplan die Forderung nach einer bundesweiten Islamistendatei erhoben. Die Innenministerkonferenz beschloss in ihrer Sitzung vom 7. Juli 2004 die Errichtung einer entsprechenden gemeinsamen Datei von Polizei und Verfassungsschutz. Im Wesentlichen orientiert sich die zu errichtende Islamistendatei an den entsprechenden Gewalttäterdateien. Weil die Innenministerkonferenz die Notwendigkeit eines ganzheitlichen Bekämpfungsansatz sieht, ist unklar wie auch bei der zu errichtenden Islamistendatei das Trennungsgebot zwischen Polizei, Nachrichtendiensten und anderen Behörden (u. a. Sozialbehörden) gewahrt bleibt.

Außerdem ist immer wieder eine Terroristendatei im Gespräch. Unklar ist, ob sie nur ein anderer Name für die Islamistendatei ist oder ob sie einen größeren Personenkreis umfasst. Genau wie bei der Islamistendatei ist unklar, nach welchen Kriterien Personen in dieser Datei erfasst werden. Der Wissenschaftliche Dienst des Bundestages erstellte ein im September 2004 bekannt gewordenes Gutachten, indem das Erstellen entsprechender Dateien als verfassungswidrig angesehen wurde, weil das Trennungsgebot nicht ausreichend beachtet werde.

IV. Neben der unklaren Registrierung von Menschen ist bei den verschiedenen Terroristendateien auffallend, dass ein bloßer Verdacht, teilweise die bloße Anwesenheit an einem Ort, zu einer Aufnahme in die Dateien führen kann. Die Aufnahme in eine der Dateien führt dann, wie aus der Datei LIMO bekannt ist, zu weit reichenden Grundrechtseingriffen. Unter anderem waren die Reisefreiheit, Meinungs- und Versammlungsfreiheit davon betroffen. Im Gegensatz zu der Faustregel für andere polizeiliche Datensammlungen, dass nur ein strafrechtliches Ermittlungsverfahren zu einer Speicherung führt, können in den Dateien LIMO, REMO und AUMO alle verdächtigen und auffälligen Personen als Gewalttäter gespeichert werden. Weil an eine Gewaltprognose keine allzu hohen Anforderungen gestellt werden müssen, steht einem uferlosen Sammeln von Daten nichts im Weg.

Für die noch nicht installierten, immer wieder geforderte Islamistendatei und Terroristendatei gelten ähnliche Kritikpunkte. Außerdem ist zu kritisieren, dass mit diesen Dateien das Trennungsgebot zwischen Polizei und

Geheimdiensten obsolet wird. Einzig eine Hinweisdatei mit restriktiven Verwendungsbeschränkungen sei aus datenschutzrechtlicher Sicht akzeptabel.

Bittner, Jochen / Staud, Toralf 2001: Vorsicht, Sammelwut, in: Die Zeit vom 6. September 2001, S. 4-5

Deutscher Bundestag: Antwort der Bundesregierung auf die Kleine Anfrage der Abgeordneten Ulla Jelpke und der Fraktion der PDS, BT-Drs. 14/6911

Deutscher Bundestag 2001: Speicherung von persönlichen Daten in „Gewalttäterdateien“ beim Bundeskriminalamt und dessen Umgang mit diesen Daten, BT-Drs. 14/699

Axel Bußmer

Terroristische Vereinigungen

I. „Terroristische Vereinigungen“ sind auf Dauer angelegte organisatorische Verbindungen von mindestens drei Personen, deren Handlungen sich gegen die öffentliche Sicherheit oder staatliche Ordnung richten. Die „Bildung einer terroristischen Vereinigung“ wird in Deutschland durch § 129a Strafgesetzbuch (StGB) unter Strafe gestellt.

II. Der § 129a StGB, der die „Bildung einer terroristischen Vereinigung“ unter Strafe stellt, bildet den Kern des deutschen Staatsschutzstrafrechts (→ Staatsschutzdelikte). Er wurde 1976 im Zuge der Anti-Terror-Maßnahmen gegen die Rote Armee Fraktion (RAF) und die Bewegung 2. Juni in das StGB eingefügt. Strafbar machen sich Gründer, Mitglieder, Werber und Helfer einer terroristischen Vereinigung. Sie können zu einer Freiheitsstrafe von einem Jahr bis zu zehn Jahren verurteilt werden. Als terroristische Straftaten werden aufgeführt: Mord, Totschlag, Völkermord, erpresserischer Menschenraub, Geiselnahme, schwere Brandstiftung und das Herbeiführen einer Sprengstoffexplosion. Dieser Straftatenkatalog wurde 1986 ergänzt um: Zerstörung wichtiger Arbeitsmittel, Gefährliche Eingriffe in den Bahn-, Schiffs- und Luftverkehr sowie Störung öffentlicher Betriebe.

Die Bedeutung und Brisanz des § 129a StGB liegt vor allem in den Anknüpfungsnormen im Bereich der Strafprozessordnung (StPO) und des Gerichtsverfassungsgesetzes (GVG), die einerseits die Befugnisse der Ermittlungsbehörden erhöhen, andererseits die Rechte, der von den Ermittlungen Betroffenen, teilweise erheblich einschränken. So können etwa Beschlagnahme- und Durchsuchungsmaßnahmen auch gegen zunächst unverdächtige Personen erleichtert und Beschränkungen bei der → Telekommunikations- und → Wohnraumüberwachung gelockert werden. Zudem erlaubt die StPO mit Bezug auf Ermittlungen nach § 129a StGB eine Untersuchungshaft aufgrund eines bloßen „Terrorismusverdachts“, eine Einschränkung des Besuchs- und Postverkehrs von Inhaftierten, eine Überwachung des Schriftverkehrs zwischen Verteidigung und Beschuldigtem, Trennscheiben bei Besprechungen zwischen Verteidigern und Mandanten, eine Unterbringung mutmaßlicher Terroristen in speziellen Hochsicherheitstrakten sowie eine Verschärfung der Haftbedingungen (Isolationshaft) für Verurteilte nach § 129a StGB. Außerdem werden die Ermittlungsverfahren und Anklageerhebungen automatisch dem → Generalbundesanwalt und den Staatsschutzsenaten der Oberlandesgerichte übertragen, die mit dem → Bundeskriminalamt (BKA) verbunden sind und (unter Ausschaltung des Datenschutzes) auf die Erkenntnisse der „Geheimdienste“ zurückgreifen können.

Der § 129a StGB und die darin enthaltenen Anknüpfungsnormen sollten der Intention des Gesetzgebers zufolge eine „plakative Wirkung“ (zit. nach Fürst 1989, S. 45) in der Auseinandersetzung mit der seit Anfang der 70er Jahre aus dem Untergrund heraus operierenden RAF, der Bewegung 2. Juni oder den Revolutionären Zellen (RZ) erzielen. Seine kriminalpolitische Notwendigkeit sowie Effizienz hinsichtlich der Bekämpfung des Terrorismus war und ist allerdings umstritten. Die Befürworter des Paragrafen verweisen auf die besonderen Probleme, mit denen Fahndungsbehörden und Justiz bei der Verfolgung terroristischer Aktivitäten konfrontiert seien. Aus ihrer Sicht liege sein Vorteil in einer Erleichterung der Beweisführung. Als eine Art Präventionsstrafnorm, wie der Bundesgerichtshof (BGH) 1978 feststellte, begründe der § 129a eine Strafbarkeit „schon weit im Vorfeld der Vorbereitung konkreter strafbarer Handlungen“ (BGHSt 28, S. 147). Kritiker bemängeln dagegen die schwammigen Definitionen des Begriffs „Terrorismus“. Da das Unterstützen einer und Werben für eine terroristische Vereinigung bereits strafbar sind, heben sie die Bedeutung des § 129a StGB als Kernbestandteil eines „Sonderrechtssystems“ hervor, das in erster Linie dazu diene, missliebige Protestbewegungen auszuforschen.

III. In der Tat sind auch aus historischer Perspektive die politischen Implikationen so genannter Organisations- und Vereinigungsdelikte, die in Deutschland gegenwärtig durch die analog strukturierten §§ 129 („Bildung einer kriminellen Vereinigung“) und 129a unter Strafe gestellt werden, kaum zu übersehen. Die rechtsdogmatischen Wurzeln jener Normen lassen sich bis ins Kaiserreich, ja sogar bis zum Allgemeinen Preußischen Landrecht (ALR) von 1798 zurückverfolgen. Diese Feststellung sollte jedoch nicht dazu führen, vorschnelle Analogien zwischen den unterschiedlichen Epochen oder politischen Systemen zu bilden und dabei den differenzierten Blick für die spezifischen gesellschaftlichen und politischen Konstellationen zu verlieren, die zu Veränderungsprozessen, Brüchen aber auch zu Kontinuitätslinien im Strafrecht führen.

Bereits das Reichsstrafgesetzbuch (RStGB) von 1871 enthielt mit § 129 Bestimmungen, welche die Bildung einer „staatsfeindlichen Verbindung" unter Strafe stellten. Vor allem im Kontext der „Sozialistengesetze" (1878-1890) kam dem Paragrafen eine größere Bedeutung zu. In der Weimarer Republik spielte er im Rahmen des Republikschutzgesetzes eine Rolle, das im Juli 1922 in Folge der Ermordung Walter Rathenaus durch Rechtsextremisten in Kraft trat. Nach § 7 Nr. 4 Republikschutzgesetz waren Mitglieder von Verbindungen (und deren Unterstützer) nach § 129 RStGB anzuklagen, wenn diese darauf hinarbeiteten, die republikanische Verfassung des Reiches oder der Länder zu untergraben. Auch während der Zeit des Nationalsozialismus blieb der § 129 RStGB in Kraft.

Nach dem Ende der NS-Diktatur, die auf der Grundlage von alten und neu erlassenen Gesetzen einen „legalen" Massenmord an politischen Gegnern des Regimes betrieben hatte, wurden sämtliche Staatsschutzbestimmungen, darunter auch der § 129, von den Alliierten aus dem deutschen Strafgesetzbuch gestrichen. Doch bereits mit dem ersten Strafrechtsänderungsgesetz von 1951 wurde der Tatbestand des § 129 wieder in das StGB aufgenommen. Der Paragraf schien jedoch in der Bundesrepublik nicht mehr Bestandteil eines politischen Strafrechts zu sein, denn er stellte nun nicht wie bisher die „staatsfeindliche Verbindung" unter Strafe, sondern ganz allgemein die „Bildung einer kriminellen Vereinigung". Nach Auffassung des Bundesverfassungsgerichts sollte das Gesetz zur Verfolgung „unpolitischer" Verbrecher und ihrer Organisationen dienen. In der Praxis verlor der Paragraf seine politische Funktion jedoch keineswegs, da der BGH in seiner Rechtsprechung davon ausging, dass auch die Aktivitäten politischer Vereinigungen Anknüpfungspunkte für Ermittlungen auf Grundlage des § 129 StGB rechtfertigen können.

Das neu geschaffene bundesdeutsche Staatsschutzinstrumentarium richtete sich in den 50er Jahren unter dem Eindruck des Kalten Krieges in erster Linie gegen die KPD, deren Vorfeldorganisationen und Mitglieder. In zahlreichen Fällen erfolgten Ermittlungen z. B. gegen Mitglieder der 1954 verbotenen FDJ auf Grundlage des § 129 StGB. In einer Phase relativer außen- wie innenpolitischer Entspannung kam es 1964 zu einer umfangreichen Novellierung der Organisationstatbestände durch das neue Vereinsgesetz. Auch der § 129 StGB wurde modifiziert. Politische Organisationsdelikte sollten künftig nicht mehr nach seinen Bestimmungen verfolgt werden. Allerdings erfuhr der Paragraf eine Ausweitung, indem der Gesetzgeber zusätzlich das „Werben" für eine „kriminelle Vereinigung" unter Strafe stellte.

Zu Beginn der 70er Jahre sahen sich die Strafverfolgungs- und Justizbehörden mit neuen Herausforderungen konfrontiert. Der Begriff „Terrorismus" avancierte zum hegemonialen Paradigma in den Diskursen über die Innere Sicherheit. Die Anschläge der RAF und der Bewegung 2. Juni führten zu einer personellen, materiellen und finanziellen Aufstockung der Sicherheitsbehörden. Zudem gab es Novellierungen u. a. in den Bereichen des Polizeirechts, des Strafrechts und der Strafprozessordnung (→ Geschichte der Terrorismusbekämpfung).

In einem nicht zuletzt durch den Bundestagswahlkampf aufgeheizten gesellschaftlichen Klima wurde 1976 schließlich der § 129a in das StGB eingefügt. Sowohl der sozialliberalen Koalition als auch der CDU/CSU-Opposition ging es offenbar darum, im Politikfeld der Inneren Sicherheit Kompetenz und Entschlossenheit zu demonstrieren. Eine kriminalpolitische Notwendigkeit einer speziellen Anti-Terror-Gesetzgebung, etwa durch die Feststellung, die bereits bestehenden Gesetze, insbesondere der § 129 StGB, seien zur Bekämpfung des Terrorismus nicht ausreichend, schien dagegen eine untergeordnete Rolle zu spielen. Entsprechendes rechtsstatistisches Material wurde vom damaligen Bundesinnenminister Maihofer (FDP) jedenfalls nicht vorgelegt.

IV. Kritiker heben die negativen Auswirkungen dieser speziellen Antiterror-Gesetzgebung auf die politische Kultur und das rechtstaatliche System der Bundesrepublik hervor. So seien vor allem seit den 80er Jahren die für die Sicherheitsbehörden unübersichtlich erscheinenden unterschiedlichen Protestszenen der Neuen Sozialen Bewegungen (z. B. Anti-AKW-Bewegung) zumindest in Teilen mit Hilfe der §§ 129, 129a StGB systematisch ausgeforscht worden. Demnach diene das bestehende Antiterrorinstrumentarium als eine Art „Sesam-öffne-dich", mit dem Zweck, „über den Einzelfall hinaus Kommunikationsstrukturen knacken, Daten erheben und ‚Soziogramme des Widerstands' erstellen zu können, die nicht nur repressiv, sondern vor allem präventiv und operativ genutzt werden können" (Gössner 1991, S. 50). Eine Statistik der zwischen 1980 und 1989 eingeleiteten Ermittlungsverfahren nach § 129a StGB scheint die These zu bestätigen, dass der Paragraf in erster Linie die Funktion eines „Ausforschungsinstruments" hatte: In nur 5 % der abgeschlossenen Ermittlungsfälle kam es zu gerichtlichen Urteilen; in 95 % der Fälle wurden entsprechende Verfahren eingestellt oder mangels konkretem Tatverdacht gar nicht erst eröffnet. Ähnliche Quoten ließen sich auch in den 90er Jahren feststellen. Angesichts dieser Erkenntnisse gab es, wenn auch ergebnislos, wiederholt parlamentarische und außerparlamentarische Initiativen, den §129a StGB zu entschärfen oder gänzlich zu streichen.

V. Nach den Anschlägen vom 11. September 2001 scheinen diese Forderungen jedoch kaum Aussicht auf Erfolg zu haben. Zu beobachten ist vielmehr eine gegenteilige Entwicklung.

Im Kontext der Umsetzung des „Rahmenbeschlusses zur Terrorismusbekämpfung“ des Europäischen Rates vom 13. Juni 2002 erfuhr der § 129a StGB im Dezember 2003 mit der Erweiterung der Katalogtaten eine erneute Modifikation. Unter bestimmten Voraussetzungen gelten nunmehr „Angriffe auf die körperliche Unversehrtheit“, „die schwere Gefährdung durch Freisetzung von Giften“, oder einige Delikte nach dem „Kriegswaffenkontrollgesetz“ als „terroristische“ Straftaten. Im April 2002 wurde zudem der § 129b StGB verabschiedet, der die Anwendbarkeit der Bestimmungen der §§ 129, 129a StGB auch auf Gruppierungen und Organisationen ausweitet, die womöglich im Ausland „terroristische Straftaten“ begehen, in der Bundesrepublik aber nicht durch illegale Aktivitäten in Erscheinung treten. Die Einfügung dieser Norm geht nicht unmittelbar auf die Ereignisse des 11. September zurück, sondern steht eher in Zusammenhang mit den Bemühungen um die EU-Rechtsangleichung und war schon in den 80er Jahren Gegenstand kriminalpolitischer Diskussionen. Kritiker einer entsprechenden Erweiterung der §§ 129, 129a StGB weisen auf die Schwierigkeiten hin, die sich für die Justiz- und Strafverfolgungsbehörden bei der Definition terroristischer Vereinigungen im Ausland ergeben. So dürfte etwa die Problematik, unter welchen Voraussetzungen gewaltsamer Widerstand gegen ein diktatorisches Regime als legitim und somit legal oder aber als illegitim und demnach terroristisch kategorisiert werden kann, mit den Normen des deutschen Strafrechts kaum zu lösen sein. Unter diesen Voraussetzungen steht zu befürchten, dass die Einleitung von Ermittlungsverfahren nach § 129b StGB, wofür es einer Ermächtigung durch das Bundesjustizministerium bedarf, willkürlich gemäß außenpolitischen Erwägungen der jeweiligen Bundesregierung erfolgen könnte.

Felske, Karsten 2002: Kriminelle und terroristische Vereinigungen – §§ 129, 129a StGB. Reformdiskussion und Gesetzgebung seit dem 19. Jahrhundert, Baden-Baden

Fürst, Martin 1989: Grundlagen und Grenzen der §§ 129, 129a StGB. Zu Umfang und Notwendigkeit der Vorverlagerung des Strafrechtschutzes bei der Bekämpfung krimineller und terroristischer Vereinigungen, Frankfurt a. M. u. a.

Gössner, Rolf 1991: Das Anti-Terror-System. Politische Justiz im präventiven Sicherheitsstaat, Hamburg

Müller-Heidelberg, Till 2002: Das Terrorismusbekämpfungsgesetz – Ein Erfolg der Terroristen, in: Vorgänge, H. 3, S. 21-30

Tolmein, Oliver 2002: Vom Deutschen Herbst zum 11. September. Die RAF, der Terrorismus und der Staat, Hamburg

Michael Sturm

Trennungsgebot

I. Der Rechtsbegriff „Trennungsgebot“ charakterisiert das Verhältnis zwischen der Polizei und den Geheimdiensten in der Bundesrepublik Deutschland. Nach einem engen Verständnis ist damit lediglich die organisatorische Trennung zwischen den Polizeien des Bundes und der Länder einerseits und den Verfassungsschutzämtern, dem → Bundesnachrichtendienst (BND) und → dem Militärischen Abschirmdienst (MAD) andererseits gekennzeichnet. Der ursprünglichen Intention gerechter wird ein weites Verständnis, das sich auch auf die unterschiedlichen Handlungsbefugnisse dieser Behörden bezieht (so z. B. der Sächsische Verfassungsgerichtshof in seinem Urteil vom 21.7.2005, NVwZ 2005, S. 1310 ff.).

II. Das Trennungsgebot geht zurück auf den so genannten Polizeibrief der Militärgouverneure der drei Westmächte an den Präsidenten des Parlamentarischen Rates vom 14. April 1949, in dem die künftige Struktur der Sicherheitsbehörden des Bundes festgelegt wurde. Dieses Schreiben enthält u. a. die Vorgabe, dass ein künftig zu schaffender deutscher Geheimdienst „keine Polizeibefugnisse" haben soll. Diese Kompetenzbegrenzung ist vor dem historischen Hintergrund des hochzentralisierten Macht- und Terrorapparates des Nazistaates nur zu verständlich: 1939 wurden die Gestapo, die Sicherheitspolizei und der parteieigene Sicherheitsdienst (SD) im Reichssicherheitshauptamt zusammengefasst.

Auch während der parlamentarischen Beratungen des neuen Bundesverfassungsschutzgesetzes 1950 erinnerten einzelne Abgeordnete an das abschreckende Beispiel der Gestapo und forderten den Ausschluss polizeilicher Befugnisse für die neue Behörde. Dem entsprechend wurde in dem Gesetz bestimmt, dass dem → Bundesamt für Verfassungsschutz (BfV) „polizeiliche Befugnisse oder Kontrollbefugnisse" nicht zustehen und dass er auch keiner polizeilichen Dienststelle angegliedert werden darf. Wenn auch das Trennungsgebot explizit nur auf der Ebene des einfachen Gesetzes normiert ist, kann ihm gleichwohl in Anbetracht der Ausdifferenzierung in Art. 87 Abs. 1 GG und vor dem Hintergrund der grundlegenden Entscheidung der Westalliierten Verfassungsrang zugesprochen werden.

III. Mit dem Aufbau komplexer elektronischer Dateiensysteme (→ INPOL) durch die verschiedenen Sicherheitsbehörden in Deutschland, vor allem aber mit dem zunehmenden Austausch personenbezogener Daten zwischen diesen Stellen wird indessen das Trennungsgebot Schritt für Schritt ausgehöhlt. Schon Ende der 70er Jahre wurde bekannt, dass der Bundesgrenzschutz (BGS), seit dem 1.7.2005 → Bundespolizei (BPol), Daten von Reisenden, die „extremistischen" Organisationen zugerechnet wurden, an den Verfassungsschutz übermittelte. Auch die Polizei informierte diesen Geheimdienst z. B. über Zufallsfunde bei einer Wohnungsdurchsuchung wie die Einladung zur Veranstaltung einer „extremistischen" Vereinigung. Der Verfassungsschutz konnte sich auf diese Weise die weit reichenden Exekutivbefugnisse von Polizei, BGS etc. für seine eigenen Zwecke zunutze machen, womit die machtbegrenzende Wirkung des gesetzlichen Ausschlusses solcher Kompetenzen tendenziell aufgehoben wurde. Die organisatorische Trennung geriet so immer mehr zur Fassade, hinter der sich die informationelle Vernetzung von Geheimdiensten und Polizei sowie der Aufbau eines faktisch technischen Überwachungsverbundes vollzog.

IV. Das Terrorismusbekämpfungsgesetz vom 9. Januar 2002 hat einen neuen Schub der kompetenziellen Aufrüstung der deutschen Geheimdienste bewirkt. Nunmehr haben Verfassungsschutz und BND die Befugnis, bei Banken, Postdienstleistern, Luftfahrt- und Telekommunikationsunternehmen Auskünfte über sensible personenbezogene Daten (z. B. über Kontenbewegungen, Reiserouten etc.) einzuholen. Zwar sieht das Gesetz für den Fall der Verweigerung solcher Auskünfte keine Zwangsbefugnisse vor. Gleichwohl dürften die betreffenden Unternehmen solche Auskunftsersuchen im Hinblick auf die neuen gesetzlichen Bestimmungen durchaus als verpflichtend empfinden und ihnen deshalb im Regelfall unbesehen nachkommen. Damit haben die Geheimdienste praktisch eine polizeiähnliche Ermittlungskompetenz erhalten, die der ursprünglichen Intention des Trennungsgebots geradewegs zuwiderläuft und überdies keiner richterlichen Kontrolle unterliegt.

Trotz der inzwischen bereits geschaffenen gesetzlichen Möglichkeiten zum Datenaustausch zwischen Polizei, Verfassungsschutz und BND wird gegenwärtig von CDU- und einigen SPD-Politikern gefordert, dass eine bessere Nutzung der Vorfeldinformationen der Geheimdienste durch die Polizei im Rahmen der Terrorismusbekämpfung ermöglicht werden müsse. Das Trennungsgebot dürfe insoweit „kein Dogma" sein, postulierte z. B. der SPD-Innenpolitiker Wiefelspütz im Mai 2004 (Frankfurter Rundschau vom 22.05. 2004). Auch der CDU-Innenpolitiker Wolfgang Bosbach plädierte für eine noch weiter reichende informationelle Vernetzung von Polizei und Geheimdiensten: „Wenn der Staat alles wüsste, was er weiß, wären wir in Deutschland viel sicherer" (Berliner Zeitung v. 30.5.2005).

V. In der Wissenschaft hingegen sind aus dem Trennungsgebot Konsequenzen auch im Hinblick auf das polizeiliche Handeln gezogen worden: Grundsätzlich solle die Polizei bei Eingriffen in die Freiheitssphäre der Bürger offen agieren, während heimliche Maßnahmen die Ausnahme darstellen sollen. Dies soll gerade den Unterschied gegenüber den Geheimdiensten ausmachen, bei denen der Einsatz „nachrichtendienstlicher Mittel" schließlich eine große Rolle spielt. Die zahlreichen Novellen zu den Polizeigesetzen der Länder haben indessen die Befugnisse der Polizei, vor allem zur Gewinnung personenbezogener Daten „verdeckte"

Eingriffe vorzunehmen, Schritt für Schritt erweitert. Das Spektrum reicht dabei vom Einsatz von V-Leuten über den „Lauschangriff" (→ Wohnraumüberwachung) und die → Telekommunikationsüberwachung bis zur → Rasterfahndung. In der kritischen wissenschaftlichen Literatur wird denn auch zu Recht moniert, dass sich die Eingriffskompetenzen von Polizei und Geheimdiensten in rechtsstaatlich bedenklicher Weise überlagern und sich eine Art Konkurrenzverhältnis zwischen den unterschiedlichen Sicherheitsbehörden herausbildet. Das Trennungsgebot erliegt so zunehmend der Gefahr, zu einer rein organisationsrechtlichen Hülse zu verkümmern.

Gusy, Christoph 1987: Das verfassungsrechtliche Gebot der Trennung von Polizei und Nachrichtendiensten, in: ZRP, H. 2, S. 45-52

König, Marco 2005: Trennung und Zusammenarbeit von Polizei und Nachrichtendiensten, Stuttgart u. a.

Kutscha, Martin 1986: Die Aktualität des Trennungsgebots für Polizei und Verfassungsschutz, in: ZRP, H. 8, S. 194-198

Nehm, Kay 2004: Das nachrichtendienstliche Trennungsgebot und die neue Sicherheitsarchitektur, in: NJW, H. 46, S. 3289-3295

Schwan, Eggert 1995: Das Trennungsgebot, in: Gössner, R. (Hg.): Mythos Sicherheit, Baden-Baden, S. 215-221

Martin Kutscha

Umweltkriminalität

I. Der Begriff „Umweltkriminalität" bezeichnet ein Verhalten, das allgemein gegen geltendes Umweltrecht verstößt. Insbesondere betrifft es das Umweltstrafrecht und Straftatbestände zum Schutz einzelner Umweltgüter. Umweltbezogene Straftatbestände sind einerseits als Nebenstrafrecht in speziellen Gesetzen zum Pflanzen- und Tierschutz sowie in den Natur- und Landschaftsschutzgesetzen des Bundes und der Länder verankert. Diese enthalten auch Ordnungswidrigkeiten. Andererseits finden sich Straftatbestände zur Umweltkriminalität vor allem im 29. Abschnitt des Strafgesetzbuches (StGB) mit der Überschrift „Straftaten gegen die Umwelt". Dazu gehören im Einzelnen die Verunreinigung von Gewässern (§ 324 StGB), Böden (§ 324a StGB) und der Luft (§ 325 StGB), die Verursachung von Lärm, Erschütterungen und nicht ionisierenden Strahlen (§ 325a StGB), der unerlaubte Umgang mit gefährlichen Abfällen (§ 326 StGB), das unerlaubte Betreiben von Anlagen (§ 327 StGB), der unerlaubte Umgang mit radioaktiven Stoffen und anderen gefährlichen Stoffen und Gütern (§ 328 StGB), die Gefährdung schutzbedürftiger Gebiete (§ 329 StGB) sowie die schwere Gefährdung durch Freisetzen von Giften (§ 330a StGB). Weitere Straftatbestände zur Umweltkriminalität befinden sich auch in anderen Gesetzen, z. B. in der Gewerbeordnung, im

Sprengstoffgesetz, im Atomgesetz, in Lebensmittel-, Arzneimittel-, Wein-, Chemikalien-, Seuchen-, Strahlen- und Immissionsschutzgesetzen, die gleichzeitig auch Ordnungswidrigkeiten ahnden. Auch Verstöße gegen die Gesetze der Umweltverträglichkeitsprüfung und der Gentechnik müssen letztlich zur Umweltkriminalität gezählt werden.

II. Für die Prävention von Umweltkriminalität, also für die Verhinderung von Verstößen gegen Umweltschutzvorschriften, ist grundsätzlich nicht die Polizei, sondern sind die Behörden zuständig, zu deren Aufgabenbereich der Umweltschutz gehört. Diese Verwaltungsbehörden werden jedoch von der Polizei durch Maßnahmen des ersten Zugriffs sowie im Wege der Amtshilfe unterstützt. Die Verfolgung von Umweltstraftaten ist dagegen Polizeiangelegenheit. Die Polizeien müssen dafür allerdings die Fachkenntnis und auch die technische Ausrüstung der Umweltschutzbehörden in Anspruch nehmen.

Schon seit Beginn der 1970er Jahre beschäftigt sich die Polizei mit der Verfolgung von Umweltdelikten. Erste Anfänge der Strafverfolgung bezogen sich aber hauptsächlich auf Gewässerverunreinigungen auf dem Rhein als Nebenfolge von Schiffsunfällen und wurden nahezu ausschließlich durch Beamte der Wasserschutzpolizei (WSP) durchgeführt. Seit 1972 werden über dem Rhein regelmäßig Kontrollflüge mit Polizeihubschraubern vorgenommen, um mögliche Einleitungen aus den großen mittelrheinischen Industriegebieten zu überprüfen; 1975 hielt die → Polizei-Führungsakademie (PFA) ihr erstes umweltschutzbezogenes Seminar „Maßnahmen der Polizei zur Aufrechterhaltung des Gewässerschutzes, der Abfallbeseitigung und des Naturschutzes“ ab. Die erhebliche Zunahme der Umweltschutzdiskussion seit Beginn der 1980er Jahre wirkte sich auch aus auf die Polizei, den Bundesgrenzschutz (seit dem 1.7.2005 → Bundespolizei – BPol), der die Überwachungsaufgaben auf hoher See übernahm, und die → Zollbehörden, die für den Küstenbereich zuständig wurden, und erweiterte insgesamt das Aufgabenfeld der polizeilichen Bekämpfung von Umweltstraftaten. Zwar entwickelte sich keine organisatorisch verselbstständigte „Umweltpolizei“. Aber bei allen Polizeien des Bundes und der Länder haben sich bis hinunter zu einzelnen Polizeiinspektionen eigene Dezernate, Sachgebiete und Referate, Umweltschutztrupps und Ähnliches gebildet, deren Fäden im Bundeskriminalamt und in den Landeskriminalämtern zusammenlaufen; teilweise sind die Polizeibereiche selbst auch mit hochwertiger Technik ausgestattet. Außerdem werden im Bedarfsfall Umweltreferate eingerichtet oder verstärkt, wenn ein Vorfall der Umweltkriminalität über den lokalen Bereich hinaus über die Medien Aufmerksamkeit erzeugt. Dazu gehören auch die so genannten Ad-hoc-Gruppen, die aus Polizeibeamten zusammengesetzt sind, die sonst allgemeine Polizeiaufgaben wahrnehmen.

III. In der polizeilichen Kriminalstatistik (PKS) wurden erstmals 1973 Umweltdelikte gesondert ausgewiesen. Im Vergleich der PKS mit der Verurteiltenstatistik zeigt sich, dass Umweltkriminalität insgesamt nur unzureichend bestraft wird. Einerseits liegen die abgeurteilten Fälle überwiegend im untersten Bereich strafbaren Unrechts und andererseits werden sowohl bei den Staatsanwaltschaften (bis zu 80 %) als auch bei den Gerichten (bis zu 50 %) die Verfahren der Umweltkriminalität eingestellt. Kommt es schließlich doch noch zu rechtskräftigen Verurteilungen, werden in der Regel lediglich Geldstrafen verhängt. Diese Ahndungspraxis bei Umweltdelikten hat verschiedene Ursachen: Die meisten Delikte der Umweltkriminalität gehören zu den so genannten opferlosen Delikten, denen es an geeigneten Verdachtsstrategien fehlt. Es kommt hinzu, dass in ganz erheblichem Maße die öffentliche Verwaltung bestimmt, ob überhaupt eine Strafverfolgung in Gang gesetzt wird. Das liegt z. B. daran, dass Verstöße gegen Umweltschutzvorschriften eng mit verwaltungsrechtlichen Vorgaben verknüpft sind. Da außerdem grundsätzlich für die Bekämpfung der Umweltkriminalität nicht die Polizei, sondern die im Wesentlichen nur werktags tätigen Umweltschutzbehörden zuständig sind, hängen polizeiliche Ermittlungen von entsprechenden Strafanzeigen dieser Behörden ab. Eine Anzeigepflicht der Verwaltungsbehörden besteht aber nicht und es gibt auch keine Amtsträgerstrafbarkeit; zudem sind die Zuständigkeiten im Umweltschutz unübersichtlich verteilt. Außerdem bestehen für Einrichtungen der öffentlichen Verwaltung und insbesondere auch für die Bundeswehr und ausländische Streitkräfte Sonder- und Ausnahmeregelungen im Bereich des Umweltschutzes.

IV. Für den Einsatz bei der Bekämpfung der Umweltkriminalität kann sich die Polizei inzwischen auch einer leistungsstarken Technik bedienen. Zum Beispiel arbeitet die Bundespolizei (bis zum 1.7. 2005 Bundesgrenzschutz) seit 1997 mit dem neu entwickelten Luftüberwachungssystem „Medusa", das über verschiedenartige Sensoren den aufgespürten Chemikalien, Ölen und anderen Schmierstoffen einen jeweils eigenen unverwechselbaren „Fingerabdruck" zuordnen kann und damit zur Beweissicherung beiträgt, um damit die Umweltkriminalität auf Nord- und Ostsee zu bekämpfen. Damit ist aber nicht automatisch auch eine erfolgreiche Strafverfolgung gewährleistet.

Für die Strafverfolgung und die Geltendmachung von Schadensersatzansprüchen ist es aus rechtsstaatlichen Gründen notwendig, einem Täter nachzuweisen, dass er die Gewässerverunreinigung „schuldhaft" herbeigeführt hat. Es müssten also an Bord des betroffenen Schiffes sofort Proben entnommen werden. Nach dem Gesetz vom 2.9.1994 (BGBl. II, S. 1789) zum

Seerechtsübereinkommen der Vereinten Nationen vom 10.12.1982 (Vertragsgesetz Seerechtsübereinkommen), in dem das gesamte Seevölkerrecht eingegangen ist, darf die deutsche Wasserschutzpolizei gegen den Willen des Kapitäns aber nicht auf hoher See ermitteln, sondern erst im nächsten deutschen Anlaufhafen. Dadurch bleibt den Tätern der Umweltkriminalität genügend Zeit, Spuren zu beseitigen sowie die Aussagen der Mannschaft aufeinander abzustimmen. Entsprechend gering ist die Zahl der erlassenen rechtskräftigen Strafverfolgungsmaßnahmen, die sich im Wesentlichen in Strafbefehlen erschöpfen und bei nur etwa 1 % der jährlich vor den deutschen Küsten durch Bundespolizei, Wasserschutzpolizei, Marine, Fischereiaufsicht und Zoll festgestellten Gewässerverunreinigungen liegen.

Im Gegensatz zur sonstigen Kriminalität haben bei Umweltdelikten Kinder und Jugendliche, Heranwachsende und Frauen nur eine untergeordnete Bedeutung als Tatverdächtige. Außerdem ist insgesamt festzustellen, dass Taten der Umweltkriminalität vor allem in Form des eher spontanen, wenig geplanten Einzeldeliktes durchgeführt werden und schwerwiegende Delikte mit hoher krimineller Energie einen geringeren Anteil haben. Denn die Delikte der Umweltkriminalität sind nur ganz selten und dann eher zufällig unter den Komplexen der → Organisierten Kriminalität zu finden. Nach den terroristischen Anschlägen mit Anthrax (Milzbrand) in den USA Ende 2001, bei denen Milzbranderreger per Post verschickt wurden, hat die Verunreinigung von Gewässern, Böden und der Luft durch terroristische Anschläge eine öffentliche Diskussion ausgelöst, die weniger den Schutz der Umwelt als vielmehr den Schutz des öffentlichen Lebens betraf. Denn die Anschlagserie führte zu mehreren Toten und legte teilweise das öffentliche Leben lahm. Die zeitliche Nähe zu den islamistischen Terroranschlägen vom 11. September in den USA führte zusätzlich dazu, die Umweltkriminalität in erster Linie nur noch einseitig im Zusammenhang mit Terroranschlägen zu untersuchen. Das am 1.1.2002 in Kraft getretene Terrorismusbekämpfungsgesetz ermöglicht zum Beispiel nunmehr → Sicherheitsüberprüfungen für Mitarbeiter in lebens- oder verteidigungswichtigen Einrichtungen.

V. Da die normierten Sicherheitsüberprüfungen auch auf Mitarbeiterinnen und Mitarbeiter in lebens- oder verteidigungswichtigen Einrichtungen, also z. B. auf Angestellte bei Wasser-, Gas- und Elektrizitätswerken, erweitert wurden, hat das Terrorismusbekämpfungsgesetz den Gesetzeszweck auf einen vorbeugenden personellen Sabotageschutz erweitert und so Regelungen in Bezug auf eine allgemeine Gefahrenabwehr aufgenommen. Kompetenzen für den Bereich der allgemeinen Gefahrenabwehr stehen aber nach der verfassungsmäßigen Ordnung der Bundesrepublik nicht dem Bund, sondern allein den Ländern zu.

Aus verfassungsrechtlicher Sicht muss bedenklich stimmen, dass mit diesen neuen Regelungen zur Umweltkriminalität tief in das sich aus Art. 1 Abs. 1 S. 1 und Art. 2 Abs. 1 GG ergebende „informationelle Selbstbestimmungsrecht“ der Bürger eingegriffen wird. Diese Ausweitung des so genannten sicherheitsrelevanten Bereichs auf weite Bereiche der privaten Wirtschaft verstößt gegen die „Wesentlichkeitstheorie“, die bestimmt, dass Eingriffe in die Freiheitssphäre der Bürger vom Gesetzgeber bestimmt sein müssen und nicht ins Ermessen der Exekutive gestellt sein dürfen. Denn künftig soll als Ermächtigungsgrundlage für derartige Sicherheitsüberprüfungen nicht ein Parlamentsgesetz, sondern lediglich eine Rechtsverordnung stehen, die grundsätzlich beliebig durch die Exekutive erweiterbar sein wird.

Athanassiou, Chariklia 2003: Die Strafbarkeit der juristischen Personen am Beispiel des Umweltstrafrechts, Frankfurt a. M.

Bundeskriminalamt (Hg.) 2001: Bekämpfung der Umweltkriminalität, Neuwied

Busch, Ralf / Iburg, Ulrich 2002: Umweltstrafrecht, Berlin

Kinzig, Jörg 2005: Organisierte Kriminalität in Deutschland. Ergebnisse einer normativ-empirischen Untersuchung, in: Möllers, M. H. W. / Ooyen, R. Chr. van (Hg): Jahrbuch Öffentliche Sicherheit 2004/2005, Frankfurt a. M., S. 339-355

Kloepfer, Michael / Vierhaus, Hans P. / Hellriegel, Mathias 2002: Umweltstrafrecht, 2. Aufl., München

Knaut, Silke 2005: Die Europäisierung des Umweltstrafrechts. Von uneinheitlichen nationalen Regelungen über einheitliche europäische Mindeststandards hin zur Optimierung der Umweltstrafrechtsordnung, Herbolzheim

Sack, Hans J. 2004: Umweltschutz-Strafrecht. Erläuterungen der Straf- und Bußgeldvorschriften, 5. Aufl., Stuttgart

Schall, Hero 2005: Umwelt- und Unternehmensstrafrecht. Zur strafrechtlichen Verantwortlichkeit für Umweltverletzungen in Betrieben und Unternehmen, Berlin

Martin H. W. Möllers

Verdachtsunabhängige Ermittlungen / Initiativermittlungen

I. Verdachtsunabhängige Ermittlungen sind Ermittlungen im strafrechtlichen Vorfeld ohne eine bestimmte Tat oder einen bestimmten Verdächtigen. Die Polizei ermittelt, um Täterstrukturen oder Täter herauszufinden. Sie werden auch Initiativermittlungen, Vorfeldermittlungen, Verdacht schöpfende Ermittlungen, Suche nach Ermittlungsansätzen oder präventive Kriminalitätsbekämpfung genannt. Bei der bundesdeutschen Polizei, besonders den Landeskriminalämtern, ist dieses Ermittlungsmodell noch neu; bei den Geheimdiensten und mit Einschränkungen beim Zollkriminalamt gehört es zum Handwerk. Weil Polizei Ländersache ist, sind die Kompetenzen der Polizei bei verdachtsunabhängigen Ermittlungen in den verschiedenen Landespolizeigesetzen geregelt und die Landeskriminalämter die Adressaten der Regeln.

II. Durch verdachtsunabhängige Ermittlungen sollen Verbrechen bereits im Vorfeld bekämpft und das Dunkelfeld der → Organisierten Kriminalität aufgehellt werden. Bei dieser präventiven Verbrechensbekämpfung werden mögliche Straftäter bereits im Vorfeld von Taten observiert. So können Verbrechen bereits in der Phase der Planung verhindert werden. Gleichzeitig können durch verdachtsunabhängige Ermittlungen die Strukturen der Organisierten Kriminalität erforscht werden. Denn wenn die Polizei nicht bereits bei dem ersten bekannt gewordenen Verbrechen die Täter verhaftet, können durch eine langfristige Observation die Struktur der Organisation erforscht und die Anstifter festgenommen werden. Beispiele dafür sind besonders aus den USA bei der Bekämpfung des Organisierten Verbrechens bekannt. Außerdem könne nur durch Ermittlungen ohne einen strafrechtlichen Anfangsverdacht gegen Verbrechen ermittelt werden, bei denen keine der beteiligten Personen ein Interesse an einer Aufklärung hat, z. B. Schmuggel, Korruption oder Schutzgelderpressung (wobei hier die Opfer aus Angst schweigen). Die den polizeilichen Ermittlungsapparat in Bewegung setzende Anzeige fehlt.

Das Ziel der „Suche nach Ermittlungsansätzen" ist das methodische Aufdecken von tatunabhängigen Strukturen. Diese Forderung „wäre vor einigen Jahren noch revolutionär, ja rechtswidrig zu nennen gewesen und leuchtet, nach der Ausweitung der Polizeigesetze, auch heute sicher noch nicht jedem ein. Etwa zwei Drittel dieses Weges der Polizei im strafrechtlichen Vorfeld sind aber bereits zumindest gesetzestechnisch zurückgelegt. Es fehlt lediglich noch der letzte Schritt zu reinen ‚Initiativermittlungen' bzw. ‚Verdachtschöpfenden Ermittlungen', Strukturen und Hintermänner betreffend" (Ruhlich 1998, S. 330). Die Folgen sind, dass die Trennung zwischen Polizei und Geheimdiensten aufgehoben wird, dass das Legalitäts- durch das Opportunitätsprinzip ersetzt wird und die ermittelnden Beamten zwischen Polizei- und Strafrecht nach Belieben wählen können. Die Polizei entscheidet dann selbstständig darüber, welches Recht angewandt wird und ob bzw. wann die Straftaten verfolgt werden. Außerdem sind von verdachtsunabhängigen Ermittlungen immer eine mehr oder weniger große Zahl Unschuldiger, oft ohne ihr Wissen, betroffen. D. h., die Unschuldsvermutung wird bei diesen Maßnahmen verneint.

Die meisten bei verdachtsunabhängigen Ermittlungen verwandten Methoden gehören zum bekannten und in den vergangenen Jahren ständig erweiterten Ermittlungsrepertoire der Polizei. Der Unterschied liegt in der rechtlichen Einordnung. Denn jetzt werden diese Methoden gegen Bürger angewandt, ohne dass ein strafrechtlicher Anfangsverdacht vorliegt. Dabei ist zu bedenken, dass selbst diese Schwelle relativ niedrig liegt.

III. Zu den verdachtsunabhängigen Ermittlungsmethoden, die sich gegen verschiedene Personen- und Tätergruppen richten, gehören inzwischen viele verschiedene, teilweise technisch aufwendige Methoden. Die Landeskriminalämter und das → Bundeskriminalamt (BKA) recherchieren ohne einen Anfangsverdacht im Internet. Der Hauptteil der Anzeigen beschäftigte sich mit der Kinderpornografie. Vom 1. Januar bis zum 10. Oktober 2000 betrafen 881 der 1.015 Anzeigen des BKA die Kinderpornografie.

In einigen Bundesländern gehört die → Schleierfahndung und verdachts- und anlassunabhängige Kontrollen im grenznahen Gebiet, normalerweise bis 30 Kilometer hinter der Grenze, bei einer entsprechenden Rechtsverordnung auch weiter, zum erlaubten Fahndungsinstrumentarium. Besonders konservative Politiker fordern eine Ausweitung der schon bestehenden und gerade in Großstädten an zentralen Plätzen und U-Bahnen, inzwischen teilweise sogar in Bussen, fast schon flächendeckenden → Videoüberwachung. Des Weiteren wird immer wieder vorgeschlagen, Videokameras an „gefährlichen" Orten zu installieren. Bayern nannte als gefährliche Orte neben Bahnhöfen auch Gebäudepassagen und Bordelle. Begründet wird diese optische Totalerfassung aller Personen, die sich in einem bestimmten, von einer Kamera überwachten Gebiet bewegen, immer mit der Steigerung des → subjektiven Sicherheitsgefühls der Bevölkerung.

Zu den weitgehend technischen und bereits erlaubten verdachtsunabhängigen Mitteln gehört die zuletzt flächendeckend 2001 eingesetzte → Rasterfahndung. Auf Kritik bei Datenschützern und der Bevölkerung stieß dagegen das automatische Erfassen von KFZ-Kennzeichen. Entgegen dem Gebot der Datensparsamkeit möchte besonders die bayerische Regierung automatisch jedes Fahrzeug an bestimmten Punkten wie Grenzübergängen und Autobahnbrücken erfassen und dann das Kennzeichen mit der Fahndungsdatei abgleichen. So könnten gestohlene Fahrzeuge gefunden werden. Daten, die zur Verfolgung von Straftaten oder Ordnungswidrigkeiten nötig sind, werden gespeichert. Die anderen gelöscht.

Im Zuge der → DNA-Analyse wurde bereits eine entsprechende Datenbank aufgebaut. Sie soll in den kommenden Jahren weiter ausgebaut werden. Dazu zählt höchstwahrscheinlich auch eine Ausweitung des Kreises der Betroffenen. Daneben verwendet die Polizei zunehmend auch im Vorfeld die altbekannten Methoden der Observation verdächtiger Personen, des Einsatzes von V-Leuten oder Vertrauens-Leuten (also Privatpersonen) und Verdeckten Ermittlern (also Polizeibeamten). Die präventive, verdachtsunabhängige → Telekommunikationsüberwachung, die in einigen Polizeigesetzen enthalten war, wurde vom Bundesverfassungsgericht verboten. Am 27. Juli 2005 stellte das Bundesverfassungsgericht fest, dass die Vorschrift im Niedersächsischen Gesetz über die öffentliche Sicherheit und Ordnung, die die Telekommunikationsüberwachung erlaubt und gegen die ein Bürger geklagt hatte, gegen das Grundgesetz verstößt und deshalb nichtig ist. Die Geheimdienste und die Zollbehörden dürfen präventiv Telefongespräche abhören um schwere Verbrechen, besonders im Umfeld der Organisierten Kriminalität, zu verhindern. Die Verdachtsmeldungen der Geheimdienste führen meistens zu keinem Strafverfahren.

IV. Die besonders umstrittene Initiativermittlungskompetenz des Bundeskriminalamtes in dem Vorschlag des Innenministeriums zum Terrorismusbekämpfungsgesetz wurde nach heftigem Widerspruch von Bürgerrechtsverbänden, Juristen und auch des Bundesministeriums der Justiz auf ein Erheben von Daten zur Ergänzung vorhandener Sachverhalte, auf → Computerkriminalität und Bedrohungen der inneren und äußeren Sicherheit der Bundesrepublik begrenzt. Die grundsätzliche Tendenz, das BKA zu einer eigenständigen Ermittlungsbehörde auszubauen ist davon nicht betroffen. Genauso wenig wie die Tendenz, dass nicht am Anfang der Ermittlungen, sondern an deren Ende ein strafrechtlicher Anfangsverdacht steht.

V. Aus rechtspolitischer Sicht ist das Verschwimmen der Grenzen zwischen Polizei- und Strafprozessrecht eindeutig negativ zu bewerten. Die verschiedenen Polizeien können sich für ihr Handeln die Rechtsgrundlage, Polizei- oder Strafrecht, selbst aussuchen. Gleichzeitig verschwimmen die Grenzen zwischen Polizei und Geheimdiensten immer mehr. Bei der Polizei entsteht so eine Tendenz zum Datensammeln auf Vorrat, ohne dass eine rechtstaatliche und öffentliche Kontrolle erfolgt. Eine aussagekräftige Evaluation der Maßnahmen gibt es nicht.

Außerdem beachten verdachtsunabhängige Ermittlungen nur die polizeiliche Seite des Verbrechens. Die gesellschaftliche Seite, also wie durch ein bestimmtes gesellschaftliches Klima und Kontrollen Verbrechen verhindert werden können, wird dabei kaum bis überhaupt nicht beachtet. Hier könnten durch einen erheblich geringeren finanziellen Aufwand die gleichen Ergebnisse erzielt werden, z. B. durch Integritätspakte und transparente Entscheidungen kann Korruption im Vorfeld verhindert werden.

Die Schleierfahndung richtet sich in der Praxis gegen Ausländer und – in Berlin – bei keiner Schleierfahndung wurde die grenzüberschreitende Kriminalität bekämpft. Insgesamt wurden dort bei vier Fahndungen 3.700 Personen und etwa 1.650 Fahrzeuge kontrolliert. Das Ergebnis waren 36 Strafanzeigen, u. a. wegen Verstößen gegen das Ausländergesetz.

Roggan, Fredrik 2000: Auf legalem Weg in einen Polizeistaat – Entwicklung des Rechts der Inneren Sicherheit, Bonn

Ruhlich, Elmar 1998: Bekämpfung der Organisierten Kriminalität mit nachrichtendienstlichen Mitteln und/oder durch Nachrichtendienste, in: Thamm, B. G. / Freiberg, K. (Hg.): Mafia global – Organisiertes Verbrechen auf dem Sprung in das 21. Jahrhundert, Hilden, S. 325-344

Axel Bußmer

Vereinsverbote / Religionsprivileg

I. Gemäß Art. 9 Abs. 2 GG sind Vereinigungen verboten, „deren Zwecke oder deren Tätigkeit den Strafgesetzen zuwiderlaufen oder die sich gegen die verfassungsmäßige Ordnung oder gegen den Gedanken der Völkerverständigung richten". Das 1964 erlassene Vereinsgesetz (BGBl. I, S. 593; seither mehrfach geändert) gibt dem Bundesminister des Innern die Möglichkeit, bundesweit tätige Vereine zu verbieten. Bei Vereinen, die nur in einem Bundesland tätig sind, ist das Land zuständig. Verboten werden kann nicht nur ein Verein, der in das Vereinsregister eingetragen worden ist (§§ 55 ff. BGB), sondern „ohne Rücksicht auf die Rechtsform jede Vereinigung, zu der sich eine Mehrheit natürlicher oder juristischer Personen für längere Zeit zu einem gemeinsamen Zweck freiwillig zusammengeschlossen und einer organisierten Willensbildung unterworfen hat" (§ 2 Abs. 1 VereinsG).

II. Nach der Rechtslage bis zum Jahr 2001 gehörten „Religionsgemeinschaften und Vereinigungen, die sich die gemeinschaftliche Pflege einer Weltanschauung zur Aufgabe machen", nicht zu den Vereinen, die verboten werden konnten (§ 2 Abs. 2 Nr. 3 VereinsG a. F.). Das so genannte Religionsprivileg im Vereinsgesetz hatte seine rechtliche Begründung in der „Freiheit der Vereinigung zu Religionsgesellschaften", die durch Art. 137 der Weimarer Reichsverfassung (WRV) vom 11. August 1919 gewährleistet ist und aufgrund von Art. 140 GG in der Bundesrepublik weiter gilt. Das Vereinsgesetz von 1964 klammerte Religionsgemeinschaften und Weltanschauungsvereinigungen daher aus dem Anwendungsbereich der Verbotsbestimmungen aus. Diese Privilegierung wurde allerdings überwiegend für nicht verfassungsrechtlich zwingend gehalten.

III. Schon vor den Anschlägen des 11. September 2001 gab es im Bundesministerium des Innern (BMI) Bestrebungen, das Religionsprivileg aus dem Vereinsgesetz zu streichen. Das Ziel dieser angestrebten Gesetzesänderung bestand darin, auch religiöse Gruppen, deren Zwecke oder Tätigkeiten Strafgesetzen zuwiderlaufen, verbieten zu können. Der Verfassungsschutzbericht für das Jahr 2000 berichtete im Kapitel „Sicherheitsgefährdende und extremistische Bestrebungen von Ausländern" ausführlich über die Aktivitäten „islamistischer Gruppierungen". Konkreter Hintergrund der Änderungsbestrebungen war das so genannte „Kalifat von Köln“. Metin Kaplan, die zentrale Figur dieser Gruppe, wurde Ende 2000 wegen Aufrufs zum Mord an einem Widersacher, der später tatsächlich in Berlin von Unbekannten erschossen wurde, zu einer Haftstrafe verurteilt und inzwischen in die Türkei abgeschoben.

Nach dem 11. September 2001 waren die Rahmenbedingungen für die Durchsetzung dieser Gesetzesänderung günstig. Nachweisbare Verbindungen zwischen den Attentaten in den USA und dem „Kalifatstaat“ gab es zwar nicht. Doch entstand schon alleine durch den Umstand, dass die Täter von New York und Washington Vertreter radikaler islamischer Glaubensrichtungen waren, die nötige Akzeptanz für die Streichung des Religionsprivilegs. Bereits das erste Maßnahmenpaket, das die Bundesregierung nach dem 11. September vorlegte, schlug daher die Streichung vor (BT-Drs. 14/7026). Nur die PDS-Fraktion formulierte Bedenken.

IV. Als unmittelbare Folge der Gesetzesänderung hat der Bundesinnenminister im Dezember 2001 die „islamistische extremistische Vereinigung ‚Kalifatstaat‘ die dazugehörende Stiftung ‚Diener des Islam‘ [...] sowie 19 Teilorganisationen mit insgesamt rund 1100 Mitgliedern verboten“ (Pressemitteilung des BMI vom 12.12.2001). Das Verbot macht das gesamte im Vereinsgesetz vorgesehene Instrumentarium zu seiner Durchsetzung anwendbar. Die Fortführung der Organisation und Ersatzgründungen sind unter Strafandrohung verboten (§§ 8, 20 VereinsG); das Vermögen wird eingezogen (§§ 3, 10, 11 VereinsG). Hohe Funktionäre, die nicht die deutsche Staatsangehörigkeit haben und weiterhin die Ziele der verbotenen Gruppierung verfolgen, können nach den einschlägigen ausländerrechtlichen Bestimmungen abgeschoben werden; so bestätigt durch einen Beschluss des Verwaltungsgerichtshofs Baden-Württemberg (1 S 254/03 vom 7.5.2003). Die Klage des „Kalifatstaates“ gegen das Verbot beim Bundesverwaltungsgericht (6 A 4/02 vom 27. 11.2003) blieb ebenso erfolglos wie die Verfassungsbeschwerde beim Bundesverfassungsgericht (1 BvR 536/03 vom 2.10. 2003).

V. Vor dem Hintergrund der primären Ausrichtung der Gesetzesbegründung auf bestimmte „fundamentalistisch-islamistische Vereinigungen“ (BT-Drs. 14/7026, S. 6) hielt sich die Kritik anderer Religionsgemeinschaften an der Gesetzesänderung in Grenzen. Ausdrücklich betont die Gesetzesbegründung, dass der katholischen und der evangelischen Kirche der privilegierte Status einer Körperschaft des öffentlichen Rechts ohnehin unmittelbar durch die Verfassung garantiert ist (Art. 140 GG i. V. m. Art. 137 Abs. 5 WRV). Die Nennung weiterer „islamistischer Gruppierungen“ im Verfassungsschutzbericht deutet darauf hin, dass in Zukunft auch weitere Vereinigungen mit religiösem Hintergrund verboten werden könnten. Dies betrifft z. B. die „Islamische Gemeinschaft Milli Görüs e.V.“, die jedoch auch von den Verfassungsschutzämtern als wesentlich weniger radikal eingeschätzt wird als die nun verbotene „Kalifatstaat“-Gruppe. Die Möglichkeit des Vereinsverbots dürfte bei fundamentalistischen Gruppen aber zumindest zu einer präventiven Mäßigung von Äußerungen und Verhalten führen.

Verbote von Gruppen, die unter in Deutschland lebenden Einwanderern eine größere Anhängerschaft haben, könnten weitreichende (Neben-) Folgen haben. Sie könnten den Bemühungen für eine bessere Integration der zweiten und dritten Einwanderergeneration zuwiderlaufen. Die Innenminister werden daher zukünftig besonders gründlich zu prüfen haben, ob ein Verbot im Hinblick auf die Vereinigungsfreiheit im konkreten Fall verhältnismäßig ist. Dies hat auch das Bundesverfassungsgericht in seinem Beschluss zum Verbot des „Kalifatstaates“ betont (1 BvR 536/03 vom 2.10.2003, Randziffer 20). Dabei wird auch sorgfältig zu prüfen sein, ob aufgrund von Äußerungen und Verhaltensweisen einzelner Führungspersönlichkeiten auf die Verbotsbedürftigkeit einer ganzen Gruppierung geschlossen werden kann.

Wie alle Partei- und Organisationsverbote birgt das Verbot religiöser Gruppen die Gefahr einer Radikalisierung ihrer Mitglieder und Anhänger im Untergrund. Das Verbot diverser rechtsextremistischer Gruppen in den 1990er Jahren hat gezeigt, dass sich nur ein Teil der Anhängerschaft durch ein Organisationsverbot von weiteren Aktivitäten abhalten lässt. Das Verbot von Ersatzgründungen ist nur schwer kontrollierbar, wenn lockere Organisationsformen gewählt oder andere Gruppen unterwandert werden. Die Radikalisierung der Nationaldemokratischen Partei Deutschlands (NPD) geht gerade darauf zurück, dass sich etliche Anhänger verbotener Gruppen in den 1990er Jahren hier ein neues Betätigungsfeld gesucht haben. Die Durchsuchung von 1200 Objekten im Rahmen eines staatsanwaltschaftlichen Ermittlungsverfahrens wegen des Verdachts des Verstoßes gegen das Verbot des „Kalifatstaates“ im Dezember 2003 zeigt, dass auch in diesem Fall das Verbot nicht automatisch zu einem Ende der aus der Perspektive der Innenpolitik unerwünschten Aktivitäten dieser Gruppe geführt hat.

Im Gegensatz zu politischen Parteien, deren Verfassungswidrigkeit gemäß Art. 21 Abs. 2 GG nur das Bundesverfassungsgericht feststellen kann, ist das Verbot anderer und nun auch religiöser Vereinigungen stark exekutivlastig. Nur ein kleiner Teil der Verbotsfälle ist so spektakulär, dass überhaupt eine breitere Öffentlichkeit davon Kenntnis erlangt. Längst nicht alle Fälle, werden aufgrund einer gerichtlichen Anfechtung des Verbots überprüft.

BMI 2001: Verfassungsschutzbericht 2000, Berlin / Bonn

BMI 2004: Verfassungsschutzbericht 2003, Berlin / Bonn

Groh, Kathrin 2002: Das Religionsprivileg des Vereinsgesetzes, in: KritV, Nr. 1, S. 39-62

Michael, Lothar 2002: Verbote von Religionsgemeinschaften, in: JZ, Nr. 10, S. 482-491

Planker, Markus 1994: Das Vereinsverbot gem. Art. 9 Abs. 2 GG/§§ 3 ff. VereinsG – Eine systematische Darstellung von Tatbestand und Rechtsfolge, juristische Dissertation, Bonn

Poscher, Ralf 2002: Vereinsverbote gegen Religionsgemeinschaften? – Die Abschaffung des Religionsprivilegs im Vereinsgesetz als Akt unbewusster symbolischer Gesetzgebung, in: KritV, Nr. 3, S. 298-310

Veelken, Sebastian 1999: Das Verbot von Weltanschauungs- und Religionsgemeinschaften, juristische Dissertation, Münster

Hartmut Aden

Verwaltungsreformen

I. Reformbemühungen sind seit jeher Thema in der deutschen Verwaltung. Seit Anfang der 90er Jahre haben vor allem angelsächsisch geprägte Reformbemühungen nachhaltig Konjunktur im deutschsprachigen Raum. Im englischsprachigen Raum seit den 80er Jahren unter dem Begriff „New Public Management“ (NPM) zusammengefasst, sind sie in Deutschland eher unter dem Namen „Neue Steuerungsmodelle“ (NSM) bekannt geworden. Vorreiter in diesem Bereich war die Kommunale Gemeinschaftsstelle für Verwaltungsvereinfachung (KGSt), deren Konzepte prägend für die Reformen der deutschen Kommunen wurden und später zumindest begrifflich das Dach für die Reformen auf Bundes- und Landesebene bildeten. Für NPM wie NSM gilt dabei, dass sie einerseits keine geschlossenen Konzepte anbieten und nur als Oberbegriff für eine Vielzahl von Reformvorschlägen dienen, andererseits zwar konkrete Reformvorschläge für die Mikroebene der Binnenmodernisierung formulieren, auf der Makroebene der Staatsreform aber diffus bleiben.

Die betriebswirtschaftlich inspirierten Reformen der Mikroebene werden theoretisch sowohl von der neoliberalen Public-Choice-Schule als auch von neotayloristischen Managementansätzen beeinflusst. Auf der Makroebene verbindet man die Reformansätze vor allem mit Maßnahmen zur Privatisierung und Deregulierung, zur Auslagerung und Verselbstständigung von Verwaltungseinheiten und mit der Einführung von Wettbewerbselementen in der Verwaltung. Konzepte zur allgemeinen Staatsmodernisierung, in Deutschland vor allem der „aktivierende Staat“, der „schlanke Staat“ und der „funktionale Staat“, bleiben umgekehrt merklich abstrakt, wenn sie Aussagen zu Binnenreformen treffen sollen. Beide Bereiche, Mikro- und Makroebene, sind nach wie vor unverbunden. Seit Mitte der 90er Jahre werden die Reformen ergänzt durch Konzepte des Qualitätsmanagements (QM) wie z. B. die ursprünglich in der Automobilindustrie entwickelten DIN-normierten Qualitätsmanagementsysteme (DIN ISO 9000 ff. und DIN ISO 2000 ff.), das Konzept des Total Quality Managements (TQM), das in Japan entwickelte, einen kontinuierlichen Verbesserungsprozess (KVP) anstrebende Kaizen sowie das Modell der European Foundation for Quality Management (EFQM). Zahlreiche Modelle in den Bereichen Personal- und Organisationsentwicklung ergänzen darüber hinaus die Reformvorschläge.

II. Treibende Kraft bei den Reformbemühungen waren zu Beginn die Kommunen. Mitte der 90er Jahre antizipierten aber auch Landesverwaltungen und etwas später ebenfalls die Bundesverwaltung die Reformbemühungen. Vorreiter auf Landesebene waren und sind die Polizeien. So entwickelten zahlreiche Behörden unterschiedliche Konzepte. Zu nennen wären exemplarisch das „Neue Steuerungs- und Führungssystem“ der Polizei in Nordrhein-Westfalen oder die „Neuen Steuerungsinstrumente“ (NSI) der Polizei in Baden-Württemberg. Neben den Schwierigkeiten, die sich aus der Übertragung eines für die kommunale Leistungsverwaltung entwickelten Konzeptes auf die staatliche Eingriffsverwaltung ergeben, erwies sich die mangelnde Verknüpfung der Binnenreformen mit Reformen auf der Makroebene gerade im Bereich der Inneren Sicherheit als problematisch. Zwar existieren in den meisten Polizeien Elemente des Neuen Steuerungsmodells wie Budgetierung, Dezentrale Ressourcenverantwortung, Controlling, Zielvereinbarungen und Produkte, doch ist es bisher nicht gelungen, diese zu einem schlüssigen Konzept, dass auch die Rolle der Polizeien im Verhältnis zur Umwelt berücksichtigt, zusammenzuführen. Darüber hinaus scheitern viele Reformen an den Widerständen und Akzeptanzproblemen der Beschäftigten. Auch wenn die Reformen von Organisation zu Organisation unterschiedlich sind, so steht hinter allen Reformen die Grundannahme, dass die Arbeit der Polizei verbessert werden kann durch eine größere Eigenverantwortung der Beamten. Dieses soll erreicht werden durch Hierarchieabbau und Dezentralisierung von Aufgaben und Kompetenzen. Es setzt allerdings voraus, dass die Arbeit der Polizei nicht nur planbar, sondern auch messbar ist. Die noch immer ungeklärte Wirkungsfrage polizeilichen Handelns steht dem aber bislang im Weg.

III. Die oben skizzierten Entwicklungen kamen durch die Anschläge des 11. September 2001 zunächst zum Erliegen. Statt dezentraler Aufgabenwahrnehmung per Zielvereinbarungen wurden zentral entwickelte Aktionspläne eingeführt und umgesetzt. In den letzten Jahren hat sich der Trend zur Zentralisierung fortgesetzt, beispielsweise zu erkennen an der Schaffung von Großbehörden und zentralen Verwaltungsbehörden. Der zunehmende finanzielle Druck führt zudem dazu, dass neue, Kosten sparende Formen der Sicherheitserbringung verstärkt zur Geltung kommen. Zum einen wären hier Überlegungen zur Privatisierung und zum Outsourcing zu nennen und zum anderen die Verlagerung von weniger komplexen Aufgaben auf neue staatliche Akteure wie → Wachpolizeien und → freiwillige Polizeidienste oder direkt die Vergabe an → private Sicherheitsdienste. Auch die Kommunen sind zunehmend wieder im Außendienst tätig und schicken Außendienstmitarbeiter des Ordnungsamtes durch die Fußgängerzonen und Problemviertel. Vor allem in den Ländern, die die zweigeteilte Laufbahn eingeführt haben, sind diese Entwicklungen zu beobachten. Dabei dürfte der Trend, „einfachere“ Aufgaben auf Private oder weniger gut bezahlte staatliche Akteure zu verlagern, aufgrund der Haushaltslage sich in den nächsten Jahren eher noch verstärken. Diese Entwicklung könnte dazu führen, dass langfristig betrachtet lediglich noch die schweren Verbrechensformen von der Polizei bearbeitet werden, die leichteren, so genannten Massendelikte aber anderen Organisationen übertragen werden. Eine der Folgen wird dann sein, das Personal bei den Polizeien dementsprechend zu reduzieren.

IV. Die Verlagerung von Aufgaben an andere Einrichtungen und die zunehmende Anzahl von sicherheitsproduzierenden staatlichen, kommunalen und privaten Akteuren wird es nötig machen, dass die Polizeien eine stärker koordinierende Rolle übernehmen. Für die Sicherheitsproduktion wird es immer mehr erforderlich, Maßnahmen abzusprechen und Aufgaben zu verteilen. Die Polizei bietet sich hierbei als der originäre Hauptakteur und somit Koordinator im Politikfeld Innere Sicherheit an. Einige Landespolizeien tragen diesen neuen Aufgaben bereits Rechnung durch die Schaffung von Sicherheitsnetzwerken, → Ordnungspartnerschaften, kriminalpräventiven Räten sowie zahlreichen anderen Koordinierungsgremien, die allerdings teilweise über den reinen Symbolwert noch nicht hinausgelangen.

V. In Zukunft wird es auch für die Polizei darauf ankommen, einen Staats- und Verwaltungsreformansatz zu entwickeln, der deutlicher auf die empirischen Bedingungen von Staat, Verwaltung und Demokratie eingeht. Der politikfeldorientierte Ansatz bietet sich als Alternative zu dem klassischen Bürokratiemodell und dem Modell des betriebsökonomisch orientierten New Public Managements bzw. des Neuen Steuerungsmodells an. Die öffentliche Verwaltung ist kein Unternehmen, das am Markt operiert, sie ist vielmehr Teil des politischen Systems, unterliegt dessen Bedingungen und erfordert Reformansätze, die speziell auf diese Voraussetzungen ausgerichtet sind.

Das Verwaltungshandeln im politikfeldorientierten Modell, somit auch das Handeln der Polizei, ist auf gesellschaftliche Wirkung ausgerichtet. Bedeutete das inputorientierte Verwaltungshandeln, mit einem fest vorgegebenen Mitteleinsatz ein möglichst o-timales Ergebnis zu realisieren, zielen die neuen output- oder auch outcomeorientierten Ansätze darauf ab, eine relativ klar umrissene Wirkung zu erreichen und dabei einen möglichst knappen Mitteleinsatz aufzuwenden. Diese Ansätze sind dementsprechend anfällig, betriebsökonomische Effizienz, genauer, Kosteneinsparungen zum Selbstzweck werden zu lassen. Die eigentliche Zielsetzung dessen, was gesellschaftlich erreicht werden sollte, geht dann schnell verloren. Im Bereich der Polizei, die sehr tief greifend in die Rechte und das Eigentum der Bürger eingreift, ist die Ausrichtung auf einen Maßstab von Kosten und Leistung noch wesentlich sensibler zu bewerten als in anderen öffentlichen Verwaltungssektoren. Um den damit verbundenen Gefahren zu entgehen, betont das Modell eines wirkungsorientierten Verwaltungshandelns die Einbindung der Verwaltung in die Voraussetzungen und Bedingungen des politischen Systems einschließlich ihrer verfassungsrechtlichen und bürgerrechtlichen Grundlagen.

Demzufolge obliegt es nicht der Kompetenz der Verwaltung, eigenständig festzulegen, welche Aufgaben sie ausübt oder nicht mehr ausübt. Darüber zu entscheiden sind allein parlamentarische Institutionen legitimiert. Eine vorrangig betriebswirtschaftliche Festlegung von Polizeiaufgaben beispielsweise erscheint nicht angemessen. Die Haupttätigkeit der Verwaltungsleitung liegt darin, die festgelegten Staatsaufgaben, für die einzelnen Politikfelder konkretisiert in den Politik-Programmen (z. B. → Polizeipolitik, → Kriminalpolitik, Politik der → Inneren Sicherheit), adäquat umzusetzen. Maßstab für die Verwaltungsführung ist die „Wirkung“ der Programme. Um diese zu erreichen, stehen eine Reihe von neuen Verwaltungsinstrumenten für die interne wie externe Steuerung zur Verfügung, zu nennen sind: Leistungen (substitutiv zum „Produkte“-Verständnis), Zielvereinbarungen, Dezentrale Ressourcenverantwortung / Budgetierung und Controlling. Sie sind allerdings als Instrumente, nicht als Modellmaßstab zu nutzen.

Eine größere Bedeutung als bisher erlangen die Außenbeziehungen der Verwaltung. Verwaltung wird zum Akteur in den Netzwerken und Verhandlungssystemen der Politikfelder, hier muss insbesondere die Verwaltungsleitung die unterschiedlichen Konflikte moderieren, muss sich für Ziele und Anliegen einsetzen, die wenig Unterstützung von organisierten Interessen finden, muss Unterstützer-Koalitionen herausbilden, insgesamt also versuchen, durch Kooperationen mit den unterschiedlichen gesellschaftlichen Akteuren die Umsetzung der Politik-Programme zu ermöglichen.

Die politikfeldspezifischen Kooperationen setzen voraus, dass die Organisationsentwicklung diesen Bedingungen des Verwaltungshandelns entspricht. Dies erfordert zum einen eine dezentrale Ausrichtung: Es sind Organisationseinheiten zu schaffen, die erstens genügend Ressourcen aufbringen, um innerhalb des durch Steuerungsziele vorgegebenen Rahmens eigenständig handeln zu können und die zweitens hinsichtlich ihres Zuständigkeitsgebietes geografisch so zugeschnitten sind, dass sie die maßgeblichen politischen und gesellschaftlichen Akteure überhaupt erreichen können (Kommunen, Verbände etc.). Zum anderen muss die Organisation danach ausgerichtet werden, dass wiederkehrende Aufgabenstellungen so weitgehend wie möglich von jeweils einer Subeinheit bearbeitet werden können, dies schafft gleichermaßen Transparenz wie die Voraussetzungen für effiziente Bearbeitungsvorgänge.

Sollen Organisationseinheiten in der Lage sein, eigenverantwortlich zu handeln, schließen sich für die Personalentwicklung entsprechende Folgerungen an. Vor allem bedeutet dies, die Anforderungen an die Leitungsbeamten zu erhöhen. Sie müssen sich auch als Moderatoren gesellschaftlicher Konflikte verstehen. Angesichts dieser Ansprüche wäre zu prüfen, inwieweit bestimmte hochrangige Führungspositionen nur auf Zeit zu besetzen sind, um so ggf. Fehlbesetzungen korrigieren zu können. In der Ausbildung des Verwaltungspersonals wäre insbesondere die Situation an den → Fachhochschulen für Verwaltung bzw. Polizei zu überdenken, die bislang sehr stark durch reglementierte und verschulte Strukturen geprägt sind, die eine Entwicklung hin zu mehr eigenverantwortlichem Handeln des Personals nicht unbedingt befördern.

Das polizeiliche Handeln, als ein bedeutender Teil der öffentlichen Verwaltung, wird sich im Zuge des Wettstreites unterschiedlicher Reformkonzeptionen in den nächsten Jahren tief greifend verändern. Verwaltungsreformen vollziehen sich dabei nicht als „objektive" Sachzwänge, zu denen es keine Alternativen gibt. Sie bestehen vielmehr aus institutionspolitischen Aushandlungen, die zwischen den einzelnen Akteuren, seien es Ministerien, Behörden, Personalräte, Parlamente, Gewerkschaften, Interessengruppen oder anderen, geführt werden. Verwaltungsreform ist in diesem Sinne ein zentraler Bestandteil von Polizeipolitik, die gerade diese Aushandlung von Strukturen, Funktionen und Entscheidungsprozessen innerhalb der Polizei zum Inhalt hat.

Böhret Carl / Konzendorf, Gottfried 1994: Mehr sein als scheinen: Der funktionale Staat, Speyerer Arbeitshefte 101, Speyer

Bogumil, Jörg 1997: Modernisierung des Staates durch Public Management. Stand der aktuellen Diskussion, in: Grande, E. / Prätorius, R. (Hg.): Modernisierung des Staates? Baden-Baden, S. 21-44

Jann, Werner 1998: Neues Steuerungsmodell, in: Bandemer, St. von u. a. (Hg.): Handbuch zur Verwaltungsreform, Opladen, S. 70-80

Lange, Hans-Jürgen / Schenck, Jean-Claude 2004: Polizei im kooperativen Staat, Wiesbaden
Lenk, Klaus 1998: New Public Management in der eingreifenden Verwaltung, in: Lenk, K. / Prätorius, R. (Hg.): Eingriffsstaat und öffentliche Sicherheit. Beiträge zur Rückbesinnung auf die hoheitliche Verwaltung, Baden-Baden, S. 13-24
Schedler, Kuno / Proeller, Isabella 2000: New Public Management, Bern / Stuttgart / Wien

Hans-Jürgen Lange und Jean-Claude Schenck

Videoüberwachung

I. „Videoüberwachung" bezeichnet die Beobachtung öffentlicher Räume durch Kommunen und Polizei mittels optisch elektronischer Einrichtungen, die häufig auch eine Aufzeichnung der Bilder erlauben. Unter „öffentlichen Räumen" werden frei zugängliche Straßen und Plätze verstanden, nicht jedoch der gesamte öffentlich zugängliche Raum, zu dem z. B. auch das Innere von Behörden oder privaten der Öffentlichkeit zugänglichen Geschäftsräumen wie Kaufhäuser oder Banken gehören.

II. Bis Mitte der 90er Jahre wurde der öffentliche Raum in Deutschland seitens der Polizeibehörden entweder zum Zweck der Verkehrsüberwachung dauerhaft oder wie bei Veranstaltungen und Versammlungen, die dem Versammlungsrecht unterliegen, temporär beobachtet. Die Rechtsgrundlage für eine präventive Überwachung des öffentlichen Straßenraums findet sich in der Polizeigesetzgebung der Bundesländer; in den meisten Landespolizeigesetzen ist in den letzten Jahren ein Passus eingefügt worden, der der Polizei die Videoüberwachung im öffentlichen Raum explizit ermöglicht. Die Gesetze unterscheiden sich jedoch – je nach (kriminal-) politischer Auffassung – teilweise erheblich voneinander, so z. B. in Bezug auf die Definition gefährlicher Orte sowie die Möglichkeit und Dauer der Speicherung der aufgezeichneten Bilder. Während z. B. die Länder Hessen und Bayern die Videoüberwachung ausdrücklich fördern, nehmen andere Landesregierungen eine distanziertere Position ein und setzen höhere Hürden für ihren Einsatz. Einige Bundesländer wie Berlin und Hamburg verfügten zu Beginn des Jahres 2002 noch gar nicht über die für die Videoüberwachung im öffentlichen Raum erforderlichen Rechtsgrundlagen.

Die von den Kameras aufgezeichneten Bilder werden normalerweise auf Monitoren beobachtet, die in einer lokalen Polizeistation aufgestellt sind. Wichtige Einfluss- bzw. Erfolgsfaktoren sind die Anzahl und technische Ausstattung der benutzten Kameras (Schwenk- und Zoomfähigkeit, Nachttauglichkeit) und Monitore, die Art und Weise der Monitorbeobachtung und -aufstellung (Anzahl der Beobachtungsstunden pro Tag, Schulung der Beobachter, Zahl der hauptamtlichen Beobachter), die Aufzeichnungskapazität und -dauer, die Kommunikation der Beobachter mit den Polizeikräften vor Ort sowie die Einbindung der Überwachungsmaßnahme in begleitende Maßnahmen (lokale Präventionskonzepte, bauliche Maßnahmen, verstärkte Fußstreifen).

Neben stationären sind vermehrt temporäre Anlagen zu beobachten, die an den lokalisierten Kriminalitätsbrennpunkten nur so lange installiert werden, bis das entsprechende Kriminalitätsproblem behoben ist. Das Land Baden-Württemberg hat zu diesem Zweck einen mobilen Pool aufgebaut, durch den Videoüberwachungsanlagen in kleinen und mittleren Städten in kürzester Zeit temporär errichtet werden können.

Im Idealfall verbindet die Videoüberwachung im öffentlichen Raum eine präventive Beobachtung mit repressiven Effekten. Die Präventionswirkung wird dabei in der Hauptsache durch die Offenheit der Maßnahme erreicht, die durch begleitende Medienarbeit der Betreiber noch verstärkt wird. Hierdurch sollen potenzielle Täter durch die Erhöhung des Entdeckungsrisikos von ihrer Tat abgehalten werden. Jedoch können je nach Delikt unterschiedliche präventive Wirkungen auftreten. Während Straftaten wie Raub oder Körperverletzung, die ohne die Videoüberwachung möglicherweise spontan begangen worden wären, verhindert werden können, gilt dies nicht in gleichem Maße für z. B. Beschaffungsstraftaten von Drogenabhängigen. Im letzteren Fall führt die Videoüberwachung lediglich dazu, dass die Täter einen nicht überwachten Ort für ihre Straftat auswählen. Die repressive Wirkung der Videoüberwachung wird zum einen durch eine schnellere Reaktionszeit der Polizei auf gerade im Entstehen bzw. in der Ausführung befindliche Straftaten erzielt, die durch die Beobachtung der Monitore sofort entdeckt und durch Einsatzkräfte vor Ort bekämpft werden sollen. Zum anderen kann durch die Aufzeichnung der Tat Beweismaterial gesichert werden, das die Verurteilung des Täters erleichtert und bei Polizei und Justiz Ressourcen schont.

Die Videoüberwachung im öffentlichen Raum wird im Wesentlichen zur Bekämpfung der Straßenkriminalität, d. h. von Eigentums- und Gewaltdelikten sowie der Drogenkriminalität eingesetzt. Doch nicht nur die Bekämpfung tatsächlich registrierter Kriminalität, sondern auch die Verbesserung des → subjektiven Sicherheitsgefühls der Bürger an vorher als unsicher empfundenen Orten stellt eine wichtige Aufgabe der Videoüberwachung dar. Einsatzorte sind festgestellte kommunale Kriminalitätsbrennpunkte, wie Bahnhofsvorplätze, innerstädtische Plätze und Einkaufsstraßen, auf denen viele Menschen verkehren. Aufgrund retrospektiver Analysen stellen diese Orte kriminologische Hot Spots dar, die für Straftäter besonders attraktiv sind.

III. Nachdem in Großbritannien 1985 die erste Videoüberwachungsanlage im öffentlichen Raum in Bournemouth installiert wurde, wurden in rascher Folge nahezu alle englischen Großstädte mit – durch das Home Office massiv geförderten – Überwachungssystemen versehen. Die Videoüberwachung im öffentlichen Raum wurde in Großbritannien vor allem zur Bekämpfung von Gewalt und Vandalismus, von Jugendkrawallen und z. B. in London zur Terrorismusbekämpfung genutzt. Ihr laut Kommunen, Polizei und Innenministerium erfolgreicher Einsatz hat über die Grenzen Großbritanniens hinaus eine erhöhte Nachfrage dieser Technik zur Kriminalitätsbekämpfung bewirkt.

Auch in Deutschland haben einige Kommunen in den letzten Jahren Videoüberwachungsanlagen im öffentlichen Raum angeschafft; Vorreiter war Leipzig, wo 1996 eine Überwachungsanlage zur Bekämpfung der Drogenszene und der Straßenkriminalität im Innenstadtbereich installiert wurde. Für Leipzig liegen auch die ausführlichsten (polizeilichen) Erfahrungsberichte vor, wobei die Wirkung der Maßnahme vor allem im präventiven Bereich und in der Herstellung des Sicherheitsgefühls der Bürger gesehen wird. Weitere Anlagen sind z. B. in Halle (Saale), Frankfurt (Main), Regensburg, Potsdam, Fulda, Mannheim und Magdeburg installiert. Insgesamt betrug die Zahl der Videoüberwachungsanlagen im öffentlichen Raum in Deutschland zur Jahreswende 2001/2002 weniger als 30. Somit konnte zu diesem Zeitpunkt noch nicht von einer weiten Verbreitung gesprochen werden. Gegen eine mit Großbritannien vergleichbare Entwicklung sprechen sowohl die politische und rechtliche Lage in den Bundesländern, Kostenargumente sowie die insgesamt eher undramatische Kriminalitätslage in den meisten deutschen Kommunen. Eine flächendeckende Überwachung der deutschen Innenstädte würde wahrscheinlich auch gesellschaftlich nicht akzeptiert werden.

IV. Auch durch die seit dem 11. September 2001 veränderte Sicherheitslage ist in Deutschland kein Nachfrageschub zu beobachten. Im Gegensatz zu Großbritannien, wo die Videoüberwachungsanlagen zum Teil auch gegen die konkrete terroristische Bedrohung durch die IRA eingesetzt und von der Bevölkerung begrüßt wurden, werden Überwachungsmaßnahmen der Polizei in Deutschland – auch historisch bedingt – generell kritischer aufgenommen. Gleichwohl sind bisher, von lokalen Ausnahmen abgesehen, keine größeren Proteste seitens der betroffenen Öffentlichkeit gegen die bisher installierten Anlagen bekannt geworden.

Die Videoüberwachungsanlagen im öffentlichen Raum sind jedoch insbesondere von Bürgerrechtlern und Datenschützern immer wieder kritisiert worden. So wurde die positive Wirkung der Videoüberwachung immer wieder prinzipiell angezweifelt, zumal in Deutschland noch zu wenige aussagefähige Evaluationen existieren. Hier müssen die Polizei, Kommunen und Wissenschaft in den nächsten Jahren aktiv werden. Auch die befürchtete Verdrängung der Kriminalität in nicht überwachte Nachbarbereiche wird kritisiert, da die Videoüberwachung nicht die Ursachen der Kriminalität bekämpfe, sondern lediglich der Verschiebung nicht erwünschter sozialer Randgruppen aus dem Innenstadtbereich im Interesse der lokalen Wirtschaft und des Tourismus diene und damit bereits vorhandene Vorurteile bestätige (Wehrheim 2000, S. 37 ff.). Aus Sicht von Stadtsoziologen wird die Gefahr formuliert, dass videoüberwachte Städte ihre gesellschaftliche Integrationsfunktion verlieren können. Wenn Kommunen und lokale Wirtschaft mittels Videoüberwachung unerwünschte Personen oder Gruppen aus den Innenstädten verdrängen, laufen die Städte ihrer Ansicht nach Gefahr, lediglich zur Konsumstätte für die Mittel- und Oberschicht zu degenerieren.

Auch die rechtlichen Grundlagen der Videoüberwachung im öffentlichen Raum werden immer wieder kritisiert; entsprechende Klagen gegen bestehende Anlagen waren bisher allerdings nicht erfolgreich. Insbesondere die Datenschutzaspekte bei der Aufzeichnung und Speicherung der Bilder stellt für die Gegner ein wichtiges Argument gegen den Betrieb von Videoüberwachungsanlagen dar. Des Weiteren werden auch die mit der digitalen Speicherung der Bilder jetzt und zukünftig existierenden Verknüpfungsmöglichkeiten mit Fahndungsdateien anderer Behörden oder die Nutzung biometrischer Techniken problematisiert. Hier besteht häufig ein grundsätzliches Misstrauen gegenüber den Datenerhebungswünschen der staatlichen Strafverfolgungsorgane. Schließlich werden die hohen Kosten für die Aufstellung, den Betrieb und die Wartung sowie für die Monitorüberwachung kritisiert; die gewünschten Effekte könnten nach Auffassung der Gegner auch mit niederschwelligeren Maßnahmen, z. B. durch verstärkten Polizeieinsatz oder andere Präventionsprojekte mit geringerem Finanzaufwand erzielt werden könnten.

V. Eine Befragung von Polizeiführern und Bürgermeistern der 50 größten Städte Deutschlands hat 2002 eine eher entspannte Lagebeurteilung der für die kommunale Sicherheit Verantwortlichen ergeben. Die Befragten waren mit der Sicherheitslage ihrer Kommune weitgehend zufrieden und hielten daher die Installation einer Videoüberwachungsanlage in ihrer Kommune mehrheitlich nicht für erforderlich. Obwohl die Technik selbst durchaus positiv eingeschätzt wurde, lehnten die Befragten eine flächendeckende Ausbreitung der Videoüberwachung im öffentlichen Raum ab, auch entsprechende Gesetzesänderungen zur weiteren Verbreitung und Nutzung wurden nicht für erforderlich gehalten.

Insgesamt kann für Deutschland konstatiert werden, dass „englische Verhältnisse“, was die Videoüberwachung des öffentlichen Raums durch

Kommunen und Polizeibehörden betrifft, in den nächsten Jahren nicht zu erwarten sind. Zwar werden einzelne Bundesländer diese Technik weiter fördern, es überwiegt angesichts des vermuteten Kosten-Nutzen-Verhältnisses jedoch eher eine reservierte Haltung.

Büllesfeld, Dirk 2002: Polizeiliche Videoüberwachung öffentlicher Straßen und Plätze zur Kriminalitätsvorsorge, Stuttgart u. a.

Gras, Marianne 2003: Kriminalprävention durch Videoüberwachung. Gegenwart in Großbritannien – Zukunft in Deutschland? Baden-Baden

Kohl, Andreas 2002: Die Akzeptanz von Videoüberwachung in öffentlichen Räumen. Lagebilder in Kommunen und Einstellungen von Entscheidungsträgern in Kommunen und Polizeibehörden in Deutschland, Steinfurt

Norris, Clive / Moran, Jade / Armstrong, Gary (Eds.) 1999: Surveillance, Closed Circuit Television and Social Control, Aldershot u. a.

Schneider, Dieter / Rick, Andreas 2003: Videoüberwachung an Kriminalitätsbrennpunkten, in: Kriminalistik, H. 2, S. 103-110

Wehrheim, Jan 2000: Ein fast ignoriertes Überwachungsdrama. Zur technischen, politischen und gesellschaftlichen Realität von Closed Circuit Television, in: Forum Wissenschaft, H. 2, S. 34-40

Andreas Kohl

Wachpolizei / Hilfspolizei

I. Die Wachpolizei ist eine mit besonderen Aufgaben betraute und aus Angestellten bestehende Organisationseinheit, die in rechtlicher Hinsicht weitgehend mit den in allen Bundesländern bekannten Hilfspolizeien vergleichbar ist. Im Gegensatz zu den organisatorisch bei den örtlichen Ordnungs- und Verwaltungsbehörden angebundenen Hilfspolizeien mit überwiegend Kontroll- und Überwachungsaufgaben (z. B. der Gewerbe- oder Straßenverkehrsordnung) ist die Wachpolizei (WaPol) Teil der allgemeinen Aufbauorganisation von Polizeibehörden; in der Regel angebunden auf der Ebene der Polizeipräsidien (Flächen- oder Bereichspräsidien).

Die Bediensteten der Wachpolizei werden, wie am Beispiel Hessens deutlich wird, ebenso wie Hilfspolizeibeamtinnen und -beamte gemäß § 99 Abs. 1 des Hessischen Gesetzes über die öffentliche Sicherheit und Ordnung (HSOG) zur Wahrnehmung bestimmter Aufgaben der Gefahrenabwehr oder zur hilfsweisen Wahrnehmung bestimmter polizeilicher Aufgaben bestellt (vergleichbare Regelungen existieren auch in den anderen Bundesländern). Im Rahmen der zugewiesenen Aufgaben haben sie die Befugnisse von Polizeivollzugsbeamtinnen und -beamten (PVB), von denen sie sich auch äußerlich lediglich durch ein anderes Ärmelabzeichen, fehlende Dienstgradabzeichen – bei ansonsten identischer Uniform – und ein andersfarbiges Mützenband unterscheiden. Zur Anwendung unmittelbaren Zwanges durch Hilfsmittel der körperlichen Gewalt oder durch Waffen sind sie jedoch nur befugt, wenn sie hierzu besonders ermächtigt wurden (§ 99 Abs. 2 S. 1 HSOG).

Hilfspolizeibeamtinnen und -beamte können Beamte im statusrechtlichen Sinne sein, sind aber, wie auch im Falle der Wachpolizistinnen und -polizisten, überwiegend im Angestelltenverhältnis beschäftigt. Sie sind jedoch Beamten (Amtsträgern) im Sinne des Strafrechts (§ 11 Abs. 1 Nr. 2 StGB) und des Amtshaftungsrechts (Art. 34 GG i. V. m. § 839 BGB) gleichgestellt. Weitere Einzelheiten, wie z. B. die Ausbildung, regeln Verordnungen über die Ausbildung und die Bestellung von Hilfspolizeibeamtinnen und -beamten (in Hessen: HiPoVO vom 18. März 2002).

II. Blickt man in die Geschichte der Länderpolizeien nach dem Zweiten Weltkrieg zurück, dann bestand ein Bedürfnis für Hilfspolizeien schon lange grundsätzlich dort, wo PVB aufgrund subsidiärer Zuständigkeiten nicht generell zu Vollzugshandlungen herangezogen werden konnten. Durch die eingesetzten Hilfspolizeibeamtinnen und -beamten konnten die „Nichtpolizeibehörden“ ihre Aufgaben wie beispielsweise die Überwachung von Sondernutzungen, von Ladenschlussbestimmungen, abfallrechtlichen Regelungen oder gewerberechtlichen Vorschriften, effektiver und leichter durchführen. Darüber hinaus bestand auch in solchen Bereichen ein großes Bedürfnis für Hilfspolizeien, in denen die Polizeibehörden und ihre PVB angesichts der stetig zunehmenden Aufgabenfülle keine personellen oder zeitlichen Kapazitäten mehr hatten. Zunehmend spürbar wurde dies in den vergangenen Jahren insbesondere in den Bereichen der Überwachung des ruhenden Verkehrs sowie der Rotlicht- und Geschwindigkeitsüberwachung.

III. In Hessen, in vergleichbarer Form zuvor bereits in Hamburg und Berlin, werden nun neben den eher als Entlastung von subsidiären oder „niederschwelligen“ Vollzugshandlungen zu verstehenden Aufgaben, Hilfspolizeibeamtinnen und -beamte zunehmend auch zur hilfsweisen Wahrnehmung bestimmter polizeibehördlicher Aufgaben bestellt. Nach dem Regierungswechsel von einer rot-grünen zu einer bürgerlich-liberalen Koalition in Hessen Anfang 1999 beschlossen die beiden neuen Koalitionsparteien CDU und FDP im Rahmen einer „neuen Sicherheitsarchitektur“ in ihrer Koalitionsvereinbarung die Einführung einer Wachpolizei; zunächst als ein auf zwei Jahre angelegtes Pilotprojekt. In der Koalitionsvereinbarung vom 19. März 1999 wird dies u. a. damit begründet, „dass die Vollzugspolizei von solchen Aufgaben entlastet werden solle, die keine hohe Sicherheitsrelevanz haben und auch von nicht voll ausgebildeten Polizeikräften erfüllt werden können.“ Nahezu gleich argumentierend legte auch die sächsische Staatsregierung im Oktober 2001 einen Gesetzentwurf zur Einführung einer 230 Bedienstete umfassenden Wachpolizei vor, die jedoch lediglich auf zwei Jahre befristet zur Entlastung der Vollzugspolizei beitragen sollte.

Zum einen begründet sich die Einführung der Wachpolizei somit in der Vorsorge für die Fälle polizeilicher Alltagspraxis, in denen der Einsatz voll ausgebildeter PVB nicht notwendig erforderlich ist, wie beispielsweise die Erfüllung von Sicherungs- oder Objektschutzaufgaben. Durch eine Wachpolizei, die solche Aufgabenbereiche übernimmt, kann auf diese Weise im Bereich der voll ausgebildeten PVB eine Freisetzung personeller Ressourcen für höherwertige und eine qualifiziertere Ausbildung erfordernde Aufgaben ermöglicht werden. Zum anderen trägt dieser Baustein der „hessischen Sicherheitsoffensive“ aber auch den zunehmenden Sparzwängen, denen sich auch die öffentliche Verwaltung nicht zu entziehen vermag, Rechnung; lassen sich durch die verkürzten Ausbildungszeiten der Wachpolizei (Hessen 16 Wochen, Sachsen 12 Wochen) doch auch, und zwar in vergleichsweise kurzer Zeit, die im vollzugspolizeilichen Bereich bestehenden Personaldefizite – zumindest in Teilen – auffangen. In der Regierungserklärung des hessischen Ministerpräsidenten Roland Koch (CDU) vom 22. April 1999 hieß es dann auch zu diesem Thema: „Es ist nicht immer sinnvoll, studierte Kriminalkommissare das ganze Jahr hindurch rund um die Uhr Objekte bewachen zu lassen. Und wir werden es nicht schaffen, studierte Kriminalkommissare in öffentlichen Parkanlagen alle Wege begehen zu lassen. Eine Wachpolizei kann solche Aufgaben sehr viel günstiger wahrnehmen.“

IV. Während den in anderen Bundesländern als Äquivalent zur hessischen Wachpolizei zu sehenden Angestellten im Polizeidienst (Berlin), Angestellten im Wachdienst (Hamburg) oder gleichfalls Wachpolizisten (Sachsen) nur sehr eng umgrenzte Aufgabenbereiche zugewiesen werden – entweder Verkehrsüberwachung, Parküberwachung oder Sicherheits- und Ordnungsdienst (darunter u. a. auch Objektschutz) –, steht der hessischen Wachpolizei prinzipiell ein verhältnismäßig breit gefächertes Tätigkeitsfeld offen: Neben Objektschutzmaßnahmen oder der Sicherung polizeilicher Grundstücke und Gebäude sind auch Fußstreifen, Verkehrsüberwachung, die Durchführung erkennungsdienstlicher Maßnahmen, Gefangenentransporte und Gewahrsamsdienst sowie Dienst bei Großveranstaltungen oder besonderen Ereignissen eingeschlossen.

Nicht allen Beobachtern dieser Entwicklung gefällt aber diese kostengünstige Art, mittels einer Wachpolizei eine Erhöhung der polizeilichen Präsenz in der Öffentlichkeit zu erzielen. Die häufig eingeforderte Verbesserung des Sicherheitsgefühls und verstärkte Bürgernähe, die so erreicht werden, seien nur Mogelpackungen. Begriffe wie „Polizei light“, „Billigpolizei“ oder „Lachpolizei“ machten die Runde. Auch die Berufsvertretungen meldeten sich zu Wort. Lehnten sie anfangs jedoch die Einführung einer Wachpolizei noch rundweg ab, so hat sich diese Haltung angesichts der nachweislichen Entlastung der Vollzugspolizei mittlerweile zumindest in Teilen gewandelt. Nach wie vor aber wird vor dem Hintergrund der in Hessen eingeführten zweigeteilten Polizeilaufbahn (nur noch gehobener und höherer Dienst, der mittlere Dienst wird geschlossen) befürchtet, dass künftig Teile der Vollzugspolizei mehr und mehr durch die Wachpolizei ersetzt werden könnten und zeitgleich die teureren Planstellen des Vollzugs unter Inkaufnahme eines Qualitätsverlustes verringert würden.

V. Es ist zu vermuten, dass die in Hessen Ende 2000 begonnene Einführung bzw. Erprobung der Wachpolizei, ungeachtet aller beschriebenen Vorbehalte und Kritik und wohl auch ohne die Ereignisse des 11. September 2001, nach Ablauf der auf zwei Jahre festgesetzten Pilotphase, mit der festen Einbindung in die Aufbauorganisation der Polizei ein positives Ende gefunden hätte. Durch die mit den Anschlägen in den USA einhergehende weltweite Veränderung der Sicherheitslage beschleunigte sich dieser Prozess jedoch deutlich: Im Rahmen eines neuen – 200 Mill. € schweren – Sicherheitspaketes wurde, neben einer Verbesserung der Ausstattung im Bereich der Informationstechnik und der Polizeifahrzeuge, bereits frühzeitig vor Ende der 2-Jahres-Frist die Einstellung von 250 zusätzlichen Wachpolizistinnen und -polizisten bekannt gegeben. Dies war gleichzeitig auch die politische Festlegung auf die Wachpolizei, die der gesetzlichen und organisatorischen folgte. Auch Sachsen hält über die ursprünglich geplanten zwei Jahre an der Wachpolizei fest, wenn auch in geringerem Umfang. Wie sich die Entwicklung dieses Bereiches der Sicherheitsvorsorge in Hessen, Sachsen und im gesamtdeutschen Raum zukünftig gestalten wird, kann wohl nicht mit letzter Sicherheit prognostiziert werden. In unserem Nachbarland Schweiz beispielsweise ist Folgendes bereits Realität: Seit November 2001 gibt es dort in drei Gemeinden die erste private Gemeindepolizei. Die Gemeinden haben, so der Wortlaut der Pressemeldung, eine private Firma beauftragt, mit einem Sicherheitsdienst für „öffentliche Ruhe, Ordnung und Sicherheit zu sorgen.“ Insgesamt 10 Angestellte sind dort mit Uniformen und Fahrzeugen mit der Aufschrift Gemeindepolizei unterwegs. Die Angestellten tragen keine Waffen, aber schusssichere Westen.

Ob in absehbarer Zeit solche Zustände auch in Deutschland herrschen werden, bleibt abzuwarten. Aktuell zumindest streben angesichts leerer Haushaltskassen in nahezu allen Bundesländern die Einstellungszahlen weder bei Vollzugs-, noch bei Wach- und Hilfspolizeien nach oben.

Groß, Hermann / Schmidt, Peter 2002: Die Hessische Wachpolizei: Evaluation eines Modellprojektes, in: Bornewasser, M. (Hg.): Tagungsband Empirische Polizeiforschung III – Ansätze zur Konzeption und Evaluation polizeilicher Arbeit, Herbolzheim, S. 151-161

Groß, Hermann / Schmidt, Peter 2003: Arbeitsbedingungen und Berufszufriedenheit in der Hessischen Wachpolizei, in: Lorei, C. (Hg.): Polizei & Psychologie, Kongressband der Tagung am 18./19. März 2003, Frankfurt a. M., S. 313-334

Peter Schmidt

Wirtschaftskriminalität

I. Eine Legaldefinition, also die in einem Gesetz enthaltene Erläuterung eines Rechtsbegriffs, existiert für die Wirtschaftskriminalität nicht. Seit den 1990er Jahren stehen sich zwei unterschiedliche Definitionsversuche gegenüber. Vereinfachend lassen sich die aktuellen Schwerpunktsetzungen danach unterscheiden, ob Wirtschaftskriminalität primär als Kriminalität gegen die Privatwirtschaft oder als Kriminalität durch Wirtschaftsunternehmen selbst begriffen wird. In der soziologischen und kriminologischen Forschung dominieren Definitionen, die Wirtschaftskriminalität schwerpunktmäßig als Kriminalität durch die Wirtschaft begreifen. Seitens der volks- und betriebswirtschaftlichen Fachliteratur wird hingegen Wirtschaftskriminalität u. a. definiert als der vorsätzliche geschäftsschädigende Verstoß eines Unternehmensmitarbeiters gegen interne (betriebliche Richtlinien, Weisungen und Statuten) und externe Normen und zuweilen noch weitergehend als jedwede illegale Handlung, welche geeignet ist, dem Unternehmen einen Schaden zuzufügen (z. B. bis hin zum Ladendiebstahl).

Aus rechtlicher Perspektive umfasst die Wirtschaftskriminalität eine Vielzahl sehr unterschiedlicher Straftaten und bildet einen der komplexesten Kriminalitätsbereiche. Ermittlungs- und Verfolgungsbehörden greifen daher zur rechtlichen Orientierung auf § 74c des Gerichtsverfassungsgesetzes (GVG) zurück und damit auf eine Regel, die eigentlich nur der Festlegung von Straftaten dient, welche in die Zuständigkeit der Wirtschaftsstrafkammer fallen. Entsprechend dieser pragmatischen Definition handelt es sich bei der Wirtschaftskriminalität um Delikte, die im Rahmen tatsächlicher oder vorgetäuschter wirtschaftlicher Betätigung begangen werden und über eine Schädigung von Einzelnen hinaus das Wirtschaftsleben beeinträchtigen oder die Allgemeinheit schädigen können und / oder deren Aufklärung besondere kaufmännische Kenntnisse erfordern (vgl. § 74c Abs. 1 Nr. 1-6 GVG).

Unsicherheiten hinsichtlich der Definition der Wirtschaftskriminalität ergeben sich auch aus der Schwierigkeit, diese von der → Organisierten Kriminalität abzugrenzen. Es handelt sich hierbei jedoch nicht nur um ein Problem der bloßen begrifflichen Erfassung der Delikte. Mit der Benennung eines Deliktes als Organisierte Kriminalität verbinden sich u. a. bestimmte Befugnisse in der Verfolgung (z. B. akustische → Wohnraumüberwachung) und Konsequenzen in der Strafzumessung. Die zur Bekämpfung der Organisierten Kriminalität erlassenen Spezialermächtigungen der Strafverfolgungsorgane können im Feld der Wirtschaftskriminalität aufgrund der definitorischen Unterscheidung nicht zum Einsatz kommen.

II. Die Bekämpfung der Wirtschaftskriminalität erfolgte im Wesentlichen auf zwei Ebenen: auf der Ebene der Gesetzgebung in Form von Reformen des Strafrechts sowie zahlreicher Nebengesetze sowie auf der Ebene der Praxis in Form der Spezialisierung der Strafverfolgungsorgane und der Strafgerichte. Eine dritte Ebene, die der Forschung über die Wirtschaftskriminalität, muss, was eine breitere soziologisch-kriminologische Auseinandersetzung mit der Thematik betrifft, seit Ende der 1980er Jahre als staatlicherseits weitgehend eingestellt betrachtet werden. Gerade in der Einstellung einer der für die Wirtschaftskriminalität am aussagekräftigsten Statistiken im Jahre 1986 sowie in einer nahezu völligen Aufgabe der Forschungsförderung in diesem Bereich illustrierte sich der politische Unwille, die kriminalpolitisch brisante Thematik offensiv anzugehen. Bemerkenswert scheint auch, dass die Entwicklung auf der Ebene der Gesetzgebung für die 1990er Jahre anders als Gesetzesänderungen im Bereich der herkömmlichen Kriminalität keiner breiten Öffentlichkeit publik gemacht und auch nur selten im Kontext Wirtschaftskriminalität diskutiert wurde. Wirtschaftskriminalität war kein bestimmendes Thema der Kriminalpolitik und scheint es auch heute nicht zu sein, wenngleich sich seit 1998 eine moderate Zunahme zumindest politischer Aufmerksamkeit der Problematik gegenüber feststellen lässt.

III. Gegen Ende der 1990er Jahre wurden seitens der Politik, auch öffentlich wahrnehmbar, drei Problemfelder der Wirtschaftskriminalität angegangen. Es handelt sich hierbei erstens um die illegale Beschäftigung, zweitens den Tatbestand der → Geldwäsche und drittens die Gefahr der → Korruption. Zwar sind diese Deliktformen aus wissenschaftlicher Sicht mit der Wirtschaftskriminalität eng verknüpft, in der politischen Debatte werden sie jedoch selten in diesem Kontext dargestellt und vornehmlich beschränkt auf ihren ebenfalls vorhandenen Bezug zur Organisierten Kriminalität diskutiert.

Betrachtet man die Anstrengungen des Gesetzgebers zur Bekämpfung der Geldwäsche, so fällt auf, dass die

Gesetzgebung primär auf die Geldwäsche durch die Organisierte Kriminalität abzielt, in Teilen auch auf Formen der Wirtschaftskriminalität, bei der unternehmensinterne Täter zur persönlichen Bereicherung ein Wirtschaftsunternehmen schädigen. Eine untergeordnete Rolle scheint hingegen die Unternehmenskriminalität (bei der ein Wirtschaftsunternehmen selbst Täter ist) zu spielen. Erst in den letzen Jahren erfolgte hier ein Umdenken des Gesetzgebers: Ersichtlich z. B. am Beschluss des Bundestages im Dezember 1999, der Banken und Sparkassen, aber auch Unternehmen und Selbstständige verpflichtet, Buchungsbelege künftig zehn statt bisher sechs Jahre aufzuheben (§§ 147 Abs. 3 AO, 257 Abs. 4 HGB).

Der aktuelle Schwerpunkt bei der Bekämpfung der Wirtschaftskriminalität liegt in der Bekämpfung der illegalen Beschäftigung. Ersichtlich ist dies u. a. am zum 01.08.2004 in Kraft getretenen „Gesetz zur Intensivierung der Bekämpfung der Schwarzarbeit und damit zusammenhängender Steuerhinterziehung" (SchwarzArbG), in dessen Folge es zu einer deutlichen Personalerhöhung und Kompetenzausweitung in der Zollbehörde (als zuständige Kontrollinstitution) kam.

Eine weitere Maßnahme betrifft die Bekämpfung der so genannten „Frühstückskartelle" als eine der Erscheinungsformen der Wirtschaftskriminalität. Wettbewerbswidrige Absprachen zwischen Unternehmen über die Festsetzung von Preisen, Absatzquoten oder die Aufteilung von Märkten erfolgen im Geheimen. Ihre Aufklärung bedarf der Hinweise aus dem Umfeld der Kartellmitglieder. Unter bestimmten Voraussetzungen soll nun, ähnlich einer Kronzeugenregelung (→ Kronzeuge), ein Aufklärungsbeitrag im Bußgeldverfahren zugunsten des Auskunftswilligen ausdrücklich in Form des Absehens von der Geldbuße bzw. ihrer Herabsetzung um mindestens 50 % berücksichtigt werden.

Als Versuch, die Problematik einer ungenügenden Bekämpfung der Wirtschaftskriminalität grundlegend anzugehen, darf der Vorschlag der vom Bundesministerium der Justiz im Jahre 1998 eingesetzten „Kommission zur Reform des strafrechtlichen Sanktionensystems" gewertet werden, das Instrumentarium zur Sanktionierung von juristischen Personen und Personenvereinigungen zu überprüfen. Gerade bei schwerer Wirtschaftskriminalität handelt es sich nämlich in der Regel um Fälle, in denen nicht eine Einzelperson, sondern Unternehmen als solche, also juristische Personen oder in deren Namen Handelnde, das Verbrechen begehen. Damit steht die Ausrichtung des Strafrechts auf Individualdelikte einer rechtlichen Ahndung wirtschaftskriminellen Handelns aufgrund der Nichtbeachtung der im Wirtschaftsleben üblichen Arbeitsteilung, Aufgaben- und Verantwortungsdelegation entgegen. Selbst wenn ein Unternehmen, z. B. im Bereich der Produkthaftung, eindeutig als verantwortlich ausgemacht werden kann, wird das Ermitteln der im Sinne des Strafgesetzbuches Schuldigen durch die im Wirtschaftsleben übliche Trennung von Entscheidung und Handlung maßgeblich erschwert und verhindert oft eine Verurteilung. Es würde die strafrechtliche Sanktionierung der Wirtschaftskriminalität erleichtern bzw. erst ermöglichen, wenn man statt einer mühseligen und oft erfolglosen Suche nach den Verantwortlichen, die Unternehmen selbst durch Schaffung eines originären Verbandsstrafrechts zur Verantwortung ziehen könnte.

Nach Abschluss der Arbeit in der Arbeitsgruppe „Unternehmensstrafbarkeit“ fasste die Kommission den Beschluss, die Einführung einer Unternehmenssanktionierung im Bereich des klassischen Kriminalstrafrechts abzulehnen. In die gleiche Richtung weist ihr Beschluss, neben den bestehenden, keine weiteren, auf eine originäre Verbandshaftung abzielenden Tatbestände in das Ordnungswidrigkeitengesetz (OWiG) aufzunehmen. Insofern hat die Kommission nicht zu einer Verbesserung der Bekämpfung der Wirtschaftskriminalität beigetragen.

IV. Der durch die Wirtschaftskriminalität verursachte materielle Schaden ist um ein Vielfaches höher als die Gesamtheit aller bekannt gewordenen herkömmlichen Vermögensdelikte wie Diebstahl, Raub, Unterschlagung usw. Erschwerend kommt hier noch hinzu, dass sich solche Berechnungen nur auf das Hellfeld der Wirtschaftskriminalität beziehen und davon auszugehen ist, dass gerade im Bereich der Wirtschaftskriminalität die Zahl der nicht zur Anzeige kommenden Delikte besonders groß ist. Hauptgeschädigter ist in den meisten Fällen die staatliche Finanzwirtschaft, die Mindereinnahmen über die Steuerpolitik und damit über das Einkommen der rechtschaffenen Steuerbürger ausgleichen muss.

Im Hinblick auf einen solchen Befund ist unverständlich, warum die geführten Diskussionen zur „Inneren Sicherheit“ das Thema Wirtschaftskriminalität nahezu vollständig ausklammern und auch die kriminalpolitischen Programme in erster Linie auf eine Bekämpfung der Alltagskriminalität abzielen. Dass man noch nicht dazu übergegangen ist, Organisierte Kriminalität auch dann als solche zu bezeichnen, wenn sich „normale“ Wirtschaftsunternehmen ihrer Methoden bedienen, ist schwer zu begründen. Solange unter Organisierter Kriminalität nur Delikte erfasst werden, die von der klassischen Unterwelt (Drogensyndikate, Rotlichtmilieu) verübt werden, belässt man dem Wirtschaftskriminellen, der durch Umweltvergiftung, illegale Waffenexporte, Subventionsbetrügereien und Bestechung mitnichten einen geringeren Schaden verübt, den Nimbus des „Gentleman-Täters“. Mit einer Gleichsetzung der beiden Deliktformen und der damit verbundenen Einbeziehung auch der Wirtschaftskriminalität in den Sicherheitsdiskurs würde die Politik die gleiche Verfolgungsbereitschaft signalisieren, wie sie gegenüber der Organisierten Kriminalität in Form von Gesetzesverschärfungen bereits praktiziert wird.

V. Die größte Schwachstelle in der Bekämpfung der Wirtschaftskriminalität ist darin zu sehen, dass die von ihr ausgehenden Gefährdungen nicht in der notwendigen Deutlichkeit wahrgenommen werden. Sie gefährdet über Korruption das Vertrauen der Bürger in den Rechtsstaat und in die Grundlagen der Demokratie, sie gefährdet über Steuerhinterziehungen im großen Umfang die Finanzwirtschaft des Staates und damit den Sozialstaat als Ganzes, sie gefährdet über Kartelle, Preisabsprachen und Ausschreibungsbetrügereien die Grundlagen einer auf Wettbewerb ausgerichteten Marktwirtschaft, sie gefährdet in der Form der → Umweltkriminalität die Lebensgrundlagen aller Bürger als solche und sie gefährdet in Form von Verstößen gegen das Lebensmittelrecht (z. B. Lebensmittelfälschungen im BSE-Skandal) oder durch anderweitiges in Verkehrbringen gefährlicher Stoffe ebenfalls das Leben und die Gesundheit der Bürger.

Auch die Befunde zur justiziellen Ahndung der aufgedeckten Fälle von Wirtschaftskriminalität lassen Missstände offensichtlich werden. Gerade Delikte mit sehr hoher angenommener Schadenssumme werden entweder nicht entsprechend verfolgt oder die Verfahren werden aufgrund der langen Ermittlungsdauer eher eingestellt, da die Verfolgungsbehörden bereits von ihrem Personalbestand her die ihnen zugeteilten Aufgaben nicht bewältigen können.

Bahnmüller, Marc 2003: Strafrechtliche Unternehmensverantwortlichkeit im europäischen Gemeinschafts- und Unionsrecht, Frankfurt a. M. u. a.

Berg, Andreas 2001: Wirtschaftskriminalität in Deutschland. Ursachen und Bekämpfung von Korruption und Untreue, Osnabrück

Bundeskriminalamt (Hg.) 2003: Wirtschaftskriminalität und Korruption, BKA-Herbsttagung 2002, München

Schmidt, Uwe 1997: Aus dem Blickwinkel des „Tatorts“ Berlin und mit einem Seitenblick nach Ost-Europa: Die Erfolge von Internationaler Organisierter Kriminalität und Wirtschaftskriminalität, in: Die Polizei, H. 11, S. 315-324

Kurt H. G. Groll

Wohnraumüberwachung

I. Unter „Wohnraumüberwachung“ wird das akustische Überwachen von Wohnungen verdächtiger Personen verstanden. Nach dem Urteil des Bundesverfassungsgerichtes vom 3. März 2004 wurde die damalige Praxis des so genannten großen Lauschangriffs für verfassungswidrig erklärt.

II. Mit dem am 9. Mai 1998 in Kraft getretenen Gesetz zur Verbesserung der Bekämpfung der → Organisierten Kriminalität (OK) wurde der große Lauschangriff als Mittel der Kriminalitätsbekämpfung in § 100c Abs. 1 Nr. 3

StPO geregelt. Eine akustische Wohnraumüberwachung ist bei schweren Straftaten möglich, wenn die Ermittlung sonst unverhältnismäßig erschwert oder aussichtslos wäre. Der Straftatenkatalog ähnelt dem der → Telekommunikationsüberwachung.

Das Gesetz zur Bekämpfung der Organisierten Kriminalität erhielt am 16. Januar 1998 im Bundestag sowie am 6. Februar 1998 im Bundesrat jeweils die notwendigen verfassungsändernden Zweidrittelmehrheiten. Der „Große Lauschangriff" war nach jahrelangen heftigen Diskussionen erlaubt und das Grundrecht auf die Unverletzlichkeit der Wohnung (Art. 13 GG) eingeschränkt. Eine Videoüberwachung (auch Spähangriff) der Wohnung ist weiterhin verboten. Das kriminalpolitische Ziel der Wohnraumüberwachung war, Beweise gegen besonders schwere Formen der Kriminalität zu erhalten, die nur über eine Wohnraumüberwachung zu beschaffen sind. Für ihre Verfechter galt das Abhören von „Gangsterwohnungen" als Königsweg zur Bekämpfung der Organisierten Kriminalität.

Eine Wohnung im Sinne des Gesetzes ist jeder umschlossene Raum, der zur Aufnahme von Menschen bestimmt ist. Das sind neben Privat- und Geschäftsräumen auch Bordelle, Hotelzimmer, Schiffe und Zelte. Betroffene im Sinne des Gesetzes sind nicht alle abgehörten Personen, sondern nur die Personen, die Inhaber des Schutzgutes Wohnung sind, z. B. Eigentümer oder Mieter und die Beschuldigten. Verboten ist das Abhören von Menschen mit Berufen, die ein Zeugnisverweigerungsrecht haben. Erlaubt ist das Abhören von Verlobten, Ehepartnern, engeren Verwandten und Verschwägerten. Es wurden vier Einschränkungen bzw. Kontrollen vorgeschrieben: Genehmigung der Überwachung von drei Richtern, jährliche öffentliche Berichterstattung, parlamentarische Kontrolle und im materiellrechtlichen Bereich die Beschränkung auf die Gefahrenabwehr für die öffentliche Sicherheit.

Für den aktuellen Bericht zur Wohnraumüberwachung wurde der Erhebungsbogen leicht geändert. Jetzt sind auch Informationen zum OK-Bezug der Maßnahme, zur Art der Wohnung und eine Differenzierung nach technischen oder inhaltlichen Gründen einer fehlenden Relevanz für das Strafverfahren enthalten. Meistens ging es um eine Mordanklage (14 Verfahren), Verstöße gegen das Betäubungsmittelgesetz (8 Verfahren) und Raub oder räuberische Erpressung (4 Verfahren). 2003 wurde bei 37 Ermittlungen eine akustische Wohnraumüberwachung angewandt. Es wurden 50 Objekte, davon 35 Privatwohnungen, überwacht. Betroffen im Sinne des Gesetzes waren 141 Personen, darunter 49 nicht beschuldigte. In 21 Verfahren waren die Ergebnisse der Überwachung für die Ermittlungen relevant. In den übrigen Fällen waren sie meistens aus inhaltlichen Gründen nicht relevant für die Ermittlungen. In 17 Fällen bestand ein Bezug zu den Straftaten, wegen denen der Antrag zur Wohnraumüberwachung gestellt wurde. Ein OK-Bezug bestand bei 17 Ermittlungen. Mit 13 Verfahren fanden in Bayern die meisten Überwachungen statt.

III. Im Gegensatz zu dem ursprünglich postulierten Ziel, die Wohnraumüberwachung sei nötig, um die Organisierte Kriminalität effektiv zu bekämpfen, ist sie in den meisten bekannten Fällen zu einem Ermittlungsinstrument in normalen Strafverfahren geworden. So wurde in Sachsen der erste Lauschangriff in einem Mordfall angeordnet. Weil bis jetzt Wohnräumüberwachungen in erster Linie nicht gegen die Organisierte Kriminalität angewandt wurden, ist es nicht erstaunlich, dass wegen Hehlerei noch keine und im Alltagsverständnis typischen OK-Taten wie Menschenhandel, Bandendiebstahl, Geldwäsche nur wenige Überwachungen genehmigt wurden.

IV. Durch das Urteil des Bundesverfassungsgerichtes änderte sich die bisherige rechtliche Lage erheblich. In seinem Urteil vom 3. März 2004 erklärte es die bisherige Praxis der Wohnraumüberwachung für verfassungswidrig. Eine Mehrheit stellte Forderungen an eine Neuregelung, eine Minderheit hält eine akustische Wohnraumüberwachung als Grundrechtseingriff in alle Fällen für verfassungswidrig. Bis zum 30. Juni 2005 muss ein neues Gesetz verabschiedet sein. Danach dürfen Überwachungen nur noch als Ultima-Ratio-Maßnahme gemacht werden, wenn das Mindesthöchstmaß für die Straftat eine fünfjährige Strafe ist. Der bisherige Katalog von Straftaten entfällt damit. Der Kernbereich privater Lebensgestaltung ist damit immer noch geschützt. Die Richter sehen als Kernbereich nicht bestimmte Räume innerhalb einer Wohnung, sondern bestimmte Gespräche mit bestimmten Personen an. Zu diesem Kernbereich gehören Gespräche mit Personen, zu denen ein besonderes Vertrauensverhältnis besteht (objektivierende Indikatoren sind Familienangehörige, engste Vertraute und Berufsgeheimnisträger) in bestimmten Räumen (z. B. Kanzlei, Beichtstuhl, aber auch der Unterschied zwischen Geschäftsräumen und Privatwohnung). Wenn dann nicht über Straftaten gesprochen wird, muss die Überwachung unverzüglich abgebrochen werden. Daten, die aus diesem Kernbereich stammen, unterliegen einem absoluten Verwertungsverbot. Genauso darf die Überwachung nicht dazu dienen, Ermittlungsansätze für andere Straftaten zu finden. Außerdem forderte das Gericht eine umfassende richterliche (Vor-)Kontrolle der Verwendbarkeit, eine laufende richterliche Kontrolle der Überwachung und eine Dokumentation der Überwachung (einschließlich Kernbereichsverletzung).

Am 23. Juni 2004 wurde vom Bundesministerium für Justiz ein Referentenentwurf für eine verfassungskonforme Wohnraumüberwachung veröffentlicht, der eine umfassende Reform des § 100 StPO vorsieht. Auf besondere Kritik von Bürgerrechtsverbänden und anderen stießen die Erhöhung der Strafbarkeit der Bildung von Banden (§ 129 Abs. 4) und die Regeln zu Berufsgeheimnisträgern. Gespräche zwischen einem Verdächtigen und einem Verteidiger bzw. einem Geistlichen während einer Beichte oder einem beichtähnlichen Gespräch können abgehört werden, wenn angenommen wird, dass der Verteidiger oder der Geistliche ebenfalls tatverdächtig ist oder die Gefahr einer Verdunkelung (Nachtatbeteiligung) vorliegt. Andere Berufsgeheimnisträger oder Personen mit Zeugnisverweigerungsrechten genießen demgegenüber einen geringeren Schutz. Dazu gehören auch Journalisten, Abgeordnete und Ärzte.

Unklar ist auch, wie später in der praktischen Arbeit Verletzungen des Kernbereichs der Menschenwürde ausgeschlossen sein sollen. Der Gesetzgeber geht hier davon aus, dass die bisherige Rechtssprechung des Bundesverfassungsgerichtes dem bis jetzt Konturen verlieh und die spezialisierten Strafkammern daran anknüpfen können.

Die Regierung will an der akustischen Wohnraumüberwachung festhalten, weil sie „sich als unverzichtbar erwiesen [hat], um die strafrechtliche Bekämpfung der organisierten Kriminalität, des Terrorismus und anderer besonders schwerer Formen von Kriminalität zu verbessern, insbesondere bei der Ermittlung und Überführung der Hauptverantwortlichen, der Organisatoren, der Finanziers und der Drahtzieher solcher Straftaten“ (Bundesministerium für Justiz 2004, S. 1). Im September 2004 legte das Bundesministerium für Justiz einen korrigierten Entwurf vor, indem Berufsgeheimnisträger besser geschützt werden. Dennoch können sie unter bestimmten Umständen abgehört werden. Die zuständigen Rechtspolitiker protestierten dagegen. Die Gesetzesnovelle ist noch in den parlamentarischen Beratungen. Bundestag und Bundesrat haben daraufhin dem Gesetzentwurf zur Umsetzung des Urteils des Bundesverfassungsgerichts vom 3. März 2004 am 16. bzw. 17. Juni 2005 in der vom Vermittlungsausschuss vorgeschlagenen Fassung zugestimmt.

V. Während Praktiker kritisieren, dass die Anwendung zu kompliziert und damit unpraktikabel sei, fällt bei den Berichten auf, dass kaum relevante Informationen preisgegeben werden. Eine parlamentarische und öffentliche Kontrolle kann so nicht stattfinden. Es wird massiv in Grundrechte eingegriffen, ohne dass dafür eine entsprechende öffentliche Rechtfertigung erfolgt. Als Vorbild muss hier die USA gelten. Dort gibt es eine Berichtspflicht gegenüber dem anordnenden Organ und jährliche öffentliche, detaillierte Berichte (Wiretap-Reports). Dies führt zu einer gemäßigten Anordnungsbereitschaft.

Bundesministerium für Justiz 2004: Entwurf eines Gesetzes zur Umsetzung des Urteils des Bundesverfassungsgerichts vom 3. März 2004 (akustische Wohnraumüberwachung), Berlin

Leutheusser-Schnarrenberger, Sabine 1998: Der „große Lauschangriff" – Sicherheit statt Freiheit, in: ZRP, H. 3, S. 87-91

Zwiehoff, Gabriele (Hg.) 2000: „Großer Lauschangriff" – Die Entstehung des Gesetzes zur Änderung des Grundgesetzes vom 26. März 1998 und des Gesetzes zur Änderung der Strafprozeßordnung vom 4. Mai 1998 in der Presseberichterstattung 1997/98, Baden-Baden

Axel Bußmer

Zollbehörden

I. Die Zollbehörden unterstehen dem Bundesministerium für Finanzen und bestehen aus 8 Oberfinanzdirektionen, 54 Hauptzollämtern, der Bundesmonopolverwaltung für Branntwein, dem Zollkriminalamt (ZKA) und dem Zollfahndungsdienst (ZFD). Die ursprüngliche Aufgabe dieser Behörden war das Erheben von Zöllen und das Verhindern von Schmuggel. Heute haben sie daneben insbesondere in der Bekämpfung der → Wirtschafts- und → Rauschgiftkriminalität zahlreiche polizeiliche Kompetenzen und Aufgaben. Die Aufgaben des ZKA und des ZFD sind im „Gesetz über das Zollkriminalamt und die Zollfahndungsämter" vom 16. August 2002 geregelt.

II. Durch das Gesetz über das Zollkriminalamt und die Zollfahndungsämter sollte einerseits auf aktuelle Entwicklungen (Erweiterungen der EU und strukturelle Veränderungen innerhalb der Organisierten Kriminalität) reagiert, andererseits strukturelle Veränderungen innerhalb der Behörde vorgenommen sowie das überfällige bereichspezifische Datenschutzgesetz formuliert werden. Die strukturell wichtigste Änderung ist die Konzentration von 21 Zollfahndungsämtern mit 31 Zweigstellen auf 8 Zollfahndungsämter mit 24 Außenstellen und der damit verbundenen Möglichkeit, große, spezialisierte Arbeitsgruppen zu bilden.

Das Zollkriminalamt (ZKA) ist eine Mittelbehörde mit Sitz in Köln. Im Wesentlichen ist es die Informations-, Koordinations-, Datensammlungs- und Verarbeitungszentrale des Zollfahndungsdienstes. Die Zentralstelle untersteht der Aufsicht des Finanzministeriums und hat eine eigene Ermittlungskompetenz in Fällen von besonderer Bedeutung. Die örtlichen Behörden sind 8 Zollfahndungsämter mit 24 Außenstellen. Ende 2003 beschäftigte das ZKA 596 Menschen, die Zollfahndungsämter 2.376 Menschen.

Mit dem Zollfahndungsdienstgesetz gibt es jetzt mehrere besondere Regeln. Die Ermittlungsbefugnisse des ZKA wurden im Bereich der eigenen Aufgaben erweitert. Jetzt hat das ZKA dieselben Befugnisse wie die Zollfahndungsämter. Die Eigensicherung durch den Einsatz technischer Mittel wird auch für die vom Zollfahndungsdienst beauftragten Personen ermöglicht. Das ZKA kann Daten direkt an Polizeibehörden übermitteln. Bei der Strafverfolgung entfällt das Beweisverwertungsverbot für Erkenntnisse, die durch besondere Methoden zu präventiven Zwecken ermittelt wurden.

Mit dem neuen Gesetz verfügt der Zollfahndungsdienst, die „Kriminalpolizei der Zollverwaltung“ (Eigenwerbung), erstmals über einen einheitlichen Organisationsstrang und ist unmittelbar an das ZKA angebunden. Vor der Gesetzesnovelle waren die Zollfahndungsämter an die Oberfinanzdirektionen angebunden.

Zollfahndungsbeamte sind Hilfsbeamte der Staatsanwaltschaft und können im gesamten Bundesgebiet ermitteln. Daneben gibt es verschieden Gruppen, die auch polizeiliche Aufgaben wahrnehmen. Seit der Schaffung des EU-Binnenmarktes gibt es die Mobile Kontrollgruppen (MKG). Eine MKG besteht aus etwa zehn Beamten, die Hilfsbeamte der Staatsanwaltschaft sind. Deren Aufgabe ist das Überwachen der Verbote und Beschränkungen des Warenverkehrs an den EU-Außengrenzen und im innergemeinschaftlichen Handel. Sie haben an den Grenzen zu Drittländern bis zu 30 km ins Landesinnere ein Anhalte- und Durchsuchungsrecht; im übrigen Bundesgebiet benötigen sie dafür den Verdacht eines Verstoßes gegen Zollgesetze. Zudem überwacht der Grenzaufsichtsdienst (GAD) die Grenze zwischen den Grenzzollstellen und der Wasserzolldienst (WZD) die Grenze auf der See und den Binnengewässern.

Seit 1991 hilft die Zollverwaltung der Bundesanstalt für Arbeit bei der Bekämpfung der Schwarzarbeit und damit zusammenhängender Delikte. Koordiniert wird dies von der Informations- und Koordinierungszentrale für die Bekämpfung illegaler Beschäftigung (InKoBillBZ). Seit 1998 sind die Beamten der Prüfgruppe BillBZ Hilfsbeamte der Staatsanwaltschaft. Seit dem 1. Januar 2004 ist die Zuständigkeit für die Bekämpfung der illegalen Beschäftigung und damit zusammenhängender Delikte – bis auf die Verfolgung des Leistungsmissbrauchs – vollständig von der Bundesanstalt für Arbeit auf die Zollverwaltung übergegangen. Seitdem heißt die BillBZ „Finanzkontrolle Schwarzarbeit“ und hat bei der Oberfinanzdirektion Köln eine Fachabteilung mit direkter und alleiniger fachlicher Weisungsbefugnis.

III. „Mit Inkrafttreten des ZFdG setzt sich die ‚Verpolizeilichung‘ des Zollfahndungsdienstes fort. Insbesondere die präventiven Aufgaben im Vorfeld eines strafprozessualen Anfangsverdachts, die Aufgabe zur Abwehr von im Einzelfall bestehenden Gefahren für bestimmte polizeilich geschützte Rechtsgüter und die zunehmende Bewältigung größerer Einsatzlagen unter Einbindung von Polizeivollzugsbeamten der Länder und des Bundes stellen für den ZFD eine wesentliche Veränderung in der Aufgabenwahrnehmung dar“ (Thiele 2004, S. 185).

Um ihre Aufgaben erledigen zu können, haben das ZKA und die ZFA vielfältige polizeiliche Rechte. Gleichzeitig haben sie weitgehend unkontrollierte Rechte bei der präventiven Kriminalitätsbekämpfung. Besonders wichtig ist die seit 1992 immer wieder verlängerte Erlaubnis präventiv den Postversand und die Telekommunikation (→ Telekommunikationsüberwachung) zu überwachen, um Ausfuhrdelikte und Verstöße gegen das Kriegswaffenkontrollgesetz zu verhindern. Die Erlaubnis ist derzeit im Außenwirtschaftsgesetz (AWG) bis Ende 2004 befristet. Das Bundesverfassungsgericht forderte in seinem Beschluss des Ersten Senats vom 3. März 2004 (1 BvF 3/92) den Gesetzgeber auf, diese Kompetenz neu zu regeln.

Das Zollkriminalamt und die Zollfahndung können aufgrund von § 208 der Abgabenordnung so genannte Vorfeldermittlungen mit dem Ziel, konkrete Anhaltspunkte für Straftaten zu finden, durchführen. Außerdem dürfen sie Postsendungen, im Rahmen der zollamtlichen Überwachung ohne Anhaltspunkte für eine Straftat oder Ordnungswidrigkeit, öffnen. Ähnliches gilt für das Abhören von Telefonen.

Verdeckte Ermittlungen wurden beim Zoll schon immer praktiziert. Bereits bei der Gründung am 24. Dezember 1919 gab der Reichsfinanzminister den Zollfahndern die Erlaubnis zum Führen von Geheimagenten. Heute werden verdeckte Ermittlungsmethoden besonders bei Drogenermittlungen praktiziert. 1983 erfolgte auf dem Frankfurter Flughafen die erste kontrollierte Lieferung. 1992 erfolgten etwa 200 verdeckte Operationen, vor allem im Luftverkehr.

Im März 2000 wurde die Datenbank INZOLL-VHG (Verdacht, Hinweise, Geldwäsche) in Betrieb genommen. Sie ähnelt der Geldwäsche-Verbunddatei des BKA. In der INZOLL-VHG werden alle Verdachtsfälle auf → Geldwäsche sechs Jahre gespeichert. Der Datenschutzbeauftragte hat Bedenken wegen der Speicherung von Personen, die nur einer Straftat verdächtig sind, und der langen Speicherung. Das Bundesministerium für Finanzen meint dagegen, nur so sei das Regierungskonzept zur Bekämpfung der Geldwäsche umzusetzen („Puzzletheorie“).

Die Übermittlung von personenbezogenen Daten an andere Finanzbehörden erfolgt seit dem 1. Januar 2000 mit In-Kraft-Treten des Steuerbereinigungsgesetzes (1999), wenn die Daten von Bedeutung sein können. Früher mussten Anhaltspunkte für eine Geldwäsche vorliegen und die Übermittlung für steuerliche Zwecke erforderlich sein.

Seit Juni 1998 kontrollieren Zoll und Bundesgrenzschutz (seit 1.7.2005 Bundespolizei) das mitgeführte Bargeld und bargeldähnliche Wertsachen (z. B. Schecks, Edelsteine). Diese Kontrollen erfolgen normalerweise an der Grenze, aber der Zoll darf in ganz Deutschland kontrollieren. Ziel ist, im Rahmen des Geldwäschegesetzes, die Bekämpfung der → Organisierten Kriminalität. Die Zunahme von Geldkontrollen an den Grenzen hat zu einer verstärkten Suche nach Steuersündern (Schwarzgeld) geführt.

IV. Es gibt zahlreiche bi- und multilaterale Abkommen, die zu gerichtsverwertbaren Antworten führen und es den Zollämtern ermöglicht, in einen direkten Kontakt zu treten. Besonders wichtig sind die in den EU-Staaten auf Art. 10 des EG-Vertrages beruhenden Übereinkommen vom 7. September 1967 geregelte Rechts- und Amtshilfe und bilaterale Abkommen mit allen westeuropäischen Nicht-EU-Staaten (außer Schweiz), USA, Kanada, Ungarn, Russland, Polen und den Nachfolgestaaten Jugoslawiens die dem EWG-Abkommen inhaltlich weitgehend entsprechen. Nach eigenen Angaben haben die Zollämter eine „führende Rolle auf dem Gebiet der internationalen Zusammenarbeit".

Wichtigstes Einzelvorhaben innerhalb der Dritten Säule der Europäischen Union ist die Umsetzung des Übereinkommens über das Zollinformationssystems (ZIS). Es ist in seiner Grundkonzeption, wie das Schengener Informationssystem (SIS), eine Ausschreibungsdatenbank für Verbote und Beschränkungen des grenzüberschreitenden Warenverkehrs und Geldwäsche bei der Vortat „Rauschgiftschmuggel". OLAF ist für Entwicklung und Verwaltung von ZIS zuständig, direkten Zugriff haben nur die nationalen Zollbehörden. Ein Zugriff von Europol auf die ZIS-Daten ist geplant. Daneben soll das vom Rat „Justiz und Inneres" am 30. März 2004 angenommene „Arbeitsprogramm betreffend die Strategie für die Zusammenarbeit im Zollwesen" umgesetzt werden.

V. Weil das Zollkriminalamt dem Finanz- und nicht dem Innenminister unterstellt ist, sind die Machtfülle, die grundrechtlich bedenklichen Eingriffsrechte und die zahlreichen Kompetenzen des Zolls für Ermittlungen im strafrechtlichen Vorfeld fast unbekannt. Bereits heute hat das Zollkriminalamt mehr Rechte als die Polizei. So kann der Zoll relativ unbemerkt neue Ermittlungsmethoden ausprobieren, ehe sie von den anderen Polizeien übernommen werden. Gleichzeitig ist die Abgrenzung zu den verschiedenen Länder- und Bundespolizeien unklar.

Busch, Heiner 1999: Zollfahndung und Zollkriminalamt – die unbekannten und unterschätzten Polizeien, in: Bürgerrechte & Polizei/Cilip, H. 1, S. 27-30

Thiele, Frank 2004: Neue polizeiliche Aufgaben für den Zollfahndungsdienst – Überlegungen, in: Kriminalistik, H. 3, S. 178-186

Axel Bußmer

Auswahlbibliografie zur Inneren Sicherheit

Diese Auswahlbibliografie erhebt nicht den Anspruch auf Vollständigkeit. Es werden lediglich einige einschlägige Nachschlagewerke zum Themenfeld Innere Sicherheit aufgeführt, die jüngeren Datums sind und sich in Lehre und Forschung bewährt haben. Des Weiteren werden wichtige Schriftenreihen und Zeitschriften vorgestellt. Zusätzlich werden Arbeitskreise mit Webseiten sowie Webportale und Newsletter im Forschungsfeld Innere Sicherheit benannt.

I Lexika und Handbücher

Lisken, Hans / Denninger, Erhard (Hg.) 2001: Handbuch des Polizeirechts, 3. neubearb. u. erw. Aufl., München

Das Handbuch gibt Auskunft über die wesentlichen Fragen der polizeilichen Praxis. Eingehend behandelt werden die polizeilichen Aufgaben im Straßenverkehr, im Versammlungswesen und bei der Informationsverarbeitung. Aber auch Themen wie Rechtsschutz, Kosten sowie Ausgleichs- und Ersatzansprüche des Bürgers sind enthalten. Die wesentlich überarbeitete und erweiterte Neuauflage berücksichtigt in besonderem Maße die im Zuge der Intensivierung der präventiven Verbrechensbekämpfung eingeführten polizeilichen Befugnisse, die unter den Stichworten „Schleierfahndung“, „verdachts- und ereignisunabhängige Polizeikontrollen“, „Lauschangriff“ und „Videoüberwachung öffentlicher Räume“ auch politisch kontrovers diskutiert wurden. Das Spannungsverhältnis zwischen polizeilicher Informationsarbeit und individuellem Datenschutz, das gerade für die Zusammenarbeit verschiedener nationaler und europäischer Polizeibehörden von aktueller Bedeutung ist, wird ebenso berücksichtigt. In einem neu eingefügten Kapitel werden die gesetzlichen Grundlagen und Grundbegriffe zentraler Materien der Ordnungsverwaltung dargestellt.

Möllers, Martin H. W. (Hg.) 2001: Wörterbuch der Polizei, München

Das Wörterbuch erfasst alle polizeirelevanten Rechtsgebiete und präsentiert Begriffe aus Rechts-, Polizei-, Kriminal- und Gesellschaftswissenschaften in alphabetischer Folge. Es wird die polizeiliche Zusammenarbeit mit Verfassungsschutzbehörden, Zollverwaltung sowie dem Bundesamt für die Anerkennung ausländischer Flüchtlinge ebenso erläutert wie zukunftsweisende Stichwörter (z. B. „Deutsche Hochschule der Polizei“). Behandelt werden u. a. das Eingriffsrecht, der Bereich der Einsatz- und Führungslehre, die Kriminalistik, waffentechnische Begriffe, kriminologische Stichwörter, polizeiliche und forensische Psychologie und polizeirelevante Politik (z. B. Extremismus).

Roggan, Fredrik / Kutscha, Martin (Hg.) 2006: Handbuch zum Recht der Inneren Sicherheit, Berlin
Der Fokus der Beiträge dieses Handbuchs liegt auf der juristischen Erörterung vor allem solcher Handlungsformen der Sicherheitsbehörden, die mithilfe des Einsatzes moderner Technik in die Privatsphäre eingreifen, von der Überwachung und Auswertung der Telekommunikation über die Erstellung von Bewegungsbildern anhand automatisierter Kfz-Datenerfassung bis zur DNA-Analyse. Aus kritisch-wissenschaftlicher Perspektive dargestellt werden dabei sowohl die – selbst für Juristen kaum noch überschaubaren – Rechtsgrundlagen dieser Praktiken als auch die aktuelle Rechtsprechung u. a. des Bundesverfassungsgerichts hierzu. Behandelt werden des Weiteren die verfassungsrechtlichen Grundlagen sowie die Entwicklung der Maßnahmen zur Inneren Sicherheit auf europäischer Ebene.

Rupprecht, Reinhard (Hg.) 1995: Polizei-Lexikon, 2. völlig neubearb. und wesentlich erweit. Aufl., Heidelberg
Das Lexikon erschließt alle für die polizeiliche Praxis und Ausbildung einschlägigen Themen in über 2.000 Begriffen. Behandelt werden u. a. die Sachgebiete Betäubungsmittel, Dienstbetrieb, Führung und Einsatz, gefährliche Güter, Kriminalistik in Grundzügen, Kriminalitätsphänomene, Polizeilogistik und Polizeitechnik, Polizeiorganisation im In- und Ausland, Polizeirecht, Sicherheitsbehörden und vieles mehr.

II Schriftenreihen

Empirische Polizeiforschung, herausgegeben von Thomas Feltes und Hans-Jürgen Kerner, Holzkirchen 1990 ff.
In der Reihe werden seit 1990 Monografien und Sammelbände veröffentlicht. Sie ist somit die älteste Schriftenreihe zur Polizeiforschung im deutschsprachigen Raum.

Jahrbuch Öffentliche Sicherheit, herausgegeben von Martin H. W. Möllers und Robert Chr. van Ooyen, Frankfurt a. M. 2003 ff.
Das Jahrbuch Öffentliche Sicherheit (JBÖS) erscheint seit 2002/2003 in einem zweijährigen Turnus als Jahres-Doppelband im Verlag für Polizeiwissenschaft.

Ausgehend von einem „erweiterten Sicherheitsbegriff" zielt es auf die kritische politik- und rechtswissenschaftliche Reflexion der Entwicklungen der „inneren" und „äußeren Sicherheit". Dabei stehen vier Kernbereiche im Vordergrund: Extremismus, Öffentliche Sicherheit in Deutschland, Europäische Sicherheitsarchitektur und Internationale Sicherheit. Diese werden jeweils um aktuelle Themenschwerpunkte ergänzt (bisher: „Polizeiwissenschaft", „Menschenwürde und Sicherheit", „Herausforderungen globaler Sicherheit").

Schriftenreihe der Polizei-Führungsakademie, Münster 1987 ff.
Die Polizei-Führungsakademie (PFA) gibt derzeit jährlich zu jeweils einem Schwerpunktthema bis zu vier Ausgaben der Schriftenreihe heraus.

Schriften zur Empirischen Polizeiforschung, herausgegeben von Hans-Joachim Asmus, Manfred Bornewasser, Bernhard Frevel, Hermann Groß, Karlhans Liebl, Thomas Ohlemacher und Peter Schmidt, Frankfurt a. M. 2004 ff.
In der Schriftenreihe, die im Verlag für Polizeiwissenschaft erscheint, werden Tagungsdokumentationen sowie ausgewählte Monografien und Sammelbände veröffentlicht, die anwendungsbezogene sozialwissenschaftliche Fragestellungen zur Polizei und zum Polizieren aufgreifen.

Studien zur Inneren Sicherheit, herausgegeben von Hans-Jürgen Lange, Wiesbaden 2004 ff. (1999-2003 Opladen)
In der Reihe wechseln sich Monografien und strukturierte Sammelbände ab. Die Studien werden verfasst von Autoren des „Interdisziplinären Arbeitskreises Innere Sicherheit" (AKIS). Die Studien zur Inneren Sicherheit umfassen grundlagentheoretische und problemorientierte Arbeiten. Sie sind einer interdisziplinären und sozialwissenschaftlichen Diskussion verpflichtet. Die Studien zur Inneren Sicherheit arbeiten die unterschiedlichen Facetten des Wandels von Sicherheit auf. Sie stellen diese Veränderungen in den Zusammenhang mit dem Wandel von Staat und Gesellschaft insgesamt, wie er sich national, europäisch, international und global vollzieht.

III Fachzeitschriften

a) Von Sicherheitsbehörden herausgegebene Zeitschriften

Polizei des Bundes – Bundesgrenzschutz
Die Vierteljahreszeitschrift ist die offizielle Zeitschrift für die Polizeivollzugsbeamten des Bundes. Sie wird vom Bundesministerium des Inneren herausgegeben.

Polizei – heute (bis 1994 Bereitschaftspolizei – heute)
Die zweimonatlich erscheinende Zeitschrift wird u. a. herausgegeben vom Inspekteur der Bundespolizei im Bundesministerium des Innern, dem Inspekteur der Bereitschaftspolizeien der Länder beim BMI und Polizeifachleuten aus Forschung und Lehre. Sie befasst sich mit praktischen Themen aus dem Dienstalltag und informiert über Führung, Technik, Ausbildung, Recht und vieles mehr. Jede Ausgabe enthält Berichte zu Einsätzen der Polizei, der technischen Ausrüstung und deren Einsatzwert. Den wichtigen Bereichen polizeilicher Tätigkeit, Führung und Einsatz, wird in einer Sonderbeilage der Polizei-Führungsakademie, Münster, ausführlich Raum gewidmet.

Polizei, Verkehr + Technik (PVT)
Die zweimonatlich erscheinende Zeitschrift wird herausgegeben von Polizeiabteilungsleitern des Bundes und der Länder, den Präsidenten des Bundeskriminalamtes und der Polizei-Führungsakademie sowie den Inspekteuren der Bundespolizei und der Bereitschaftspolizeien der Länder. Sie berichtet aus den Bereichen Polizei-, Verkehrs-, Kraftfahrts-, Waffen-, ABC-, Informations- und Kommunikationswesen, Verkehrssicherheit, Sicherheits- und Kriminaltechnik sowie Umweltschutz und Technischer Einsatzdienst.

b) Von Leitungspersonen im Sicherheitsbereich herausgegebene Zeitschriften

Deutsches Polizeiblatt für die Aus- und Fortbildung (DPolBl)
Das DPolBl erscheint zweimonatlich und ist eine Fachzeitschrift für die Aus- und Fortbildung des mittleren und gehobenen Polizeidienstes in Bund und Länder. Jedes Heft behandelt ein bestimmtes Thema aus dem polizeilichen Tätigkeitsbereich.

Die Neue Polizei (DNP)
Die Vierteljahreszeitschrift informiert über die Aus- und Fortbildung in der Polizei und wird herausgegeben von leitenden Polizeibeamten und Polizeifachlehrern.

Die Polizei
Die Monatszeitschrift wird von leitenden Beamten aus Polizei und Innenministerien herausgegeben und informiert mit Abhandlungen, Berichten und Kommentaren, unterstützt durch Beiträge aus der Polizei-Führungsakademie, über den Stand der Diskussion auf allen polizeilich relevanten Gebieten. Die 1904 ge-

gründete Zeitschrift beansprucht, Fachorgan für sämtliche Polizeibereiche zu sein.

Kriminalistik
Die Monatszeitschrift wird von leitenden Beamten der Polizei herausgegeben und liefert Informationen und Beiträge von Fachleuten zu Themen wie Kriminalpolitik, Kriminalistik, Kriminologie, Kriminaltechnik, Strafrecht, Polizeiliche Aus- und Fortbildung, Rechtsmedizin. Rubriken wie Recht Aktuell, Kriminaltechnik International, Literatur, Kriminalistik Schweiz sowie Kriminalistik-Skript ergänzen den Inhalt.

c) Zeitschriften der Polizeigewerkschaften

Der Kriminalist
Die monatlich erscheinende Fachzeitschrift für die Kriminalbeamten wird vom Bund Deutscher Kriminalbeamter (BDK) herausgegeben.

Deutsche Polizei (DP)
Die DP ist eine monatlich erscheinende Fachzeitschrift für Polizisten und Organ der Gewerkschaft der Polizei (GdP).

Die Kriminalpolizei
Die Vierteljahreszeitschrift wird von der Gewerkschaft der Polizei (GdP) herausgegeben.

Polizeispiegel
Die Monatszeitschrift ist die Mitgliederzeitschrift der Deutschen Polizeigewerkschaft im Deutschen Beamtenbund (DPolG). Sie informiert über die Arbeit der Polizei, das Polizeigesetz, das Straf- und Verkehrsrecht sowie Berufs- und Tarifpolitik. Zusätzlich werden für die einzelnen Bundesländer regionale Ausgaben beigeheftet.

d) Wissenschaftliche Fachzeitschriften außerhalb der Sicherheitsbehörden

Ansprüche
Die Vierteljahreszeitschrift der Vereinigung Demokratischer Juristinnen und Juristen (VDJ) soll ein Forum der Meinungen außerhalb des offiziellen juristischen Mainstreams sein. Bearbeitet werden u. a. die Themen Rechtspolitik, Aus-

länder- und Asylrecht, Arbeits- und Sozialrecht und Strafrechtspolitik. Außerdem wird aus der Arbeit der kritischen JuristInnenverbände berichtet, Veranstaltungstipps und Buchbesprechungen werden ebenfalls angeboten.

Archiv des öffentlichen Rechts (AöR)
Die Vierteljahreszeitschrift erscheint seit 1886 und behandelt alle Probleme und Aspekte des öffentlichen Rechts, hauptsächlich der Bundesrepublik Deutschland. Sie verfolgt insbesondere die Entwicklung der Staatsrechtslehre, die Praxis des Verfassungs- und Verwaltungsrechts bis zum Völker- und Staatskirchenrecht.

Archiv für Polizeigeschichte
Die dreimal jährlich erscheinende Zeitschrift der Deutschen Gesellschaft für Polizeigeschichte bearbeitet in vielfältiger Weise die Geschichte der Polizei im In- und Ausland.

Archiv für Kriminologie
Die zweimonatlich in Doppelheften erscheinende Zeitschrift feierte 1998 ihr 100-jähriges Jubiläum und ist somit weltweit die älteste kriminologische Fachzeitschrift. Besondere Berücksichtigung findet die gerichtliche Physik, Chemie und Medizin.

Bewährungshilfe (BewHi)
Die Vierteljahreszeitschrift des DBH, Fachverband für Soziale Arbeit, Strafrecht und Kriminalpolitik, bearbeitet Themen, die sich auf das gesamte Spannungsfeld von sozialen Fragen, Strafrecht und Kriminalpolitik beziehen. Veröffentlicht werden Beiträge zu kriminologischen, rechtlichen und praktischen Fragen aus Fachgebieten der Rechtswissenschaft, Kriminologie, Psychologie und Sozialarbeit. Es handelt sich dabei um Berichte aus der Praxis, wissenschaftliche Abhandlungen, Diskussionsbeiträge und Literaturbesprechungen.

Bürgerrechte & Polizei / Cilip
Die Zeitschrift des Instituts für Bürgerrechte & und öffentliche Sicherheit erscheint dreimal im Jahr und dokumentiert und analysiert in kritischer Auseinandersetzung die gesetzlichen, organisatorischen und taktischen Veränderungen innerer Sicherheitspolitik in Deutschland. Außerdem liefert sie Berichte, Nachrichten und Analysen zur Polizeientwicklung in Europa, Polizeihilfe für Länder der so genannten Dritten Welt und Arbeit von Bürgerrechtsgruppen. Jedes Heft bearbeitet ein Schwerpunktthema.

Computer und Recht (CR)
Die Monatszeitschrift richtet sich an alle, die sich über Computer-, Telekommunikations- und Medienrecht informieren möchten. Es werden die zivil-, straf- und öffentlich-rechtlichen Aspekte der modernen Informationstechnologie aufzeigt. Gleichzeitig berichtet sie über rechtspolitische Entwicklungen.

Datenschutz und Datensicherheit (DuD)
Die Monatszeitschrift soll ein interdisziplinäres Forum für alle rechtlichen und technischen Fragen des Datenschutzes und der Datensicherheit in Informationsverarbeitung und Kommunikation sein. Inhaltliche Schwerpunkte sind neben Datenschutz und Datensicherheit der Schutz von Kommunikationsdaten, das Spannungsverhältnis von Mensch, Recht und Technik sowie Fragen der nationalen und internationalen Regulierung.

Datenschutznachrichten (DANA)
Die Vierteljahreszeitschrift der Deutschen Vereinigung für Datenschutz berichtet neben schwerpunktmäßigen Aufsätzen und Informationen zum Einsatz und zu den Gefahren elektronischer Datenverarbeitung und der möglichen Einschränkung des Rechts auf informationelle Selbstbestimmung über neue Datenschutzentwicklungen, einschlägige Rechtsprechung und Gesetzgebung sowie deutsche und internationale Datenschutztrends. Außerdem werden Hinweise auf Veröffentlichungen des Bundes- und der Landesdatenschutzbeauftragten gegeben.

Der Deutsche Rechtspfleger (Rpfleger)
Die Monatszeitschrift berichtet unter einer Vielzahl von ihr bearbeiteten Gebieten auch über die Rechtsentwicklung und bedeutende Rechtsfragen der täglichen Praxis im Strafprozess und in der Strafvollstreckung.

Deutsche Richterzeitung (DRiZ)
Die Monatszeitschrift wird herausgegeben vom Deutschen Richterbund, Bund der Richterinnen und Richter, Staatsanwältinnen und Staatsanwälte.

Die Kriminalprävention
Die Vierteljahreszeitschrift des Europäischen Zentrums für Kriminalprävention (EZK) bietet europäische Beiträge zu Kriminalität und Prävention.

Forum Kriminalprävention
Die Vierteljahrszeitschrift der Stiftung Deutsches Forum für Kriminalprävention (DFK) versteht sich als aktuelle, interdisziplinäre Informationsbörse für alle, die

kriminalpräventive Aufgaben wahrnehmen oder für diese Belange interessiert werden sollen.

Höchstrichterliche Rechtsprechung zum Strafrecht (HRRS)
In der Internetzeitschrift für Strafrecht wird monatlich eine Übersicht über alle im zurückliegenden Monat veröffentlichten Entscheidungen des Bundesgerichtshofs in Strafsachen gegeben. Zusätzlich werden alle im Internet veröffentlichten Entscheidungen des BVerfG zu strafrechtlichen und strafverfahrensrechtlichen Sachverhalten seit 2003 bearbeitet und in die Zeitschrift aufgenommen. In jeder Ausgabe werden ebenfalls herausragende Entscheidungen des EGMR und vereinzelt auch solche des EuGH aufgenommen. Internet: www.hrr-strafrecht.de

IPA aktuell
Die Vierteljahreszeitschrift der International Police Association (IPA) / Deutsche Sektion soll als unabhängige Polizeipublikation bundesweit alle Angehörigen sämtlicher Polizeien sowie international die Mitglieder der Sektionen aus über 50 verschiedenen Nationen ansprechen.

Journal für Konflikt- und Gewaltforschung
Das Journal verfolgt die Absicht, das Gebiet Konflikt- und Gewaltforschung stärker als bisher im wissenschaftlichen Diskurs zu verankern. Es versteht sich als Forum für den Austausch unterschiedlicher Forschungsdisziplinen, beispielsweise von Politikwissenschaft, Geschichte, Rechtswissenschaft, Psychologie, politischer Philosophie, Ethnologie, Soziologie und Erziehungswissenschaft.

Journal für Rechtspolitik
Die vierteljährlich erscheinende Zeitschrift nimmt sich aktueller politischer Themen an und bereitet sie rechtswissenschaftlich auf, um so eine Grundlage für rechtspolitische Entscheidungen beziehungsweise für eine eventuell weiterführende Diskussion zu liefern.

Juristenzeitung (JZ)
Die zweimal im Monat erscheinende Zeitschrift bietet Beiträge zu aktuellen Problemen und Aspekten des gesamten deutschen Rechts: aus Rechtwissenschaft, Gesetzgebung und Rechtsprechung.

Juristische Rundschau (JR)
Die Monatszeitschrift vermittelt mit den Schwerpunkten Straf- und Zivilrecht einen knappen, konzentrierten Überblick über die Rechtsentwicklung in Lehre und Rechtsprechung.

Kriminologisches Journal (KrimJ)
Die Vierteljahreszeitschrift wird vom wissenschaftlichen Beirat im Namen des Arbeitskreises Junger KriminologInnen herausgegeben und publiziert theoretische und empirische Beiträge im Themenspektrum von abweichendem Verhalten und Kriminalitätskontrolle, die sich im Sinne der Kritischen Kriminologie insbesondere den sozialen und gesellschaftlichen Aspekten von Abweichung und sozialer Kontrolle widmen.

Kritische Justiz (KJ)
Die Vierteljahreszeitschrift analysiert das Recht und seine praktische Anwendung vor seinem gesellschaftlichen Hintergrund und möchte die übliche, von ihrem ökonomischen und politischen Kontext losgelöste Behandlung von Rechtsfragen durchbrechen. Sie veröffentlicht Aufsätze, Berichte, Kommentare und Dokumentationen zu allen wichtigen juristischen Gebieten und druckt für soziale Auseinandersetzungen bedeutsame Entscheidungen ab.

Kritische Vierteljahresschrift für Gesetzgebung und Rechtswissenschaft (KritV)
Die KritV wird von Professoren des Fachbereichs Rechtswissenschaft der Johann Wolfgang Goethe-Universität in Frankfurt am Main im Zusammenwirken mit Mitgliedern des Bundesverfassungsgerichts herausgegeben. Sie behandelt das Problem der europäischen Rechtsintegration und die Verbesserung des Rechts in Bund und Ländern sowie die notwendige Ausgeglichenheit zwischen einheitlicher und differenzierter Rechtssetzung.

Magazin für die Polizei
In der zweimonatlich erscheinenden Zeitschrift werden zu einer Vielzahl polizeilicher Themen von internationalen Experten Diskussionspunkte erarbeitet, Tendenzen aufgedeckt und Konsequenzen für die Wirtschaft und den Bürger beschrieben. Auch die Berufsbilder der Polizeien auf der ganzen Welt werden dem Leser vorgestellt und deren Besonderheiten herausgestellt.

MenschenRechtsMagazin (MRM)
Die Zeitschrift des Menschenrechtszentrums der Universität Potsdam erscheint dreimal jährlich. Sie soll einen Beitrag zur Unterrichtung von Parlamentariern, Behörden, Gerichten und Anwälten sowie der interessierten Öffentlichkeit über Möglichkeiten und Entwicklungen des internationalen Menschenrechtsschutzes leisten. Zu aktuellen Anlässen werden Themenhefte herausgegeben.

Monatsschrift für Kriminologie und Strafrechtsreform (MschrKrim)
Die zweimonatlich erscheinende Zeitschrift behandelt das Verbrechen und den Verbrecher in seiner soziologischen, psychologischen und psychopathologischen Realität. Die Zeitschrift analysiert darüber hinaus die angewandten Rechtsfolgen, vor allem die Strafen und Maßnahmen, in ihren realen Auswirkungen auf die Gesellschaft und die Verurteilten.

Neue Juristische Wochenschrift (NJW)
Die NJW erschließt das gesamte Zivilrecht und das Wichtigste aus allen anderen Rechtsgebieten, wie dem Verfassungs-, Verwaltungs-, Wirtschafts-, Straf-, Arbeits-, Sozial- und Steuerrecht. Die NJW Spezial enthält Urteilsbesprechungen und Beiträge aus neun Rechtsgebieten. Im Mittelpunkt stehen die aktuelle Rechtsprechung, Aufsätze, Informationen über neue Gesetze sowie regelmäßige Berichterstattungen über einzelne Rechtsgebiete.

Neue Justiz (NJ)
Die Monatszeitschrift widmet sich als juristische Universalzeitschrift schwerpunktmäßig der Rechtsentwicklung und Rechtsprechung in den neuen Ländern. Sie greift zugleich rechtspolitische und rechtspraktische Fragen auf, die von allgemeinem Interesse sind, und gewährleistet einen kontinuierlichen Überblick über die wichtigsten gesetzlichen Neuregelungen und bedeutsamen Reformvorhaben.

Neue Kriminalpolitik (NK)
Die Vierteljahreszeitschrift will neue Impulse setzen, Forum sein für eine interdisziplinäre Diskussion, die unter Einbeziehung ausländischer Erfahrungen über den nationalen Erfahrungsbereich hinausschaut und dabei Ziele verfolgt wie: Rationaler Umgang mit Kriminalität, Grundrechtsverteidigung, Abbau staatlicher Sozialkontrolle und Vorrang sozialer Konfliktlösungen.

Neue Zeitschrift für Strafrecht (NStZ)
Die Monatszeitschrift bietet Informationen über sämtliche Gebiete des Strafrechts, von der Begehung der Tat bis zur Strafvollstreckung. Urteile, Anmerkungen, Vorausinformationen und praxisbezogene Beiträge machen sie zum Forum für das gesamte Strafrecht.

Neues Polizeiarchiv (NPA)
Die Monatszeitschrift ist ein Nachschlagewerk für Polizeidienst und Ausbildung. Geordnet nach Sachgebieten, enthält sie eine Sammlung ober- und höchstrichterlicher Entscheidungen. Jedem Urteil ist der Sachverhalt vorangestellt, im An-

schluss an die amtlichen Leitsätze sind die Entscheidungsgründe verständlich zusammengefasst, sodass auch Hintergründe und die Rechtsentwicklung deutlich werden.

Plädoyer
Die zweimonatlich erscheinende Zeitschrift des Vereins „plädoyer“, im Auftrag der Demokratischen Juristinnen und Juristen der Schweiz (DJS) und in Zusammenarbeit mit dem Schweizerischen Gewerkschaftsbund (SGB), ist ein Magazin für Recht und Politik.

Polizei & Wissenschaft
Die Vierteljahreszeitschrift versteht sich als Schnittstelle zwischen Wissenschaft und Polizei. Durch ihre interdisziplinäre Ausrichtung werden unterschiedlichste wissenschaftliche und praktische Perspektiven miteinander vernetzt. Dazu zählen insbesondere die Bereiche Psychologie, Rechtswissenschaft, Soziologie, Politikwissenschaft, Medizin, Arbeitswissenschaft und Sportwissenschaft. Es soll auch polizeirelevantes Wissen der Disziplinen genutzt werden, die nicht klassisch mit dem Begriff Polizei verknüpft sind, wie z. B. Wirtschaftswissenschaften, Sprachwissenschaften, Informatik, Elektrotechnik und ähnliche.

Recht und Politik (RuP)
Die Vierteljahreszeitschrift bietet Aufsätze und Abhandlungen über Fragen der Rechts-, Justiz- und Verwaltungspolitik sowie zur Geschichte und Aufarbeitung der NS- und SED-Vergangenheit.

Sicherheit und Frieden (S+F)
Die Vierteljahreszeitschrift versteht sich als Diskussionsforum für neuere Forschungsergebnisse und politische Entwicklungen auf dem Gebiet der Friedens- und Sicherheitspolitik. Durch Analysen, Stellungnahmen, Dokumente und Informationen sollen kontroverse Auffassungen und brisante Themen einer sachlichen Diskussion zugeführt werden.

Soziale Probleme
Die halbjährlich erscheinende Zeitschrift wird herausgegeben von der Sektion „Soziale Probleme und soziale Kontrolle“ in der Deutschen Gesellschaft für Soziologie (DGS).

Streit
Die Vierteljahreszeitschrift ist eine feministische Rechtszeitschrift und wird herausgegeben vom Verein „Frauen streiten für ihr Recht“.

Vorgänge
Die Vierteljahreszeitschrift für Bürgerrechte und Gesellschaftspolitik wird von der Humanistischen Union herausgegeben. In Themenheften erörtern überwiegend deutsche Rechts-, Politik- und Sozialwissenschaftler, Sprecher von Bürgerrechtsorganisationen, Politiker und Publizisten aktuelle politische, kulturpolitische sowie sozialwissenschaftliche Fragen. Jedem Artikel ist eine ausführliche Literaturliste angehängt. Die Diskussionsbeiträge setzen sich kritisch mit aktuellen gesellschaftspolitischen Problemen auseinander. Im Kommentarteil diskutieren Wissenschaftler aktuelle politische Vorgänge.

Zeitschrift für Ausländerrecht und Ausländerpolitik (ZAR)
Die ZAR informiert zehnmal im Jahr über den gesamten Bereich des Ausländerrechts und der Ausländerpolitik des In- und Auslands. Jedes Heft enthält außer Abhandlungen aktuelle Informationen zu Gesetzgebung, Politik, Rechtsprechung, neuen Büchern, Aufsätzen und sonstigen Veröffentlichungen sowie Veranstaltungen.

Zeitschrift für die gesamte Strafrechtswissenschaft (ZStW)
Der Inlandsteil der Vierteljahreszeitschrift enthält Abhandlungen zu Fragen der Strafrechtsdogmatik, der Kriminalpolitik, des Strafprozessrechts, der Strafrechtsgeschichte, der Rechtsphilosophie und der Kriminologie. Neue Rechtsentwicklungen werden im Überblick dargestellt, Einzelprobleme untersucht und strafrechtliche Fragen im Lichte der Nachbarwissenschaften betrachtet. Im Auslandsteil berichtet die ZStW über aktuelle Tendenzen in Strafgesetzgebung, Rechtsprechung, Strafrechtswissenschaft und Kriminologie im Ausland.

Zeitschrift für Neuere Rechtsgeschichte (ZNR)
Der Zweck der viermal im Jahr erscheinenden Zeitschrift liegt in der wissenschaftlichen Behandlung und kritischen Analyse der Rechtsentwicklung insbesondere auf den Gebieten des Privat-, Verfassungs-, Verwaltungs- und Strafrechts sowie der Verfahrensrechte vor allem in der neueren Zeit. Die Zeitschrift macht den Gegenwartsbezug der Rechtsgeschichte deutlich und gibt der Methodendiskussion Raum. Zu den Rechtsentwicklungen im deutschen Sprachraum ist in vergleichender Betrachtung die europäische Tradition einbezogen.

Zeitschrift für öffentliches Recht in Norddeutschland (NordÖR)
Die Monatszeitschrift versteht sich als Forum, in dem bedeutsame landesrechtliche Entscheidungen, insbesondere der Oberverwaltungs- und Verfassungsgerichte, veröffentlicht werden. Eingeleitet wird jedes Heft durch Aufsätze, die aktuelle Themen aus der Sicht des Praktikers behandeln. Nützliche Informationen aus

Gesetzgebung, Verwaltung und Gerichten sowie zur Juristenausbildung runden das Angebot ab.

Zeitschrift für Rechtspolitik (ZRP)
Die Monatszeitschrift informiert durch Stellungnahmen zu aktuellen Fragen der Rechtspolitik sowie Gesetzgebungsreporte über die Pläne des Gesetzgebers und über konkrete Gesetzgebungsvorhaben.

Zeitschrift für Rechtssoziologie
Die halbjährig erscheinende Zeitschrift dient als Forum für Beiträge aus der rechtssoziologischen Forschung und Lehre, wobei das Schwergewicht auf empirisch informierten Beiträgen aus den verschiedenen Arbeitsbereichen der Rechtssoziologie liegt.

ZJJ – Zeitschrift für Jugendkriminalrecht und Jugendhilfe (bis 2003 DVJJ-Journal)
Die Vierteljahreszeitschrift ist eine interdisziplinäre Fachzeitschrift für Praxis und Wissenschaft, die alle mit jugendlicher Delinquenz zusammenhängende Bereiche abdeckt. Ihre thematischen Schwerpunkte sind das Jugendstrafrecht, die Tätigkeit der Jugendgerichtshilfe, Theorie und Praxis der erzieherischen Arbeit mit straffälligen Jugendlichen, die Kriminologie der Jugenddelinquenz und der Jugendstrafvollzug.

IV Internetportale

Netzwerk Innere Sicherheit
Das Netzwerk führt die Wissensbestände der unterschiedlichen Akteure (Wissenschaft, Politik, Behörden, Verbände etc.) im Politikfeld Innere Sicherheit und Polizei in Form eines Internetportals zusammen und macht diese öffentlich zugänglich. Vor dem Hintergrund der aktuell wachsenden Nachfrage der unterschiedlichsten gesellschaftlichen Gruppen nach den Voraussetzungen, Konsequenzen und Perspektiven der Sicherheitspolitik wird so ein Dialogforum zwischen Wissenschaft, Praxis und öffentlicher Meinung initiiert, welches die jetzt durch hohe Zugangshürden und Abschottungen gekennzeichneten Spezialdiskurse zusammenzuführen geeignet ist. Das Netzwerk Innere Sicherheit wird vom Interdisziplinären Arbeitskreis Innere Sicherheit (AKIS) angeboten. Internet: www.netzwerk-innere-sicherheit.de

Polizei-Newsletter
Der Polizei-Newsletter bietet regelmäßige aktuelle Informationen für die Polizeipraxis und Polizeiwissenschaft. Dabei versucht er, in der Themenauswahl möglichst vielseitig zu sein. So finden sich dort Hinweise auf Informationsquellen im Internet oder polizeilich relevante Probleme im oder mit dem Internet sowie im Bereich des Polizei-Managements und der Polizeireform, Informationen zu aktuellen Ergebnissen der (internationalen) Polizeiforschung, Praxisprojekten im Bereich der inneren Sicherheit, neuen Gesetzesvorhaben, Polizeireformen im In- und Ausland, interessanten Neuerscheinungen (Bücher, Aufsätze). Zudem werden sozialwissenschaftliche Informationen aufgenommen, die für Lehre, Forschung und Praxis in der Polizei von Bedeutung sind. Der Polizei-Newsletter ist ein Kooperationsprodukt von TC TeamConsult, Genf/Zürich (CH) und Freiburg i. Br. (D), und dem Lehrstuhl für Kriminologie, Kriminalpolitik und Polizeiwissenschaft der Universität Bochum. Internet: www.polizei-newsletter.de

Virtuelles Datenschutzbüro
Das Virtuelle Datenschutzbüro soll vor allem ein einheitliches Portal zum Datenschutzwissen im Internet sein. Es enthält eine große Zahl von Beiträgen oder Artikeln. Dies sind Hyperlinks zu bestimmten Datenschutz-Ressourcen im Internet. Im Virtuellen Datenschutzbüro werden sie systematisch geordnet und mit zusätzlichen Informationen versehen. Der Zugang zu diesen Ressourcen wird vor allem durch die drei Schlagwortgruppen „Recht“, „Technik“ und „Institutionen“ erschlossen. Internet: www.datenschutz.de

Virtuelle Fachbibliothek Sozialwissenschaften zur Inneren Sicherheit
Die thematische Dokumentation der Virtuellen Fachbibliothek Sozialwissenschaften bietet unter anderem Zugang zu fachlich relevanten, sowohl elektronischen als auch konventionellen Informationsquellen aus dem Themenfeld Innere Sicherheit. Leitprinzip beim Auf- und Ausbau des Angebots ist, Sozialwissenschaftlern in Forschung, Lehre, Ausbildung und Praxis sowie einer an sozialwissenschaftlichen Erkenntnissen interessierten, breiteren Öffentlichkeit die Auswahl geeigneter Informationen zu erleichtern. Das Portal wurde vom Informationszentrum Sozialwissenschaften (IZ) in Bonn eingerichtet und wird in Kooperation mit dem Interdisziplinären Arbeitskreis Innere Sicherheit (AKIS) weiterentwickelt. Internet: vt-www.bonn.iz-soz.de/vibsoz/themen.htm, www.ak-innere-sicherheit.de

V Wissenschaftliche Arbeitskreise

Arbeitskreis Empirische Polizeiforschung
Seit 1999 veranstaltet eine offene Arbeitsgemeinschaft von Sozialwissenschaftlern, die insbesondere an Polizeifachhochschulen bzw. Polizeifachbereichen von Verwaltungsfachhochschulen lehren und forschen, die jährlichen Fachtagungen „Empirische Polizeiforschung". Auf diesen Tagungen soll der Austausch zwischen Polizeiforschung und Polizeipraxis gepflegt werden. Internet: www.empirische-polizeiforschung.de

Arbeitskreis Junger Kriminologen (AJK)
Der AJK wurde 1969 von (damals) jungen Kriminologinnen und Kriminologen gegründet, um einer sich interdisziplinär verstehenden sozialwissenschaftlichen (später Kritischen) Kriminologie ein Forum zu geben. Die Aktivitäten des AJK fanden von Beginn an in zwei Feldern statt: Durchführung von Tagungen und Herausgabe der Fachzeitschrift „Kriminologisches Journal". Aus dem AJK ist 1989 die „Gesellschaft für Interdisziplinäre wissenschaftliche Kriminologie" (GIWK) hervorgegangen. Internet: www.sozialwiss.uni-hamburg.de/publish/IKS/KrimInstituteVereinigungenZs/ajk2.html

Arbeitskreis Policey / Polizei im vormodernen Europa (APO)
Im Zentrum des Arbeitskreises stehen obrigkeitliche Praktiken und Techniken, die unter dem Titel einer „guten Policey" von staatlichen, ständischen, städtischen und korporativen Instanzen eingesetzt wurden, um soziale Ordnung zu gestalten und gesellschaftliches Leben zu verändern. Im Rahmen einer politischen Sozialgeschichte und einer Kulturgeschichte von Institutionen soll ein Austausch über „Herrschaft als soziale Praxis" und ihr Wandel in der Vormoderne in einem europäischen Kontext ermöglicht werden. Die Diskussionen sollen dazu beitragen, Forschungen über Funktionen und Reichweite herrschaftlicher Techniken zusammenzuführen, neue Fragestellungen zu entwickeln und den in diesem Gebiet arbeitenden Historikern einen Austausch zu ermöglichen. Der Arbeitskreis versteht sich als Ergänzung zum Arbeitskreis Historische Kriminalitätsforschung in der Vormoderne und den jährlichen Kolloquien zur modernen Polizeigeschichte. Internet: www.univie.ac.at/policey-ak

Arbeitskreis Politikfeldanalyse Innere Sicherheit in der Deutschen Vereinigung für Politische Wissenschaft (DVPW)
Der Arbeitskreis setzt sich für eine Vertiefung der politikwissenschaftlichen Forschung zum Politikfeld Innere Sicherheit ein. Er ist organisatorisch und in-

haltlich mit dem Interdisziplinären Arbeitskreis Innere Sicherheit (AKIS) verbunden. Internet: www.ak-innere-sicherheit.de

Berliner Arbeitskreis Rechtswirklichkeit (BAR)
Der BAR soll ein Forum für Nachwuchswissenschaftler/innen aller Disziplinen sein, die sich in ihren Forschungen mit Recht beschäftigen und sich über ihre Forschungsinteressen austauschen möchten. Forschung zu Recht und Gesellschaft wird in einem weiten, Disziplinen übergreifenden Sinn verstanden. Angesprochen sind alle, die sich in eigenen Forschungsarbeiten Fragen zur Rechtswirklichkeit stellen, d. h. (Nachwuchs-) Wissenschaftler/innen ebenso wie fortgeschrittene Studierende aller geistes- und gesellschaftswissenschaftlichen Disziplinen, die sich im weitesten Sinne mit „Recht" befassen (z. B. Anthropologie, Ethnologie, Gender Studies, Ökonomie, Politik- und Rechtswissenschaft, Soziologie, Sozialgeschichte und -psychologie, Verwaltungswissenschaften). Internet: www.rechtswirklichkeit.de

Berner Forum für Kriminalwissenschaften
Das Berner Forum für Kriminalwissenschaften hat zum Ziel, Forschung und Lehre im Bereich der Kriminalwissenschaften im weiteren Sinn zu fördern. Die Zusammenarbeit der einzelnen Disziplinen, die daran beteiligt sind, Kriminalität zu vermeiden, begangene Straftaten zu verfolgen oder mit straffälligen Personen umzugehen, soll optimiert, das gegenseitige Verständnis verbessert werden. Zu diesem Zweck veranstaltet der Verein Tagungen sowie Weiterbildungskurse und unterstützt Forschungsprojekte seiner Mitglieder. Internet: www.bfk.unibe.ch

Deutsche Gesellschaft für Polizeigeschichte
Die Deutsche Gesellschaft für Polizeigeschichte wurde 1989 in der Polizei-Führungsakademie Münster-Hiltrup gegründet. In ihr sind zusammengeschlossen einerseits Geschichtswissenschaftler, andererseits Amateurhistoriker, private Sammler, behördliche Sammlungen und Museen, die sich mit Fragen und der Entwicklung der Polizei beschäftigen. Die Vereinigung will u. a. dazu beitragen, das historische Bewusstsein auch unter Polizeibeamten zu wecken und zu fördern sowie die Erkenntnisse der historischen Forschung in die Polizei hineinzutragen. Sie unterhält zurzeit Arbeitskreise zu den Themenbereichen Bahnpolizei, Wasserschutzpolizei sowie polizeigeschichtliche Sammlungen. Internet: www.ahf-muenchen.de/Mitglieder/index.htm

Gesellschaft für interdisziplinäre wissenschaftliche Kriminologie (GIWK)
Die GIWK soll ein Forum wissenschaftlichen Austausches auf dem Gebiet der Kriminologie sein. Die Betonung des wissenschaftlichen Charakters der Gesell-

schaft meint dabei ausdrücklich eine Nachrangigkeit der Anwendungsbezüge der Kriminologie hinter ihren grundlagenwissenschaftlichen Zielsetzungen. Die Praktizierung von Interdisziplinarität versteht die GIWK als wesentlichen Bestandteil ihrer grundlagenwissenschaftlichen Intentionen. Internet: www.giwk.de

Interdisziplinärer Arbeitskreis Innere Sicherheit (AKIS)
Der AKIS ist ein wissenschaftlicher Arbeitskreis, in dem derzeit rund 220 Wissenschaftlerinnen und Wissenschaftler verschiedener Disziplinen (insbesondere Politikwissenschaft, Soziologie, Geschichtswissenschaft, Rechtswissenschaft und Kriminologie) zusammenarbeiten, die sich mit zentralen Fragen der Forschung zur Inneren Sicherheit sowie zur Polizei beschäftigen. Der AKIS veranstaltet Workshops und publiziert Gemeinschaftsstudien, die die unterschiedlichen Forschungsperspektiven zusammenführen. Internet: www.ak-innere-sicherheit.de

Kolloquien zur Polizeigeschichte
Seit 1990 bieten die Kolloquien alljährlich Historikern aus den verschiedenen historischen Disziplinen und Sozialwissenschaftlern (Kriminologen, Politologen, Soziologen) eine Plattform für den Austausch und für die Diskussion von Ergebnissen von Forschungen über die Geschichte der Polizei und die Entwicklung der inneren Sicherheit. Internet: www.kolloquien-zur-polizeigeschichte.de

Neue Kriminologische Gesellschaft (NKG)
Die NKG ist eine wissenschaftliche Vereinigung deutscher, österreichischer und schweizerischer Kriminologen, die es sich zur Aufgabe gemacht hat, die erfahrungswissenschaftliche Erforschung der Kriminalität, des Straftäters und Verbrechensopfers sowie der staatlichen und gesellschaftlichen Reaktionen zu fördern. Internet: www.ifk.jura.uni-tuebingen.de/bro_d/kap5

Sektion Rechtssoziologie der Deutschen Gesellschaft für Soziologie (DGS)
Die Sektion bildet den entsprechenden Zusammenschluss der Rechtssoziologen in der Deutschen Gesellschaft für Soziologie. Es stehen hier im Vergleich zur juristisch ausgerichteten Vereinigung für Rechtssoziologie entsprechend stärker die Fragen soziologischer Theoriebildung sowie empirische Analysen zum Rechts- und Normensystem im Vordergrund. Internet: www.soziologie.de/sektionen/index.htm

Sektion soziale Probleme und soziale Kontrolle der Deutschen Gesellschaft für Soziologie (DGS)
Die Sektion verfolgt ein breites Themenspektrum, welches sozialstrukturelle Ursachen gesellschaftlicher Konfliktlagen ebenso thematisiert wie aktuelle Strategien zur Ausweitung von verhaltensorientierten Kontrolltechniken. Die Sektion gibt die Zeitschrift „Soziale Probleme" heraus. Internet: www.soziologie.de/sektionen/index.htm

Vereinigung für Rechtssoziologie
Die Vereinigung legt darauf Wert, keine klassische Hochschullehrervereinigung zu sein, sondern ein Forum für alle, die sich von der Rechtswissenschaft oder unterschiedlichen Sozialwissenschaften aus mit dem Verhältnis von Recht und Gesellschaft beschäftigen. Sie fördert die Zusammenarbeit zwischen Sozialwissenschaftlern und Juristen, die Integration sozialwissenschaftlicher Erkenntnisse und Methoden in Rechtswissenschaft, Rechtslehre und Rechtspraxis sowie das Verständnis für rechtliche Probleme in den Sozialwissenschaften. Internet: www.uni-giessen.de/~g111/vrs

Abkürzungsverzeichnis

ABC	Atomar / Biologisch / Chemisch
ABl. EG	Amtsblatt der Europäischen Gemeinschaft
Abs.	Absatz
a. D.	außer Dienst
A. d. V	Anmerkung des Verfassers
a. F.	alte Fassung
AG	Arbeitsgemeinschaft
ANC	African National Congress
AO	Abgabenordnung
Art.	Artikel
Artikel 10-Gesetz	Gesetz zur Beschränkung des Brief-, Post- und Fernmeldegeheimnisses
ASOG	Allgemeines Gesetz zum Schutz der Öffentlichen Sicherheit und Ordnung in Berlin (Berliner Polizeigesetz)
AufenthG	Gesetz über den Aufenthalt, die Erwerbstätigkeit und die Integration von Ausländern im Bundesgebiet (Aufenthaltsgesetz)
Aufl.	Auflage
AuslG	Gesetz über die Einreise und den Aufenthalt von Ausländern im Bundesgebiet (Ausländergesetz)
BayPAG	Bayrisches Polizeiaufgabengesetz
BBKG	Gesetz über die Errichtung des Bundesamtes für Bevölkerungsschutz und Katastrophenhilfe
Bd. / Bde.	Band / Bände
BDSG	Bundesdatenschutzgesetz
BfV	Bundesamt für Verfassungsschutz
BGB	Bürgerliches Gesetzbuch
BGBl.	Bundesgesetzblatt
BGH	Bundesgerichtshof
BGHSt	Entscheidungen des Bundesgerichtshofs in Strafsachen
BGS	Bundesgrenzschutz
BGSG	Gesetz über den Bundesgrenzschutz (Bundesgrenzschutzgesetz)
BKA	Bundeskriminalamt

BKAG	Gesetz über das Bundeskriminalamt und die Zusammenarbeit des Bundes und der Länder in kriminalpolitischen Angelegenheiten (BKA-Gesetz)
BMI	Bundesministerium des Inneren
BND	Bundesnachrichtendienst
BNDG	Gesetz über den Bundesnachrichtendienst (BND-Gesetz)
BPol	Bundespolizei
BPolG	Gesetz über die Bundespolizei (Bundespolizeigesetz)
BSE	Bovine Spongiforme Enzephalopathie
BT-Drs.	Bundestagdrucksache
BtMG	Gesetz über den Verkehr mit Betäubungsmitteln (Betäubungsmittelgesetz)
BVerfGE	Bundesverfassungsgericht
BVerfSchG	Gesetz über die Zusammenarbeit des Bundes und der Länder in Angelegenheiten des Verfassungsschutzes und über das Bundesamt für Verfassungsschutz (Bundesverfassungsschutzgesetz)
BZRG	Gesetz über das Zentralregister und Erziehungsregister (Bundeszentralregistergesetz)
bzw.	beziehungsweise
CDU	Christlich Demokratische Union Deutschlands
CIA	Central Intelligence Agencie
CSU	Christlich Soziale Union
DDR	Deutsche Demokratische Republik
DGB	Deutscher Gewerkschaftsbund
d. h.	das heißt
DHPolG	Gesetz über die Deutsche Hochschule der Polizei (Polizeihochschulgesetz)
Dies.	Dieselben
DIN	Deutsches Institut für Normung
Drs.	Drucksache
DVJJ	Deutsche Vereinigung für Jugendgerichte und Jugendgerichtshilfen
ebd.	ebenda
Ed. / Eds.	Editor / Editors
EDV	Elektronische Datenverarbeitung
EG	Europäische Gemeinschaft
EGGVG	Einführungsgesetz zum Gerichtsverfassungsgesetz
EGV	Vertrag über die Europäische Gemeinschaft

EMRK	Konvention zum Schutze der Menschenrechte und Grundfreiheiten
etc.	et cetera
EU	Europäische Union
EuGHMR	Europäischer Gerichtshof für Menschenrechte
EURODAC	Europaweites Automatisiertes Fingerabdrucksystem für Asylbewerber
EUV	Vertrag über die Europäische Union
f. / ff.	folgende / fortfolgende
FDJ	Freie Deutsche Jugend
FDP	Freie Demokratische Partei
FreizügG/EU	Gesetz über die allgemeine Freizügigkeit von Unionsbürgern (Freizügigkeitsgesetz/EU)
GewO	Gewerbeordnung
GG	Grundgesetz
ggf.	gegebenenfalls
GRU	Glawnoje Raswedywtelnoje Uprawlenije (Hauptverwaltung für Aufklärung)
GSG 9	Grenzschutz-Gruppe 9
GVBl.	Gesetz- und Verordnungsblatt
GVG	Gerichtsverfassungsgesetz
H.	Heft
HFPG	Gesetz für die aktive Bürgerbeteiligung zur Stärkung der Inneren Sicherheit (Hessisches Freiwilligen-Polizeidienst-Gesetz)
Hg.	Herausgeber
HGB	Handelsgesetzbuch
HiPoVO	Verordnung über die Ausbildung und Bestellung von Hilfspolizeibeamtinnen und -beamten
HLKO	Haager Landkriegsordnung
HRG	Hochschulrahmengesetz
i. d. R.	in der Regel
i. d. S.	in diesem Sinne
IM	Innenministerium
IMK	Innenministerkonferenz
IS	Innere Sicherheit
IT	Informationstechnologie
i. V. m.	in Verbindung mit
Kap.	Kapitel
KatSG Bln	Katastrophenschutzgesetz im Land Berlin

Kfz	Kraftfahrzeug
KG	Kammergericht
KPD	Kommunistische Partei Deutschlands
LSA	Land Sachsen-Anhalt
LSD	Lysergsäurediäthylamid
LT	Landtag
LuftSiG	Luftsicherheitsgesetz
LuftVG	Luftverkehrsgesetz
LuftVO	Luftverkehrsordnung
MAD	Militärischer Abschirmdienst
MADG	Gesetz über den Militärischen Abschirmdienst (MAD-Gesetz)
MEK	Mobiles Einsatzkommando
Mio.	Millionen
Nds.	Niedersachsen
NJW	Neue Juristische Wochenschrift
NPD	Nationaldemokratische Partei Deutschlands
Nr.	Nummer
NRW	Nordrhein-Westfalen
NVwZ	Neue Zeitschrift für Verwaltungsrecht
nw. PolG	nordrhein-westfälisches Polizeigesetz
OECD	Organisation for Economic Co-operation and Development
OLG	Oberlandesgericht
OWiG	Gesetz über Ordnungswidrigkeiten (Ordnungswidrigkeitengesetz)
PaßG	Paßgesetz
PDS	Partei des Demokratischen Sozialismus
PersonalausweisG	Personalausweisgesetz
PIN	Persönliche Identifikationsnummer
PLO	Palästinensische Befreiungsorganisation
Rdnr.	Randnummer
S.	Seite
SächsPolG	Sächsisches Polizeigesetz
SEK	Sonder-Einsatzkommando
SGB	Sozialgesetzbuch
SMS	Short Massage Sevice
sog.	so genannte
SOG MV	Sicherheits- und Ordnungsgesetz Mecklenburg-Vorpommern

SPD	Sozialdemokratische Partei Deutschlands
StGB	Strafgesetzbuch
StPO	Strafprozessordnung
StVO	Straßenverkehrsordnung
SWR	Slushba Wnjeschnej Reswedki (Russischer Dienst für Auslandsaufklärung)
TREVI	Terrorisme, Radicalisme, Extremisme, Violence internationale
u. a.	unter anderem
UN	United Nations
USA	United States of Amerika
usw.	und so weiter
u. U.	unter Umständen
v.	vom
v. a.	vor allem
VereinsG	Gesetz zur Regelung des öffentlichen Vereinsrechts (Vereinsgesetz)
VersG	Gesetz über Versammlungen und Aufzüge (Versammlungsgesetz)
VG	Verwaltungsgericht
vgl.	vergleiche
VO/EG	Verordnung der Europäischen Gemeinschaft
Vol.	Volumen
vs.	versus
WRV	Weimarer Reichsverfassung
z. B.	zum Beispiel
ZollVwG	Zollverwaltungsgesetz
z. T.	zum Teil
ZuwanderungsG	Zuwanderungsgesetz

Zeitschriftenkürzel

Afs	Archiv für Sozialgeschichte
AnwBl	Anwaltsblatt
AöR	Archiv des öffentlichen Rechts
APuZ	Aus Politik und Zeitgeschichte
ASPI BGS	Ausbildung und Praxis im Bundesgrenzschutz
AuA	Arbeit und Arbeitsrecht
BewHi	Bewährungshilfe
Bl. Dtsch. Int. Politik	Blätter für deutsche und internationale Politik
DKrim	Die Kriminalprävention
DPolBl	Deutsches Polizeiblatt für Aus- und Fortbildung
DÖV	Die Öffentliche Verwaltung
DRiZ	Deutsche Richterzeitung
DuD	Datenschutz und Datensicherung
DVBl	Deutsches Verwaltungsblatt
FA	Fortbildung Aktuell
FAZ	Frankfurter Allgemeine Zeitung
FR	Frankfurter Rundschau
GA	Goltdammer's Archiv für Strafrecht
GAIA	Ökologische Perspektiven in Natur-, Geistes- und Wirtschaftswissenschaften
IPG	Internationale Politik und Gesellschaft
JuS	Juristische Schulung
JZ	Juristenzeitung
KJ	Kritische Justiz
KrimJ	Kriminologisches Journal
KritV	Kritische Vierteljahresschrift für Gesetzgebung und Rechtswissenschaft
MDR	Monatsschrift für Deutsches Recht
MRM	MenschenRechtsMagazin
MSchrKrim	Monatsschrift für Kriminologie und Strafrechtsreform
NJ	Neue Justiz
NJW	Neue Juristische Wochenschrift
NK	Neue Kriminalpolitik
NordÖR	Zeitschrift für öffentliches Recht in Norddeutschland
NStZ	Neue Zeitschrift für Strafrecht

NuR	Natur und Recht
NVwZ	Neue Zeitschrift für Verwaltungsrecht
RdE	Recht der Energiewirtschaft
RiA	Recht im Amt
RuP	Recht und Politik
SächsVBl.	Sächsisches Verwaltungsblätter
S + F	Sicherheit und Frieden
SOWI	Sozialwissenschaftliche Informationen
StraFo	Strafverteidiger-Forum
StV	Strafverteidiger
ThürVBl	Thüringer Verwaltungsblätter
ZAR	Zeitschrift für Ausländerrecht und Ausländerpolitik
ZfS	Zeitschrift für Soziologie
ZRP	Zeitschrift für Rechtspolitik

Autorenverzeichnis

Aden, Hartmut, Dr. jur., Assessor, Diplôme d'Études approfondies en Sciences sociales (EHESS Paris), Jurist und Politikwissenschaftler, Arbeitsschwerpunkte: Europa, vergleichende Politik- und Rechtsforschung, Verwaltungswissenschaft; Internet: www.jura.uni-hannover.de

Behr, Rafael, Dr. phil., Dipl.-Verw., Supervisor und Projektleiter am Institut für Sicherheits- und Präventionsforschung (ISIP) in Hamburg, Arbeitsschwerpunkte: Organisationskultur-, insbesondere Polizeikulturforschung; Internet: www.rafael-behr.de

Borsdorff, Anke, Prof. Dr., Juristin, Professorin für Einsatzrecht an der Fachhochschule des Bundes für öffentliche Verwaltung, Fachbereich Bundespolizei in Lübeck, Arbeitsschwerpunkte: Polizeirecht, Bahnsicherheits- und Luftsicherheitsrecht

Brandel, Rolf, Dr., Dipl.-Ing., wissenschaftlicher Mitarbeiter am Institut Arbeit und Technik im Wissenschaftszentrum Nordrhein-Westfalen in Gelsenkirchen, Arbeitsschwerpunkte: Verwaltungsmodernisierung, Organisationsentwicklung; Internet: www.iatge.de

Bußmer, Axel, M.A., Publizist, Arbeitsschwerpunkte: Bürgerrechte, Grenzüberschreitende Kriminalität und Kriminalitätsbekämpfung

Eick, Volker, Politologe, Arbeitsschwerpunkte: Kommerzialisierung von Sicherheit, Governance, Workfare, Stadtforschung; Internet: www.workfarecity.lai.fu-berlin.de

Feltes, Thomas, Prof. Dr. iur, M.A. (Päd.), Inhaber des Lehrstuhls für Kriminologie, Kriminalpolitik und Polizeiwissenschaft an der juristischen Fakultät der Ruhr-Universität Bochum (seit 2002), zuvor Rektor der Hochschule für Polizei Baden-Württemberg, Arbeitsschwerpunkte: Kriminologie, Kriminalpolitik, Polizeiwissenschaft; Internet: www.thomasfeltes.de

Groll, Kurt H. G., Dipl.-Soz.-Wiss., Wissenschaftsjournalist, Arbeitsschwerpunkte: Soziologie abweichenden Verhaltens und sozialer Kontrolle, Kriminologie, insbesondere Drogenkriminalität, Internet- und Computerkriminalität; Internet: www.datenerhebung.de

Groß, Hermann, Dipl.-Pol., Dipl.-Psych., Fachhochschullehrer für Sozialwissenschaften an der Verwaltungsfachhochschule in Wiesbaden, Abteilung Mühlheim, Arbeitsschwerpunkte: Empirische Polizeiforschung, Polizeipsychologie, Politische Systemlehre, Polizeipolitik; Internet: www.vfh-hessen.de

Heuer, Hans-Joachimm, Dr. phil., Abteilungsleiter in der Zentralen Polizeidirektion Hannover und Lehrbeauftrager an der Universität Hannover, Arbeitsschwerpunkte: Soziologie der Gewalt und des staatlichen Gewaltmonopols

Kastner, Martin, Regierungsdirektor, Dozent für Rechtswissenschaften an der Fachhochschule des Bundes für öffentliche Verwaltung, Fachbereich Bundespolizei in Lübeck, Arbeitsschwerpunkte: Strafrecht, Strafprozessrecht

Knelangen, Wilhelm, Dr., wissenschaftlicher Assistent am Institut für Politische Wissenschaft der Christian-Albrechts-Universität zu Kiel, Arbeitsschwerpunkte: innen- und justizpolitische Zusammenarbeit der EU, Theorie und Empirie der europäischen Integration, internationale Zusammenarbeit im Politikfeld innere Sicherheit; Internet: www.wilhelm-knelangen.de

Kohl, Andreas, M.A., Politikwissenschaftler, Geschäftsführer des Europäischen Zentrums für Kriminalprävention e.V., Arbeitsschwerpunkte: Kriminalprävention, Raumsicherheit, Sicherheitsberatung; Internet: www.ezkev.de

Krane, Christian, Dr. iur., Rechtsanwalt, Arbeitsschwerpunkte: Öffentliches Wirtschafts- und Umweltrecht, Recht der Inneren Sicherheit; Internet: www.christiankrane.de

Krevert, Peter, Dr., Sicherheitsberater und Publizist, Mitherausgeber der Zeitschrift „Die Kriminalprävention", Geschäftsführer des Europäischen Zentrums für Kriminalprävention (1995-2005), Arbeitsschwerpunkt: Sicherheitsmanagement von Unternehmen und Behörden

Kutscha, Martin, Prof. Dr. jur., Professor für Staats- und Verwaltungsrecht an der Fachhochschule für Verwaltung und Rechtspflege in Berlin, Arbeitsschwerpunkte: Verfassungsrecht, insbesondere Grundrechtsfragen, Polizeirecht, Europarecht; Internet: www.fhvr-berlin.de

Lange, Hans-Jürgen, Prof. Dr., Dipl.-Soz.-Wiss., apl. Professor für Politikwissenschaft an der Philipps-Universität Marburg, Wiss. Direktor sowie Leiter der Forschungsgruppe Politische Steuerung und Konfliktregelung (polikon) am Rhein-Ruhr-Institut für Sozialforschung und Politikberatung (RISP) in Duisburg, Arbeitsschwerpunkte: Theorien und Methoden der Sicherheits- und Polizeiforschung, Politikfeldanalyse Innere Sicherheit, Erweiterter Sicherheitsbegriff, Verwaltungsreformen in der Sicherheitsverwaltung; Internet: www.hans-juergen-lange.de

Liebich-Frels, Martina, Prof. Dr., Fachhochschuldozentin für Strafrecht, Strafprozessrecht, Staats- und Verfassungsrecht, Arbeitsschwerpunkte: Polizeiliche Maßnahmen im Rahmen der Aufklärung von Straftaten, Einsatztraining; Internet: www.vfh-hessen.de

Liebl, Karlhans, Prof. Dr. phil., Professor für Kriminologie an der Hochschule der Sächsischen Polizei (FH) in Rothenburg/OL, Arbeitsschwerpunkte: Polizeiforschung, Wirtschaftskriminalität, Medienwirkung, Kriminalpolitik

Mittendorf, Volker, Dipl. Pol., wissenschaftlicher Mitarbeiter an der Forschungsstelle Direkte Demokratie der Philipps-Universität Marburg, Arbeitsschwerpunkte: Beteiligungsforschung / Direkte Demokratie, Auswirkungen von Kommunikationstechniken auf Beteiligung und Selbstbestimmung; Internet: www.volkermittendorf.de

Möllers, Martin H. W., Prof. Dr., Dipl.-Soz.-Wiss., Studienassessor, Professor für Staatsrecht und Politik an der Fachhochschule des Bundes für öffentliche Verwaltung, Fachbereich Bundespolizei in Lübeck, Arbeitsschwerpunkte: Sicherheitspolitik, Menschenrechte; Internet: www.martin-moellers.de

Neidhardt, Klaus, Dipl.-Soz.-Wiss., Präsident der Deutschen Hochschule der Polizei i. G. (bis März 2006: Polizei-Führungsakademie), Arbeitsschwerpunkte: Polizeiwissenschaft, polizeiliche Bildung im nationalen und internationalen Kontext, Führung und Management der Polizei; Internet: www.pfa.nrw.de, demnächst: www.dhpol.de

Nisse, Reingard, Prof. Dr., Dozentin an der Fachhochschule der Polizei des Landes Brandenburg und Leiterin der Fachgruppe Kriminal- und Sozialwissenschaften, Arbeitsschwerpunkte: Kriminalistik, Kriminologie

Nitschke, Peter, Prof. Dr., Universitätsprofessor für Wissenschaft von der Politik am Institut für Sozialwissenschaften und Philosophie der Hochschule Vechta, Arbeitsschwerpunkte: Politische Theorie und Ideengeschichte, Politikfeld Innere Sicherheit, Europäische Integration und Regionalismus; Internet: www.uni-vechta.de/institute

Noethen, Stefan, Dr. phil., Historiker, Arbeitsschwerpunkte: Polizeiforschung, Polizeigeschichte

Nogala, Detlef, Dr., Dipl.-Kriminologe, Dipl.-Psychologe, Referent am Max-Planck-Institut für ausländisches und internationales Strafrecht in Freiburg i. Br., Arbeitsschwerpunkte: Polizeiforschung, Technologien der Sozialkontrolle, Theorie der Kriminologie

Ohlemacher, Thomas, Prof. Dr., Dipl.-Pol., Professor für Kriminologie an der Nds. FHVR / Hochschule für den Öffentlichen Dienst, Fakultät Polizei, Arbeitsschwerpunkte: Empirische Polizeiforschung, Evaluationsforschung, Politische Soziologie; Internet: www.kfn.de/mitarbohlemacher.html

Ooyen, Robert Chr. van, Dr. phil., ORR und Dozent für Politikwissenschaft an der Fachhochschule des Bundes für öffentliche Verwaltung, Fachbereich Bundespolizei / Gesellschaftswissenschaften in Lübeck, Arbeitsschwerpunkte: Staats- und Verfassungstheorie, Politik und Recht, Öffentliche Sicherheit

Reichenbach, Peter, Dr. jur., Richter am Amtsgericht, Arbeitsschwerpunkte: Strafrecht, Strafprozessrecht, Verfassungsrecht

Reinke, Herbert, Dr. phil., Kriminologe, Arbeitsschwerpunkte: Polizeiforschung, Politik der Inneren Sicherheit, Lokale Präventionspolitik, Kriminalitätsentwicklung in Deutschland, Sanktionspolitik (Gefängnisse)

Schenck, Jean-Claude, Dipl.-Soz.-Wiss., wissenschaftlicher Mitarbeiter in der Forschungsgruppe Politische Steuerung und Konfliktregelung (polikon) am Rhein-Ruhr-Institut für Sozialforschung und Politikberatung (RISP) in Duisburg, Lehrbeauftragter für Politikwissenschaft an der Universität Duisburg-Essen und an der Fachhochschule für öffentliche Verwaltung NRW, Arbeitsschwerpunkte: Verwaltungsreformen in der Sicherheitsverwaltung, Politikfeldanalyse Innere Sicherheit; Internet: www.jean-claude-schenck.de

Schewe, Christoph S., Dipl. jur., wissenschaftlicher Mitarbeiter am Lehrstuhl für Öffentliches Recht, Staatslehre und Verfassungsgeschichte von Prof. C. Gusy an der Universität Bielefeld, Arbeitsschwerpunkte: Nationales und europäisches Recht der inneren Sicherheit, insbesondere Polizeirecht, Wirtschaftsverwaltungsrecht; Internet: www.jura.uni-bielefeld.de

Schierz, Sascha, Dipl. Soz.-Wiss., Promotionsstudent an der Universität Wuppertal, Arbeitsschwerpunkte: Cultural Criminology, Stadt und Kriminalität, Jugendkriminalität, Geschichte Sozialer Kontrolle

Schmidt, Peter, Polizeidirektor, Fachhochschullehrer für Einsatzlehre, Führungslehre und Öffentliches Dienstrecht, Arbeitsschwerpunkte: Polizeiliches Einsatzmanagement, Personal- und Organisationsentwicklung, Sport in der Polizei; Internet: www.vfh-hessen.de

Schümchen, Werner, Polizeidirektor, Dozent für Management sowie Verhaltens- bzw. Handlungs- und Managementtrainer an der Fachhochschule für öffentliche Verwaltung NRW, Abteilung Münster, Supervisor und Publizist, Arbeitsschwerpunkte: Selbstmanagement, Personalentwicklung, namentlich Bildungsmanagement, Polizeiwissenschaft, Wirkungsanalysen; Internet: www.schuemchen.de

Schütte, Matthias, Regierungsrat, Assessor jur. und Dipl.-Verwaltungswirt, Rechtsberater der Division Luftbewegliche Operationen in Veitshöchheim und Wehrdisziplinaranwalt bei den Truppendienstgerichten Nord und Süd, Arbeitsschwerpunkte: Rechtliche Fragen der inneren und äußeren Sicherheit, insbesondere Luft- und Seesicherheit, Recht der geheimen Nachrichtendienste, operatives Einsatzrecht der Streitkräfte im Auslandseinsatz

Schwarz, Martin, M.A., wissenschaftlicher Mitarbeiter am Institut für Sozialwissenschaften der Hochschule Vechta, Arbeitsschwerpunkte: Regionale und transnationale Kooperationsformen in der EU und in Südostasien, Insitutionen- und Netzwerkanalyse internationaler Entwicklungszusammenarbeit, Failed-States-Problematik; Internet: www.uni-vechta.de/institute/ifs/schwarz.html

Schweer, Thomas, Dr., Dipl.-Soz.-Wiss., Leiter der Projektgruppe Abweichendes Verhalten und soziale Kontrolle am Rhein-Ruhr-Institut für Sozialforschung und Politikberatung (RISP) in Duisburg, Arbeitsschwerpunkte: Empirische Polizeiforschung, Organisierte Kriminalität, Extremismus / Terrorismus, Rauschgiftkriminalität; Internet: www.risp-duisburg.de

Sturm, Michael, M.A., Historiker, wissenschaftlicher Mitarbeiter der Lehreinheit Geschichtsdidaktik an der Universität Leipzig, Arbeitsschwerpunkte: Geschichte der Polizei und des Terrorismus in der Bundesrepublik; Internet: www.uni-leipzig.de

Winter, Martin, Dr., Sozialwissenschaftler an der Universität Halle-Wittenberg, Arbeitsschwerpunkte: Soziologie der Polizei und des Militärs, Hochschulforschung

Würdinger, Andrea, Rechtsanwältin und Fachanwältin für Strafrecht, Mitglied im Bundesvorstand des Republikanischen Anwältinnen- und Anwältevereins (RAV), Arbeitsschwerpunkte: Strafrecht, Ausländer- und Asylrecht

Zdun, Steffen, Dr., Dipl.-Soz.-Wiss., wissenschaftlicher Mitarbeiter in der Projektgruppe Abweichendes Verhalten und soziale Kontrolle am Rhein-Ruhr-Institut für Sozialforschung und Politikberatung (RISP) in Duisburg, Arbeitsschwerpunkte: Gewalt, Migration, Drogen; Internet: www.risp-duisburg.de

Redaktionelle Bearbeitung:

Gasch, Matthias, Mitarbeiter in der Forschungsgruppe Politische Steuerung und Konfliktregelung (polikon) am Rhein-Ruhr-Institut für Sozialforschung und Politikberatung (RISP) in Duisburg